Thomus Primus

Fr. Fulgentii Cuniliati

Thomus Primus

Fr. Fulgentii Cuniliati

ISBN/EAN: 9783742847003

Manufactured in Europe, USA, Canada, Australia, Japa

Cover: Foto ©Lupo / pixelio.de

Manufactured and distributed by brebook publishing software (www.brebook.com)

Thomus Primus

Fr. Fulgentii Cuniliati

R. P.
FR. FULGENTII CUNILIATI
ORDINIS PRÆDICATORUM

THEOLOGIA MORALIS UNIVERSA

IN COMPENDIUM REDACTA

A. R. P.

FR. EUSTACHIO MARIA ARMELLINI

EJUSDEM ORDINIS

Cum pluribus Additionibus eorum, quæ in Auctoris Opere desiderantur.

EDITIO TERTIA

Modo recognita, novisque accessionibus locupletata.

TOMUS PRIMUS.

VENETIIS,
MDCCXC.
** ** ** ** ** **
APUD THOMAM BETTINELLI.
Superiorum Permissu, ac Privilegio.

BIBLIOPOLÆ MONITUM
IN NOVAM HUJUSCE
COMPENDII EDITIONEM.

UT plurimorum votis, qui hujusce exemplaria Compendii flagitant, morem gerere, & obsequi valeamus, novam nunc typis nostris ejus Editionem aggredi cogimur, publicique juris facere; cum jam exemplaria in anteriori Editione impressa (quæ fuere sane non pauca) penitus distracta sint. Quod quidem vel unum haud levi argumento est, quanti faciendum sit Opus istud, quantaque sit ejus utilitas, quin ad illud justis laudibus extollendum plura præfari oporteat. Quid autem in hac Editione sit præstitum ad illud illustrandum, perficiendumque, Te paucis, Lector benevole, certiorem facere operæ pretium ducimus. In primis naviter illud recognitum est, fuitque diligentia adhibita a nobis sedula, ut a mendis omnibus, quæ incuria & oscitantia eorum, qui typis præfuere, in priorem editionem irrepserant, expurgaretur. Deinde curavimus, ut a Religioso Viro, qui Auctoris doctrinam in Epitomen redegit, quique eidem plura & in præcedenti Editione de suo adjecit, novis accessionibus locupletaretur scitu valde dignis, & ad praxin maxime necessariis. Quod ille, precibus annuens benigne nostris, libenter exequendum suscepit, & Opus plurimum exornavit, illustravit, amplificavit. Hæ vero novæ accessiones hoc (✠) designantur, ut distinguerentur ab iis, quas ipse

ipse in præcedenti Editione addiderat, quæque hisce aliis signis (*) notatæ sunt. Nil igitur prætermisimus, quod ad hoc Compendium omni, qua fieri poterat, perfectione donandum conferre posset, & ut numeris omnibus absolutum evulgaretur. Quare si tanto plausu, ubi primum illud prælo submisimus, exceptum est, in spem erigimur majore, aut saltem pari nunc aviditate excipiendum esse; cum perfectionem majorem adeptum videri debeat. En Tibi itaque, Lector humanissime, quid in hac nova Editione peregimus; & hinc intelligere facile poteris, quántum hæc priori antecellat. Benevolo igitur animo suscipe, quæ e re tua præstare conati sumus, iisdemque uberiori profectu utere. Vale.

LECTORI TYPOGRAPHUS.

Novam, Deo dante, nuper *Accuratæ Complexionis Universæ Theologiæ Moralis* a R. P. Fr. Fulgentio Cuniliati Ord. Præd. elucubratæ adornavimus Editionem castigatiorem, novisque utilissimis accessionibus locupletatam, cum jam exemplaria in priori Editione cusa (quæ sane non pauca fuere) penitus distracta fuissent. Nunc autem primum ab ejusdem Sacri Instituti Religioso Viro (cujus nomen, ipso reluctante, in hujus Operis Epigraphe patefecimus) benigne nostris precibus annuente, eamdem in compendium redactam, in lucem emittimus, ut plurimorum, qui eam sic contractam enixe sæpe sæpius efflagitaverant, vota secundaremus. Opellam hanc hujus scientiæ Candidatis præsertim, quorum gratia Auctor prædictam *Complexionem* suam exaraverat, futuram perutilem auguramur, cum plurimum memoriæ juvandæ conferre queat ad examen pro sacris audiendis Confessionibus subeundum. Qua quidem spe freti consilium nostrum, cui non pauci stimulos addidere, exequi proposuimus. Te vero præmonere pretium operæ fuerit, Amice Lector, 1. hanc epitomen fuisse ex prioribus hujusce Operis Editionibus erutam, in quibus geminæ Appendices, altera nimirum *de Privilegio audiendæ, & celebrandæ Missæ in Oratoriis privatis* ; altera Tractatui *de Sacramento Pœnitentiæ* subjecta, comprehendens animadversiones super casibus, qui plerumque, ac respective ab Ordinariis reservari consueverunt in propriis Diœcesibus, desiderantur, quæ in posterioribus solummodo ab Auctore adjectæ sunt: unde in hoc Compendio nulla erit talium Appendicum compilatio, præsertim quia doctrina in ipsis contenta contractius exhiberi nequit; & alias ambæ, cum seorsim typis editæ prostent, facillimo negotio possunt a quolibet comparari. 2. Te monitum esse volumus Cl. Auctoris doctrinam (quod & in cæteris fieri Compendiis hujusce generis assolet) in hoc Opusculo fere semper ejusdem verbis exponi, solumque alia verba adhibita esse, cum id necesse fuit ad aliqua magis declaranda, & explicanda, aut etiam ad fusiora quædam pressius exhibenda. 3. Tandem admonemus, quæ ab aliena manu, idest ab hujus Compendii Scriptore integro Operi in tribus postremis Editionibus addita sunt, hic leviter dumtaxat quandoque attingi, & hoc signo (*) indicari ; quin & ea, quæ in hac Epitome nunc primum adjiciuntur, & in præfato Opere hactenus defuerunt, hoc altero indice (☞) notata esse. Ne vero Tomi Primi hujus Compendii moles nimium excresceret, essetque Secundi plus æquo tenuior, Tractatum X. *De Contractibus in genere, & in specie,* & xi. *De Obligationibus Personarum*

ad

ad legale judicium requisitarum, qui Tomo primo Majoris Operis reperiuntur, in Secundum hujus rejecimus. Hæc sunt, quæ in antecessum tuis oculis subjicere, Lector humanissime, opportunum duximus; ut perspicue, quid in hoc adornando Compendio sit præstitum, intelligeres. Rèliquum est, ut quod in tui utilitatem atque profectum fieri curavimus, benigno gratoque animo excipias. Vale.

NOI RIFORMATORI

Dello Studio di Padova.

Concediamo Licenza a *Nicolò Bettmelli* Stampator di *Venezia* di poter ristampare il Libro intitolato; *R. P. F. Fulgentii Cuniliati Ordinis Prædicatorum Theologia Moralis Universa in Compendium redatta &c. Vol. 2. ristampa*, osservando gli ordini soliti in materia di Stampe, e presentando le Copie alle Pubbliche Librerie di Venezia, e di Padova.

Dat. li 9 Gennaro 1789.

(*Piero Barbarigo Riformator*.

(*Cav. Proc. Morefini Riformator*.

(*Girolamo Ascanio Giustinian K. Rif.*

Registrato in Libro a Car. 276. al N. 2947.

Marcantonio Sanfermo Segr.

IN-

INDEX
TRACTATUUM, CAPITUM, ET PARAGRAPHORUM.

TRACTATUS PRIMUS.

De Regulis Morum.

CAP. I. DE Regula interiori, [nempe de Conscientia. Pag. 1.
§. I. De Notione Conscientiæ. ibid.
§. II. De Divisione Conscientiæ. 2.
§. III. De Conscientia Erronea. 4
§. IV. De Conscientia Perplexa. 5
§. V. De Conscientia Dubia. 6
§. VI. De Conscientia Probabili & Probabiliori. 8
§. VII. De Conscientia Scrupulosa. 12
CAP. II. De secunda Morum Regula, & quidem exteriori, nempe de Lege.
§. I. De Natura Legis, & conditionibus ad eamdem requisitis. 15
§. II. De Legum divisione, & primum de Lege Divina. 16
§. III. De Lege Naturali. ib.
§. IV. De Lege Humana Positiva. 19
§. V. De Humanarum Legum Obligatione. 21
§. VI. De Materia humanæ legi subjecta. 23
§. VII. De modo adimplendi legem. 26
§. VIII. De iis, qui legibus subjiciuntur. 30
§. IX. De Cessatione legis, ejusque Abrogatione. 34
§. X. De Interpretatione legis. 35
§. XI. De Dispensatione legis. 36
§. XII. De Consuetudine. 39
§. XIII. De Privilegiis. 40

TRACTATUS II.

De Peccatis Generatim.

CAP. I. DE Natura, Divisione, Distinctione &c. Peccatorum. 43
§. I. De Peccati Natura. ibid.
§. II. De Peccatorum Divisione. 44
§. III. De Distinctione specifica Peccatorum. 46
§. IV. De Distinctione numerica Peccatorum. 48
§. V. De Peccato Mortali. & Veniali. 50

§. VI.

§. **VI.** *De Peccato Commissionis, & Omissionis.* 54
§. **VII.** *De Peccatis internis.* 56
CAP. **II.** De Peccatis, seu Vitiis Capitalibus. 61
  §. I. *De Superbia.* ibid.
  §. II. *De Avaritia.* 63
  §. III. *De Luxuria.* ibid.
  §. IV. *De Ira.* 73
  §. V. *De Gula.* 74
  §. VI. *De Invidia.* 77
  §. VII. *De Acedia.* 78

TRACTATUS III.

De Actibus Humanis; necnon de Voluntarietate, Involuntarietate, & Moralitate eorumdem.

CAP. I. DE Actibus Humanis. 80
  §. I. *De Natura, & Multiplicitate Actuum Humanorum.* ibid.
CAP. II. De Humanorum Actuum Voluntarietate, & Involuntarietate. 81
  §. I. *De Voluntario.* ibid.
  §. II. *De Causis Voluntarium tollentibus, aut minuentibus: & primo de Violentia.* 82
  §. III. *De Metu.* 83
  §. IV. *De Concupiscentia, seu vehementi passione.* 85
  §. V. *De Ignorantia.* ibid.
CAP. III. De Humanorum Actuum Moralitate. 88
  §. Un. *De Natura, & specie Moralitatis.* ibid.

TRACTATUS IV.

De Spectantibus ad Primum Decalogi Præceptum.

CAP. I. DE Pertinentibus ad Fidem Theologalem. 91
  §. I. *De Natura, Divisione, & Subjecto Fidei.* ib.
  §. II. *De Necessitate Fidei circa credenda, & scienda.* 92
  §. III. *De Præcepto actus Fidei eliciendi.* 93
  §. IV. *De licita, aut illicita Fidei Dissimulatione.* 97
CAP. II. De Vitiis Fidei oppositis generatim. 99
  §. I. *De primo Vitio Fidei opposito, quod est Infidelitas; variæque explicantur Infidelitatis species.* ib.
  §. II. *De Communicatione cum Infidelibus.* 100
  §. III. *De Notione Hæresis, & de vario modo in illam incidendi.* 101
  §. IV. *De Apostasia.* 104
CAP. III. De Spe Theologali Virtute. 105
  §. Un. *De Natura, Subjecto, & Obligatione Spei.* ib.

CAP. IV. De Vitiis Spei oppositis. 106
  §. Un. *Recensentur, & exponuntur Vitia Spei oppo-*
  sita. ibid.
CAP. V. De Charitate Theologali Virtute erga Deum. 107
  §. I. *De Natura, & Præcepto Charitatis, & primo*
  erga Deum. ibid.
  §. II. *De Necessitate Charitatis ad merendum.* 109
CAP. VI. De Vitiis Charitati erga Deum oppositis. 110
  §. I. *De primo Vitio Charitati erga Deum opposito,*
  nempe odio Dei. ibid.
  §. II. *De altero Vitio Charitati Dei opposito.* 111
CAP. VII. De Charitate erga Proximum. ibid.
  §. I. *De Obligatione diligendi Proximum.* ibid.
  §. II. *De Ordine tenendo in dilectione Proximi.* 112
  §. III. *De Obligatione Charitatis erga inimicos.* 115
  §. IV. *De Modo reconciliationis ineundæ.* 118
  §. V. *De Correctione fraterna, seu de Eleemosyna spi-*
  rituali. 119
  §. VI. *De Ordine in Correptione a Christo præscripto,*
  inter te & ipsum solum. 121
  §. VII. *De Eleemosyna corporali.* 124
CAP. VIII. De Vitiis Charitati Proximi oppositis. 129
  §. I. *De Discordia, Contentione, Seditione, & Ri-*
  xa. ibid.
  §. II. *De Schismate.* 130
  §. III. *De Bello.* ibid.
  §. IV. *De Duello.* 136
  §. V. *De Scandalo.* 139
CAP. IX. De Virtute Religionis. 148
  §. I. *De Religionis Notione, ejusdemque Actibus.* ib.
  §. II. *De Voto, cujus natura exponitur.* 152
  §. III. *De Materia Voto idonea.* 155
  §. IV. *De Divisione Voti, necnon de Obligatione ejus-*
  dem. 158
  §. V. *De Deobligatione a Voto.* 162
CAP. X. De Assumptione Divini Nominis in Laudem,
  nempe de Horis Canonicis. 169
  §. I. *De Horarum Canonicarum notione, & de Per-*
  sonis huic oneri addictis, & primo quoad Cho-
  rum. ibid.
  §. II. *De Persolutione Horarum, titulo Beneficii accep-*
  ti. 171
  §. III. *De Modo servando in Recitatione Horarum in*
  Choro. 174
  §. IV. *De Recitatione privata.* 176
  §. V. *De Causis excusantibus a Recitatione Hora-*
  rum. 181
  §. VI. *De Restitutione a non recitantibus, & non ca-*
  nentibus in Choro, dum tenentur, facienda. 184

CAP.

CAP. XI. De Beneficiis Ecclesiasticis. 189
§. I. De Beneficii Ecclesiastici notione, variaque divisione. ibid.
§. II. De variis modis consequendi Beneficia. 191
§. III. De Subjecto Beneficiorum Ecclesiasticorum; nec non de conditionibus in eo requisitis. 192
§. IV. De Obligationibus Nominantium, Præsentantium, Eligentium &c. ad Beneficia. 194
§. V. De Pluralitate Beneficiorum ab eodem Beneficiario possessorum. 196
§. VI. De Beneficiariorum Obligationibus. 197
§. VII. De variis modis amittendi Beneficia, & Pensiones. 200

CAP. XII. De Vitiis Religioni oppositis, & præcipue de Simonia.
§. I. De Idolatria. ibid.
§. II. De Divinatione. 201
§. III. De vana Observantia. 204
§. IV. De Magia, & Maleficio. 205
§. V. De Tentatione Dei. 206
§. VI. De Blasphemia. ibid.
§. VII. De Sacrilegio. 208
§. VIII. De Simonia. 210
§. IX. De materia Simoniæ Juris Divini, & indispensabilis. 212
§. X. De Simoniæ materia juris Ecclesiastici. 215
§ XI. De eo quod circa quædam Sacra est invendibile, tam de Jure Divino, quam de Jure Ecclesiastico respective. 216
§. XII. De variis modis simoniacis Jure vel Divino, vel Ecclesiastico respective, circa Beneficia. 218
§. XIII. De pœnis Ecclesiasticis Simoniæ crimini illatis. 224
§. XIV. De Restitutione facienda ob Simoniæ delictum. 226

TRACTATUS V.

De Spectantibus ad Secundum Decalogi Præceptum.

CAP. I. DE Juramento. 228
§. I. De Natura, & Divisione Juramenti: nec non de veritate ad Juramentum assertorium requisita. ibid.
§. II. De Judicio ad licite Jurandum requisito. 233
§ III. De Justitia in Juramento requisita. ibid.
§. IV. De Obligatione Juramenti Promissorii. 234
§. V. De Juramento ficto, & vi extorto. 236
§. VI. De casibus, in quibus Juramentum non obstringit. 237
§. VII.

§. VII. *De casibus, in quibus licet, aut non, ferre Juramentum.* 238
§. VIII. *De modis solvendi obligationem Juramenti.* ib.

TRACTATUS VI.

De Spectantibus ad Tertium Decalogi Præceptum.

CAP. I. DE Observantia hujus Præcepti quoad abstinentiam ab operibus servilibus. 240
§. I. *De potestate instituendi, & mutandi Festa.* ibid.
§. II. *De personis, quæ tenentur festa servare.* 241
§. III. *De operibus hoc præcepto vetitis.* 242
§. IV. *De causis excusantibus opera servilia in festo.* 246
CAP. II. De Sanctificatione Festorum quoad opera pia imposita. 248
§. I. *De obligatione, & modo audiendi Missam.* ib.
§. II. *De causis excusantibus ab auditione Missæ.* 249

TRACTATUS VII.

De Spectantibus ad Quartum Decalogi Præceptum.

CAP. I. DE Obligationibus Liberorum erga Genitores, & istorum erga Liberos. 251
§. I. *De obligationibus Filiorum erga Parentes.* ib.
§. II. *De obligationibus Genitorum erga Liberos.* 254
CAP. II. De Obligationibus aliarum Personarum, quibus incumbit respective aliorum curam gerere. 259
§. I. *De obligationibus Tutorum respectu Pupillorum, & Curatorum respectu Minorum.* ibid.
§. II. *De obligationibus Patrinorum respectu Filiorum Spiritualium.* ibid.
§. III. *De obligationibus Conjunctorum vicissim.* 260
§. IV. *De obligationibus Herorum & Famulorum vicissim.* ibid.
§. V. *De obligationibus Magistrorum, & Discipulorum.* 262

TRACTATUS VIII.

De Spectantibus ad Quintum Decalogi Præceptum.

CAP. I. DE Homicidio voluntario directo. 264
§. I. *De Notione, ac divisione Homicidii.* ibid.
§. II. *De Occisione Malefactorum, Peccatorum, Tyrannorum.* 265
§. III. *De Occisione Innocentis.* 266

CAP.

CAP. II. De Homicidio Indirecto. 268
§. I. De Homicidio patrato in defensionem propriæ vitæ. ibid.
§. II. De Homicidio indirecto ob defensionem Honoris, Famæ, & Pudicitiæ. 270
§. III. De Occisione Invasoris bonorum temporalium. 271
§. IV. De Suicidio, & Mutilatione directis. 272
§. V. De Suicidio indirecto. 273
§. VI. De Homicidio casuali. 274

TRACTATUS IX.

De Spectantibus ad Septimum, & Decimum Decalogi Præcepta.

CAP. I. De Justitia. 276
§. Un. De Natura, & Divisione Justitiæ. ibid.
CAP. II. De Jure. 278
§. I. De Notione, & Divisione Juris. ibid.
§. II. De Subjecto Dominii, & primo de Dominio Filiorum. 279
§. III. De Dominio Uxorum. 281
§. IV. De Dominio Mancipiorum. 283
§. V. De Objecto, seu materia Dominii. ibid.
§. VI. De variis modis acquirendi Justum Dominium; & primo per Occupationem. 284
§. VII. De Occupatione lignorum, & pascuorum communium. 287
§. VIII. De modo per Occupationem acquirendi Dominium Thesauri ignoti. 288
§. IX. De modo acquirendi Dominium per Inventionem. 289
§. X. De modo acquirendi Dominium per Alluvionem, Specificationem, Accessionem, Commixtionem, Inædificationem, Rictionem, Implantationem, & Nativitatem. 291
§. XI. De modo acquirendi Dominium per Præscriptionem: ubi de Possessione, quæ est prima conditio ad præscribendum requisita; nec non de Usufructu, & Servitute. 293
§. XII. De valore Præscriptionis, & de casibus a Præscriptione immunibus. 295
§. XIII. De Conditionibus ad legitimam Præscriptionem requisitis. 296
CAP. III. De Injustitia, seu Injuria. 299
§. Unic. De Notione Injustitiæ, seu Injuriæ, ejusdemque varia Divisione. ibid.
CAP. IV. De Restitutione generatim. 300
§. I.

§. I. De Notione, & Necessitate Restitutionis. ibid.
§. II. De Radicibus, ex quibus oritur obligatio restituendi. 301
§. III. De Culpis, ex quibus oritur obligatio restituendi, & primo de culpæ Theologicæ qualitate. 303
§. IV. De Obligatione restituendi ex culpa Juridica. 304
CAP. V. De Restitutione in particulari, & primo circa Bona Temporalia. 307
§. I. De Furto, & Rapina. ibid.
§. II. De occultâ Compensatione. 309
§. III. De Necessitate licitum reddente surripere aliena. 311
§. IV. De eo, quod restituendum est a Possessore bonæ fidei. 312
§. V. De Obligationibus Possessoris dubiæ fidei. 315
§. VI. De Obligationibus Possessoris malæ fidei. 316
§. VII. De agente aliquid non ex se damnum inferens; ex quo tamen secutum fuit damnum alteri. 318
§. VIII. De Obligationibus impedientium alios a consecutione bonorum temporalium. 319
§. IX. De Mora in restituendo. 321
§. X. De acceptis ob motivum peccaminosum. 322
§. XI. De receptis pro actione alioquin ex debito præstanda. 324
§. XII. De Concausis damnorum Proximi generatim. 325
§. XIII. De Causis cooperantibus positive ad damnificationem singulatim. 327
§. XIV. De tribus aliis Causis negativis singulatim. 330
§. XV. De Ordine in restitutione ab istis Concausis observando. 332
§. XVI. De Circumstantiis observandis In restitutione bonorum temporalium, & primo quoad Personas, quoad Tempus, & quoad Locum. 334
§. XVII. De Ordine in restitutione bonorum temporalium observando. 337
§. XVIII. De Motivis excusantibus a restitutione bonorum temporalium, & de restitutionis Dilatione. 339
CAP. VI. De Restitutione in particulari, & primo ob damna Honestatis. 342
§. I. De Obligationibus defloratoris injusti. ibid.
§. II. De Restitutione propter Adulterium. 346
CAP. VII. De Restitutione propter damna civilia Famæ, & Honoris. 348
§. I. De variis Modis lædendi famam & honorem, nonnullæque regulæ proponuntur. ibid.
§. II. De Qualitate peccati, temere Dubitandi, Suspicandi, Opinandi, & Judicandi. 349
§. III. De Detractione famæ Proximi facta per verba. 351
§. IV. De Publicitate criminum excusante a Detractione gravi. 354
§. V.

CAP. II. De Homicidio Indirecto. 268
§. I. *De Homicidio patrato in defensionem propriæ vitæ.* ibid.
§. II. *De Homicidio indirecto ob defensionem Honoris, Famæ, & Pudicitiæ.* 270
§. III. *De Occisione Invasoris bonorum temporalium.* 271
§. IV. *De Suicidio, & Mutilatione directis.* 272
§. V. *De Suicidio indirecto.* 273
§. VI. *De Homicidio casuali.* 274

TRACTATUS IX.

De Spectantibus ad Septimum, & Decimum Decalogi Præcepta.

CAP. I. DE Justitia. 276
§. Un. *De Natura, & Divisione Justitiæ.* ibid.
CAP. II. De Jure. 278
§. I. *De Notione, & Divisione Juris.* ibid.
§. II. *De Subjecto Dominii, & primo de Dominio Filiorum.* 279
§. III. *De Dominio Uxorum.* 281
§. IV. *De Dominio Mancipiorum.* 283
§. V. *De Objecto, seu materia Dominii.* ibid.
§. VI. *De variis modis acquirendi Justum Dominium; & primo per Occupationem.* 284
§. VII. *De Occupatione lignorum, & pascuorum communium.* 287
§. VIII. *De modo per Occupationem acquirendi Dominium Thesauri ignoti* 288
§. IX. *De modo acquirendi Dominium per Inventionem* 289
§. X. *De modo acquirendi Dominium per Alluvionem, Specificationem, Accessionem, Commixtionem, Inædificationem, Pictionem, Implantationem, & Nativitatem.* 291
§. XI. *De modo acquirendi Dominium per Præscriptionem: ubi de Possessione, quæ est prima conditio ad præscribendum requisita ; nec non de Usufructu, & Servitute.* 293
§. XII. *De valore Præscriptionis, & de casibus a Præscriptione immunibus.* 295
§. XIII. *De Conditionibus ad legitimam Præscriptionem requisitis.* 296
CAP. III. De Injustitia, seu Injuria. 299
§. Unic. *De Notione Injustitiæ, seu Injuriæ, ejusdemque varia Divisione.* ibid.
CAP. IV. De Restitutione generatim. 300
§. I.

§. I. De Notione, & Necessitate Restitutionis. ibid.
§. II. De Radicibus, ex quibus oritur obligatio restituendi. 301
§. III. De Culpis, ex quibus oritur obligatio restituendi, & primo de culpa Theologica qualitate. 303
§. IV. De Obligatione restituendi ex culpa Juridica. 304
CAP. V. De Restitutione in particulari, & primo circa Bona Temporalia. 307
§. I. De Furto, & Rapina. ibid.
§. II. De occulta Compensatione. 309
§. III. De Necessitate licitum reddente surripere aliena. 311
§. IV. De eo, quod restituendum est a Possessore bonæ fidei. 312
§. V. De Obligationibus Possessoris dubiæ fidei. 315
§. VI. De Obligationibus Possessoris malæ fidei. 316
§. VII. De agente aliquid non ex se damnum inferens, ex quo tamen secutum fuit damnum alteri. 318
§. VIII. De Obligationibus impedientium alios a consecutione bonorum temporalium. 319
§. IX. De Mora in restituendo. 321
§. X. De acceptis ob motivum peccaminosum. 322
§. XI. De receptis pro actione alioquin ex debito præstanda. 324
§. XII. De Concausis damnorum Proximi generatim. 325
§. XIII. De Causis cooperantibus positive ad damnificationem singulatim. 327
§. XIV. De tribus aliis Causis negativis singulatim. 330
§. XV. De Ordine in restitutione ab istis Concausis observando. 332
§. XVI. De Circumstantiis observandis in restitutione bonorum temporalium, & primo quoad Personas, quoad Tempus, & quoad Locum. 334
§. XVII. De Ordine in restitutione bonorum temporalium observando. 337
§. XVIII. De Motivis excusantibus a restitutione bonorum temporalium, & de restitutionis Dilatione. 339
CAP. VI. De Restitutione in particulari, & primo ob damna Honestatis. 342
§. I. De Obligationibus defloratoris injusti. ibid.
§. II. De Restitutione propter Adulterium. 346
CAP. VII. De Restitutione propter damna civilia Famæ, & Honoris. 348
§. I. De variis Modis lædendi famam & bonorem, nonnullæque regulæ proponuntur. ibid.
§. II. De Qualitate peccati, temere Dubitandi, Suspicandi, Opinandi, & Judicandi. 349
§. III. De Detractione famæ Proximi facta per verba. 351
§. IV. De Publicitate criminum excusante a Detractione gravi. 354

§. V.

§. V. De necessitate excusante detractionem. 356
§. VI. De custodiendo sigillo naturali, & de legentibus alienas Epistolas. 357
§. VII. De audiente Detractorem. 358
§. VIII. De obligatione, & modo restituendi famam. 359
§. IX. De causis excusantibus a præfata restitutione. 361
Appendix. De Susurratione, Derisione, & Maledictione, seu Imprecatione. 363
§. I. De Susurratione. ibid.
§. II. De Derisione. 364
§. III. De Maledictione, seu malorum Imprecatione. 366
CAP. VIII. De Restitutione ob damna vitæ illata. 369
§. I. De Restitutione ob damna illata vitæ, & corpori. ibid.
§. II. De Causis excusantibus a restitutione propter homicidium, vulnerationem &c. 373

TRA-

TRACTATUS PRIMUS.
DE REGULIS MORUM.

CAPUT PRIMUM.
De Regula interiori, nempe de Conscientia.

§. I. *De Notione Conscientiæ*.

I.  Orum, quorum nomine actiones significantur, quæ ab homine, humano, deliberatoque modo proficiscuntur, duæ sunt regulæ, interior una, altera exterior: prima est Conscientia hominis deliberate operantis: secunda est Lex, hominis deliberate operantis exterior directrix. *Quotuplex sit Morum Regula?* De illa in hoc, de hac in sequenti capite sermo erit.

II. Prima quidem, & universalis morum regula est Lex æterna, Divina scilicet Mens, omnis rectitudinis indefectibile exemplar. Verum hæc non est nisi regula remota: propior autem regula est lumen rationis unicuique homini a Deo inditum, quo bonum a malo discernitur: at nondum proxima occurrit interior hominis regula; etsi namque lumen rationis cognoscar per habitum syndereseos veritates, ex quibus infertur quid agendum sit, quidve reficiendum; attamen nisi quodam syllogismo practico hæ veritates applicentur, in cujus conclusione, quid reapse agendum sit, appareat, nunquam habebitur regula proxima humanarum operationum directrix: deducta autem conclusione, nihil deerit, quominus immediata, & omnino proxima habeatur humanæ operationis regula: v. g. Dum quis tentatur ad furtum, nulla docente Dialectica, temporis instanti, hunc format syllogismum practicum: *malum, & peccatum non est committendum: nunc furari est peccatum: ergo nunc furtum non est perpetrandum*: hæc conclusio est regula interior proxima, retrahens a furto: & ecce regula, de qua in præsentiarum dicturi sumus, nempe conscientia, quæ propterea definitur, juxta ea, quæ tradit S. Th. 1. p. q. 79. art. 13. *dictamen actuale rationis practicæ ostendens quid in particulari, seu hic, & nunc agendum sit, vel omittendum*. *Quid sit Conscientia?*

Singula hujusce definitionis verba seorsim lubet exponere, ut nitidius conscientiæ indoles innotescat. Dicitur 1. *Dictamen actuale*; quia conscientia neque est potentia, neque habitus, sed actus, ut præcitatus S. D. docet ibidem,

dem. Dicitur 2. *rationis*, quia conscientia est actus elicitus ab intellectu, non a voluntate, ut patet ex ipsa nominis etymologia; conscientia enim est quasi *cum alia scientia*, seu applicatio scientiæ ad aliquid particulare; ut idem S. D. asserit *eodem loco*. Additur autem *practica*; quia conscientia versatur circa actionem in individuo, idest cum suis omnibus circumstantiis consideratam. Et hinc dicitur tandem 3. *Ostendens quid in particulari, seu hic, & nunc agendum sit, vel omittendum*, per quod conscientia secernitur a Synderesi; Synderesis quippe est habitus mentis nobis naturaliter inditus, qui versatur circa prima principia moralia, v. g. *quod tibi non vis fieri, alteri ne feceris*. Conscientia autem est dictamen, seu judicium applicans principium morale alicui actioni particulari, v. g. *Non debeo huic homini-inferre hoc damnum* &c. Itaque conscientia est conclusio syllogismi practici, ut jam innuimus, quia ex principiis moralibus communibus concludit in particulari quid agendum sit, vel omittendum: unde S. Antoninus ait, quod *conscientia est concludens scientia*.

§. II. De Divisione Conscientiæ.

Divisio Conscientiæ respective ad tempus.
I. Conscientia primo dividitur, respective ad tempus, in Antecedentem, & Consequentem. Antecedens dictat quid agendum sit, antequam agatur, & de hac disserimus in præsenti. Consequens dictat quid egimus, ex qua consolamur, aut tristamur; & de hac modo nil ad nos.

Divisio Conscientiæ respective ad vinculum.
II. Respective ad vinculum, dividitur Conscientia in Præcipientem, quando dictat aliquid agendum sub præcepto: in Consulentem, quando dictat aliquid agendum ex consilio: & in Permittentem, quando dictat aliquid neque prohiberi, neque præcipi, sed permitti.

Divisio Conscientiæ respective ad objectum.
III. Respective ad objectum, dividitur in Rectam, & Erroneam. Recta dictat aliquid licitum, aut illicitum, quod reapse tale est: Erronea dictat aliquid licitum, vel illicitum, quod revera tale non est. Subdividitur in Erroneam invincibiliter, & in erroneam vincibiliter: prima est illa, cujus error nulla morali diligentia tolli potuit, & idcirco culpa vacat: secunda illa est, cujus error morali diligentia tolli potuit, & debuit, & idcirco culpabilis est. Erronea vincibiliter subdividitur in Errantem ex ignorantia crassa, aut supina, & in Errantem ex ignorantia affectata. Prima procedit ex notabili negligentia addiscendi ea, quæ quis scire tenetur, ita ut nullam, aut fere nullam diligentiam adhibuerit: secunda quando quis data opera ignorat, quæ scire tenetur, vel ob tædium in addiscendo; vel quia ex arrogantia renuit ab aliis edoceri; vel ne compellatur resipiscere, vel ne peccando con-

Caput I. De Conscientia.

scientiæ stimulum patiatur, ita ut dubia, quæ sibi prudenter creantur, neque studio, neque consilio, sed solo genio, & proprio arbitrio resolvere eligat.

IV. Respective ad actum dividitur Conscientia in Certam, Perplexam, Dubiam, Probabilem, & Scrupulosam. Certa dictat aliquid agendum, vel omittendum absque ulla formidine; & hujusmodi esse potest tam conscientia recta, quam errans. Perplexa dictat peccatum in utroque extremo, nempe sive agatur, sive non. Dubia seu dubio affecta suspensionem judicii importat inter utrumque extremum neutri parti assentiendo, aut dissentiendo. Si autem in alterutram partem propendat, nondum tamen assentiendo, dicetur Suspicio; si vero propendat, etiamsi assensum cum magna formidine præbendo, erit Opinio. Probabilis dictat ex gravi fundamento aliquid agendum, vel omittendum, tamen cum rationabili formidine de opposito. Probabilior dictat id, quod sibi videtur esse rationi magis conforme, relicto eo, quod sibi apparet minus conforme, videlicet quæ, quando verum manifeste haberi non potest, dictat, illud esse eligendum quod magis ad verum accedere sibi suadet, eo prætermisso, quod longius a vero distare sibi videtur, quamvis cum aliqua formidine. Scrupulosa denique illa est, quæ dictat unum extremum, sed formidat, & angitur ex levibus motivis, illud sequendo.

Divisio Conscientia respectu ad actum.

Conscientiæ scrupulosæ, quæ ex futilibus, & prorsus contemnendis rationibus judicat, aut timet, ne mala sit actio, contraponitur conscientia lata, seu laxa, quæ ex levibus admodum, & contemnendis momentis judicat non esse malum quod revera malum est, aut leve malum, quod est grave, cum utrumque valeat facile dignosci. Hæ duæ conscientiæ, nimirum scrupulosa, & laxa, in hoc, ut compertum est, a probabili discriminantur, quod probabilis nititur gravibus momentis, istæ vero levibus: unde spectant ad erroneam.

V. Conscientia Recta præcipiens obligat, ita ut qui contra illam agit, peccet graviter vel leviter pro ratione materiæ; quippe agit contra immediatam rectitudinis regulam, quæ participatio quædam est supremæ, Divinæque regulæ totius honestatis.

Obligatio Conscientiæ.

VI. Probabiliorem censet Auctor sententiam illorum, qui asserunt, eum lethaliter peccare, qui agit contra Conscientiam Rectam dictantem, quod talis actio sit peccatum in genere tantum, & in confuso, quandoquidem ita videtur affectus, ut talis actionis malitiam, velit, tametsi gravis sit.

Operans ex Conscientia dictante esse malum in confuso.

* Verum si quis sit ita dispositus, sicut quilibet probus, & integræ seu bene moratæ conscientiæ censeri debet, ut si dubium proprie tale occurreret, quod posset

A 2 esse

esse mortale id, quod agit, nequaquam illud committere vellet, excusatur a mortali, quia ex illa dispositione habituali præsumitur illud, quod agit, non apprehendere practice, ut lethale. *

§. III. De Conscientia Erronea.

Operans ex Conscientia Errante.

I. Contra Conscientiam nedum invincibiliter, sed etiam vicibiliter errantem agere non licet, ut docet D. Thom. 1. 2. q. 19. a. 5. quia voluntas tenetur sequi dictum rationis, quid sit agendum, dictantis. Quocumque igitur modo erret ratio dictans, non licebit voluntati contra dictamen agere.

Diversus obligandi modus Conscientiæ Errantis.

II. Diversimode autem obligat ad agendum Conscientia errans invincibiliter, ab errante vicibiliter: prima enim obstringit, ut ipsi obediatur; cum error, quia invincibilis, expelli nequiverit: at secunda obligat primo ad errorem dispellendum, qui, utpote vincibilis, expelli debet, & potest, adhibito studio, consilio &c. ex suppositione autem quod non dispellatur, obligat per accidens, ut sibi quoque obediatur, ob hactenus dicta.

Observandum.

III. Si conscientia erronea dictet v. g. esse dumtaxat veniale jurare falsum in aliqua necessitate, jurans adhuc peccabit mortaliter, si conscientia erronea sit vincibilis; eo quod error conscientiæ, quia vicibilis, sit volitus in negligentia non addiscendi illa, quæ scire tenetur; peccabit vero dumtaxat venialiter, si conscientia erronea sit invincibilis, quoniam inculpabiliter putat esse tantum veniale.

Agens contra Conscientiam Errantem ex impotentia physica.

IV. Qui ex conscientia vincibiliter errante putat se teneri ad opus, quod physice exequi non potest, v. g. audire Sacrum, dum est carceri mancipatus, non peccat lethaliter omittendo Sacrum; quandoquidem omissio non est voluntaria, neque dictamen illud erroneum est causa peccati; eo quod omissio Sacri non procedit a voluntate eligente discordare a dictamine Conscientiæ, sed ab impedimentis extrinsecis, quæ non subsunt liberæ dispositioni omittentis; & propterea dictamen illud dicitur falsum speculative, non practice, quia non influens in omissionem Missæ.

Quomodo agendum contra Conscientiam Errantem?

V. Laborans conscientia erronea vincibili, non potest licite contra illam agere, nisi ducatur motivo aliquo urgentiori, elidente motivum, a quo fuit error inductus. Diligentia porro adhibenda ad errorem vincibilem deponendum, debet esse talis, quæ censeatur prudenter sufficiens, attenta conditione personæ, & qualitate materiæ: quapropter major diligentia requiritur in viro, qui aut studere, aut circumire potest ad inveniendos consiliarios, quam in fœmina; major in fœmina annosa, quam in adolescentula, &c. Major item requiritur diligentia, dum

agi-

agitur circa materiam in damnum tertii refultantem, quam circa materiam fpectantem ad folum operantem &c.

VI. Ex dictis infertur, nunquam fieri poffe, ut agens ex Confcientia Erronea vincibili bene agat, eo quod operetur ex radice culpabili; quia error vincibilis & debuit & potuit tolli. Agens autem ex Confcientia Erronea invincibili probabilius exiftimat Auctor, quod poffit bene, honefte, & prudenter agere, & fi adfint requifita, etiam meritorie. *Operans ex confcientia erronea vincibili femper male agit; agens autem ex erronea invincibili poteft bene, & honefte agere.*

* At Doctores non pauci, & quidem magni nominis oppofitum fuftinent; fentiuntque, eum utique formalis malitiæ reum non effe, qui opus aliquod natura fua malum efficit, autnmans ex confcientia invincibiliter erronea, illud effe bonum; at ipfum virtutis actum edere, & mereri, feu opus conficere bonitate, & merito præditum, inficiantur. Et hæc fententia menti D. Thomæ confona apparet. Legatur S. D. 1.2-q. 19. art.3. & 4.; & art. 6. ad. 1. *

Indicia, ex quibus colligi poteft, Confcientiam erroneam effe invincibilem, hæc funt. 1. Si verfetur circa jus humanum vel pofitivum. 2. Si agatur de re difficillima vel inter ipfos doctos. 3. Si nunquam præcefferat dubitatio ulla, vel aliqua confufe notitia. 4. Si homo advertens fe deceptum, & ex ignorantia violaffe legem, dolet & triftatur. 5. Si homo fit probus, & integræ, morataæque confcientiæ. 6. Si pravo opinandi modo non fit præventus. Ex his, aliifque id genus colligere Confeffarius poteft, erroneam confcientiam fuiffe invincibilem. Contra vero, fi res fit juris naturalis, fi aliqua præcefferit dubitatio, fi homo delinquere folitus fit, & confcientiæ flagitiis implexæ, fi facilis fit in adoptandis opinionibus, quæ libertati favent.

§. IV. De Confcientia perplexa.

1. Cum Confcientia perplexa illa fit, quæ peccatum tibi dictat quamlibet partem eligas, five agas, five ab agendo abftineas, idcirco fi perplexitas fit vincibilis, teneris diligentia uti ad perplexitatem deponendam; fi vero fit ex ignorantia invincibili, & nequeas actionem fufpendere, aut illam differre donec confilium petas, tunc teneris eligere id, quod tibi coram Deo videtur minus malum. Si vero ex utraque parte æquale malum appareat, & neceffitas agere compellat, tunc, ut coram Deo te a peccato immunem reddas, eam partem eligas, quæ minus fenfualitati favet; aliter convincereris, te omnem diligentiam non præftitiffe. *Quid agendum ab habente Confcientiam perplexam vincibilem?*

* Qui Confcientia perplexa invincibili laborat, fi eligat id, quod apparet majus malum, peccat fecundum quan-

quantitatem excessus, quia hunc excessum libere eligit. Quod si utraque pars appareat aeque mala, non peccat, qui alterutram eligit, quia caret libertate ad peccandum, ut ei peccatum imputari queat. Optime tamen monet Auctor, quod tunc unusquisque debeat eligere eam partem, quae minus sensualitati favet, ut coram Deo se reddat a peccato immunem. *

§. V. *De Conscientia Dubia*.

Quid sit Conscientia Dubia?

I. Conscientiam Dubiam, seu dubitationem tunc evenire propria, *& stricte, quando rationes sunt aeque ponderantes ad utramque partem aequaliter, aut quasi aequaliter, moventes*, ait S. Antoninus 1. par. tit. 3. capit. 10. §. 10. Idque egregie multo ante explicaverat S. Thomas 3. Metaph. cap. 1. Conscientia igitur moraliter, & prudenter dubia illa est, quae pro utroque extremo rationes invenit ita aequales, aut quasi aequales, ut haerere compellatur, neque ex vi rationum possit alterutrum eligere; ac proinde si eligat eliget ex sola affectione ad alterum extremum, & non ex vi majoris rationis in extremo illo refulgentis; eliget ergo temere, & imprudenter; quia electio, quae ratione non ducitur, ab imprudentia, & temeritate vacare non potest.

An possit eligere quid libuerit?

Quid dubium negativum, quid positivum?

II. Dividitur primo dubium in negativum, & positivum. Negativum est, quando pro utroque extremo vel nullae rationes occurrunt, vel solummodo leves. Verum hoc improprie dumtaxat dubium dici potest; nam quando nullae rationes occurrunt, est mera nescientia, & ignorantia; quando autem rationes sunt solum leves, dubium inde exortum non potest dici morale, rationabile, & prudens. Dubium vero positivum est, quando propter rationes contrarias utrinque aeque, vel fere aeque ponderantes, fluctuat inter utramque partem suspensus animus neutri assentiens.

* Haec sane nitida est ac legitima dubii positivi notio, quam praebet Angelicus qu. 14. *de Verit.* artic. 1., quamque Theologi communiter amplectuntur. Hinc sponte fluit, dubium positivum ab opinione discriminari. Siquidem per opinionem assensus uni parti praestatur, in dubio vero mens anceps haeret, & suspensa manet inter assensum, & dissensum. *

Quid speculativum & practicum?

III. Dividitur secundo Dubium in Speculativum, & Practicum: Primum evenit, quando dubitatur in ordine ad aliquid cognoscendum, vel etiam operandum absolute, non tamen in ordine ad hic, & nunc dirigendam operationem; & idcirco vocari solet *speculative practicum*. Secundum, quo quis dubitat in ordine ad operationem hic & nunc exercendam; & ideo vocitari solet *practice practicum*.

IV.

Caput I. De Conscientia.

IV. Dividitur tertio in dubium Juris, & Facti: Primum versatur circa id, quod potest inducere obligationem; puta dubium an extet lex, an contractus sit validus, an adsit potestas legitima &c. Secundum versatur circa factum, utrum factum fuerit, puta an legem impleverim, an voto satisfecerim, an contractum observaverim, an potestati obtemperaverim &c. Dubium igitur facti est dubitare de facto ipso ex se solo considerato: si enim consideretur quatenus fundat obligationem consequentem, evadit dubium juris: puta, an horas omiserim, ut inde tenear, si sim Beneficiarius, restituere: an assensum matrimonio dederim, ut inde tenear debitum reddere &c. *Quid Juris & Facti?*

V. Regula ex probatis Doctoribus ad Conscientiam dubiam recte dirigendam, est; quod qui prudenter dubitat, an actio liceat, vel non, & priusquam ratione aliqua prudente dubium deponat, operatur, peccat peccato illius speciei, de qua dubitat; quia se exponit scienter, & deliberate evidenti periculo peccandi tali peccato; quandoquidem non magis dubitat, actionem esse illicitam, quam licitam. Si vero ita dubitans agere compellatur aliqua necessitate, tenetur securiorem partem eligere, idest partem non commodo, sed legi faventem ob rationem dictam, ne se periculo peccandi committat. Sic docent SS. Patres, Sacri Canones, & celebriores Theologi, ut ostendit Auctor num. VIII. IX. & X. Hi sane omnes uno ore pronunciant, quod *in dubiis tutior pars est eligenda*. *Modus dirigendi conscientiam dubiam.*

VI. Illud autem axioma a lege positiva humana inventum, quod *in dubiis melior sit conditio possidentis*, vim habet in sola materia justitiæ, quoties agitur de dubio justæ possessionis alicujus rei; quando enim sunt motiva prudenter dubitandi, sit ne ager v. g. Petri possidentis; an Pauli contendentis; & dubium nequeat ratione ulla purificari, nec rationes Pauli vincant rationes Petri, sed æqualem gradum servent; in eo casu lex positiva humana decrevit, ut in tali dubio melior sit conditio Petri possidentis; & jure merito; nam ipsa possessio agri, ut supponitur, bona fide cæpta, & continuata (ante præscriptionis tempus, quod in casu nondum supponitur advenisse) est titulus, quo caret Paulus; & qui præbet fundamentum judicandi, quod rite cæpta fuerit agri possessio, ut ager jure positivo Petro adjudicetur. Perperam igitur hoc principium ad solam justitiæ materiam ab humano jure restrictam, transfertur a multis ad materiam juris Naturalis, Divini, & Ecclesiæ; ita ut valere contendant in dubiis contra Leges Decalogi, Divinas positivas, & Ecclesiasticas; atque dum agitur, an in dubiis spoliari debeat homo libertate eligendi quod vult, an lex Decalogi Divina, & Ecclesiastica sua auctoritate privari, istæ potius cedere homini debeant, non homo istis. *Vera intelligentia illius axiomatis, quod in dubiis melior sit conditio possidentis.*

Male transfertur a materia justitiæ ad alias materias.

☞ Ut autem, quæ hucusque dicta sunt, clarius percipiantur, observandum est, *Tutius* bifariam sumi posse. 1. Sumitur *comparative* ad partem oppositam tutam, ut cum dicitur: status Religionis est tutior statu laicali, & matrimoniali; quippe uterque status laicalis, & matrimonialis tutus est. 2. Sumitur *adversative* ad partem non tutam, sed dubiam. Quare hoc in sensu una pars tutior dicitur, non quia altera pars tuta sit, sed quia dubia est. Quo in casu *tutior* pars unice *tuta* est; opposita enim dubia est, atque adeo non tuta. Uno verbo, in dubiis tutior pars est sola, & unice tuta. Legatur P. Daniel Concina *tom. 2. lib. 2. de Conscient. dissert. 2. cap. 7.*

✚ Quænam fuerit mens S. P. Benedicti XIV. circa hanc materiem evidentissime eruitur ex iis, quæ in Majori Opere in calce hujus §. fuse, luculenterque exposita reperiuntur, & hoc signo * indicantur. ✚

§. VI. De Conscientia Probabili, & Probabiliori.

Quid Conscientia probabilis, & probabilior.

I. Conscientia Probabilis illa est, quæ ex gravi aliquo fundamento, habente magnam vim trahendi ad assensum, actionem judicat licitam, aut illicitam, tamen cum formidine non levi partis oppositæ: Probabilior illa est, quæ nititur motivo notabiliter firmiori suo opposito, & propterea vel nullam omnino, vel modicissimam formidinem relinquit; & si hanc relinquat, illam relinquit non comparative ad probabilem, sed comparative ad verum attingendum, quod cum clare non illuceat, aliquam videtur semper formidinem relinquere an revera attingatur.

Distinctio probabilioris a Tutiori, & rigorosa.

II. Et hinc statim nota, quomodo idem non sit, opinionem aliquam esse probabiliorem, & esse tutiorem. Quis enim ignorat, multas esse opiniones probabiliores, quæ nullatenus sunt tutiores? Tutior est quæ jubet præmittendam esse Sacramento Pœnitentiæ contritionem undequaque perfectam; neutiquam probabilior; & aliæ centenæ. Probabilior igitur illa est, quæ rationibus notabiliter firmioribus nititur supra mere Probabilem. Tutior, seu rigorosa illa est, quæ magis recedit a peccandi periculo, tametsi rationibus firmioribus non nitatur.

Abusus gravis multorum in sequendis opinionibus.

III. Cum igitur Opinio probabilis illa sit, quæ gravi nititur fundamento, inferas jure meritoque reprobatas fuisse a SS. Pontificibus Alexandro VII., & Innocentio XI. sequentes propositiones. Ille quidem hanc proscripsit, quæ est in ordine 27. inter eas, quas damnavit *die 24. Septembris 1655. Si liber sit alicujus junioris, & moderni, debet opinio censeri probabilis, dum non constet esse rejectam a Sede Apostolica tamquam improbabilem.* Iste vero hanc aliam confixit, quæ est in ordine 3. inter eas, quas censuris notavit *die 2. Martii 1679, Generatim dum*

pro-

Caput I. De Conscientia.

probabilitate sive intrinseca, sive extrinseca, quamtumvis tenui, modo a probabilitatis finibus non exeatur, confisi aliquid agimus, semper prudenter agimus.

IV. Occasione autem hujus thesis, nota, probabilitatem intrinsecam desumi a pondere rationis, & probationum; extrinsecam vero ab auctoritate Doctorum illam sustinentium. Et circa hanc nota iterum, quod non tam desumatur ex numero, quam ex qualitate Doctorum: quis enim ambigat, auctoritatem S. Thomæ, S. Raymundi, S. Antonini, S. Bonaventuræ, S. Caroli Borromæi, & similium, longe pluris faciendam esse auctoritate multorum istis non æquabilium? Similiter inter alios Theologos illi anteferendi sunt, qui res, super quibus respective resolvunt, ab imis usque fundamentis examinarunt, momenta hinc inde perpenderunt, objectaque solide enodarunt. *Quid probabilitas intrinseca, quid extrinseca?*

V. Simili modo Probabilior opinio ab intrinseco dicitur illa, quæ solidioribus notabiliter fundamentis nititur, quam altera; ab extrinseco autem talis appellabitur, quæ a Doctoribus celebrioribus, juxta discretionem modo traditam, sustinetur. *Quid probabilioritas?*

VI. Probabilitas autem, sicut & Probabilioritas dividi potest in Objectivam, & Subjectivam. Objectiva illa vocari solet, quæ est gravi reapse fundamento munita, si sit probabilitas; vel revera notabiliter graviori, si sit probabilioritas. Subjectiva illa est, quæ viro fundamenta mature consideranti talis respective esse videtur; & si revera talia habeat fundamenta, erit probabilitas, vel probabilioritas objectiva simul, & subjectiva, sin autem, erit subjectiva tantum, non objectiva. *Quid probabilitas Objectiva, & Subjectiva?*

VII. Quæstio itaque gravissimi momenti excitatur, an licitum sit sequi opinionem vere probabilem in concursu probabilioris cognitæ ut talis; ita ut inculpate agat, qui secundum probabilem operatur, probabiliori prætermissa? Antequam autem huic quæsito respondeam, præmitto, modo apud omnes certum esse, id non licere, quoties agitur de valore cujuscumque Sacramenti; nam Innocentius XI. hanc thesim primo loco damnavit: *Non est illicitum in Sacramentis conferendis sequi opinionem probabilem de valore Sacramenti, relicta tutiore, nisi id vetet Lex, conventio, aut periculum gravis damni incurrendi.* Hinc sententia probabili tantum utendum non est in collatione Baptismi, Ordinis Sacerdotalis, aut Episcopalis. Insuper est indubitabile, nulli judici licitum esse judicare secundum opinionem minus probabilem, relicta probabiliori. Etenim similiter laudatus Innocentius secundo loco sequentem thesim damnavit: *Probabiliter existimo, judicem posse judicare juxta opinionem etiam minus probabilem.* Præterea non licet agere secundum opinionem probabilem, qualibet probabilitate fultam; dummodo a probabilitatis finibus *Aperitur status Quæstionis, & præmittuntur certa.*

bus

bus non exeatur. Quandoquidem idem Pontifex tertio loco damnavit thesim sequentem, etiam supra relatam. *Generatim dum probabilitate sive intrinseca, sive extrinseca, quantumvis tenui, modo a probabilitatis finibus non exeatur, confisi aliquid agimus, semper prudenter agimus.* Denique illicite agit, & inexcusabiliter infidelis non credens, ductus opinione minus probabili; quoniam idem Pontifex quarto loco damnavit sequentem thesim, quæ intollerabili impudentia ita asserebat: *Ab infidelitate excusabitur infidelis non credens ductus opinione minus probabili.* Mirum, quousque Probabilistæ vim probabilitatis impulerint!

VIII. Hæc sunt certa, & ab omnibus Theologis tenenda; nempe illicitum esse amplecti opinionem minus probabilem in concursu probabilioris in casibus modo recensitis. Videndum itaque superest, an id liceat in aliis casibus ad Conscientiam, atque æternam animæ salutem pertinentibus: an scilicet qui videt, opinionem asserentem v. g. licitum esse talem contractum, talem actum, esse tantum probabilem, & gravi fundamento innixam, & simul videt, opinionem asserentem illum contractum, illum actum illicitum, esse probabiliorem, & notabiliter graviori fundamento iunixam, prudenter, & licite agat, si sequatur probabilem, relicta probabiliori a se cognita ut tali?

Illicite agit, qui relicta probabiliori, cognita, eligit probabilem.

IX Dico igitur cum omnibus Theologis, qui usque ad annum 1577. scripserunt, illicite se gerere illum, qui postposita notabiliter probabiliori, amplectitur minus probabilem. Assertionem hanc probat Auctor fuso calamo, & ex S. Scriptura tum Veteris, cum novi Testamenti, & ex SS. Patribus, & ex Angelico S. Thoma; ac demum Theologicis rationibus iisque ineluctabilibus ostendit. Hanc nos dumtaxat brevitati consulentes ob oculos ponimus, quæ tamen sufficiens nobis apparet ad unumquemque de veritate hujus sententiæ penitus convincendum. Non potest quis dici sincerus veritatis amator, neque prudens elector, qui quando non potest assequi id quod est certe verum, (istud enim certo cognitum, a cunctis est tenendum juxta omnes) non conatur assequi, & eligere id, quod cognoscit magis ad verum accedere, sed eligit id, quod cognoscit minus ad verum propinquare: atqui eligens probabilem, relicta notabiliter probabiliori cognita, ita operatur; ergo non est sincerus veritatis amator, neque prudens elector. Major est per se nota; quomodo enim dicetur quis sincerus modestiæ amator, qui in re obscura, an ad modestiam spectet, eligit id, quod minus ad modestiam accedit, relicto eo, quod cognoscit magis ad modestiam appropinquare? Sicuti ab opposito, quomodo dicetur quis sincere odio habere avaritiam,

Caput I. De Conscientia.

tiam, qui in re obscura, an ad avaritiam propendat, eligit id, quod minus ab avaritia elongat, relicto eo, quod novit magis ab avaritia recedere? Minor patet ex ipsis terminis; quid aliud enim est eligere minus probabile in concursu notabiliter probabilioris, nisi eligere id, quod minoribus fundamentis munitur, relicto eo, quod majoribus fundamentis firmatur, & per consequens eligere id, quod minus ad verum accedit, eo praetermisso, quod noscitur magis ad verum appropinquare? Consequentia autem est in forma: ergo ita se gerens, neque est sincerus veritatis amator, neque prudens elector, neque veraciter Deo cum Regio Psalte potest dicere: *Viam veritatis elegi*.

X. Futilia autem sunt, omnique vi ad persuadendum destituta principia illa, quae Probabilistae in medium adserunt ad oppositam adstruendam sententiam, ut est illud, quod judicio quodam reflexo conscientiae formatur; videlicet quod, *qui ex motivo probabili agit, prudenter operatur*; & hoc aliud, *quod opinio, quam docent plures docti, pii, & prudentes Viri, si adoptetur, innoxie adoptatur*. Futilia, inquam, sunt, omnique vi ad persuadendum destituta hujusmodi principia; nam primum continet vitium petitionis principii, adducendi scilicet pro ratione idipsum quod est in controversia, ut, nemo non videt. Quippe tota disceptatio in eo reposita est, an qui operatur juxta minus probabilem, rejecta probabiliori cognita, licite & prudenter operetur. Secundum vero solummodo locum habere potest, quando non adest alia opinio contraria, quae a pluribus viris aeque doctis, piis, & prudentibus, nec non firmioribus momentis munita sustineatur; non vero quando extat talis opinio. Legatur Auctor a num. XXI. usque ad XXVII. inclusive.

Principia adversariorum futilia.

* Videlis in Majori Opere propositiones in materia Probabilismi a S. P. Clemente XIII. proscriptas; aliaque ad rem hanc scitu digna. *

* Ex hactenus dictis colligas velim, fas esse sequi opinionem, quae favet libertati seu *minus tutam*, & eam deserere, quae favet legi, seu *tutiorem*, si omnibus rite perpensis, illa hac notabiliter probabilior appareat. Consulto dicimus, si illa hac *notabiliter* probabilior appareat; neque enim licitum est sequi opinionem minus tutam, quae apparet dumtaxat paulo probabilior tutiore. Quoniam in moralibus parum pro nihilo reputatur; & exiguus probabilitatis excessus non fundat certitudinem moralem, nec excludit formidinem rationabilem erroris, nec proinde tollit periculum probabile peccandi. *

✠ Tutior tamen pars semper est eligenda. 1. ubi agitur de procuranda sanitate corporis, de victoria sive in bello, sive in judicio, de vitando damno proximi, quod cavere tenemur, ex justitia, vel caritate &c. 2. ubi agitur de iis, quæ sunt necessaria necessitate medii ad salutem, vel quæ requiruntur ad validam administrationem & susceptionem Sacramentorum. Postremum tamen hoc non sine aliqua moderatione intelligendum videtur, ut scire animadvertit perdoctus Theologus Minorita Conventualis, qui Theol. Moral. P. Antoine copiosis accessionibus illustravit, *not.* 1. *ad q.* 1. *cap.* 4. ✢

§. VIII. *De Conscientia Scrupulosa.*

Quid Conscientia Scrupulosa, & quænam causa, nec non quænam regula ad eam dirigendam?

I. Conscientia Scrupulosa est opinio ob motiva levia, & frivola, formidans de peccato, ubi non est; ut exinde excitetur in animo anxietas, & inquietudo. Decem Regulas tradunt Auctores, ut fructuose scrupulosa Conscientia dirigatur. Prima, ut pius, prudens, & sapiens director scrupulosum adigat ad sibi fideliter parendum. Secunda, ut causas, quoad fieri potest, scrupulorum pœnitentis exploret; quarum quædam sunt intrinsece naturales, nempe temperies melancholica, indoles timida, mentis debilitas: quædam sunt intrinsece vitiosæ, nempe ignorantia, superbia, obstinatio, inconstantia, pusillanimitas: quædam sunt extrinsecæ, nempe Dæmonis instigatio, & cum scrupulosis conversatio. Explorata autem causa, ei apponat remedia respective requisita. Tertia regula est, tradere scrupuloso regulas quasdam generales, unde prohibeatur ipsi frequens ad Directorem accessus. Quarta, ut doceat, pœnitentem, nulli scrupulo, cognito tali, unquam cedere, sed juxta regulas traditas illum contemnere, & contra illum agere. Quinta, si pœnitens sit timoratæ Conscientiæ, prohibeat longum examen ejusdem; præscribatque mediocre, immo quandoque levissimum. Sexta, repetitionem Confessionum generalium regulariter interdicat; nam semel una facta cum sufficienti diligentia, & post permissa illa discreta supplementa confessionis peccatorum, vel inadvertenter in generali confessione oblitorum, vel ex ignorantia non expositorum; quando animadvertit, satis fuisse suppletum, & exinde eidem anxietatem, & indevotionem creari; prohibeat, ne in posterum aliquid dicat, sed tantummodo ut a Deo veniam humiliter petat. Septima, si scrupulis nimium vexetur circa aliquam obligationem juris non naturalis, re mature perpensa, aut commutationem, aut dispensationem illi obtineat, prout in Domino expedire videbitur. Octava ad Sacramentorum piam frequentiam sollicitet. Nona, ne austerum se præbeat afflicto; & si quandoque cum illo severe tractare opus fuerit, id agat tamen, quin confidentiæ aditum tollat, quem semper christiana charitas apertum esse postulat. Deci-

Caput I. De Conscientia.

ma, caveat, ne nimis laxando, conscientiam pie timoratam exuat, nimisque liberam assumat.

II. Si autem sciscitaris; quænam sint isthæc damna; sex experimento esse deprehenduntur. Primum est jugis animi perturbatio, & afflictio. Secundum, offendicula opponere animæ progressui. Tertium, præcludere aditum consolationibus Spiritus Sancti, quibus dilatatum cor, viam mandatorum facilius, & promptius currat. Quartum generare ariditatem spiritus, atque animam afflictione percæsam ab oratione removere, gravia & importabilia reddendo omnia pietatis ac devotionis opera, ita ut vel omittantur, vel multis defectibus consperla perficiantur. Quintum, terere multum temporis in scrupulis revolvendis, speculandis, recoquendis: unde scrupulosus ad actiones a statu suo requisitas cum magno Familiæ, Religionis, ministerii detrimento, vel animo non attendat, vel easdem dimidiate perficiat. Sextum, exponi non raro magno periculo vel insaniendi, vel in varia lethalia prolabendi, sive impudicitiæ, sive desperationis, sive blasphemiæ; anima enim jugi afflictione confecta, omnique Divina unctione, ob sui indocilitatem privata, facile trahi potest, aut ad levamen sibi illecebris carnalibus procurandum; aut ad lamentationes blasphemas contra Deum, quem tanquam tyrannum veretur, proferendas; aut ad omnia fræna, sibi indiscrete imposita, ita excutienda, ut a profunda desperationis abysso absorpta, difficultatibus, quæ pro æterna vita comparanda superandæ occurrunt, turpiter cedat, & in cunctorum lacunam vitiorum demergatur.

Scrupulorum damna.

III. Post audita scrupulorum damna, audiantur etiam remedia. Primum est humilis ad Deum supplicatio, frequensque usus jaculatoriarum confidentiæ in ipsum, ad obtinendam conscientiæ tranquillitatem: cum tamen expectanda non sint a Deo miracula, & scrupulosus non sanetur, nisi remedio simplicis & humilis obedientiæ; idcirco secundum remedium est, sine quo nihil omnino proderunt alia quæcumque, simplex & cæca obedientia docto, pio, & prudenti Confessario. Tertium abstinere a peccatis certo talibus, nedum lethalibus, sed & venialibus, quoad fieri poterit. Quartum, observare & imitari vitam proborum hominum ejusdem status vitæ, non scrupulosorum. Quintum, fugere otium, ita ut Dæmon scrupulosum semper occupatum inveniat. Sextum, statim ac scrupulus menti se offert, ab eo mentem avertere, alioque convertere. Septimum, agere contra scrupulos, deponendo prius omnem dubitationem, juxta regulas a Directore præscriptas. Octavum tandem, procurare, ut radix scrupulorum evellatur: si nempe sit melancholia, animum levando moderatis & honestis solatiis; si superbia,

Scrupulorum remedia.

se

se humiliando; si obstinatio, seipsum abnegando; si ignorantia, instructionem procurando; si timiditas, in Deo confidendo; si Dæmonis instigatio; eum repellendo affectuosis Dei invocationibus, a quo tandem cuncta in necessitatibus nostris levamina sunt expectanda.

☞ Qui infanientis Mundi voluptatibus, atque illecebris addicti sunt, scrupulosos appellant Christianos viros, qui ut par est, de sua æterna salute solliciti; studium omne, omnemque operam collocant, ut ad normam præceptorum Dei, & Ecclesiæ vitam suam componant; quique propterea peccata, & peccati occasiones vitare pro viribus nituntur, videlicet choreas, ludos, theatra, promiscuas conversationes &c. Hi sane non scrupulosi, sed timorati, suæque æternæ salutis studiosi vocari debent. Vere scrupulosi ex his potissimum indiciis deprehendi valent, ut observat & P. Billuart *Sum. Sum. tract. de Actib. Human. differt. 5. art. 5. q. 2.* I. Si reputent, peccata quæ passim a sapientibus, & timoratis pro nihilo habentur, aut circa ea sæpe dubitent, aliosque interrogent. II. Si viro prudenti & docto v. g. Confessario his dotibus prædito, actionem suam esse licitam asserenti, aut fidem non præstent, aut cum anxio timore obediant, iterum atque iterum eundem, aut alios consultantes, nemini fidentes, & maximam semper quærentes securitatem. III. Si in confessione peragenda ita ad amussim peccata exponant, ut nullam circumstantiam levem, aut levissimam, imo quandoque impertinentem omittant, idem sæpe repetentes, & inculcantes, nec Confessario acquiescentes, aut circa confessiones morali diligentia factas nunquam contenti, easdem sæpe vel ex toto, vel ex parte repetentes. IV. Si preces præscriptas sive Breviarii, sive pœnitentiæ, sive voti, sive in celebratione Missæ fastidiosa tarditate recitent, eas frequenter repetentes, & subsistentes, ut intentionem, & attentionem revocent. Præter hæc, subdit præcitatus Theologus, potest, & debet ipse scrupulosus, se scrupulosum agnoscere, & talem se gerere potissimum ex testimonio sui Confessarii, aut alterius viri probi, & docti, cui perspecta est ejus conscientia, judicantis ipsum esse scrupulosum.

Juvat plurimum etiam Confessarium noscere, quomodo respondere debeat objectionibus scrupulosorum; etenim scrupulosi, sicuti & ego pluries expertus sum, ut consiliis & præceptis Confessarii se subducant, ajunt 1. quod confessarius omnia non satis intellexerit; 2. quod ipsi se melius agnoscant, quam quilibet alius; 3. in dubiis partem tutiorem esse eligendam, & certum incerto præponendum. Ad primum respondendum ut docet P. Billuart *loco paulo ante citato* qu. 7. quod vir prudens non agat cæce, & inconsulto, & quod si non intelle-

tellexisset sufficienter Confessarius, hoc vel illud non præ-
ciperet. Insuper dato quod erret Confessarius, nunquam
scrupuloso, Confessarii mandatis, humiliter obsequenti,
Deus imputabit errorem. Ad 2. respondendum, scrupulosorum conscientiam qua parte sunt scrupulosi, debilem
esse & erroneam, adeoque ipsius judicio non standum juxta illud Proverb. 3. *Ne innitaris prudentia tua*. Ad 3.
respondendum non debere scrupulosis remanere dubium,
ubi accedit auctoritas, & mandatum Confessarii in unam
partem; idque eos habere debere certum, & tutum, quod
ipsis suadet, aut præcipit.

CAPUT II.

De secunda morum regula, & quidem exteriori,
nempe de Lege.

§. I. *De natura Legis, & conditionibus ad eamdem requisitis*.

I. LEX ex D. Thoma 1. 2. q. 90. art. 4. *est quædam or-* — Traditur,
dinatio rationis ad bonum commune ab eo, qui cu- & expli-
ram Communitatis gerit, promulgata. Dicitur 1. *ordina-* catur na-
tio, nempe ordinatio præcipiens; ex quo lex distinguitur tura Le-
a consilio. Dicitur 2. *rationis*, quia legem ferre est actus gis.
intellectus practici; & voluntas ad condendam legem solum tanquam causa extrinseca concurrit. Dicitur 3. *ad*
bonum commune, quod legum omnium debet esse scopus, &
per hoc Legislator differt a Tyranno, ille enim bonum
comune inspicit; hic vero commodum proprium. Atque
exinde præterea Lex differt a præcepto; hoc namque uni,
vel aliquibus imponitur; & quidem præsentibus, seu saltem existentibus, atque præcipientis morte expirat: illa
autem toti Communitati indicitur; futuros etiam comprehendit, neque obitu Legislatoris occumbit. Legatur D.
Th. *loc. cit. art. 2*. Dicitur 4. *ab eo, qui curam Communi-*
tatis gerit: quia requirit in legislatore potestatem jurisdi- Requirit
ctionis, qua præsit perfectæ Communitati. Dicitur tan- promulga-
dem 5. *promulgata*, quia non potest dirigere, nec obliga- tionem.
re, nisi per promulgationem innotescat, ut asserit S. Th.
loc. cit. art. 4.

II. Quomodo autem fieri possit, ut illi, qui publicatio- Quomodo
ni legis non interfuerunt, lege teneantur, explicat S. Do- aficiat
ctor *loc. cit*. Illi, *coram quibus lex non promulgatur, obli-* absentes
gantur ad legem observandam, in quantum ad eorum no- a loco, in
titiam devenit per alios, vel devenire potest, promulgatio- quo pro-
ne facta. Legis igitur violatores non sunt illi, quibus mulgatur.
nondum lex innotuit. Si autem data opera, & dolosa arte illius notitiam declinare studeant; jam sunt violatores
cul-

Tract. II. de Regulis morum.

culpabiles in volita causa ignorantiæ, cum fraus adhibita ipsis suffragari non debeat.

Actus legis quinam?
III. Actus legis sunt præcipere, prohibere, punire, & ut multis placet, permittere, quod quidem verum est, quando permissio est positiva, seu quædam dispensatio, non autem quando est mera præteritio. Lege D. Thom. q. 92. art. 2.

§. II. *De Legum divisione, & primum de Lege Divina.*

Divisio legis in Divinam & Humanam. Divina in Æternam & Temporalem.
I. Ex primo dividitur in Divinam, & Humanam: Divina est a Deo, Humana est ab homine. Divina subdividitur in Æternam, & Temporalem, Naturalem, & Positivam. Lex æterna, juxta S. Thom. 1. 2. q. 93. art. 1. *est ratio Divinæ Sapientiæ, secundum quod est directiva omnium actuum & motionum*; quam patet ex terminis esse æternam. A lege æterna omnes leges derivantur: *omnes enim leges in quantum participant de recta ratione, in tantum derivantur a lege æterna*, ait S. Doctor *art.* 3. Lex Divina Temporalis, sive temporaria, est lex a Deo instituta non ut semper, sed ut determinato tempore duret; v. g. lex Circumcisionis, quæ durare debebat usque ad institutionem Baptismi.

Lex Æterna coincidit cum naturali in Deo.
II. Lex Divina naturalis, prout est in Deo, coincidit cum lege æterna, quatenus scilicet significat ipsam convenientiam, aut disconvenientiam extremorum ad invicem, aut ab invicem, circa veritates mere naturales practicas: puta adulterium esse malum, Parentes esse honorandos &c. Ea propter lex Divina dictans, & jubens ea, quæ per rationem naturalem cognosci possunt agenda vel fugienda est naturalis. Lex Divina positiva est illa, quæ ex Dei beneplacito instituitur, ut ab hominibus observetur, prout ipse Deus libere disposuerit; v. g. lex suscipiendi Sacramenta &c. Lex Divina positiva dividitur in Veterem, & Novam; Vetus est illa, quæ a Deo data est Moysi, continens præcepta Judicialia, & Cæremonialia; nam illa, quæ continet Decalogum, est moralis & naturalis: Nova est illa, quæ a Christo fuit instituta, & per Apostolos promulgata.

Quid divina positiva? Eius divisio.

*S. Thomas 1. 2. q. 91. art. 4. luculenter ostendit, quod præter legem naturalem omnibus hominibus insitam, & legem humanam, necessarium fuit ad directionem humanæ vitæ habere legem Divinam. *

§. III. *De Lege Naturali.*

Divisio legis in Naturalem & Positivam.
I. Lex naturalis, est participatio legis æternæ naturalis in Deo existentis, quatenus videlicet Deus impressit in humana mente lumen, quo cognoscerentur extrema illa superius indicata inter se invicem aut conveni-

Caput II. De Legibus.

venire, aut disconvenire: puta convenientiam horum: Deus est colendus, Parentes honorandi sunt: sicut disconvenientiam istorum. innocens est occidendus, aliena uxor est violanda &c. Dicitur autem humana, quia homini a Deo in ejus productione impressa; & dicitur naturalis, non quia solis viribus naturalibus observari possit, (de quo plurima Theologi scholæ in tractatu de Gratia) sed quia versatur circa veritates practicas naturales lumine naturali cognoscibiles. Ex his autem, & ex superius dictis nullo negotio colligi potest legem naturalem, & a synderesi, & a conscientia distingui.

II Notandum cum D. Thoma loco citato q. 94. art. 2. legem naturalem plura continere præcepta, quæ tamen ad unum tandem reducuntur, tanquam ad primum, illudque est: *bonum est sequendum, malum est vitandum*; & super hoc cætera omnia fundantur. Ad legem autem naturalem pertinent, tam præcepta, quæ sunt principia, quam conclusiones a principiis immediate deductæ; nec non etiam aliæ conclusiones ab immediate deductis profluentes. Quod, ut facilius percipias, observa, tria esse genera eorum, quæ pertinent ad legem naturalem: primum illa præcepta complectitur, quæ sunt cæterorum prima, & universalissima moralitatis; isthæc sunt, *bonum est faciendum, malum est fugiendum: quod tibi non vis fieri, alteri ne feceris: omnia quæcumque vultis, ut faciant vobis homines, & vos facite illis*. Secundum complectitur quædam alia præcepta ex dictis principiis immediate deducta, sed magis determinata; tamen adhuc per se nota, talia sunt; *Deus est colendus; innocenti non est nocendum; justitia est servanda* &c. Tertium complectitur quædam alia præcepta deducta tanquam conclusiones ex indicatis principiis; quæ conclusiones, quamvis aliquo discursu indigeant, hic facillimus tamen, & obvius est: & hujusmodi sunt aliqua præcepta Decalogi: nam quædam illorum pertinent ad secundum ex indicatis generibus, talia sunt: *non licet fornicari; non licet falsum jurare* &c.

III. *Lex naturalis, quantum ad prima principia communia, eadem est apud omnes, & secundum rectitudinem, & secundum notitiam, sed quantum ad quædam propria, quæ sunt quasi conclusiones principiorum communium, est eadem apud omnes ut in pluribus, & secundum rectitudinem, & secundum notitiam, sed ut in paucioribus potest deficere, & quantum ad rectitudinem propter aliqua particularia impedimenta, & etiam quantum ad notitiam; & hoc, quia aliqui habent depravatam rationem ex passione, seu ex mala consuetudine, seu ex mala habitudine naturæ*, ait S. Doctor art. 4. Hinc apparet, quod, quo remotiores sunt deductiones a primis principiis practicis, quamvis sint deductiones spectantes ad jus naturale, puta

Primum legis naturalis præceptum.

Triplex genus eorum quæ spectant ad legem naturalem.

Lex naturalis quomodo dicatur aut non dicatur communis apud omnes homines?

Tom. I. B red-

reddendi depositum, abstinendi a tali contractu &c. potest ex indicatis causis circa illa contingere deceptio; quod manifestum sit in tanta diversitate opinionum etiam apud Doctores, circa veritates juris naturæ in materia justitiæ, religionis naturalis, debiti erga Parentes &c.

Quomodo lex naturalis sit, aut non sit immutabilis?

IV. Lex naturalis ex D. Th. art. 5. quoad principia, & prima præcepta, est immutabilis, loquendo de mutatione proprie accepta, quæ consistit in eo, quod evadat inutilis, inhonesta, abrogabilis vel a Superiore, vel a contraria consuetudine; quia non jubet nisi per se bonum, nec vetat nisi per se malum; unde a Deo abrogari non potest, cum Deus nequeat non velle bonum & non prohibere malum: neque consuetudine ulla abrogari potest, cum neque Deus, ut dixi, illam abrogare queat. Quapropter fieri non potest, ut quod est de jure naturæ, tale amplius non sit, & desierit obligare, eo quod habeat veritatem omnino necessariam. Loquendo autem de præceptis secundariis; etiam quoad hæc, ait S. Doctor, legem naturalem plerumque immutabilem esse; in aliquo tamen particulari mutari potest ob circumstantias, & causas impedientes illius observantiam. Si vero sermo sit de mutatione improprie accepta, in quantum scilicet aliquid mutari dicitur, si ei addatur aliquid, quod antea non habebat; sic lex naturalis mutari potest; ita enim revera per leges Divinas, aut etiam humanas aliquid additum fuit alicui contractui, actioni &c. ut valorem habeat, quod a lege naturæ non præcipiebatur.

Ut S. Thomæ doctrina clarius innotescat animadvertimus, quod Lex naturalis potest mutari improprie, quatenus nempe ejus materia sic potest mutari, quod desinat esse materia, & objectum Legis, v. g. Quamvis Lex dicat depositum esse reddendum; si tamen petatur in perniciem Patriæ, redditio depositi desinit esse materia, & objectum Legis; quia Lex intelligitur de deposito reddendo circumspecte, & prudenter. Et de ista Legis mutatione impropria loquitur S. Thomas, cum asserit Legem naturalem quantum ad secunda præcepta posse mutari, propter aliquas causas impedientes eorum observantiam.

Quomodo a Deo dispensabilis?

V. Hinc deducas, a lege naturali neque a Deo quemquam proprie dispensari posse, immutata videlicet remanente materia, immutatisque circumstantiis; quia id repugnat infinitæ sanctitati, sapientiæ, & immutabilitati Divinæ, quæ concedere non potest, ut aliquando agatur licite id, quod est per se malum; & dispensare, ne agatur illud bonum, cujus omissio dedecet rationem. Propterea, omnia jussa, omniaque indulta, quæ in Veteri Pagina leguntur a Deo facta vel concessa circa id, quod videtur contra legem naturalem; revera tale non fuit, ob mutationem, quæ contigit in materia præcepta.

VI.

Caput II. De Legibus.

VI. Ex dictis inferas item cum S. Doct. art. 6. legem *Quomodo* naturalem quoad principia; & præcepta prima non posse *fit ind. le-* ab humanis mentibus obliterari; aliquando tamen deletur *bilis ab* quoad applicationem principii ad particulare operabile ob *humana* impedimenta malarum consuetudinum ab homine posita. *mente?* Quantum autem ad præcepta secundaria posse legem naturalem, vi præfatarum consuetudinum, penitus deleri; quæ prava consuetudines, ait S. Doctor, se habent respectu operabilium, sicut errores respectu speculabilium; & sicut error obliterat veritates etiam primarias, quamvis non prima omnino principia; ita consuetudines pravæ delent præcepta naturæ secundaria: *Sicut apud quosdam*, ait S. Doctor, *non reputabantur latrocinia peccata, vel etiam vitia contra naturam*, ut ait Apostolus Romanorum 1.

VII. Ex dictis inferas demum, primo, quod circa pri- *An possit* ma juris naturalis præcepta nequeat dari ignorantia in- *invincibi-* vincibilis; audisti enim ex D. Thoma, quod dicta præ- *liter igno-* cepta non possunt ab humanis cordibus deleri, & S. Au- *rari?* gustinus Concione 25. in Psalmum 11. docet, quod *nullus sinitur ea ignorare*. Secundo, quod lex naturalis, quantum ad præcepta secundaria proxime a primis deducta; puta non furandi, non adulterandi, non fornicandi &c. num possit invincibiliter ignorari, ac proinde, quod ignorantia præceptorum Decalogi nequeat esse excusabilis; nam audisti ex S. Doctore, quod hujusmodi ignorantia generetur ex pravis consuetudinibus, aliisque vitiosis impedimentis ab homine appositis, quæ impedimenta potest homo, & tenetur non ponere; ac proinde si ignoret illa præcepta, ignorantia reputatur volita in sua causa culpabili, nempe in præfatis pravis consuetudinibus talem ignorantiam generantibus, quæ impediunt deinde notitiam illorum præceptorum; si enim non apposuisset homo talia impedimenta, lumen accepisset ad præcepta illa cognoscenda. Circa præcepta autem a præfatis primis remota, & nonnisi operoso discursu deducta, dari posse ignorantiam invincibilem non inficiamur; quia non omnes adulti satis idonei sunt ad operosum discursum impendendum, ut deducant veritates ex laudatis primis præceptis remote profluentes, vel ob defectum scientiæ, quæ eorum statui non congruit, vel propter hebetudinem mentis, vel ob alia capita, quæ ignorantiam excusabilem reddere possunt.

§. IV. De Lege Humana positiva.

I. Lex humana juxta D. Th. 1. 2. q. 95. art. 4. primo di- *Quid sit* viditur in Jus Gentium, & Jus Civile. Jus Gentium *Jus Gen-* derivatur ex lege naturæ, sicut conclusiones derivantur ex *tium, quid* principiis; v. g. justæ venditiones, emptiones, & alia *Civile?* hu-

hujusmodi, sine quibus homines ad invicem convivere non possunt, quod nempe convivere est de lege naturæ, cum homo sit naturaliter animal sociale. Et circa hoc nota ex Sylvio ibidem, quod verba illa, nempe Jus Gentium derivari ex jure naturæ sicut conclusiones ex principiis, intelligenda sunt non de conclusionibus necessariis, & ab acceptatione hominum independentibus, sed de conclusionibus probabilibus, & ab humana acceptatione dependentibus, ut vim obligandi habeant: & proinde exemplum a S. Thoma allatum de venditionibus &c. quamvis sit de jure naturæ æquitas earum; non tamen est de jure naturæ, quod exerceantur inter homines diversarum nationum. Jus igitur Gentium proprie acceptum, non a natura, sed ex communi hominum consensu inductum dicitur: & hoc modo de Jure Gentium esse dicuntur bonorum proprietas, ac divisio; legatorum securitas, & admissio, servitus, manumissio, idest datio libertatis, & alia hujusmodi.

Quomodo civile profluat a jure naturali?
II. Jus Civile, juxta cumdem S. Doctorem ibidem, illud est, quod derivatur a lege naturæ per modum restrictionis, & determinationis, prout quælibet civitas aliquid sibi tenendum determinat: ex quo apparet ejus distinctio a Jure Gentium, quod hoc communi hominum consensu institutum cognoscitur; Jus autem Civile Particularium Principum, Regnorum, Provinciarum auctoritate, & assensu est firmatum.

Lex Ecclesiastica, & Civilis.
III. Hinc lex humana positiva dividitur in Civilem, & Ecclesiasticam, seu Canonicam. Prima est, quæ potestate Sæculari conditur ad communem tranquillitatem, communeque bonum subditorum. Secunda, quæ a potestate Ecclesiastica statuitur ad animarum salutem facilius obtinendam.

Legis humanæ conditiones.
IV. Legis humanæ cujuscumque conditiones recenset D. Thomas ex S. Isidoro 1.2.q. 95. art. 3. & sunt. Quod religioni congruat, in quantum scilicet est proportionata legi divinæ. Quod disciplinæ conveniat, inquantum scilicet est proportionata legi naturæ. Quod saluti proficiat, inquantum scilicet est proportionata utilitati humanæ; & ad hæc tria omnes aliæ conditiones reducuntur.

Quotuplex Ecclesiastica?
V. Lex Ecclesiastica, seu Jus Canonicum duplex est, aliud scriptum, aliud non scriptum, seu traditum: Scriptum assurgit ex Sacris Canonibus, decretisque Conciliorum Generalium, Nationalium, Provincialium, Diœcesanorum, & quam maxime ex Decretis, Constitutionibus, & Responsis Romanorum Pontificum. Non scriptum, sed traditum consistit in Traditionibus, consuetudinibusque Ecclesiasticis: Traditionum autem nomine hic non significantur Divinæ, quæ Jus Divinum attinent, sed illæ tantum, quæ ab Apostolis, eorundemque Successoribus

Caput II. De Legibus.

bus ortum duxerunt, vivaque voce, quin ab eorum Auctoribus scriberentur, serie temporum non interrupta, ad nos usque pervenere.

§. V. De Humanarum Legum obligatione.

I. Legislator humanus, generatim loquendo, potestatem habet condendi leges obligantes in Conscientiæ foro etiam sub gravi. Sic S. Thom. 1. 2. q. 96. articulis 5. & 6. Plurimi sunt Sacræ Scripturæ textus, qui hanc assertionem comprobant tum respectu Potestatis Ecclesiasticæ, tum Laicalis; præcipue vero *Matth.* 18. v. 17. *Lucæ* 10. v. 16. 2. *Thessal.* 3. v. 14. *ad Rom.* 13. v. 4, 2. & 5. & *ad Titum.* 3. v. 1. *Leges humanæ obligant in Conscientia.*

II. Si quæras, unde dignosci queat humanam legem sub mortali obligare? Respondeo, id primum evinci ex gravitate materiæ in se, vel respectu finis intenti. Secundo, ex Doctorum sententia ita affirmantium, vel ex communi populi sensu ita prudenter judicantis. Tertio, ex gravitate pœnæ transgressoribus injunctæ, puta si lex Ecclesiastica feratur sub pœna Excommunicationis, suspensionis, Interdicti, Irregularitatis, aut sub obtestatione divini judicii, sub indignatione Divina &c. Si lex sit Civilis, sub pœna mortis, mutilationis, exilii, privationis aut omnium, aut majoris partis bonorum, dignitatum, officiorum, triremis, diuturni carceris &c. Quarto, si jussio sit facta in virtute Sanctæ obedientiæ, aut in virtute Spiritus Sancti, aut sub formali præcepto: aut legislator ita se exprimat: *Præcipimus, & præcipiendo mandamus, obligamus, inhibemus, interdicimus*: *aut teneatur: non liceat: necesse est* &c. & materia sit notabilis: & istæ vocantur leges præceptivæ. *Quando dignoscantur obligare sub gravi.*

III. Circa obligationem legum pœnalium, prius est distinguendum; quædam enim sunt mere pœnales, quæ videlicet pœnam statuunt contra talia vel talia facientes; aliæ sunt pœnales mixtæ, quæ nempe aliquid jubendo, pœnam simul transgressoribus decernunt. Et circa istas, jam patet, quod obligent sub culpa, ratione præcepti in eis contenti, cui idcirco pœnam adjungunt, ut declaretur major præcepti firmitas, & urgentior obligatio. *Legum pœnalium distinctio.*

IV. Circa transgressionem mere pœnalium, probabilior, & S. Thomæ conformior est opinio, etiam istas obligare sub culpa lethali, si materia, & pœna sint notabiles. Ratio est, quia ex S. Thoma, non excipiuntur nisi leges injustæ, ut ipsis innoxie non obediatur. *An obligent in Conscientia?*

V. Hinc inferas primo, violatorem hujusmodi legum peccare graviter, nedum contra obedientiam, ex justitia legali debitam, verum etiam contra charitatem erga seipsum, & suos, si quos habeat; nam solvendo pœnam gravem, ut tenetur, & sibi & illis grave damnum affert. *Quot peccata committit illas transgrediens? Inferuntur nonnulla.*

Infers secundo, leges pœnales fraudatoribus vectigalium, gabellarum &c. impositas, obligare in conscientia; tum quia plerumque sunt mixtæ præcepto, & pœna: tum quia defraudant Principem subsidiis sibi necessariis ad multa regiminis onera sustinenda. Infers tertio; quod si revera extaret consuetudo jam præscripta, quod lex aliqua pœnalis ad pœnam tantummodo obligaret, & non ad culpam, tunc quamvis non peccaretur faciendo actum vetitum, peccaretur graviter contra charitatem sibi & familiæ debitam; quia etiam juxta adversarios, teneretur violator in conscientia subire pœnam, alioquin gravem, a lege taxatam, nec non sibi, & familiæ graviter nocentem.

✣ Animadvertendum occurrit, leges vectigalium in foro interiori conscientias subditorum obligare etiam in sententia illorum, qui asserunt quasdam esse leges pœnales, quæ in foro interiori conscientiæ non obligant. Prædictæ quippe leges, ajunt ipsi, rem statuunt lege naturali, & divina debitam; quia nempe tenentur subditi ad regiam Principum dignitatem sustentandam necessaria suppeditare. Legatur Nicolaus l'Hermenier *Sum. Theol. tom. 5. tract. de Legib. de Leg. Humana.* ✣

Quid de lege pœnali disjunctive loquente?

VI. Si legislator in lege alternative, seu disjunctive loquetur, dicendo v. g. nemo asportet frumenta extra Dominium, vel si asportaverit, solvat mille aureos; tunc asportando non peccaret, teneretur tamen in conscientia sub gravi aureos solvere. Ratio patet, quia lex obligat ad alterutrum; igitur, uno omisso, alterum subsistit, cui obedientia debetur. Incurrendo autem obligationem pœnæ solvendæ, graviter peccare potest violator contra charitatem, si solutio pœnæ grave esset allatura damnum, aut sibi, aut familiæ.

* Videantur quæ ad rem hanc habet Cl. Sylvius *in 1. 2. q. 96. art. 4.* *

Materia gravis potest sub levi jubere, non autem e contra.

VII. Probabilius videtur, posse legislatorem in materia gravi obligare solum sub veniali, (dummodo lex non sit communi bono necessaria; quia tunc non posset inducere obligationem solummodo levem.) Ratio deducitur ex D. Thoma sæpius docente actiones agentium liberorum non se extendere ultra intentionem eorumdem; cum igitur lex ponatur a libera, & justa voluntate legislatoris, poterit eidem addere quam obligationem voluerit. Non potest autem legislator rei undique levi gravem adnectere obligationem, quia in hoc evidenter apparet abusus suæ potestatis in destructionem conscientiæ suorum subditorum.

Quomodo se gerere debeat reus in luenda pœna?

VIII. Quando lex transgressori pœnam imponit vel a judice ferendam, vel post sententiam declaratoriam, reus non tenetur pœnam subire, nisi post sententiam latam, aut post factam delicti declarationem. Item non tenetur reus

reus ante sententiam declaratoriam perpetrati criminis ad subeundam pœnam *ipso facto* latam, si pœna postulet actionem Rei, & pœna sit valde dura, difficilis & affligens, puta exulare, confiscatio bonorum, privatio beneficii &c. nisi in lege extarent verba, quæ fortius significarent, v. g. *nulla præmissa monitione, ante omnem declarationem, ante sententiæ promulgatioaem &c.* Consulto autem dictum fuit, si pœna sit valde dura &c. nam si talis non sit, v. g. non grandis summa pecuniaria, jejunium aliquot dierum, piecum recitatio ad plures dies &c. tenetur illam subire ante sententiam declaratoriam. Quando vero pœnæ sunt passivæ, quæ nullam scilicet actionem Rei postulant, ut censuræ, irregularitas &c. vel privativæ, quæ tollunt jus, aut facultatem &c. si ipso facto inferantur a lege, statim eisdem subjicitur transgressor. Quare Beneficiarii, qui Officium Divinum non recitant, incurrunt pœnam restitutionis ante judicis sententiam.

IX. Humanæ Leges plerumque non obligant ad sui observantiam cum damno vitæ, famæ, aut altero gravi, & notabili, ut communis docet; quia in dictis casibus obligatio excederet moralem hominis possibilitatem, rationabilemque consuetudinem. Dixi *plerumque*; quia aliquando possunt obligare etiam cum vitæ periculo, nempe si violatio vergeret aut in contemptum fidei, aut Religionis Catholicæ, aut potestatis Ecclesiasticæ, aut in damnum Reipublicæ, aut in grave scandalum, ut esset comestura carnis die veneris, si cederet in contemptum, & scandalum religionis Christianæ; tunc enim non præceptum humanum positivæ, sed jus naturale stricte obstringeret ad hæc mala impedienda, etiam cum vitæ dispendio. Quando igitur lex humana jubet, vel vetat aliquid tanti momenti, ut prudentum judicio præponderare censeatur vitæ &c. subditorum, tunc cum quovis periculo est observanda; secus quando prudentes judicant non præponderare. *Leges humanæ quando obligent & quando non cum damno gravi?*

Quamvis lex humana, sive Ecclesiastica, sive civilis absolute non obliget cum vitæ, aut infamiæ, aut amissionis bonorum periculo; attamen valet quisque virtutis amore propriam vitam mortis periculo exponere. Hinc valet quilibet fidelis ad exercendam caritatis virtutem peste infectis inservire; ob amorem castitatis verendorum curationem negligere; fratrique in naufragio perennti tabulam cedere, dummodo sincere virtutis amore id præstet.

X. Hinc sequitur, legibus humanis etiam manifeste injustis, aliquando parendum esse, dummodo non jubeant quid Divinis legibus repugnans: ita docet S. Thom. 1. 2. q. 96. art. 4. *Aliquando etiam legibus injustis.*

XI. Non obstante obligationi cujuslibet etiam levissimæ legis *Non obstante*

dire legi- legis ex contemptu, semper est lethale, juxta omnes
bus ex Animadvertas autem ex D. Thom. 2. 2. q. 186. art. 9. ad
contemptu 3. quod tunc contemnit aliquis, vel transgreditur ex con-
semper temptu, *Quando voluntas ejus renuit subjici ordinationi*
lethale. *legis, vel regulæ; & ex hoc procedit ad faciendum contra*
legem vel regulam. Ratio autem cur sit mortale ex eo
liquet, quod contemptus etiam levissimæ legis semper
redundat in gravem legislatoris injuriam; cum contemnere, sit pro nihilo ducere, quod semper est grave illi,
qui despicitur.

* Videantur quæ ad rem hanc docet Cl. Sylvius *in* 1.
2. *q.* 96. *art.* 4. *q.* 3. *concl.* 1. *

Qualiter XII. Leges fundatæ in præsumptione facti, qua præsu-
obligant mitur factum aliquod in particulari jam existens, aut
leges fun- præteritum, non obligant in Conscientia, nisi factum ex-
datæ in tet: ita communis; quia cessante veritate facti, aut cir-
Præsum- cumstantia a lege inspecta cessat motivum legis. Hinc
ptione fa- inferas, quod mulier non tenetur obedire Episcopo præ-
cti? cipienti, ut reddat debitum ei, cui ipse præsumit eam
esse valide conjunctam, cum tamen non sit propter occultum impedimentum; imo peccaret, si obediret: & si
excommunicetur, sustineat humiliter censuram, sed debitum non reddat, etiamsi prævideat se igni consumptam
iri: procuret tamen illuminare Episcopum de errore facti: & ex hoc consimilia solvas.

Qualiter XIII. Leges fundatæ in præsumptione juris, quæ etiam
obligant vocatur communis periculi, obligant ad sui obedientiam,
fundatæ etiam in casu, quo respectu alicujus particularis cesset
in præ- periculum; ita fere communis. Hinc lex vetans Matri-
sumptione monia clandestina, adhuc respectu omnium personarum
juris? (ubi est acceptata) subsistit, neminemque particularem
excipit, quamvis respectu ipsius nulla subsint pericula,
propter quæ lata fuit. Similiter lex vetans lectionem talium librorum, ob pericula &c.; subsistit, neque excipit
illum, respectu cujus talia pericula cessant, quia revera
plerumque pericula extant; & proinde bonum commune
requirit, ut etiam in casibus illis particularibus obliget,
ne præsumptione cæterorum obligatio legis justissimæ
omnino evanescat: Ex his duobus exemplis alia resolvas.

Tenentur XIV. Certum est peccare subditos sine justa causa non
subditi acceptantes legem latam a publica potestate, ita docente
acceptare Alexandro Papa VII. qui thesim oppositum affirmantem
legem a n. 28. damnavit, in qua dicebatur: *Populus non peccat,*
Principe *etiam si absque ulla causa non recipiat legem a Principe*
latam. *promulgatam.* Probabilior etiam sententia est, quæ docet
vim obligandi, qua leges humanæ, sive Ecclesiasticæ, sive Civiles potiuntur, non pendere a populi acceptatione,
quia ex ipsa essentia potestatis, quam legislator, ut talis
habet, profluit, ut leges ab ipso latæ sint independentes
a præ-

Caput II. De Legibus. 25

à præfata acceptatione; quandoquidem aliter non esset Superior, sed merus consiliarius, aut merus proponens; neque ipse regeret, sed subditi seipsos regerent.

XV. Leges humanæ possunt quidem per consuetudinem contrariam abrogari; at id non provenit ex eo, quod subditi auctoritatem habeant in legem: sed ex eo, quod Princeps, sciens repugnantiam populi, eligit potius abstinere ab illis compellendis, quam illos vi coercitiva compellere, quemadmodum licite facere posset; unde ideo consuetudo abrogat legem, quia dissimulatur a Principe, potente obsistere, & non obsistente; ex quo tamen non fit, quod resistentes legi sine justa causa, immunes evadant a culpa. Unde si Princeps obsisteret, & identidem obsistentiam renovaret, nunquam consuetudo possidere, & præscribere posset. *Abrogatur lex per consuetudinem contrariam, quatenus a Principe dissimulatur, quia si velit, resistere potest.*

XVI. Periculum tumultus popularis, & multorum peccatorum, quod oriri potest ob urgendam latæ legis obligationem, non efficit legem esse injustam, neque est scandalum a legislatore datum, sed est scandalum acceptum a malitia, & improbitate subditorum declinantium repressionem suarum cupiditatum, & propterea quamvis aliquando prudenter agant Principes suspendendo legis obligationem; plerumque prudentius agunt, eam sustinendo, præcipue quando per ipsam bona notabilia sint Communitati, decursu saltem temporis, adventura. *Recusatio populi quandoque prudenter compescenda.*

XVII. Conjectari autem potest, Principem nolle legem obligare, nisi acceptetur, quando primos legi resistentes, quos facile coercere posset, Princeps non coercet, si eidem innotescant hujusmodi transgressores. Judicari autem debet acceptata, quando vel a parte spectabiliori, quamvis non majori, silentio, aut alio modo acceptationem indicante, non rejicitur. Si vero dubitetur, an fuerit acceptata, pro acceptata habenda est. *Quando conjectandum est, Principem expectare assensum? Quando conjectetur lex acceptata? In dubio an sit recepta, ut talis habenda est.*

XVIII. In dubio de legis justitia, est eidem obediendum; quia in dubio melior est conditio possidentis. Princeps autem est in possessione potestatis condendi leges; hac igitur potestate spoliari non poterit in solo dubio de recto ejusdem usu. *In dubio de justitia legis, est parendum.*

§. VI. *De materia humana legi subjecta.*

I. Actus heroici virtutis plerumque non sunt materia legis humanæ, ut patet. Dixi plerumque; quia in aliquibus raris casibus, & circumstantiis ad commune bonum confluentibus juberi possunt: ut patet in Ninivitarum severissimo jejunio &c. Item juberi possunt, in hypothesi status libere ab aliquo suscepti, ut lex trium votorum solemnium in assumente statum Religionis: Propterea regulariter obligat ad actus virtutis, qui à ple- *Actus heroici non sunt materia legis humanæ, nisi in hypothesi.*

riseisque exerceri possunt; & qui videntur subditis profuturi.

Actus interiores requisiti ab exterioribus jussis, sunt materia legis humanæ.

II. Actus interni requisiti ad constituendum in specie morali actum exteriorem, juxta communem, juberi possunt ab humana lege; quia cum possit jubere actus exteriores virtutum, indirecte jubet actum interiorem necessario requisitum ab exteriori, ut sit actus virtutis, & ne sit vitiosus: & ita jubendo orationem vocalem indirecte jubet attentionem interiorem &c.

Actus vere interiores non sunt materia legis humanæ.

III. Actus mere interni, spectata communiori Theologorum, non sunt materia legis humanæ, etiam Ecclesiasticæ, quia cum non possit de illis judicare, quippe quod sint omnino occulti, neque poterit de illis legem ferre: & hæc est ratio allata à S. Doctore 1. 2. q. 91. art. 4. idemque reprtit 2. 2. q. 104. art. 5. *In iis, quæ ad internum motum voluntatis pertinent, homo homini obedire non tenetur,* (intellige per legem) *sed Deo tantum.*

* Communis Theologorum sententia est, non posse legislatorem Ecclesiasticum, nedum civilem, præcipere actus mere internos directe, & per se lege coactiva coactione externa, quæ scilicet pœnam post causæ recognitionem a judice infligendam præscribat; at in controversiam vocatur; num Ecclesiasticus Legislator valeat directe præcipere actus internos lege dirigente, & curante animarum salutem coactione mere interna, id est obligante ad culpam, sublato judicio exteriori & pœna. Non pauci valde probabile existimant posse Legislatorem Ecclesiasticum præcipere actus mere internos in iis casibus, in quibus judicaverit id opportunum esse atque consentaneum ad salutem æternam. Hoc namque, ajunt, inter Legislatorem Ecclesiasticum, & Civilem discrimen intervenit, quod hic solam exteriorem subditorum felicitatem; ille e contrario animarum salutem primo, & per se spectat. Legitur P. Daniel Concina *Theol. Christ. tom. 6. lib. 1. differt. 5. cap. 2. n. 8. & seqq.* Imo sunt etiam qui sentiunt posse Ecclesiam punire pœna ipso facto lata actus mere internos, v. g. bæresim mere internam, sicut punit occultam; quia ad hoc non requiritur cognitio transgressionis. Videatur P. Antoine *tract. de leg. sect. 3. cap. 1. q. 4.* *

§. VII. *De modo adimplendi legem.*

Ad satisfaciendum legi jubenti actum, sufficit actum libere poni.

I. Ad satisfaciendum legi aut præcepto affirmativo, ex communi, sufficit & requiritur libere, & voluntarie ponere actum, qui jubetur: quandoquidem præcipitur actus humanus: qui igitur coacte retineretur in Ecclesia coram celebrante, nolens audire Sacrum; nisi voluntatem mutaret, præcepto non satisfaceret; quia assistentia coacta Sacro, non esset voluntaria, & libere posita; neque huma-

Caput II. De Legibus.

na. Nihilominus positioni voluntariæ actus jussi non requiritur alia intentio satisfaciendi superaddita; quæ a lege non jubetur, cum jubeatur dumtaxat positio voluntaria actus.

II. Ad satisfaciendum præcepto negativo, jubenti ab actu malo abstinere, sufficit, ex communi, non exercere actionem illam, quamvis de illa quis nunquam cogitaverit; cum de isto etiam verum sit, quod actum vetitum non exerceat. Ut autem, abstinendo ab actu vetito, meritum acquirat, profecto requiritur actus voluntatis, vel explicite statuentis illum nunquam perpetrare, vel impliciter, repellendo tentationes ad eumdem provocantes; quia, juxta Theologos scholæ, ad merendum non sufficit mera negatio actus, sed requiritur actus bonus, præter alia requisita. *Satisfit præcepto negativo non ponendo actum vetitum.*

III. Ex dictis infertur cum communi, quod qui posuit voluntarie, & cum requisitis circumstantiis actum præceptum, ignorans extare præceptum, cum id noverit, poterit intendere se præterito actu satisfecisse præcepto, cum revera posuerit voluntarie actionem præceptam: ita qui Sacrum debito modo audivit, ignorans esse diem festum, non tenetur aliud Sacrum audire; sed sufficit, quod referat auditum ad præceptum postea ipsi notum. Immo juxta communiorem, qui voluntarie ponit actionem præceptam cum requisitis, & cum expressa voluntate non satisfaciendi præcepto, sed iterum illam renovandi, immo etiam cum voluntate prava nolendi satisfacere præcepto, nihilominus satisfacit ob eamdem rationem: at primus tenetur deponere animum illam iterum renovandi, referendo jam factam ad præceptum: secundus autem, quamvis non peccet contra præceptum, quod jam adimplevit; peccat tamen graviter contra legem naturalem, imponentem cuilibet subdito obligationem habendi voluntatem parendi legibus justis a Superiore latis. *Qui posuit actionem suffciam ignorando præceptum, non tenetur iterum ponere.*

* Verum in duobus postremis casibus, & præsertim in secundo non satisfieri præcepto asserunt plures, quorum sententia probabilior nobis apparet. Legantur inter cæteros Sylvius *in 2. 2. q. 88. art. 3 & q. 122. art. 4.* & Continuator *Prælect. Theolog.* Honorati Tournely *tract. de leg. cap. 3 art. 2. sect. 2.* *

IV. Finis intrinsecus præcepti, qui videlicet imbibitur in natura actionis præceptæ, puta colendi Deum in recitatione Horarum, in auditione Sacri &c. cadit sub præcepto; quia cum jubeatur actio illa religiosa, jubetur talis secundum suam speciem intrinsecam, quæ est colere Deum. Pro praxi autem censetur ab operante intendi, quandiu non excludatur positive. Si autem illum positive excluderet, tunc, vel revera actionem adimpleret sicut oportet, vel non; si primum, satisfaceret quidem præcepto, *Finis intrinsecus cadit sub præcepto;*

pro, quia volens, nolens, exercendo illam sicut oportet , coleret Deum ; at peccaret peccato gravi inobedientiæ contra subjectionem legi debitam, retinendo affectum illum pravum præcepto legis repugnantem : si vero illum faceret non sicut oportet , jam non poneret actionem præceptam, & esset legis transgressor, & simul inobediens, repugnans subjectioni quam lex exigit. Finis autem extrinsecus a lege intentus, & non spectans ad speciem actionis præceptæ, puta ad placandum Deum per auditionem Sacri, non cadit sub præcepto, nisi a lege expresse jubeatur. Ratio est quia præceptum afficit actionem tantum, non finem a legislatore actioni extrinsece, & accidentaliter additum : qui si expresse jubeatur, tunc , cum evadat pars materiæ præceptæ, est intendendus a subdito, & nisi intendatur saltem implicite, evadit transgressor legis. Videri potest S. Thom. 1. 2. q. 100. articulis 9. & 10.

Finis malus additus actioni Jussæ non impedit adimpletionem legis humanæ.

V. Ex his infertur, quod si exequens actum a lege impositum sicut jubetur, adjungat eidem pravam intentionem naturæ actus extrinsecam, puta auditioni Sacri inanem gloriam, animum seducendi facilius fœminam &c. adhuc satisfacit legi humanæ, quia revera ponit actum ab ipsa impositum, pro quanto ad ipsam pertinet : attamen peccaret tam contra legem naturalem, jubentem opera bona recta intentione esse facienda, quam contra illas virtutes, exercendo actionem animo inclinato ad vitia eisdem opposita.

✶ Sunt qui censet distinguendam esse circumstantiam, quæ substantiam ipsam actus præcepti inficit, a circumstantia, quæ actum præceptum duntaxat comitatur, & personam operantem, non officium executionis polluit. E. G., inquiunt, audit quis devote & attente Sacrum : circumstat inanis gloriæ fumus ; distrahitur leviter ad videnda objecta vana. Hæc venialia peccata non inficiunt substantiam actus ex motivo, seu fine Religionis præstiti. At si quis ad Ecclesiam auditurus Sacrum animo pravo aspiciendi mulierem accedat, finis iste corrumpit substantiam actus, quo implendum præceptum est . Finis quippe intrinsecus audiendi Sacri est religiosum obsequium Deo præstandum. Legatur P. Daniel Concina tom. 6. lib. 1. dissert. 4. c. 9. n. 9. & tom. 5. lib. 1. dissert. 3. c. 4. n. 2. ✶

Quando eodem actu satisfiat pluribus præceptis, quando non ?

VI. Regulariter loquendo, unica actione non satisfit pluribus præceptis: quia cum quodlibet præceptum suam afferat obligationem, naturaliter loquendo, præcipiens per novum præceptum, novam intendit impenere obligationem, & non anteriorem confirmare. Si tamen duo, vel plura præcepta eodem simul tempore obligent , ex eodemque motivo ; tunc eadem actione satisfit obligationi illorum præceptorum. Primum patet in eo, qui jejunare tenetur ex lege Ecclesiastica, & ex imposita sibi a Confessafeſſario pœnitentia, qui profecto eodem jejunio utrique obligationi non ſatisfaceret, niſi forte confeſſarius ipſum obligaret ad jejunandum eadem die, puta in vigilia Aſſumptionis, quia tunc eodem jejunio ſatisfaceret; ſi tamen omitteret, teneretur in Confeſſione utrumque motivum exponere; quippe quod eſſet duplex peccatum. Exemplum pro ſecundo habemus frequenter, quando dies Dominica cadit in feſto alterius diei feſtivæ de præcepto; & in jejunio Temporum cadente in vigilia S. Thomæ Apoſtoli &c.

VII. Ex his inferunt Auctores, quod ſi cuipiam a Confeſſario imponatur pœnitentia audiendi quotidie Sacrum per triennium, pœnitens non teneatur feſtivis diebus duplicem Miſſam audire; quia prudenter præſumitur, quod confeſſarius ad hoc illum non obligarit: cum aliter non ſe expreſſerit, dum ſe exprimere poterat. E contra vero, ſi imponat pœnitenti ut ſingulis diebus feſtivis Miſſam audiat, jam patet, quod novam auditionem imponat, præter illam, ad quam ex præcepto tenetur. Si autem in aliquo caſu prudenter dubitetur, an Superior per novam legem, novamque obligationem ad plures actus adſtringere voluerit, & is adiri non poſſit, ut legem explicet; plures erunt actus ponendi; nam juxta regulam juris: *Inſpicimus in obſcuris, quod eſt veroſimilius, vel quod plerumque fieri conſuevit*: atqui plerumque plura præcepta pluralitatem poſtulant actionum; igitur &c.

Quando teneatur novam audire Miſſam ille, cui in Sacramentali pœnitentia imponitur Miſſæ auditio? Quomodo agendum in dubio?

VIII. Pluribus præceptis, per plures actiones uno eodemque tempore factas ſatisfieri poteſt; dummodo una alteram non impediat; ita communior & probabilior. Quia qui dicto modo facit, implet totum id, quod a lege præcipitur; quando enim actiones illæ non ſe invicem impediunt, vere fiunt prout a ſuis legibus præcipiuntur. Propterea qui dum Miſſam die feſto audit, horas canonicas recitat, utrique præcepto ſatisfacit, cum Deum utraque actione, neutra alteram impediente, colat. Et ſimiliter audiendo Sacrum, valet recitare preces pro pœnitentia ſacramentali injunctas. Ita ſub Sacri auditione dolorem de peccatis ad confeſſionem prævium opportune elicit; ſecus dicendum de examine conſcientiæ, niſi forte breviſſimo; nam ut recte fiat, præcipue ſi longiuſculum, mentem a Sacro nimis diſtrahere neceſſe eſt.

Satisfit pluribus præceptis per plures actiones eodem tempore factas, quoties ſe invicem non impediunt. Qui non poteſt totum opus

IX. Qui totum opus præceptum exequi non poteſt, illudque ſit diviſibile, tenetur ad partem quam poteſt, quamvis minorem: ita dicendum colligitur ex Innocentio X. reprobante theſim 54. oppoſitum affirmantem. Qui non poteſt *Matutinum, & Laudes*, poteſt autem recitare Horas, ad *nil tenetur*, quia major pars trahit ad ſe minorem. Quapropter qui non poteſt totam Quadrageſimam jejunare, poteſt autem bis, vel ter in hebdomada, ad id tene-

a lege impoſitum præſtare tenetur præſtare partem, quam poteſt.

tenetur: qui non potest vesci piscibus, potest autem lacticiniis, ad id tenetur: qui nec illis, nec istis potest, potest autem abstinere a cœna, ad id tenetur; de quo non amplius dubitandum post Constitutionem datam a Benedicto XIV. sub die 30. Maii 1741.

Quando plura præcepta observari non possunt, dignius est observandum per se loquendo.

X. Quando emergit casus, in quo duo præcepta obligent, & necessitas compellit, ut alterutrum omittendum sit, per se loquendo, dignius est observandum; quia ita dictat lumen naturale, & ita legislatoris, vel legislatorum mentem rationabilem interpretari convenit. Consulto dixi, per se loquendo, quia accidere potest, quod aliquando præceptum inferius sit servandum, in concursu præcepti dignioris, quando materia illius est gravis, istius autem levis; unde non est omittendum Sacrum, ad opem ferendam infirmo, qui revera non est in tanta necessitate assistentiæ; sicut omittendum est, si graviter indigeat: & sic in aliis similibus.

Quisque obligatur ad non ponendum sine causa impedimentum observationi legis humanæ.

XI. Ponens advertenter impedimentum non necessarium quo impediatur ab observanda lege humana, reus est violatæ legis; ita probabilior cum S. Thoma. Ratio est, quia legislatoris intentio nedum respicit positionem actus; verum etiam ne sine justa causa fiant actiones non necessariæ, ex quarum positione impediatur executio legis. Igitur lex jubens actionem aliquam, puta jejunium tali die, nedum obligat ad jejunandum, verum etiam ad non assumendum pro mero arbitrio, & sine justa causa, actionem aliam, ex qua, illam assumens, impediatur jejunare: ac proinde qui ita agit, censeri debet reus violatæ legis jejunii, dum voluit, sine justo motivo, causam, quam prævidit, & prævidere debebat impedituram esse jejunium. Ita docuit expresse S. Thom. *in 4. dist.* 15. *q.* 3. *art.* 2. *q.* 4. *ad.* 3.

§. VIII. *De iis, qui legibus subjiciuntur.*

Præmittuntur scitu necessaria. Quomodo & quando Princeps tenetur legibus a se latis?

I. Duplex in legibus extat vis, nempe vis *Directiva*, quæ obligat ad culpam transgressores; & vis *Coactiva*, quæ obligat ad subeundam pœnam a lege taxatam.

II. Ex communi Doctorum Legislator non absolutus tenetur legibus, quas una cum Communitatis, vel Procerum consensu tulit; quia etiam ipse est pars, quamvis spectabilior Communitatis: unde tulit legem ea potestate, quæ seipso seorsim considerato, superior est; Legislator vero absolutus non tenetur Legibus, quæ sibi prudenter convenire non possunt; puta publice non incedendi cum tali ornatu, vel amictu, vel comitatu, non deferendi arma &c. quandoquidem lex non debet esse absurdorum fœcunda: Tenetur tamen quoad vim directivam, non coactivam legibus a se latis, quarum materia etiam ad ipsum spectare potest; puta non utendi mercibus extra-

Caput II. De Legibus.

traneis, emendi pretio taxato, non ludendi ludo vetito, choreas non ducendi tali tempore, conversationes promiscuas talibus horis non admittendi, jejunium, vel aliud pœnitentiæ opus impositum observandi &c. Tenetur quidem quoad vim directivam; nam ex jure naturali tenetur ad ea, quæ necessario moraliter conducunt ad conveniens, & utile regimen suorum subditorum, inter quæ principalius est bonum exemplum circa ea, quæ etiam ipsemet observare valet, & sibi & subditis æqualiter convenire possunt. Hæc autem vis directiva, ut patet, non est immediata & directa, sed solum mediata & indirecta, quia non petitur immediate & indirecte ex ipsa lege humana, sed ex ipsa lege naturali, supposita lege humana, ut conditione. Non tenetur vero quoad vim coactivam; *quia nullus proprie cogitur a seipso &c.* ut ostendit S. Thom. 1. 2. q. 96. art. 5.

III. Hinc inferunt plurimi cum Suarez, teneri vi directiva Principem suis legibus, etiam semoto scandalo, (data hypothesi, quod transgressio ignorari possit) quoniam id postulatur ab æquitate naturali, & a munere Principis, ob uniformitatem exactam inter cætera membra, & caput ejusdem corporis moralis, ut eodem spiritu moraliter excitentur, & agantur. *Tenetur legibus etiam semoto scandalo.*

Observandum, quod si legislator habeat justam causam non servandi legem, ob quam licite dispensare posset cum subdito, non tenetur in tali casu servare legem. Tunc autem proprie non dispensat secum, sed solum interpretatur legem naturalem, ipsum non obligare ad servandam legem suam, quando habet causam rationabilem, ob quam ipse subditum merito liberaret ab ejus obligatione.

IV. Pueri, ante rationis usum, legibus non tenentur; cum incapaces sint eisdem obtemperandi. Cum autem usus rationis illucescere incipit, quod solet regulariter evenire circa septennium, quibusdam tamen diutius, quibusdam tardius, tunc tenentur legibus Ecclesiæ, Missæ audiendæ, abstinentiæ a carnibus diebus jejuniorum, confitendi saltem semel in anno: communicandi autem in Paschate regulariter circa annum duodecimum, nisi aut acumen spiritus prævenire, aut tarditas mentis differre suadeant. *Pueri quando teneantur?*

V. Amentes perpetuo tales legibus non subjici, satis est manifestum, cum nequeant humano modo operari. An autem induci possint ad agendum contra legem? Respondendum cum communi, nunquam induci posse ad agendum contra legem Divinam, quandoquidem quod ab illa prohibetur, sit per se malum; ad quod neminem licet unquam inducere, vel eidem occasionem præbere; & quamvis non peccet amens; peccat tamen graviter, vel leviter pro ratione materiæ, qui inducit; & quidem eadem specie peccati. Qui igitur amentem provocat ad blasphe- *Amentes non subduntur legibus.*

man-

mandum, irascendum &c.; peccat eo peccato, quod committeretur ab amente, si esset sui compos; qui enim per alium facit, per se ipsum facere videtur. Ad agendum autem contra legem positivam humanam, semoto scandalo, aut damno temporali alterius, putarem non esse peccatum, praecipue si non mera levitatis motivo, sed alicujus utilitatis etiam mere temporalis, amens induceretur, semoto tamen scandalo: etenim revera non inducitur ad violationem legis, cui non subest, sed ad actionem in eo statu sibi licitam, nulloque modo in se malam: ad differentiam actionum vetitarum a lege Divina, quae quoniam per se malae, nullo unquam tempore, in nulloque statu sibi licere possunt.

Ebrii, & Delirantes legibus tenentur.

VI. Ebrii, & delirantes, qui non sunt perpetuo amentes, a legum humanarum obligatione non eximuntur, quippe qui sint habitualiter, quamvis non semper compotes sui. Excusantur tamen a transgressione formali dum ebrietate completa opprimuntur, aut dum delirio rapiuntur, si vetita a lege agant, aut ab eadem jussa omittant. Cavendum tamen, ne trasgressio sit indirecte volita in ebrietate, dum ebrius expertus est, quod quando vino absorbetur, in prohibita erumpit, puta si velit carnes comedere tempore vetito, nolit Missam audire, dum est in praecepto &c. tunc enim etiam motivo Religionis &c. tenetur ab ebrietate abstinere talibus temporibus, aut diebus; in quam si labatur, transgressio evadit volita in sua culpabili causa. Certum etiam est, nemini licere tali ebrio, durante ebrietate, in die vetito carnes ministrare; quippe qui sit legi habitualiter subjectus, ut indicavi.

Qui infideles teneantur legibus Ecclesiasticis?

VII. Infideles non baptizati non tenentur legibus Ecclesiasticis, quia non sunt Ecclesiae subditi. Hinc non peccaret, qui hujusmodi infidelibus carnes diebus vetitis ministraret, dummodo scandalum absit, omnisque tollatur suspicio contemptus Religionis. Infideles autem baptizati, ut sunt haeretici, legibus Ecclesiae tenentur, quia per Baptismum fiunt Ecclesiae subditi. Propterea Catholicus, qui haereticum die jejunii invitaret ad prandium, non posset, absque reatu, eidem ministrare carnes.

Peregrini, & Viatores tenentur legibus locorum, & in quibus casibus?

VIII. Peregrini & Viatores tenentur legibus loci illius, in quo vel domicilium fixerunt, vel aliquot tantum diebus morantur, cum enim subditus exiens e suo territorio legibus illius territorii eximatur, ratio aequa postulat, ut legibus loci illius, in quo per aliquot saltem dies degit, subjiciatur. Quando autem Viator in locum advenit, in quo festum vel jejunium celebretur paucis horis ibi tantummodo commoraturus, & die eadem discessurus, videtur non teneri dictis legibus, quia nullo modo dici posset incola, aut membrum loci, dummodo tamen omne scandalum tollatur: secus dicendum, si die tota ividem

Caput II. De Legibus.

de n .esset moraturus, & sequenti dumtaxat discessurus.

* Ut itinerantes, peregrini, & vagi teneantur legibus particularibus illius loci, in quo transeunter reperiuntur, satis est, si illic moram trahant observationi legis proportionatam. Hinc juxta communem sententiam etsi ille qui transit per locum ubi est dies festus in alium, ubi non est, non teneatur cessare ab itinere ad audiendum sacrum, nec, secluso scandalo, illud audire, si ibi moretur solum ad sumendum cibum, quia mora non est proportionata adimpletioni præcepti; attamen tenetur sacrum audire, si sufficienti tempore moretur. Item tenetur servare omnia præcepta localia negativa, v. g. abstinere ab esu carnium, cum hæc moram non requirant. Legatur P. Antoine *tract. de Legibus cap. 4.*

IX. Qui discedit a proprio territorio, ubi lex viget, eo solo fine, ut ab observantia legis se subtrahat, legem violat, nam hæc est mera fraus, quæ nemini unquam debet patrocinari. Qui autem exit proprio loco non fine fraudulento, sed ob alium finem, non tenetur lege illius loci, nisi in casu, qui dicitur *fictio juris*, quando videlicet, tametsi a territorio recesserit, moraliter adhuc in territorio manere censetur, quia transgressionem in territorio consummat. Ita Beneficiarius qui ad residentiam tenetur, & alibi manet, peccat & censuris ligatur contra non residentes latis, eo quod peccatum moraliter in territorio consummet.

Non licet exire loco in quo est lex, eo solo fine se ab eadem eximendi: Extra territorium agens, quandoque peccare censetur per fictionem juris in territorio existens.

X. Qui abit e suo territorio, ubi lex obligat, puta ad Missam audiendam, & perrecturus est ad alium locum, ubi non est obligatio, si moraliter possit, & tempus deserviat, & prævideat, quod in loco, ad quem profecturus est, aut Missa deerit, aut tempus celebrandi transierit, tenetur Missam ante discessum audire. Quia præceptum obligat simpliciter illo die; & non potest impleri, nisi audiendo Missam primum; nam hic & nunc, & respectu talis hominis, illa est unica, & præsens hora est ultima ipsi apta ad implendum præceptum. Alioquin omissio merito imputatur ad culpam.

Consulto dixi, si moraliter possit; nam si, adimplendo præceptum, grave incommodum subire cogeretur, tunc dispensaretur; leges enim positivæ humanæ cum tanto gravamine obligare non solent. Quantum autem debeat esse incommodum, ratione cujus dispensetur a lege etiam eo tempore implenda, judicio prudentis, beneque moratæ conscientiæ viri, perpensis circumstantiis præcepti, rerum, locorum, & personarum, definiendum relinquitur; quo habito, etiamsi erretur, error excusationem meretur.

Quando quis teneatur prævenire tempus, ut impleat legem? Dummodo moraliter possit.

Consectarium.

XI. Ex his inferas, notabilius incommodum requiri ad dispensandum incolam discessurum, quam ad dispensandum via-

viatorem, illac transeuntem, qui nocte anteriori ibi pernoctaverit; hic namque, si iter facere constiterit, aurora albescente, non tenetur discessum differre, quousque Missam ibidem audiat in festo locali, quamvis prævideat, sibi non amplius vacaturum Missam audire; quia viator tenetur legibus locorum, præsupposita suæ personæ præsentia, & morali possibilitate legis implendæ, quæ ambæ desunt pro tempore, quo Missa possit audiri. Incola autem cum permanenter legibus sui territorii teneatur, nisi grave damnum prudenter timeat, expectare debet, ut Missam audiat, nisi certus moraliter sit, & constituerit,

Discessus e loco, ubi est Jejunium, quomodo se gerere debeat?

Missam audire in loco, quo proficiscitur; id namque sufficeret. Inferas præterea; illum, qui ex proprio territorio, ubi est jejunium, migraturus est alio, ubi non est jejunium, teneri, quousque manet in suo territorio, jejunium servare: unde non potest licite jentare in mane, & prandere in meridie, discessurus post meridiem; sed abstinere debet a jentaculo; prandere autem potest in meridie, & perveniens sero ad locum, ubi non est jejunium, non est obligatus abstinere a cœna.

An Clerici teneantur legibus civilibus.

XII. Subjiciuntur tandem legibus humanis civilibus etiam Clerici utriusque Cleri, quibus in conscientia obedire tenentur. Ratio est manifesta; quia etiam personæ Ecclesiasticæ sunt pars Communitatis; tenentur ergo se conformare aliis partibus, & suo toti. Ex discordantia enim, & perturbationes, & scandala subolescunt. Quando igitur materia est gravis, tenentur, quemadmodum & alii, sub gravi obtemperare puta, ne merces extraneæ pro ipsis advehantur, ne eorum frumenta, vina &c. extra Statum asportentur, ut pretia taxata observent, & alia consimilia.

§. IX. De Cessatione legis, ejusque Abrogatione.

I. Ratio vel motivum legis cessare potest vel negative, quando scilicet legis observatio non confluit ad scopum a legislatore intentum; nullum tamen inconveniens inducit, si observetur; vel cessare potest contrarie, quando nedum est inutilis observatio legis, sed etiam adversatur fini, a legislatore intento, ejusque observatio evadit perniciosa. Præterea motivum legis cessare potest vel in universali, vel in particulari: quibus præmissis. 1. Quando motivum legis cessat in particulari tantum negative, lex adhuc est servanda: unde c. e. non cessat lex vetans lectionem librorum prohibitorum, in eo qui certus est nullum sibi imminere periculum. 2. Quando motivum legis cessat in particulari contrarie, tunc respectu illius particularis cessat obligatio, dummodo tamen de hoc certus sit; & potest agere præter verba legis. Si autem pru-

Quid sit observandum, ut cessante fine legis, cesset obligatio ejusdem?

denter dubitetur de sufficientia motivi, tunc fit eo spatia- *Quid*
tur moram, & possit legislator adiri, adeatur: sin au- *agendum*
tem parendum est legi. 3. Quando motivum seu ratio *quando*
legis cessat in communi, sive negative, sive contrarie, *motivum*
ita ut verificetur, quod lex inutilis sit bono communi *cessat in*
respectu omnium, & multo magis, si sit perniciosa, tunc *particula-*
cessat obligatio ejus. Si autem evaserit inutilis ad tem- *ri?*
pus, & deinde sit iterum evasura utilis, tunc pro eo *Quando*
tempore suspenditur ejus obligatio; iterum exsurrectura, *cessat uti-*
cum utilis redierit. 4. Alio item modo cessat lex; ela- *litas in*
pso videlicet tempore, pro quo lata fuit. *communi?*

II. Ex his recolas, quod Cessatio legis sit pura & me- *Quid Ces-*
ra legis desitio ex semetipsa, & exinde inferas, Cessatio- *satio, quid*
nem a legis Abrogatione, & Derogatione, & Irritatione *Abrogatio,*
distingui. Abrogatio enim est totius legis abolitio, & *quid De-*
solutio ab omni vi obligandi. Derogatio vero est partia- *rogatio,*
lis abolitio legis, adhuc obligantis quoad alias partes. *quid Irri-*
Irritatio demum est, facere, ne lex vim obligandi obti- *tatio legis?*
neat.

III. Princeps valide abrogat legem, vel a se, vel a suo *Quando*
aequali praedecessore, aut a suo inferiore latam; quia to- *peccatur*
tus ejus vigor pendet a voluntate legislatoris, qui cum *abrogan-*
sit aequalis auctoritatis ac praedecessor, & praestet infe- *do?*
riori, valide abrogare valet leges ab istis, vel a se latas.
Si tamen abroget absque justa causa, graviter peccat,
quamvis nullo modo peccent subditi, abrogatam non observando. Idem dicas, proportione servata, de Derogatione, inspecta conditione materiae.

IV. Quadruplici modo abrogatur lex, nempe primo per *Quot*
simplicem principis revocationem: secundo per dessue- *modis ab-*
tudinem, tacite vel expresse dissimulatam a Principe, vel *rogatur?*
legitime praescriptam: tertio per consuetudinem contrariam, a Principe tacite vel expresse approbatam, vel legitime praescriptam: quarto per publicationem alterius
legis, quae cum anteriore componi nequeat. Ubi ex Ca-
nonistis cap. 1. de constitut. in 6. notandum, quod leges
speciales non abrogentur per posteriores generales, nisi
legislator earum, saltem in genere, meminerit per clau-
sulam derogatoriam.

§. X. *De Interpretatione legis.*

I. Interpretatio est declaratio legis, quae duplex in pri- *Quid &*
mis est, videlicet una simplex, quae explicat verborum *quotuplex*
legis ambiguitatem, & altera per aequitatem, quae in- *legis inter-*
terpretatur casum aliquem particularem non comprehen- *pretatio?*
di in lege, etsi verba legis clara sint, & generalia.
Haec secunda interpretatio vocatur *Epikiia*, seu *Epikeia*,
quae recte definitur: benigna & rationabilis interpretatio,

tio, casum aliquem particularem ob suas circumstantias non comprehendi lege, quamvis per verba generalia lata, ideoque legem non obligare in tali casu. Sola lex positiva admittit Epikiiam, non naturalis. Hæc autem ad rem hanc breviter adjicienda sunt. Aliquando necesse est uti Epikiia, quoties nempe secundum verba generalia legis agendo, fieret aliquid contra rectam rationem, vel bonum commune. Licet vero uti Epikiia, quando evidens est non posse servari legem, absque gravi damno, cum quo constet legem non obligare, saltem si adiri non possit Superior. In dubio autem, num aliquis casus comprehendatur in lege, debet consuli Superior. Si non possit consuli, non licet uti Epikiia, sed se vanda est lex. Legatur D. Thom. 1. 2. q. 120. art. 1. ad 3.

Interpretatio adhuc triplex.

II. Interpretatio adhuc triplex a Doctoribus assignatur, scilicet Authentica, quæ profertur ab ipso Legislatore, vel ejus Successore, vel ejus Superiore; Usualis, quæ habetur ex communi usu & consuetudine; & Doctrinalis, quæ petitur a Viris doctis & peritis.

Documenta præcipua interpretationis doctrinalis.

III. Interpretationis Doctrinalis hæc præcipua sunt documenta: 1. Verba legis accipienda sunt justa eorum proprietatem, & usitatam intelligentiam. Si autem dubitetur de eorum sensu, juxta usum & communem acceptionem erunt intelligenda; 2. quando verba legis sunt æquivoca, vel ambigua, eorum sensus explicandus est ex antecedentibus, & subsequentibus verbis; nec non ex circumstantiis materiæ præcipuæ & finis legis; 3. Lex positiva non semper trahi debet ob paritatem rationis ad alios casus ab ipsa non comprehensos. Consulto dicitur, quod non semper, quia aliquando identitas rationis illam ad alios casus extendit, videlicet quando nisi extenderetur, absurdum sequeretur; 4. Omnis lex pœnalis & onerosa stricte interpretari debet, & propterea non extenditur ad casus in illa non expressos, quamvis forte graviores: lex vero favorabilis e contra est late interpretanda.

§. XI. De Dispensatione legis.

Quid sit dispensatio?

I. Dispensare a lege, est aliquem vel aliquos eximere ab obligatione servandi legem, immutata & incolumi manente ejus ratione, & materia: unde dispensatio a lege, est juris-relaxatio ab habente legitimam potestatem ex justa causa facta.

Quinam dispensare possit in lege humana Ecclesiastica?

II. Certum est humanum legislatorem dispensare posse in legibus a se latis, nec non in legibus suorum prædecessorum pari potestate gaudentium, & multo magis in legibus eorum, qui sunt sibi in jurisdictione inferiores. Hinc Summus Pontifex dispensare valet in universa Ecclesia ab omnibus Ecclesiasticis legibus, justa occurrente cau-

causa. Patriarchæ vero, Archiepiscopi, Episcopi dispensare in suis Diœcesibus possunt in legibus aut a se, aut in Synodis latis. Quod dictum est de potestate Ecclesiastica circa leges Ecclesiasticas, servatis servandis, applicandum est potestati civili circa leges civiles.

III. Certum similiter est, inferiorem dispensare non posse in legibus Superioris, nisi in casibus eidem a Superiore concessis. Plures casus in quibus Episcopi possunt dispensare in legibus Pontificum, & Conciliorum percenset, & explicat Auctor in majori Opere.

Num inferior dispensare possit in lege Superioris?

IV. Ad licite dispensandum requiritur aliqua causa; non debet tamen esse tanta, quæ de se obligationem tollat; tunc enim supervacanea esset dispensatio, & potius esset declaratio aut interpretatio legis. Perpensis autem omnibus circumstantiis decernendum est, an adsit sufficiens causa, ut quis vel a tota obligatione, vel a parte, vel substituendo onus minus grave &c. dispensetur.

Ad licitam dispensationem requiritur causa.

Ex jure Canonico triplex est generatim causa justa dispensandi, nimirum pietas, necessitas, & utilitas communis, vel etiam privata petentis, quæ redundet in bonum commune; nam dispensatio debet semper saltem mediate, & ultimate cedere in bonum commune.

V. Superior, qui in re notabili dispensat a lege sine justa causa, peccat lethaliter, si cum periculo scandali, & probabilius etiam semoto omni scandalo. Quando viget periculum scandali, quod evitare videtur moraliter impossibile, præter violationem notabilem justitiæ legalis, & distributivæ, peccat contra caritatem proximi in re gravi.

Dispensatio sit causa quando illicita?

VI. Quando Superior dispensat sine causa, in lege humana, probabilius est, validam esse dispensationem. Si autem inferior vel delegatus dispenset sine causa, invalida est dispensatio; quia Superior non censetur dare facultatem dispensandi sine justa causa.

Valida tamen.

VII. Probabilius est peccare subditum utendo dispensatione sine causa concessa. Peccat autem non quidem contra legem, a cujus subjectione est expeditus, neque cooperando peccato Superioris, in quod non induxit, ut supponitur; sed peccat contra legem naturalem, & caritatem. Contra quidem legem naturalem, quæ dictat neminem sine causa, se posse licite subducere ab oneribus communibus: contra vero charitatem, quia cum scandalo operatur. Si tamen utatur dispensatione, non incurrit pœnas latas contra non observantes legem, a qua est absolutus.

Non tamen potest qui subditus licite uti.

VIII. Ex his deducas, gravius peccare subditum, qui in re notabili petit dispensationem sine causa; tunc quia petit, ut dictum fuit, rem irrationabilem communique bono repugnantem; tum etiam quia inducit Superiorem ad actum

Petens dispensationem sine causa, qualiter peccet?

actum illicitum graviter, quod est peccatum scandali, proinde peccat peccato duplicis speciei, contra justitiam, & contra charitatem.

Dispensatio subreptitia, & obreptitia.

IX. Exponenda hic est duplex dispensatio, nempe subreptitia, & obreptitia. Subreptitia est dispensatio, quando a petente ea reticentur, quæ juxta veritatem exponenda sunt. Obreptitia, quando exprimitur falsitas. Utraque invalida est, tametsi inculpate aut veritas exprimenda taceatur, aut falsitas intrudatur.

Dispensatio per metum extorta absolute valida est; quia metus simpliciter voluntarium non tollit. Si vero dispensator absolute consensum non præstaret, tunc nulla foret dispensatio.

Cessante causa dispensationis ipsa quoque cessat.

X. Si dum conceditur dispensatio causa non amplius subsistat, nulla est dispensatio; immo, quamvis subsistat, dum conceditur, si non subsistat, dum Commissarius, aut Confessarius eam dispensationem exequitur, nulla est. Propterea si dispensatio fuit concessa v. g. propter filium legitimandum, & antequam delegatus dispenset, proles moriatur, cessat dispensatio, & invalide impertitur. Multi tamen putant, quod si cesset causa postquam fuit a delegato impertita, sed ante illius usum, adhuc valida sit. At oppositum alii probabilius sustinent, quia intentio Superioris ea esse debet, ut cessante causa quandocumque cesset dispensatio, ne dispensando sine causa sit dispensator iniquus, & legis naturalis violator. Quare debet semper, quousque consummetur dispensatio per usum ejusdem, habere intentionem, quod valeat, dummodo causa subsistat. Illud porro notandum est, quod quando dispensatio est ab aliquo præcepto humano, & non super solo impedimento, non sit ambigendum, quod tametsi executioni mandata fuerit, cessante motivo vel in toto, vel in parte, cesset dispensatio. Hinc dispensatus a jejunio quadragesimali quoad carnium comestionem, si cesset motivum infra ipsam quadragesimam, statim cessat dispensatio; vel si duret motivum quoad piscium, non vero quoad lacticiniorum usum, cessabit dispensatio quoad carnes, non vero quoad lacticinia.

Si dispensatio absolute concessa sit, ejusdemque causa subsistat, non cessat ob mortem dispensatoris. Contra, si conditioni illigata dispensatio sit, tunc cessat morte dispensatoris, ut si ejusmodi clausulis circumscripta fuerit: *Donec mihi placuerit; ad arbitrium nostrum*. Si antequam dispensator decedat, inceptus sit actus, poteris illum prosequi. Dispensationem juste concessam revocare dispensator nequit absque justa causa: injustam vero dispensationem revocare adstringitur. Dispensatus potest renuntiare dispensationi, si non interveniat damnum tertii: secus si renuntiatio lædat jus tertii. Deflorasti v. g.

Cáput II. De Legibus.

sanguineam: obtinet dispensationem ducendi eam in matrimonium. Dispensationi huic renuntiare nequis, quod talis renunciatio esset in præjudicium tertii. Legatur P. Concina *Tom. 6. Theol. Christ. lib. 1. de Jur. Nat. &c. Dissert. 6. cap. 9. §. 8.*

§. XII. De consuetudine.

I. Consuetudo est Jus quoddam ex similium actuum liberorum frequentia constitutum. Sicut autem usus frequens actuum similium efficit consuetudinem; ita etiam non usus actuum Jussorum. At animadvertendum, quod solus, & merus non usus, procedens ex eo quod non occurrerit occasio legem servandi non valet consuetudinem introducere, sed debet esse non usus privative, id est omissio actionis per legem jussæ, quando ponenda esset, & non ponatur a plerisque successive pluries; Principe seu Superiore sciente, & dissimulante.

Hinc duplex distinguitur consuetudo; nempe præter legem, & contra legem. Consuetudo præter legem ex frequentia actuum producitur in materia, de qua lex scripta nihil decernit. Et hæc sola novum jus inducit, quando necessariæ conditiones adsunt. Consuetudo vero contra legem oritur ex actione legi contraria, vel ex omissione actionis præceptæ modo jam explicato. Et hæc novam legem non inducit, sed abrogat antiquam.

II. Conditiones ad consuetudinem statuendam requisitæ quinque sunt. 1. Ut sit bono communi utilis, & honesta. 2. Ut inducatur saltem a plerisque communitatis perfectæ per actus voluntarios & publicos. 3. Ut introducatur cum voluntate inducendi obligationem. 4. Ut innotescat Principi, aut Superiori silenti, aut dissimulanti, cum facile obstare possit. 5. Ut longo tempore sine interruptione, & successive ita actum fuerit. Tempus autem longum in jure est tempus decem annorum; & tunc censetur consuetudo præscripta, & indubitanter vim legis obtinet. Nonnulli cum S. Antonino docent, quod pro lege Ecclesiastica requirantur 40. anni, quod tamen ab aliis negatur.

* Circa postremum hoc legatur Cl. Sylvius *in 1. 2. q. 97. art. 3. concl. 8.* *

III. Conjectari autem potest consuetudinem esse introductam animo ad illam obligandi, quando Doctores ita definiunt; item si consuetudo sit rei gravis, & nihilominus a plerisque servetur; item si Superiores puniant, vel severe reprehendant transgredientes consuetudinem; item si viri prudentiores, & timoratiores scandalizentur de non observantibus illam. Hæc sunt signa, quorum quodlibet sufficienter ostendit consuetudinem obligare in conscientia.

IV. Certum est, nec legem naturalem, nec divinam posse

Quid sit Consuetudo &c.

Omissio actionis quando efficiat consuetudinem?

Perstringuntur conditiones ad consuetudinem requisitæ.

Unde conjectari possit consuetudinem esse introductam animo ad illam obligandi?

Quas leges valeat consuetudo abrogare?

posse ulla consuetudine abrogari. Lex autem humana potest consuetudine abrogari in toto, aut quoad partem. Videatur D. Thomas 1. 2. q. 97. art. 3. ubi utriusque assertionis rationem assignat.

Quando peccent primi non observantes legem?

V. Primi, qui contra legem agunt, aut ad usum non deducunt, regulariter loquendo peccant, quia veræ legi non obediunt. Potest tamen evenire quod non peccent ob plures causas ab Auctore recensitas; præsertim quia agendo contra verba legis, non agunt contra intentionem legislatoris, vel quia proborum Doctorum judicio lex reputetur inutilis.

Quando abrogetur consuetudo per novam legem?

VI. Consuetudo potest per novam legem abrogari, etiam consuetudo ab immemorabili, præcipue si in nova lege declaretur irrationabilis, & communi bono perniciosa. Quando autem talis non declaratur, sed dumtaxat lex dicit generatim: *non obstante quacumque consuetudine*; vel speciatim *non obstante tali, aut tali consuetudine*; sed ex novis motivis judicatis rationabilibus sequuntur subditi agere juxta illam consuetudinem, & Superior id sciens, & impedire potens, dissimulet, profecto nova lex vim non obtinet abrogandi consuetudinem; silentium enim Superioris potentis repugnare, & non repugnantis, tacite censetur approbare.

§. XIII. *De Privilegiis.*

Quid, & quotuplex sit Privilegium?

I. Privilegium est Constitutio Principis, seu Superioris, specialem favorem permanenter concedentis, agendi, vel non agendi aliquid contra, vel præter legem. Hinc vides ejus distinctionem a dispensatione, quæ conceditur ad casum particularem, & transeunter. Privilegium multiplex est; nempe Scriptum, voce traditum, vel consuetudine acquisitum. Aliud est Reale, quod conceditur rei, puta mercibus, dignitati, loco &c.; aliud Personale, quod conceditur immediate personæ. Reale transit cum re de uno in alterum: Personale extinguitur cum persona. Aliud est Gratiosum, quod gratis, & liberaliter conceditur; aliud Remuneratorium, quod pro meritis conceditur. Aliud est Purum, quod absolute conceditur, aliud Conventionale, quod conceditur cum pacto. Aliud Commune, quod immediate respicit bonum Communitatis; aliud privatum, quod conceditur in favorem personæ privatæ. Aliud est favorabile, quod confert commodum, & favorem privilegiato, absque ullius incommodo; aliud Odiosum, quod, favendo uni, præjudicium affert alteri. Aliud est Perpetuum, diu aut semper duraturum; aliud Temporale, duraturum ad tempus. Aliud pro foro Conscientiæ, quod non valet in foro externo; aliud pro Foro externo, valens etiam pro foro conscientiæ.

II. Pri-

Caput II. De Legibus.

II. Privilegium nequit ab alio concedi, quam a Superiore legem ferre valente, & a legis obedientia eximere. Ut privilegium gratiosum vim habeat, debet acceptari a privilegiato, vel ab eo qui ejus vices gerit. Privilegium autem remuneratorium valet, quamvis expresse non acceptetur, sed sufficit, quod non ignoretur.

A quo, & quibus Privilegium concedi potest?

III. Privilegio alicui concesso absque restrictione ad locum aut tempus, potest privilegiatus uti ubi & quando libuerit intra ditionem concedentis: quando restringitur, juxta restrictionem injunctam est illo utendum. Quando privilegium est personale, cum afficiat personam, potest privilegiatus illo uti etiam extra ditionem concedentis, nisi sit lex contraria, vel usus privilegii possit afferre scandalum, aut aliud inconveniens.

Quomodo utendum privilegio?

IV. Si verba privilegii sint obscura, & ambigua, itaut dubitetur de mente concedentis, adeundus est concedens, si moraliter fieri possit: sin autem, recurrendum est ad conjecturas, ut sincere investigetur quænam sit mens concedentis. Interea Privilegiorum explicandorum hæ sunt regulæ: privilegium favorabile, utpote nulli noceas, late explicandum est, quantum patitur verborum proprietas; situti e contra privilegium odiosum alicui præjudicium asserens, stricte est explicandum, servata verborum proprietate: & inde est illud effatum legale: *odia restringenda, favores ampliandi.*

Quomodo explicanda privilegia?

V. Pluribus modis privilegia amittuntur. 1. Personale amittitur per mortem privilegiati: Reale autem transit ad alios cum re privilegiata. 2. Privilegium amittitur cessante tota causa, ob quam fuit concessum. 3. Privilegium gratiosum potest ex justa causa revocari; Remuneratorium aut alio modo onerosum non potest revocari; & si ob aliquod justum motivum revocetur, pars est compensanda alio modo. 4. Privilegium ad tempus concessum, vel sub conditione, elapso tempore, vel expleta conditione cessat: Absolutum autem, & simpliciter concessum, durat perpetuo: concessum vero ad beneplacitum concedentis, expirat cum ipsius vita. 5. Privilegium obtentum sine ulla restrictione, non cessat morte concedentis; at si nondum fuerit obtentum, expirat morte concedentis. 6. Privilegium non insertum in corpore juris non revocatur per legem subsequentem, neque per particulare rescriptum, neque per aliud privilegium præcedenti repugnans, nisi fiat mentio illius: quando autem est insertum corpori juris, abrogatur per legem subsequentem; & circa hoc notandum, quod ut revocatio privilegii facta per legem sortiatur effectum, requiritur publicatio revocationis, qua facta, privilegium remanet revocatum, ita ut acta posteriora non valeant, etiamsi ignoranter, & inculpate fiant; excipiendi tamen sunt actus publici, facti

Quomodo privilegia amittantur?

si cum errore communi, & titulo colorato: Privilegiorū vero privatim revocatorum suam vim retinet, donec notitia revocationis perveniat ad privilegiatum. Propterea si confessarius privilegiatus ad absolvendum a reservatis, antequam sciat revocationem sui privilegii, absolvat, rite absolvit. 7. Privilegium affirmativum, quo conceditur alicui actio in gravamen aliorum amittitur per non usum talis facultatis; privilegium vero neminem gravans, non amittitur per non usum etiam longissimi temporis. 8. Privilegium amittitur per voluntariam renuntiationem, quæ tamen acceptetur a concedente, qui si acceptare nolit, adhuc privilegium subsistit, & privilegiatus potest illo uti, mutando voluntatem; dummodo tamen privilegium consistat in facultate faciendi aliquid, & habeat tractum successivum. 9. Denique privilegium amittitur per abusum ejusdem, tamen accedente sententia judicis declaratoria abusus; nisi in concessione exprimerentur verba significantia privationem privilegii ipso facto post patratum abusum. Videsis alia in majori Opere.

Notandum quod ab Alexandro VII. proscripta fuit hæc thesis: *Regulares possunt in foro conscientiæ uti privilegiis suis, quæ sunt expresse revocata per concilium Tridentinum.*

TRA-

TRACTATUS II.
DE PECCATIS GENERATIM.

CAPUT PRIMUM.
De Natura, Divisione, Distinctione &c. peccatorum.

§. I. De Peccati Natura.

I. Peccatum ex S. Augustino lib. 22. contra Faustum cap. 27. *est dictum, vel factum, vel concupitum contra legem Dei æternam*; quam definitionem approbat S. Thom. 1. 2. q. 71. art. 9. Hæc autem comprehendit omnia peccata cordis, oris, & operis, ut patet. Convenit etiam peccato veniali; nam eadem lex æterna, quæ prohibet v. g. mendacium grave Deum graviter offendens, prohibet etiam mendacium leve, injuriam levem Deo irrogans. Convenit etiam peccatis omissionis; de his enim poterat esse difficultas; quia tametsi omissio incurratur suspendendo actionem, omittens tamen dicitur agere contra legem; eo ipso quod advertit se teneri ad actionem ponendam, & potest illam ponere, & non ponit; sive per actum interiorem nolendi, sive nullum eliciendo actum, censetur moraliter agere contra legem, eidemque deobedire: Convenit demum etiam peccatis contra humanas leges perpetratis; nam qui justas humanas leges violant, etiam in legem æternam peccant, saltem mediate.

Quid sit peccatum universalissime acceptum?

II. Hinc apparet, quomodo intelligendum sit effatum illud theologicum; nempe quædam esse prohibita, quia mala; & quædam esse mala, quia prohibita. *Cum dicitur*, ait S. Doctor loc. cit. ad 4. *quod non omne peccatum ideo est malum, quia prohibitum, intelligitur de prohibitione facta per jus positivum: Si autem referatur ad jus naturale quod continetur primo in lege æterna, secundario vero in naturali judicatorio rationis humanæ*; tunc *omne peccatum est malum, quia prohibitum*.

Quomodo omne malum sit tale quia prohibitum?

Quamvis vitium, & peccatum sumi promiscue soleant; attamen discrimen inter utrumque intervenit, differuntque ab invicem, sicut actus, & habitus. Quippe peccatum presse acceptum est actus moraliter malus; vitium vero prava dispositio natura sua tendens, & inclinans in opera moraliter mala. Vitium virtuti, peccatum autem actibus virtutis opponitur, & est pejus vitio; quia qui male agit, pejor est illo, qui ad male agendum est dis-
posi-

sam, temerariam, piorum aurium offensivam, & erroneam sequentem proscripsit propositionem: *Peccatum philosophicum seu morale est actus humanus disconveniens naturæ rationali, & rectæ rationi: theologicum vero, & morale, est transgressio libera divinæ legis. Philosophicum, quantumvis grave in illo, qui Deum vel ignorat, vel de Deo actu non cogitat, est grave peccatum, sed non offensa Dei, neque peccatum mortale dissolvens amicitiam Dei, neque æterna pœna dignum.*

§. III. *De distinctione specifica peccatorum.*

Constitutivum peccati in esse morali.

I. Specifica constitutio peccatorum in esse morali est specialis malitia, per quam unum peccatum ab altero specifice distinguitur; eo quod malitiam ab alio essentialiter distinctam habeat. Malitia autem peccati est ipsius disconvenientia a lege divina, & ab humana ratione: & idcirco peccata inter se invicem specie differre dicuntur, quæ inter se invicem specialem, idest diversam deformitatem, & disconvenientiam habent a lege divina humanaque ratione.

Distinctio specifica peccatorum desumitur ex diversitate specifica objectorum.

II. Distinctio essentialis, & specifica peccatorum desumitur ex diversitate essentiali & specifica objectorum. Ita S. Thomas 1. 2. *q.* 72. *art.* 1. & alibi. Objecti autem nomine significatur id, in quod primario voluntas tendit per actum malum: eapropter tam materia, in quam fertur mala voluntas, quam motivum, propter quod illam vult, quam circumstantiæ, in quibus illam vult, denominari possunt objectum; quandoquidem ab his omnibus & singulis resundi potest in actum peccaminosum specialis malitia & deformitas. Ratio autem S. Thomæ est, quia peccatum est actus malus voluntarius: actus autem voluntarius speciem sumit ab objecto, ad quod tendit; omnis namque actus est tendentia actualis ad aliquod objectum. Illa ergo erit specifica objectorum varietas, quæ tribuit actibus specificam diversitatem.

☞ Utique juxta mentem D. Thomæ peccata specie distinguntur per ordinem ad objecta distincta in esse moris. At difficultas insurgit, unde objectum habeat, quod specie distinguatur in esse moris? Generaliter loquendo objecta specie in esse moris distinguuntur, quando habent specialem & distinctam repugnantiam cum lege æterna; & recta ratione. Habent autem specialem, & distinctam repugnantiam cum lege æterna & recta ratione ex multiplici capite, videlicet cum actio mala adversatur vel diversis virtutibus, vel diversis ejusdem virtutis officiis, vel eidem virtuti contrario modo, vel denium eidem virtuti diverso modo, licet non contrario. Explicatur exemplis, 1. enim infidelitas, desperatio, odium Dei, & superstitio,

Caput I. De Peccatis generatim. 47

tio, sunt peccata specie diversa, quia diversis adversantur virtutibus, fidei scilicet, spei, charitati, & religioni. 2. Idololatria & superstitiosus cultus specie differunt, quia diversae ejusdem virtutis, religionis nempe, functiones laedunt; vetat enim religio, ne alius a vero Deo colatur, contra quod facit idololatria; & ne Deus illegitimo cultu honoretur, contra quod facit superstitio. Idem dicendum de haeresi, & omissione actus fidei, de odio Dei, & omissione actus Charitatis. 3. Prodigalitas, & avaritia, praesumptio & desperatio, diversae sunt natura, quia licet uni soli opponantur virtuti, liberalitati scilicet vel spei; ab ea tamen duobus modis contrariis, ac proinde specie diversis recedunt, per excessum scilicet & defectum. 4. Furtum, rapina, detractio, homicidium specifice differunt; quia eamdem virtutem justitiae impugnant diversimode; alia enim est ratio exercendi justitiam servando bona alterius, alia servando famam, aut vitam, ob speciales, quae circa hoc occurrunt difficultates: ergo alia quoque est ratio, eamdem justitiam violandi; nocendo bonis famae, aut vitae. Sic Petrus Coler *Instit. Theol. tom.* 1. *tract. de peccat.* p. 1. c. 3. art. 1. Legatur etiam F. Billuart *tract. de peccat. dissert.* 2. art. 2. ☞

III. Quamvis autem non raro teneatur, quod distinctio *Quomodo* peccatorum specifica desumatur a distinctione formali prae- *desumatur* ceptorum, fundata in diverso motivo formali praecipien- *ex diver-* di, aut in diversitate formali rei praeceptae, ut exinde in- *sitate spe-* feratur diversitas specifica transgressionum, & peccatorum; *cifica prae-* ut videre est in frangente jejunium jussum ab Ecclesia ob *ceptorum?* duplex motivum formale, v. g. religionis & poenitentiae; nihilominus adhuc verum est, hujusmodi specificam diversitatem ab objectis specifice diversis proficisci; etenim ideo unum peccatum differt specifice ab alio, quia tendit in objectum affectum lege illud vetante propter talis materiae objectivam deformitatem. unde beneficiarius voluntarie omittens recitationem horarum cum animo non restituendi, ideo committit duo peccata specie distincta, quia *Requiren-* violat duo praecepta, unum religionis, alterum justitiae, *tur cir-* respicientia cultum Dei, & solutionem debiti, quae sunt *cumstan-* praefatarum virtutum objecta. *tiae hu-*

IV. Peccata etiam specie distingui aliquando ex cir- *mani* cumstantiis actum peccaminosum afficientibus, nemo est *actus, &* qui ambigat. Nota igitur, septem communiter enumera- *quomodo* ri circumstantias, quae, praeter objectum, humanam *etiam ex* actionem moraliter comitari possunt, atque hoc versu *circum-* comprehenduntur: *Quis, Quid, Ubi, quibus Auxiliis, stantiis Cur, Quomodo, Quando. Quis* denotat qualitatem perso- *desumatur* nae; puta quod peccans sit persona sacra. *Quid* denotat *distinctio* circumstantiam materiae; puta quod res furto ablata sit *specifica* in magna quantitate. *Ubi* denotat conditionem loci; pu- *ejusdem.*

actum illicitum graviter, quod est peccatum scandali; proinde peccat peccato duplicis speciei, contra justitiam, & contra charitatem.

Dispensatio subreptitia, & obreptitia.

IX. Exponenda hic est duplex dispensatio, nempe subreptitia, & obreptitia. Subreptitia est dispensatio, quando a petente ea reticentur, quæ juxta veritatem exponenda sunt. Obreptitia, quando exprimitur falsitas. Utraque invalida est, tametsi inculpate aut veritas exprimenda taceatur, aut falsitas intrudatur.

☞ Dispensatio per metum extorta absolute valida est; quia metus simpliciter voluntarium non tollit. Si vero dispensator absolute consensum non præstaret, tunc nulla foret dispensatio. ☜

Cessante causa dispensationis ipsa quoque cessat.

X. Si dum conceditur dispensatio causa non amplius subsistat, nulla est dispensatio; immo, quamvis subsistat, dum conceditur, si non subsistat, dum Commissarius, aut Confessarius eam dispensationem exequitur, nulla est. Propterea si dispensatio fuit concessa v. g. propter filium legitimandum, & antequam delegatus dispenset, proles moriatur, cessat dispensatio, & invalide impertitur. Multi tamen putant, quod si cesset causa postquam fuit a delegato impertita, sed ante illius usum, adhuc valida sit. At oppositum alii probabilius sustinent, quia intentio Superioris ea esse debet, ut cessante causa quandocumque cesset dispensatio, ne dispensando sine causa sit dispensator iniquus, & legis naturalis violator. Quare debet semper, quousque consummetur dispensatio per usum ejusdem, habere intentionem, quod valeat, dummodo causa subsistat. Illud porro notandum est, quod quando dispensatio est ab aliquo præcepto humano, & non super solo impedimento, non sit ambigendum, quod tametsi executioni mandata fuerit, cessante motivo vel in toto, vel in parte, cesset dispensatio. Hinc dispensatus a jejunio quadragesimali quoad carnium comestionem, si cesset motivum infra ipsam quadragesimam, statim cessat dispensatio; vel si duret motivum quoad piscium, non vero quoad lacticiniorum usum, cessabit dispensatio quoad carnes, non vero quoad lacticinia.

☞ Si dispensatio absolute concessa sit, ejusdemque causa subsistat, non cessat ob mortem dispensatoris. Contra, si conditioni illigata dispensatio sit, tunc cessat morte dispensatoris, ut si ejusmodi clausulis circumscripta fuerit: *Donec mihi placuerit; ad arbitrium nostrum.* Si antequam dispensator decedat, inceptus sit actus, poteris illum prosequi. Dispensationem juste concessam revocare dispensator nequit absque justa causa: Injustam vero dispensationem revocare adstringitur. Dispensatus potest renuntiare dispensationi, si non interveniat damnum tertii; secus si renuntiatio lædat jus tertii. Deflorasti v. g.

Caput II. De Legibus.

sanguineam: obtines dispensationem ducendi eam in matrimonium. Dispensationi huic renuntiare nequis, quod talis renuntiatio esset in præjudicium tertii. Legatur P. Concina *Tom.* 6. *Theol. Christ. lib.* 1. *de Jur. Nat. &c. Dissert.* 6. *cap.* 5. *§.* 8.

§. XII. *De consuetudine.*

I. Consuetudo est Jus quoddam ex similium actuum liberorum frequentia constitutum. Sicut autem usus frequens actuum similium efficit consuetudinem; ita etiam non usus actuum Jussorum. At animadvertendum, quod solus, & merus non usus, procedens ex eo quod non occurrerit occasio legem servandi non valet consuetudinem introducere, sed debet esse non usus privative, idest omissio actionis per legem jussæ, quando ponenda esset, & non ponatur a plerisque successive pluries; Principe seu Superiore sciente, & dissimulante.

Hinc duplex distinguitur consuetudo; nempe præter legem, & contra legem. Consuetudo præter legem ex frequentia actuum producitur in materia, de qua lex scripta nihil decernit. Et hæc sola novum jus inducit, quando necessariæ conditiones adsunt. Consuetudo vero contra legem oritur ex actione legi contraria, vel ex omissione actionis præceptæ modo jam explicato. Et hæc novam legem non inducit, sed abrogat antiquam.

II. Conditiones ad consuetudinem statuendam requisitæ quinque sunt. 1. Ut sit bono communi utilis, & honesta. 2. Ut inducatur saltem a plerisque communitatis perfectæ per actus voluntarios & publicos. 3. Ut introducatur cum voluntate inducendi obligationem. 4. Ut innotescat Principi, aut Superiori silenti, aut dissimulanti, cum facile obstare possit. 5. Ut longo tempore sine interruptione, & successive ita actum fuerit. Tempus autem longum in jure est tempus decem annorum; & tunc censetur consuetudo præscripta, & indubitanter vim legis obtinet. Nonnulli cum S. Antonino docent, quod pro lege Ecclesiastica requirantur 40. anni, quod tamen ab aliis negatur.
* Circa postremum hoc legatur Cl. Sylvius *in* 1. 2. *q.* 97. *art.* 3. *concl.* 8. *

III. Conjectari autem potest consuetudinem esse introductam animo ad illam obligandi, quando Doctores ita definiunt; item si consuetudo sit rei gravis, & nihilominus a plerisque servetur; item si Superiores puniant, vel severe reprehendant transgredientes consuetudinem; item si viri prudentiores, & timoratiores scandalizentur de non observantibus illam. Hæc sunt signa, quorum quodlibet sufficienter ostendit consuetudinem obligare in conscientia.

IV. Certum est, nec legem naturalem, nec divinam

Quid sit Consuetudo?

Omissio actionis quando efficiat consuetudinem?

Perstringuntur conditiones ad consuetudinem requisitæ.

Unde conjectari possit consuetudinem esse introductam animo ad illam obligandi?

Quas leges valeat consuetudo abrogare?

posse

posse ulla consuetudine abrogari. Lex autem humana poteſt consuetudine abrogari in toto, aut quoad partem. Videatur D. Thomas 1. 2. q. 97. art. 3. ubi utriusque assertionis rationem assignat.

Quando peccent primi non observantes legem?

V. Primi, qui contra legem agunt, aut ad usum non deducunt, regulariter loquendo peccant, quia veræ legi non obediunt. Poteſt tamen evenire quod non peccent ob plures causas ab Auctore recensitas; præsertim quia agendo contra verba legis, non agunt contra intentionem legislatoris, vel quia proborum Doctorum judicio lex reputetur inutilis.

Quando abrogetur consuetudo per novam legem?

VI. Consuetudo poteſt per novam legem abrogari, etiam consuetudo ab immemorabili, præcipue ſi in nova lege declaretur irrationabilis, & communi bono perniciosa. Quando autem talis non declaratur, sed dumtaxat lex dicit generatim: *non obſtante quacumque consuetudine*; vel speciatim *non obſtante tali, aut tali consuetudine*; sed ex novis motivis judicatis rationabilibus sequuntur subditi agere juxta illam consuetudinem, & Superior id sciens, & impedire potens, diſſimulet, profecto nova lex vim non obtinet abrogandi consuetudinem; silentium enim Superioris potentis repugnare, & non repugnantis, tacite censetur approbare.

§. XIII. *De Privilegiis.*

Quid, & quotuplex ſit Privilegium?

I. Privilegium est Constitutio Principis, seu Superioris, specialem favorem permanenter concedentis, agendi, vel non agendi aliquid contra, vel præter legem. Hinc vides ejus distinctionem a dispensatione, quæ conceditur ad casum particularem, & transeunter. Privilegium multiplex est; nempe Scriptum, voce traditum, vel consuetudine acquisitum. Aliud est Reale, quod conceditur rei, puta mercibus, dignitati, loco &c.; aliud Personale, quod conceditur immediate personæ. Reale transit cum re de uno in alterum: Personale extinguitur cum persona. Aliud est Gratiosum, quod gratis, & liberaliter conceditur; aliud Remuneratorium, quod pro meritis conceditur. Aliud est Purum, quod absolute conceditur, aliud Conventionale, quod conceditur cum pacto. Aliud Commune, quod immediate respicit bonum Communitatis; aliud privatum, quod conceditur in favorem personæ privatæ. Aliud est favorabile, quod confert commodum, & favorem privilegiato, absque ullius incommodo; aliud Odiosum, quod, favendo uni, præjudicium affert alteri. Aliud est Perpetuum, diu aut semper duraturum; aliud Temporale, duraturum ad tempus. Aliud pro foro Conſcientiæ, quod non valet in foro externo; aliud pro Foro externo, valens etiam pro foro conſcientiæ.

Caput II. De Legibus.

II. Privilegium nequit ab alio concedi, quam a Superiore legem ferre valente, & a legis obedientia eximere. Ut privilegium gratiosum vim habeat, debet acceptari a privilegiato, vel ab eo qui ejus vices gerit. Privilegium autem remuneratorium valet, quamvis expresse non acceptetur, sed sufficit, quod non ignoretur.

A quo, & quibus Privilegium concedi potest?

III. Privilegio alicui concesso absque restrictione ad locum aut tempus, potest privilegiatus uti ubi & quando libuerit intra ditionem concedentis: quando restringitur, juxta restrictionem injunctam est illo utendum. Quando privilegium est personale, cum afficiat personam, potest privilegiatus illo uti etiam extra ditionem concedentis, nisi sit lex contraria, vel usus privilegii possit afferre scandalum, aut aliud inconveniens.

Quomodo utendum privilegio?

IV. Si verba privilegii sint obscura, & ambigua, itaut dubitetur de mente concedentis, adeundus est concedens, si moraliter fieri possit: sin autem, recurrendum est ad conjecturas, ut sincere investigetur quænam sit mens concedentis. Interea Privilegiorum explicandorum hæ sunt regulæ: privilegium favorabile, utpote nulli nocens, late explicandum est, quantum patitur verborum proprietas; situti e contra privilegium odiosum alicui præjudicium asserens, stricte est explicandum, servata verborum proprietate: & inde est illud effatum legale: *odia restringenda, favores ampliandi*.

Quomodo explicanda privilegia?

V. Pluribus modis privilegia amittuntur. 1. Personale amittitur per mortem privilegiati: Reale autem transit ad alios cum re privilegiata. 2. Privilegium amittitur cessante tota causa, ob quam fuit concessum. 3. Privilegium gratiosum potest ex justa causa revocari; Remuneratorium aut alio modo onerosum non potest revocari; & si ob aliquod justum motivum revocetur, pars est compensanda alio modo. 4. Privilegium ad tempus concessum, vel sub conditione, elapso tempore, vel expleta conditione cessat: Absolutum autem, & simpliciter concessum, durat perpetuo: concessum vero ad beneplacitum concedentis, expirat cum ipsius vita. 5. Privilegium obtentum sine ulla restrictione, non cessat morte concedentis; at si nondum fuerit obtentum, expirat morte concedentis. 6. Privilegium non insertum in corpore juris non revocatur per legem subsequentem, neque per particulare rescriptum, neque per aliud privilegium præcedenti repugnans, nisi fiat mentio illius: quando autem est insertum corpori juris, abrogatur per legem subsequentem; & circa hoc notandum, quod ut revocatio privilegii facta per legem sortiatur effectum, requiritur publicatio revocationis, qua facta, privilegium remanet revocatum, ita ut acta posteriora non valeant, etiamsi ignoranter, & inculpate fiant; excipiendi tamen sunt actus publici, fa-

Quomodo privilegia amittantur?

cti

si cum errore communi, & titulo colorato: Privilegiorum vero privatum revocatum suam vim retinet, donec notitia revocationis perveniat ad privilegiatum. Propterea si confessarius privilegiatus ad absolvendum a reservatis, antequam sciat revocationem sui privilegii, absolvat, rite absolvit. 7. Privilegium affirmativum, quo conceditur alicui actio in gravamen aliorum amittitur per non usum talis facultatis: privilegium vero neminem gravans, non amittitur per non usum etiam longissimi temporis. 8. Privilegium amittitur per voluntariam renuntiationem, quæ tamen acceptetur a concedente, qui si acceptare nolit, adhuc privilegium subsistit, & privilegiatus potest illo uti, mutando voluntatem; dummodo tamen privilegium consistat in facultate faciendi aliquid, & habeat tractum successivum. 9. Denique privilegium amittitur per abusum ejusdem, tamen accedente sententia judicis declaratoria abusus; nisi in concessione exprimeretur verba significantia privationem privilegii ipso facto post patratum abusum. Videsis alia in majori Opere.

☞ Notandum quod ab Alexandro VII. proscripta fuit hæc thesis: *Regulares possunt in foro conscientiæ uti privilegiis suis, quæ sunt expresse revocata per concilium Tridentinum.*

TRA-

TRACTATUS II.
DE PECCATIS GENERATIM.

CAPUT PRIMUM.
De Natura, Divisione, Distinctione &c. peccatorum.

§. I. De Peccati Natura.

I. Peccatum ex S. Augustino lib. 22. contra Faustum cap. 27. *est dictum, vel factum, vel concupitum contra legem Dei æternam*; quam definitionem approbat S. Thom. 1. 2. q. 71. art. 9. Hæc autem comprehendit omnia peccata cordis, oris, & operis, ut patet. Convenit etiam peccato veniali; nam eadem lex æterna, quæ prohibet v. g. mendacium grave Deum graviter offendens, prohibet etiam mendacium leve, injuriam levem Deo irrogans. Convenit etiam peccatis omissionis; de his enim poterat esse difficultas; quia tametsi omissio incurratur suspendendo actionem, omittens tamen dicitur agere contra legem; eo ipso quod advertit se teneri ad actionem ponendam, & potest illam ponere, & non ponit; sive per actum interiorem nolendi, sive nullum eliciendo actum, censetur moraliter agere contra legem, eidemque deobedire. Convenit demum etiam peccatis contra humanas leges perpetratis; nam qui justas humanas leges violant, etiam in legem æternam peccant, saltem mediate.

Quid sit peccatum universalissime acceptum?

II. Hinc apparet, quomodo intelligendum sit effatum illud theologicum, nempe quædam esse prohibita, quia mala; & quædam esse mala, quia prohibita. *Cum dicitur*, ait S. Doctor loc. cit. ad 4. *quod non omne peccatum ideo est malum, quia prohibitum, intelligitur de prohibitione facta per Jus positivum: Si autem referatur ad Jus naturale quod continetur primo in lege æterna, secundario vero in naturali judicatorio rationis humanæ; tunc omne peccatum est malum, quia prohibitum.*

Quomodo omne malum sit tale quia prohibitum?

Quamvis vitium, & peccatum sumi promiscue soleant; attamen discrimen inter utrumque intervenit, differuntque ab Invicem, sicut actus, & habitus. Quippe peccatum presse acceptum est actus moraliter malus; vitium vero prava dispositio naturæ suæ tendens, & inclinans in opera moraliter mala. Vitium virtuti, peccatum autem actibus virtutis opponitur, & est pejus vitio; quia qui male agit, pejor est illo, qui ad male agendum est dispopositus. Hæc omnia fuse, ac dulcide exponit D. Th. 1.2. quæst. 71.

§. II. De Peccatorum divisione.

Originale, Personale.
I. Dividitur primo peccatum in Originale, & Personale: illud est nobis a natura congenitum, non nostra, sed voluntate Protoplastæ nostri patratum; illud voluntate propria peccantis committitur.

Actuale, Habituale.
II. Dividitur in actuale, & Habituale. Actuale est actualis transgressio legis divinæ. Et sic tunc committitur peccatum actuale, quando actualiter violatur Lex Divina sive faciendo actum ab ipsa vetitum, sive omittendo actum ab ipsa præceptum. Habituale vero est macula in anima relicta ex peccato actuali, & in ea remanens donec per pœnitentiam & gratiam sanctificantem abstergatur, & expietur.

* Maculam in anima relictam ex peccato mortali explicat S. Thom. 1. 2. q. 86. art. 1. Ad malum vero peccati venialis quod spectat, mentem suam aperit idem S. Doctor q. 89. art. 1.

Mortale, Veniale.
III. Dividitur in Mortale, & Veniale: primum privat animam vita supernaturali, quæ est gratia sanctificans, Deoque inimicam constituit; secundum, levem Deo offensam irrogando, & charitatis fervorem tepefaciendo, animam Deo minus gratam reddit.

Commissionis, & Omissionis.
IV. Dividitur in peccatum Commissionis, & Omissionis: primum committitur contra præceptum negativum, agendo id, quod ab illo vetatur: secundum committitur contra præceptum affirmativum seu positivum, non agendo id quod jubetur.

Externum, Internum.
V. Dividitur in Externum, & Internum: primum verbo, aut facto exteriori committitur: secundum mente & corde patratur; duplicique modo fit; vel sistendo dumtaxat in delectatione voluntaria objecti mali, & dicitur delectatio morosa; vel ulterius optando malum patrare; & dicitur desiderium pravum.

In Deum, in Proximum, in Seipsum.
VI. Dividitur in peccatum contra Deum, contra Proximum, & contra Seipsum; primum specialiter in Deum fertur, ut blasphemia; secundum specialiter proximum lædit, ut injustitia; tertium specialiter nocet ipsi peccanti, ut ebrietas. Consulto autem dixi *specialiter*: quandoquidem omne peccatum est semper saltem contra Deum, & ipsum peccantem, illum afficiens offensa; istum, quoad animam, lædens. Nihilominus cum extent virtutes hominem specialiter regulantes erga Deum, ut Religio; erga Proximum, ut Justitia; erga seipsum, ut Temperantia; propterea etiam peccata illis opposita specialiter di-
cun-

Caput I. De Peccatis generatim.

untur lædere Deum, proximum, & seipsum. Videri potest S. Thomas 1. 2. q. 72. art. 4.

VII. Dividitur in Proprium, & Alienum: primum ab ipso peccante dumtaxat committitur, secundum ab aliis quidem committitur, sed nobis etiam imputatur, quippe qui vel tenebamur illud impedire, vel eidem cooperati sumus positive; & hujus peccati plerumque sunt rei illi, qui aliis ex officio præsunt: unde David precabatur: *Ab alienis parce servo tuo.* *Proprium & Alienum.*

VIII. Tandem dividitur peccatum in illud, quod committitur ex Infirmitate, ex Ignorantia culpabili, & ex deliberata Malitia: Primum committitur instigante gravi tentatione præcipue exteriori alicujus aut objecti multum attrahentis, vel agentis fortiter impellentis, aut ex vehementi impetu alicujus passionis fræmatu difficilis; ob adjacentes circumstantias. Secundum committitur ex culpabili defectu scientiæ, aut advertentiæ. Tertium committitur, nulla, aut levi tentatione præcunte, sed ex malitia, pravaque inclinatione, orta vel ex ignorantia quæsita & affectata, vel ex habitu malo jam prædominante. Primum peccandi genus est malum; secundum pejus; tertium pessimum. *Ex Infirmitate, ex ignorantia, ex deliberata malitia.*

* Circa peccatum quod ex malitia committitur, plura scitu digna docet D. Thom. 1. 2. q. 78. Legatur etiam Sylvius super eamdem quæstionem.

IX. Sane longe a mente S. Thomæ abeunt illi, qui hominem peccantem ex habitu, & consuetudine, absque advertentia actuali, excusant aut in toto, aut in parte a peccato, falso putantes inadvertentiam illam minuere, aut tollere malitiam ab actione prava, puta a perjurio, a delectatione morosa &c. cum e contra S. Thomas doceat, immo procedere ex certa scientia, & industriosa malitia. Tunc solum peccata ex habitu non videbuntur alicui imputanda, si per sinceram pœnitentiam habitum serio retractet; si diligenti studio invigilet, ne in actus erumpat; si occasiones ad actus provocantes summa cura declinet; si Sacramentorum, præcipue confessionis frequentia se corroboret; si preces ad auxilia obtinenda Deo offerat; si tandem media a pio & docto Confessario præscripta executioni mandet; cum hæc omnia præstare satagerit, tunc actus qui forte aliquando ex subreptione erumpent, judicari poterunt mere materiales; aliter si hæc implere negligat, reus erit actuum a malo habitu erumpentium, a quo cito liberabitur, si dicta media fideliter exequatur. *Reprobatur malæ deductio quorundam circa peccantem ex habitu.*

* Nota. Non potest dari peccatum mere philosophicum, quod scilicet soli rationi, non legi Divinæ adversetur, nec sit offensa Dei. Hinc jure meritoque Alexander VIII. die 24. Augusti an. 1690. tanquam scandalosam,

sam, temerariam, piarum aurium offensivam, & erroneam sequentem proscripsit propositionem: *Peccatum philosophicum seu morale est actus humanus disconveniens naturæ rationali, & rectæ rationi: theologicum vero, & morale, est transgressio liberæ divinæ legis. Philosophicum, quantumvis grave in illo, qui Deum vel ignorat, vel de Deo actu non cogitat, est grave peccatum, sed non offensa Dei, neque peccatum mortale dissolvens amicitiam Dei, neque æterna pœna dignum.*

§. III. *De distinctione specifica peccatorum.*

Constitutivum peccati in esse morali.

I. Specifica constitutio peccatorum in esse morali est specialis malitia, per quam unum peccatum ab altero specifice distinguitur; eo quod malitiam ab alio essentialiter distinctam habeat. Malitia autem peccati est ipsius disconvenientia a lege divina, & ab humana ratione: & idcirco peccata inter se invicem specie differre dicuntur, quæ inter se invicem specialem, idest diversam deformitatem, & disconvenientiam habent a lege divina humanaque ratione.

Distinctio specifica peccatorum desumitur ex diversitate specifica objectorum.

II. Distinctio essentialis, & specifica peccatorum desumitur ex diversitate essentiali & specifica objectorum. Ita S. Thomas 1. 2. q. 72. art. 1. & alibi. Objecti autem nomine significatur id, in quod primario voluntas tendit per actum malum, eapropter tam materia, in quam fertur mala voluntas, quam motivum, propter quod illam vult, quam circumstantiæ, in quibus illam vult, denominari possunt objectum; quandoquidem ab his omnibus & singulis refundi potest in actum peccaminosum specialis malitia & deformitas. Ratio autem S. Thomæ est, quia peccatum est actus malus voluntarius: actus autem voluntarius speciem sumit ab objecto, ad quod tendit; omnis namque actus est tendentia actualis ad aliquod objectum. Illa ergo erit specifica objectorum varietas, quæ tribuit actibus specificam diversitatem.

☞ Utique juxta mentem D. Thomæ peccata specie distinguuntur per ordinem ad objecta distincta in esse moris. At difficultas insurgit, unde objectum habeat, quod specie distinguatur in esse moris? Generaliter loquendo objecta specie in esse moris distinguuntur, quando habent specialem & distinctam repugnantiam cum lege æterna; & recta ratione. Habent autem specialem, & distinctam repugnantiam cum lege æterna & recta ratione ex multiplici capite, videlicet cum actio mala adversatur vel diversis virtutibus, vel diversis ejusdem virtutis officiis, vel eidem virtuti contrario modo, vel demum eidem virtuti diverso modo, licet non contrario. Explicatur exemplis, 1. enim infidelitas, desperatio, odium Dei, & superstitio,

Caput I. De Peccatis generatim. 47

rio, sunt peccata specie diversa, quia diversis adversantur virtutibus, fidei scilicet, spei, charitati, & religioni. 2. Idololatria & superstitiosus cultus specie differunt, quia diversas ejusdem virtutis, religionis nempe, functiones lædunt; vetat enim religio, ne altus a vero Deo colatur, contra quod facit idololatria; & ne Deus illegitimo cultu honoretur, contra quod facit superstitio. Idem dicendum de hæresi, & omissione actus fidei, de odio Dei, & omissione actus Charitatis. 3. Prodigalitas, & avaritia, præsumptio & desperatio, diversæ sunt naturæ, quia licet uni soli opponantur virtuti, liberalitati scilicet vel spei; ab ea tamen duobus modis contrariis, ac proinde specie diversis recedunt, per excessum scilicet & defectum. 4. Furtum, rapina, detractio, homicidium specifice differunt; quia eamdem virtutem justitiæ impugnant diversimode; alia enim est ratio exercendi justitiam servando bona alterius, alia servando famam, aut vitam, ob speciales, quæ circa hoc occurrunt difficultates: ergo alia quoque est ratio, eamdem justitiam violandi, nocendo bonis, famæ, aut vitæ. Sic Petrus Collet *Instit. Theol. tom. 1. tract. de peccat. p. 1. c. 3. art. 1.* Legatur etiam P. Billuart *tract. de peccat. dissert. 2. art. 2.*

III. Quamvis autem non raro dicatur, quod distinctio peccatorum specifica desumatur a distinctione formali præceptorum, fundata in diverso motivo formali præcipiendi, aut in diversitate formali rei præceptæ, ut exinde inferatur diversitas specifica transgressionum, & peccatorum; ut videre est in frangente jejunium jussum ab Ecclesia ob duplex motivum formale, v. g. religionis & pœnitentiæ; nihilominus adhuc verum est, hujusmodi specificam diversitatem ab objectis specifice diversis proficisci; etenim ideo unum peccatum differt specifice ab alio, quia tendit in objectum affectum lege illud vetante propter talis materiæ objectivam deformitatem; unde beneficiarius voluntarie omittens recitationem horarum cum animo non restituendi, ideo committit duo peccata specie distincta, quia violat duo præcepta, unum religionis, alterum justitiæ, respicientia cultum Dei, & solutionem debiti, quæ sunt præfatarum virtutum objecta.

IV. Peccata etiam specie distingui aliquando ex circumstantiis actum peccaminosum afficientibus, nemo est qui ambigat. Nota igitur, septem communiter enumerari circumstantias, quæ, præter objectum, humanam etiam actionem moraliter comitari possunt, atque hoc versu comprehenduntur: *Quis, Quid, Ubi, quibus Auxiliis, Cur, Quomodo, Quando.* Quis denotat qualitatem personæ, puta quod peccans sit persona sacra: Quid denotat circumstantiam materiæ; puta quod res furto ablata sit in magna quantitate. Ubi denotat conditionem loci; pu-

Quomodo desumatur ex diversitate specifica præceptorum?

Recurs sunt circumstantia humani actus, & quomodo ex circumstantiis desumatur distinctio specifica ejusdem.

ta furtum in loco sacro, aut in loco publico. *Quibus Auxiliis* denotat media, quibus peccans utitur; puta abutendo rebus sacris. *Cur* denotat finem extrinsecum operantis, qui distinguitur a fine intrinseco operis; puta furtum ad adulterandum. *Quomodo* denotat modum actus; puta facti cum plena advertentia, cum ignorantia &c. *Quando* denotat tempus, quo facta est actio; puta die festivo de præcepto. Rationem autem hujus septenarii numeri videsis apud S. Doctorem 1. 2. q. 7. artic. 3. Hinc deducas, quasdam harum circumstantiarum addere actui peccaminoso novam malitiam specie distinctam, & quasdam non, sed tantummodo augere vel minuere malitiam intra eamdem speciem. V. G. Sacerdos, cui sub formali præcepto inhibitum fuit a legitimo Superiore, ne ingrediatur talem domum corruptæ famæ, & qui ibidem adulteratur, quatuor peccata specie distincta perpetrat; unum contra obedientiam, frangendo præceptum: alterum contra castitatem, accedendo ad non suam: tertium contra justitiam, accedendo ad alienam; quartum contra religionem, violando votum; & si adsit scandalum, etiam quintum contra charitatem proximi, scandalum, & occasionem ruinæ aliis dando. Exemplum circumstantiarum augentium, vel minuentium notabiliter, intra eamdem speciem est v. g. furtum mille aureorum, & furtum unius argentei; odium formale contra proximum ad plures annos, & ad horam tantum. Ex quibus jam perspicis, quomodo etiam ex circumstantiis peccata specie distingui, & multiplicari possint, ob diversas deordinationes specie objectiva distinctas, & rectæ rationi specialiter repugnantes.

§. IV. *De Distinctione numerica peccatorum.*

Primus modus distinguendi peccata numero.

I. Distinctio dumtaxat numerica est illa, quæ versatur circa peccata ejusdem speciei; quando enim sunt diversæ speciei, nequeunt dici solo numero distincta, ut patet: distinctio igitur peccatorum numerica tantum est, quæ illa distinguit solo numero. Primo igitur ex D. Thomæ doctrina dicendum est, tot esse numero peccata, quot sunt numero objecta inter se invicem integre distincta, quorum unum sit pars alterius; propterea qui eodem actu voluntatis vult quatuor homines occidere, quatuor peccata committit; vel ut placet aliis, unum peccatum, quatuor malitiis numero distinctis affectum. Si vero illa objecta, quamvis materialiter in se numero distincta, reapse in judicio morali, & prudentiali unum tantum corpus constituant, unum tantum erit numero peccatum. V. G. qui dissipat injuste gregem ovium proximi sui, unum peccatum committit, quamvis grex ille ex centum ovibus constet; nec requiritur, ut in confessione numerus
ovium

Caput I. De Peccatis generatim.

ovium explicetur, sed sufficiet explicare quantitatem damni, qua explicata, puta centum scutorum, non erit necesse ulterius explicare, fuerint ne oves centum, an quinquaginta &c. Hinc inferas, quod qui delectatur de morte integræ familiæ tenetur juxta probabiliorem Azorii p. 1. lib. 4. c. 4. q. 3. in confessione exponere numerum personarum illam familiam componentium; quia quamvis in jure, seu, ut melius dicam, fictione juris, una familia pro una persona, unoque corpore civili computetur; tamen est corpus constans ex membris, quæ habent singula suam totalitatem naturalem ab aliis independentem & distinctam, ita ut judicio morali seorsim sint accipienda. Idem sentiendum de infamante eodem actu Communitatem, de blasphemante plures Sanctos, de concupiscente moniales unius monasterii; & sic de similibus, in quibus casibus personarum numerus, quantum fieri potest, est exprimendus.

II. Ex alio capite deducitur communiter distinctio numerica peccatorum, nempe ex retractatione actus prioris: etenim manifestum est, cum qui culpabiliter vel delectatur de objecto vetito, vel desiderat perficere aliquod malum, vel cœpit illud exequi; si in se reversus detestetur, quod egit, & deinde illud iterum reassumat; clarum est, inquam, novum numero peccatum perpetrare.

Secunda ratio multiplicandi peccata numero.

III. Ex alio item capite multiplicantur peccata numero, nempe ex interruptione, seu cessatione actus, & renovatione ejusdem. Loquimur modo dumtaxat de peccatis cordis; nam de peccatis oris & operis, statim dicetur. Ratio est, quia peccatum, quod non remanet in se formaliter, neque in effectu aliquo virtualiter, nec prudentum judicio continuatur; si renovetur, revera multiplicatur; atqui peccatum cordis, quod perficitur, & consummatur in intellectu, & voluntate, puta actus delectationis, postquam est consummatus, nec remanet in se, ut patet, nec virtualiter in aliquo suo effectu, quem nullum relinquit; neque prudenter judicari potest, quod continuetur, cum jam desierit; ergo, si reassumatur, novum erit peccatum. Quovis igitur modo interrumpatur actus interior, sive per inconsideratam interruptionem, sive per necessariam, puta per somnum, sive alio modo, etiamsi per minimum tempus, ait Suarez *disp. 22. sect. 5. n. 12.* vere interrumpetur, nedum physice, sed etiam moraliter, ita ut judicandus sit novus actus entitative ab anteriori distinctus; & cum voluntarie reassumatur, inchoatur novus actus moralis malus ab alio distinctus.

Alia ratio multiplicationis numerica in peccatis cordis.

IV. Quando autem horum peccatorum numerus iniri nequit, sufficit quod ad summam redigantur eo modo, quo moraliter fieri potest; V. G. circiter toties per hebdomadam, per diem &c. aut duabus circiter horis delectatus

Quomodo numerus ad summam redigendus?

Tom. I.   D

ctatus sum aspiciendo objectum vetitum; cogitando de vindicta inimici, & infra dictum tempus toties circiter renovavi actus. Uno verbo fiat Confessio eo modo, quo fieri moraliter potest; ut status pœnitentis confessario innotescat.

Multiplicatio numerica peccatorum oris & operis.

V. Peccata quæ exterius consummantur, qualia sunt peccata oris; & operis, dicendum est, toties moraliter renovari, & multiplicari, quoties peccatum exterius consummatur, aut quoties eisdem interponitur notabilis mora, ita ut prudenter censeantur non amplius virtualiter perdurare; nisi forte perdurent in aliquo effectu ex ipsis prodeunte, & ad finem assequendum perducente. Pluribus exemplis traditam doctrinam Auctor illustrat n. VI.

§. V. *De Peccato Mortali, & Veniali.*

Notio utriusque peccati generatim.

I. Peccatum Mortale vocitari solet grave, Veniale autem leve; eo quod malitia primi sit gravis, secundi vero levis. Utriusque malitia ex disconvenientia a lege Divina, humanaque ratione desumitur; ita ut quod notabiliter disconvenit, sit mortale; quod modice, sit veniale. Cum autem dixerimus, ab objecto, fine, & circumstantiis peccata suam depromere speciem, ita etiam gravitatem, prout objecta, finis, & circumstantiæ magis vel minus legi divinæ naturali, humanæque rationi repugnare inveniuntur; atque hinc deducitur, peccata illa graviora esse, quæ directe per se, cæterisque paribus, opponuntur nobilioribus virtutibus.

Regula ad discernendum quænam sint peccata mortalia quænam venialia.

II. Ad discernendum, quænam sint peccata mortalia, quænam venialia, recurrendum est ad Scripturam, & ad Patrum Traditionem, nec non ad Ecclesiæ oracula, quæ hos Duces sequitur, & demum ad unanimem Theologorum consensum. Quando autem ex his fontibus veritas clare elici non potest; firmiori ratione proculdubio utendum est, atque illam partem eligere oportet, quæ magis ad verum accedere apparet; illa seposita, quæ minus accedere comperitur, ne in errorem impingatur.

Notio propria utriusque.

III. Peccatum mortale est gravis transgressio legis, quæ Divinæ Majestati gravem irrogat injuriam; unde ejus amicitia dissolvitur, & anima peccans ab ipso avertitur, ut a suo ultimo fine: quem finem constituit in propria sui satisfactione: unde gratia Sanctificante habituali spoliatur, quæ est vita ejus supernaturalis; filiationeque adoptiva Dei; ideoque remanet supernaturaliter mortua; & hac ratione mortale nuncupatur: & hinc jure hæreditario ad vitam æternam privatur; redditur inhabilis, quousque justificetur, ad quidam promerendum: remanetque obnoxia damnationi æternæ. Hæc omnia sunt de fide. Peccatum veniale est levis transgressio legis, & exinde levis

Dei

Caput I. De Peccatis generatim.

Dei offensa, quæ quamvis non expoliet peccantem gratiâ habituali & charitate; hujus tamen fervorem minuit; quamvis non privet æterna vita, illius tamen ingressum retardat; quamvis animam supernaturaliter non occidat, illam in bono operando debilitat; quamvis illam non avertat ab ultimo fine, tamen eam divertit ab ipso, atque ad se avertendam disponit. Ita Catholici omnes.

* Lege Sylvium in 1. 2. q. 72. a. 5. *

IV. Ad peccatum mortale tria requiruntur, nempe gravitas materiæ, seu objecti; sufficiens advertentia ex parte intellectus; & perfectus assensus ex parte voluntatis. Materia illa gravis est, quæ talis esse affirmatur a Scripturâ, a Patribus, aut a sensu Ecclesiæ, aut ab unanimi Doctorum consensu; & quod a quovis istorum asseritur mortale, certo est tale. Quando autem Doctores inter se dissentiunt, eo quod veritas ex præfatis fontibus erui nequit, & inde aliqui asserunt esse mortale, aliqui non esse tale affirmant, resolvendum erit juxta probabiliorem. *Requisita ad peccatum mortale, & primo gravitas materiæ.*

V. Nota quod materia gravis, quandoque talis est in toto genere suo, ita ut ex se & ratione sui nunquam possit esse levis; neque detur in eo ordine parvitas materiæ, atque peccata, quæ circa ipsam versantur, si adsit perfecta deliberatio, semper sint mortalia. Hujusmodi sunt peccata, quæ sunt directe contra aliquod attributum Divinum, ut odium, & contemptus Dei, hæresis, desperatio; blasphemia, perjurium &c. nec non quædam alia contra proximum, nempe homicidium, mutilatio; nec non alia quædam contra seipsum, qualia sunt omnia in materia venerea directe intenta; & si quæ sint aliæ: in his, inquam, ratione materiæ, semper mortaliter delinquitur, nisi inadvertentia, vel assensus imperfectus excuset a tanto. Ad differentiam illius materiæ, quæ quamvis ex genere suo sit mortalis, quia videlicet potest pervenire ad mortalem, non tamen est talis in toto genere suo; unde non semper est gravis, & ita materia furti, detractionis, &c. quamvis ex genere suo sit mortalis, quia potest esse talis, non tamen toto genere suo, quia dantur furta, detractiones, &c. quæ ob parvitatem materiæ sunt venialia, ut furtum unius oboli; detractio, quod Petrus otio vacaverit &c. *Explicatur, quid sit dari, aut non dari parvitatem materiæ?*

☞ Ad discernendum, an peccati materia gravis sit, aut levis, hæ communiter a Theologis regulæ assignantur. 1. Materia tunc gravis est, quando actus præceptus multum confert ad charitatem vel Dei, vel proximi. E converso, si parum conducat levis existimatur. 2. Si res, quæ præcipitur, etiamsi in se levis sit, attamen valde conferat in finem Legislatoris, gravis censenda erit. 3. Expendendum, num materia suscipiat magis, & minus. Quippe si hos gradus non admittat, gravis reputatur. Si autem hos admittat, spectanda est persona peccantis, finis legis, seu ordo ad legem ipsam: Quandoque etiam evenit, ut quod in subdito dumtaxat veniale est, mortale sit in Superiore. Legatur P. Daniel Concina *Theolog. Christ.* tom. 10. *lib.* 4. *de Peccat. &c. Differt.* 1. *cap.* 7. *n.* 8. *& seq.*

Explicatur advertentia ad mortale requisita.

VI. Sufficiens advertentia ex parte intellectus, significat cognitionem sufficientem malitiæ actionis peccaminosæ. Non est necesse, quod ut peccatum sit vere imputabile, adsit advertentia actualis, sed sufficit virtualis, indirecta, & interpretativa, in eo consistens, quod quis possit, & teneatur cognoscere malitiam actionis; ut communior, & vera sententia docet.

Explicatur consensus voluntatis ad mortale requisitus.

VII. Ex his facile deducitur, sufficere ad peccatum mortale assensum hominis, qui sit compos sui, & qui malitiam actus vel cognoscat, vel cognoscere potuerit ac debuerit; ac proinde sufficere consensum in malitiam etiam interpretativum, & indirectum, qui consequitur omissionem culpabilem diligentiæ, quam operans præstare poterat, & tenebatur. Ita expresse docuit S. Thom. *tum super cap.* 1. *epistola ad Romanos lect.* 7. *cum* 1. 2. *q.* 8. *a.* 8.

Resolvitur quæsitum maximi ponderis.

VIII. At interrogabis: quousque se extendat hæc obligatio sciendi, & advertendi, ob cujus carentiam inciditur in peccatum? Hoc quæsitum solvit S. Thomas 1. 2. *q.* 76. *a.* 2. docens 1. quod tenetur unusquisque scire illa, *sine quorum scientia non potest actum debitum recte exercere: unde omnes tenentur communiter scire ea, quæ sunt fidei, & universalia juris præcepta:* non igitur, & præcipue in nostris hisce Regionibus, in quibus tot catecheses, tot instructores, tot christianam legem docentes vigent, non igitur, inquam, excusabilis esse poterit ignorantia, & inadvertentia circa veritates fidei præcipuas, circa præcepta Decalogi, circa Sacramenta, circa præcepta Ecclesiæ, & circa ea, quæ communiter fideles non desidiosi norunt. 2. docet idem S. Doctor quod *singuli tenentur scire ea, quæ ad eorum statum, & officium pertinent.* Igitur persona Ecclesiastica, juxta gradum, quem tenet, debebit scire quæ ad suum statum spectant, & quæ ad munera eidem adnexa recte obeunda requiruntur. Et similiter, Pater, Materfamilias, quæ spectant ad Christianum familiæ regimen erga filios & filias, erga servos, circa domus administrationem &c., scire tenebuntur; & ita omnes & singuli juxta statum suum, & ministerium; nempe & Medici, & Judices, & Advocati, cæterique fori ministri; & Mercatores, & Artifices; & quammaxime Confessarii, Doctores, &c. tenebuntur scire *quæ ad eorum statum, & officium pertinent.* At in quo gradu? Salvo sapientiori judicio, respondeo, in eo gradu, quo nedum diligentes, sed diligentiores ea callent.

Caput I. De Peccatis generatim. 53

☞ Postremum hoc accuratius examini subjicietur, dum sermo erit de Restitutione generatim, nempe *tract*. 9. *de* VII. *Decal. Precept. cap.* 4. §. 4. ⁂

IX. Ex superius dictis inferre potes; quot modis peccatum alioquin mortale, evadat veniale: primo quidem ex imperfecta advertentia, quæ non sit volita in causa, vel ex imperfecto consensu, ut superius explicatum fuit n. 4. & 5. Secundo ex materiæ parvitate, quando materia non est in toto genere suo mortalis, ut pariter supra traditum fuit numero 5.

Quomodo peccatum alioquin mortale evadat veniale, & veniale mortale?

Modi autem, quibus peccatum alioquin veniale potest fieri mortale, sunt, primus ex conscientia erronea, ut ait S. Thomas quodlibet. 9. q. 7. a. 15., ut si quis putet, quod mendacium officiosum sit mortale, illudque cum hac conscientia dicat. Secundus, ex fine moraliter malo, ut ait idem S. D. 1. 2. q. 88. a. 4. puta cum quis mendacium illud dirigat ad seducendam virginem, ut in stuprum assentiatur. Tertius, si constituatur ultimus finis in re alioquin veniali, ut ait S. D. ibidem; quod non est adeo facile; puta cum quis adeo est affectus levi gulositati, ut etiamsi graviter a Deo vetaretur, vellet eadem frui. Quartus, ratione gravis scandali adjuncti, puta si furando rem parvi momenti Petro, prævideas prudenter, illum, ut solet, in blasphemias erupturum: Et in hoc non raro incidunt mulieres, quæ coram illis, quos sciunt, seipsas impudico amore deperire, plura, alioquin superflua, & de se venialia dicunt, & faciunt; unde prudenter prævidere debeant, amatores illos in novas delectationes prolapsuros, & ardentiorem erga seipsas amorem concepturos. Sed de hoc plura dum disseremus de scandalo. Quintus, ratione contemptus adjuncti, puta dum quis obligationem alioquin levem prætermittit ex contemptu ejusdem. Sextus denique, ob periculum proximum peccandi mortaliter; puta cum quis plerumque solet peccare delectatione venerea mortali, dum ex mera curiositate, quæ de se est tantum venialis, aspicit talem fœminam, peccat mortaliter illam ex curiositate aspiciendo, etiamsi forte per accidens aliquando non delectetur.

✣ Defectu advertentiæ, ut animadvertit Petrus Colet *tom.* 1. *tract. de peccat.* p. 2. c. 2. a. 1., excusari solent 1. infantes septennio minores, qui dubitant, an mortaliter peccaverint; tunc enim præsumuntur sufficientem rationis usum non habuisse. Sed hæc regula fallere potest in iis, quibus mens ante tempus est malitiæ matura. 2. semistulti, & semidormientes: item qui dubitant an perfecte a somno excitati essent, an egerint in phrænesi &c. quia qui ex plena advertentia agunt, satis sciunt se a somno excitatos fuisse; nisi mora temporis oblivionem induxerit. 3. qui vehementi objecti alterius meditatione

D 3 detidit ipientur, aut quibus gravis animi perturbatio citra culpam irrepit.

Obfervandum autem, quod imperfectio actus nunquam impedit quominus ea quæ funt ex objecto venialia, revera fint venialia, quamvis leviora, quia ad culpam venialem fufficit quodcumque voluntarium & liberum, ficut & quantulacumque inordinatio; fecus vero ad mortale.

Multitudo venialium, in fe acceptorum, numquam efficere potest peccatum mortale. Quid dicendum de difpofito ad quæcumque venialia committenda? Quomodo veniale difponat ad mortale?

X. Non poteft fieri *quod multa venialia conftituant unum mortale, non enim omnia venialia de mundo poffunt habere tantum de reatu, quantum unum mortale*, ait S. Th. 1. 2. q. 88. a. 1. Si quis tamen animum haberet difpofitum omnia cujufcumque ordinis venialia committendi, data eorum occafione, peccaret lethaliter, & effet in ftatu peccati lethalis; quia inter venialia quædam inveniuntur adeo propinqua, & affinia peccato mortali, ut moraliter fieri non poffit, quod qui in illis frequens eft, a peccato mortali immunis evadat.

XI. Peccatum veniale duplici modo difponit ad mortale, ut docet S. Thom. 1. 2. quæft. 88. art. 3., nempe pofitive, & negative: pofitive, & directe relinquendo in animo pronitatem quamdam ad peccandum circa talem materiam, circa quam frequenter delinquit, (fermo enim eft præcipue de veniali circa aliquam materiam frequente) unde qui frequenter delinquit leviter v. g. detrahendo, difponitur pofitive ad gravem detractionem incurrendam. Negative autem & indirecte, removendo ea obftacula, quæ peccatum mortale arcere confueverunt, nempe gratiæ auxilia, & fervorem charitatis.

§. VI. *De Peccato Commiffionis, & Omiffionis.*

Quid peccatum Commiffionis, & Omiffionis?

I. Peccatum commiffionis eft actus voluntarius malus, factus contra præceptum negativum. Dicitur fieri contra præceptum negativum, obligans nempe ad femper, & pro femper vetans actum; ut patet in præcepto non fornicandi. Peccatum omiffionis eft non pofitio actus debiti ex præcepto affirmativo, obligante non ad femper, fed fuo tempore. Exinde patet, quod hoc peccatum in fe formaliter, & conftitutive non requirit aliquem actum. Plerumque tamen concurrit ad omiffionem actus aliquis, five tanquam caufa, five tanquam occafio.

Actus qui malitia omiffionis inficiuntur, quomodo, & quando conftituendi?

II. Ex his deducas, actus illos, qui funt caufa vel occafio volita omiffionis, infici malitia ejufdem omiffionis cui perpetrandæ fubordinantur ut media. In cafu autem, quo qui decrevit ludere ufque ad vefperam diei feftivi, mutet voluntatem, & ante meridiem Sacrum audiat, non peccat peccato omiffionis, tenebitur tamen in confeffione exponere iniquum propofitum antea conftitutum nolendi audire Sacrum, ut patet. Minuitur porro, vel augetur gravitas omiffionis, proutcape

Caput I. De Peccatis generatim.

sa, vel occasio omittendi fuerit gravior; ut docent Salm., tom. 3. tract. 11. disp. 5. dub. 2. num. 11. Et propterea omittens Sacrum, ut fornicetur, vel furetur, notabiliter graviorem perpetrat omissionem illo, qui omittit Sacrum, ut studeat, & ideo in confessione erit explicanda hujusmodi causa, nedum ob speciem suam, sed etiam quatenus omissionem producit. Quando demum causa, aut occasio omittendi ex specie sua nullam malitiam habet, & sequatur reapse omissio; tunc juxta probabiliorem, ex omissione & suis causis unum tantum exurgit peccatum omissionis, neque est necesse explicare causam, aut occasionem.

III. Omissionis peccatum tunc incipit, quando quis causam omittendi voluntarie ponere incipit; tunc enim indirecte incipit velle omissionem actus præcepti, quamvis non consummetur, nisi dum expirat tempus ponendi actionem præceptam. Ita qui progrediente mane v. g. super stratum suum decumbit, ut dormiat, prævidens, aut prævidere debens, quod nisi alicui committat, ut illum a somno excitet, idque non curet, se exponit moraliter certo periculo Missam omittendi, ipso facto incipit coram Deo, & in conscientiæ foro esse reus omissionis Missæ; quæ postea consummatur, transacto celebrationis tempore.

Quando incipiat omissionis reatus?

IV. Hinc solvitur alia quæstio, an præfata omissio Missæ, quam incurrit ille dormiens, sit reapse peccatum in se, an dumtaxat effectus peccati, nempe assumptæ dormitionis; dicendo cum communiori, & probabiliori Cajetani, Soti, & aliorum; eam esse verum omissionis peccatum. Ratio est, quia, ut verum asseratur peccatum in aliquo actu, sufficit libertas in causa ejusdem.

Omissio illa est verum peccatum in se, non in causa tantum.

V. Hinc patet, quid afferendum de illis, qui bacchanalium tempore ita sanitatem successivis intemperantiis prodigunt, ut pluries experti sint se compelli ad jejunia quadragesimæ violanda; quæ commode observare possent, si tot dissolutionibus non darent operam; profecto neminem cordatum illos excusaturum puto a violato præcepto in causa, quæ prævideri debebat hujusmodi transgressionis pluries experta parens. Sed de hoc egimus in cap. de legibus §. 7. n. 13.

Corollarium notandum.

VI. Hinc sequitur quod quamvis effectus malus eveniat tempore, quo quis impos animi est, v. g. mollities in somno, percussio in ebrietate &c. debeat nihilominus manifestari in confessione una cum causa eidem data; ut tenet communior, & probabilior: eo quod peccata debeant integre confiteri; nemo autem ambigit, hujusmodi effectum esse complementum peccati in causa posita voliti. Idque comprobat fidelium praxis se de hujusmodi effectibus, conscientia docente, accusantium.

Confessioni subjicienda est causa cum effectu secuto, quamvis tempore mentis impotis.

§. VII.

§. VII. *De peccatis internis.*

Quid sit delectatio? quid desiderium?.

I. Peccat homo peccato interno, vel assentiendo deliberate delectationi internae rei vetitae, vel assentiendo desiderio ejusdem: assentiendo delectationi; id est mere sibi complacendo de objecto, aut opere malo apprehenso, quatenus deliberate placet & gratum habetur, absque intentione, aut desiderio illud assequendi, vel perficiendi: assentiendo autem desiderio objecti, vel operis pravi, aut efficaciter intendendo, & deliberando illud assequi, vel perficere, & tunc dicitur intentio efficax: aut desiderando illud inefficaciter, quae inefficacitas, si oriatur ex impotentia illud assequendi, vel perficiendi, potest adhuc includere desiderium ardentissimum; si vero oriatur ex fluctuatione voluntatis nondum determinatae illud assequi, aut perficere, tunc revera est desiderium inefficax: & statim nota primo, duplicem distingui posse voluntatis assensum: unum formalem & expressum, V. G. dum quis deliberate vult objectum, aut opus vetitum mente conceptum; puta fornicationem; alterum virtualem implicitum, & interpretativum; V. G. dum quis volendo causam, vult effectum cum eadem connexum; V. G. dum quis volens occidere Patremfamilias, vult implicite omnia damna ex hac occisione sequenda.

Triplex modus se gerendi voluntatis circa motus deordinatos.

II. Nota praeterea, quod voluntas circa deordinatos motus passionum triplici modo se gerere potest; primo, eisdem advertenter assentiendo aut voluntaria delectatione, aut voluntario desiderio: secundo, illos rejiciendo, eosdemque, quantum potest, reprimendo: tertio, negative se habendo, nullum videlicet actum eliciendo; sive rejectionis, sive admissionis, eligendo advertenter nullum actum elicere. Primo modo jam constat, quod peccet graviter, vel leviter, juxta conditionem rei vetitae, circa quam est delectatio, vel desiderium. Secundo modo patet, quod nedum non peccet, sed virtute operetur. Tertio autem modo se gerendi, in primis certum est apud omnes saltem veniale peccatum committi. Certum similiter est, quod si dicto modo se gerendo interveniat probabile periculum consensus fundatum vel in debilitate animi saepe lapsum experti, vel in pravis consuetudinibus contractis, vel in qualitate & conditione motuum, qui ex se sint valde periculosi, quales sunt libidinosi vehementes, & prolixi, aut motus vindictae, valde ardentes, aliique consimiles, in his, inquam, casibus, communiter docent, voluntatem teneri, actu positivo, etiam repetito illis motibus resistere, eosdemque rejicere, ne censeatur iisdem interpretativum assensum praestare; eo quod unusquisque teneatur a se arcere grave, & propinquissimum peccandi peri-

Caput I. De Peccatis generatim.

periculum ; idque in casu, alio modo fieri nequit, nisi detestando illos motus, atque rejiciendo, Deum invocando &c. & ita corroborando voluntatem, ne succumbat. Sic expresse docent S. Thomas q. 15. de verit. a. 4. ad 10. & S. Antoninus p. 1. tit. 5. c. 1. §. 5. Disputatur autem, an, semoto periculo probabili consensus, & extra casus modo indicatos, peccet mortaliter voluntas, quæ vult mere negative se habere erga deordinatos motus passionum appetitus sensitivi circa objectum grave? Longe probabilius est, quod illicitum sit, mere negative se habere: unde qui experitur præfatos motus circa objectum mortale, & postquam eosdem advertit, illos non detestatur, & repellit, peccat lethaliter, si eligat mere negative se habere. Ita plures D. D. graves, idemque docere videtur S. Th 1. 2. q. 74. a. 6. Rationibus etiam validissimis assertionem Auctor evincit.

III. Quando voluntas actibus detestationis, invocationis, &c. ita se munivit, ut prudenter absit periculum consensus in delectationem ex præfatis motibus consurgentem, non tenetur sub mortali illos exteriori cohibitione reprimere, nisi forte experiatur, se trahi ad assensum; sed sufficit, quod perseveret in seria eorum nolitione, & rejectione. Laudabile tamen est, illos motus etiam exteriori actu cohibere, & viro timorato quodammodo debitum, quando sine magno incommodo id præstare potest, tum ut tollatur omnis suspicio occultissimi interpretativi consensus; tum ut arceatur commissio venialis culpæ, quæ ex omissione præfatæ cohibitionis, quando facilis est, incurri solet; tum ut homo disponatur ad recipienda uberiora gratiæ auxilia: tum ut augeatur meritum resistentiæ fortioris; tum ob majus dominium, quod voluntati acquiritur super sensualitate, unde & debiliores prædicti deordinati motus imposterum exurgant, & tandem quasi totaliter quiescant.

Non tenemur ad cohibitionem exteriorem nisi in aliquo casu. Laudabile tamen & consulendum, illos etiam exterius cohibere.

IV. Permitti possunt præfati motus absque culpa, voluntate semper aversa, constanterque illos detestante, nec non semoto omni consensus periculo, ob motivum aliquod necessarium, aut honestum, aut etiam utile, & licitum, puta audiendi confessiones, studendi, assistendi infirmo, eidem medendi, &c. Hinc inferas, quomodo suspicionem occulti interpretativi assensus incurrere possunt illi, qui præfatis motibus dant causam, & sæpe prævisam, quibusdam lectionibus, aut cantilenis, ex se non turpibus, sed non omnino honestis vacando; qui verba nimis mollia erga personas alterius sexus proferunt, qui solius curiositatis explendæ motivo oculos figunt, aspectus iterant circa quasdam sculpturas, picturas, facies, pectora, aliave objecta, quæ tametsi in se non graviter turpia, præfatis tamen motibus incentivum præbere solent. Consul-

Quomodo inculpate permitti possunt? Quando extet suspicio assensus?

to dixi, non de se graviter turpia; quia objecta ex se graviter turpia & obscoena intueri, aut verba vehementer excitantia audire, aut legere, a mortali non vacat. Omnes præfati, inquam, præter peccata venialia pinguia, quæ multiplicant, nedum prudentem suspicionem alicujus taciti & occulti consensus in delectationem sensualem sæpissime sibi creant, verum etiam non raro in illam impingunt.

Quid sit delectatio peccaminosa seu morosa.

V. Delectatio peccaminosa est simplex & voluntaria de objecto, vel actu malo cogitato complacentia, absque intentione efficaci illud assequendi, vel hunc exequendi; quando enim hæc intentio intervenit, tunc vocatur desiderium: *hujusmodi delectatio dici solet morosa*, ait S. Thomas 1. 2. q. 74. art. 6. ad 3. *non ex mora temporis, sed ex eo quod ratio deliberans circa eam immoratur, nec tamen eam repellit, tenens, & volens libenter, quæ statim ut attigerunt animum, respui debuerunt.* Potest igitur delectatio morosa etiam momento durans esse peccaminosa, si eo momento sit deliberate volita; & si sit de re, vel actu mortali, mortalis est. Ostendit autem S. D. eodem loco a. 8 aliud esse delectari de objecto, vel actu malo, & aliud delectari de cogitatione objecti, vel actus mali.

Delectatio sumit speciem etiam a circumstantiis objecti. Indicium unde conjiciatur quando quis delectatur de solo artificio, an etiam de re mala.

VI. Delectatio speciem sumit nedum ab objecto, circa quod versatur, verum etiam a circumstantiis illud afficientibus, tametsi se delectans ab eis mente præscindat. Quare qui delectari vult de muliere, dumtaxat ut mulier est, & non ut virgo, ut conjugata, ut monialis, peccatum nihilominus incurret nedum contra castitatem, sed contra justitiam, & contra Religionem; semper enim circumstantiæ illæ sunt indirecte volitæ, quia reapse afficientes objectum veritum, quarum quælibet est specialis ratio vetandi illicitam delectationem de eodem. Indicium autem ex quo conjiciatur, quando quis delectatur de mero artificio, eloquentia, eruditione &c. an vero de re mala artificio adnexa, illud esse potest, si sint alia honesta, in quibus æqualis, & etiam major eloquentia, eruditio &c. reperitur, & nihilominus eligat legere, videre, audire artificium, eloquentiam &c. in turpibus, & malis; urgens motivum est prudenter conjectandi, quod delectetur de turpibus, & non de artificio solo in eis reperto.

Non licet delectari de malo ob bonum effectum; licet autem de bono effectu, non tamen ut illato a causa mala.

VII. Non est licitum delectari de malo propter effectum bonum ex illo secutum, puta de homicidio injusto propter pacem familiæ inde profectam. Aliud autem dicendum est de eo, qui non delectatur de peccato, puta homicidio, quod detestatur, sed mere de pace secuta; & de hac quidem, non ut illata ex homicidio, aut cum ipso connexa, sed prout potuit etiam ab aliis causis proficisci; quia tunc nihil est, unde reddatur delectatio culpabi-

Caput I. De Peccatis generatim.

VIII. Delectari de actibus, vel omissionibus prohibitis jure naturali, & retinentibus suam malitiam objectivam, patratis sine malitia formali, nempe in statu amentiæ, ebrietatis plenæ &c. numquam est licitum: unde qui delectaretur de fornicatione, blasphemia &c. a se in ebrietate, somno &c. patratis, lethaliter peccaret in specie dictarum actionum. Delectari autem de actionibus, vel omissionibus solum jure positivo prohibitis a se in statu oblivionis, ignorantiæ invincibilis, somno &c. patratis, si adhuc retineant malitiam objectivam, peccatum est; si autem malitia objectiva spolientur, non est peccatum. Actiones autem, & omissiones expoliantur malitia objectiva, quando causæ eorumdem tollunt obligationem; secus vero quando non tollunt obligationem.

Quando sit illicitum delectari de actibus malis materialiter tantum patratis.

☞ Exemplis rem hanc auctor declarat, quæ nos prætermittimus, ne a præstituta brevitate recedamus. ☜

IX. Delectatio de malo temporali alicujus ob bonum inde secutum, quando bonum est longe præstantius, quam sit malum ipsi illatum, neque alio modo moraliter effectus ille bonus haberi poterat, non est illicita; sicuti & tristari de bono temporali alicujus ob mala certo moraliter inde secutura, gravia & injusta, non est illicitum: Ita communis cum S. Doctore 2. 2. q. 36. art. 2. Unde licet gaudere de morte naturali malefactoris, vel ipsi a legitimo Judice illata, sine qua publice quies obtineri non poterat: ita de infirmitate alicujus, ex qua secuta fuit ejus conversio sincera ad Deum: ita de amissione bonorum temporalium illius præpotentis, quibus abutebatur ad vexandum injuste proximum: ita & tristari de illius exaltatione, qua prudenter prævidetur abusurus in damnum innocentium; &c.

Delectari de malo temporali, & tristari de bono temporali alterius quandoque sine peccato.

Hic opportune addendæ sunt nonnullæ theses damnatæ ab Innocentio XI. una est n. 13. *Si cum debita moderatione facias, potes absque peccato mortali de vita alicujus tristari: & de illius morte naturali gaudere: illam inefficaci affectu petere, & desiderare, non quidem ex displicentia personæ, sed ob aliquod temporale emolumentum.* Altera est n. 14. *Licitum est absoluto desiderio cupere mortem Patris, non quidem ut malum patris, sed ut bonum cupientis, quia nimirum ei obventura est pinguis hæreditas.* Altera est n. 15. *Licitum est filio gaudere de parricidio parentis, a se in ebrietate patrato, propter ingentes divitias inde ex hæreditate consecutas.*

Theses damnatæ.

X. Non licet Viduæ personæ delectari de actibus conjugalibus habitis cum conjuge vivente: neque personæ tantum in matrimonium promissæ de actibus futuris in statu matrimonii, delectatione sensibili, & multo minus sensua-

Viduis, & Sponsis de futuro non licet

delectari de actibus in statu alio licito habitis vel habendis.

suali, ut docet communis, quia delectatio sensibilis est in his personis occasio evidenter proxima delectationis sensualis; ideoque graviter illicita, sicuti & sensualis, ad quam nullum jus eis inest. Delectari autem delectatione tantum rationali, consistente in mera & simplici approbatione rationis circa justitiam & honestatem eorum actuum, quamvis licitum sit, quippe quod objectum sit de re honesta & justa; in praxi tamen est magnum periculum, ne fiat transitus de delectatione rationali ad sensibilem, & sensualem; idcirco tam viduæ personæ, quam desponsatæ, seu promissæ se arcere debent a præfatis considerationibus; si velint a lapsibus in delectationes veritas se custodire.

Desiderare malum sub conditione si tale non esset.

XI. Consensus conditionati, seu desideria conditionata de objecto, aut actu malo, sub hac conditione, si non esset peccatum, quando versantur circa objectum, vel actum per se malum, & naturali jure prohibitum, sunt peccata lethalia, vel venialia pro ratione materiæ, ut docet communior, & probabilior. Ratio est, quia sunt mala ab intrinseco, & ex natura sua. Quando autem res desiderata non est ab intrinseco, & per se mala, sed est mala, quia dumtaxat jure positivo vetita, tunc illam cupere sub conditione illam expoliante malitia, si non esset vetita, non est peccatum lethale; sed otiosum, vel gulosum, juxta conditionem rei, quæ ex affectu gulæ, vanitatis &c. desideratur, unde qui dicit fornicarer, si non esset peccatum, peccat lethaliter, ad differentiam illius, qui dicit: hodie comederem carnes, nisi esset vetitum.

Desiderare sibi mortem quando sit peccatum?

XII. Serio & deliberate sibi optare mortem ex ira, impatientia, & ex quocumque motivo simili, seu irrationabili esse lethale, non est qui dubitet, utpote desiderium oppositum justitiæ respectu Dei, qui solus est vitæ nostræ Dominus, & contra charitatem sibi debitam. Putarem autem non esse peccatum, saltem lethale, mortem sibi serio, & deliberate desiderare, non ex impetu iræ & impatientiæ &c. sed ob honestam tristitiam provenientem ex aliquo gravissimo malo, quod nobis jam evenit, aut certo moraliter est eventurum, & cum submissione animi Divinæ Providentiæ, si ita Deo placeat. Nam Spiritus Sanctus Ecclesiast. c. 30. nom. 17. definivit: *Melior est mors, quam vita amara; & requies æterna, quam languor perseverans.* Si igitur melior est mors, quam vita amara, cum desiderare meliora non sit peccatum; neque peccatum erit, illam desiderare ad evitanda gravia mala, modo supra explicato. Quænam autem erunt hæc mala morte amariora? Judicio prudentis viri decernendum relinquitur, spectatis circumstantiis personarum, rerum, locorum, & temporum. Diuturnus morbus, præcipue

cipue si diris doloribus conjunctus, & assidua & gravis persecutio; clades imminens propriæ gentis, quibus addere possumus perpetuam captivitatem duram & periculosam, gravem infamiam evulgandam, aliaque his similia.

XIII. Tristari de bono opere nullam involvente temporalem, aut corporalem difficultatem, nullumve laborem, puta de actibus virtutum theologalium, nec non moralium, abstracte, & objective acceptarum, non vacat a peccato lethali, vel veniali pro ratione materiæ, & actus, nec non pro ratione præcepti, aut consilii, quo præscribuntur. Quando vero bonum executioni mandandum secum affert incommoda, pænalitates, labores, &c. tristari de istis, & non de bono opere, tunc erit veniale, quia non est averti a bono ut bono, sed a labore, incommodo &c. Attamen si tristitia eousque progrederetur, ut vel induceret in animum firmum propositum bonum illud non perficiendi, data occasione; vel retraheret ab eo perficiendo, instante præcepto; tunc jam patet, quod esset mala graviter vel leviter juxta conditionem materiæ, a qua exequenda retraheret.

Tristari deliberare de opere bono, quando peccatum?

* Legatur Cl. Sylvius in 3. 2. q. 84. art. 6. ubi expendit, ac discutit, an absque peccato quispiam pœnitere possit sui voti &c. *

CAPUT II.

De Peccatis seu Vitiis Capitalibus.

Peccatum aliquod ex eo Capitale dicitur, ait S. Thom. 1. 2. q. 84. *quod metaphorice significat principium aliorum peccatorum? & sic dicitur vitium Capitale, ex quo alia vitia oriuntur*. Peccata Capitalia septem enumerantur, Superbia, Avaritia, Luxuria, Ira, Gula, Invidia, Acedia.

§. I. De Superbia.

I. SUperbia ex S. Thom. 2. 2. q. 162. art. 9. *Est inordinatus appetitus propriæ excellentiæ*. Est peccatum mortale ex genere suo (non in toto suo genere, quia admittit parvitatem materiæ) quia, ait S. Doctor, superbia ex vi suæ naturæ avertit hominem a subjectione Dei, & proximi, unde apparet gravis læsio justitiæ & charitatis. Tunc igitur erit peccatum lethale, quando homo nemini subjici vult: quando bona quæ habet, ea a se habere sibi suadet, & non a Deo: quando vult videri, quod illa habeat a se: quando dolet, quod illa habeat a Deo: quando illa adscribit meritis suis: quando cupit, quod

Quid superbia, & quale peccatum.

Quando lethale?

quod meritis suis adscribantur. Servata autem debita subjectione Deo, & quibus tenemur, se extollere, & velle haberi in honore, æstimatione &c. communiter est veniale; nisi tamen jactantia redundaret in gravem contemptum proximi, aut in damnum notabile ejusdem; ut evenire potest, dum quis se jactans peritum in tali, aut tali arte, scientia &c. cum revera talis non sit, unde & aliis professoribus damnum creatur: & ipso jactatore utentibus periculum obvenit; puta si quis se peritum medicum, chirurgum &c. jactat; & inde infirmi decipiantur cum eorum gravi damno, & periculo; tunc enim esset grave peccatum superbiæ injustæ.

Tria vitia ex Superbia oriuntur, Ambitio, Inanis Gloria, Præsumptio.

II. Tria vitia speciali quadam ratione ex superbia oriuntur, nempe Ambitio, quæ est inordinatus appetitus propriæ excellentiæ quoad honores, aut dignitates propria merita excedentes. Inanis gloria, quæ est appetitus inordinatus propriæ excellentiæ quoad manifestationem ejusdem, ad captandam humanam laudem & gloriam. Præsumptio, quæ est appetitus inordinatus propriæ excellentiæ quoad ea aggredienda, quæ proprias vires excedunt.

Septem alia ex inani gloria.

III. Juxta S. D. 2. 2. q. 132. art. 1. ex inani gloria alia septem vitia sobolescunt, respective ad septem modos, quibus homo vanus gloriam suam ampliare affectat. Primum est inobedientia, quæ inducit hominem ad non exequenda deliberate ea, quæ a Superiore juste præcipiuntur, & si non obediatur in re gravis momenti, aut ex contemptu, est mortalis. Secundum est jactantia, quæ inducit hominem ad se gloriandum per verba supra id quod est, vel ab aliis juste habetur; & est mortalis, si jactantia sit de mortali, puta de vindicta gravi &c. Tertium est hypocrisis, quæ inducit hominem ad simulandum factis vel signis id, quod vel non habet, vel non est: & quando habet finem graviter malum est mortalis, veluti ad obtinendum beneficium, ad seducendam mulierem &c. Quartum est contentio, quæ inducit hominem ad inordinate altercandum, ut ab aliis habeatur doctior, prudentior, quam alii: Si contentio collimet ad graviter verecundandum proximum, aut ad sustinendam doctrinam falsam circa credenda, vel agenda, est mortalis. Quintum est Pertinacia, quæ inducit hominem ad imprudenter tenendam, & defendendam suam opinionem contra sapientiorem se, ad ostendendum proprium ingenium: & similiter si versetur contra res fidei, aut morum, est mortalis. Sextum est Discordia, quæ inducit hominem ad inordinate ostendendum, voluntatem suam voluntati alterius præstare: & est mortalis, quando adversatur voluntati alterius, cui assentiri tenetur, dum agitur de re notabili ad Deum vel proximum pertinente. Septimum est Novitas, quæ inducit hominem ad suam excel-

Caput II. De Peccatis Capitalibus.

excellentiam manifestandam per novas adinventiones in epulis, ludis, ornatibus &c. potest esse mortalis, si modus notabiliter excedatur, vel si fiat in damnum proximi, puta cum malo exemplo, & in laqueum animarum; circa quod peccant non raro graviter mulieres in novis ornatibus inverecundis, & detegentibus quæ tegenda essent. Sed circa hoc suo loco agetur, nempe de Scandalo, tract. 4. cap. 9. §. 6.

§. II. De Avaritia.

I. Avaritia, juxta S. Thom. 2. 2. q. 118. *est inordinatus appetitus divitiarum*; quo nomine significantur omnia pretio æstimabilia. Est mortale non in toto genere suo, quia admittit parvitatem materiæ; sed ex genere suo; quia adversatur justitiæ, & charitati. Committitur tribus modis, nempe immoderate appetendo, inordinate acquirendo, & injuste retinendo. Hinc inferas, Avaritiam aliquando opponi justitiæ, aliquando Liberalitati. Justitiæ opponitur, acquirendo pecunias per media Justitiæ adversantia, videlicet per furta, fœnora, &c. & nisi parvitas materiæ excuset, semper mortaliter delinquitur.

Quid sit Avaritia, & quale peccatum?

Retinendo pecunias, dum non solvuntur debita, neque ea cura, & sollicitudo adhibetur, ut debitor sufficiens reddatur ad solvendum, & etiam in hoc plerumque mortaliter peccatur: de quo plura in tractatu de restitutione. Retinendo item peccatur, dum debitæ eleemosynæ juxta proprium statum non erogantur: Et etiam in hoc sæpe graviter delinquitur, de quo plura in tractatu de charitate proximi. Liberalitati vero opponitur avaritia; quatenus debito modo pecunia non expenditur, & distribuitur; puta nimis parce alendo familiam, dolendo de expensis necessariis, & decentibus &c.

II. Septem vitia ex avaritia sobolescere, notavit S. Thom. 2. 2. q. 118. art. 8. nempe Proditionem, qua produntur personæ, sicut fecit Judas. Fraudem, qua committitur dolus malus in opere aliquo. Fallaciam, qua decipitur proximus in verbis simplicibus. Perjurium, quo decipitur proximus in verbis juramento firmatis. Inquietudinem, quæ ingerit homini sollicitudinem animi, curasque superfluas ad augendas opes. Violentiam, quæ inducit hominem quandoque ad utendum vi, ut rapiat: & Obdurationem, quæ cor hominis indurat, ne misereatur pauperis.

Avaritiæ soboles.

§. III. De Luxuria.

I. Definitur Luxuria a S. Thom. 2. 2. q. 153. *Appetitus, aut usus inordinatus, vel indebitus venereorum*: Quo-

Quid sit Luxuria, & quale peccatum?

Tract. II. De Peccatis.

Quoties adsit perfecta deliberatio, est peccatum mortale nedum ex genere suo, sed etiam in toto genere suo, quia non admittit parvitatem materiæ.

Species Luxuriæ. Quid Fornicatio?

II. Sex sunt Luxuriæ consummatæ species: nempe Fornicatio, Adulterium, Incestus, Stuprum, Raptus, & vitium contra naturam. Fornicatio est congressus soluti cum soluta, quæ jam fuerit deflorata, ut notat S. Thom. loc. cit. q. 154. art. 6. ad 1. ut itaque sit simplex fornicatio nullum debet in fornicationibus adinveniri vinculum, sive matrimonii, sive consanguinitatis, aut affinitatis, sive Ordinis Sacri, sive Religionis, sive voti ; Ita ut possit inter eos, si voluerint, matrimonium celebrari?

Fornicatio est per se mala.

III. Fornicationem ab intrinseco, & ex se malam, & illicitam esse, præterquamquod sit de Fide Ephes. 5. & 1. Corinth. 6. ex eo probat S. Thom. 2. 2. q. 154. art. 3. quod sit contra vitam prolis conceptæ, ad cujus sustentationem præcipue concurrit sollicitudo paterna ; qua privari solet proles fornicaria, utpote patre incerto nata. Justissime igitur Innocent. XI. hanc thesim n. 48. damnavit: *Tam clarum est fornicationem secundum se nullam involvere malitiam, & solum esse malum, quia interdicta, ut contrarium omnino dissonum rationi videatur.*

☞ Animadvertendum discrimen, quod intercedit inter fornicationem, & concubinatum. Fornicatio est concubitus vagus modo cum hac, modo cum illa fœmina. Concubinatus vero est cum eadem fœmina frequens copula, sive soluta hæc sit, sive matrimonio juncta. Concubinatus non naturali modo & lege divina vetitus est, sed etiam canonico, & civili jure ; ipsiusque gravitatem pandit Concil. Trid. Sess. 24. de Ref. c. 8. ☜

Quid sit Adulterium; & quot modis committatur?

IV. Adulterium est congressus aut viri cum uxore alterius ; aut mulieris cum marito alterius ; aut utriusque jam matrimonio vincti: quo peccato, præter castitatem, violatur etiam Justitia, novam peccati speciem addendo : & est in confessione explicandum an unus, an uterque fuerit conjugatus. Non raro exurgit etiam obligatio restituendi, si proles spuria concipiatur ; de quo plura in tractatu 9. §. 2. Est adulterium, quamvis maritus adulteræ inique consentiat ; ita definiente Innocentio XI. thesim n. 50. configente ; in qua statuebatur : *Copula cum conjugata, consentiente marito, non est adulterium, adeoque sufficit in confessione dicere, se esse fornicatum.*

☞ Adulterium etiam committit, qui rem habet cum uxore alterius, priusquam matrimonium a marito consummetur ; cum matrimonium ratum verum sit matrimonium. Qui vero agnoscit sponsam de futuro, non est reus adulterii. Conjux demum habens copulam sodomiticam cum proprio marito, adulterium perpetrat specie diversum ab adulterio communi. ☜

V. In-

Caput II. De Peccatis Capitalibus.

V. Incestus est congressus cum persona consanguinitate, vel affinitate conjuncta intra eos gradus, intra quos nequit matrimonium iniri. Isti gradus sunt in confessione explicandi, & juxta omnes primus, & secundus; & juxta probabiliorem etiam alii; quandoquidem quo strictior est gradus, eo notabiliorem affert deformitatem. Et gravior incestus, qui ex consanguinitate oritur, quam qui ex affinitate.

Quid sit Incestus, & quot modis perpetretur?

VI. His accedit Incestus spiritualis, qui est illicita congressio inter personas vinculo spirituali conjunctas, orto ex Baptismo, aut Confirmatione; & comprehendente baptizantem, & baptizatum; baptizantem, & genitores baptizati; Patrinos & baptizatum; patrinos & baptizati genitores; & idem dicas de Confirmatione. Hic incestus est gravior carnali, utpote vinculum sanctius, & cognationem nobiliorem offendens: ac proinde in confessione explicandus juxta suum gradum; quandoquidem longe gravior est, si perpetretur inter baptizantem & baptizatum, quam inter baptizantem & matrem baptizati &c.

Quid incestus spiritualis, & quotuplex?

☞ Incestus cum cognatis spiritualibus est specie distinctus ab incestu cum consanguineis vel affinibus. Est etiam incestus legalis, dum quis peccat cum persona extranea assumpta in filiam &c. Et hic ab aliis recensitis specie discriminatur.

VII. *Addi potest speciebus Luxuriæ* ex S. Thom. 2. 2. q. 154. art. 10. *Sacrilegium*; consistens in peccato luxuriæ vel cum persona, vel inter personas Deo per votum castitatis consecratas.

Sacrilegium venereum.

VIII. Et notandum, quod sicuti actus exteriores luxuriæ cum omnibus respective memoratis personis directe spectant ad speciem Incestus, adulterii, &c.; ita etiam actus interiores delectationis, vel desiderii erga easdem, reducuntur ad easdem species; cum sint actus interiores pravi attingentes objectum tali, aut tali qualitate speciem mutante affectum.

Notandum pro confessione.

IX. Sacrilegium autem Confessarii cum persona pœnitente, præter votum quod violatur, affert etiam rationem quamdam incestus spiritualis inter Patrem & Filium, aut Filiam spiritualem. Contra hoc gravissimum crimen severe animadvertit Sum. Pont. Benedictus XIV. in sua bulla sub die 1. Junii, anni 1741., in qua privat confessarium illum facultate absolvendi personam complicem: (nisi tantum in articulo mortis, & deficiente quolibet alio Sacerdote, qui possit id munus obire) irritando absolutionem, si illam audeat ministrare: & qui id attentare ausus fuerit, excommunicationem ipso facto incurrit soli Pontifici reservatam, a quo dumtaxat absolvi possit. Aliam edidit Constitutionem idem Sum. Pont. sub die 8. Februarii anni 1745. quæ incipit, *Apostolici muneris*; in qua,

Sacrilegium confessarii cum persona pœnitente, circa quod nova Bulla Benedicti XIV.

Tom. I.   E

qua, supra ea Constitutionis parte, quæ mortis articulum respicit, exortas dubitationes resolvit.

Stuprum quid? Ad illud requisita.

X. Stuprum est illicita, idest extra matrimonium, Virginis defloratio, scilicet congressus, quo primo illi virginitas adimitur. Est peccatum afferens, præter violationem castitatis, specialem injuriam, & defloratæ, & custodibus ejusdem, ut docet S. Thomas loco cit. art. 6. defloratæ quidem, *quia ponitur in via meretricandi*; custodibus autem, quia de ejus custodia sollicitudinem gerunt. Ex his infieras; verum stuprum committi etiamsi puella sine vi, minis, importunis precibus, aut alio violento modo, sed sponte assentiatur, dummodo degat sub aliorum custodia. Quare etsi virgo sponte assentiatur, circumstantia deflorationis est semper in confessione explicanda, quia adhuc est stuprum; & multo magis quando puella sub aliorum cura degebat. Nota autem, quod

Quacumque vis illata personæ ad peccandum cum illa, est in confessione declaranda.

cuicumque personæ inferatur vis, sive incutiendo metum gravem, sive illam viribus opprimendo, ad peccandum carnaliter cum illa, est circumstantia in confessione aperienda, quia violatur graviter jus alterius. Nota insuper, Marem non teneri in confessione aperire in primo suo peccato carnali amissionem suæ virginitatis; quandoquidem ex ipso non proficiscantur ea mala, & damna, quæ sequuntur in fœminis. De restitutione propter stuprum agetur diffuse in tractatu citato, capite citato, 9. I.

Mas non tenetur confiteri amissionem suæ virginitatis.

XI. Raptus late acceptus est violenta abductio personæ sive fœminæ, sive maris ab uno loco ad alium, ob finem venereum etiam matrimonii: sive vis inferatur ipsi soli personæ raptæ, sive solis custodibus, sive utrisque; nam ait S. Thom. loc. cit. art. 7. *Qualitercumque enim violentia adsit, salvatur ratio raptus*. Continet specialem malitiam injustitiæ in confessione explicandam, violando graviter jus alienum. Propriissime autem acceptus,

Quid sit raptus.

intelligitur de puella rapta sub custodum cura degente. Raptus affert impedimentum dirimens matrimonium cum persona abducta, donec in suo pleno jure, & libertate constituatur, & omnino submota a potestate personæ raptricis. De hoc plura in tract. 14. c. 7. 9. 38.

Quid & quotuplex Vitium contra naturam?

XII. De vitio contra naturam ita disserit S. Th. l. c. art. 11. Vitium contra naturam est actus venereus, nedum *repugnans rectæ rationi, quod commune est omni vitio luxuriæ, sed etiam super hoc repugnans ipsi ordini naturali venerei actus, qui convenit humanæ speciei, quod dicitur vitium contra naturam. Quod quidem potest pluribus modis contingere: uno quidem modo si absque omni concubitu, causa delectationis venereæ pollutio procuretur, quod pertinet ad peccatum immunditiæ, quam quidam mollitiem vocant. Alio modo, si fiat per concubitum ad rem non ejusdem speciei, quod vocatur Bestialitas. Tertio, si fiat,*

Caput II. De Peccatis Capitalibus.

stat, *per concubitum ad non debitum sexum, puta masculi ad masculum, vel fœminæ ad fœminam; quod dicitur Sodomiticum Vitium. Quarto si non servetur naturalis modus concumbendi, aut quantum ad instrumentum non debitum, aut quantum ad alios monstruosos, & bestiales concumbendi modos.*

XIII. Peccata ista contra naturam inter se specie distinguuntur; quia habent diversa motiva sufficientia ad variandam speciem, & quodlibet horum motivorum est per se sufficiens ad corruptionem ordinis naturalis actus venerei humani; ut sapienter observavit Cajetanus in Commentario laudati articuli. Ultima tamen species modi monstruosi concumbendi, tanquam imperfecta species sub tali genere comprehenditur; quoniam non contra, sed præter naturam fit; dum in solo modo concumbendi erratur. Hinc apparet quam juste Alexander VII. hanc thesim confixerit n. 25. *Mollities, Sodomia, Bestialitas sunt peccata ejusdem speciei infimæ; ideoque sufficit dicere in confessione se procurasse pollutionem.* — *Quomodo inter se distinguantur?*

XIV. Certum est apud omnes, in peccato mollitiei, si de aliquo objecto imaginato delectatio sompta fuerit, exprimendam esse in confessione qualitatem objecti; puta virginis, conjugatæ &c., & qualitatem actus, de quo se polluens delectatus fuit; quandoquidem speciem induat conditionis objecti, & actus cogitati. Mollitiem esse de se peccatum lethale, jureque naturali vetitam, ex eo manifeste constat, quod repugnet propagationi speciei humanæ; unde Paulus Ephes. 4. *Molles regnum Dei non possidebunt;* ac proinde etiam pro necessitate tuendæ vitæ numquam licitum esse potest, illam directe procurare; quamvis esset in somno consummanda. Hinc Innocentius XI. hanc thesim reprobavit n. 49. *Mollities jure naturæ prohibita non est; unde si Deus illam non interdixisset, sæpe esset bona, & aliquando obligatoria sub mortali.* Nedum directe procurata, sed etiam si indirecte procuretur, mollities est mortale peccatum, puta cubando tali modo, comedendo tales cibos eo fine, ut sequatur mollities. — *Mollitiei quale peccatum? Semper grave sive directe sive indirecte procuretur?*

XV. Ponere causam proximam, ex qua prævidetur secutura mollities, puta actiones de se turpes, & ex natura sua excitantes commotiones venereas, V. G. aspectus verendorum alterius humani corporis, & procul dubio alterius sexus, tactus impudicos, lectionem, colloquium, auditionem rerum de se obscœnarum; quamvis fiant sine animo consentiendi in tales commotiones venereas, aut mollitiem inde sequentes; & quamvis etiam abesset periculum consensus in eisdem, sunt peccata lethalia, & censentur volita in causa proxima eorum, quia præceptum naturale vetans mollitiem, & commotiones — *Ponere causam mollitiei, quando fit peccatum lethale?*

illas;

illas, prohibet simul, ne ponatur sine necessitate causa proxima ipsarum: dixi sine necessitate, quia si fiant ex necessitate, puta, medendi causa, aut studendi quæstioni necessariæ &c. & simul absit periculum consensus; tunc non dicuntur volitæ in causa proxima, sed dumtaxat in eadem permissæ ob honestum finem; dummodo, repeto, absit periculum consensus; quia si hoc adsit; tenetur ab ab illis abstinere: cum offensa Dei, & animæ salus, cuicumque necessitati anteferenda sint. Ponere autem causam dumtaxat remotam earumdem, nec de se influentem in illas, nec natam illas excitare; & nihilominus prævideatur secutura mollities, puta equitando, studendo chyrurgiæ, confessiones audiendo, loquendo cum muliere de honestis, & similia; si absit periculum consensus, mollities secuta non est mortalis; cum non sit volita in causa ulla per se illam inferente; sed effectus per accidens secutus ex temperamento illam patientis, eamdemque rejicientis, dum exurgere advertit. Ea propter si dictæ causæ remotæ ponantur sine ullo motivo virtutis, & semper absit periculum consensus, mollities ex illis secuta erit peccatum veniale; si vero ponantur ex motivo alicujus virtutis & sine consensus periculo; nullum involvetur peccatum. Vide superius dicta tract. 2. cap. 1. §. 7. de peccatis internis. Qui alterius cooperationi polluitur, tenetur dicere qualitatem, & sexum personæ cooperatricis, & nisi adfuerit affectus, aut delectatio ad aliquod peccatum alterius speciei, non est necesse exponere modum cooperationis, an manibus, an tactibus, an pectore, an oculis; quia hi modi non augent notabiliter turpitudinem cooperationis. Secus si ore cooperaretur, de quo paulo inferius.

Mollities in somno quando peccatum?

XVI. Mollitiem involuntarie cœptam, puta in somno, non impedire, sed permittere, ut compleatur, dummodo eidem nullus detur impulsus, & dummodo absit periculum consensus, non esse peccatum, multi affirmant; ab ipsa tamen voluntatem avertendo, eamdemque interiori animo rejiciendo, ut diximus loco paulo ante citato; quia id non est ullo modo procurare deordinationem illam, sed potius eam pati. Laudabile tamen est illam reprimere. *Potest autem contingere*, ait S. Th. in 4. d. 9 q. 1. art. 4. q. 1. ad 5., *quod in ipsa evigilatione peccatum oriatur, si quidem pollutio propter delectationem placeat; quod quidem erit veniale peccatum, si sit ex subreptione talis placentia, mortale autem si sit cum deliberato consensu ... Si autem placeat, ut naturæ exoneratio, vel alleviatio, peccatum non creditur.* Intellige post factum; nam in tactu hæc placentia esset valde periculosa.

* Probabilius est, ut cum gravioribus Theologis præ-

Caput II. De Peccatis Capitalibus.

sertim Dominico Soto, Medina, Sylvio censet Natalis ab Alexandro tom. 2. lib. 3. cap. 8. art. 3. reg. 48. non esse licitum in vigilia appetere desiderio quantumvis inefficaci, seu nihil conferente in executionem, ut in somno pollutio contingat absque culpa ob finem honestum, nempe aut intuitu sanitatis conservandæ, aut concupiscentiæ extinguendæ causa. Probabilius quoque est non esse licitum gaudere de pollutione, quæ in somno ex causa mere naturali, & innocua, adeoque inculpabiliter evenit propter allevamentum naturæ. „De ipso quidem allevamen„to naturæ & de sanitate gaudere, *ait præcit. Natalis* „*reg.* 49. honestum est; nec aliud voluisse videtur S. „Thomas *in* 4. *dist.* 9. *q.* 1. *art.* 4. *p.* 1. *ad* 5. dicens: *si* „*autem placeat ut naturæ exoneratio, vel alleviatio, pec-* „*catum non creditur.* At de pollutione ipsa, quæ alle„vamenti istius causa fuit, gaudere non licet. „*

XVII. Secunda species vitii contra naturam est nefandum Sodomiæ scelus; & definitur, commixtio duorum ejusdem sexus: neque refert, quo vase congrediantur, necesse tamen est dicere, an fuerit agens, vel patiens, cum primus de se conjunctam habeat mollitiem, secundus autem per accidens; idcirco, si hanc & ipse patiatur, debet in confessione explicare: & hæc, nempe inter personas ejusdem sexus, dicitur perfecta in sua abominabili specie; ad differentiam imperfectæ in sua specie, quæ est conjunctio duorum diversi sexus in vase indebito; & quamvis utraque sit horribile scelus, horribilior est prima; quia magis repugnat institutioni ab Auctore naturæ factæ duorum sexuum; & proinde in confessione explicandus est sexus, cum quo scelus fuerit perpetratum. Congressio autem in ore, heu libidinis monstra! quamvis ad speciem sodomiæ reducatur, affert turpissimam quamdam, & monstruosam deformitatem valde notabilem, in confessione exprimendam.

☞ Concubitus sodomiticus inter consanguineos, affines, cognatosque addit circumstantiam incestus, quod est a Confessario animadvertendum. ☜

Sodomiæ scelus, quid & quotuplex, & quomodo in confessione exponen-, dum?

XVIII. Tertia species præfati vitii est Bestialitas; scelus sodomia gravius, utpote magis dedecens rationalem naturam: cum enim sit congressio cum supposito alterius speciei, sive mas, sive fœmina fuerit; eo ipso patet, quantum adversetur instituto, & scopo naturæ: unde S. Thom. loc. cit. art. 12. ad 4. *Gravissimum est peccatum bestialitatis .... post hoc est vitium sodomiticum.* Ad bestialitatem reducitur congressus cum dæmone sub quacumque forma appareat. Habet adjunctas malitias eorum objectorum, sub quorum forma dæmon apparet, virginis, conjugatæ, viri &c. habet adjunctam speciem sacrilegii, cum sit commercium cum inimico Dei specialissimo.

Bestialitas quid sit, & quando 1) committatur, quomodo in confessione exponenda?

Be-

Bestialitatis crimen non variatur juxta diversas animalium species, sed unicum est specie infima, sive coitus sit cum pecude, sive cum capra, sive cum asina &c.

Circa modos congrediendi.

XIX. Quarta quasi species additur a S. Doctore *ob bestiales concumbendi modos*; putarem, hanc evenire, quando modus congrediendi impedire potest generationem; aut quando est ita inusitatus, & deformis, ut immanem omnino libidinis æstum præseferat. Sed de his commodius in tractatu de matrimonio, ubi de debito conjugali, nempe tract. 14. c. 7. §. 13.

Peccata Luxuriæ non consummata quænam sint.

XX. Dantur præterea peccata luxuriæ non consummatæ; quæ nomine generico Impudicitiæ significari solent, & dividuntur primo in interiora, quæ perficiuntur actibus delectationum mentalium, aut desideriorum cordis, de quibus satis diximus in §. VII. primi capitis; & in exteriora, quæ subdividi consueverunt in Impudicitiam Aspectuum, Tactuum, Amplexuum, Osculorum, Verborum, & Gestuum impudicorum, quæ nempe fiunt animo impudico, & fine delectationis impudicæ capiendæ & proculdubio sunt peccata lethalia, (quamvis forte actio de se non esset talis, puta tactus honesti manus, osculi honesti in fronte &c.) si impudico animo fiant extra matrimonium, ut modo præsupponitur.

Impudicitia Tactus quomodo & quando sit mortalis?

XXI. Idcirco tactus turpes partium verendarum, vel illis proximarum, etiamsi ex solo joco fiant, ex communi sunt mortales; & certissime si fiant inter personas diversi sexus, quamvis nec fiant ob delectationem veneream, neque ista sequatur; quia de se ad illam ordinantur, & sic agentes se exponunt proximo, & gravi periculo delectationis incurrendæ, unde omnino per accidens est, si illa non sequatur. Idem dicas de tactu mammillarum personæ diversi sexus. Immo non desunt Auctores etiam indulgentioris moralis, docentes, hominem data opera, & fixo intuitu mulieris mammillas contemplantem, peccare mortaliter, ob gravissimam proximamque occasionem morosæ delectationis, cui deliberate se exponit. Tactus autem honesti, & oscula honesta juxta morem Patriæ, inter personas diversi sexus modo honesto peracta, si ab omni delectatione, & periculo consensus vacent, non sunt peccata; quippe quæ fiant juxta consuetudinem in signum honestæ amicitiæ. Si vero fiant ob delectationem mere sensibilem, non veneream, nec sensualem, sed sensibilem; ortam scilicet ex proportione inter rem tangibilem, & potentiam tangentem, sunt mortalia; & eo magis si repetita, si aliqualiter morosa sint; quia his modis facta, sunt de se nimis ad libidinem provocantia, & afferunt proximum Delectationis venereæ periculum; unde Alexander VII. hanc thesim n. 40. reprobavit: *Est probabilis opinio, quæ dicit esse tantum veniale, osculum habitum*

Caput II. De Peccatis Capitalibus. 71

ob delectationem carnalem & sensibilem (non veneream) *quæ ex osculo oritur, f cluso periculo consensus ulterioris, & pollutionis.*

* Romæ publico S. Universalis Inquisitionis Decreto d'e 16. *Aprilis* 1744. damnata fuit *Dissertatio in casus reservatos Venetæ Diœceseos an.* 1743, in lucem emissa, in qua, inter alia, affirmabatur, vellicare genas, & tangere mammillas Monialium esse actus subimpudicos, de se veniales, ac dumtaxat ex pravo affectu, vel prava intentione mortales evadere. *

* Hic præterea breviter sub oculos subjicimus quæ graviores Doctores sentiunt circa peccatum quod perpetrat, qui propria pudenda tangit. Itaque qui propria pudenda tangit, vel est conjugatus, vel est a conjugio solutus. Conjugatus dubio procul lethaliter delinquit, si in absentia compartis sese impudice, & libidinose tangat: si vero id peragat præsente comparte, ut se ad copulam proxime habendam disponat, nullum peccatum committit. Solutus autem, seu liber a conjugio si ob necessitatem se tangat nullius culpæ reus efficitur; si cum delectatione venerea, aut ejus periculo, omnium consensu, mortalis noxæ reus evadit: si tandem *ex curiositate, levitate, vel causa calefaciendi manus*: censent satis communiter Doctores cum Sylvio in 2.2. 154. art. 4. Concl. 3. quod morraliter non peccet. Hoc tamen & merito limitant nonnulli, si tactus solum obiter fiat; nec pluries repetatur, quia morosus, & repetitus tactus a delectatione curiosa ad veneream, aut saltem ejus periculum facile deducit. " Immo
„ cum hic sermo sit de tactu sufficienter deliberato, ait
„ Petrus Colet Theologiæ Tournelianæ continuator *Tract.*
„ *de Decalogo Cap.* 3. *Art.* 7. *Sect.* 2. semper exigerem,
„ ut id in confessione tanquam dubium mortale deponeretur: quamquam, qui hæc bona quadam fide suppressisset, non crederem absolute adigendum ad iterandas
„ confessiones suas; nisi jam ea de re ab alio Confessario
„ correptus fuisset; aut præ incuria salutis suæ in eo se
„ constituisset statu, ut neque hæc, neque alia multa paris momenti ponderaret. „*

XXII. Aspectus partium de se obscœnarum alterius sexus, est mortale peccatum, quia ex natura sua nimis excitans veneream delectationem, tametsi forte per accidens fieri contingat absque delectatione experta, aut intenta: unde sola necessitas medendi, secluso semper consensus periculo, potest hujusmodi aspectus innocentes reddere: & circa hoc cavere debet medens, ne superflue aspiciat. Idem a fortiori dicas de aspectu alieni concubitus, nec non de aspectu actuum impudicorum ab aliis patratorum, quia & hæc omnia sunt objecta de se nimis excitantia: Aspicere autem verenda ejusdem sexus, sine animo, & periculo

Impudicitia aspectus quando mortalis?

culo se delectandi, est veniale ex pinguioribus, si absque ullo rationabili motivo fiat. Sæpe tamen committitur culpa lethalis, nempe si aspectus repetatur, aut cum aliqua mora fiat, ob proximum periculum delectationis tali aspiciendi modo immixtum; & eo magis, si ex quadam inclinatione ad virilem sexum fiant.

Canere, loqui, legere, audire turpia, quando fit mortale?

XXIII. Canere, loqui, legere, audire, gestire turpia animo se delectandi, jam patet esse mortale, & quidem illius speciei, cujus est subjectum cantus, lectionis, auditionis &c. Similiter si fiant circa subjecta ex se, & natura sua multum obscœna, sunt lethalia; quia circa objectum de se graviter inducens ad libidinem. Si vero non sint de se obscœna, & fiant submoto omni scandalo alieno, omnique periculo proprio, solius joci, ineptæ lætitiæ, curiositatis, vanitatis gratia, erunt venialia, & quidem graviora. Monet tamen S. Antoninus p. 2. tit. 5 cap. 1. §. 8. *Ubi talia verba turpia dicuntur ex quadam levitate ad solatium, quamvis de se non videantur mortalia.... tamen per accidens potest esse mortale ibi, ratione scandali, seu ruina inde sequentis in mente alicujus, ut cum audientes sunt debiles spiritu, & verba essent multum lasciva. Idem videtur dicendum de facientibus, vel cantantibus cantilenas plenas lasciviis.* Quid igitur dicendum de indecentissimo conversandi modo ævi nostri, quo tam viris, quam mulieribus simul commorantibus familiarissimum est, jocari verbis æquivocis, indicantibus partes, actus, facta impura? Enarrare eventus admixtas obscœnitates habentes? proferre verba mollia, reciproco amore inflammata? alludere alienis amoribus etiam coram ipsis amantibus, ita ut nil aliud appareat nisi venereus amor, & Veneris cultus? Quid dicendum? Dicendum profecto ita conversantes pluribus lethalibus tum delectationum, tum scandalorum inde redire gravatos; quibus nisi constanter valedicant, Sacramentis suscipiendis censendos esse incapaces. De peccatis Sponsorum dicetur suo loco de Sponsalibus in tract. 14. c. 7. §. 2.

Luxuriæ soboles recensentur.

XXIV. Octo filias Luxuriæ assignat S. Thom. 2. 2. q. 153. art. 5. ex S. Gregorio lib. 31. Moralium, nempe quatuor ex parte intellectus, & quatuor ex parte voluntatis. Ex parte intellectus sunt Cæcitas mentis, Inconsideratio, Præcipitatio, & Inconstantia, quæ sunt mortales, si exinde præceptum aliquod in se gravi violatur. Quatuor vero ex parte voluntatis sunt Amor sui, Odium Dei, Affectus præsentis sæculi, Horror, & Desperatio futuri. Amor sui, quo luxuriosus carnem suam, carnisque voluptates ita diligit, ut in iis finem ultimum constituat, atque cogitationes suas, curasque omnes ad illarum consecutionem dirigat. Odium Dei, qui voluptates illas graviter prohibet, ac severe castigat. Affectus præ-
sen-

sentis vitæ, cui luxuriosus adeo est addictus ob oblectamenta, quæ percipit, ut libenter in ea perpetuo maneret, neglecta prorsus æternæ beatitudinis consecutione. Horror demum, & desperatio futuri sæculi: Horror quidem, quia scit se post mortem impuris voluptatibus privatum iri, & eorum loco acerbissimis suppliciis obnoxium fore: Desperatio vero, quia impossibile se me existimat sese ab obscœnis retrahere delectationibus. Hæ quatuor sunt peccata mortalia. Legatur S. D. loc. cit.

☞ Lubet cum P. Antoine Tract. de Peccat. cap. 7. art. 4. q. 15. summatim ob oculos ponere remedia contra luxuriam. Hæc autem sunt. I. Oratio humilis, & frequens. 2. Mortificatio & custodia sensuum, præcipue visus. 3. Sobrietas, seu moderatus esus ciborum, & usus moderatus vini, quod non solum esse debet in modica quantitate, sed etiam permixtum aqua maxime in juvenibus. 4. Vitatio occasionum, quales sunt familiaritates, & colloquia inter personas diversi sexus, frequentatio improborum, lectio librorum obscœnorum, & amatoriorum, choreæ, theatra &c. 5. Fuga otii. 6. Frequens Confessio, & Communio cum debitis dispositionibus. 7. Carnis macerationes, jejunia, cilicium &c. 8. Eleemosynæ, & alia charitatis opera. 9. Assidua piorum librorum lectio, & meditatio passionis Christi, & novissimorum. 10. Dum tentatio insurgit, cogitare, Deum adesse præsentem, justum peccati vindicem, & virtutis remuneratorem. 11. Initio tentationis omni nisu resistere, & illico cogitationem avertere ad quidvis aliud licitum, sed præsertim ad Passionem Christi, signo Crucis cor munire &c. 12. Exsurgentem voluptatis sensum aliquo dolore accito reprimere, ac extinguere. Addimus optimum & probatissimum remedium pro consuetudinariis in materia venerea esse, ut uno eodemque semper utantur Confessario, viro docto, pio, & prudenti, ejusque monitis fideliter, & constanter obtemperent. Videatur P. Thomas Du-Jardin p. 2. sect. 11. §. 2. ☜

§. IV. De Ira.

I. De Ira disserit S. D. 2. 2. qu. 158. septem articulis, ex quibus hæc depromuntur. Ira est inordinatus appetitus vindictæ: est peccatum mortale ex genere suo, quia adversatur charitati, & justitiæ; at non in toto genere suo, quia admittit parvitatem materiæ.

II. Duæ inordinationes in ira sunt considerandæ, una ex parte objecti, quod est vindicta, quam optat; alia ex parte modi irascendi. Ex parte objecti occurrit inordinatio, si injusta appetatur vindicta, vel si justa sit, appetatur injuste cum animi malevolentia, aut auctoritate pro-

Ira quale peccatum?

Quando fit mortalis?

propria sumenda, aut ultra quam delinquens meretur, Quando his mediis appetitur, vindicta semper est lethalis; nisi inadvertentia excuset, aut parvitas mali optati, quandoquidem graviter lædatur Charitas, & justitia. Deordinatio ex parte modi ait S. D. art. 3. contingit, *si nimis ardenter irascatur interius, vel si nimis exterius manifestet signa iræ: & sic ira secundum se non habet de suo genere rationem peccati mortalis. Potest tamen contingere, quod sit peccatum mortale, puta si ex vehementia iræ aliquis excidat a dilectione Dei, & proximi.* Notandum tamen ex Sylvio super art. 2. loci supracitati D. Thomæ concl. 3. & aliis, quod aliquando etiam in modo irascendi potest intervenire peccatum mortale, puta quando vehementia est tanta, ut vel scandalum pariat non modicum infirmis spectantibus, vel irascentis valetudini multum noceat, vel destruat charitatem, sive in opere externo, sive in animo: unde qui ab ira adeo absorbentur, ut in vehementes excandescentias, & veluti in deliria rapiantur, spumantes, projicientes quæ manibus occurrunt &c. non videtur ambigendum, quod etiam quoad modum lethaliter peccent; cum hujusmodi se gerendi modus nimium rectæ rationi adversetur.

Iræ soboles.

III. Sex iræ filias recenset S. D. art. 7. cum S. Gregorio, nempe Indignationem, quæ est commotio in eum, qui offendit, tamquam in indignum, a quo quis debeat offendi, & esset mortalis, si reputaretur indignus illis actionibus, quæ illi debentur sub mortali; vel si esset adjuncta contemptui gravi. Tumorem mentis, qui est conatus hominis revolventis animo injuriam acceptam, & meditantis vindictam, & potest esse facilius mortalis, juxta gradum vindictæ quam meditatur. Clamorem, & est inordinata, & confusa locutio: esset mortalis, si affectui gravis nocumenti in proximum conjungeretur, Contumeliam, quæ est sermo injuriosus contra proximum audientem, & est gravis juxta qualitatem suam. Blasphemiam, quæ est injuria in Deum illata. Et Rixam, quæ est contradictio in factis, quibus unus alterum lædere conatur scientem, & repugnantem. Sed de his omnibus late differetur, dum loquemur de præceptis Decalogi.

§. V. De Gula.

Gula quid, & quando mortalis?

I. DE hoc vitio scribit S. Thom. 2-2. q. 148. sex articulis, necnon in disput. de malo q. 14. ar. 2. ex quibus locis hæc depromuntur: Gula est inordinatus appetitus cibi, & potus, quatenus delectationem affert. *Secundum rationem suæ speciei non habet quod sit peccatum mortale, quia ciborum delectatio secundum se considerata non contrariatur charitati, neque quantum ad dilectionem Dei, neque*

Caput II. De Peccatis Capitalibus.

neque quantum ad dilectionem proximi: Sed secundum quod additur inordinatio, potest quodammodo contrariari, & quodammodo non contrariari, loc. cit. de malo. Si quis scienter propter immoderatam cibi concupiscentiam grave suo corpori nocumentum inferret, nimium comedendo, & nociva sumendo, non excusaretur a peccato mortali. Ibidem ad 4. Similiter si grave detrimentum familiæ afferret ad gulam explendam; si se advertenter repleret cibis, vel potibus usque ad vomitum, si vino advertenter, vel debens advertere, se repleret usque ad ebrietatem completam, si ut gulæ satisfaceret, cogeretur differre solutionem debitorum creditoribus; si ex modis, quibus gulæ satisfacit, scandalum rationabile aliis oriretur; si extra necessitatem extremam humanis carnibus vesceretur, si magnos sumptus annuatim prodigeret in cibis exquisitioribus, & modis peregrinis illos condiendi conquirendis; tandem *quando delectationi gulæ inhæret homo tanquam fini, propter quem Deum contemnit, paratus scilicet contra præcepta Dei agere, ut delectationes hujusmodi sequatur*; ait S. D. loc. cit. Summæ ar. 2. in omnibus, inquam, his casibus erit peccatum mortale.

☞ Nota. S. P. Innocent. XI. hanc n. 8. proscripsit propositionem *Comedere & bibere usque ad satietatem ob solam voluptatem non est peccatum, modo non obsit valetudini, quia licite potest appetitus naturalis suis actibus frui.* Hinc tamen minime inferendum est saporem cibi & potus peccatum esse. Quippe humana infirmitas non solum cibo, sed etiam sapore indiget, quo medio sumere cibum, potumque possit. Tunc peccatum est, dum hoc saporis medium in finem convertitur. Idem afferendum de aliis sensuum oblectationibus.

Modi peccandi Gula.

II. Recenset S. D. in art. 5. ex D. Gregorio lib. 30. Moral. quinque modos, quibus committitur peccatum Gulæ, hoc versu comprehensos: *Præpropere, Laute, Nimis, Ardenter, Studiose*; videlicet comedendo ante conveniens tempus: pretiosiora, quam deceat proprium statum: in quantitate majori, quam conveniat: modo voraci: nimis exquisite condita, & præparata. Plerumque his modis peccatur venialiter; aliquando tamen mortaliter, attentis circumstantiis prudenter perspectis.

☞ Pauca de ebrietate adjicere non inutile erit. Ebrietas est excessus in potu usque ad violentam privationem rationis, ejusque potestatis proximæ. Est peccatum mortale, ut aperte constat ex Divina Scriptura, ex SS. Patribus, & ratione theologica, si sit voluntaria directe vel indirecte, simulque plena seu perfecta. Quare nec ad mortem evitandam, quam quis intento ense minatur, licitum est se inebriare, quidquid in oppositum senserint olim nonnulli.

Dici-

Dicitur autem 1. quod ebrietas est peccatum mortale, si sit voluntaria directè, vel indirectè. Satis enim est, ut ebrietas sit mortalis, quod sit indirectè voluntaria. Hinc peccat mortaliter, ut observat P. Antoine *tract. de peccat. cap. 7. art. 3. q. 3.* 1. qui expressè non vult se inebriare sed tamen tantum bibit, quantum potest, non satis attendens, an sequatur privatio rationis, nec ne. 2. Qui probabiliter putans, vel suspicans secuturam privationem rationis, si pergat bibere, vel de hoc dubitans, adhuc bibit. 3. Qui ex amicitia vel urbanitate alium invitat ad haustus, quibus probabiliter prævidet inebriandum. Idem dicendum de iis, qui alios ad æquales haustus invitant, vel cogunt; aut se invicem obligant.

Dicitur 2. *simulque plena, & perfecta*. Ebrietas plena & perfecta cognoscitur, ut præcitatus Auctor animadvertit: 1. Quando quis non novit discernere inter licitum & illicitum, vel non potest solita officia exequi. 2. Quando quis postridie non meminit, quid dixerit, egerit, quomodo domum redierit &c. 3. Si ea fecit, quæ nunquam integra mente solet, ut si turpia vel absurda protulerit, cùm alias sit pudicus, & prudens; si juraverit, blasphemaverit, vel familiam perturbarit, cum alias sit modestus, & benignus.

Ebrietas autem sic est peccatum grave respectu omnium, ut sit gravius in quibusdam personis, scilicet 1. In mulieribus. 2. In his qui ex officio debent alios regere, ut sunt Paterfamilias, Magistratus &c. 3. In Clericis præsertim sacro Ordine insignitis, & maxime Curatis, ut Auctor idem exponit.

Num autem licitum sit sese inebriare ex præscripto medici ad recuperandam sanitatem, si aliud desit medium ad hunc finem consequendum, magnum adhuc fervet inter Doctores dissidium. Gravissimi tum Theologi, tum Jurisconsulti, quæ fuso calamo percenset P. Lucius Ferraris in sua Bibliotheca *V. Gula n. 14.* quibus & ipse adhæret, sententiam ajentem propugnant. Horum partes nuperrimè sustinendas strenuè suscepit Angelus Franzoja Collegii Patavini Doctor Theologus in suis Animadvers. super Theolog. Morum Busembai *lib. 5. cap. 3. de Peccat. Animadv.* 15. contenditque id principiis D. Thomæ omnino consonum esse. Alii ex adverso negantem opinionem defendunt, præsertim S. Antoninus *p. 2. tit. 6. cap. 3. §. 2.* & Sylvius in *2. 2. q. 150. ar. 2.* ubi liquido ostendit, oppositam sententiam fuisse a mente S. Doctoris prorsus alienam. His adstipulati sunt celebriores nostri Temporis Theologi Natalis Alexander, Joannes Pontas, Antoine, Colet, P. Daniel Concina, aliique plurimi; ea permoti validissima ratione, nempe quod ebrietas est intrinsecè mala, & per se peccatum mortale, sicut & for-

Caput II. De Peccatis Capitalibus. 77

nicatio; ideoque, ajunt, nunquam licita esse potest, neque ad recuperandam sanitatem, vitamque conservandam. Hæc leviter hic indicasse sufficiat. Forsan enim alia occasione difficultatem hanc fusius ad examen vocabimus, ac pro dignitate discutiemus.

III. Quatuor vitia germinant ex Gula, relata a S. D. in art. 6. & deprompta ex D. Gregorio lib. 31. Moral. nempe Stupiditas mentis, quæ si reddat hominem ineptum ad debita propriæ æternæ salutis, & ad implendas obligationes sui status, evadit mortalis. Inepta lætitia, quæ si in cantilenas turpes, in choreas indecentes, & similia erumpat, evadit mortalis. Multiloquium, quod si lædat graviter aut charitatem, aut justitiam obloquendo de proximo &c. evadit mortale. Scurrilitas, quæ si in gestus impudicos prorumpat, vel in graves proximi subsannationes, est mortalis. *Gulæ soboles.*

§. VI. *De Invidia.*

I. De hoc vitio disserit S. Thom. 2. 2. q. 36. quatuor articulis, ex quibus deducitur, quod invidia sit tristitia de bono proximi, prout est, aut apprehenditur imminutivum propriæ gloriæ, & excellentiæ, in quantum a proximo aut vincimur, vel eidem coæquamur in gloria & excellentia humana : & proinde etiam gaudium de malo proximi, quatenus est, vel apprehenditur utile invidenti ad præfatum finem, ad invidiam reducitur. Est mortale peccatum ex genere suo, quia charitati repugnans ; non autem in toto genere, quia admittit parvitatem materiæ. *Notio Invidiæ.*

II. In articulo 1. declarat Angelicus quomodo evenire possit, quod tristitia de bono proximi sit aut nullum, aut leve peccatum. Primo, quando quis tristatur, quia prudenter timet proximum eo bono temporali esse abusurum in Dei offensam, atque in proximorum scandala, & damna, ita ut hoc præciso, non tristaretur, immo tristatur stante hac prudenti præsumptione, & sub conditione dicti abusus. Secundo, dum quis dolet de bono temporali alterius ; non quia bonum ab illo possideatur, sed quia se cernit indigentem, & eo bono sibi necessario carentem ; unde non cupit illum videre eo expoliatum, ut sibi adveniat, sed cupit etiam sibi bonum ejusmodi, & tristatur, se intuendo eodem privatum : propterea si bonum est ipsi necessarium, aut conveniens, & tristitia sit moderata, nullum forte erit peccatum ; si autem sit ad augmentum, erit veniale ; si ad finem malum, aut cum affectu gravis damni possidentis illud bonum, erit mortale. *Quando tristari de bono proximi, sit nullum, aut leve peccatum, & quomodo grave?*

III. Invidiæ soboles consistit in quibusdam peccatis in ordine ad finem ab invido inspectum, qui est minuere alterius *Invidiæ soboles.*

terius gloriam ut propriæ nocivam, & quidem si ad hoc conetur in occulto, invidia parit Susurrationem; si in manifesto, parit Detractionem; si autem intentum assequatur, parit Exultationem de malo, quod alteri evenit: si non assequatur intentum, parit Tristitiam de prosperitate alterius, & demum pervenit ad odium. De his meminit S. Thom. in art. 4. & nos suis locis disseremus.

§. VII. De Acedia.

Acediæ notio.

I. De hoc vitio agit S. D. 2. 2. q. 35. quatuor articulis, ex quibus hæc depromuntur. Acedia est tædium, seu tristitia quædam de bono divino ad nos spectante, existimato malo proprio; quia tristari de bono divino, ut ipsius Dei proprio, est odium Dei; tristari autem de bonis divinis ad nos pertinentibus, nobisque ab ipso participabilibus; qualia sunt bona cœlestia, & bona supernaturalia gratiæ, donorum &c. est grave peccatum. Proinde illi, qui dum audiunt, se esse a Deo conditos, ut cælestem beatitudinem assequantur, & sint sui regni æterni cohæredes; & alioquin ita sunt mundo conglutinati, ut de hoc tristentur, vere & proprie committunt peccatum acediæ, quod est mortale ex genere suo, utpote contrarium charitati nobismetipsis debitæ: sed hoc peccatum non est in toto genere suo, quia admittit parvitatem materiæ, puta si quis tristetur de hodierno jejunio Ecclesiæ, quod jam observet. Hinc tristari de mediis ad beatitatem æternam requisitis, puta de præceptis, de Sacramentis &c. & advertenter hanc tristitiam admittere est similiter mortale: quia indicium est manifestum, extinctam esse charitatem illam, qua nosmetipsos spiritaliter diligere tenemur. Similiter qui dicit serio; quod contentus esset renunciare regno cælesti, ut sibi perpetuo vivere concederetur in hoc mundo, lethaliter peccat hoc peccato. Item qui optaret semper vivere, quia non curat de bonis æternis, similiter acedia mortali detineretur. Si autem id optaret ad evadendum judicium inappellabile Christi, quod formidat sibi futurum fatale, ad desperationem potius, quam ad acediam pertinere videtur, quæ est acediæ filia; ut statim videbitur.

Peccata mortalia acediæ specialiter talia, & in confessione exponenda.

Alia exempla acediæ venialis & mortalis.

II. Quando quis in particulari deliberate tristatur de aliquo præcepto positivo, quod nihilominus adimplet, & tristatur non tam de præcepto, quam de difficultate sibi superanda, putarem, non excedere culpam venialem. Deliberate autem tristari de præcepto naturali, ejusque obligatione, est interpretative optare, ut non obliget, quod est impossibile, & affectum habere ad materiam intrinsece malam naturali præcepto vetitam. Qui igitur tristaretur deliberate, vetitam esse fornicationem, adulterium,

mol-

mollitiem &c. graviter procul dubio peccaret speciali, & proprio acediæ peccato.

III. S. Doctor sex acediæ filias ex S. Gregorio recenset; nempe Desperationem; qua quis desperat, se beatitudinem assecuturum; & hæc est mortalis; pusillanimitatem, qua quis se retrahit a mediis æternæ salutis, quæ sunt de mero consilio; ob eorum arduitatem: & hæc, nisi alia circumstantia accedat, est venialis. Torporem, seu desidiam, qua quis negligit ea, quæ sunt de præcepto; eaque si ita negligat; ut omittat, est mortalis, ejusdem tamen speciei ac præceptum omissum; si autem non omittat, sed mere ægre exequatur est veniale, plus minusve grave. Malitiam, qua quis odio habet bona spiritualia secundum se; & dolet, se ea adimplevisse, ad quæ tenebatur, vel esse religioni Catholicæ adscriptum; quæ est mortalissima. Rancorem, quo indignatur contra sibi suadentes bona spiritualia: & si rancor procedat ex odio dictorum bonorum, recidit in indicatam Malitiam: si vero procedat ex tædio nimiæ insistentiæ suadentis; & non ultra procedat, erit venialis: si demum procedat ex eo, quod se ad Deum, & pœnitentiam convertere detrectet, erit mortalis, quippe quod sit virtualis confirmatio pravi propositi persistendi in statu peccati. Evagationem tandem mentis se convertentis ad cogitanda illicita, & hæc erit mortalis, vel venialis juxta qualitatem rerum, circa quas mens vagatur.

Acediæ soboles.

TRACTATUS III.

DE ACTIBUS HUMANIS,

NEC NON

De Voluntarietate, Involuntarietate, & Moralitate eorumdem.

CAPUT PRIMUM.

De actibus Humanis.

§. I. *De natura, & multiplicitate Actuum Humanorum.*

Notio vera actus humani.

I. NON omnis actio ab homine procedens dicenda est actio humana, sed illa dumtaxat, quæ fit deliberate, & cum advertentia rationis, ut docet S. Thom. 1. 2. q. 1. art. 2. Unde actus humanus est actus a voluntate hominis deliberate procedens.

Triplex actuum humanorum series.

II. Actuum autem humanorum triplex est series; quidam dicuntur mere Eliciti; quidam mere Imperati; quidam Eliciti simul & Imperati. Actus mere eliciti sunt, qui a voluntate immediate prosiliunt, absque ullo actu illos prævie imperante; v. g. prima volitio alicujus objecti. Actus mere imperati sunt illi, qui ex voluntatis jussu ab aliis potentiis eliciuntur, v. g. meditatio intellectus jussa a voluntate, aspectus alicujus rei elicitus ab oculo &c. Actus eliciti simul & imperati sunt illi, qui jubentur prævie a voluntate, & ab ipsa elici debent, puta dum deliberat elicere amoris Dei actum, ipsa sibi jubet elicientiam dicti actus.

Coordinatio actuum humanorum.

III. Cum igitur ad humanum actum, quicumque ille sit, concurrere debeant intellectus & voluntas, ita coordinatur series actuum utriusque potentiæ secundum duplicem ordinem intentionis & executionis. Ordine intentionis primus actus est cognitio finis; nil enim volitum, quin præcognitum. Hunc actum sequitur actus voluntatis, qui dicitur simplex volitio inefficax, seu velleitas ejusdem finis. Huic succedit actus intellectus, qui dicitur judicium practice judicans, finem esse assequibilem, post quem sequitur actus voluntatis, qui dicitur efficax intentio; seu volitio finis: hunc sequitur actus intellectus, qui dicitur, Consilium complectens inquisitionem mediorum ad finem assequendum, Consultationem de valore medio-

Caput I. De Actibus Humanis. 81

diorum utilium, rejectis inutilibus, & Comparationem utiliorum cum minus utilibus: hos actus sequitur actus voluntatis, qui dicitur Electio mediorum, vel medii efficacioris ab intellectu propositi ad finem obtinendum: & ita completur ordo intentionis; quem sequitur ordo executionis, incipiens ab actu intellectus, qui dicitur Imperium, quo intimat voluntati, eidemque declarat, ut moveat & applicet facultates executivas ad opus: hunc Imperii actum sequitur actus voluntatis, qui dicitur usus activus, quo voluntas applicat facultates membrorum corporeorum ad executionem mediorum; & huic usui activo voluntatis succedit usus passivus facultatum exteriorum, puta manus ad scribendum, & ad alia facienda, ut finis obtineatur; quo obtento, sequitur in intellectu Cognitio perfecta, & practica objecti consecuti, & in voluntate Fruitio, & gaudium finis adepti, & quies in ipso fine.

CAPUT II.
De Humanorum Actuum Voluntarietate, & Involuntarietate.

§. I. De Voluntario.

I. Voluntarium a S. Thom. 1. 2. q. 6. a. 1. definitur, quod procedit a principio intrinseco cum cognitione finis: unde ad voluntarium duo requiruntur, nempe 1. quod procedat a principio intrinseco; & per hoc distinguitur a violentia, quæ a principio extrinseco proficiscitur: 2. quod fit cum cognitione finis, seu objecti; & per hoc secernitur a motu mere naturali, qui non ex cognitione oritur. Hinc actiones brutorum non sunt voluntariæ, quia etsi ab intrinseco manent, carent tamen cognitione comparante finem cum mediis. *Quid sit voluntarium?*

II. Primo dividitur voluntarium in Necessarium, & Liberum. Necessarium prosilit a voluntate, tametsi necessario, ita ut non prosilire nequeat, perfectissima tamen cognitione, spontaneitate (ut scholæ loquuntur) & jucunditate: talis est amor, quo se invicem Personæ Divinæ diligunt, & quo a Beatis omnibus diliguntur in Patria: & de hoc nil amplius ad nos. Liberum est, quod prosilit a voluntate cum plena indifferentia; & ita prosilit, ut possit non prosilire, vel possit in actum oppositum prosilire: tales sunt omnes actus a voluntate deliberata & victrice prodeuntes. Dividitur ulterius voluntarium Liberum, de quo semper loquimur, in perfectum, quod egreditur a voluntate cum plena advertentia; & in imperfectum, quod egreditur cum semiplena advertentia. Aliud item est Formale puta actus ipse volendi; aliud Virtuale, quod est continuatio non interrupta ipsius actus formalis. Aliud est præterea vo- *Multiplex voluntarii divisio.*

Tom. I.   F   lun-

Itinerarium Physice; dum .v. g. physice pergo Romam; & aliud Morale, dum quis nomine meo Romam pergit. Aliud insuper est voluntarium expressum, puta volo assentiri: aliud tacitum, & interpretativum, quod quamvis expresse non significetur, tamen ex facto deducitur: puta, cum Pater sciens dissolutos mores filii, & potens corrigere tacet, & nihil dicit, interpretative censetur dissolutionibus assentiri. Item aliud est voluntarium in se, puta, dum volo blasphemiam proferre; aliud voluntarium in causa, dum quis vult inebriari, sciens alioquin se ebrietate oppressum in blasphemias erumpere. Tandem aliud est directum, quod procedit expositivo influxu voluntatis, sive effectus a voluntate fiat, ut occisio hominis ab ipso homicida; sive suo mandato consilio &c. ab alio perpetretur; aliud indirectum, in quod revera voluntas positive non influit, ipsi tamen juste imputatur, quoniam illud impedire tenebatur, & poterat; puta, dum navis submergitur, proreta ludo operam dante, dum a tempestate agitatur.

§. II. *De causis voluntarium tollentibus, aut minuentibus; & primo de violentia.*

Recensentur causa voluntarium tollentes, & minuentes. Explicatur quid sit violentia; ejusdem distinctio a necessitate, coactione, & involuntarietate.

I. S. Thom. 1. 2. q. 6. quatuor enumerat involuntarii sive sublati, sive diminuti causas, nempe Violentiam seu Coactionem, Metum, Concupiscentiam idest vehementem passionem, & Ignorantiam.

II. Violentum, ait S. Thom. in a. 4. est illud, quod fit contra naturalem inclinationem subjecti. Quare ad violentiam duo requiruntur, videlicet 1. quod principium vim inferens sit extrinsecum; 2. quod qui vim patitur, resistat, quippe si indifferens esset, vim non pateretur.

III. Certum est, ex D. Thom. a. 4., a nemine inferri posse violentiam humanæ voluntati quoad actus ab ipsa elicitos volendi, & nolendi; eo quod actus ab ipsa eliciti sint essentialiter voluntarii, cum sint a voluntate; voluntarium autem, & violentum contradictionem involvunt. Similiter voluntas non potest pati violentiam quoad actus imperatos, qui ab ipsa eliciuntur, puta ad actum amoris, quem sibi imperavit; quia eodem modo sunt voluntarii, & actuales inclinationes ejusdem voluntatis. Circa actus autem ab ipsa imperatos, & ab aliis potentiis eliciendos, potest cogi; puta ad aperiendos oculos, quos ipsa vult clausos; ad eleemosynam manu elargiendam, quæ potest ligari &c.

Quomodo voluntas a nemine cogi potest

✝ Animadvertendum est, quod, ut violentia efficiat actum involuntarium, debet esse absolute & simpliciter talis, reluctante omni conatu voluntate, etiam exterioribus potentiis, quoad licet. Quare si puella omni virium

Caput II. De Involuntario.

tium conatu non rejicit aggressorem, non est vim passa.

§. III. De Metu.

I. Metus ex D. Thom. in 4. d. 29. q. 1. a. 1. est mentis trepidatio causa periculi instantis, vel futuri. Metus quandoque oritur ab intrinseco timentis, ob malum quod timet, aut a causa naturali, puta metus mortis in aegrotante, aut a causa fortuita, ut metus navigantis in tempestate. Quandoque excitatur ab extrinseco, nempe a causa libera extrinseca, puta ab homine, a daemone, ut operans inducatur ad id, quod agere nollet. Metus ab extrinseco incuti potest aut juste, aut injuste; juste incutitur a persona facultatem legitimam habente illum incutiendi ob motivum justum. Injuste vero incutitur, si incutiatur a persona legitima facultate carente illum incutiendi.

Quid sit metus, & a quibus causis oriatur?

II. Metus dividitur in gravem & levem: gravis dici solet etiam cadens in virum constantem, & etiam probabilis: hic excitatur a malo gravi futuro, & probabiliter eventuro, a quo non possit timens se subtrahere: & illius gravitas consideratur respective ad timentem; nam malum quod respectu pueri, & puellae est grave, respectu viri leve reputabitur. Metus levis, qui etiam vocatur injustus, improbabilis, irrationabilis, non cadens in virum constantem, excitatur a malo levi, vel si etiam a malo gravi, tamen ob fundamentum leve, & improbabile; & ideo irrationabiliter apprehensum.

Explicantur metus divisiones.

III. Metus dupliciter se habere potest ad actionem, nempe aut Causaliter, quando est vera causa illius actionis, puta dum metu mortis traditur pecunia latroni, vel projiciuntur merces, ut evitetur naufragium; aut Concomitanter, quando tametsi actioni conjungatur metus, haec tamen non fit ex metu, nec metus ullum in illam habet influxum: puta, cum quis dat vitam pro fide, quia quamvis illam det cum metu mortis, non tamen ex metu mortis. Metus causaliter se habens ad actionem, vel se habet ut causa totalis, quando, eo sublato, actio nullo modo fieret; aut se habet ut causa partialis, quando actio adhuc fieret, quamvis non ita prompte, & facile. Loquimur modo de metu totaliter se habente. Actiones, quae fiunt ex metu juxta S. Thom. 1. 2. q. 6. a. 6. sunt simpliciter voluntariae, & dumtaxat secundum quid involuntariae.

Quomodo metus se habeat ad voluntarium in actibus bonis, malis, & civilibus?

IV. Hinc peccato gravi consentiens ex metu gravis mali imminentis, mortaliter peccat; quia peccatum est volun-

Peccans ex metu.

84 *Tract. III. De Actibus Humanis.*

voluntarium simpliciter, ex dictis; minuitur tamen aliqualiter malitia, proportionabiliter ad mali comminati gravitatem; nunquam tamen minuit taliter peccatum, ut transeat de lethali in veniale, nisi in solo casu, quo metus ita mentem perturbaret, & subverteret, ut usum rationis tolleret, & in delirium raperet.

Quomodo lex naturalis, & positiva divina desinunt obligare metuentem.

V. In quibusdam casibus, in quibus malum, quod timetur, revera gravius est eo malo, quod suscipitur, lex naturalis cessat obligare prudenter metuentem. Sic metuens sibi mortem ab inimico actualiter invadente attentatam, si nulla alia via se defendendi subsit, nisi occidendo illum, potest occidere, nunquam intendendo occisionem, sed suimet defensionem, quæ non alia via sibi suppetere potest; & lex de non occidendo cessat. Leges quoque ipsæ Divinæ positivæ cessant quandoque obligare metuentem grave malum imminens, ita ut in eo casu dispensetur a lege: ita timor prudens gravis mali etiam temporalis, quod sit confessioni extraneum, excusat ab integritate materiali confessionis.

Exceptio hic observanda.

Excipiendæ sunt tamen leges Divinæ positivæ bonum commune Ecclesiæ concernentes: a quibus observandis nullus timor quantumvis gravis a peccato excusare potest: puta, ne quis in administrandis Sacramentis utatur debita materia & forma. An autem leges humanæ obligent cum gravi damno, ita ut illud prudenter metuens excusetur, diximus in cap. de legibus §. 5.

Contractus ex metu initi quomodo validi? Casus a Jure excepti.

VI. Contractus civiles initi ex metu gravi sunt natura sua validi. Si autem metus sit a causa extrinseca injuste incussus ad extorquendum actum, seu contractum, quamvis contractus remaneat validus, est tamen rescindibilis arbitrio illius, qui metum passus est. Excipiuntur a jure positivo Ecclesiastico aliqui contractus, in quibus actus per metum gravem injuste extortus, nedum est rescindibilis ad arbitrium, sed irritus redditur & nullus ipso facto. Primus est Matrimonium, quod ipso facto est nullum. Alter est emissio professionis religiosæ cum votis solemnibus. Similiter irritantur a jure alii actus a prædicto metu profecti: qui legi possunt in Sylvestro verbo *Metus*.

Juramenta metu extorta.

VII. Juramenta præfato metu extorta valida sunt, & implenda, si absque peccato, & absque alicujus injuria impleri queant. Potest tamen, si nimis gravetur, qui metum passus fuit, exposito motivo, petere relaxationem a juramento ab habente facultatem, & etiam petere restitutionem eorum, quæ vi hujusmodi juramenti dederat.

Extorta per metum levem.

VIII. Quæ extorquentur per metum levem, ita ut absque hoc metu non fierent, saltem in foro conscientiæ sunt restituenda; quia, qui patitur metum levem, privatur plena & integra sui libertate, & injuriæ subjicitur; quam injuriam auferre tenetur, qui metum incussit, restituendo

ho-

§. IV. *De Concupiscentia seu vehementi passione.*

I. Concupiscentiæ nomine in præsenti intelligitur vehemens passio appetitus sensitivi prosequentis objectum aliquod. Alia est Antecedens, quæ exurgens prævenit voluntatis actum: alia Consequens, quia consequitur actum voluntatis. Exemplum primæ in eo, qui obvium habet inimicum, & statim experitur exurgere in se motum vindictæ: exemplum secundæ in eo, qui recogitat offensam sibi illatam, ut ferventius feratur in vindictam. *Quid concupiscentia, & quotuplex?*

II. Concupiscentia Consequens non diminuit, sed auget voluntarium actionis, quam consequitur. Concupiscentia vero Antecedens potest diminuere voluntarium, quatenus liberum est; quia dum vehemens est, potest obscurare judicium, ac diminuere ejusdem indifferentiam, atque adeo malitiam. Cæterum illa voluntarium, ut voluntarium præcisum a libero, non minuit, sed auget. Legatur D. Thom. 1. 2. q. 77. art. 6. & 7. *Quando augeat, vel minuat voluntarium?*

III. Motus concupiscentiæ, & passionum, si deliberate excitentur a voluntate, & sint circa materiam gravem, jam patet esse peccata mortalia: si vero circa materiam levem, patet esse venialia. Si autem vel a dæmone, vel a corrupta natura excitentur, & semiplene advertantur, & aliquali imperfecto assensu admittantur, etiamsi sint in materia gravi, erunt peccata venialia; quia deest perfecta advertentia, & deliberatio ad mortale requisita: id patet in semidormientibus: si vero hæc accedat, jam liquet esse lethalia. Quantumvis autem vehementes fuerint, & inordinati motus concupiscentiæ, & passionis, omnem deliberationem prævenientes, si personæ illos patienti revera displiceant, eisdemque contradicat, nullum peccatum incurrit; immo grande meritum adipiscitur; quia sunt omnino involuntarii; & alioquin eisdem resistens, pugnat pro lege Dei, & pro animæ suæ salute. *Motus deliberate excitati.*

§. V. *De Ignorantia.*

I. Ignorantia generatim sumpta est carentia cognitionis alicujus rei. Ejus divisio potest depromi, vel per comparationem ad subjectum, vel per comparationem ad objectum, vel per comparationem ad effectum, vel per comparationem ad voluntatem, & culpam. *Quid sit ignorantia, & a quot capitibus divisionem sumat? Ejus divisio per*

II. Per comparationem ad subjectum, dividitur igno-

comparationem ad subjectum.

rantia in Negativam, Privativam, & Positivam. Negativa est carentia cognitionis in subjecto incapaci ad illam, ut carentia cognitionis Christi in perpetuo amente. Privativa est carentia cognitionis in subjecto capaci ad illam, ut ignorantia Christi in adulto mentis compote. Positiva est carentia cognitionis cum positivo errore contrario, puta ignorantia Christi adjuncta errori, quod sit purus homo. Privativa potest esse vel habitualis, idest diuturna; vel actualis, quæ melius dicitur oblivio.

Ignorantia respective ad objectum.

III. Comparative ad objectum, dividitur ignorantia in eam, quæ dicitur Juris, & est carentia cognitionis, quod extet Lex, ejusque obligatio; puta, quod tali die sit jejunandum: & in eam, quæ dicitur Facti, quæ est carentia cognitionis alicujus facti, seu rei particularis, aut qualitatis ejusdem rei; puta, quod Petrus sit persona sacra.

Ignorantia respective ad effectum.

IV. Comparative ad effectum, dividitur ignorantia in Antecedentem, Concomitantem, & Subsequentem. Prima est carentia cognitionis; quæ carentia est causa actionis, qua ignorantia absente, actio nullatenus fieret: puta ignorantia, quod hodie sit Jejunium, qua extante carnes comedisti, certe non comesturus, nisi id ignorasses. Secunda est carentia cognitionis, non ob quam fit, sed cum qua fit actio, quæ adhuc fieret, non subsistente ignorantia: puta, jejunium fregisti ignorans esse jejunium, illud fracturus, etiamsi non ignorasses. Tertia est carentia cognitionis consequens voluntatem, nempe quia persona aut directe noluit scire id, quod tenebatur; aut indirecte neglexit, & non curavit id scire; puta, ignorantia præceptorum in eo, qui positive non vult, aut non curat pergere ad locum, ubi explicantur: & hæc melius declarabitur numero sequenti.

Ignorantia respective ad voluntarietatem.

V. Comparative ad voluntarietatem & culpam dividitur ignorantia in Invincibilem, & Vincibilem. Prima est inculpabilis, & est carentia cognitionis, quæ, morali adhibita diligentia, acquiri non potuit; & ideo nullo modo est voluntaria, diciturque omnino antecedens: puta, ignorantia legis recenter emanatæ in rustico. Secunda est carentia cognitionis, quæ, morali adhibita diligentia, acquiri debuit & potuit; unde per acquisitionem hujusmodi cognitionis ignorantia tolleretur, & vinceretur; & propterea est culpabilis, & hæc est consequens, quia fuit volita vel directe, ut cum quis noluit inquirere, an esset dies jejunii, vel indirecte, quia neglexit inquirere, dum poterat, & tenebatur. Ignorantia vincibilis directe volita, dicitur etiam Affectata, quia data opera noluit studere, sciscitari, scire, vel ex tædio, vel ex aperta malitia. Indirecte autem volita censetur, quando ignorans non vult quidem expresse ipsam ignorantiam in se, sicut

quan-

Caput II. De Involuntario.

quando est directe volita, sed quia cum possit, & ex vi status sui quis teneatur scire, quæ ad eumdem pertinent, levi & superficiali utitur diligentia, nec adhibet sufficientem, quam posset & deberet impendere, ut necessariam cognitionem assequatur; & hæc etiam vocitari solet ignorantia lata, crassa, & supina. His additur ignorantia vincibilis levis, quæ est aliqualis omissio diligentiæ debitæ ad notitiam assequendam: ut autem cum fundamento levis judicetur, debet confessario innotescere quantitas materiæ, personæ, & aliarum circumstantiarum, præcipue sollicitudinis adhibitæ in inquirenda veritate.

VI. Ignorantia vincibilis affectata auget voluntarium, & peccatum.; vincibilis non affectata minuit voluntarium, & per consequens peccatum. Observa tamen, quod quando vincibilitas ignorantiæ est gravis, quæ est mensuranda ex qualitate personæ, materiæ, status, officii &c., non transfert unquam peccatum de mortali in veniale. Ignorantia concomitans neque efficit voluntarium, neque involuntarium, sed non voluntarium; ideoque neque accusat, neque excusat ex ipsa agentem. Ignorantia demum antecedens invincibilis efficit actum involuntarium simpliciter, & ab omni culpa eximit. Videatur D. Thom. 1. 2. q. 76.

Qua ignorantia augeat, vel minuat voluntarium?

☞ Ignorantia vincibilis quandoque est speciale peccatum, quandoque non. Si ignorantia vincibilis sit eorum, quæ quis ratione sui scire tenetur, est speciale peccatum distinctum ab eo, quod ex ejusmodi ignorantia perpetrat; sic namque peccans duo præcepta ex diverso motivo lata perfringit. Quare Confessarius, qui ex ignorantia culpabili, qua laborat, pœnitentem sacrilege absolvit, duplicis peccati reus efficitur. Idem asserendum de Judice, Advocato, Medico &c. qui peccant ex ignorantia eorum, quæ ex officio suo scire adstringuntur. Si vero ignorantia sit eorum, quæ quis ratione sui scire non tenetur, sed per accidens ratione operis peragendi, non est speciale peccatum; adeoque qui ex hac ignorantia legem violat, unicum committit peccatum contra eam virtutem, ad quam pertinet observatio illius, quod vincibiliter ignorat. Hinc qui vincibiliter ignorans diem esse jejunii, non jejunat, peccat solummodo contra legem Ecclesiasticam jejunium præcipientem. Legatur Pauius a Lugduno *tract.* 1. *dissert.* 1. *cap.* 3. *q.* 4. *art.* 1.

VII. Notandum, quod hactenus dicta de Ignorantia, applicanda sunt etiam Inadvertentiæ, quæ est privatio debitæ considerationis actualis: Inconsiderationi; quæ est privatio debitæ inspectionis: & Oblivioni; quæ est privatio debitæ recordationis rei alioquin notæ. Quæ omnes redduntur culpabiles juxta gradum debiti & potestatis ad eas præcavendas, consideratis circumstantiis status, officii, & materiæ, & personæ in illas incurrentis.

Observatio notanda.

CAPUT III.

De Humanorum Actuum Moralitate.

§. I. De Natura, & Specie Moralitatis.

In quo consistat moralitas?
I. Moralitas actus humani, quamvis ut fundamentum præsupponat libertatem, in ipsa tamen non consistit, sed in respectu quodam actus liberi ad objectum subditum regulis morum, ut prosequendum, si bonum; vel ut fugiendum, si malum.

Recensentur moralitatis species.
II. Moralitatis species sunt bonum & malum. Indifferens autem probabilius nobis est tertiam esse moralitatis speciem; id quippe clare docere videtur D. Thom. tum 1. 2. q. 92. a. 2. tum q. 2. de malo a. 5.

Non potest dari actus indifferens in individuo.
III. Quamvis autem detur indifferentia, tertia moralitatis species, nequit tamen, secundum constantem & clarissimam S. D. mentem, inveniri in individuo actus indifferens, sed debet necessario esse bonus vel malus: idest, homo deliberate operans nequit elicere actum, qui sit mere indifferens. Ita ex professo docet S. Thom. 1. 2. loc. cit. art. 9.

☞ Animadvertendum occurrit non esse licitum homini propter solam delectationem, & voluptatem sensuum operari. Propterea habemus reprobatas ab Innoc. XI. has theses n. 8. *Comedere & bibere usque ad satietatem ob solam voluptatem, non est peccatum, modo non obsit valetudini; quia licite potest appetitus naturalis suis actibus frui.* Et n. 9. *Opus conjugii ob solam voluptatem exercitum, penitus caret culpa, & defectu Veniali.* Videsis superius dicta tract. 2. cap. 2. §. 5.

Moralitas desumitur etiam ex circumstantiis.
IV. Cum moralitas actus deliberati principaliter desumatur, ex dictis, ab objecto subdito regulis morum, desumitur etiam secundario ex circumstantiis objectum afficientibus, ut docet S. Thom. 1. 2. q. 19. a. 3. & cum eo communis. Quia circumstantiæ ut tales importare possunt aliquem respectum convenientiæ, vel disconvenientiæ ad rationem, supra convenientiam, vel disconvenientiam objecti. Quis enim ambigat, quod nedum furari dissonet rationi, sed eo magis dissonet, si fiat in loco Sacro? & etiam eo magis si rei sacræ? Circumstantias jam recensuimus, & explicavimus in tract. 2.° cap. 1. de peccatis §. 3. Ubi etiam observavimus, quasdam circumstantias augere dumtaxat moralitatem, quasdam vero etiam novam speciem moralitatis addere, ob specialem convenientiam, aut disconvenientiam cum regulis morum. Vide ibidem tradita.

Circum-
V. Inter circumstantias specialem addentes actui morali-

Caput III. De Moralitate?

ralitatem est *Cur*, nempe Finis; qui duplex est, ut etiam alibi innuimus, intrinsecus nempe, seu operis, & extrinsecus, seu operantis. Intrinsecus est idem ac objectivus; puta, sublevare alienam miseriam in actu misericordiæ: & hic est idem ac objectum actus. Extrinsecus autem est ille, qui præter objectivum intenditur ab operante supra finem operis, & hic proprie est circumstantia; puta, intendere satisfactionem pro peccatis commissis in erogatione eleemosynæ. Propterea tot possunt moralitates addi actioni operantis, quot fines intenduntur ab operante. — *stantis finis præ cæteris addit moralitatem.*

VI. Idem numero actus humanus nequit simul habere duplicem moralitatem oppositam, nempe ut sit simul partim bonus, & partim malus: bonus secundum quid, & malus simpliciter: unde qui v. g. erogat eleemosynam ob inanem gloriam, committit actum totum malum. Ita probabilior etiam inter Thomistas, & proculdubio menti S. Doctoris conformis, qui illam docet pluribus in locis, tum in 2. d. 38. q. 1. a. 4. tum 1. 2. q. 19. a. 7. ad 2. & 3. Quod autem de circumstantia finis docet S. D. locis citatis, docet etiam qu. 18. a. 5. ad 4. de qualibet alia circumstantia corrumpente actum alioquin materialiter bonum. — *Idem actus non potest simul habere duplicem moralitatem bonitatis & malitiæ.*

VII. *Actus exterior, si loquamur de bonitate, aut malitia, quam habet ex fine ad quem ordinatur, non addit moralitatem actui interiori.* Ita S. Thom. 1. 2. qu. 20. art. 4. Quia tota ejus bonitas, vel malitia est ab actu interiori voluntatis. Excipit S. Doctor, *nisi contingat, ipsam voluntatem secundum se fieri meliorem in bonis, vel pejorem in malis ex ipso actu exteriori;* ut fuse ibidem exponit. Non eximitur tamen quis a debito exponendi in confessione eos actus exteriores, qui non augent malitiam ob plures rationes, quas Auctor in medium affert. — *An Actus exterior addat bonitatem, vel malitiam actui interiori?*

VIII. Eventus sequentes actum addunt moralitatem actui jam facto: id asserit, & probat S. Doctor in articulo 5. his verbis: *Eventus sequens actum, aut est præcogitatus, aut non; si est præcogitatus, manifestum est, quod addit ad bonitatem vel malitiam; cum enim aliquis cogitans, quod ex opere suo multa mala possunt sequi, nec propter hoc dimittit, ex hoc apparet voluntas ejus esse magis inordinata. Si autem eventus sequens non est præcogitatus, tunc distinguendum est; quia si per se sequitur ex tali actu, & ut in pluribus, secundum hoc eventus sequens addit bonitatem, vel malitiam actui: manifestum est enim, meliorem esse actum ex genere suo, ex quo possunt plura bona sequi, & pejorem, ex quo nata sunt plura mala si vero per accidens, & ut in paucioribus; tunc eventus sequens, non addit ad bonitatem, vel ad malitiam actus, non enim datur judicium de re aliqua, secundum illud quod est per accidens, sed solum secun-* — *Quomodo addatur moralitas actui facto ab eventibus ex eo secutis?*

eundum illud quod est per se. Jam de prima parte assertionis patet, quia qui vult causam, vult effectum per se ex illa secutum. Quoad secundam vero partem de non praevidente, observandum est, an debuerit praevidere; hoc autem debitum ex eo colligitur, quando effectus ille plerumque evenit, sive ex natura actionis, sive ex conditione subjecti: unde ille, qui expertus est se ebrietate correptum plerumque in fornicationes labi, reus est fornicationum illarum, quia debuerunt praevideri, utpote plerumque sibi ebrio succedentes; & quamvis non praeviderit, debuit praevidere. Ita qui publice concubinam alit, reus est scandalorum inde profectorum, quamvis nil de illis animadverterit, quia sunt connexa per se naturae actionis, nempe publici concubinatus. Ex his similia inferas.

Circa moralitatem procedentem ex habitu vitioso jam diximus tract. 2. cap. 1. de peccatis, §. 1.

TRACTATUS IV.
DE SPECTANTIBUS
Ad primum Decalogi Præceptum.

CAPUT PRIMUM
De Pertinentibus ad Fidem Theologalem.

§. I. *De Natura, Divisione, & Subjecto Fidei.*

I. Fides Theologalis est habitus, seu virtus a Deo infusa, qua firmiter assentimur veritatibus a Deo revelatis, atque ab Ecclesia propositis. Dicitur virtus a Deo infusa, quippe quæ nullo naturali conatu possit acquiri, sed est *Donum Dei*, teste D. Paulo Ephes. 5. Dicitur, qua firmiter assentimur, &c. quia proprium est cujuscumque habitus firmare potentiam circa proprium objectum; quod respectu fidei sunt omnes veritates a Deo revelatæ, sive in Verbo Dei scripto, sive in Verbo Dei tradito; quibus mens per fidem firmiter assentitur ob indicatum motivum divinæ revelationis, nempe quia dictæ a Deo: cum autem hæc divina dicta nobis certo non innotescant; eo quod de ipsis tot extent controversiæ tam circa textus illa continentes, quam circa sensum multiplicem, quem verba habere possunt, unde tot hæreses prodiere; idcirco ad Divinam providentiam pertinuit assignare legitimum Ministrum, qui nobis proponeret tum verborum Divinorum existentiam, tum eorundem verborum genuinum sensum, tum Traditiones, quæ scriptæ non habentur ab eorum Divino Auctore, quibus mediantibus aliæ veritates fide tenendæ ad nos fuere transmissæ. Hic autem legitimus Minister est vera Christi Ecclesia, quæ quidem est sola Catholica Romana, quippe quæ sola insignita sit characteribus, & notis collective sumptis veram Christi Ecclesiam ostendentibus.

☞ Igitur objectum fidei est, quod menti credendum proponitur. Duplex est. Aliud *materiale*, suntque res omnes, quæ creduntur. Deus autem est objectum primarium, & cætera omnia sunt objectum secundarium. Aliud est objectum *formale*, seu ratio aut motivum, cur credimus, & est prima veritas obscure revelans. Hæc vero formalis ratio, seu Divina-Veritas revelans, ob quam

Quid est Fides Theologalis, & quodnam illius objectum?

quam veritatibus revelatis firmiter per fidem assentiamur; Ecclesiæ propositionem tanquam conditionem necessariam exposcit.

Multiplex fidei acceptio. II. Fides sumitur & Habitualiter, nempe pro primo habitu infuso inter theologales; & Actualiter, pro actu videlicet fidei, qui elicitur; qui actus si mere interne eliciatur, dicitur fides actualis interior; si etiam exterius emittatur, dicitur fidei professio. Dicitur præterea fides Mortua, & Viva; seu Formata, & Informis. Viva est Gratiæ & Charitati theologali conjuncta, qualis est in justis; Mortua est a Gratia & Charitate separata, qualis est in peccatoribus mortali culpæ obnoxiis. Dividitur præterea fides in Implicitam, & Explicitam. Implicita illa est, quando credendo expresse unum articulum, creduntur alii in illo contenti, v. g. credens expresse Trinitatem Personarum in Unitate essentiæ, credit implicite Processionem Verbi a Patre, & Processionem Spiritus Sancti ab utroque. Explicita est illa, quæ expresse creduntur articuli fidei aut illi, aut alii in se ipsis.

In quibus fides reperiatur, vel non reperiatur? III. Fides Theologalis non reperitur in damnatis juxta omnes, cum sint omni supernaturali bono juste privati; Neque in Beatis fides remanet; quippe Beati in Patria ambulant per speciem, idest per visionem claram mysteriorum, quæ hic crediderunt. Perseverat autem fides in animabus Purgatorii, quæ respectu Patriæ in via dici possunt; quia nondum vident mysteria, quæ credunt. Etiam peccatores non infideles retinent fidem, etsi mortuam, seu sine charitate & gratia. In hæreticis vero nulla fides est, neque respectu eorum articulorum, quos se credere profitentur; ut ex professo docet D. Thom. 2. 2. q. 5. art. 3.

§. II. *De Necessitate Fidei circa credenda & scienda.*

Necessitas fidei unius Dei Auctoris, & Remuneratoris supernaturalis. I. Adulti tenentur credere explicite Unum Deum æternæ salutis Auctorem, & sibi obsequentium Remuneratorem æternæ gloriæ; atque ad id credendum tenentur necessitate medii. Necessitas autem medii in eo consistit, quod, deficiente hoc medio ex quocumque capite, finis salutis non obtineatur; ad differentiam ejus, quod est necessarium dumtaxat necessitate præcepti; sine quo, inculpabiliter omisso, adhuc salus obtineri potest, non tamen si culpabiliter omittatur. Loquimur autem de fide explicita superius explicata. Item loquimur de utraque salute; nempe de prima, quæ est justificatio, & de secunda, quæ est glorificatio. Assertio est certa de fide, quam publicavit Paulus Hebræor. 11. *Sine fide impossibile est placere Deo; credere enim oportet accedentem ad Deum, quia est,*

Caput I. De Fide.

est, & inquirentibus se Remunerator sit. Unde Innocent. XI. reprobavit hanc thesim num. 22. *Nonnisi fides unius Dei necessaria videtur necessitate medii, non autem explicita Remuneratoris.* Debet igitur esse fides Dei auctoris Gratiæ, & Gloriæ; quæ sunt objecta supernaturalia credenda fide theologali explicite, ut proposita ab Ecclesia. Hinc idem Innocent. damnavit sequentem thesim num. 23. *Fides late dicta ex testimonio creaturarum, similique motivo, ad Justificationem sufficit.*

II. Quilibet adultus post promulgationem Evangelii tenetur explicite credere Mysteria Trinitatis, & Incarnationis, ut salvus fiat. Veritas hæc expresse traditur in Evangelio, Matthæi 18. Joan. 3. & 16. *Necessitas fidei Trinitatis, & Incarnationis.*

III. Adultus ignorans hæc duo mysteria est incapax absolutionis Sacramentalis: ita definivit Innoc. XI. reprobans thesim, quæ oppositum affirmabat n. 6. *Absolutionis capax est homo, quantumvis laboret ignorantia mysteriorum fidei, & etiamsi per negligentiam etiam culpabilem nesciat mysteria SS. Trinitatis, & Incarnationis D. N. Jesu Christi.* Neque *sufficit illa mysteria semel credidisse:* quia id reprobatur in proscriptione thesis 65. Ex his autem legitime infertur, quod ignorans illa mysteria tenetur ad repetendas confessiones cum hujusmodi ignorantia factas, utpote nullas. *Qui illa ignorat, incapax est absolutionis. Idem teneretur repetere Confessiones cum hac ignorantia factas.*

* Quomodo vero se gerere debeat Confessarius cum pœnitente, [qui hebes adeo est ac debilis, ut non valeat præcipuos etiam fidei articulos memoriæ mandare ac retinere; docet P. Thomas Du Jardin *de Officio Sacerdotis, qua Judicis Sect.* 1. §. 3. *

☞ Hinc colligendum est, quantum peccent Parentes, Præceptores, Patrini, similesque, qui pueris, statim ac rationis usum nacti sunt, non explicant præcipua fidei nostræ mysteria, & motivum, ob quod credi debent; itemque Parochi, aliique, quibus incumbit animarum cura, si ovibus suis fidei obligationem sedulo non inculcent, sicque eos exponant periculo damnationis æternæ, quæ nonnisi per explicitam Dei Remuneratoris, Trini, & Incarnati fidem vitari potest. Legatur Petrus Collet *Instit. Theol. tom.* 3. *cap.* 1. *sect.* 2. *art.* 1.

§. III. *De Præcepto actus fidei eliciendi.*

I. Certum est, extare præceptum divinum speciale de habenda fide Christiana. Nam Christus Marci 1. dixit: *Credite Evangelio,* in quo Christi fides annunciatur: & cap. ult. *Prædicate Evangelium .... qui crediderit salvus erit; qui vero non crediderit, condemnabitur:* non credit autem tam qui fidem non præstat, quam qui ignorat; quamvis ille non credat privative, seu contrarie, hic *Fides cadit sub speciali præcepto.*

hic vero negative: unde Innocent. XI. hanc thesim confixit n. 16. *Fides non censetur cadere sub praeceptum speciale, & secundum se.*

Adultus tenetur scire articulos Symboli Apostolici.

II. Cum autem dixerimus de credendis necessitate medii, superest dicendum circa credenda, & scienda necessitate praecepti: haec sunt ex S. Thom. 2. 2. q. 2. art. 5. *Quantum ad prima credibilia, quae sunt articuli fidei* (nempe in symbolo contenti) *tenetur homo explicite credere, sicut & tenetur habere fidem.* Unde S. Carolus Borromaeus in sua Instructione Confessariorum: *Quisquis ad usum rationis pervenit, tenetur sub poena peccati mortalis scire omnes illos Symboli Apostoli articulos, qui solemniter ab Ecclesia celebrantur, saltem quoad substantiam.*

Item Sacramenta, & dispositiones ad illa digne recipienda.

III. Tenentur item adulti scire Sacramenta, saltem illa quae recipere debent, respective ad eorum statum & aetatem; eorumdemque efficaciam ad gratiam conferendam; dispositiones ad illa digne suscipienda requisitas; item sacrificium Missae; Decalogi, & Ecclesiae praecepta; nec non obligationes praecipuas ad proprium statum pertinentes; praeterea Orationem Dominicam, Salutationem Angelicam, Symbolum, ut dixi; item Sanctorum invocationem; Reliquiarum Sacrarum, atque Imaginum cultum; Purgatorii existentiam, & suffragiorum utilitatem; tandem quomodo elici debeant actus Fidei, Spei, & Charitatis; opera misericordiae, nec non quaecumque alia, quae communiter a fidelibus sciuntur, & ad praxim usitatissimam deducuntur: haec, inquam, omnia sub mortali tenentur scire respective adulti; eoque explicatius, quo majori intelligentiae, & ministerii gradu donantur. Hoc perpendant Parochi, Confessarii, Patresfamilias, Praeceptores, Doctrinae Christianae ministri, & quicumque alii, quibus aliquorum cura spiritualis incumbit.

Quibus temporibus obliget praeceptum divinum de fidei actu eliciendo?

IV. Cum praeceptum de eliciendis actibus fidei sit affirmativum, & propterea obliget per se ex vi praecepti divini determinatis temporibus, idcirco, ex communi sententia, hoc praeceptum per se obligat 1. in instanti morali usus rationis. 2. In quolibet periculo probabili mortis, & a fortiori in extremis vitae. 3. Cum gravis ingruit tentatio contra fidem, quae vinci non posse videatur, nisi contrarius actus fidei eliciatur. 4. Quando infidelis fidem amplectitur, vel fidelis in infidelitatem lapsus, regreditur ad justificationem, tenetur actum fidei elicere. 5. Quando emittenda est fidei professio vel a legibus, vel a Superiore imposita.

Propositiones circa hoc confixae.

V. Ut autem statuatur, quo alio tempore hoc praeceptum per se obliget, praemittendae sunt theses circa illud a S. Sede reprobatae. Alexander VII. hanc reprobavit n. 1. *Homo nullo unquam vitae suae tempore tenetur elicere actus fidei, spei, & charitatis ex vi praeceptorum Divinorum.*

Caput I. De Fide.

norum ad eas virtutes pertinentium. Deinde Innocent. XI. hanc damnavit num. 17. *Satis est actus fidei semel in vita elicere*, & istam n. 6. *Probabile est, ne singulis quidem rigorose quinquenniis per se obligare praeceptum charitatis*: & idem intelligendum de Fide, & Spe, quarum actus fideli viatori aeque sunt necessarii. Igitur certum est, teneri fidelem pluries in vita actum fidei elicere ex vi praecepti Divini: item certum est, ad illum teneri saepius quam infra quinquennium: quo igitur tempore? Respondent doctissimi nostri Bannez in 2. 2. q. 22. art. 1. cap. 8. conclus. ult. & Tapia lib. 1. quaest. 2. art. 2. num. 6. citati a PP. Salmanticensibus tract. 21. c. 2. punct. 3. num. 20. saltem semel singulis annis. Multi tamen existimant pluries per annum teneri fidelem ad actus fidei eliciendos; & praecipue dum commemoratio mysteriorum Christi celebratur; praesertim si menti occurrat de actu fidei eliciendo. *Obligat saltem semel in anno. Sed aliis rationabiliter placet saepius.*

VI. Tenetur homo per accidens, idest ex praecepto aliarum virtutum, ad eliciendum actum fidei, quando in vehementi tentatione contra aliam virtutem, puta castitatem, videt se moraliter non posse a lapsu evadere, nisi actus vivae fidei eliciendo, quibus retundat carnis petulantiam; puta se confirmando in veritate poenarum aeternarum peccato debitarum &c. Ratio patet, quia cum teneatur omnia media adhibere, ne labatur, & videat alia media parum prodesse, & existimet hoc sibi profuturum, eo uti tenetur; quia in hypothesi est necessarium. *Tenetur per accidens ex praecepto aliarum virtutum.*

VII. Cum *fides officium a nobis exigat & cordis, & linguae*, ut ait Augustinus lib. de fide & symbolo cap. 1. idcirco ex vi praecepti divini affirmativi tenemur ex Angelico 2. 2. quaest. 3. art. 2. fidem ore confiteri; *Quando per omissionem hujus confessionis subtraheretur honor debitus Deo, aut etiam utilitas proximis impendenda*: puta, si quis interrogatus de fide, taceret: & ex hoc crederetur, vel quod non haberet fidem, vel quod fides non esset vera, vel alii per ejus taciturnitatem averterentur a fide: in hujusmodi enim casibus confessio est de necessitate salutis. Et ad 2. In casu necessitatis, ubi fides periclitatur, quilibet tenetur fidem suam aliis propalare, vel ad instructionem aliorum fidelium sive confirmationem, vel ad reprimendum infidelium insultationem. *Tenetur confiteri fidem in casu, quod fides detrimentum patiatur.*

VIII. Hinc certum est, quod si quis a potestate publica de sua fide interrogetur, tenetur sub mortali illam profiteri, cum Innocent. XI. damnaverit oppositam doctrinam in thesi 18. *Si a potestate publica quis interrogetur, fidem ingenue confiteri, ut Deo & fidei gloriosum consulo; tacere, ut peccaminosum per se non damno.* Si autem interrogetur quis a persona privata; certum est, *Et etiam interrogati a potestate publica.*

quod

Etiam aliquando interrogati a privato; aliquando non.

quod teneatur respondere, si, ut dixit S. Thom. aliquod detrimentum Religioni, aut proximis immineat. Si autem nullum certò immineat detrimentum, dicunt plures a Colleg. Salmant. citati tom. 21. cap. 2. punct. 6. n. 67. quod adhuc teneatur sub mortali respondere. Id verum existimo, si ex responsione nullum timeat grave damnum sibi inferendum, non in odium religionis, sed ob malitiam interrogantis, & ex odio quod habet in catholicos, illos graviter vexando, v. g. negando transitum &c. Si autem sibi timeat grave malum, & nulla speretur gloria Deo, & Religioni, sed dumtaxat timeatur ansam præberi improbitati interrogantis; tunc putarem cum aliis apud laudatum Collegium, quod tacere, declinare re-

Numquam licet, quamvis solo verbo, seriose profiteri non catholicum.

sponsum, aut alia indirecta responsione se subtrahere, non esset mortale; quia nullum intervenit Religioni dedecus; ut supponitur, & alioquin grave incurreretur malum, absque ullo bono effectu. Dixi consulto, tacere, vel declinare responsum directum; quia numquam potest quis, absque culpa lethali, se profiteri non catholicum, id namque continet mendacium perniciosum graviter Religioni, quamvis solo verbo id dicat; & ex se redundat in grave dedecus fidei catholicæ.

Quinam teneantur ad professionem fidei ex præcepto Ecclesiastico?

IX. Ex præcepto Ecclesiastico, *Provisi de Beneficiis quibuscumque, curam animarum habentibus, tenentur intra bimestre a die pacificæ possessionis fidei professionem emittere in manibus Episcopi, aut ejus Vicarii.* Ita Concil. Trid. sess. 24. cap. de Reformat. quod præceptum obligat sub mortali. Item provisi de Canonicatibus, & dignitatibus in Ecclesiis Cathedralibus, non solum coram Episcopo, sed etiam in Capitulo id facere tenentur. Canonicus autem promotus in Ecclesia non Cathedrali, sed tantum Collegiata, non tenetur ad hanc professionem; neque Coadjutores Canonicorum Cathedralium, neque Capellani, aliique provisi de beneficio simplici in illis Ecclesiis. Item Patriarchæ, Primatæ, Archiepiscopi, Episcopi, & alii omnes, qui de jure, vel consuetudine Concilio Provinciali interesse debent, tenentur in prima Synodo Provinciali professionem emittere. Ita ex Concil. laud. sess. 25. cap. 2. Item omnes Doctores, Magistri, Regentes, Lectores, Concionatores &c. antequam onus publicè docendi suscipiant, tenentur eamdem professionem emittere, ita jubente S. Pio V. in Bulla, quæ incipit *In Sacrosancta*. Denum Prælatos Regulares ad fidei professionem emittendam ex consuetudine jam præscripta non esse obstrictos censent nonnulli. At Barbosa Allegat. 61. n. 7. contrarium sustinet; & profectò, si Bullis standum sit, hæc sententia est vera.

Nemini laico licet disputare.

X. Nemini laicorum licitum est disputare, sive publicè, sive privatè de rebus fidei cum infidelibus, & hæretireticis, ut habetur in cap. *Quicumque* §. *inbibemus* de hæreticis in 6. Neque eximitur ab hac prohibitione laicus doctus. In aliquo tamen casu, prævalente lege naturali de impedienda injuria Religionis, aut subversione animarum, quando nimirum nulla persona idonea adesset, quæ reprimere posset infidelem aliquem religioni insultantem, cum auditorum fidelium periculo; posset laicus vere doctus, & sufficiens coercendæ obloquentis temeritati, ipsi respondere, eumdemque revincere, ad fidei decus sustinendum, & ad præcavendum auditorum periculum. Ecclesiasticis item personis sive sæcularibus, sive regularibus non sufficienter doctis disputare de fide est vetitum sub mortali, non quidem ex vi prædicti Canonis, qui de illis nil meminit, sed ex lege naturali suadente, non esse ab indocto exponendam religionem periculo irrisionis cum adstantium scandalo: & est communis. Solis itaque Viris Ecclesiasticis vere doctis id conceditur ex communi sententia.

tare de fide cum infideli-bus.

Nisi in aliquo necessitatis casu.

§. IV. *De illicita, aut licita fidei dissimulatione.*

I. Tria signorum, aut vestimentorum genera inveniuntur, primum juxta morem regionum, & commune incolis illarum; quorum usus etiam fidelibus ibi degentibus non est illicitus, v. g. vestis talaris colorata in regionibus Orientalibus. Secundum est genus signorum ad profitendam sectam institutorum, vel ad profitendum cultum auctori sectæ, vel ad significandum honorem magisterii in tali secta: Et hæc deferre vetitum esse sub mortali fidelibus, docet vera sententia. Tertium est illorum signorum non institutorum ad profitendam sectam, sed ad ipsam distinguendam ab aliis; & propterea conceduntur, aut imponuntur tantummodo personis talis sectæ, & non aliis: puta, pileus flavi coloris Romæ ad Hebræos ab omnibus aliis distinguendos: & de his signis contentio est inter Doctores etiam nostrates; probabilior tamen videtur opinio Sancti Antonini p. 2. tit. 12. c. 6. & Cajetani 2. 2. q. 3. a. 2. & aliorum docentium, talia signa esse fidelibus sub mortali vetita, non obstante quocumque damno, aut periculo. Ratio est, quia qui verbo se declarat Judæum, aut Turcam, juxta omnes peccat lethaliter; igitur etiam peccabit ille, qui facto talem se prodit.

Quot signorum genera falsæ religionis, qualisque eorum usus illicitus.

* Adversus quascumque simulationes falsæ Religionis Constitutionem edidit S. P. Benedictus XIV. insertam *Tom.* 1. *sui Bull. n.* 89. cujus initium est: *Inter omnigenas*. *

II. Hinc a fortiori nunquam licet, ob quodvis motivum, exterius negare fidem; ait enim Christus Matth. 10. *Qui negaverit me coram hominibus, negabo & ego eum coram*

Nunquam licet etiam solo

ram Patre meo. Similis peccati reus efficietur, qui etiam ore tenus negat, se esse Christianum, Catholicum, Papistam, & se asserit Turcam, Hebræum &c. ut etiam supra indicavimus; hæc enim omnia opponuntur præcepto negativo fidei de eadem nunquam directe, aut indirecte neganda etiam ore tenus. Eodem præcepto vetatur simulatio falsæ religionis, ob idem motivum gravis injuriæ Religioni illatæ.

verbo negare fidem, se esse fidelem, simulare falsam religionem.

III. Est semper mortale communicare cœnæ hæreticæ, aut hæreticorum sacris, ceremoniis, precibus &c. quia facto & signo externo esset virtualiter profiteri eorum religionem. Similiter neque licet eorum concionibus interesse, præcipue data opera; & frequenter, ob idem motivum; & multo minus liceret, si fidelis compelleretur a Principe hæretico illis interesse, titulo honoris exhibendi suæ sectæ; cum enim id esset cooperari ad sectæ falsæ commendationem, etiam cum vitæ jactura recusandum est.

Neque Sacris, aut concionibus hæreticorum interesse.

IV. Licet fideli fugere, vel se occultare tempore persecutionis contra fideles excitatæ, dummodo ex hac fuga nullum sequatur detrimentum Religioni, aut proximo. Ita docuit Christus Matth. 10. *Cum persequentur vos in civitate ista, fugite in aliam*: idque pluries ipsi quoque Sancti sunt executi. Egregie de hoc differit S. Athanasius in sua Apologia. Consulto dixi, dummodo ex hac fuga &c.; quia si fugiens sit moraliter necessarius ad cæteros confirmandos, tunc ex charitate sub gravi obligante remanere tenetur; & simul ex justitia, si Parochus sit, aut cura illarum animarum sibi incumbat. Poterit nihilominus accidere, quod neque hic peccet se occultando, aut subtrahendo, si ex hac subtractione major utilitas Ecclesiæ & fidelium prudenter speretur, dummodo tamen interea prospiciat ovibus illis de opportuna assistentia per administros.

Licet in persecutione fugere; aliquando non.

V. Publica fidei confessio quandoque est illicita, & prohibita: primo quando quis sponte, ac temere se offert non requisitus, tam ad fidem profitendam, quam ad tormenta subeunda; quibus forte impar est illius constantia, & exinde in negationem prolabi possit cum maximo Religionis dedecore, & aliorum scandalo. Secundo, quando ex spontanea fidei professione prævidetur inde secutura crudelior fidelium persecutio, & injuriosior sanctæ fidei insultatio.

Aliquando est graviter illicita fidei professio.

VI. Famuli, milites &c. ex debito sui muneris comitantes herum infidelem, aut hæreticum ad sua templa, ibique stantes capite discooperto, aliaque signa reverentiæ hero suo exhibentes, illicite non agunt; quandoquidem illa faciant, non in reverentiam Idoli, aut Sacrorum illorum, sed tantummodo sui heri, cui civilem illum cultum debent. Cæterum consulendi sunt, ut quamprimum pos-

Famuli comitantes infidelem herum ad sua sacra, quomodo se gerere debeant?

Caput I. De Fide.

possint de alio hero sibi prospiciant, quia in magno versantur periculo.

VII. Excusatur Catechumenus, qui in extrema necessitate constitutus Baptismum peteret ab haeretico; aut alio apostata, deficiente quolibet alio magis idoneo, qui illum administraret; quamvis compelleretur eorum templa adire: Sicut non peccaret fidelis, in eadem necessitate positus, petens absolutionem Sacramentalem a quovis Sacerdote apostata; si alius idoneus absit. — *Peti alia quando potest Sacramentum ab infideli.*

VIII. Interesse nuptiis, aut funeribus infidelium, aut haereticorum, ubi simul commorantur fideles, & consuetudo invaluit se mutuo invitandi, non judicatur illicitum a Colleg. Salmant. tract. 21. cap. 2. punct. 11. n. 126. alios auctores asserente: dummodo tamen non communicent cum illis in aliquo ritu sacro, & nulla sit scandali suspicio; &, adderem ego, dummodo recusare invitationem haberetur ut offensa. — *Interesse nuptiis, & funeribus infidelium quando licitum?*

IX. Ex Azorio & aliis, censet praefatum Collegium loc. cit. n. 129. excusari Catholicum transeuntem per infidelium, & haereticorum regiones, si ob gravissimum motivum vitae tuendae, aut alio simili; occultet suam religionem; vescendo carnem diebus vetitis; dummodo omnis tollatur scandali suspicio, religionisque contemptus. Aliter resolvendum esset quidquid dissentiat laud. Colleg., si vesci carnibus esset actio protestativa Sectae, quemadmodum est in Anglia illas comedere die Veneris, ubi publice comeduntur in contemptum Ecclesiasticae legis; & in professionem Calvinismi: tunc enim etiam cum vitae discrimine abstinendum esset. — *An liceat comedere carnes diebus vetitis in regionibus infidelium.*

CAPUT II.

De Vitiis Fidei Oppositis generatim.

§. I. *De primo vitio Fidei opposito, quod est Infidelitas; variaeque explicantur Infidelitatis species.*

I. INfidelitas est defectio a vera fide. Triplex distinguitur infidelitas generatim accepta. Negativa, Privativa, & Positiva. Infidelitas negativa est carentia fidei in illis, qui nihil unquam de fide audierunt. Haec non habet rationem peccati, ut docet D. Thom. 2. 2. q. 10. a. 1. unde jure merito inter theses Baii a S. Sede reprobatas haec recensetur: *Infidelitas pure negativa in his, in quibus Christus non est praedicatus, peccatum est.* Privativa est carentia fidei in illis, qui, cum aliquid de extantia fidei Christianae in confuso saltem audierint, vel fidem audire nolunt; vel illuminari non curant & de eadem inquirere; quamvis positive non dissentiant: & haec — *Infidelitas generatim quid, & quotuplex?*

est

est peccatum lethale. Positiva, seu contraria, est positiva rejectio veritatum fidei, positivus dissensus earumdem, vel etiam assertio positiva erroris contrarii; & est gravissimum crimen, irrogans gravissimam injuriam Divinæ Veritati.

Quotuplex infidelitas positiva?

II. Infidelitas positiva triplex est: Paganismus, Judaismus, & Hæreticismus. Paganismus est error voluntarius resistens fidei nondum susceptæ. Judaismus est error contra fidem susceptam in figura. Hæreticismus demum est error cum pertinacia resistens fidei in manifestatione veritatis susceptæ. Legatur S. D. loc. cit. a. 5.

☞ Ad Paganismum reducuntur Atheismus, Deismus, & Mahumetismus. ☚

§. II. *De Communicatione cum Infidelibus*.

Quomodo & quando sit communicatio cum infidelibus vetita?

I. Duplex distinguitur communicatio, Religiosa videlicet, & Civilis. Prima est in rebus sacris, & ad Dei cultum pertinentibus: secunda est in rebus ad civile commercium, politicamque societatem spectantibus. Prohibitio in rebus sacris jam patet ex dictis capite antecedente §. ult. Circa autem communicationem in Matrimoniis celebrandis fuse dicetur, dum de impedimento Matrimonii, quod est disparitas cultus, disseremus in tract. 14. cap. 7. §. 20. Communicatio vero mere civilis etsi absolute licita sit; attamen saltem frequens, & intima, seu contubernalis prohiberi videtur verbis Apostoli Pauli ad Rom. 16. & Joannis in Epist. 2. utpote plena periculi.

Quoad quot capita prohibeatur cum Judæis.

II. Communicatio Civilis cum Judæis Ecclesiastico jure quoad decem capita est prohibita; nempe quoad cohabitationem in eadem domo; quoad convivia simul habenda, quoad vescendum eorum azymis; quoad usum ejusdem balnei; quoad usum medicinarum ab eis confectarum; quoad usum medicorum Judæorum; quoad alendos eorum filios in eorum domo; quoad præstandum famulatum eisdem; quoad vinculum famulatus; quoad eos instituendos hæredes, aut legatarios. Ita ex cap. *Nullus*, & ex cap. *Omnes* 28. q. 1. & ex cap. *Judæi* 2. de Judæis. Quæ prohibitiones vigent etiam respectu Mahumetanorum, ut notavit Suarez disp. 18. sect. 6. n. 10.

Nonnulla observationes circa indicatas prohibitiones.

III. Nonnulla circa indicatas prohibitiones observanda sunt ex doctissimo Suarez disp. 18. sect. 6. & primo, quod sicuti non licet famulo cohabitare in domo heri Judæi, ita probabilius neque licet hero Christiano tenere ad cohabitandum in domo sua famulum Judæum; quia eadem imminent pericula respectu aliorum familiarium, a lege inspecta. Secundo, circa convivia, quod non fiant ex condicto, & data præ, tam ad sua accedendo, quam ad propria invitando; non autem prohibentur, si contingant itine-

Caput II. De Vitiis Fidei oppositis.

Itinerando, vel alio simili accidentali eventu. Tertio, quoad comestionem azymorum, ne fiat more Judaico, aut cum scandalo, aut similibus circumstantiis. Quarto, quoad balnea, ne simul fiant data opera, secus in accidentali eventu ob sanitatem procurandam, vel alio simili casu. Quinto, circa Medicos, si adsint alii sufficientes, secus in casu necessitatis, quod alius non adsit. Sed lex quoad hoc punctum in magnis etiam civitatibus impune violatur, & puto non ignorantibus Prælatis; unde dubitarem, an ibidem stricte obliget. Sexto, circa Medicinas, intelligitur prohibitio quoad ministrationem, & applicationem, non autem quoad emptionem earumdem ab ipsis confectarum, sicuti emuntur alia utensilia; eo quod ministratio illa familiaritatem, & affectionem conciliet. Septimo, circa lactandos eorum filios, intelligitur de officio nutricis permanentis in domo eorum; secus si Christiana mulier aliquando extra eorum domos lac præbeat, ne parvulus fame pereat, aut alio rationabili motivo: immo probabilior cum Sylvestro, Azorio, & Suarez docet, neque licere Christianis mulieribus id officium permanenter præstare in domo sua; quia adhuc ob frequentes visitationes conjunctorum infantis imminet periculum familiaritatis, & nocumenti spiritualis. Octavo, circa famulatum, hunc prohiberi sive præstetur commorando intra domum Judæi, sive extra domum, dummodo famulatus sit diuturnus: unde non prohibentur opifices laborare pro Judæis, neque eorum agros colere, eis jumenta locare &c.; quia id non est proprie famulari, nec inducens familiaritatem illam vetitam. Nono, circa hæreditatem, prohibetur non tantum ne Communitas Judæorum hæres fiat, aut legataria, sed neque personæ particulares, quamvis forte essent testatoris consanguineæ; quia lex fuit instituta in favorem Religionis. Conceditur itaque dumtaxat communicatio civilis in contractibus, dummodo nimia familiaritas evitetur; quod si natura contractus ad hanc compelleret, abstinendum esset a tali contractu.

§. III. De notione Hæresis, & de vario modo in illam incidendi.

I. Cum *hæresis* nomen ex D. Thom. 2. 2. q. 11. a. 1. *Quid sit* electionem importet ex Græco, eo quod hæreticus eligat *hæresis?* suum sequi judicium contra judicium Ecclesiæ; idcirco definiri potest ex his, quæ tradit S. D. loc. cit. & a. 2. quod sit error voluntarius, cum pertinacia, contra aliquam doctrinam, & veritatem fidei Catholicæ in eo, qui fidem Christi recepit. Dixi contra aliquam doctrinam, & veritatem &c. quia si quis omnes fidei Catholicæ veritates rejiceret, esset Apostata potius, quam hæreticus; ut autem

autem sit talis oportet, ut fidem antea receperit, alioquin esset accensendus Paganis aut Judæis.

Explicatur melius.

II. Requiritur itaque ad incurrendam hæresim formaliter, ut sit error in intellectu: unde si quis voce hæresim proferret, addito etiam juramento, & quod profert, mente non teneret; in illo non esset hæresis formalis, & quamvis peccaret lethaliter peccato scandali, blasphemiæ hæreticalis, & etiam perjurii, & esset denuntiandus ab auditoribus, & haberetur in Ecclesiæ foro ut hæreticus; tamen coram Deo non esset hæreticus, neque in foro conscientiæ excommunicationem reservatam incurreret, quæ contra hæresim formalem dumtaxat est inflicta. Requiritur præterea, quod error sit voluntarius & deliberatus: unde qui non plena deliberatione, seu insufficiente ad mortale, hæresim aut mente conciperet, aut etiam ore proferret, non esset formaliter hæreticus. Requiritur item assensus errori cum pertinacia, ad quam non requiritur, ut errorem conceptum obstinate defendat, sed sufficit, quod menti occurrat Ecclesiæ auctoritas illum improbantis, & oppositum definientis de fide, & quod deliberate dissentiat. Requiritur demum, quod dissensus versetur circa propositionem immediate revelatam & ab Ecclesia propositam.

Dubium de fide quotuplex?

III. Dubitare de rebus fidei potest evenire vel dubio positivo, vel negativo: dubio positivo, quando quis deliberate dubitat de aliqua fidei veritate sufficienter proposita, judicando eam esse incertam; posse esse non veram; posse esse ambiguas veritates ab Ecclesia propositas &c. Dubio negativo, dum manet quis suspensus circa aliquam fidei veritatem inter assensum & dissensum: & hoc dupliciter, vel suspensione imperata a voluntate, & deliberate volita, ob vim sibi factam a motivis fidei oppositis; vel suspensione non imperata, & volita ob dicta motiva, nempe ob metum errandi si assentiatur; sed propter aliud motivum, nempe mentem alio divertendi, vel ad aliud honestum: quo præmisso,

Dubitans quando sit hæreticus?

IV. Advertenter dubitans dubio positivo semper lethaliter peccat, & est vere hæreticus, juxta omnes. Colligitur cap. v. de hæreticis, & ratio patet, quia putat Ecclesiam in rebus fidei proponendis errare posse: & idem dicendum de dubitante dubio negativo primo loco explicato ob eamdem rationem. Dubitans autem dubio negativo secundo loco exposito, si non instet præceptum affirmativum de fidei actu eliciendo, non videtur graviter peccare, & multo minus esse hæreticus.

Hæresis alia formalis, alia materia-

V. Dividitur primo hæresis in formalem, & materialem: prima illa est, cujus notionem tradidimus; secunda est, quando quis errorem tenet contra fidem, omnino ignorans esse talem; qui, si sit in debito sciendi, reus est igno-

Caput II. De Vitiis Fidei oppositis. 103

ignorantiæ vincibilis lethalis, secus si non habeat debitum sciendi. Qui vero profert hæresim, sciens esse talem, sed animo illam non tenet, non est quidem hæreticus formalis, sed committit veram blasphemiam hæreticalem, & lethaliter peccat: immo est ab auditoribus denuntiandus, ut dixi. Dividitur insuper hæresis formalis in internam, & externam: interna est, quæ deliberate mente concipitur, & retinetur, nullo signo exteriori facto, illam significante; externa vero, quæ & mente concipitur, & aliquo signo exteriori sufficienter manifestatur; idque evenire potest vel manifeste, vel occulte: manifeste, quando aliquibus videntibus, vel audientibus manifestatur, & tunc dicitur per se omnino manifesta: occulte autem, quando significatio exterior erroris mente concepti occulte fit, idest nemine vidente, vel audiente: & tunc dicitur manifesta per se, & occulta per accidens.

lis: formalis alia interna, alia externa; & hæc alia manifesta, alia occulta.

VI. Pœnæ contra hæreticos formales, & externos aliæ sunt spirituales, aliæ temporales. Illarum prima, si hæresis sit notoria, est infamia juris, reddens hæreticum inhabilem ad quoscumque honores, dignitates, & officia. Secunda est confiscatio omnium bonorum hæretici. Tertia est pœna perpetui carceris. Quarta est pœna mortis.

Pœna temporales hæreticorum.

VII. Spiritualium prima est excommunicatio major latæ sententiæ, quæ incurritur ipso facto ac hæresis signo sufficienti significatur, ut inferius explicabitur, & est Pontifici reservata ex multis locis juris. Secunda est irregularitas. Tertia est privatio potestatis spiritualis, jurisdictionis, & etiam Ordinis, quoad usum licitum Ordinis ejusdem. Quarta est privatio beneficiorum, & officiorum rite acquisitorum, & inhabilitas ad alia obtinenda. Quinta est privatio sepulturæ Ecclesiasticæ.

VIII. Ad incurrendam excommunicationem majorem Pontifici reservatam, requiritur primo, quod hæresis mente concepta aliquo signo exteriori sufficienter manifestetur, tametsi occultissime, atque nemine prorsus vidente, aut audiente: quapropter qui hæresim sola mente concepit, & mente tantum profitetur, quamvis coram Deo sit vere hæreticus, talis in Ecclesiæ foro non habetur, neque excommunicationem incurrit; quemadmodum neque illam incurrit in foro conscientiæ, qui hæresim exterius profitetur sive solus, sive coram aliis; quam tamen mente & animo non tenet, sed rejicit. Ad excommunicationem igitur incurrendam utrumque requiritur, nempe & hæresis advertenter mente concepta, & exterius significata, quamvis a nemine id cognoscatur. Requiritur præterea ad censuram incurrendam, ut signum exterius sit determinate significans hæresim sive ex ipsa natura signi, sive ex consuetudine, sive ex quovis capite: eo quod

Pœna spirituales hæreticorum.

G 4 si

si signum sit indifferens, & aliquid aliud possit significare, & determinate non significet hæresim, non verificatur, quod hanc significet: Unde juxta mihi probabiliorem, verba vere æquivoca non sufficiunt ad incurrendam censuram.

Quid dicendum de eo, qui vitam ex se gignentem hæresis suspicionem duceret?

IX. Qui autem vitam ducit ex natura sua gignentem hæresis suspicionem vehementem; puta, qui nunquam, aut rarissime Missam audit, aut duas uxores habet, aut diebus jejunii semper aut quasi semper sine ulla necessitate cibis vetitis vescitur, si animo teneat errores oppositos fidei, censuram incurrit; quia signo sufficienter determinato hæresim manifestat; & hujusmodi est denunciandus.

Quis possit ab hæresi, & censura absolvere?

X. Ab hæresi mere interna, & nullo signo sufficiente externo manifestata absolvere potest quilibet Confessarius approbatus. Et idem dicas de hæresi exterius significata, sed revera animo non asserta. Quia tamen hæc esset vera blasphemia hæreticalis, plerumque ab Ordinariis sibi reservata, idcirco carens facultate in reservata, illam petere ab Episcopo deberet. Absolutio ab hæresi mente concepta, & signo externo manifestata, quamvis occultissime, spectat ad summum Pontificem; vel, si crimen non fuerit publicum, ad Sac. Congregationem Pœnitentiariæ, quæ dumtaxat concedere solet facultatem pro foro conscientiæ, relinquendo reum expositum foro exteriori judiciali, casu quo accusaretur. Inquisitores autem plerumque absolvunt a vinculo excommunicationis, post præmissam abjurationem &c: qua sublata, pœnitens potest a quocumque Confessario absolvi a peccato. Imo aliquando possunt hanc facultatem aliis subdelegare,

* Legatur S.-P. Benedictus XIV. *de Synodo Diœcesana* lib. 9. cap. 4. num. 3. *

§. IV. De Apostasia.

In quo consistat Apostasia?

I. Apostasia, ex S. Thoma 2. 2. q. 12. a. 1. *est retrocessio hominis baptizati a tota fide;* ex quo patet ejus differentia ab hæresi, quæ aliquos tantum fidei articulos rejicit.

Quomodo Confessario exponenda?

II. Cum igitur Apostasia sit circumstantia notabilissime aggravans, erit in confessione exponenda; quemadmodum incidens in plures hæreses tenetur pluralitatem hæresum exprimere; dicendo, Negavi tot veritates &c. quandoquidem unaquæque addat gravitatem admodum notabilem.

☞ Apostatæ etiam vocitantur, qui recedunt vel a Religione, quam professi sunt, vel ab Ordine Sacro, quem susceperunt. Verum isti eo ipso a Christiana Religione non desciscunt. ☜

CAPUT III.

De Spe Theologali Virtute.

§. I. *De Natura, Subjecto, & Obligatione Spei.*

I. Spes est virtus supernaturalis, qua speratur Deus tam- *Quid sit* quam summum bonum possibile, arduum, futurum, *Spes Theo-* beatos efficiens illum possidentes, atque obtinendus virtu- *logalis.* te auxiliorum ab ejus omnipotentia, & misericordia conferendorum. Explico singula. Speratur Deus, quia cum Spes sit virtus Theologalis, Deum pro objecto habere debet, Deum autem non utcumque, sed ut summum bonum. Quia autem etiam charitas ad illum ut summum bonum adspirat; idcirco adjungitur, beatos efficiens possidentes illum. Spes namque fertur in Deum ut summum bonum, nobis beatitatem afferens; charitas vero fertur in ipsum ut summum bonum in se: idcirco Spes tendit in ipsum ut a nobis assequendum, & quidem vi auxiliorum &c. quibus verbis innuitur objectum *quo*, seu motivum Spei, quod est Omnipotentia valens hujusmodi auxilia conferre, & Misericordia prompta & parata ad eadem conferenda. Dicitur Deus quod sit bonum possibile; nam ad impossibile non datur Spes. Dicitur futurum; etenim de eo, quod jam possidetur, non datur Spes, sed fruitio illius; *quod enim videt quis, quid sperat?* ajebat Paulus Rom. 8. Dicitur arduum; non quidem ex parte ipsius Dei auxiliantis, sed respectu imbecillitatis, & Instabilitatis creaturæ pronæ ad malum, cui admodum ardua evadit Dei beatificantis assecutio ex parte mediorum ad illum assequendum necessario requisitorum.

☞ Igitur objectum materiale adæquatum & extensivum Spei est Deus possidendus, & media seu auxilia, per quæ Deus decrevit nos ad seipsum perducere; ita tamen quod Deus possidendus sit objectum primarium, cætera vero objectum secundarium. Objectum autem formale est Deus ipse ut omnipotens, seu omnipotentia auxiliatrix, idest præbens vel offerens auxilia. Quare fundamenta seu motiva Spei Christianæ sunt Dei Omnipotentia, ejusdem Misericordia, & immensa Christi Domini merita.

II. Spes non invenitur neque in Beatis, neque in dam- *In quibus* natis, neque in hæreticis. Reperitur autem in omni- *invenia-* bus fidelibus viatoribus etiam peccatoribus, non despe- *tur Spes?* rantibus, & in Animabus detentis in Purgatorio. Legatur *Qualiter* D. Thomas 2. 2. q. 18. a. 2. & 3. *obliget*

III. Exstat præceptum Divinum Spei manifestatum in *præceptum* pluribus Sacræ Paginæ locis. Hoc autem præceptum qua- *Spei?*
tenus

tenus est negativum de non desperando, obligat semper, & pro semper ; quatenus vero est affirmativum , eadem omnino sunt dicenda , quæ dicta sunt de præcepto affirmativo fidei, cum eadem sit ratio & necessitas utriusque virtutis; tam pro obligatione per se , quam pro obligatione per accidens; idcirco vide quæ diximus de fide cap. 1. §. 3 quin hic repetantur; eademque applices ad præsentem materiam. Unum dumtaxat hic addendum, ibi ex oblivione prætermissum , nempe, quod omissio actus tam fidei, quam Spei, quando præceptum obligat per se, est speciale peccatum in confessione explicandum; puta in gravissima tentatione contra fidem, & Spem: quando vero obligat per accidens , si omittitur, sufficit explicare peccatum , ad quod impediendum actus fidei , aut spei necessarius credebatur ; puta ad lapsum carnis avertendum, & sufficiet explicare talem lapsum.

CAPUT IV.

De Vitiis Spei Oppositis.

§. Unicus. *Recensentur, & exponuntur vitia Spei opposita.*

Duo vitia Spei opposita.
I. DUO sunt vitia Spei opposita; unum per excessum, nempe Præsumptio; alterum per defectum, scilicet Desperatio. Præsumptio definitur a S. Thom. 2. 2. q. 20. a. 1. & 2. *Inordinata confidentia in Divina Misericordia.* Desperatio vero ex his, quæ docet idem S. D. 1. 2. q. 40. a. 4.: *est voluntas abjiciens beatitudinem ob existimatam impossibilitatem assequendi illam*.

Quale peccatum præsumptio, & quando committatur?
II. Præsumptio est peccatum mortale; est enim peccatum in Spiritum Sanctum , gravi injuria afficiens Divinam Majestatem, ut patebit ex modis illud perpetrandi; qui sunt, dum quis confidit , se posse salvari absque necessaria peccatorum poenitentia, aut absque meritis bonorum operum; dum sibi suadet, posse absque auxiliis divinæ gratiæ salutem adipisci: cum quis data opera differt poenitere, & in statu peccati immoratur, confidens nihilominus, Deum sibi fore propitium ; dum quis generatim ea consequi sperat , quæ Deus revelavit se non concessurum ; aut eadem obtinere mediis inusitatis & mirificis , quæ ordinariis, & consuetis Deus largiri consuevit; quod præterea est tentare Deum.

Præsumptio aliquando admixta hæresi.
III. Ex his liquet, præsumptioni aliquando admisceri crimen hæresis, sicuti in duobus primis casibus modo relatis; aliquando non, ut in tertio. Sæpe tamen quamvis admisceatur hæresis, poterit ab hoc reatu excusari , qui ex ignorantia, ruditate &c. ignoraret, illud judicium esse hæreticum, aut inadvertenter eidem adhæreret.

IV. De-

Caput IV. De Vitiis Spei Oppositis.

IV. Desperatio quoque est ex natura sua lethalis, gravi injuria afficiens Divinam Misericordiam. Et etiam ipsi quandoque admiscetur hæresis, dum desperans putat, Deum non posse illum salvare, quamvis veniam petat; vel majora esse sua delicta, quam sit Divina Misericordia, vel Deum nolle ipsum salvare, quia est crudelis, vel decipiens homines suis promissionibus. Non est autem hæresi conjuncta, si nulli judicio contrario fidei sit admixta, ut dum desperans vel nimis timet de sua imbecillitate, vel putat de facto, Deum sibi non adfuturum, non quia non possit, sed ob suam nimiam indignitatem &c.

Desp ratio quale peccatum; quando hæresi admisceatur?

V. Tam in his peccatis, quam in peccato contra fidem non datur parvitas materiæ: unde tantum ex defectu plenæ advertentiæ possunt esse venialia; eo quod semper injuriam gravem irrogent Divinis attributis, si plena advertentia committantur. Nihilominus præsumptio est peccatum minus, quam desperatio, quoniam magis fit proprium Deo misereri & parcere, quam punire. ait S. D. loc. cit. a. 2. Desperationis duæ potissimæ causæ sunt, ut animadvertit S. D. loc. cit. a. 4. nempe Luxuria, & Acedia.

In his peccatis non datur parvitas materiæ.

Desperationis duæ consuetæ sunt causæ.

CAPUT V.

De Charitate Theologali Virtute erga Deum.

§. I. De Natura, & præcepto Charitatis, & primo erga Deum.

I. DE Charitate disserit S. D. 2. 2. q. 23. & ex his, quæ ibidem tradit, Charitas definitur: Virtus supernaturalis a Deo infusa, qua primario diligitur Deus super omnia, ob motivum suæ infinitæ bonitatis; & qua secundario diligitur proximus in Deo, & propter Deum. Prima verba jam patent ex supradictis de Fide, & Spe: posteriora vero denotant, quomodo Deus ut diligibilis super omnia sit objectum, quod terminat dilectionem Charitatis: ly ob motivum suæ infinitæ bonitatis, indicat objectum motivum, propter quod a Charitate Deus diligitur, nempe ob suam infinitam bonitatem, & amabilitatem: propterea sicut Fides tendit in Deum, ut cognoscibilem supernaturaliter, ob motivum suæ revelationis Ecclesiæ factæ; Spes tendit in Deum ut consequendum, ob motivum suæ omnipotentiæ, & misericordiæ auxilia præstantium; ita Charitas diligit Deum ut amabilem propter se, ob motivum infinitæ suæ bonitatis. Additur, & proximus in Deo & propter Deum; nam Charitatis species eadem est, juxta S. Thom. 2. 2. q. 25. a. 1. qua diligitur Deus & proximus, ille quidem primario, hic autem secundario.

Notio charitatis, & identitas ejusdem.

Igi-

Igitur objectum materiale, & primarium charitatis est Deus; objectum vero minus principale & secundarium est proximus propter Deum: & est observandum, quod in ea particula *proximus* comprehenduntur omnes creaturæ rationales æternæ gloriæ capaces. Objectum autem formale, seu motivum charitatis est infinita Dei bonitas, ut est in se, & propter se amabilis.

Præceptum de actu Charitatis eliciendo.

II. Extare præceptum Divinum negativum nunquam odio habendi Deum, tam palam est, ut probatione non egeat. Item extare præceptum Divinum affirmativum de eliciendo actu dilectionis Dei, ignorare nequeunt Doctores fideles ex pluribus utriusque Sacræ Paginæ textibus, ut superfluum sit illos referre. Jure igitur merito confixit Alex. VII. thesin 10. etiam superius relatam, dicentem: *Homo nullo unquam vitæ suæ tempore tenetur elicere actum .... Charitatis ex vi præceptorum divinorum:* confixit item Innoc. XI. thesin n. 5. *An peccet mortaliter, qui actum dilectionis Dei semel tantum in vita elicuerit, condemnare non audemus:* item aliam n. 6. *Probabile est ne singulis quidem rigorose quinquenniis posse obligare præceptum Charitatis erga Deum ....* item aliam n. 7. *Tunc solum obligat, quando tenemur Justificari, & non habemus aliam viam, qua justificari possimus.*

Theses justissime reprobatæ.

Obligat per se in instanti morali usus rationis, in articulo & probabili periculo mortis, & sæpissime in vita.

III. Tenetur itaque homo ex vi præcepti Divini affirmativi actum Charitatis elicere in principio vitæ suæ moralis. Oppositum damnavit Alexand. VIII. an. 1690. die 24. Augusti. 2. In articulo & etiam juxta omnes in probabili periculo mortis. Idque juxta probabiliorem intelligitur, etiamsi moriens Sacramenta susceperit. 3. Sæpissime in decursu vitæ. Quoties vero singulis annis per se obliget, videas dicta cap. 1. hujus tractatus circa præceptum fidei §. 3. n. 5. eadem enim est ratio, quod saltem semel in anno sub mortali. Dixi ibidem, quod pluribus placeat sæpius quam semel in anno ob motiva ibidem allata; & quidem pro hoc præcepto sæpius implendo extant in verbo Dei urgentissima verba præsertim Deut. 6. Adigendi igitur fideles sunt, ut actum charitatis emittant saltem festis solemnioribus; immo hortandi sunt, ut singulis festis illum eliciant, præcipue dum Sacri- celebrationi adstant, &, o utinam, ut a piis, & timoratis fieri solet, singulis diebus, & horis!

* Legatur Constitutio S. P. Benedicti XIV. incip. *Etsi minime*, edita die 7. Februarii 1742. Et ejusdem Epist. Encycl. incip. *Cum Religios.* edita die 15. Julii 1756. *

✠ In his præscribit Pontifex, ut *Episcopus provide statuat, ut in Parochiis tum Urbis, tum Diæcesis Rectores animarum post Missam Festo die celebratam, statim ante Aram provoluti, clara & intelligibili voce dictos virtutum (idest Theologicarum) actus eliciant, & præire satagant Popu-*

Caput V. De Charitate Dei.

Populo, verba ab ipsis prolata devote redditurv. Hoc enim pacto, subjungit, Fideles sensim illos memoriae mandabunt, & assuescent nedum Festis, sed aliis etiam diebus, in hac pia exercitatione versari. ✠

IV. Quod etiam hoc praeceptum per se obliget, quoties accidit vehemens tentatio odii Dei, patet ex dictis loc. cit. de fide; quia tunc per se stringit praeceptum, quando imminet grave periculum ne violetur, sicuti eveniret in praefata tentatione. Per accidens autem obligat ratione aliarum virtutum, ut diximus loc. cit. de praecepto fidei, quin hic repetatur.

Quando praeceptum hoc per accidens obliget?

* Videatur P. Thomas Du Jardin Par. 1. sect. 3. §. 4. ubi docet quodnam judicium efformare debeat Confessarius de illis rudibus ac simplicibus, quos comperit ignorare modum, quo oporteat elicere actus fidei, spei, & charitatis, eosque inscios deprehendit motivorum supernaturalium; proinde non exercere actus virtutum theologicarum, sicuti opus est. *

§. II. De Necessitate Charitatis ad merendum.

I. Ut homo fidelis eliciat opera meritoria aeternae vitae, non sufficit quod habeat gratiam habitualem, habitumque charitatis; sed requiritur aliquis charitatis actus, quo saltem virtualiter dirigantur ad amorem & gloriam Dei. Dixi saltem virtualiter, ne exigere videar actualem charitatis directionem, quae est longe perfectior, & a piis, quantum fieri potest, procuranda; sed requiritur saltem virtualis, quae videlicet remaneat in voluntate ex anteriori dilectionis, & directionis actu formali erga Deum elicito. Id perpetuo docuit S. Thom. tum in 2. Sent. d. 38. q. 1. art. 1. ad 4. tum in disputatis q. 2. de malo art. 5. ad 11. tum in Comment. super 1. ad Corinth. cap. 1. lect. 7. at clarissime in loc. cit. Sent. dist. 40. q. 1. art. 5. ad 6.

Ad meritum requiritur directio saltem virtualis a charitate procedens.

II. Ex his quae tradit S. D. aperte colligitur non sufficere meram coexistentiam habitus charitatis, quae dum in nullum actum exit, nullam ordinationem in Deum confert, sed sufficere virtualem ordinationem ex eo ortam, ut dixi, quod homo actum charitatis eliciens, se, & omnia sua in Dei amorem, & gloriam dirigat; qui actus etiamsi transeat, relinquit in voluntate determinationem, ex qua caetera censeantur virtualiter directa. Et nota, hanc directionem non esse interrumpendam; quod dupliciter contingit, primo quando persona peccando mortaliter se avertit ab ultimo fine; & tunc cessat totaliter dicta ordinatio, respectu cujuscumque actionis, quamvis bonae, & virtuosae, & non renovatur, nisi peccator iterum justificetur vel per Sacramentum Poenitentiae, vel

Quomodo interrumpatur haec directio?

per

per actum perfectæ contritionis, vel per actum dilectionis efficacis Dei, super omnia; qui duo actus includunt Sacramentum Pœnitentiæ in voto. Secundo interrumpitur præfata directio non totaliter, sed respectu dumtaxat alicujus actionis, quæ ad Deum referri nequit, nempe per peccatum veniale: & tunc cessat respectu illius actionis, perseverat autem respectu aliarum actionum referibilium. Nota præterea, renovandam esse identidem directionem actualem; nam impressio, quam in voluntate relinquit, plus minusve perdurat, juxta gradum fervoris, quo fuit elicita, ita ut nisi renovetur, ex se desinere possit. Itaque saltem quotidie consultum est, illam renovare; immo a viris piis sæpius in die renovatur; & a quibusdam ex laudabili quadam consuetudine, quotiescunque actionem aliquam novam adoriuntur.

CAPUT VI.

De Vitiis Charitati erga Deum Oppositis.

§. I. *De primo vitio Charitati erga Deum opposito, nempe odio Dei.*

Odium Dei quid & quotuplex?

I. PRimum vitium charitati Dei oppositum est odium Dei. Dividitur in odium Abominationis, & odium Inimicitiæ: Primum est illud, quo impius aversatur Deum, non in se ipso, sed secundum suas dispositiones, quas experitur suæ pravæ voluntati contrarias; sive quia ipsi denegatur consecutio optatorum, sive quia gravatur malis, aut privatur objectis deordinato amore prosequutis: ea propter excitatur in ejus corde affectus malignus contra Deum, quo illum abominatur tamquam sibi malum, & nocentem: peccatum quidem horribile, sed longe horribilius secundum, nempe odium inimicitiæ, quod est affectus malignus in Deum, quo ipsum in se ipso aversatur, eique optat malum, nolletque ipsum esse: & hoc est propriissime odium Dei. Immanem hujus vitii deformitatem exponit S. Th. 2. 2. q. 34. art. 2.

Quædam peccata hujus speciei inficiuntur.

II. Notandum, quod omnis motus malignæ affectionis in Deum, sive verbis expressus, sive corde retentus, dummodo deliberatus sit, ad odium Dei pertinet: proinde convicia, quæ contra Deum non raro proferunt irati homines, blasphemiæ, maledicta, detractiones contra ejus providentiam, bonitatem, justitiam, prodeuntia ex aversione Dei, & maligno affectu in Deum, quibus contra ipsum volunt suum furorem evomere, etiam ad hanc speciem horribilis peccati proprie pertinent. Dixi etiam, quia jam in specie blasphemiæ vel simplicis, vel hæreticalis &c. recensentur.

§. II.

§. II. De altero vitio Charitati Dei opposito.

I. Alterum vitium charitati Dei directe oppositum est inordinatus amor creaturarum, talis tamen, ut formaliter, seu affectu formali creaturam aliquam Deo præferat; ita ut Deo formaliter posthabito, creatura frui eligat, eamdem affectu formali Deo anteferendo. Consulto dixi formaliter, affectu formali; quia si interpretative loquamur, omnis mortaliter peccans id facit, qui tamen non censetur formaliter aversari Deum; sed interpretative tantum, quatenus practice ultimum finem ponit in creatura: ut itaque in Dei odium peccans incidat, requiritur quod affectu formali Deum posthabeat; & eidem delectationem, vindictam, &c. formaliter præferat. Hoc animadvertunt Doctores in eo evenire, qui sciens, & volens se paratum declarat ad legem Dei transgrediendam in quocumque genere, ut sibi, aut alteri creaturæ satisfaciat; quia cum hoc peccatum ad nullam speciem particularem pertineat, nullique particulari virtuti adversetur, contra charitatem Deo debitam specialiter pugnans judicatur.

Aliud vitium Charitati Dei oppositum.

CAPUT VII.
De Charitate erga Proximum.

§. I. De Obligatione diligendi proximum.

I. Præceptum de dilectione proximi obligat ad actum amoris formalem, & interiorem, quo ei bene velimus: unde non satisfit per solos actus exteriores. Propterea Innoc. XI. reprobavit theses n. 10. *Non tenemur proximum diligere actu interiori, & formali*: & n. 11. *Præcepto proximi diligendi satisfacere possumus per solos actus externos.*

Tenemur proximum diligere actu interno, & formali.

☞ Proximi nomine intelliguntur ii omnes, quibus beatitudinem aliaque supernaturalia bona ad ipsam conducentia velle possumus. Unde proximi nostri sunt omnes creaturæ rationales, sive fideles homines sint, sive infideles, sive justi, sive peccatores, sive amici, sive inimici; quia iis omnibus beatitudinem, & media ad ipsam velle possumus, & debemus. Dæmones dumtaxat, & creaturæ irrationales non comprehenduntur absolute sub proximo diligendo. Creaturas tamen irrationales diligere possumus, quatenus volumus eas permanere ad gloriam Dei, & utilitatem hominum, ut docet D. Thom. 2. 2. quæst. 25. art. 2.

Modus implendi

II. Ex hoc præcepto tenemur diligere proximum ex moti-

hoc præce- motivo Divino, quod egregie explicat D. Thom. 2. 2. q.
ptum. 44. art. 7. Qui ergo diligit proximum, quia consangui-
neum, benefactorem, benevolentem, diligit quidem amore naturali honesto, sed non charitate: multo minus qui
diligit proximum, quia genio similem, quia affabilem,
quia lepidum &c. non diligit charitate, sed amore quodam sensibili, plerumque venialiter culpabili. Unde egregie Augustinus & presse in serm. 335. *Ille veraciter amat
amicum, qui Deum amat in amico, aut quia est in illo,
aut ut sit in illo.*

Ad quid III. Hoc præceptum quatenus negativum, nempe prout
obliget hoc vetat odium proximi, & ne proximo malum velimus, &
præce- optemus, quatenus ipsius malum est, ex displicentia per-
ptum, qua- sonæ, & sine justa causa, obligat pro semper, ut patet.
tenus ne Dixi quatenus ipsius malum est, ex displicentia personæ,
gativum & sine justa causa; quia aliquando potest esse licitum
& affir- complacere de proximi malo, non in quantum est malum
mativum? ipsius; sed quatenus vel publicum bonum, vel ejus spiritualis utilitas, vel quidpiam simile postulat, ut ostendimus tractat. 2. cap. 1. §. 7. Quatenus autem est præceptum affirmativum, obstringit ad proximum diligendum
benevolentia charitatis identidem, & pluries. Multi dicunt hoc præceptum per se obligare saltem semel in anno, ut dictum fuit de dilectione Dei; per accidens autem, quoties urgens occurrit proximi necessitas spiritualis, vel temporalis, si aliter præsto esse non possit. Sed
de his infra.

§. II. *De ordine tenendo in dilectione proximi.*

Ordo dili- I. Certum est, ordinem charitatis respectu diligendo-
gendorum rum cadere sub præcepto, ut docet D. Thom. 2.2. q. 44.
per chari- art. 8. Ad tollendam vero omnem æquivocationem, no-
tatem ca- ta duplicem ordinem esse in dilectione servandum, unum
dit sub circa personas, alterum circa res; seu bona. Circa per-
præcepto. sonas homo debet, post Deum, amare primo seipsum,
deinde proximos. Circa bona diligibilia, idest quæ possumus nobis & aliis velle, tres sunt ordines. Primum
ordinem tenent bona supernaturalia, nempe gratia, virtutes, merita, gloria æterna. Secundum, bona corporis
seu naturalia, sanitas, membrorum incolumitas &c. Tertium tenent bona temporalia seu exteriora, nempe fama, honor, dignitates juste acquisitæ, pecuniæ statui
cujusque congruentes &c. Observa item, quod inter bona, generaliter bonum totius, seu commune præferendum
In bonis sit bono partis, & particulari.
superna- II. Tenetur homo prius diligere seipsum quoad bona
turalibus supernaturalia, quam proximum: ita communis cum S.
homo te- D. 2.2.q. 26. art. 4. cura enim propriæ salutis, cæteris.
cun-

Caput VII. De Charitate Proximi.

cunctis prævalere debet. Quare, ut quis spirituali saluti proximi consulat, non debet se probabili periculo peccandi exponere.

☞ Notandum, quod neque licet velle privationem gratiæ etiam ad tempus, ob aliorum salutem.

III. In quavis necessitate temporali æquali, non tenetur homo subvenire potius alteri privatæ personæ, quam sibi ipsi; immo nec debet; nisi occurrat motivum alterius virtutis. Nam docemur a Christo diligere proximum sicut nos ipsos, non plus quam nos ipsos. Consulto dixi, quod non teneatur homo subvenire potius alteri privatæ personæ, quam sibi ipsi; id enim laudabile esset pro tuenda vita Principis vel alterius personæ publico bono admodum utilis, quia tunc intervenit motivum alterius virtutis. Ut igitur laudabiliter bonorum corporalium, & præcipue vitæ profusio ad subveniendum proximo fiat, fieri debet ob motivum virtutis: puta ob amorem Patriæ, quia nempe proximus est Patriæ utilior, quam ego, vel aptior ad gloriam Dei promovendam; vel quia est insignis meus benefactor &c. Si enim id agerem ob solum motivum vitæ proximi, absque ullo motivo virtutis, graviter peccarem; quia in re gravi delinquerem contra ordinem charitatis.

☞ Quanquam possit quis propriam vitam periculo mortis exponere ex motivo virtutis, ut salvetur vita proximi, quæ sit utilior ad Dei gloriam; attamen pro fama, honore, aliisque bonis proximi licitum non est vitam propriam exponere, quia ejusmodi bona inferioris, vita autem superioris ordinis est.

IV. Unusquisque tenetur ex charitate magis diligere proximum in bonis animæ supernaturalibus, quam seipsum in bonis corporalibus; ut docet D. Thom. loc. cit. art. 5. Ratio patet, cum salus animæ proximi sit longe pretiosior, quam proprium corpus. Docet autem loc. cit. ad 1. quod non semper id est faciendum, sed dumtaxat in quibusdam casibus.

V. Casus autem, in quibus quemlibet urget hæc obligatio postponendi etiam vitam pro salute æterna proximi, ab auctoribus hi indicantur. Si infans moriturus esset sine Baptismo, nisi tu, etiam cum tuæ vitæ discrimine, tali necessitati occurras. Si scias certo moraliter aliquem, in peccato mortali existentem, esse in somno ab inimicis occidendum, si prudenter speres, te ipsius animæ profuturum, teneris ei subvenire, etiam cum periculo vitæ. Si inter Indos degens, scias multos eorum carere notitia Mysteriorum fidei necessitate medii necessariorum ad salutem, & prudenter speres, te eis profuturum, nec allus sit, qui adjuvare, & instruere illos queat; similiter succurrere teneris rudi populo catholico,

netur soluti proximo praximo præferre in dilectione.

In æquali necessitate temporali non tenetur homo potius alteri, quam sibi subvenire.

Bona supernaturalia proximi præferenda sunt bonis corporalibus propriis.

Indicantur quidam casus, in quibus urget debitum hoc Charitatis.

Tom. I.   H

lico, doctoribus Catholicis destituto, hæresi undequaque ibidem grassante, etiam cum vitæ suæ periculo. Si peccator notorius sit in vitæ suæ termino, sitque adeo rudis, ut nesciat actus ad sibi eo tempore consulendum necessarios, neque alius inveniatur, qui præsto esse possit; teneris etiam cum periculo v. g. pestis contrahendæ, eidem subvenire. Ad hæc, inquam, & alia hujusmodi teneris; dummodo hæ verificentur conditiones, videlicet quod sit spes prudens operam tuam illi profuturam, quod inde gravius damnum non sequatur, puta, ut uni adsisteres, multos æque indigentes deserere compellereris; dummodo salus animæ tuæ gravi non exponatur periculo; dummodo necessitas spiritualis proximi sit extrema: nam in gravi tantum necessitate spirituali, videtur nimis dura hæc obligatio.

Quinam strictius obligentur titulo etiam justitiæ?

VI. Strictius proculdubio urget titulus justitiæ; Pastores namque animarum, Episcopi videlicet, Parochi, & quicumque alii, quibus animarum cura ex officio incumbit, tenentur pro salute ovium spirituali vitam exponere, nedum in necessitate earum extrema, verum etiam in gravi; ipsi enim ob hoc præcipue reditibus dotantur, & stipendiis conducuntur. Verum & ipsis quoque Pastoribus nonnulla quoad hoc conceditur œconomia; ne videlicet vitam inconsiderate prodigant, ut exinde alii plurimi adjutoribus destituti evidenti animæ periculo relinquantur.

Strictior adhuc obligatio.

VII. Strictius adhuc vinculum obligat salutis proximorum procurandæ etiam cum vitæ periculo, quando ex meo delicto periculo certo aut probabili salus animæ proximi foret obnoxia. Puta in casu, quo alteri hæresim suasissem, & ipse ob hoc fidei Catholicæ renunciasset; tunc enim etiam cum vitæ periculo tenerer eidem catholicam fidem persuadere. Puta, si obstetrix aliqua, vel quia athea, vel saga, vel ob aliud motivum, baptizasset infantes Baptismo invalido, teneretur etiam cum vitæ periculo hoc gravissimum delictum manifestare.

Quoad dilectionem mere affectivam præferendi sunt sanctiores.

VIII. Quoad amorem mere affectivum, & solius complacentiæ, præferendi sunt sanctiores, ut docet S. Thom. loc. cit. art. 7. Quoad amorem vero affectivum simul, & effectivum, quo scilicet aliis effective benefacimus, præ-

Quoad conjunctionem vero effectivam conjunctiores sunt præferendi.

ferendi sunt consanguinei, juxta varios gradus, quoad bona spiritualia, & temporalia, aliis quamvis melioribus in pari necessitate, ut ostendit idem S. D. art. 8. Itaque absolute loquendo, qui aliquo modo sunt conjuncti aliqua conjunctione, juxta qualitatem conjunctionis sunt aliis nulla conjunctione conjunctis præferendi in pari semper necessitate. Quapropter consanguinei præferendi sunt affinibus, affines aliis conjunctis conjunctione mere civili, vel bellica, & sic de aliis, habito semper respectu

Caput VII. De Charitate Proximi.

ctu ad digniorem conjunctionem. Inter consanguineos, aut alio modo conjunctos æqualiter in gradu, præferendi erunt digniores.

IX. In necessitate extrema inter consanguineos, Genitores sunt præferendi filiis, uxori, & cunctis aliis. In casu autem, quod utrique Genitori subveniri nequeat, Pater præferendus est Matri. Extra vero necessitatem extremam, & quando agitur de conservatione status juste acquisiti, uxor & filii non emancipati anteferri debent Genitoribus, ut insinuare videtur D. Thom. 2. 2. q. 26. art. 9. Et loquendo semper in pari necessitate, uxor præferenda est filiis.

• X. Inter extraneos præferendi sunt meliores. Quod autem unus sit melior alio, ex pluribus circumstantiis oriri potest; nempe vel ex sanctitate, vel ex publica utilitate, vel ex majori beneficentia &c. propterea consulenda est prudentia, ut illi amore effectivo & operoso anteferantur in pari necessitate, & quando omnibus subveniri non potest, qui, attentis circumstantiis personarum, temporum, locorum &c. sunt digniores.

In necessitate extrema Genitores cunctis præferendi.

Extra necessitatem extremam filii sunt genitoribus anteferendi. Uxor, & hæc filiis.

Inter extraneos præferendi sunt meliores, attentis circumstantiis.

§. III. De obligatione charitatis erga inimicos.

I. Duplex odium distinguitur juxta dicta cap. 7. §. 1. n. 1. nempe abominationis, & inimicitiæ. Odium abominationis respectu inimici duplicem terminum habere potest, videlicet vel personam inimici, vel qualitatem malam personæ. Primum semper est mortale: secundum, si recte sumatur, & vera præcisione, culpa vacat; nam qualitas mala in persona existens meretur reapse odio haberi. Odium inimicitiæ seu malevolentiæ proximi est deliberatus voluntatis actus, quo volumus, & optamus malum proximo apprehenso ut nobis noxio, vel de malo ipsius gaudemus: & hoc procedere solet ex odio abominationis.

II. Charitas sub gravi vetat, ne proximus inimicus unquam odio habeatur, neque odio abominationis personæ, neque odio inimicitiæ. Nam primum directe adversatur charitati, qua obstringimur diligere personam proximi, quatenus est imago Dei, redempta sanguine Christi &c. Secundum multo magis adversatur charitati; unde semper est lethale, nisi pravitas mali optati excuset. Hæc obligatio oritur ex præcepto negativo, videlicet nunquam odio habendi inimicum: sed instat etiam præceptum affirmativum, nempe remittendi eidem ex corde actu positivo interiore offensam irrogatam.

III. Præceptum charitatis obligat sub gravi ad remittendam offensam inimico remissione positiva, quoties graviter tentatur homo ad odium contra inimicum. Quia tunc maxi-

Duplex odium, abominationis, & inimicitiæ.

Nunquàm potest proximus odio haberi. Quid remissio negativa, quid positiva?

Tenetur quis ad remissionem.

positivam in gravi tentatione.

maxime urget Christi præceptum Matth. 5. *Diligite inimicos vestros:* ubi notandum, quod non dixit, ne odio habeatis, sed *diligite*, ut declararet remissionem positivam. Quando igitur urget gravis tentatio odii, vel vindictæ &c. tunc, ut evitetur imminens periculum peccandi, ex vi hujus præcepti affirmativi tenemur actum remissionis positivæ elicere.

Quid offensa? Quid injuria? Quid damnum?

IV. Ut autem melius percipias, ad quid sub mortali tenearis, nota, distinguendum esse inter offensam, injuriam, & damnum. Offensa est irritatio voluntatis proximi sine causa, unde præbetur ipsi occasio, ut indignetur, quamvis nullum jus ejusdem violetur; v. g. cum quis petit aliquid commodato, & sine ulla causa ab altero ipsi denegatur, est simplex offensa, quia sine justa causa denegatur; & alioquin nullum jus violat. Si vero fiat cum aliqua juris læsione, additur offensæ simplici etiam injuria: puta, cum repetenti commodatum, sine justa causa denegatur tunc a commodatario restitutio. Si vero huic injuriæ etiam addatur damnum; tunc evadit offensa injuriosa, & damnosa: puta si, eo quod commodans non potuit habere a commodatario rem commodatam, compulsus fuit expensas facere, quas non fecisset. His positis.

Tenetur remittere ex corde offensam, non damnum bonoris aut rerum, illatum ex injuria, vel ex damnificatione.

V. Tenetur offensus primo remittere offensam ex corde: injuriam autem, & damnum non tenetur remittere; sed petere potest redintegrationem in honore, si fuerit læsus, & damnorum, si quæ illata fuere; dummodo tamen hæc redintegratio nunquam petatur ex livore, vindicta &c., sed animo sincero inducendi æqualitatem ab injuria, & damno illato sublatam. Attamen quando læsio horum est modica, sicut illam remittere est animi vere remittentis indicium; ita redintegrationem prætendere, est non leve argumentum suspicandi, quod petatur ex vindicta: & propterea incumbit prudenti confessario inducere offensum ad illam remittendam.

Tenetur offensus exhibere inimico signa dilectionis communia.

VI. Tenetur præterea offensus, ex præcepto, exhibere inimico signa respective communia charitatis & dilectionis; quæ aliis proximis in communi exhibentur: signa autem specialia exhibere non tenetur, nisi in aliqua circumstantia, ita ex communi: & ad litteram S. Th. 2. 2 q. 25. art. 9. Duo itaque sunt animadvertenda: primum, quod signa dicuntur communia respective, videlicet in tali serie, & ordine personarum; puta, communia concivibus, communia simplicibus amicis, communia consanguineis. Secundum, quod ratione circumstantiarum evenire potest, ut etiam ad specialia signa inimico exhibenda quandoque teneatur offensus sub mortali.

Quot genera signorum communium?

Applicatur do-

Idcirco doctrina casibus particularibus est applicanda.

VII. Qui orans pro omnibus, inimicum excluderet;

Caput VII. De Charitate Proximi.

qui omnibus pauperibus parœciæ eleemosynam distribuens, *Ctrina ad*
inimicum pauperem ibi commorantem præteriret ; qui *casus par-*
omnibus Indifferenter medens, vocatus ab inimico ægro- *ticulares.*
tante, eum invisere recusaret ; qui omnibus mercem vendens, inimico vendere negaret ; qui nuptias celebrans,
& cæteros conjunctos invitans, inimicum conjunctum non
invitaret. Hi, inquam, omnes ex communi ; lethaliter
peccarent ; quia negant inimico signa exteriora communia
tali generi personarum. Item qui inimicum salutantem
non resalutat, per se loquendo mortaliter peccat, juxta
omnes ; quia negat signum commune amicitiæ. Quidam
per accidens ratione alicujus specialis circumstantiæ a
mortali excusant : puta, quando non resalutans est longe superior salutante, puta Episcopus non resalutans simplicem presbyterum, & offensa fuerit notabilis, & non
resalutario ad breve tempus.

VIII. Non salutare inimicum, antequam ipse salutet, *Num of-*
excusatur ab aliquibus a culpa lethali, dicentibus saluta- *fensus te-*
re esse speciale benevolentiæ signum, cum non teneamur *neatur*
primi salutare omnes. Alii e contra judicant lethale, *primus*
quibus adhæreo, præcipue si antea primus salutare con- *salutare*
sueveras ; quia tunc omissio salutationis est indicium in- *inimicum?*
ternæ inimicitiæ : nisi forte aliqua notabilis circumstantia aliter fieri prudenter compelleret. Et procul dubio
omissio salutationis esset lethalis, si in gravem inimici
injuriam redundaret ; si ex hoc oriretur scandalum ; si
salutatione speraretur animum inimici conciliatum iri :
in his, inquam, casibus tenetur offensus dubio procul
inimicum primus salutare, alloqui, si antea consueverat ;
unde non videtur excusandus, nisi in casu quo prudenter prævideatur, quod hac benignitate sit inimicus abusurus.

IX. Inimico exhibenti specialia dilectionis signa tene- *Signa spe-*
tur offensus consimilia exhibere, per se loquendo : aliter, *cialia*
ea omittendo, non significaretur sufficienter animus pa- *quando*
catus. Eadem quoque sunt exhibenda inimico in articulo *inimico*
necessitatis constituto ; ut docuit S. Thom. 2. 2. q. 25. art. *exhiben-*
9. Immo sunt exhibenda, quoties necessaria censentur ad *da?*
gravem odii tentationem vincendam, nec non ad evitandum scandalum ; si oriturum prævideatur ex eorum
denegatione.

X. Duo igitur præ oculis semper habenda in memora- *Quid ob-*
tis signis aut negandis, aut exhibendis ; nempe inten- *servan-*
tio interior, & significatio exterior. Nam quoad inten- *dum circa*
tionem internam, certum est, quod illa negare, quæ- *memora-*
cumque illa sint, ex abominatione deliberata personæ, *ta signa?*
aut animo illam graviter affligendi, irridendi, aut exa-
cerbandi, semper est mortale. Quod vero ad significa-
tionem exteriorem pertinet, si omissio eorum signorum

respe-

respective denotet apud prudentes internam indignationem, inimicitiam, si ex eadem graviter contristetur inimicus, irritetur, scandalizetur, obdurescat in inimicitia; si scandalum aliis pariat, lethalis erit hujus significationis omissio, quamvis forte desit intentio mortaliter prava: quia in his circumstantiis hujusmodi omissio est graviter charitatis laesiva.

§. IV. *De modo reconciliationis ineundæ*.

Quænam satisfactio est exhibenda ab offensore?

I. Qui proximum graviter offendit, tenetur sub mortali, quamprimum moraliter & prudenter potest, procurare reconciliationem, se illis humiliationibus, satisfactionibus, aut restitutionibus submittendo, quæ a prudentibus & Christianis viris judicabuntur respective opportunæ. Ad petendam autem veniam personaliter non videtur offendens teneri, nisi in casu, quo alia sufficiens satisfactio deesset; quod judicio prudentum, attenta qualitate personarum, locorum, consuetudinum, & offensionum, est mature decernendum; nisi forte a judice obligaretur.

Quid quando se invicem offendunt?

II. Quando duo se invicem offendunt, si prudentum judicio offensæ censeantur æquales, a neutro est venia petenda; tenentur tamen se invicem reconciliare, sibi vicissim exhibendo signa benevolentiæ vel per se ipsos immediate, vel amicorum interpositione. Debet autem esse prior ad hæc signa præstanda, qui est aut junior, aut inferior, aut graviori injuria offendit: si autem quoad omnia essent æquales, tunc consulendi sunt periti in arte conciliandarum inimicitiarum. Præsupponitur semper interior animi reconciliatio, & sincera animi pœnitentia de offensa irrogata.

☞ Notandum, quod si inferior a superiore gravius læsus sit, nunquam tamen potest ei salutationis, allocutionisve officium subtrahere; hæc enim officia iis, qui erga nos Dei locum tenent, tam stricte debita sunt, ut vix unquam subsit legitima ratio, quæ ab iis etiam ad tempus dispenset. ☜

Obligationes personæ offensæ.

III. Offensus tenetur sub mortali primo ad internam animi reconciliationem, nedum negativam, ut supponitur, verum etiam positivam, positivo actu interno remittendo offensam; nec non ad externam, datis circumstantiis paulo infra explicandis. De reconciliatione negativa jam patet, cum nunquam licitum sit velle malum inimico. De positiva autem in actu positivo amoris, & remissionis interno consistente, satis clare loquutus est Christus jubens: *Diligite inimicos vestros, benefacite his, qui oderunt vos.* Quæ verba nedum significant odii, & vindictæ rejectionem, verum etiam positivum actum dilectionis, & benevolentiæ, & beneficentiæ in casibus a S. Thoma supra indicatis, etiam quoad signa communia, aut spe-

Caput VII De Charitate Proximi. 119

specialis respective, juxta superius dicta: & hæc omnia præstanda sunt ab offenso erga inimicum, quamvis in inimicitia perseverare volentem, ex communi. Circa reconciliationem externam, ad hanc tenetur offensus sub mortali, quando offendens reconciliari petit, exhibendo condignas satisfactiones, eamdemque signis specialis benevolentiæ eidem offenso significando; (nam ad signa communia tenebatur etiam ante). Si autem offensus esset longe superior, posset hic, non ad vindictam, sed ad efficaciorem offendentis correptionem fraternam, aliquandiu reconciliationem differre, ex consilio tamen docti, & pii Theologi. Cavendum etiam videtur, ne petatur reconciliatio statim ac gravis offensa irrogata fuit; nimia enim videretur tentatio imbecillitatis humanæ, dicunt aliqui Doctores, illico post offensam obstringere sub mortali offensum ad exteriorem hanc reconciliationem. Dixi ad hanc exteriorem; nam ad interiorem negativam & statim, & semper tenetur; & etiam ad interiorem positivam tenetur statim, casu quo subiret periculum proximum labendi in actus internos odii, vindictæ &c.

IV. Quando offendens est publicus malefactor, occisor, fur, &c. poterit ne offensus instare apud judicem, ut puniatur? Respondet S. Thom. 2. 2. q. 108. a. 1. *Vindicatio fit per aliquod pœnale malum inflictum peccanti; est ergo in vindicatione considerandus vindicantis animus: si enim ejus intentio feratur principaliter in malum illius, de quo vindictam sumit, & ibi quiescat, est omnino illicitum.... Si vero intensio vindicantis feratur principaliter ad aliquod bonum, ad quod pervenitur per pœnam peccantis, vel saltem ad cohibitionem ejus; & qui tem aliorum; & ad justitiæ conservationem; & ad Dei honorem; potest esse vindicatio licita, aliis debitis circumstantiis servatis.*

Quid agendum offenso, dum offendens incidit in manus judicis?

§. V. *De Correptione fraterna, seu Eleemosyna spirituali.*

I. De hac ita disserit S. Thom. 2. 2. qu. 33. art. 1. *Correptio delinquentis est quoddam remedium, quod debet adhiberi contra peccatum alicujus . . . Duplex est correptio delinquentis: una quidem, quæ adhibet remedium peccato, in quantum est quoddam malum ipsius peccantis; & ipsa est proprie fraterna correptio, quæ ordinatur ad emendationem delinquentis, ... unde etiam correptio fraterna est actus charitatis, quia per eam repellimus malum fratris, scilicet peccatum . . . . . . Alia vero correptio est, qua adhibet remedium peccato delinquentis, secundum quod est malum aliorum, & præcipue in nocumentum communis boni; & talis est conservare rectitudinem justitiæ unitatis aliorum.*

Quid sit correptio, & quotuplex?

H 4   II. Cor-

Est in præcepto. Quos afficiat hoc præceptum?

II. Correptio fraterna est in præcepto cuilibet fideli: patet ex verbis Christi Matth. 18. *Si peccaverit in te frater tuus, vade & corripe eum.* Hinc D. Thom. loc. cit. a. 3. *Correptio,* ait, *quæ tendit ad emendationem fratris delinquentis per simplicem admonitionem, pertinet ad quemlibet charitatem habentem, sive sit subditus, sive Prælatus.*

Præsidentes tenentur inquirere delinquentes, ut eos corrigant.

III. *In correptione fraterna, quæ ad omnes pertinet, gravior est cura Prælatorum,* ait S. Thom. loc. cit. ad 3. Nomine autem Prælati significatur omnes Præsidentes, quibus ex officio incumbit cura salutis proximorum: propterea intelliguntur Episcopi, Parochi, Rectores, Patres familias, Superiores, Præceptores, Domini &c. quorum omnium obligationem distinctius exponit S. Thom. loc. cit. a. 2. ad 4. Præsidentes igitur tenentur inquirere de peccatis suorum subditorum, ut illos fraterne corripiant: ad quod non tenentur non præsidentes, quibus sufficit, ut corripiant sibi occurrentes.

Ut correptio obliget sub mortali, quid requiritur?

IV. Ut hoc præceptum obliget sub mortali, requiritur quod materia correptionis sit mortalis; quia hæc dumtaxat affert animæ proximi notabile nocumentum. Excipiendi sunt Superiores Religionum, qui non raro tenentur sub mortali corripere defectus veniales, immo & defectus mere regulares, qui nullum peccatum ex se involvunt. Requiritur ulterius, per se loquendo, quod proximus certo mortaliter peccaverit, aut peccaturus sit. Ratio est, quia alioquin correptio esset injuriosa. Dixi, per se loquendo, ut exciperem primo Superiores & alios Præsidentes, qui, etiam in dubio, tenentur, ex dictis a S. Thoma, inquirere de veritate facti; ut, hac detecta, corripiant delinquentem, vel si dubium perseveret, alia remedia præservativa adhibere possint, ne eveniat. Secundo, ut exciperem nonnullos casus; in quibus etiam in dubio est correptio prudenter, & conditionaliter adhibenda: hi sunt, si crimen dubium in grave cederet communitatis, vel tertiæ personæ damnum circa famam, animam, bona temporalia &c.; si ei, qui admonendus est, mors ex crimine suo dubio immineret; si prudenter tibi constaret, proximum, quamvis in dubio admonitum, non ægre correptionem recepturum.

Alia requisita.

V. Exigitur insuper, ut hoc præceptum obliget sub lethali, per se loquendo, spes prudens, & probabilis aut emendationis, aut alicujus saltem fructus ejus, qui corrigendus est. Rationem dat S. Thomas 2. 2. q. 33. a. 9. Dixi, per se loquendo; quia illi, ad quos pertinet etiam vis coactiva (a S. D. indicata) in subditos, eo quod ipsis incumbat nedum emendatio proximi, sed etiam conservatio legum, ac præservatio aliorum, nec non satisfactio Communitati eorum peccatis notoriis offensæ, tenentur

tur illam exercere correptione judiciali; ut docet S. D. ibidem.

VI. Præceptum hoc obligat, quamvis statim fructus non speretur, sed prudenter speretur successu temporis, tametsi de præsenti exacerbandus sit correptus. Idcirco docet D. Thom. q. 3. de verit. a. 2. ad 24. correptionem pluries esse repetendam, quousque speratur fructus. Hoc præceptum obligat etiam in dubio, an sit nec ne profutura correptio, dummodo prudenter speretur non obfutura. Ut autem prudenter circa hoc procedatur, in casu dubio an sit profutura, vel obfutura, conferenda est utilitas, quæ speratur, cum damno quod timetur; & tunc majus anteponendum est minori.

VII. Obligat hoc præceptum, quando putatur proximus non aliter facile emendandus a lapsu, vel in eumdem relapsurus, nisi corripiatur; quia tunc maxime proximus indiget hac spirituali eleemosyna: si autem alter sit idoneus, qui possit & velit corrigere, absolvor ego; quia jam subvenitur: si autem possit, sed nolit; perinde se habet, ac si non alius extaret, quam ego solus.

VIII. Obligat præceptum, ut correptio fiat opportune, attentis circumstantiis personæ, & temporis. Idcirco persona corrigens debet esse idonea; si enim esset notorie peccatrix, jam pateret inconveniens inde oriturum. Si autem peccatum corrigentis esset aliis quidem occultum, non autem personæ corrigendæ, adhuc subsisteret inconveniens. Superior autem, ad quem ex officio corrigere spectat, tenetur se emendare a delicto notorio, ut idoneus evadat correptioni subditis faciendæ; & propterea graviter peccaret, non se emendando, contra obligationem sui officii, ratione cujus tenetur se non reddere inhabilem ad correptionem faciendam. Considerare item debet corrigens, quod alio modo corrigendus est inferior, & alio major, dum etiam hunc aliquando corrigere debet: alio modo senior, & alio junior: alio foemina, alio vir: alio dissolutus, alio verecundus &c.; & quidem tempore opportuno.

§. VI. *De ordine in correptione a Christo præscripto, inter te & ipsum solum.*

I. In correptione fraterna privata, quando delictum est occultum, & non vergens in detrimentum spirituale communitatis, & adsint circumstantiæ supra indicatæ de spe probabili fructus &c.; absolute loquendo, non potest præteriri absque gravi peccato ordo a Christo præscriptus Matth. cap. 18. *Si autem peccaverit in te frater tuus, vade, & corripe eum inter te, & ipsum solum.* Quando vero peccatum est pu-

Facienda correptio, quamvis statim non speretur fructus, sed elapso tempore. Correptio pluries repetenda. Obligat præceptum etiam in casu dubii, an sit profutura correptio. Obligat dum creditur proximus non facile emendandus, nisi corripiatur. Circumstantiæ in correptione servandæ, & primo idoneitas. Obligatio specialis Præsidentium. Secunda reflexio ad personas corripiendas. Positis circumstantiis, nequit sine peccato præteriri ordo a Christo præscriptus.

publicum & scandalum gignit, est Superiori denuntiandum, prætermissa correctione secreta, a quo est pro merito corripiendum; ut docet D. Thom. Quodlib. 11. a. 12.

Publica peccata publice corripienda.
Quædam peccata occulta sunt denuntianda.

II. Peccatum quamvis occultum proximi, si vergat in nocumentum sive spirituale, sive corporale multitudinis, plerumque denuntiandum est Superiori, non præmissa correctione secreta: ita S. Thom. 2. 2. q. 33. a. 7. Quia periculum damni Communitatis certiori quo fieri potest modo præcavendum est. Dixi quod plerumque debeat denuntiari; quia addit S. D. *Nisi forte aliquis firmiter existimaret, quod statim per secretam admonitionem posset hujusmodi mala impedire.* Cum tamen hæc firma existimatio fere nunquam haberi queat circa indicata peccata; propterea fere nunquam est præmittenda secreta admonitio: & ideo Alexander VII. damnavit hanc thesim n. 5. *Quamvis evidenter tibi constet, Petrum esse hæreticum, non teneris denuntiare, si probare non possis.* Nam denuntiatio non affert onus probationis, sicut accusatio.

* Legatur S. P. Benedictus XIV. *De Synod. Diœc. Lib.* 6. *cap.* 11. *n.* 7. *

Quandonam crimen occultum denuntiari possit immediate Superiori tamquam patri?

III. Quando emendatio delicti occulti (hæresi excepta) æqualiter sperari potest ex correctione mea privata, ac ex correctione Superioris tamquam patris, tunc teneor uti privata correctione mea, & omittere denuntiationem Superiori, quamvis dumtaxat tamquam patri, & non judici: ita probabilior. Si autem non æqualiter, sed securius speretur emendatio ex correctione Superioris ut patris, qui sit pius, mansuetus, non operans ex ira &c. tunc valde probabile est, posse prætermitti correctionem fraternam, & posse immediate denuntiari Superiori, non tamquam judici, sed tamquam patri, qui secreto corripiat, & moneat delinquentem. Ita S. Thom. Quodlib. 11. q. 10. a. 13.

Regula denuntiandi Superiori ut patri.

IV. Si autem sciscitaris, ad quem gradum ascendere debeat spes melioris emendationis, ut licita sit prætermissio correctionis fraternæ, & delatio ad Superiorem tamquam ad patrem? Respondeo tunc dumtaxat id esse licitum, quando comparato præjudicio delinquentis, quod ipsi evenit ex ipsius diffamatione apud Superiorem, cum fructu prudenter sperato ex admonitione Superioris, apparet sano judicio præstantiorem esse hujusmodi fructum, ex Superioris ut patris admonitione speratum, præjudicio deliquentis orto ex ipsius diffamatione apud solum Superiorem ut patrem.

Resolvitur quæstum maximi momenti pro Regulari-

V. Quoniam autem peccata carnalia cum complice extraneo, vel extranea, sint admodum perniciosa famæ Religionum, & grande scandalum afferant eadem scientibus, multumque obstent fructui spirituali, quem Sacra Instituta in proximos provehere tenentur; idcirco quæritur, an
sciens

Caput VII. De Charitate Proximi.

sciens peccatum carnale alicujus alumni suæ religionis cum complice extra claustrum, occultum tamen, teneatur ad occultam correctionem fraternam, an possit illud immediate ad Superiorem deferre, & primo tamquam ad patrem? Hanc quæstionem egregie pertractat P. Ludovicus Caspensis Capucinorum Hispaniæ doctissimus scriptor, fidelis Doctrinæ Angelicæ sectator tom. 2. tract. 17. disp. 6. sect. 3., & affirmative respondet, afferens pro sua opinione Doctores plures. Eam autem evincit pluribus argumentis tum ab auctoritate, tum a ratione depromptis. *(hus de delicto ad Superiorem ut patrem.)*

VI. Progreditur ulterius Caspensis, & contendit, posse etiam deferri ad Superiorem ut judicem. Distinguit tamen peccata, primo in ea, quæ cedunt in solum detrimentum peccantis, puta mollitiem; & de his certum est non posse Prælato tamquam judici denuntiari: secundo in Superiora, quæ redundant in damnum Reipublicæ, v. g. hæresis, proditio civitatis &c. & hæc ex communi sunt ad Superiorem respective tamquam ad judicem denuntianda: tertio in ea, quæ cedunt in detrimentum tertii v. g. adulteria, immo & fornicationes, quæ cedunt in dedecus religionis certe apud personam complicem, & plerumque apud alias crimen suspicantes: & de his est secunda pars hujus quæstionis; & resolvit in sectione 4. n. 39. peccatum fornicationis apud claustrales, & a fortiori adulterii, & nefandi criminis cum persona extranea, reputanda esse inter excepta ab ordine correctionis fraternæ; & debere denuntiari Prælato nedum ut patri, verum etiam ut judici, dummodo tamen immineat periculum, quod evulgentur. Et hanc assertionem probat & auctoritate, & ratione. *(Quando crimen sit deferendum ad Superiorem etiam tamquam ad judicem?)*

VII. Suscitaberis, quando censebitur imminere publicationis periculum? Respondet Alderete lib. 1. de tuenda disciplina c. 5. dub. 4. *Tunc impendere morale periculum publicationis, ubi unus, vel alter sæcularium, aut Religiosorum crimen resciret.* Quis autem judicabit crimen immune a publicationis periculo, dum etiam soli fœminæ complici, quæ sic effrons & meretrix, notum est? Quid magis lubricum, minusque secretum lingua fœminæ, & fœminæ impudicæ? Concludamus hanc quæstionem æquo, prudentique judicio P. Zachariæ a Salassio insignis Definitoris Generalis inclytæ Religionis Capucinorum viri spectabilis tum sanctitate vitæ, tum doctrinæ copia. Hic distinguit lapsus carnis ex fragilitate accidentales, & ex occasione non quæsita, sed fortuito oblata; & lapsus procedentes ex malitia, ex condicto, & occasione quæsita, qui solent esse eorum Claustralium, qui conversationibus muliebribus facile sese immiscent: horum, inquam, difficile sperari potest ex correctione fraterna emendatio; *(Quando immineat publicationis periculum?)*

datio; ac proinde eorum lapsus Superiori, saltem tanquam patri statim sunt denuntiandi, & habito consilio prudentum, suppresso nomine personæ reæ, etiam tamquam judici, si opus fuerit, ut & efficacius pro ipsis, & utilius pro aliis corripiantur, & puniantur.

§. VII. *De Eleemosyna Corporali.*

Quid sit eleemosyna, & quale illius præceptum?

I. *Eleemosyna* juxta D. Thomam 2. 2. q. 32. a. 1. *est opus, quo datur aliquid indigenti, ex miseratione, propter Deum.* Ly ex miseratione denotat motivum formale specificum misericordiæ. Ly propter Deum additur, ut eleemosyna nedum sit actus moralis, sed ut etiam sit meritorius vitæ æternæ. Præceptum de eleemosyna facienda est divinum, repetitum in Scriptura Sacra tum veteris, cum novi Testamenti. Rationem autem affert S. Thom. loc. cit. a. 5.

Observandus varius necessitatis gradus.

II. Triplex distinguitur necessitas a Theologis, nempe extrema, gravis, & communis. Extrema illa est, juxta omnes, in qua periclitatur vita, & juxta Bannez in 2. 2. q. 32. a. 6. dub. 2. quando malum judicio prudentum morti æquivalens subeundum est: ac proinde ad necessitatem extremam attinet periculum perpetui carceris, mutilationis, incurabilis morbi, & etiam secundum aliquos, amissio injusta famæ in persona ingenua non amplius recuperanda. Gravis necessitas illa dicitur, cum grave damnum imminet homini in honore, in vita, statu, aut re domestica. Communis demum necessitas est, qua premuntur pauperes, qui de aliorum charitate communiter vivunt.

Observanda item varia genera bonorum.

III. Triplici necessitati tria opponuntur bonorum genera. Bona alia necessaria sunt naturæ seu vitæ, sine quibus vita nostra & aliorum, quorum cura nobis incumbit, conservari non potest. Alia dicuntur necessaria statui, sine quibus non potest persona convenienter vivere juxta conditionem status præsentis sui & suorum, juste acquisiti: Et hæc bona duplicis sunt generis. Quædam ita necessaria sunt, ut sine iisdem quisque a suo statu excideret; quædam vero ad decentiam, & decorem spectant. Postrema tandem bona superflua sunt vel vitæ, vel statui, vel utrique simul.

Certa apud omnes.

IV. Ex doctrina D. Thom. loc. cit. ar. 6. certum est, quod habens sola necessaria ad sui & suorum vitam, & status conservationem, non tenetur proximo æquali necessitate laboranti dare eleemosynam, ita postulante charitatis ordine. Certum item est, quod habens tantum necessaria vitæ, & naturæ pro se & suis, non possit eadem sibi suisque subtrahere, ad subveniendum aliis, etiam in extrema necessitate constitutis, ob eamdem ratio-

Caput VII. De Charitate Proximi.

tionem; & similiter in pari necessitate gravi, aut in pari statu, nemo tenetur alios præferre sibi & suis: sicuti etiam in communibus pauperum necessitatibus nemo tenetur erogare bona sua, requisita ad statum suum conservandum, & pro necessitatibus, quæ prudenter timeri possunt.

V. Innocentius XI. hanc thesim n. 12. proscripsit: *Vix in Sæcularibus invenies, etiam in Regibus, superfluum statui; & ita vix aliquis tenetur ad eleemosynam, quando tenetur tantum ex superfluo statui.* Inveniri ergo potest, & sæpe invenitur superfluum statui; & quidem sermo est de statu præsenti, de quo tantum disseritur a Theologis in hac materia: si enim attendendum esset ad aviditatem ambitionis humanæ cupientis semper ascendere, profecto hæc nunquam reputaret habere superfluum. Hoc præmisso.

Thesis proscripta.

VI. Proximo in necessitate extrema constituto sub mortali succurrendum est, nedum ex superfluis statui, ut supponitur, verum etiam ex necessariis ad decentiam, & splendorem status, immo etiam ex necessariis aliquo modo ad integritatem status. Ita communior & probabilior. Ratio hujus ultimæ partis, quæ a fortiori concludet pro prima, est, quia integritas illa substantialis proprii status est bonum ex debito postponendum bono proximi extreme indigentis; quandoquidem vita proximi est natura sua bonum plus a charitate diligendum, quam integritas proprii status. Non tenetur tamen quis procurare proximo extreme indigenti media inusitata, & extraordinaria; neque tenetur inquirere proximos extreme indigentes, nisi forte esset Episcopus, Parochus, Præsidens &c. aut nisi prudenter dubitaret aliquem extrema necessitate laborare. Non tenetur item quis, ut proximo extreme indigenti succurrat, decidere a statu suo juste acquisito, puta, a statu nobilis ad statum plebeji, immo neque ad notabilem jacturam statui inferendam sine spe eamdem redintegrandi. Addit Bannez 2. 2. q. 32. a. 6. dub. 2. quod neque teneatur quis ex bonis fortunæ valde notabilem summam, puta, tria vel quatuor millia aureorum erogare ad tollendam a proximo necessitatem extremam. Hinc neque qui est in necessitate extrema constitutus, potest tam notabilem summam sibi accipere ex alienis bonis, ut a necessitate illa evadat, si vel in extremam vel in gravissimam necessitatem reduceretur ille, a quo summam illam surriperet.

Anteferenda est proximi necessitas etiam integritati proprii status.

Elucidatur hæc doctrina nonnullis limitationibus.

VII. Qui extreme indigenti impie negavit subvenire, non tenetur, si ille evadat, ad restituendum eidem quod denegavit; quia ille denegans non peccavit contra justitiam, sed contra charitatem. E contra autem, si quis impediret extreme indigentem, ne uteretur re aliena, peccaret

Qui negat rem extreme indigenti, non tenetur illam ei restituere: bene vero qui illum impedit, ne sibi provideat.

ret contra justitiam, nempe contra jus, quod actu habet ne impediatur; & teneretur illum restituere suæ libertati, ut posset uti re aliena. Immo Bannez obligat hujusmodi impedientem ad supplendum pro eo, quod ille indigens sibi sumere poterat. Quando extreme indigens est talis absolute, idest nec de præsenti habens, nec unquam prudenter habiturus, non potest qui eidem subvenit dare commodato, mutuo, vel alio titulo inducente obligationem restituendi, in hypothesi quod aliquando habiturus sit: si vero indigens ille spem habeat aliquando assequendi bona, tunc potest subveniens sub illis titulis dare.

Quando non possit repeti ab extreme indigente quod datum fuit?

Notabile observandum.

VIII. Notandum, quod quando extreme indigens utitur re proximi sui, si de eadem, post evasionem ab illa necessitate, aliquid supersit, vel tota etiam persistat, restituenda est Domino, quia necessitas illa non confert indigenti dominium in rem, sed dumtaxat in usum illius.

In necessitate gravi tenemur ad eleemosynam ex superfluis statui præsenti; & etiam de bonis ad decentiam status spectantibus.

IX. In necessitate gravi & urgente proximi, quam supra explicavimus num. 2. tenetur fidelis sub mortali ad eleemosynam ex bonis superfluis statui præsenti. Immo subveniendum est proximo in tali necessitate constituto bonis etiam ad integram decentiam proprii status aliquatenus necessariis. Ita communior, deduciturque manifeste ex 1. Epist. Joan. cap. 1.

Quid de eo, qui congregat, ut ad statum nobiliorem ascendat?

X. Si objicias: Nemo igitur congregare poterit censum & pecuniam, ut statum nobiliorem acquirat, si teneatur de superfluis statui præsenti eleemosynam erogare. Respondeo, quod juxta ea, quæ docent Patres, & præsertim S. Thomas, id valde periculosum judicandum est, ne videlicet sollicitudo congregandi pecuniam ad gradum & statum nobiliorem assequendum, sit offendiculum, quo eleemosynas debitas facere detineamur. Ad summum igitur id permitti poterit, dummodo studio ascendendi gradum majorem associetur coram Deo christiana sollicitudo non omittendi debitas eleemosynas; si enim utrumque conjungi potest, id illicitum non erit: si autem alterum deficere debeat, cedat cupiditas charitati, ne in hora mortis convincamur rei superfluorum pauperibus non erogatorum.

Tenemur sub mortali subvenire indigentibus communi necessitate laborantibus ex superfluis statui præsenti.

XI. Tenentur demum fideles de superfluis statui præsenti, & decentiæ ejusdem, sub mortali facere eleemosynam proximo, quamvis sola communi necessitate laboranti. Id mire ostenditur ex Evangelio Matth. 25. ex SS. Patribus, & præsertim ex D. Thom. in 4. d. 15. q. 2. a. 4. & 2. 2. q. 87. a. 1. ad 4. ac tandem ex naturali ratione. Quippe rerum divisio, jure gentium facta, fuit facta absque pauperum præjudicio, ut sit justa: igitur fuit cum virtuali conditione, ut egentibus succurratur, saltem ex superfluis statui, & decentiæ ejusdem.

Animadv-

XII. Quid ergo dicendum de illis, qui magnum censum
con-

congregant, & modicum dum vivunt erogant indigentibus, committentes deinde, ut post eorum mortem totum distribuatur in pauperes, ad dotandas virgines, ad erectionem hospitalis &c. Respondeo cum gravioribus Auctoribus, eos dum vivunt lethaliter peccare; quia præceptum eleemosynæ obligat ad distribuendum viventes, & non tantum morituros; quapropter, si dum vivunt non erogent juxta gradum sui posse, & suæ obligationis, sunt in continuo statu peccati mortalis, quia continui transgressores præcepti graviter obligantis: & quamvis hunc defectum suppleant, committendo indicatas eleemosynas, hoc tamen non efficit, quod non peccaverint; & proinde teneantur pœnitere, atque proponere, quod si supervixerint, eleemosynas juxta debitum erogabunt. Aliter esset dicendum, si viventes, erogando interea aliquas decentes eleemosynas, summam illam congregent, ut ipsis adhuc viventibus, Deo vitæ eorum propitiante, pias illas intentiones per se exequantur. *Versa notanda.*

XIII. Certum est, illos dumtaxat teneri eleemosynas facere, qui dominium bonorum habent; nulli enim licet ex alieno facere eleemosynas, nisi in solo casu necessitatis extremæ. Et primo circa uxores: ita differit S. Th. 2. 2. q. 32. art. 8. *Si uxor habeat alia præter dotem .... vel ex proprio lucro, vel quocumque alio licito modo, potest dare eleemosynas, etiam irrequisito assensu viri, moderatas tamen, ne ex earum superfluitate vir depauperetur. Alias autem non debet dare eleemosynas, sine consensu viri vel expresso, vel præsumpto, nisi in articulo necessitatis.* Addunt Navarrus, Bonacina, & alii, posse uxorem, si propria bona, vel ex legato, dono, arte &c. non habeat, facere de bonis viri moderatas eleemosynas, ad placandum Deum iratum aut contra familiam, aut contra virum in profundum iniquitatum prolapsum: item ad succurrendum propriis genitoribus, aut filiis indigentibus ex priori marito susceptis, immo addunt aliqui, etiam propriis fratribus. Si tamen maritus id expresse prohiberet, uxor obedire teneretur. *Uxoribus quomodo liceat eleemosynas facere?*

XIV. Filii familias possunt ex bonis castrensibus, aut quasi castrensibus, eleemosynam facere, etiam invitis parentibus; non possunt vero communiter ex bonis parentum. Diximus *communiter* 1. quia ut docet D. Th. in 4. dist. 15. q. 2. art. 5. q. 2. Filiusfamilias potest dare pauperi panem, & hujusmodi, *qua non inferunt sensibile damnum, de quibus satis constare potest, quod parentibus placeat.* 2. Quia si filius absit studiorum causa, vel parentum negotia gerat, potest eas erogare eleemosynas, quas solent alii ejusdem conditionis filii, & generatim eas omnes, de quibus potest præsumere parentibus placere: 3. Si a patre dentur filio pecuniæ ad sui *Quomodo liceat filiis?*

congruam sustentationem, quemadmodum potest id quod sibi subtrahit in alios usus impendere, ita & multo laudabilius in eleemosynas erogare.

Quid de famulis & ancillis, de Religiosis, de pupillis, & minoribus?

XV. Famuli & ancillæ, *quantumvis sint liberæ conditionis, non possunt eleemosynas dare de rebus dominorum sine eorum consensu*; ut docet D. Th. in 4. dist. 15. q. 2. art. 5. q. 3. Consulant igitur Dominos, & juxta facultatem, quæ ab eisdem concedetur, eleemosynas faciant, aut a faciendis desistant. Superiores Religionum possunt, & debent eleemosynas facere. Religiosi vero privati nullas erogare eleemosynas valent *sine licentia Superioris vel expresse habita, vel probabiliter præsumpta*, ut docet D. Thom. 2. 2. q. 32. art. 8. ad 1. Quæ postrema verba intelligenda sunt, quando non adest opportunitas adeundi Superiorem. At extrema necessitate urgente, etiam invitis Superioribus, succurrere pauperibus debent. Item si Religiosus esset Beneficiarius, seu si beneficium Monasterio non incorporatum possideret, id quod superesset congruæ ipsius sustentationi, teneretur in eleemosynas impendere, etiam independenter a Superiore. Tandem pupilli, & minores possunt aliquas eleemosynas erogare juxta eorum statum, & prout alii sibi æquales facere consueverunt. Similiter tutores, & curatores eas eleemosynas facere possunt & debent, quas erogare adstringerentur domini.

☞ Pauperibus omnibus elargienda eleemosyna est, sive necessitate, sive voluntate virtutis pauperes sint, juxta monitum Tobiæ cap. 4. *Noli avertere faciem tuam ab ullo paupere*. In pari autem causa & necessitate præferendi sunt, qui majore pietate & sanctitate insigniuntur. Iis vero, qui ex proprio labore sibi victum possent acquirere, maluntque ex eleemosynis vivere, quam laborare, vel nulla, vel modica, nec ita facile eleemosyna tribuenda est; quia eleemosyna eorum segnitiem, atque ignaviam fovet, quæ omnium vitiorum mater est. Pauperes autem, qui majorem, qua premuntur, miseriam effingunt, peccant quidem; sed ad restitutionem non tenentur, si revera pauperes sint. Eleemosyna vero ficta paupertate collecta restitui debet vel aliis pauperibus, si modica sit, iisque proinde æque ac tibi donata fuisset, vel ei qui dedit, si ad talem summam ascendat, ut prudenter judicare valeas, hanc ab eo aliis donandam non fuisse, sed ideo solum concessam tibi, quia paupertatem tuam hoc vel alio modo exposuisti. ☞

CAPUT VIII.

De Vitiis Charitati Proximi oppositis.

De Vitiis Charitati Proximi oppositis disserit S. Thom. 2. 2. art. 1. q. 34. usque ad 44. De Invidia, & Odio jam egimus. De ceteris nunc agendum, expediendo primum faciliora.

§. I. *De Discordia, Contentione, Seditione, & Rixa.*

I. Discordia ex his, quæ tradit S. D. 2. 2. q. 37. art. 1. *Est cordium divisio, & dissensio voluntatum a bono divino, & proximi, in quo debent consentire.* Nota ex Cajetano in comment. quod ly *in quo debent consentire* significat, quod ut discordia sit lethalis, debet tollere concordiam in re graviter debita, in qua debeat esse concordia voluntatum. Discordia est ex genere suo peccatum lethale, quia ex genere suo adversatur notabiliter charitati, cum sit disjunctio voluntatum in re debita: potest tamen esse venialis vel ex parvitate materiæ, vel ex inadvertentia.

Quid sit discordia, & quando lethalis?

✱ Quot modis concordia per discordiam tollatur; & quandonam discordia peccatum sit, vel non, nitide exponit S. Thomas *l. cit. in corp.* ✱

II. Contentio ex S. Doct. q. 38. art. 1. definiri potest *vitium inclinans ad inordinate altercandum, impugnando veritatem:* unde patet, quod involvit oppositionem in loquendo, sicut discordia in volendo. Est ex genere suo lethalis, sicut alia quæ charitati adversantur. Contentio autem est culpa mortalis 1. si impugnetur veritas ad fidem, bonos mores, pietatem, & justitiam, vel grave proximi bonum pertinens, ex intentione eam impugnandi serio, & non solum exercitii gratia. 2. Si veritas, quamvis impugnetur solius exercitii, & inquisitionis causa, attamen impugnetur vel cum gravi aliorum scandalo, vel cum excessu notabili in verbis, conviciis, maledictis.

Quid sit contentio, & quando mortalis?

III. Seditio ex traditis a S. D. 2. 2. q. 42. art. 1. *Est tumultus ad pugnam unius partis Reipublicæ contra aliam:* quæ si fiat contra Principem, vocatur rebellio; & tunc specie distinguitur a seditione; quia includit formalem inobedientiam, & irreverentiam. Seditio est semper peccatum mortale nedum contra charitatem, sed etiam contra justitiam; cum sit usurpatio juris, quod subditis non convenit.

Quid sit seditio, & qualis gravitatis?

IV. Rixa ex traditis a S. Doct. q. 41. art. 1. *Est quædam contradictio in factis usque ad percussionem,* seu pri-

Quid sit rixa, &

vatum bellum, ex privata auctoritate susceptum, quo unus alterum lædere conatur. Ex quo patet, quod ex suo genere sit peccatum mortale, quamvis etiam parvam læsionem inferat, si in affectu gravem inferre procuraverit. Est autem venialis ex levitate læsionis, & ex levi affectu lædendi, vel ex parte rixantium, ut cum pueri rixantur: si tamen quis eorum haberet affectum læsionem gravem inferendi, jam patet, quod esset lethalis.

quando lethalis?

§. II. De Schismate.

Quid sit Schisma, & quale peccatum?

I. Schisma juxta S. Thom. 2.2.q. 1. Est voluntaria separatio ab unitate Ecclesiæ: & est gravissimum peccatum, & mortale in toto suo genere: unde non admittit parvitatem materiæ, cum semper scindat unitatem Ecclesiæ, & subtrahat subditum Ecclesiæ ab obedientia Capitis ejusdem.

Schisma purum, & hæresi admixtum.

II. Schisma quandoque est purum, quandoque & plerumque cum hæresi conjunctum: purum contingit, cum quis credendo omnes veritates ab Ecclesia propositas, nec summum Pontificem esse Ecclesiæ Caput visibile, nihilominus ex malitia, vindicta, superbia, aut alio motivo hæresim non involvente, non vult summo Pontifici subesse, eidemque obtemperare. Schisma mixtum cum hæresi evenit, quando quis a præfata obedientia se separat ad hæresim tuendam, quam abjurare non vult. Hinc omnes Hæretici sunt Schismatici, non vero e contra.

☞ Vix in praxi hæc duo crimina, Schisma & hæresis sejunguntur, ut animadvertit D. Thom. 2. 2. q. 39. art. 1. ad 3. ☜

Pœnæ Schismaticorum.

III. Pœnæ Schismaticorum sunt Excommunicatio ipso facto, Pontifici reservata: Privatio omnis jurisdictionis Ecclesiæ, & exercitii Ordinum susceptorum: Inhabilitas ad beneficia obtinenda: Suspensio ab Ordine, forte in Schismate susceptio: Irritatio collationis omnium beneficiorum a Schismatico aliis collatorum: Subjectio judici Sæculari quoad pœnas temporales: Facultas procedendi contra Schismaticum, ut de hæresi suspectum. Hæc ex variis Canonibus.

§. III. De Bello.

Quid sit bellum? quas conditiones requirit, ut sit licitum?

I. Bellum ex traditis a S. Thom. 2. 2. q. 40. definiri potest, *Congressio plurium vi, & armis facta contra extraneos*; si enim sit paucorum contra paucos, est Duellum; si contra concives, est Seditio. Ad hoc autem, quod aliquod bellum sit justum, tria requiruntur, ut docet S. Doct. ibidem art. 1. nempe 1. Auctoritas Principis. 2. Justa

justa causa. 3. Recta intentio bellantium. Duplex vero est Bellum, aliud Defensivum, quo injusta invasio & aggressio jam suscepta repellitur: aliud Offensivum, quo suscipitur ad injuriæ, vel gravis damni justam compensationem, post petitam, & expectatam, & negatam ab adversario satisfactionem.   *Duplex Bellum.*

II. Urgentissimum procul dubio debet esse motivum indicendi bellum, propter gravissima damna, quæ quamplurimis innocentibus inde emergere consueverunt. Princeps igitur supremus tenetur primum rem diligentissime examinare cum viris probis, & doctis circa subjectam materiam, sine quorum consilio bellum non indicat. In casu autem dubio, an provincia, civitas &c. ad se pertineat, & hæc actualiter possideatur ab altero, cum in dubiis in materia justitiæ melior sit conditio possidentis, non potest bellum inferre, juxta communem sententiam; & a fortiori in opinione minus probabili sui juris ad possidendum contra probabiliorem de jure alterius. In casu autem, quod major probabilitas Principi faveat, & exposuerit adversario sua motiva, ut pro rata majoris probabilitatis redintegretur, si hic nolit & persistat, asserunt plures relati a Colleg. Salmant. tract. 21. cap. 8. punct. 3. n. 24. quod possit reluctantem bello cogere ad restituendum.   *Ad quid teneatur Princeps, antequam bellum indicat? In casu dubio non potest bellum indicere. Et a fortiori in casu opinionis minus probabilis.*

III. Certum est apud omnes Theologos, bellum a Christiano Principe non esse suscipiendum, si ex ipso bello prudenter prævideantur secutura mala pejora illis, quibus reparandis bellum suscipitur. Quapropter, si ex bello suscipiendo ad reparanda damna temporalia certo moraliter prævideatur secutura jactura Religionis, hæresis dilatatio, aut aliud simile malum, a bello indicendo est abstinendum; quandoquidem debitus rerum ordo postulat, ut bonum inferioris ordinis cedat bono ordinis longe superioris, si ad illud promovendum hoc lædi notabiliter debeat.   *In casu opinionis probabilioris poterit, sed quomodo? A bello indicendo abstinendum, quoties pejora mala sobolescere præviden- tur.*

IV. Prima justa causa indicendi bellum, communiter admissa, est gravissima Principis, vel subditorum injuria, pro qua denegetur justa satisfactio petita. Nomine autem gravissimæ injuriæ significantur & personalis & realis; addunt aliqui denegationem transitus copiarum absque damno, qui transitus de jure gentium concedi solet: item auxilium præstitum inimicis injuste bellantibus: item rebellionem subditorum, aut defensionem injustam malefactorum, ne pœnas luant. Addunt alii publicam Principis vel subditorum gravem contumeliam, violationem fœderis initi in re gravis momenti. Antequam autem Princeps bellum indicat, tenetur in conscientia cum peritis & probis gravitatem causæ perpendere; omnia alia media opportuna adhibere; & sola necessita-   *Recensentur causæ justæ.*

A bello susceptо est attendum oblata plena redintegratione. Similiter exceptum etiam pro injuriis personalibus Regi illatis.

te adigi ab bellum indicendum; ut & supra monnimus.

V. Post bellum jam susceptum, & inchoatum ob redintegrationem bonorum temporalium, si Principi offenso condigna offeratur satisfactio omnium damnorum, tenetur ne 'um titulo charitatis, verum etiam justitiæ desistere a bello inchoato. Idem dicendum est cum probabiliori etiam de bello inchoato propter injurias Principis personales.

Excipiuntur aliqui rarissimi casus, sed cum limitatione.

VI. Excipiunt aliqui injurias quasdam rarissimas vix eventuras, puta trucidationem injustam filii unigeniti Regis, vel Reginæ uxoris; istius, vel filiæ regiæ publicam, & violentam dehonorationem per adulterium, aut stuprum, vel quidpiam simile; quibus vix inveniri potest condigna satisfactio, nisi plectendo Principem inimicum, qui hæc immania aut attentasset, aut jussisset: & ideo dicunt, quod titulo justitiæ non videtur Princeps offensus obligari posse ad desistendum a suscepto bello; quia injuriæ indicatæ videntur compensari non posse, nisi omnimoda destructione offendentis. In hypothesi autem, quod inveniretur prudentum judicio condigna satisfactio, & hæc exhiberetur; dubio procul teneretur desistere, ob allata momenta. Titulo tamen charitatis adhuc obligatum censent multi Principem dictis modis offensum, desistendi a bello, quoties tota illa satisfactio offertur, quæ ab humano Principe offerri potest.

Fœdus inire cum infidelibus contra Principem catholicum in praxi illicitum.

VII. An vero Principes Catholici bellantes juste contra alios Principes Catholicos, possint fœdus inire cum infidelibus aut hæreticis contra eosdem; Plures tum nostrates tum extranei dicunt, quod per se, objective, & absolute loquendo, statutis prius conventionibus, quibus ab omni detrimento præcaveatur catholica religio, non sit illicitum; per accidens autem, & ob damna, quæ nihilominus plerumque eveniunt religioni, illicitum in praxi reputatur. Idque probatur ex doctrina D. Thom. in Disput. de malo q. 1. art. 15. Princeps autem habens inter subditos etiam hæreticos, potest illis uti ad bellandum contra Principem catholicum.

Potest Princeps uti militia hæretica subdita in justo bello contra Catholicum Principem.

Damna bello illata contra præscriptum Principis ab inferentibus resarcienda.

VIII. Duces, Milites &c. damna inferentes contra præscriptum Principis bellum gerentis, quæ necessaria non sunt ad victoriam obtinendam, tenentur respective ad horum damnorum redintegrationem. Dixi respective; quia si damna inferrent ex jussu Generalis Supremi, cui parere tenentur, ad ipsum spectaret omnia damna redintegrare; & idem dices de aliis Officialibus subalternis, quibus milites gregales obedire tenentur.

Licitum

IX. Certum est licitum esse in justo bello, nam de hoc loquimur, occidere hostes, occisione tamen non crudeli, sed quæ communiter fieri solet. Non licet tamen directe occidere innocentes, quamvis subditos Principis

Caput VIII. De Vitiis Charitati &c.

nimici. Dixi directe, quia indirecte, per accidens, & praeter intentionem illos occidere in bello justo, non est illicitum. Nomine autem personarum innocentum significantur Ecclesiastici utriusque Cleri, Moniales, senes, mulieres, pueri, opifices, mercatores, rustici, extranei, omnesque illi qui non pugnant, nec bello inferendo operam suam contulerunt.

est occidere hostes in justo bello.

X. Licitum est per se spoliare bonis temporalibus, & ipsa quoque libertate, nisi aliter conventum fuisset, innocentes subditos Principis inimici in bello justo, si hoc necessarium sit ad finem belli; non autem extraneos, qui ibi inveniuntur, peregrinos, & Ecclesiasticas personas, nisi forte absque illorum spoliatione victoria obtineri non posset; tunc enim & ipsi quoque huic calamitati subjicerentur: finita tamen pugna, illi resarciendi essent.

Non est peccatum occidere indirecte, & praeter intentionem innocentes.

XI. Absolute loquendo, non est licitum tradere Civitatem capiendam vel captam militum depraedationi, nisi ex urgentissima causa; & hoc propter innumera mala, quae immisceri solent. Qualis autem possit esse haec urgentissima causa, ut tanta mala permittantur, & eveniant praeter intentionem, quidam dicunt quod una sit, rebellio obstinata civitatis; altera, nimia obsessorum pertinacia; tertia, in casu quo exercitus obsidens nimium fatigatus, desistere ab obsidione minitetur, nisi praeda ipsi spondeatur: quae tamen, nonnisi multa consultatione praemissa, & deposito coram Deo omni vindictae, avaritiae, inanis gloriae appetitu, permitti deber, tamquam medium omnino necessarium ad victoriam; & tunc tenentur Duces, quoad fieri potest, inhibere militibus ea peccata, quae in hujusmodi depopulationibus committere solent, eos absterrendo minis &c.

Qualiter licitum sit expoliare subditos inimici?

Non est licitum permittere depraedationem civitatis, nisi in aliquo casu.

XII. Licitum est bellando uti stratagematibus, & insidiis non proditoriis, de quibus disserit S. Thom. 2. 2. q. 40. art. 3. Ex ejus autem doctrina deduci potest, non esse graviter illicitum construere pontem ruinosum; fingere fugam; fingere oppugnationem unius arcis loco alterius vere obsidendae; se fingere amicae nationis, utendo eodem idiomate, & his similia: in quibus quamvis saepe immisceantur varia mendacia; tamen in circumstantiis non excedunt, juxta Doctores, venialem culpam. Injusta autem stratagemata sunt, immiscere cibis, vino &c. venena, ut, iis praeda captis, inimici perimantur; frangere pactum initum; corrumpere excubias; nam est cooperari efficaciter gravi peccato alterius; & his similia. Immo si conventum fuisset nullis utendum insidiis, standum esset conventioni factae sub mortali. Quod intelligendum est, nisi hostes ipsi fidem fregerint.

Qualiter licitum sit uti insidiis?

Indicantur aliqua insidiae licitae, & quaedam illicitae.

XIII. Quando bellum fuit susceptum propter vindicandum delictum a solo Principe inimico patratum, & nolente paci-

Etiam pro delicto solius

Principis pacifice satisfactionem dare, adhuc docent esse licita
nolentis omnia superius dicta, ob rationes allatas pro bello ju-
satisfacere sto. Tenetur tamen sub gravi ipse Princeps reus ad om-
licitum est nia damna ob sui obstinationem subditis emergentia.
bellum, qui
tamen ad XIV. Licitum est captivos nocentes occidere, eo quod
omnia da- sint jam morte digni: charitas tamen Christiana hoc
mna subdi- borret; & ideo plerumque a ducibus Christianis id ve-
torum te- tatur. Si autem se dedissent eo pacto, ne morte affician-
neretur. tur, nequirent occidi absque gravi injustitiæ crimine, ut
Quinam patet. Innocentes autem captivos nunquam; fas est occi-
captivi oc- dere, cum sit ab intrinseco malum.
cidi pos-
sint? XV. Ex communi, nequit bellando inferri majus damnum, quam postulet redintegratio. Ex communi pari-
Nequit ter, bona justo bello capta, si sint immobilia, cedunt Prin-
majus da- cipi; si sint mobilia, communiter sunt capientium; nisi
mnum in- tamen aut consuetudo aut conventio aliter fieri obstringat.
ferri quam
sit debi- ☞ Notandum, quod bona injuste acquisita ab hostibus,
tum. restitui debent eorum dominis ex lib. 20. §. *de Captivis*,
Bona ca- cum jus habeant in illa, nec sint hostium. ☜
pta quo- XVI Repressaliæ sunt concessio alicui vel aliquibus fa-
rum sint? cta, ut pro rebus injuste ab alio ereptis possit tantumdem ab eo auferri etiam violenter, & pugnando: unde
sunt quoddam partiale bellum. Hæ licitæ sunt, si quin-
Quid di- que conditionibus associentur: prima, ut fiant auctorita-
cendum de te Supremi Principis: secunda, quod qui damnum intu-
repressa- lit, nolit satisfacere, petita satisfactione: tertia, ut dam-
liis? num sibi illatum sit omnino certum: quarta, ne plus
damni inferatur, quam æquitas patiatur: quinta, ne exerceantur in personas Ecclesiasticas, & eorum bona.

Licet bel- XVII. Licitum est bellare diebus festivis, *si tamen hoc*
lum gerere *necessitas exposcat*, ut docet S. Thom. 2. 2. q. 40. a. 2.
diebus fe- Notandum vero ex Doctissimis Cajetano, & Bannez,
stivis. quod limitatio addita a S. Doctore, *si necessitas exposcat*,
non efficit, ut si tanta non adsit, bellare evadat peccatum mortale, sed esset veniale tantum. Putarem autem
vix inveniri posse certamen justum, quod absque necessitate actum sit.

Notabile XVIII. Bello justo opem ferre nullum peccatum est,
magni si certum sit esse justum: si vero certum non sit, subdi-
momenti ti Principis indicentis bellum excusantur, obedientes Do-
pro mili- mino suo. Quod de militibus subditis, idem dicendum
tia pro- de iis, qui ante bellum stipendiarii erant. Milites ve-
fessori- ro, Duces &c. qui non sunt subditi, sed solum condu-
bus. cuntur inchoante bello, tenentur prius certiores reddi de
belli justitia, vel saltem quod probabilius sit justum. A
fortiori, qui nulla habita ratione justitiæ, vel injustitiæ
belli, primo conducentibus, & sola aviditate pecuniæ se
offerunt, sunt in manifesto statu peccati mortalis. Legatur Em. Cajetanus v. *Bellum*.

Caput VIII. De Vitiis Charitati &c. 135

☞ Certum est apud omnes, Christianos captivos etiam timore mortis perculsos non posse pro Infidelibus pugnare contra Christianos, si sermo sit de bello directo, & immediato contra ipsos. Quare ejusmodi captivi nequeunt tormenta bellica explodere, naves gubernare, bombardas emittere etiam ob metum mortis. Num autem præfatis captivis licitum sit in Turcarum triremibus remigare, scalas apponere, propugnacula deserere, sulphur porrigere ob metum mortis, dissensio est inter Theologos. Affirmant plures, sed verius alii id inficiantur, validissimisque argumentis suam sententiam propugnant. Hæc leviter indicasse sufficiat. Legesis P. Danielem Concina *lib. V. in V. &c. Decal. mandatum differt. 1. cap. 6.* ☞

XIX. Posito igitur, quod milites nullo reatu teneantur ex parte belli, in quo pugnant, mortaliter peccare possunt variis modis etiam justo bello inservientes: & quidem si a castris occulte fugiant, ea deferendo: si a loco seu statione sibi commendata recedant: si arcem sibi commissam non defendant, quamdiu possunt: si fugiant ante desperatam victoriam, aut aliis metum incutiant: ad quæ omnia tenentur cum vitæ periculo, quia ad hoc sunt conducti: item si non contenti propriis stipendiis, ab incolis innocentibus victualia extorqueant, vel alia contra justitiam committant; in quibus casibus restitutioni obnoxii redduntur. *Varii casus, in quibus milites graviter peccant.*

XX. Peccant graviter Duces, si ex gravi incuria faciant exercitum castrametari in locis insalubribus: si applicent sibi pecuniam vel in toto, vel in parte pro militum stipendiis acceptam, vel si pro majori numero militum, quam revera sit, stipendia recipiant: si militibus veteranis dimissis, novos congregent minori stipendio a se conductos, sibique retinendo partem majoris stipendii, quod veteranis dabatur: si vel ex toto, vel ex parte stipendio militum sibi applicato, permittant milites exactiones, & extorsiones exercere in incolas, rusticos &c. si victualia non administrent militibus, prout debent: si pecuniam accipiant ab incolis pagorum, & locorum, per quæ transeunt cum exercitu, ne apud ipsos diversentur, cum revera alibi diversari decreverant: si tandem, dum de mandato justo Principis, vel Generalis colligere debent ex hoc pago v. g. decem mille ducatos, recipiunt munus sibi applicandum ab aliquo privato, ne ab ipso exigant portionem illam, quæ ipsi contingeret. Et in omnibus recensitis casibus ad restitutionem tenentur. *Varii casus, in quibus Duces graviter peccant.*

XXI. Principes supremi bella suscipientes peccare possunt graviter: Primo ex defectu justæ causæ, ut superius innuimus; Secundo ex defectu debiti modi, nempe majora inferendo damna, bello alioquin justo, quam æquitas patiatur: Tertio ex defectu stipendiorum, quæ si vel non *Varii casus, in quibus Principes graviter peccant bellando.*

I 4 ero-

erogentur, vel differantur, vel imminuunt, innumera propemodum mala a militibus perpetrantur furtorum, rapinarum &c. Quarto ex defectu vigilantiae, praecipue circa Duces aliosque dignitate praeditos, an sua munera adimpleant, circa stipendia militum, circa disciplinam eorumdem &c.

Clericis & Monachis non licet bellare.

XXII. Bellare est sub gravi interdictum personis Ecclesiasticis utriusque Cleri, & quidem jure positivo pluribus in locis, a Gratiano in 2. part. Decret. congestis. Rationem seu congruentiam affert S. Thom. 2. 2. q. 40. a. 2. Cum autem Canones loquantur de clericis in sacris constitutis, propterea non judicatur mortale peccatum, si clerici in minoribus bellent, quamvis irregulares evadant, ut supponitur. Regularibus autem conversis, idest non choristis, & professis est sub mortali vetitum.

Aliquando excusantur.

XXIII. In aliquibus casibus tamen omnes praefati excusantur, si armis pugnent: 1. ex necessitate se suosque tuendi ab injustis aggressoribus: 2. quando bonum commune Fidei, aut Patriae id postulat in earum gravi periculo, & necessitate: 3. quando suscipiuntur bella contra infideles motivo solius Religionis Catholicae defendendae. In quibus casibus, si occidant vel mutilent aliquem, incurrunt Irregularitatem, non ob delictum, sed ob lenitatis defectum, ut pluribus Sacrorum Canonum textibus ostendit P. Lucius Ferraris in sua Bibliotheca Canonica, verbo Bellum, art. 5. a. num. 3. usque ad 10. inclusive: quam non incurrunt, si tantummodo vulnerent, aut percutiant, sine occisione, aut mutilatione.

* Legatur Em. Cardinalis Lambertinus postea S. P. Benedictus XIV. Inst. 101. in qua plura ad rem scitu necessaria exponit. *

§. IV. De Duello.

Quid sit duellum, & quotuplex?

I. Duellum definitur duorum, vel paucorum singulorum contra singulos certamen, adversus se invicem pugnantium, ad vulnerationem, mutilationem, vel mortem alterutri inferendam, initum auctoritate privata, & ex condicto, mutuoque consensu, cum determinatione loci, & temporis. Omnes & singulae istae conditiones requiruntur, ut duellum sit proprie tale, poenisque Ecclesiasticis obnoxium. Duellum est duplex, Solemne & Simplex: primum fit interventu quarumdam caeremoniarum a daemone adinventarum, nempe provocationis per litteras, electionis armorum, praesidentiae patrinorum, & aliorum forte diabolicorum rituum. Secundum caret dictis solemnitatibus; fit tamen cum omnibus circumstantiis in definitione expositis; & idcirco aeque ac illud poenis Ecclesiasticis punitur.

II.

Caput VIII. De Vitiis Charitati &c. 137

II. Omne duellum tam quoad provocationem, quam quoad acceptationem, & a fortiori quoad pugnam, auctoritate privata aut indictum, aut acceptatum, aut a fortiori executum, est juxta omnes peccatum mortale, Jure naturali prohibitum quinto Decalogi præcepto; quia per duellum voluntarie, & irrationabiliter propria ac proximi vita evidenti gravi periculo objicitur; quod nemini privata auctoritate unquam licet: & alioquin est medium omnino ineptum ad probandam innocentiam, ad veritatem demonstrandam, ad litem dirimendam, ad injuriam vindicandam, ad ignominiam evitandam, ut egregie sæculo nostro demonstravit percelebris ille vir Marchio Scipio Maffejus in suo libro inscripto *la Scienza Cavalleresca*. Jure igitur merito Alexander VII. confixit thesim secundam, in qua dicebatur: *Vir equestris ad duellum provocatus potest illud acceptare, ne timiditatis notam apud alios incurrat.*

Omne duellum vetitum jure naturali.

III. Summus etiam Pontifex Benedictus XIV. in Constitutione data quarto Idus Novembris anni 1752. & publicata die 24. ejusdem mensis, cujus initium est *Detestabilem*, quinque sequentes propositiones reprobavit ut falsas, scandalosas, & perniciosas.

Aliæ propositiones damnatæ.

I.

Vir militaris, qui, nisi offerat, vel acceptet duellum tamquam formidolosus, timidus, abjectus, & ad officia militaria ineptus haberetur, indeque officio, quo se suosque sustentat, privaretur; vel promotionis, alias sibi debitæ ac promeritæ, spe perpetuo carere deberet; culpa & pœna vacaret, sive offerat, sive acceptet duellum.

II.

Excusari possunt etiam honoris tuendi, vel humanæ vilipensionis vitanda gratia, duellum acceptantes, vel ad illud provocantes; quando certo sciunt pugnam non esse secuturam, utpote ab aliis impediendam.

III.

Non incurrit Ecclesiasticas pœnas, ab Ecclesia contra duellantes latas Dux, vel Officialis militiæ, acceptans duellum, ex gravi metu amissionis famæ, & officii.

IV.

Licitum est in statu hominis naturali acceptare, & offer-

offerre duellum, ad servandas cum honore fortunas, quando alio remedio earum jactura propulsari nequit:

V.

Asserta licentia pro statu naturali, applicari etiam potest statui Civitatis male ordinatæ, in qua nimirum vel negligentia, vel malitia Magistratus, Justitia aperte denegatur.

Quo casu possit esse licitum?

IV. Potest duellum esse licitum in casu, quo Principes inimici bellantes convenirent, ne exercitus totus exponatur cladi, ut duo selecti ab ipsis soli pugnarent, & victoria adscriberetur exercitui duellantis victoris: tenerentur tamen Principes illi cautissime perpendere, an affulgeat prudens & probabilissima spes victoriæ illo singulari certamine, quæ sperari nequiret, si exercitus contra exercitum præliaretur.

☞ Illicita tamen esset pugna inter duos vel paucos milites, etsi cum consensu Principum, ad delectationem quamdam vel vanam ostentationem, aut privatam illorum vindictam. ☚

Pœna contra duellum.

V. Concil. Trid. sess. 25. cap. 19. ipso facto excommunicat, 1. Principes ac Dominos temporales, qui in suis terris locum aliquem ad hujusmodi pugnam concesserint. 2. Suasores, & spectatores duelli; quo nomine juxta multos non intelliguntur casu & obiter aspicientes duellum. 3. Ipsos pugnantes, & qui eorum patrini vocantur, cum proscriptione bonorum, perpetua infamia, & pœnis homicidarum, & si in conflictu decesserint, privatione Ecclesiasticæ sepulturæ.

Aliæ pœnæ.

Extensio pœnarum.

VI. His pœnis alias addidit S. Pius V. in Constit. incipiente: *Ea quæ a Prædecessoribus*. Gregorius vero XIII. Pii successor in Constitutione, quæ incipit: *Ad tollendum*, extendit pœnas a Tridentino inflictas etiam ad duella simplicia supra explicata; & idem fecit Clemens VIII. in Constitutione incipiente: *Illius vices*; & ambo nedum extendunt præfatas pœnas ad duella simplicia, sed etiam ad provocantem, & acceptantem, quamvis pugna non sequatur, si ad locum accesserint designatum, & per eos non steterit, quominus pugnarent. Et Clemens VIII. in eadem Constitutione reservavit absolutionem ab hac excommunicatione S. Sedi: quam reservationem cum pœnis supra recensitis extendit etiam ad suadentes, vel stimulantes ad ineundum duellum, ad spectatores de industria, ad scribentes, mittentes, & vulgantes folia provocantia, nec non ad eorum fautores, & complices, ad præbentes consilium, commeatum, arma, equos, auxilium; vel quamvis hæc non præstiterint, tamen ut ab aliis præstarentur, provocaverint; quocumque modo, quamvis pugna secuta

Caput VIII. De Vitiis Charitati &c. 139

cura non fuerit: immo comprehendit sub dictis poenis, & reservatione illos, qui paciscuntur de dirimenda pugna, statim ac alter pugnantium fuerit etiam leviter vulneratus. Tandem idem Clemens alia Constitutione privavit Regulares, non obstantibus eorum privilegiis, potestate absolvendi a praefata excommunicatione delinquentes intra Italiam, & extra Urbem.

VII Quaeres, an moriens in conflictu, si det signa poenitentiae verae, & confessarium optet, quem habere nequeat, & decedat sine absolutione, sit privandus Ecclesiastica sepultura, & suffragiis, quae fieri pro defunctis consuevere. Respondeo ex communi, esse privandum sepultura Ecclesiastica, quia obiit excommunicatus in foro Ecclesiae; cum autem non fuerit vitandus, quippe quod nec per cedulones denuntiatus, neque publicus percussor Clerici, possunt pro ipso suffragia offerri; eo quia ex signis poenitentiae datis, haec sibi applicari posse promeruit. Si tamen cadaver ab excommunicatione jussu Superioris facultatem habentis absolveretur, posset etiam honorari Ecclesiastica sepultura. At novo jure in dudum laudata Benedicti Constitutione non ita dicendum.

Decedens in certamine est privandus Ecclesiastica sepultura, quamvis poenitens, non tamen suffragiis.

§. V. *De Scandalo.*

I. Scandalum juxta S. Thom. 2. 2. qu. 43. art. 1., *est dictum, vel factum minus rectum, praebens proximo occasionem ruinae spiritualis.* Ly *minus rectum* significat malum, vel quia reipsa est malum, vel quia habet speciem mali; in ly *dicto, vel facto* comprehenditur etiam omissio scandalum pariens; puta, omissio correctionis in genitore respectu filii &c. Dividitur Scandalum ab Angelico ibidem ad 4. in Activum seu datum, & Passivum seu acceptum. Activum seu datum illud est, quod cum S. D. jam descripsimus. Scandalum vero passivum seu acceptum est ipsa ruina spiritualis illius, qui scandalum patitur, accepta occasione ex dicto, vel facto alterius.

Quid, & quotuplex sit Scandalum in prima sui divisione?

II. Scandalum activum seu datum dividitur in Directum seu Formale, & in Indirectum seu Interpretativum. Directum est, quando quis, ait S. D. suo malo verbo, vel facto intendit alium ad peccatum inducere, illum tentando, rogando, suadendo, ut consentiat in actionem malam. Interpretativum tunc evenit quando, ait S. D. etiamsi ipse peccans non intendat alterum ad peccatum inducere, ipsum factum tamen est tale, quod de sui ratione habet, quod sit inductivum; ut cum quis publice versatur in concubinatu: unde etiam hoc indirectum est in confessione explicandum.

Scandalum Activum, Directum, & Indirectum.

* Tam qui directe, quam etiam qui indirecte dumtaxat scandalum praebet, tenetur ad exprimendam in confessione qualitatem personarum, quibus occasionem peccancandi dedit, v. g. si virgines sint, si uxoratæ, si moniales &c. ut integra sit ejus confessio. Legatur Petrus Collet *Inst. Theol. Tom* 1. *tract. de peccat. part.* 1. *cap.* 3. *art.* 1.

Quotuplex scandalum Passivum?

III. Scandalum Passivum distinguitur in illud, quod dicitur Pharisaicum, & in illud, quod dicitur Pusillorum: Pharisaicum non oritur ex actione mala alicujus, sed ex mera malitia patientis scandalum. Scandalum Pusillorum ita exponit S. D. 2. 7. *est illud, quod procedit ex infirmitate vel ignorantia* scilicet peccantis, non ex actione mala alicujus.

Si factum occultum innotescat non intervenit peccatum scandali. Scandalum non excusat bona intentio.

IV. Ex his inferri potest, quod qui omnem diligentiam ponit, ut occulte & nemine sciente peccet, & factum tale sit, quod ita occultari queat, non peccet peccato scandali, si per accidens factum in aliorum notitiam deveniat.

V. Habes item ex verbis S. Thom. loc. supra cit. art. 1. ad 4. Scandalum Activum invenirit etiam in actione, quæ *habeat similitudinem peccati*: ut instruaris, quomodo non sufficiat recta intentio, neque conscientia non remordens, ut immunis evadat a scandalo, qui actionem facit, speciem & similitudinem mali præseferentem. Abstinendum igitur nedum a peccato scandalum afferente, verum etiam ab actionibus speciem, & suspicionem peccati ingerentibus; quæ a scandali crimine non eximuntur, neque ab intentione, neque a conscientia non bene formata.

☞ Ut clarius innotescant, quæ hucusque tradita sunt, sequentia adjicere opportunum arbitramur. I. Constat scandalum esse speciale peccatum, distinctum ab ipso opere malo, & contrarium charitati. Hinc in confessione exponenda est hæc duplex malitia: nempe altera contra charitatem, & altera contra virtutem, cui opponitur factum vel dictum pravum, quod scandalum gignit. 2. Constat scandalum passivum cum activo sæpe conjungi; ut cum quis dat, & alter sumit occasionem peccandi. 3. Constat aliquando scandalum activum sine passivo esse, ut cum quis peccandi occasionem præbet; alter vero, tali occasione contempta, constans permanet in virtute. Et etiam in hoc casu, qui occasionem præbet peccandi, reus est scandali. 4. Constat demum, interdum scandalum passivum sine activo esse, ut dum quis ex occasione innocenti ansam peccandi arripit, vel ex ignorantia & infirmitate, vel ex malitia. ☜

Quædam bona opera propter scandalum omitti non debent.

VI. *Opera bona, quæ sunt de necessitate salutis, quæ prætermitti non possunt sine peccato mortali... prætermitti non debent propter scandalum vitandum*, ait S. D. 2. 2. qu. 43. art. 7. puta, ingredi domum concubinæ ad vocandum Sacerdotem, qui forte cum eadem versatur, dum alias haberi non potest, ut morientem absolvat. Similiter præcepta juris naturalis negativa ad semper obligantia nunquam omitti possunt, ad scandalum evitandum; *nemo enim*

Caput VIII. De Vitiis Charitati &c. 141

enim debet mortaliter peccare, *ut alterius peccatum mortale impedias*, vit S. D. ibidem. Opera autem bona jure naturali affirmativo, vel lege humana præscripta, possunt aliquando omitti, vel differri, ad scandalum pusillorum declinandum; ita S. D. loc. cit.

Quædam autem aut occultari, aut differri.

VII. Ostenditur exemplis. Correctio peccatorum est de lege naturali affirmativa, sicut etiam eosdem punire, si in malo persistere velint; & tamen cessat hæc obligatio, si aut ex correctione, aut ex punitione prudenter prævideatur oritura seditio in Republica. Auditio quoque Sacri die festo præcepta est lege Ecclesiastica; nihilominus teneretur mulier abstinere a Sacro audiendo etiam eodem die, & aliquoties se domi continere, sciens, talem hominem impudico erga ipsam amore deperditum, illam expectare, ut, quo pergit, eamdem sequatur, & in Ecclesia impudicitiam suam aspiciendo, & delectando depasci: dixi aliquoties; nam si inhonestus ille non desisteret ab ea singulis festis expectanda, neque ullus superesset modus illum avertendi a spirituali hac persecutione, contempto scandalo pharisaico, deberet mulier modeste composita Ecclesiam adire, & christianorum munera adimplere. Ex his alia similia deducas.

Asserun- tur exem- pla.

☞ Animadvertendum occurrit, ad vitandum scandalum non esse licitum omittere actum lege naturali præscriptum in iis circumstantiis, in quibus præcipitur; quia omissio talis actus est intrinsece mala, cum lex naturalis non præcipiat nisi id, quod est necessarium ad honestatem morum, spectatis omnibus circumstantiis. ☜

VIII. Opera bona de consilio, & supererogationis, ob scandalum pusillorum sunt dimittenda, quousque eisdem ratio reddatur; qua reddita, si persistant, possunt libere fieri. Quia, quousque reddatur ratio, imprudenter & male agitur; tenemur enim malum proximi ex charitate declinare, quoties sine gravi incommodo id præstare possumus. Quod autem, reddita ratione, possimus hujusmodi opera libere exercere, ex eo constat, quod tunc scandalum pati volentes, pharisaice scandalizarentur.

Opera de consilio ob scanda- lum pha- risæorum dimitten- da, vel differenda quousque ratio red- datur.

IX. Opera de se non mala quandoque sunt dimittenda ad evitandum scandalum, quandoque vero licite fieri possunt. Quandoque sunt dimittenda; quia cum nulla ratio nullumque motivum aut necessitatis, aut utilitatis propriæ vel alienæ postulat actionem illam, a qua prævidetur scandalum, quamvis pharisaicum, secuturum, cur non erit ab ea abstinendum? Propterea c. e. si indigeas pecunia, peccas graviter, si adeas illum, quem scis petitorum injustas usuras, cum possis adire alterum, qui mutuum dabit innocenter, aut exiget justo titulo lucri cessantis &c. Quandoque vero præfata opera licite fieri possunt, quia scandalum mere acceptum & passivum vere

Opera non mala ali- quando dimitten- da, ali- quando non.

non

non datur ab operante actionem de se non malam, neque mali speciem habentem exercente: igitur ad hujusmodi scandalum vitandum non semper tenebimur actionem dimittere. Hinc redeundo ad casum paulo ante positum, si non sit alius, qui pecuniam det nisi usurarius ille, poteris illum adire si necessitas urgeat, non offerendo illi usuras, sed ab eo petitas promittendo & dando. Quædam autem Æconomia christiana circa hujusmodi est observanda, quod nimirum requiratur motivum majoris necessitatis, vel utilitatis propriæ, aut alienæ ad permittendum scandalum pusillorum, quam ad permittendum pharisaicum: unde si ad permittendum illud sufficiat V. G. utilitas ut decem, ad hoc permittendum sufficiat utilitas ut quatuor. Dixi ad permittendum, quia numquam intendi potest; immo dum permittitur, sincero corde est optandum, ne sequatur.

Bona temporalia quandonam ob scandalum dimittenda?

X. Bona temporalia aliena, quorum nos custodes sumus vel administratores, non sunt propter scandalum dimittenda. Contra bona, quorum nos domini sumus, interdum propter scandalum pusillorum sunt dimittenda, nisi alia via scandalum possit auferri. Diximus de industria quandoque; quippe communis Doctorum sentit, neminem teneri cum notabili damno proprii status & decentiæ ejusdem evitare scandalum pusillorum. Ad evitandum vero scandalum pharisaicum non sunt temporalia dimittenda. Sic S. Thom. 2. 2. q. 43. art. 8.

Quando mulier scandalum offerat excedenti ornatu?

XI. Circa ornatum muliebrem in primis dicendum, mortaliter peccare illam mulierem, quæ se ornando præter suam conditionem prudenter prævidet, se in aliqua determinata persona affectum turpem excitaturam. Dixi præter suam conditionem, quia modestus, & decens ornatus juxta mulieris gradum non videtur dimittendus ob scandalum passivum; esset enim in casu hoc pharisaicum. Addunt tamen Theologi etiam benigni, quod si speraret, demissiori cultu utendo, se repressuram impudici amatoris æstum, teneretur saltem aliquoties id agere.

Nudando pectus graviter peccat.

XII. Quando ornatus est vitiosus circa modestiam, discooperiens quod tegendum est præcipue circa pectora, communis sententia est, quod mulieres talem nuditatem introducentes peccent mortaliter; imo probabilius est, quod peccent mortaliter sic incedendo, etiamsi consuetudo sit communiter introducta. Et hoc deducitur ex D. Thom. 2. 2. q. 169. a. 2. ad 1. docente: *prohibetur mulieribus ornatus superfluus, inverecundus, & impudicus:* nimia autem pectoris nuditas profecto inverecundiam refert & impudicitiam, quæ ad venerem viros provocat. Legatur etiam S. Antoninus 2. p. tit. 4. c. 5. §. 3.

* Videantur quæ de virilis, ac muliebris habitus promiscua mutatione habent Sorbonicæ Familiæ, & Societatis

Caput VIII. De Vitiis Charitati &c. 143

tis Doctores de Lamet, & Fromageau V. *Habitus Mutatio.* *

XIII. Circa spectacula, sic scribit S. Thomas in 4. Sent. distinct. 16. q. 4. art. 2. quæstiuncula 2.: *Spectacula, si sunt rerum turpium, & ad peccatum provocantium, studiosa eorum inspectio peccatum est; & quandoque in eis tanta potest libido adhiberi, ut sit etiam mortale: unde a tali inspectione omnes se arcere debent.* Legatur etiam quæ S. D. scribit loc. cit. quæstiunc. 1. & 2. 2. q. 168. a. 3. *Quid circa spectacula?*

☞ De spectaculis Theatralibus Christiano cuique tum Laico, tum Clerico vetitis duas edidit Dissertationes P. Daniel Concina O. P. & insuper aliud Volumen Italico idiomate exaratum, S. P. Benedicto XIV. dicatum.

XIV. Quod spectat ad cooperationem, quam quis potest præbere peccato alterius, ante omnia distinguas necesse est cooperationem remotam a cooperatione proxima: remota consistit in actione de se non mala, & qua alter uti potest sine peccato, puta vendere pannos, gemmas meretrici, suere vestes ejusdem, quibus actionibus, & rebus ipsa uti potest sine peccato: proxima consistit in actione vel de se influxiva in peccatum alterius, vel quæ ex circumstantiis evadit hujusmodi; puta, qui scribendo deservit alteri dictanti epistolam amatoriam, & seductricem, ut eam mittat ad alienam; hæc est actio de se influens in peccatum illius: aut si quis jam iratus, & vindictæ fervens petat ab alio gladium, & hic eumdem illi commodet, dicitur ex circumstantiis, ut supponitur, sibi notis, influere in vindictam; quia tametsi commodare gladium amico absolute, & de se non sit malum, commodare illum in data circumstantia est malum, & proxime cooperari; itaut actio commodandi non amplius suam retineat indifferentiam. Cooperari itaque proxime semper est peccatum scandali in illa specie, in qua alter peccat, diciturque cooperari formaliter. Cooperari autem remote non est peccatum, dummodo hæ adsint conditiones. Prima, quod actio qua cooperatur de se sit non mala, sed aut bona, aut indifferens. Secunda, quod cooperantis intentio sit bona, nempe eliciendi actionem suam ad finem honestum; puta, suendi vestes concubinæ pro eo fine, pro quo vestes sunt institutæ, nempe reparandi, tegendi, & honeste ornandi corpus, nunquam ut illis concubina abutatur ad alliciendos incautos, prout ipsa habitualiter intendit. Tertia, quod adsit justa causa excusans eliciendi talem actionem; puta, sartoris suentis dictas vestes, ut se suosque sustentet. Quarta, quod peccatum alterius ex vi officii mei impedire non tenear. Quinta, quod actionem illam denegare non possim sine proprio damno. Sexta, quod, etiam me non cooperante, adhuc malum fieret. Septima tandem, quod alter actione mea

Licet nunquam cooperari peccato alterius? Præmittuntur scitu necessaria.

Conditiones, ut cooperatio remota & materialis non sit illicita.

non

non sit abusurus contra bonum commune Ecclesiæ, vel Reipublicæ. Servatis itaque his conditionibus cooperatio remota non est culpabilis, diciturque cooperatio materialis.

* Legesis quæ de picturis, imaginibus, statuisque obscœnis, nec non de cantilenis turpibus, libris, vel litteris amatoriis docent Pontas V. *Aspectus*, P. Daniel Concina *tom.* 2 *lib.* 1. *in Decal. differt.* 9. *c.* 12. & Continuator *Prælect. Theol.* Honorati Tournely *tom.* 3. *tract. de Decal. cap.* 3. *art.* 7. *sect.* 2. *

Non licet suadere positive peccatum mortale minus grave, ad impediendum gravius.

XV. Volenti peccare aliquo peccato, nunquam licet suadere positive peccatum minus, quamvis alia via non supersit avertendi eumdem a peccato illo graviori perpetrando. Ratio est, quia suadere positive peccatum mortale minus, non potest unquam judicari mera permissio ejusdem, ut falso sibi suadent adversantis opinionis protectores. Qui vult igitur sine reatu removere Proximum a tanto malo, suadeat, absterreat quantum charitative potest; si autem suasus resolvat ex se ipso abstinere, puta ab adulterando, eligendo tamen fornicari, si suadens neque ab hoc removere possit, sileat, & mere permissive se habeat.

Non licet positive ponere offendiculum, ad experiendam probitatem Proximi.

XVI. Non est licitum data opera ponere materiam offendiculi Proximo, quem suspicamur in tali materia peccaturum; sed est verum peccatum scandali, a quo non excusat neque intentio emendationis delinquentis, neque motivum propriæ securitatis. Neque dicas te habere jus secura reddendi bona tua: ita, habes hoc jus; & ideo eamdem cautius custodias, claves mutes, aut multiplices, arcas tuas instaures &c. ad quæ omnia jus habes, illoque utere; at nullum jus habes violandæ charitatis, & ponendi data opera offendiculum imbecillitati tui Proximi. Consulto dixi, *data opera :* aliud enim est, si negative tantum te haberes, videlicet, nullam ulteriorem diligentiam adhibendo, non auferendo, neque tollendo occasionem, ob honestum finem vel tuæ securitatis, vel ob alium quemvis; quia ita negative te gerendo, nullum præstas concursum ad peccatum alterius, sed dumtaxat ob honestum finem permittis; neque injuste agis, cum, ut supponitur, jus habeas te reddendi securum de fidelitate, obedientia, ministerio, officio personarum ad te pertinentium.

Potest in necessitate peti actio, quæ ab alio innocenter, si velit, præstari potest.

XVII. In casu necessitatis urgentis quivis, qui non sit specialiter obstrictus impedire peccatum talium personarum, licite petere potest actionem honestam ab illo, qui, si velit, potest absque ullo peccato eamdem præstare; dummodo in petente absit omnis prava intentio, & adsit justum motivum illam petendi, quamvis timeatur alterum illam præstiturum affectu peccaminoso, vel ex ea

assum-

assumpturum occasionem propriæ ruinæ spiritualis ob suam malitiam. Hinc possunt in necessitate, & alio Sacerdote deficiente, possunt, inquam, peti Sacramenta a Sacerdote notorio peccatore. Potest licite mulier infirma gravi morbo in defectu alterius medici vocare medicum illum unicum, quem certa est moraliter sui aspectu delectaturum, & forte aliquam impudicitiam attentaturum, (dummodo ipsa tamen nullo periculo consensus subjiciatur) ut ipsi medeatur. Potest aliquis in urgenti necessitate constitutus, neque alterum habens, ad quem recurrere possit, petere mutuum ab eo, ut etiam alibi indicavimus, qui nonnisi sub injustis usuris daturus est. Ex his similia solvas, præ oculis semper tenens, non sine gravi motivo hæc fieri posse, & moraliter non alium haberi posse, qui actionem illam necessariam præstet.

XVIII. Ad evitandum grave damnum vel in corpore, vel in bonis, dicunt multi, non esse illicitum cooperari remote & materialiter peccato alterius, retenta semper coram Deo sincera intentione non influendi in peccatum, præstando actionem, quæ per se est honesta, vel indifferens, & duntaxat ex alterius malitia evadit perniciosa; & alioquin, etiam me non cooperante, non impeditur peccatum; quia multi alii cooperarentur. Hinc inferunt, quod, quamvis caupo nequeat ob solam imminutionem lucri ministrare vinum certo moraliter se inebriaturis, si tamen prudenter timeat, se vulnerandum, mutilandum, graviter percutiendum &c. tunc licite possit: similiter ad eadem mala evitanda posse ministrare carnes diebus vetitis, aut hæreticis, aut perditis catholicis discumbere volentibus, excepto religionis contemptu. Et similiter dicunt de vendentibus res, quæ bono & malo usui deservire possunt, quando emuntur ab illis, qui certo sunt abusuri: & sic de similibus.

Quando possit quis licite cooperari remote peccato alterius?

XIX. Locare domum meretrici, aliquando potest esse licitum, puta, si domus sit in loco Civitatis non multum frequentato, nec valde exposito; & alioquin dominus domus, quippe qui tenuis fortunæ, notabiliter gravetur ex defectu pecuniæ locatitiæ: immo, salvo meliori judicio, putarem, quod etiamsi domus esset in loco frequentato, & dominus nimium gravaretur ad alendam familiam ex defectu pecuniæ locatitiæ, & difficulter inveniret alios, quibus eam locet, putarem, inquam, eum non peccaturum; quia domus non conceditur ad peccandum, sed ad habitandum: qua ratione, quando accedit necessitas locantis, videtur excusabilis a culpa ipsa locatio. Si autem locans jam alios proventus habeat, nec locatitia illa pecunia indigeat, & domus existat in loco exposito & frequentato, non auderem ipsi consilium dare, ut domum meretrici locaret.

Locatio domorum meretricibus, quando illicita?

Tom. I.   K   Le

* Legatur P. Daniel Concina in sua Theologia Christiana contracta tom. 1. lib. 3. differt. 4. n. 28.

Quid de famulis inservientibus concubinariis, aut concubinis?

XX. Circa famulos in variis ministeriis deservientes concubinariis, aut concubinis, ante omnia observanda est thesis 51. ab Innoc. XI. confixa, in qua dicebatur; *Famulus, qui submissis humeris scienter adjuvat herum suum ascendentem per fenestras ad stuprandam virginem, & multoties ei subservit, deferendo scalam, aperiendo januam, aut quid simile cooperando, non peccat mortaliter, si id faciat metu notabilis detrimenti, puta, ne a domino male tractetur, ne torvis oculis aspiciatur, ne domo ejiciatur*. In hac thesi tria præcipue animadvertenda sunt: primum, natura actionum in ea recensitarum; secundum, motiva ob quæ judicabantur licitæ; tertium, aliæ actiones non expressæ recensitis consimiles, & virtualiter significatæ. Quoad primum jam satis apparet, actiones illas dictis circumstantiis adjunctas esse determinate malas, & sua indifferentia spoliatas. Quoad secundum similiter liquet, illa motiva non esse tanta, ut excusabiles reddere valeant actiones recensitas. Quoad tertium, ly aliud simile cooperando, significat alias actiones proxime concurrentes ad alterius peccatum, atque affectas illa circumstantia, quod sint media tunc determinata & assumpta ad actionem peccaminosam. Hujusmodi essent præparare lectum ad hic & nunc commodius peccandum; præbere clavem cubiculi mulieris stuprandæ; eamdem retinere, ne fugiat; ferre epistolas scienter amatorias; advehere concubinam ad domum heri; ipsam nescientem, ubi meretrix aliqua habitet, ducere ad domum meretricis.

Alii casus resolvuntur.

XXI. Videtur non peccare famulus, qui dumtaxat numerat, aut in libro describit pecunias ad usuras illicitas a domino dandas, si grave malum sibi timeat. Non videtur etiam peccare conjux liber a voto, si ad evitandas graves rixas conjugales & domesticas, & incontinentiam alterius conjugis voto castitatis sine suo consensu gravati, reddat debitum. Non peccat demum debitor, reddendo pecuniam creditori petenti tempore, quo est eadem ad grave peccatum abusurus, si non possit absque rixæ vel alterius mali periculo illum inducere, ut differat in aliud tempus. Plura legere poteris de hoc cooperationis argumento in P. Cardenas in sua Crisi theologica.

Obligationes eorum, qui scandalum dederunt per vim fraudem &c.

XXII. Qui per vim, aut dolum, aut falsam doctrinam alterum seduxit ad peccandum, tenetur auferre causam datam peccandi, ut deinceps a peccato desistat: ita communis; & nisi ita faciat, peccat nedum contra charitatem, sed etiam contra justitiam. Tenebitur itaque illum integræ libertati restituere, vim auferendo, dolum tollendo, & falsam doctrinam etiam cum juramento retratractando, eidemque sinceram pœnitentiam suadendo. Si autem ex errore eidem insinuato, ex fraude illi facta, unde lapsus est, eidem etiam resultasset damnum temporale, puta, ejectio ab officio lucroso; teneretur etiam ad compensationem damni temporalis, quia fraus ejus fuit vera causa illius damni. Qui vero sine fraude, dolo, metu, falsis suasionibus &c., sed dumtaxat exemplo, suasione non falsa, muneribus, deprecatione alterum ad peccandum induxit, ita ut hic scienter voluntarie assentiatur; non tenetur ad compensationem damnorum ex peccato secutorum, ex justitia. Hinc tamen non infertur, quod, si suaseris puellæ stuprum sine ulla injuria, non tenearis ad damna secuta, si quæ emergant: quia etiamsi non intuleris injuriam ipsi defloratæ, illam intulisti custodibus ejusdem: de quo plura de restitutione in particulari in tract. 9. cap. 6. §. 1. Similiter si suasio tua facta v. g. Petro ad actionem redundantem in damnum Pauli, attulit Paulo damnum, teneris Paulo in defectu Petri damna illa compensare, juxta dicenda dum disseremus de concausis damnificationis loc. cit. cap. 5. §. 13. Tenetur tamen dicto modo scandalum dans, ex charitate commonere scandalum passum, ut desistat, pœniteat &c.

XXIII. Qui dissuadet alicui ingressum Religionis ob motiva rationabilia, nullum scandali peccatum committit: qui autem dissuadet ingressum in Religionem absque rationabili causa, si solis precibus, & promissis utatur, quæ relinquunt hominem in plena libertate, peccat mortaliter contra charitatem, nisi ignorantia, vel inadvertentia excuset; si vero precibus, promissis &c. addat etiam fraudes, mendacia, n. ias &c. quæ involuntarium aliquo modo efficiant, peccat etiam graviter contra justitiam; & tunc tenetur dolosus suadens 1. omnem injustam causam amovere, fraudes aperiendo, mendacia retractando, & cætera agendo, quæ alterum integræ libertati restituant. 2. in casu, quo a Religione recessisset, teneretur procurare quantum posset, ut, qui recessit, iterum reciperetur.

Dissuadens alteri ingressum Religionis, quando peccet, & restituere teneatur?

XXIV. Demum qui præfatis modis injustis aliquem retraxit ab ingressu Religionis, vel jam ingressum retraxit ab illa profitenda, tenetur Religioni respective compensare damna, quæ eidem obveniunt. At interrogabis quidnam restituendum esset Religioni? Cardinalis de Lugo respondet, quod quamvis amoveris omnes fraudes &c. si ille., qui volebat ingredi, vel jam ingressus fuerat, nolit perseverare in sancto proposito, cum tuæ fraudes reapse fuerint causa, quod voluntatem mutaverit, tu tenearis restituere Religioni pro rata spei proventuum, qui eidem advenissent ex illa persona, perpensis habilitati-

An aliquando teneatur restituere Religioni?

tatibus, & juribus hæreditariis ejuſdem, eo quod his proventibus illam injuſte privaveris.

CAPUT IX.

De Virtute Religionis.

§. I. De Religionis Notione, ejuſdemque Actibus.

Quid ſit Religio?
I. Religio eſt virtus, qua redditur cultus Deo, tamquam primo rerum omnium Conditori, ſupremoque Domino. Itaque objectum, ſeu materia, circa quam Religio verſatur, eſt cultus Deo exhibendus. Hinc pa-

Religio excellit ſuper omnes virtutes morales.
ter Religionem præcipuam eſſe inter Virtutes Morales, quia illius objectum ſupra objecta iſtarum eminet. Patet inſuper Religionem non eſſe accenſendam Virtutibus theologicis, quia Deum proxime non ſpectat. Cum autem Deus Auctor ſit & rerum naturalium, quæ lumine naturali percipiuntur, & ſupernaturalium, quæ lumine infuſo fidei creduntur; idcirco duplex eſt Religio, alia naturalis, qua colitur Deus ut naturæ Auctor, alia ſupernaturalis, qua colitur Deus ut Auctor Gratiæ & Gloriæ, cæterorumque myſteriorum revelatorum.

Quot ſint Religionis actus?
II. Juxta ea, quæ tradit S. D. 2. 2. q. 82. & ſequentibus, Religio duo habet actuum genera, internorum videlicet, & externorum. Interiores ſunt duo, nempe Devotio, & Oratio: exteriores ſunt octo, ſcilicet Adoratio, Sacrificium, Oblatio, Decimæ, Votum, Juramentum, Adjuratio Divini nominis, & Aſſumptio ejuſdem Divini Nominis in laudem. Modo omnium trademus ex Angelico Doctore ſummariam notionem, operoſiorem deinde nonnullorum diſcuſſionem habituri.

Quid ſit Devotio, & quænam ejus cauſa?
III. *Devotio*, ex D. Thom. loc. cit. art. 1. *eſt voluntas quædam prompte tradendi ſe ad ea, quæ pertinent ad Dei famulatum.* Et art. 3. duas aſſignat devotionis cauſas. *Extrinſeca & principalis eſt Deus*: cauſa autem intrinſeca eſt meditatio, ſeu contemplatio Divinæ bonitatis, & beneficiorum ipſius, & ſimul noſtræ egeſtatis, & infirmitatis.

Orationis notio, actus neceſſitas.
IV. Oratio ex traditis a D. Thom. 2. 2. q. 83. eſt *Petitio decentium a Deo*: hujus actus principalior elicitur ab intellectu declarante atque exponente Divinæ Majeſtati petentis neceſſitates. Aſſociatur autem actui intellectus etiam actus voluntatis optantis, & fidentis obtinere humiliter poſtulata. Quando petitio etiam ore profertur, adhuc principalior actus petendi menti adſcribitur, qui veluti materialiter & ſenſibiliter completur petitione vocali. Oratio adultis eſt neceſſaria neceſſitate medii, quæ deducitur ex innumeris Scripturarum locis,

Caput VIII. De Vitiis Charitati &c. 149

In quibus adeo urgenter inculcatur orationis praxis, & frequentia; nec non ex SS. Patribus eodem tenore loquentibus. Legatur D. Thom. 3. p. q. 39. art. 5. & lect. 2. super cap. 12. ad Roman.

☞ Tres sunt orationis effectus, videlicet meritum, satisfactio, & impetratio. Meritum ei debetur, quatenus ex charitate, media Religione, procedit. Satisfactio quodlibet opus meritorium comitatur. Impetratio rei, quam petimus, proprius est orationis fructus. Hæc quoque oratio, ut impetrans, efficaciam sortitur ex gratia Dei, quem oramus, ut docet D. Thom. 2. 2. q. 83. art. 15. Quatuor autem conditiones ad impetrationem requiruntur: scilicet 1. quod pro se præcipue petat: 2. quod necessaria ad salutem: 3. quod pie: 4. quod perseveranter, ut S. D. exponit *ad 2. Orationem vero peccatoris ex bona natura procedentem*; ait idem *art.* 16., *Deus audit non quasi ex justitia, quia peccator hoc non meretur, sed ex pura misericordia, observatis tamen quatuor præmissis conditionibus.*

Animadvertendum insuper est cum eodem, *art. 4. quod oratio sit alicui dupliciter. Uno modo quasi per ipsum implenda: alio modo sicut per ipsum impetranda. Primo quidem modo soli Deo orationem porrigimus, quia omnes orationes nostræ ordinari debent ad gratiam & gloriam consequendam, quas solus Deus dat ... sed secundario modo orationem porrigimus Sanctis Angelis, & hominibus, non ut per eos Deus nostras petitiones cognoscat, sed ut eorum precibus & meritis orationes nostræ sortiantur effectum.* Itaque solus Deus orandus est, quatenus solus Deus est Auctor gratiæ, & gloriæ. Sancti vero invocantur non ut Auctores divinorum beneficiorum, aut gratiæ, vel gloriæ, sed ut pro nobis apud Deum orent, & intercedant.

Observandum demum, orandum esse pro omnibus viatoribus, sive fideles sint, sive infideles, sive justi, sive peccatores, sive amici, sive inimici, ut clare constat ex Apostolo 1. *ad Timoth.* 2. Diximus consulto pro omnibus viatoribus; quippe neque pro Beatis, neque pro Damnatis orandum est, cum illi sint in termino beatitudinis, isti in termino damnationis. Pro animabus vero Purgatorii orandum esse sustinent Catholici, contra Lutheranos, & Calvinistas. Illud autem extra omnem dubitationis aleam versatur, suffragia pro degentibus in Purgatorio oblata defuncti pœnas aut in totum, aut in partem auferre, quia sic Deus disposuit. Cæterum, quod huic, vel illi animæ prosint, quod a tota, aut à parte pœnæ liberent, ex Divina solummodo pendet voluntate.

Quid sit Adoratio?

y. Adoratio ex doctrina S. Thom. 2. 2. q. 84., & aliis locis,

qui ejus actus? quæ species?

locis, est cultus Deo exhibitus, seu reverentia Deo exhibita ob ejus infinitam excellentiam; & est duplex, alia interior tantum, alia conjuncta etiam cum externa. Interior, quæ est actus Latriæ, ut statim dicemus, fit per actus mentis & voluntatis, se Deo tanquam primo rerum principio submittentium; qui actus si conjungatur genuflexioni, inclinationi, prostrationi, tunsioni pectoris &c., est adoratio interior cum exteriori conjuncta. Tres recensentur Adorationis sacræ species; (nam de civili, qualis sæpe legitur in veteri testamento hominibus exhibita, nil ad nos) nempe Latriæ, Hyperduliæ, & Duliæ. Prima soli Deo convenit, ut primo cunctarum rerum principio, ultimoque earum fini. Secunda, quæ etiam dicitur suprema Dulia, quæ debetur alicui ob eximiam ipsius super omnes alias creaturas excellentiam; & convenit B. Virgini Mariæ, & Humanitati Christi, perceptæ præcisive ab unione cum Verbo, ut docet S. Thom. 3. p. q. 25. art. 2. nam conjuncta Verbo, adoranda est adoratione Latriæ. Tertia convenit BB. Spiritibus, & Sanctis cum Deo in Coelo regnantibus, ob eorum excellentiam. Eadem species cultus adhibetur sacris imaginibus, rebus, reliquiis &c., quæ debetur prototypo; ut docet S. Thom. loc. cit. art. 5. & propterea Imagini & rebus Christi exhibendus est cultus Latriæ; Imagini & rebus Deiparæ cultus Hyperduliæ; Imaginibus & rebus Sanctorum cultus Duliæ.

* Utique eadem species cultus exhibetur sacris imaginibus, rebus, reliquiis &c. quæ debetur prototypo; at cultus, qui exhibetur prototypo, absolutus est; respectivus vero, qui exhibetur sacris imaginibus &c. *

Quid sit Sacrificium?

VI. Sacrificium est Oblatio exterior rei sensibilis, legitima auctoritate instituta, & a legitimo ministro facta soli Deo, cum reali mutatione ejusdem rei oblatæ, in protestationem divini Dominii super omnes creaturas. De hoc fuse agetur, dum de Eucharistia & de Missæ Sacrificio disseremus, nempe Tractatu 14. cap. 3. §. 9.

Quid sit Oblatio?

VII. Oblatio ex traditis a D. Thom. 2. 2. q. 86. est actus, quo offertur Deo res aliqua exterior immutata manente ejus substantia; V. G. oblatio primitiarum, frugum &c. quæ postea consumuntur in pios usus.

Quid sint Decimæ?

VIII. Decimæ sunt illa decima pars fructuum sive terræ, sive aliarum rerum, quæ debetur Deo in recognitionem supremi ipsius Dominii in cuncta creata; & persolvenda ejusdem ministris, singulisque annis consignanda. Propterea differunt Decimæ a Novalibus seu Primitiis, quæ dumtaxat prima vice offeruntur; idest primi fructus agri noviter exculti; primus partus animalis nondum fœcundi &c. Circa solutionem Decimarum, & Novalium standum est consuetudinibus locorum. Jus Decimarum est

de

Caput IX. De Virtute Religionis.

de jure naturali: de quibus fuse disseritur in quinto Ecclesiæ præcepto, tract. 12. cap. 4.

IX. **Votum** est promissio deliberata facta Deo de meliori bono, de quo latissime disseremus paulo inferius, in §. 2. — *Quid Votum?*

X. **Juramentum** est assumptio Dei in testem ad aliquid confirmandum; & etiam de hoc diffuse in dissertatione de secundo Decalogi præcepto in tractatu 5. capite unico. — *Quid Juramentum?*

XI. **Adjuratio** Divini Nominis ex traditis a D. Thom. in 4. d. 15. q. 4. a. 3. & 2. 2. q. 90. est Dei, vel alicujus Personæ, aut rei sacræ invocatio, ad inducendum vel cogendum alterum, ut aliquid faciat, vel a faciendo desistat, petendo, aut jubendo. Hinc duplex est Adjuratio, alia Deprecativa, alia Imperativa: prima, qua deprecando, alium studemus inducere ad aliquid agendum vel omittendum ob excellentiam, merita, virtutem alterius: puta, cum deprecamur Deum per merita Christi, Christum per merita Deiparæ, Sanctorum &c. Secunda est, qua, invocando Deum, Christum, Sanctos, jubemus alicui, ut aliquid efficiat, vel omittat: puta, cum jubemus dæmoni, ut in virtute nominis Jesu desistat a tentatione, vexatione &c. — *Quid Adjuratio, & quotuplex?*

XII. Ut Adjuratio Deprecativa sit licita & laudabilis, tres requirit conditiones, veritatem, justitiam, & judicium: veritatem, quæ in eo consistit, ut adjurans vere assequi intendat quod petit, & vera sit causa, ob quam petit; quibus deficientibus, juxta aliquos est peccatum veniale; juxta alios probabilius est mortale. Justitia in eo consistit, quod adjurando petatur res licita: si enim petatur res illicita, puta osculum, tactum &c. a fœmina, illam deprecando propter amorem Dei, est juxta omnes peccatum lethale: veniale autem peccatum esse dicunt, quando petitur aliquid tantum veniale. Putarem nihilominus mortalem esse petitionem, petendo a Deo per merita Christi aliquod veniale, puta, proferendi lepide mendacium officiosum; eo quod a gravi injuria vacare non videatur, petere dicto modo rem & Deo, & Christo displicentem. Judicium in eo consistit, quod Adjuratio fiat rationabiliter, reverenter, & non nisi honesta causa: defectus hujus conditionis est venialis. — *Quas postulet conditiones Adjuratio Deprecativa?*

* Legatur Suarez *de Religione* tom. 2. lib. 4. cap. 4. n. 7. ubi docet, quod saltem non in omni casu lethalis criminis damnandus est adjurans sine veritate. *

XIII. **Adjuratio Imperativa** spectat ad Superiores respectu subditorum in his, in quibus sunt subditi; eo quod obstringantur ad id præstandum, in ordine ad quod adjurantur. Et nota, quod ex vi solius Adjurationis non imponitur obligatio, quæ jam præsupponitur; sed additur ad- — *Adjurationis Imperativæ qualitates.*

adjuratio ad urgentius inducendum subditum ut illa præstet, quæ juste petuntur: & propterea subditus non assentiens, neque obediens, non peccat, nisi pro ratione materiæ ad quam tenetur, & non contra Religionis virtutem ob adjurationem non veneratam, nisi forte illam expressè despiceret. Hinc inferas, dæmones licitè & laudabiliter adjurari adjuratione imperativa, servatis servandis.
Adjurantur etiam irrationalia, ut docet S. D. 2.2.q.90.
a. 3. *non adjuratione directa ad ipsa irrationalia, quod
vanum esset, sed adjuratione directa ad eum, a quo irrationalis creatura agitur, & movetur.*

Assumptio Divini nominis in laudem. XIV. Assumptio divini Nominis in laudem, est laus quæ offertur Deo per Psalmos, Cantica, Hymnos &c. de qua latissimè agetur, dum de Horis Canonicis sermo instituetur, cap. 11.

§. II. *De Voto, cujus natura exponitur.*

Explica-tur quid sit promisso constituens votum. I. *Votum*, ex his quæ tradit S. Thom. 2.2.q.88. *est promissio voluntaria, & deliberata facta Deo de meliori bono.* Explico singulas partes. Dicitur promissio, quæ est firma voluntas se obligandi Deo ad id præstandum, quod voveatur. Hinc distinguas votum a proposito quantumvis efficacissimo, cui promissio seu votum addit obligationem præstandi rem promissam Deo, qui eo ipso acquirit jus, ut sibi detur speciali titulo obligationis contractæ. Neque sis multum sollicitus præcipuè apud rudiores, an vovendo usi fuerint verbo promissionis, an simplicis propositi. Animum igitur explora, nisi vis decipi, & deci-
pere.

Dubium incidens. II. At si quis seriò diceret, Voveo &c. nil reflectendo ad obligationem? Respondeo, vel hic omnino ignorat naturam voti, voluit tamen ita dicendo facere id, quod alii faciunt; & ita vere vovit. Vel protulit ea verba, & ignorando omninò voti naturam, & nil cogitando de agendo eo, quod alii agunt, immò putando se nullam contra-
here obligationem; & tunc putandus est non vovisse. Vel denique proferendo ea verba, noverat habitualiter voti naturam; & tunc contraxit obligationem.

Voluntas implendi non requi-ritur. III. Hinc inferas ad voti valorem non requiri voluntatem illud implendi: unde si vovens non excluserit vo-
luntatem se obligandi, (quam si excluderet, sacrilego mendacio peccaret) quamvis impiè excluserit voluntatem im-
plendi, votum subsistit; tametsi sacrilegè peccaverit actu interiori propositæ violationis.

De dubi-tante an voveris? IV. Qui certus est se protulisse verba votum significantia, & dubitat, an protulerit animo vovendi aut se obli-
gandi, juxta omnes tenetur voto. Qui autem verba solum propositum significantia protulit, & alioquin jam voti naturam

Cap. IX. De Voto.

turam noverat; & dubitat, an simul votum emiserit, communiter dicunt, non esse censendum, quod votum emiserit. Non est tamen prætereunda observatio multorum examinantium, an verba formulam pacti referant, puta, Si evasero ab hoc periculo, jejunabo singulis sabbatis; in hoc enim casu judicant verum votum, si evaserit: hi namque loquendi modi, Faciam ego, si tu feceris, manifeste pactum obligans involvunt, & æquivalent promissioni, ac si diceretur: Si tu præstiteris, promitto etiam me præstiturum &c. Qui dubitat an voverit, ita ut ejus mens nequeat discernere, an validiora sint motiva ipsum a voto absolventia motivis illum voto obstringentibus, sed remanet anceps, hærens, & vere dubitans, tenetur votum adimplere: ita probabilior cum Angelico Doctore in 4. d. 38. q. 1. a. 3. q. 1. ad 6. & cum S. Antonino q. 2. tit. 22. cap. 2. §. 10. Eamdem sequuntur nedum probabilioristæ omnes, verum etiam aliqui graves probabilismi sectatores. Probatur autem præcipue ex regula juris, quam supra, nempe tract. 1. cap. 2. §. 5. agentes de conscientia dubia exhibuimus, & exposuimus: *In dubiis tutior pars est eligenda*: cujus regulæ ratio est, quia aliter faciendo, se exponeret peccandi periculo. Tandem qui dubitat de voto, & post diligens examen nulla ei apparet conjectura probabilis, quod illud emiserit, non tenetur voto; quia nullus tenetur subjici obligationi nullo fundamento rationabili innixæ.

Vere dubitans tenetur adimplere votum.

Dubitans sine ullo fundamento.

V. Votum debet esse promissio deliberata, nempe quod emittatur cum plena deliberatione, & sufficiente ad peccatum lethale. Dubitans de deliberatione, si certus sit se vovisse, debet juxta communem præsumere etiam deliberationem adfuisse. Si dubitet de deliberatione ob defectum ætatis, exploret si post septennium voverit, & facere voluerit, quod alii faciunt; & si ita sit, teneat se vovisse sufficienti deliberatione: si vero voverit ante septennium, dubitari potest de defectu deliberationis. Si dubitet, an septennium attigerit, & constet de voto emisso, judicandum est in favorem voti. Si demum dubitet de deliberatione ob subitam passionem timoris, vel ob phrænesim; judicandum est pro voto.

Explicatur secunda particula, nempe deliberata. Quid in dubiis de deliberatione?

VI. Rursus: votum debet esse voluntarium; quia cum votum sit actio moralis, debet esse voluntaria, juxta tradita in tract. 3. Capite 2. de Voluntario. Inter causas efficientes involuntarium una est Ignorantia. Qui igitur emittit votum ex ignorantia, aut errore circa substantialia voti emissi, votum nullum remanet; propterea qui vovit peregrinationem ad aliquod sanctuarium, putans distare duo milliaria, & distat centum, non valet votum: & sic de similibus. Pariter si error versetur circa causam finalem, seu motivum vovendi, irritum reddit votum;

Explicatur 3 voluntaria & varii casus resolvuntur.

tum: unde qui vovit pinguem eleemosynam erogandam puellæ putatæ pauperrimæ, quam deinde novit esse abunde provisam, votum irritum est.

Quid dicendum, quando ignorantia versatur circa qualitatem rei promissa?

VII. Quando error, aut ignorantia versatur non circa substantiam, sed circa qualitatem rei promissæ non mutantem notabiliter rem promissam, juxta omnes, votum subsistit. Hinc teneris voto eleemosynæ dandæ fœminæ pauperi, quam putabas virginem, cum sit vidua. Si tamen mente tua expresse intendisses non aliter te obligare, nisi extante illa qualitate, ipsa deficiente, caderet votum.

Quando metus irritet votum?

VIII. Altera causa minuens voluntarium est metus, qui quocunque modo incutiatur sive ab intrinseco, sive ab extrinseco, sive juste, sive injuste; (quæ omnia loco citato explicavimus) relinquit votum validum, dummodo non incutiatur ab extrinseco injuste ad extorquendum votum. Dixi extorquendum votum injuste; quia si incutiatur metus a causa habente justam auctoritatem, votum tenet. Nota præterea, quod si metus injuste incussus ad extorquendum votum sit levis, votum non irritat.

Quid dicondum de vovente exterius tantum sine animo vovendi?

IX. Qui vovet exterius tantum sine animo vovendi, videtur, quod non peccet lethaliter, dummodo non sit votum de re ab ipso Deo præcepta, sed solius supererogationis.

* In votis solemnibus, vel quæ fiunt in assumptione status religiosi, fictionem esse mortalem, docet P. Antoine *de Virt. Religion. cap. 3. q. 6.* quia in ea fit injuria gravis Religioni, & consequenter etiam Deo, & vix separari potest a gravissimo scandalo. *

Votum quomodo intelligitur factum Deo?

X. Debet insuper promissio votiva fieri Deo saltem primario, & ultimate. Ex hoc tamen non inferas, vota ab idiotis facta Virgini, Sanctis &c. non esse vere vota : quia cum intendant agere, quod in vovendo agendum est, saltem virtualiter & implicite Deo vovere intendunt in honorem Sanctorum. Si autem neque implicite id intendesent, adhuc teneret; & quamvis non esset actus latriæ, esset actus honestus & bonus sive hyperduliæ, sive duliæ; & esset votum improprie tale, idest promissio facta Virgini, aut Sancto graviter obligatoria.

Explicatur de meliori bono.

XI. Ly de meliori bono, significat id quod est melius, quam quod eidem per se opponitur, seu quam negatio illius: ita votum non fornicandi est optimum; quia non fornicari est longe melius, quam fornicari, quod immo est pessimum. Votum nubendi, sic absolute, non est votum; quia, quod opponitur matrimonio, nempe castitas, est ipso melius. Dixi sic absolute; quia si matrimonium esset remedium judicatum necessarium saluti spirituali alicujus, tunc esset votum verum, & obligans.

§. III.

Caput IX. De Voto.

§. III. *De materia Voto idonea.*

I. Debet in primis materia voti esse voventi possibilis, & in sui potestate, Deo auxiliante, reposita; alioquin esset ludicra promissio. Hinc votum nunquam peccandi ullo modo venialiter est invalidum. Dixi *ullo modo*; quia votum non peccandi venialiter deliberate, ex speciali, non privilegio, sed auxilio Dei, quod peti potest, & obtineri, subsisteret: sicuti etiam valeret votum adhibendi sollicitam diligentiam ad omnia venialia cavenda; contra quod votum tunc solum graviter peccaretur, quando notabilis defectus committeretur in ea sollicitudine. Validum est quoque votum de actione ab altero ponenda, intellectum sicuti debet intelligi, nempe procurandi debitis modis, ut alter illam exequatur; & ita vovent genitores se dicaturos filium tali Religioni: quod si filius nollet Religionem ingredi, non peccaret, nisi forte votum ratum habuisset, quae ratificatio aequivaleret voto emisso. Peccaret autem contra gratitudinem Deo debitam, si ob votum emissum a genitoribus, amicis &c., sanitatem recepisset jam desperatam &c.; at puto non lethaliter.

II. Materia voti debet esse bona; nomine boni intelligitur etiam omissio mali: debet autem esse bona non solum in se, sed etiam ex fine; unde esset impium votum, vovere actionem bonam ad malum finem. Circa haec tamen oportet, ut distinguas inter finem pravum afficientem actionem promittentis, & afficientem rem promissam; nam quando afficit rem promissam, puta, si voveas eleemosynam ad obtinendam mortem inimici, aut puellae deflorationem &c. cum gravissima Dei injuria, optando ipsum cooperatorem iniquitatis, tunc inficitur res promissa, & irritum, immo impium reddit votum. Quando autem afficit solam actionem vovendi, & res promissa sit bona, multi dicunt, quod tunc tenet votum, quamvis inficiatur ipsa actio vovendi seu ipse vovens: puta, si voveas eleemosynam, ut vovendo lauderis ab adstantibus.

III. Vovere aliquod, quod sit etiam dumtaxat peccatum veniale, probabilius nobis videtur esse peccatum mortale. Similiter votum in gratiarum actionem pro re mala assecuta, irritum est, ac sacrilegum. Aliter dicendum est de voto facto ad obtinendam rem bonam a facti mali exitu dependentem: puta, si ad duellum perrecturus voveat aliquid, posito quod a morte evadat; quia hoc voto expectatur a Deo, id quod revera beneficium est, pro quo, & non ut animosior fiat vovens in peccando, votum emissum fuit.

* Legatur Petrus Collet *Inst. Theol.* tom. 2. tract. de Relig.

Debet esse materia possibilis.

Votum non peccandi venialiter.

Votum de actione ab alio ponenda.

Debet esse de re bona, & quomodo?

Votum de re mala, vel pro re mala consecuta, vel pro bono, quod pendet a facto malo.

Relig. p. 2. c. 5. a. 2. q. 4. ubi plura docet de conditione mala voto rei bonæ adjecta. *

Votum de re indifferenti.

IV. Materia indifferens, manens in sua indifferentia, non est voto idonea; si tamen ex circumstantia adjuncta transeat in bonam, tunc tenet votum.

Circa votum non ludendi nonnulla observanda.

V. Votum nunquam ludendi ullo lusu validum est. Exploranda tamen in eo est intentio voventis; si enim solum intendit declinare jacturam bonorum, non peccabit, si ludat nihil exponendo, vel si ludat alterius loco. Si intendit non prodigere tempus, quod ludis insumebat; si raro, & ad breve tempus ludat, non videtur lethaliter peccare. Quantum autem tempus induceret mortalem transgressionem, difficile est definire: excedere unam horam, putarem non esse leve. Si vovit, ne in blasphemias, rixas &c. erumpat; tenetur abstinere ab illis ludis, & collusoribus, in quibus & cum quibus solet in talia incidere; & si peccare nolit, debet tales ludos, talesque collusores eligere, in quibus & cum quibus est moraliter certus, se in talia non proructurum: quod si ob temperamentum biliosum prudenter timeat, se in quocumque ludo similia perpetrare, ab omni ludo abstinere debebit.

Votum nubendi quando validum?

VI. Votum contrahendi matrimonium in se est nullum, ut supra indicavimus. Ex circumstantiis autem adjunctis, potest esse validum: puta, si ad lapsus carnis, a quibus difficillime te evasurum prævides, impediendos matrimonium voveas; si ob pacem ineundam, & stabiliendam inter catholicos Principes inimicos; si propter servandam puellæ a te defloratæ, vel viduæ honestæ violatæ famam; si pro successione in solio Regali, ad præcavenda bella; & pro similibus; tunc esset de meliori bono, & teneret.

Votum non vovendi.

VII. Votum non vovendi absolute est nullum. Si quis tamen tyrannica phantasiæ vexatione ad emittenda vota raperetur, votum non vovendi, nisi habita consultatione prius cum prudente directore, esset optimum. Si autem, qui vovit non vovere sine licentia, voveret aliquod memor voti emissi, peccaret quidem mortaliter vovendo, teneretur tamen votum implere. Si vero vovit immemor omnino voti emissi non vovendi, nisi habita licentia, ita ut intenderit nullum votum deinceps valiturum, nisi obtenta licentia illud emittendi; votum subsequens non valeret.

✢ Non est una omnium sententia circa culpam, quam perpetraret qui post emissum votum non vovendi sine licentia, vel nisi coram testibus, Confessario, vel scripto, voveret absque hujusce circumstantiæ observatione. Alii, quibus Auctor subscripsit, eam lethalem existimant; alii venialem solummodo putant. Nos iis adhærendum censemus, qui media via incedunt, sentiuntque

ejus-

ejusdem culpæ qualitatem maxime ex circumstantiis esse sumendam. Si namque quis non curaret votum prius emissum, si illud nauci faceret, si illud ex contemptu transgrederetur, dubio procul lethaliter delinqueret; quia violaret prudens votum, & suæ conscientiæ vel utile, vel necessarium, alio imprudenti & incauto voto. Si vero quis ex inadvertentia & inconsideratione voveret, vel aliqua ratione ductus putaret circumstantiam illam non vovendi sine licentia, vel nisi coram testibus, Confessario, vel scripto in illo, quo vovet momento, non urgere, poterit a mortali excusari.

Quoad validitatem vero posterioris voti est inspicienda prima voventis intentio. Si enim cum primum edidit votum, voluit non valere vota subsequentia nisi de consilio & licentia Confessarii, nisi in scripto &c., profecto nullum est votum subsequens emissum absque observatione talis circumstantiæ. Si vero votum voluit quidem tali affici conditione, ut sibi noluerit adimere libertatem aliter vovendi, peccabit utique contra primum votum, eoquod imprudenter, contra quod promisit, voveat; at validum erit novum votum; cum plura sint quæ illicite fiunt, facta tamen obligant, ut patet in Matrimonio ab habente votum castitatis celebrato. *

VIII. Votum nunquam petendi dispensationem a voto aliquo emisso videtur esse conditionatum, videlicet nunquam petendi dispensationem absque gravi causa: & propterea qui illud emitteret, non reflectendo ad causam etiam justam dispensationis, quæ occurrere posset, putarem ad votum teneri, quippe quod validum; censetur enim illud emisisse eo modo, quo virtuose emitti potest, nempe non petendi dispensationem sine justa causa: si vero intendisset includere etiam causam quamcumque; tunc utpote imprudens, injuriosum, & de re non bona, votum non valeret.

Votum nunquam petendi dispensationem.

IX. Qui vovit materiam pluribus partibus constantem, quarum quælibet seorsim observari potest; si impotens efficiatur ad totum, tenetur ad eas partes, quas potest. Ratio patet ex terminis, & ex reprobatione thesis 54. inter confixas ab Innoc. XI. de non valente omnes horas recitare &c. Unde si nequeas recitare totum Rosarium voto promissum, potes autem tres, quatuor, quinque decades, ad illas teneris. Qui vovit plura, quorum unum est principale, cætera accessoria, his ruentibus, & illo persistente, votum est implendum: secus autem si illud ruat. Unde si vovisti peregrinationem pede nudato, & illam hoc modo perficere impediaris, facias pede calceato; & si etiam ab hoc impediaris, perficias curru. E contra vovisti peregrinationem ad Sanctuarium, & visitare omnia Altaria illius Ecclesiæ; jure impediris

Vota pluribus partibus constantia.

Vota continentia materiam principalem & accessoriam.

Vota in-
compoſsi-
bilia.

a peregrinatione, ceſſat obligatio alia Altaria viſitandi. Dum vota incompoſsibilia occurrunt, ita ut alterutrum omitti debeat; perfectius & Deo acceptius eſt obſervandum. Si ſint judicio prudentum æqualis perfectionis, obſervandum eſt primum: & idem dicendum, ſi dubitetur, quodnam ſit perfectius, nec dubium reſolvi queat.

§. IV. *De Diviſione Voti; nec non de obligatione ejuſdem.*

Diviſio
voti. Per-
ſonale,
Reale, &
Mixtum.

I. Cum neque integre, neque ordinate tradi poſſit, quanta ſit voti obligatio, niſi habeatur notitia varietatis votorum; de hac primo nunc differendum eſt. Diſtinguitur primo votum in Perſonale, Reale, & Mixtum. Perſonale eſt illud, cujus obligatio afficit perſonam; eſt enim de actione aliqua a vovente exequenda. Reale eſt illud, quod afficit aliquam rem pretio æſtimabilem, quæ non ſit ipſa actio voventis, licet ſit a vovente offerenda. Mixtum eſt illud, quod afficit & perſonam, & rem, nempe quo obligatur perſona & ad aliquam actionem, & ad aliquam rem tradendam. Dividitur item in Tempo-

Tempora-
rium, &
Perpe-
tuum.

rarium, & Perpetuum: primum tranſacto certo tempore extinguitur, cum dumtaxat ad tempus illud emiſſum fuerit: ſecundum durat uſque ad mortem. Quando autem dubitatur, cujus generis ſit, tunc examinanda eſt materia voto promiſſa, & juxta illius naturam reſolvendum; nam ſi quis dicat: *Voveo caſtitatem*, intelligitur votum perpetuum; cum hæc materia perpetuo ſoleat Deo offerri, niſi intentio voventis certum terminum obligationi præfigat: e contra *Voveo eleemoſynam decem aureo-*

Abſolu-
tum, &
Conditio-
natum.

rum, intelligitur pro una vice tantum. Dividitur inſuper in Abſolutum, & Conditionatum: primum emittitur, nulla adjecta conditione; ſecundum, adjecta conditione, cujus obligatio pendet ab adimpletione conditionis. Quod ſi voto apponas conditionem ſubſtantiæ voti repugnantem, puta, *Voveo Religionem cum hac conditione, quod poſſim habere dominium rerum mearum*, votum erit nullum, utpote de contradictorio, & impoſſibili. Tandem dividitur in Simplex, & Solemne: primum emit-

Simplex,
& Solem-
ne.

titur, quin interveniat ulla ſolemnis acceptatio Eccleſiæ, ſaltem perpetua: ſecundum emittitur cum ſolemni acceptatione Eccleſiæ, & in perpetuum duraturum.

Votum
obligat ſub
gravi in
re gravi,
ſub levi
in re levi.

II. Obligatio voti eſt gravis, ſi materia gravis ſit; ſi autem ſit levis, nobis probabilior apparet opinio, quod & obligatio ſit levis. Materia autem dicitur gravis, quæ capax eſt obligationis ſub mortali, aut quæ ex circumſtantia aliqua valde conferat ad divinum honorem, aut ad ſpiritualem voventis utilitatem. Hinc no-

Votum
vi gravis

bis ſimiliter probabilius videtur, quod poſſit vovens in re gravi ſe obligare dumtaxat ſub veniali, ſi expreſſe velit.

velit. Ratio deducitur ex principio sæpe a S. Doctore repetito; quia *actus libere agentium non operantur ultra intentionem eorum*. Dixi expresse, quia nisi hoc expresse intendat; tunc judicandum esset juxta conditionem materiæ.

potest obligare sub levi.

III. In dubio de intentione voventis circa qualitatem, & quantitatem obligationis sibi impositæ, habenda est ratio ad qualitatem & naturam materiæ, ad verba ab ipso expressa, quæ sunt intelligenda juxta consuetum & communem sensum, & ad circumstantiam temporis. Ita communiter sentiunt Auctores, qui deinde non conveniunt circa casus particulares. Hinc inferas contra plures, illum, qui vovit singulis hebdomadibus recitare Rosarium, si deinde dubitet an voverit integrum, an tertiam dumtaxat partem, teneri ad integrum; quia ex terminis tertia pars non est Rosarium. Qui vovit singulis diebus audire Sacrum, & dubitat an voverit illud duplicare diebus festivis, sufficit quod unum audiat; quia modus se exprimendi ita intelligitur, nempe quod nulla transeat dies, in qua Sacrum non audiat. Qui pertæsus suæ incontinentiæ exiens lupanari, dicit: Voveo non amplius congredi cum fœminis: dubitat deinde, an in voto comprehendatur congressus maritalis cum uxore aut habita, aut habenda, jam patet ex circumstantiis, votum intelligendum de congressu illicito. Secus dicendum de eo, qui legens vitam alicujus Sancti, aut excitatus affectu erga Deiparam, aut audiens præmia continentiæ, præfatum votum emittit; patet votum intelligendum in casu dubii de quocumque congressu: & sic de similibus.

In dubio de intentione voventis circa quantitatem obligationis quid dicendum? & assumuntur casus.

☞ Sequentia ad uberiorem explicationem summatim lubet adjicere. 1. Qui vovit jejunare nihil determinando, tenetur eo modo jejunare, quo jejunat, dum servat Ecclesiasticum præceptum jejunii. 2. Qui vovit jejunare, nullo præfinito dierum numero, satisfacit voto unico die jejunii. 3. Qui vovit plura jejunia, non videtur voto satisfacere bis jejunando; quia juxta communem, & exactum loquendi modum, qui plura vovit, ultra numerum binarium illum vovisse præsumendum est. 4. Qui vovit jejunare per mensem integrum, non tenetur diebus dominicis servare jejunium. 5. Qui votum edidit jejunandi omnibus sextis feriis, aut sabbatis per annum, tenetur etiam jejunare, quando his diebus festum recurrit Nativitatis Domini. 6. Puella, quæ vovit virginitatem, tenetur eam servare post perpetratum primum actum turpem, nisi expresse intenderit vitare primum actum turpem dumtaxat. 7. Qui vovit peregrinationem absolute, satisfacit peregrinatione equestri; quia peregrinatio, licet equestris, est vera peregrinatio. 8. Qui vovit eleemosynam, non determinando quantitatem vel qualitatem, voto emisso, potest determinare, sicut poterat, dum votum emisit. 9. Qui unum ex suis vasis argenteis vovit donare Ecclesiæ, potest offerre quod ipse maluerit, neque ad pretiosius vas offerendum tenetur, quando non constet de ejus contraria intentione. In hoc similibusque casibus mediocritas servanda est. Si vero ex rebus voto promissis, una solummodo supersit, aliis deperditis, antequam votum impleatur, hæc est offerenda. 10. Si quis vovit rem determinatam uni ex duabus Ecclesiis donare, neutram designando, ipsi liberum est cuinam maluerit eam offerre. Si autem determinavit unam ex duabus Ecclesiis, & postea oblitus ignorat, quænam sit, debet in hoc casu dividere munus promissum, & pro rata dubii offerre utrique Ecclesiæ suam partem. *Legatur P. Daniel Concina tom. 3. lib. 4. in Decal. Disert. 1. cap. 6.* ubi de his, aliisque pluribus fuso calamo disputat.

Vota Personalia obligant personam. Realia etiam hæredes, & quomodo?

IV. Certum est vota Personalia solum voventem obligare, & Realia transire ad hæredes. Quod si personaliter impeditus vovisset supplere per alium, tunc tenetur alium invenire, qui exequatur, & necessarias expensas eidem subministrare. Dixi Reale transire ad hæredes, quia res illa fuit jam Deo obligata; id tamen cum grano salis est intelligendum, nempe post soluta debita voventis defuncti, atque expensas funeris: & dummodo res illa non sit pars legitimæ debitæ hæredi necessario, cum hæres necessarius sua legitima privari non possit: si autem præter legitimam aliquid superesset, illud hæres teneretur Deo offerre. Quando autem plures sunt hæredes rei voto affectæ, tenentur omnes pro rata.

Vota Communitatum quando a successoribus observanda.

V. Ad vota Communitatis præsentis, regulariter loquendo, non tenentur posteri futuri, nisi actiones illæ aut consuetudine præscribantur, aut in voti emissione intervenerit etiam Episcopi consensus. Quia & consuetudo præscripta vim legis habet, & consensus Episcopi vim quamdam præcepti: ita ut posteri succedentes, non vi voti prædecessorum, sed vi præcepti Episcopalis implere teneantur. Plerumque tamen obligantur tum ratione scandali, quod aliis observantibus afferrent, tum ratione dissensionum, quas, diversimode ab illis se gerendo, excitarent.

Vota mixta quomodo implenda?

VI. Vota mixta, quoad partem, qua personam spectant, ab eadem sunt implenda; quoad partem, qua res afficiunt, spectant etiam ad hæredes. Unde si legator vovisset peregrinationem ad Ædem Lauretanam, & obligationem Lampadis mille argenteorum, legatore morte prævento, nec peregrinatione executa, tenetur hæres ad Lampadem offerendam: patet ex dictis. Si autem legator imposuisset hæredi etiam peregrinationem, ut hæreditate potiatur, etiam istam implere teneretur, ut patet.

VII. *Qui*

VII. *Qui vovit Religionem, & prius cogitavit de Religione intranda, & postea elegit talem Religionem, vel talem locum, obligatur simpliciter ad Religionem; unde si non potest in illa recipi, quam elegit, debet aliam quærere.* Si autem primo & principaliter cogitavit de tali Religione, vel tali loco, in voto ejus intelligitur hæc conditio, si illi velint recipere, ... unde conditione non extante, non obligatur; ita S. Thom. in 4. dist. 38. qu. 1. art. 3. qu. 1. ad 6. & 2. 2. qu. 88. art. 3. ad 2. Qui autem Religionem non determinavit, & ab una vel pluribus repulsus est, nisi sit repulsus absolute & perpetuo, tenebitur iterum petere, ut admittatur. Si vero ab omnibus repellatur, quæ in sua Regione, aut Provincia, aut Regno existunt, non tenetur juxta Cajetanum in 2. 2. loc. cir. circuire per Regiones longinquas; nisi oppositum expresse intenderit. Si autem repellatur ab omnibus illis Religionibus & Monasteriis, in quibus saltem quoad substantialia viget regularis disciplina, & solum admitti speraret ab illis, in quibus hæc est collapsa, dicit Cajetanus ibidem; quod *non teneatur persona, qua vovit Religionem, subire conversationem talium Monasteriorum.* Qui vovit Religionem determinatam, tenetur omnia suæ Regionis, illius Religionis Monasteria tentare, ut ab aliquo eorum recipiatur, manifestando etiam votum a se emissum, si necesse sit; dummodo regularis disciplina non sit in eis substantialiter collapsa, ut dictum fuit. Qui autem vovisset illud determinatum Monasterium, postquam serio fecit quantum potuit, votum etiam declarando, & admitti non possit, videtur a voto absolutus.

Circa votum Religionis que bet vovens?

✠ Ad quid autem teneatur qui ultra votum Religionis, vovet quoque perseverantiam in eadem, docet S. Thomas 2. 2. q. 189. a. 4. videndique sunt Cajetanus & Sylvius, qui in suis Commentariis S. D. doctrinam luculenter exponunt; variasque proponunt ac resolvunt difficultates. ✠

VIII. Circa tempus implendæ obligationis voti observandum est, quod dupliciter tempus se habere possit ad votorum, primo ut quid per se intentum, & tanquam circumstantia intrinseca ipsius actionis ponendæ: puta, jejunium in vigilia S. Vincentii in singularem cultum illius Sancti. Secundo ut concomitanter intentum, & non per se, sed ut circumstantia veluti extrinseca, & terminus impletionis voti, ita ut ultra illud tempus non sit differenda actio promissa, e. g. eleemosyna hac hebdomada eroganda. Hoc notato: Quando tempus est per se intentum, eo elapso sive culpabiliter, sive inculpabiliter, cadit obligatio; nec vovens tenetur eam supplere. Quando vero tempus non est per se inspectum, tenetur vovens supplere.

Quo tempore obseruandum est votum? Quid circa id notandum?

Tom. I.   L   IX.

Qui præ-
videt se
impedi-
tum iri a
acto exe-
quendo,
quando
prævenire
teneatur?
Et quando
tollere
impedi-
mentum?
Vota emis-
sa sine
temporis
præfini-
tione
quampri-
mum im-
plenda.

IX. Qui prævidet se præfinito tempore impediendum esse ab impletione voti, tenetur prævenire. Quando autem tempus est per se intentum modo supra explicato, jam patet, quod prævenire non tenetur. Hinc qui prævidet tale impedimentum oriturum, unde votum præstari non possit, tenetur, quantum moraliter potest, illud impedimentum avertere.

X. Quando vovens nullum tempus præfixit, votum tenetur implere, quamprimum moraliter potest; quia id postulat fidelitas promissario cuique debita: & a fortiori ita, est agendum cum Deo, qui Deut. 23. ita loquitur: *Cum votum voveris Domino, non tardabis reddere; quia requiret illud Dominus: & si moratus fueris, reputabitur tibi in peccatum.* Quare mortaliter peccat, qui sine justa causa per longum tempus voti sui executionem differt. Si enim mora brevis sine causa vacare non potest a veniali, profecto diuturna dicenda erit lethalis, si sine causa fiat; quandoque enim potest justa causa differendi intervenire, judicio prudentis Theologi definienda, ob motivum etiam notabilis utilitatis temporalis, dummodo vota non contineant obsequium Dei perpetuum, sed dumtaxat temporarium.

§. V. De Deobligatione a Voto.

Obligatio
voti cessat
duplici
modo:
quando
per extin-
ctionem?

I. Obligatio voti cessare potest vel per suimet extinctionem, vel per alterius potestatem. Primo modo cessat, si cesset causa finalis, ut etiam supra indicavimus: v. g. vovisti jejunium trium dierum ad obtinendam sanitatem genitori; post primam diem moritur; extinguitur obligatio duorum sequentium. Item si collatur voti materia, aut notabiliter mutetur, ita ut evadat aut turpis, aut melioris boni impeditiva: aut si servari non possit absque gravi damno in vita, vel bonis, vel honore, dummodo hæc damna sint extranea voto, eidemque adventitia; si enim sint connaturaliter voto emisso connexa, fuere impliciter volita, & proinde sustinenda, quantum licite fieri potest. Nota, votum non extingui ob difficultates post emissum votum occurrentes, quas si vovens prævidisset, non vovisset, quando potuerunt & debuerunt prævideri. Extinguitur item votum, quando est conditionatum, si non sequatur conditio, ut patet: tenetur tamen non impedire eventum conditionis, ut probatum fuit. Notandum denique, nullum detrimentum etiam vitæ deobligare a voto, si prævideri potuit & debuit: v. g. vovisti per totam vitam inservire tali hospitali; teneris etiam tempore pestis, & cum tuæ vitæ periculo.

* Postremum hoc, quod asserit Auctor, neque eum, qui

Caput IX. De Voto.

qui vovit per totam vitam inservire tali hospitali, teneri etiam inservire tempore pestis, minime admittendum videtur; nisi aut ad hoc etiam expresse sese obligare intenderit, aut votum emiserit inserviendi hospitali constituto iis in locis, qui identidem huic morbo obnoxii sunt. *

II. Per alterius potestatem cessat obligatio voti tripliciter; primo per Irritationem, secundo per Dispensationem, tertio per Commutationem. Per Irritationem, quæ juxta S. D. 2. 2. q. 88. & 89. est sublatio obligationis voti ex vi potestatis Dominativæ, aut quasi Dominativæ, quam alter habet in personam voventem, vel in rem voto promissam. Potestas in personam dicitur directa; in rem autem promissam dicitur indirecta. Hinc primo Ecclesia habet potestatem Dominativam præscribendi certas conditiones, quibus non extantibus vota sint irrita. *Per alterius potestatem tripliciter tollitur obligatio voti. Quid sit potestas Dominativa, quibus conveniat? Primo Ecclesia.*

III. Superiores Religionum habent potestatem directam irritandi vota suorum subditorum, exceptis votis solemnibus, nec non strictioris instituti ingrediendi. Valide tamen a subditis emittuntur, quousque Superior non contradicat, & illa revocet. Immo etiamsi Superior votum subditi approbasset, vel ab alio æquali prædecessore approbatum fuisset, potest illud semper revocare. Peccabit tamen Superior, si absque justa causa votum subditi irritet. Vota tamen Novitiorum nondum professorum, quæ nec regularem observantiam, neque eorum gubernationem impediunt, non potest Superior irritare. Vota autem, quæ impediunt regularem observantiam, vel eorum directionem, remanent suspensa; & reviviscunt, si Religione exeant. *Superioribus Religionum. Qualiter autem eadem uti debeant?*

☞ Superiores Regulares, qui suorum Subditorum vota irritare valent, sunt Generales in toto Ordine, Provinciales in suis Provinciis, & Superiores Conventuales, seu Conventuum in iisdem. Subpriores vero, Vicarii &c. nequeunt Subditorum vota irritare, dum Prælati præsentes sunt; possunt vero, si isti sint absentes. Non censentur autem Prælati absentes, quando mane e Conventu exeunt, ut eadem die revertantur; sed solum dicuntur absentes, cum per unum & alterum diem naturalem a Conventibus absunt.

Notandum insuper quod Abbatissæ, & Priorissæ Monialium irritare vota Monialium subditarum queunt, sicut Prælati Regulares Subditorum vota irritare possunt.

IV. Omnia vota impuberum (nempe masculorum usque ad decimum quartum ætatis annum, fœmellarum usque ad duodecimum completum) etiam implenda post pubertatem, directe irritari possunt a Patre, vel in ejus de- *Qualiter conveniat Patri, Avo, Tutori?*

defectu ab Avo paterno, vel in horum defectu a Tutore, non tamen a Matre, nisi forte esset nutrix; ita ex cap. *Puella* 20. q. 2. Juxta multos vota in impubertate emissa a filio possunt a Patre irritari etiam tempore pubertatis, nisi tamen filius pubes effectus eadem rata fecerit, sciens antea illa fuisse infirma. Hac potestate caret Tutor, quia puer post pubertatem fit Minor usque ad annum 25. completum.; & Tutor evadit Curator, cui persona Minoris non committitur, sicut persona pupilli Tutori; ad differentiam Patris, qui semper Pater existit. Pater potestate indirecta, quam nempe habet in res filii & familiae, irritare potest vota filii puberis, quae impediunt bonum & prudens familiae regimen: puta, si filius voveret perpetuam a carnibus abstinentiam, idque obesset œconomiae familiari. Secus dicendum de votis personalibus filii puberis castitatis, precum, Religionis &c. quia circa illa, quae concernunt Divinum cultum personalem, filius plenum dominium habet; putarem addendum, nisi tamen preces tantae essent, ut in gravamen œconomiae familiae notabiliter redundarent, a quibus detineretur filius a laborando in opificio sibi commisso &c. tunc enim uteretur Pater potestate indirecta, qua potitur.

☞ Mortuo Patre, & deficientibus Avis, Tutoribus, & Curatoribus, potest Mater vota filiorum impuberum irritare, cum jure naturali competat ipsi cura filiorum. Filiorum autem puberum Mater non valet vota realia irritare, nisi instituta sit Curatrix ☜

Qualiter conveniat Conjugatis?

V. Maritus potestate indirecta irritare potest vota uxoris, quae adversantur usui matrimoniali, educationi prolis, & rectae gubernationi familiae; sicuti vicissim potest uxor irritare vota viri, quae sunt contraria rei matrimoniali, & vitae sociali; quia uterque jus habet in alterum ad hujusmodi. Ita communis ex S. D. in 4. d. 38. q. 1. ar. 1. q. 1. & 2. 2. q. 88. ar. 8. ad 3. Propterea circa conjugum vota attente observandum est, ne sine causa irritentur, neve violetur jus alterius in indicatis capitibus.

* Sylvius *in Sup.* q. 53. *art.* 1. Pontas *V. Votum*, & P. Daniel Concina *tom.* 3. *lib.* 2. *in Decal. dissert.* 3. *cap.* 6. plura ad rem hanc scitu digna docent & explicant. *

Qualiter conveniat Dominis respectu famulorum?

VI. Domini irritare possunt vota famulorum & famularum, quae obstant justo famulatui sibi debito, etiamsi ante famulatum emissa fuissent, dummodo tamen famulando vitam transigere compellantur: liberati tamen a famulatu tenentur ad vota implenda, cum tempore famulatus fuerint dumtaxat suspensa, & postea revivisciant. Si autem Dominus jam antea famulis concessisset licentiam sua vota adimplendi, & deinde ex hoc praejudicium experiretur, posset adhuc licite illa irritare.

Le-

Caput IX. De Voto.

☞ * Legantur P. P. Salmanticenses *tract.* 17. *cap.* 3. *punct.* 6. ubi recte distinguunt servos late acceptos a servis presse sumptis; & de utrisque singillatim disserunt.

VII. Si gaudens potestate irritandi votum, irritet absque rationabili causa, juxta omnes peccat saltem venialiter; & juxta probabiliorem, si res sit notabilis, etiam mortaliter; quia in re gravi abutitur potestate sua in præjudicium Divini cultus, & utilitatis spiritualis Proximi. Duo supersunt notanda: primum, quod quamvis irritatio facta ab habente potestatem irritandi sit illicita, est tamen valida. Secundum, quod vota directe irritata, nempe potestate cadente super personas voventes, nunquam revivifcunt. Vota autem indirecte irritata, potestate videlicet cadente super res, remanent tantum suspensa, & revivifcunt, postquam materia quædam subtracta a potestate dominativa irritantis. Si autem concedens licentiam promitteret, se nunquam irritaturum, & promissio acceptaretur, non posset amplius irritare, quia cessisset juri suo. *Irritans sine motivo rationabili.*

Duo notanda circa irritationem.

VIII. Loquamur modo de Dispensatione, quæ est ablatio obligationis, ejusdemque remissio totalis, ob justam & rationabilem causam, facta ab eo, qui habet potestatem spiritualem jurisdictionis in personam voventis in casibus, in quibus vota sunt valida, & obligatoria. Dixi, remissio totalis; quia partialis est potius quædam commutatio dispensationi admixta. Dixi, facta ob justam causam; quia, hac non extante, est invalida: & in hoc differt ab Irritatione. *Quid sit Dispensatio?*

IX. Causæ autem justæ dispensandi esse solent 1. Imperfecta deliberatio in emittendo votum. 2. Difficultas notabilis in voto implendo sive prævisa, sive non; quamvis prævisa majorem ingerat difficultatem concedendi dispensationem. 3. Damnum spirituale, vel corporale, aut temporale obligati voto. 4. Majus bonum ex dispensatione proventurum. Advertat prudens dispensator, quod si per commutationem succurrere possit indigenti, hac utatur, prætermissa dispensatione. Quando autem causa dispensandi est dubia, dicit S. D. 2. 2. q. 88. a. 12. ad 2. quod vovens *posset stare judicio Prælati dispensantis, vel commutantis, non tamen judicio proprio*. *Recensentur causæ justæ dispensandi.*

X. Dispensatio fit ab habente potestatem, quæ duplex est; Ordinaria, & Delegata: prima est adnexa muneri & gradui dispensantis: secunda est alteri collata ab habente Ordinariam. Ordinaria, quoad omnia vota & respectu omnium fidelium, potitur Summus Pontifex; qui etiam habet facultatem quædam sibi vota reservandi, dempta cuilibet alteri super illis facultate: & reapse quinque sibi reservavit, nempe vota Religionis intrandæ; *Duplex potestas Ordinaria, & Delegata. Ordinaria convenit primo Summo Pontifici.*

L 3   Ca-

166　*Tract. IV. De I. Decal. Præcepto.*

Vota Papæ reservata. Castitatis Perpetuæ; & trium Peregrinationum, Jerosolymitanæ, Romanæ, & Compostellanæ. Ita ex cap. *ex multa, & super his*: unde etiam in Jubilæi concessionibus sibi reservat duo prima: Qui autem aliquod ex his quinque sine Papæ licentia etiam commutare auderet, excommunicationem incurreret.

✠ Dispensantes a quinque recensitis votis prætextu facultatis Sixti IV. item eadem vota prætextu privilegiorum commutantes excommunicationi subjiciuntur Summo Pontifici reservatæ. Videatur P. Clemens Piselli *tom. 2. in Catal. excommun. Papæ reserv. lit. B. & lit. V.* ✠

Conditiones exactæ, ut sint reservata. XI. Ut autem hæc vota vere sint reservata, requiritur 1. Quod sint perfecte deliberata: 2. Quod sint determinata, & non alternativa, puta, Voveo Religionem, aut Eleemosynam mille aureorum; selecta autem a vovente parte reservata, puta Religione, tunc votum est reservatum: 3. Quod sint absoluta, vel conditionata, expleta jam conditione, nam pendente conditione non sunt reservata: 4. Quod intelligantur reservari dumtaxat secundum suam substantialem integritatem, & non secundum circumstantias adjacentes, quamvis voto comprehensas; v. g. vovisti ingressum Religionis infra annum; poterit Episcopus vel alius privilegiatus dispensare ex justa causa ad biennium: & sic de aliis. Et propterea, ut votum castitatis sit reservatum, debet esse castitatis totalis & perpetuæ:

Observanda circa votum castitatis. unde si aut non sit castitatis totalis, aut si totalis, sed non perpetuæ, judicant multi post Navarrum posse ab Episcopo, & privilegiatis dispensari. Audi Navarrum loc. cit. num. 76. qui postquam resolvit circa votum temporaneum, addit: *Immo secundum S. Antoninum, & alios id facere possunt circa votum de nunquam contrahendo matrimonio.*

Secundo convenit ordinaria Episcopis, Legatis, &c. XII. Potestas ordinaria dispensandi in votis, exceptis illis quinque, convenit Episcopis respectu suorum subditorum; item Legatis Apostolicis, & Nunciis Pontificiis in Provinciis suis. Et nota Episcopos, tanquam specialiter delegatos ab Apostolica Sede, dispensare etiam posse in votis Papæ reservatis ex urgentissima causa necessitatis, si non possent aditi Summus Pontifex, Legatus, Nuncius, qui ea potestate gauderent.

Tertio convenit Prælatis regularibus, sed qualiter? Potestas delegata quid afferat. XIII. Prælati Religionum exemptarum a jurisdictione Episcopi, & præcipue Religionum Mendicantium, nempe Generales, Provinciales, Abbates, & Præpositi absoluti habent potestatem ordinariam in vota suorum Subditorum. Circa autem Superiores locales respectu Subditorum sui Conventus, quidam putant esse ordinariam, aliqui alii putant esse delegatam ex mera consuetudine communi. Hactenus de potestate ordinaria.

XIV. Delegatam potestatem habent illi, quibus conceditur ab habentibus ordinariam: ipsi acceptam non possunt

Sunt

sunt aliis subdelegare: & insuper delegati non possunt potestate sibi commissa uti, nisi respectu eorum, pro quibus demandata fuit, neutiquam pro se ipsis; ad differentiam eorum qui gaudent ordinaria, qui, juxta aliquos contra alios, possunt eadem etiam pro se indirecte uti, committendo alteri, ut eam secum exerceat.

XV. Ex privilegiis Summorum Pontificum potestate ab ipsis Pontificibus delegata plurimi Auctores dicunt gaudere Confessarios ab Episcopo approbatos Ordinum Mendicantium commutandi, & dispensandi omnia vota, etiam pie jurata Sæcularium, exceptis illis quinque reservatis supra indicatis; & dummodo non cedant in præjudicium tertii. Ita plurimi Theologi, qui varias Summorum Pontificum Bullas ad id probandum allegant. Verum R. P. Daniel Concina, qui Bullas citatas exactissime examinavit, ostendit ex nulla eorum posse legitime deduci, quod potestas dispensandi in votis omnibus, Summo Pontifici non reservatis, Regularibus respectu Sæcularium concedatur.

Qualiter delegata gaudeant regulares quoad vota commutanda, & dispensanda?

* ☞ Argumentum juxta ipsum peremptorium ad hoc evincendum eruitur ex Const. Bened. XIII. cujus initium est: *Pretiosus in conspectu Domini*. Quippe in hac Constitutione Pontifex Summus confirmat omnia privilegia a Sede Apostolica Ordini Prædicatorum concessa, eademque extendit, declarat, ac novis concessionibus amplificat; & tamen regulas tradens, quas Confessarii servare debent in votorum relaxatione, facultatem non dispensandi, sed tantum commutandi vota concedit. Hinc autem colligitur, privilegia ipsa olim ab aliis Summis Pontificibus concessa nunquam præbuisse Regularibus ejusmodi facultatem dispensandi in votis laicorum; neque enim verosimile est Benedictum XIII. voluisse eo ipso tempore Ordinis sui privilegia restringere, quo eadem dilatare, & novis concessionibus amplificare se velle testatur.

XVI. Commutatio est translatio obligationis a materia voti emissi ad alteram subrogatam loco promissæ. Potestatem ordinariam commutandi vota non reservata habent Episcopi, & Superiores Regulares respectu suorum subditorum; delegatam autem respectu omnium fidelium habent Regulares privilegiati, ut dictum fuit. Vota autem reservata, quemadmodum a solo Pontifice dispensantur, ita quoque commutantur, ut ex superius traditis compertum est. Si autem Pontifex votum materiæ reservatæ commutet in aliam non reservatam, docent Suarez lib. 6. de voto cap. 20. n. 15. & alii multi, quod circa illam non reservatam potest alter privilegiatus ex justa causa dispensare, aut commutare; nisi forte Pontifex declarasset etiam materiam subrogatam velle sibi reservare. In commutatione simplici procurandum est, ut fiat æqualitas,

Quid sit Commutatio, & quid circa eamdem notandum?

tas, quantum materiæ permittunt: quando autem est commutatio dispensatione quadam temperata, & quidem ex justa causa, non exigitur dicta æqualitas: unde, quando Episcopus delegat alicui non privilegiato ut commutet, nil significando de dispensatione, debet quantum potest æqualitatem servare quoad onus in re, quam substituit loco promissæ.

* In Majori Opere nonnullæ adjectæ sunt regulæ in commutatione votorum facienda observandæ; ac insuper varia oculis subjiciuntur exempla commutationum votorum ex optimis Auctoribus hausta, quæ possunt deservire veluti normæ ad plures commutationes peragendas. *

✥ Ibidem alia ad examen vocatur difficultas, an facta voti commutatione, & a vovente acceptata, liberum sit ei ad priorem redire materiam, sed prius votum exequi; & varie adhibitis distinctionibus, enodatur, & resolvitur. ✥

Commutatio aliquando fit propria auctoritate.

XVII. Commutatio in evidenter melius potest fieri ab ipso vovente propria auctoritate. Ratio patet, quia votum non debet impedire melius bonum; tamen semper sine præjudicio tertii. Si autem dubitetur, an sit melius, indiget auctoritate Prælati, ut docet probabilior cum S. D. 2. 2. q. 88. a. 12.

* Equidem potest quilibet propria auctoritate vota sua commutare in id, quod est evidenter melius; quando hoc melius est ejusdem generis, & continet ac includit materiam promissam. Ex. gr. Vovit quis dare Ecclesiæ calicem argenteum, & dat aureum. Verum in hoc similive casu propria, & rigorosa non occurrit voti commutatio, sed perfectior habetur voti observatio, & abundantior solutio valde commendanda. At si sermo fit de propria, & rigorosa voti commutatione, nempe unius boni in bonum diversi generis, & disparatum ab eo, quod ab ipso vovente promissum est, puta jejunii in eleemosynam, vel peregrinationis in preces &c. talis voti commutatio ne in bonum quidem evidenter melius propria auctoritate fieri potest, ut sentiunt veteres Canonistæ non pauci, pluresque celebres Theologi.

Potestas commutandi continetur in potestate dispensandi. Votum in favorem tertii quando possit dispensari?

XVIII. Quibus conceditur facultas dispensandi, conceditur etiam facultas commutandi; quia cui conceditur majus intra eumdem ordinem, rationabiliter præsumendum est concedi etiam minus. Habens autem potestatem nedum ordinariam, verum etiam delegatam, probabilius nobis videtur, quod possit ex causa votum prius emissum in favorem tertii nondum eidem significatum, & per consequens neque per modestum silentium acceptatum, dispensare vel commutare, absque requisito illius assensu, quia hæc dispensatio & commutatio nullius jus offendit; nullus enim habet jus ad id, quod ipsi nondum innotescit, felt, nec ullo modo ab eo acceptatum fuit. Si vero votum personæ fignificatarum fuit, & faltem per filentium ab ea modeste acceptatum, tunc nequit difpenfari, aut commutari fine illius confenfu; eo quod violaretur jus illius ad rem promiffam, ab eoque faltem filentio acceptatam.

CAPUT X.

De Affumptione Divini Nominis in Laudem, nempe de Horis Canonicis.

§. I. *De Horarum Canonicarum notione, & de perfonis huic oneri addictis, & primo quoad Chorum.*

I. Horæ Canonicæ funt quædam veluti pars Officii Divini generatim accepti, quod ex pluribus orandi modis per Litanias, Miffarum celebrationes, per Proceffiones, per Exequias, & hujufmodi Ecclefiafticas preces affurgit. Proinde Horæ Canonicæ definiri poffunt, preces quædam vocales ad Dei cultum deftinatæ ex Pfalmis, Canticis, aliifque facris Scripturis, item ex Hymnis, Collectis, Patrumque fermonibus apte conftructæ; quæ Sacrorum Canonum fanctione ab Ecclefiafticis perfonis totius Ecclefiæ nomine quotidie funt recitandæ. Ex triplici titulo præfatis perfonis hæc obligatio oriri poteft, nempe vel titulo Ordinis Sacri fufcepti, vel Beneficii Ecclefiaftici confecuti, vel Religionis approbatæ profeffione. — *Quid fint Horæ Canonicæ? quique ad illas teneantur?*

II. Titulo itaque Ordinis fufcepti tenentur ad Horas fub mortali omnes Ordinati, a Subdiaconatu inclufive & fupra, ut conftat ex variis Canonibus. Subdiaconus igitur tenebitur ea ipfa die, qua Ordinem fufcepit, ad Horas faltem correfpondentes tempori fufcepti Ordinis. Dixi faltem, quia non defunt graves Doctores, qui ad integrum illius diei Officium Ordinatum obftringant. — *Quibus titulis oriatur obligatio ad Horas?*

III. Inftitutio recitandi in Choro præter finem fupremum laudandi Divinam Majeftatem, duos item fines habet immediatos, nempe promovere devotionem in fideli populo, & majorem profectum recitantium. Obligatio recitandi in Choro graviter afficit Ecclefias Cathedrales, & Collegiatas fingulis diebus, & pro omnibus horis, ut patet ex cap. 1. de celeb. Miff. & quam maxime ex confuetudine Ecclefiæ. — *Obligatio recitandi in Choro pro Ecclefiis Collegiatis.*

IV. Quoad Regulares obligatio recitandi in Choro fpectat ad totam communitatem, & ex vi proprii muneris ad Superiores, & quidem fub gravi; ita ut peccent lethaliter, fi ob ipforum negligentiam Horæ non recitentur in Choro; & eft communis. Unde in cafu, quo Superior ita — *Obligatio quoad Regulares in Choro.*

gravi-

graviter desit, tenentur subditi sub gravi supplere, ne deficiat hæc Dei collaudatio choralis. Obligatio autem assistendi Choro non ita afficit Religiosos, sicut Clericos beneficiarios propter Chorum; nam hi singulatim graviter peccant, si notabiliter absint absque legitima causa, secus autem Religiosi singulatim ex vi juris Ecclesiastici, si absque legitima causa absint. Si tamen Regula, vel Capitulum, vel Superior grave præceptum singulos Religiosos afficiens imponeret; tunc abesse a Choro notabiliter sine justa causa, esset lethale, ut patet. Tenentur igitur Religiosi ex vi solius consuetudinis approbatæ, & præscriptæ, quæ tamen videtur non singulos, sed totam communitatem graviter afficere. Verum absens sine causa, & cum aliqua frequentia, palam est quod peccet saltem venialiter, ob negligentiam circa cultum adeo momentosum & Deo gratum. Dixi, quod non peccent mortaliter singuli Religiosi absentes sine justa causa, loquendo ex vi legum; nam ex aliis capitibus hæc absentia frequens, & sine justa causa, potest esse lethalis, etiam juxta Doctores benigniores; primo ratione scandali aliorum Confratrum; secundo si ob ejus absentiam Chorus aut absolvi non possit, aut non sine notabili dedecore Divini cultus; tertio, si ut indicavi, extaret præceptum interveniendi; quarto si verus contemptus immisceatur, qui apparet ex frequentia omissionum absque justa causa: hæc autem justa causa non est, quam sibi præfigit Religiosus, sed quæ servat debitam a Superiore dependentiam, & approbationem. Nihilominus, re maturius perpensa, videtur, quod quamvis non ex vi legis alicujus Canonicæ, ex vi tamen consuetudinis jam obtinentis, quæ legi æquiparatur, teneantur sub mortali Religiosi notabiliter Choro non deesse, nisi justa de causa, aut dispensatione legitima eximantur; etiam præciso alio motivo scandali &c. quod profecto semper adest. Eapropter Religiosum, qui v. gr. solis tantummodo diebus festivis ad Chorum convenire statueret, a mortali missione immunem asserere non auderem.

Quæ requirantur ad satisfaciendum pro Choro?

V. Ut præceptum recitandi Horas Canonicas in Choro impleatur, quatuor saltem psallentes adstantes esse debent. Dixi saltem quatuor, quia ubi Choristæ, non legitime dispensati, sunt in aliquo numero duodenarium excedente; peccaret Superior graviter contra vigilantiam suo muneri debitam, si quatuor tantum psallentibus contentus, alios sine justa causa aut dispensaret, aut non urgeret, ut Choro interveniant.

§. II.

Cap. X. De Horis Canonicis.

§. II. De Persolutione Horarum titulo Beneficii accepti.

I. Beneficiariorum nomine significantur omnes illi, qui habent jus perpetuum percipiendi fructus, seu reditus ex bonis Ecclesiasticis propter munus aliquod Ecclesiasticum, auctoritate Ecclesiastica constitutum. Hi omnes, etiamsi ordinati non sint in Sacris, tenentur sub mortali ad Horas Canonicas quotidie persolvendas. Si autem Ordine etiam Sacro sint insigniti, duplici motivo, religionis nempe, & justitiae tenebuntur: & propterea beneficiarius, & in Sacris omittens Horas, tenetur in confessione utramque obligationem justitiae, & religionis exponere.

II. Neque hinc inferas, habentem ex legitima dispensatione duplex beneficium sufficiens, teneri ad duplex officium recitandum, ut cum Navarro putarunt alii quidam; nam S. Thom. quodlib. 1. ar. 73. id negat, & est praeter consuetudinem, quam indicat S. D.

* Quemadmodum qui plura possidet beneficia, non tenetur plura divina Officia recitare, sed unum dumtaxat; ita si Officium omittat, non plura peccata committit, sed unum solummodo peccatum perpetrat. Lege P. Danielem Concina *Theolog. Christ. Tom. 2. Lib. 2. in Decal. dissert. 2. cap. 7. §. 3. num. 13.*

✢ Animadvertendum occurrit, quod si Beneficiarius sit simul in Sacris constitutus, tunc dubio procul duo peccata committit, alterum contra justitiam ratione Beneficii, alterum adversus Religionem ratione Sacri Ordinis, ut asserit Auctor n. 1. ✢

III. Probabilius videtur, quod solus titulus beneficii, quod nondum possidetur, non inducat obligationem Horarum, dummodo a beneficiario non pendeat possessionem habere. Qui vero assecutus est beneficium, statim ac coepit illud pacifice possidere, quamvis fructus statim non percipiat, speret tamen prudenter se recepturum, tenetur ad Horas sub mortali. Idem quoque intelligas de eo, qui acceptat beneficium cum adnexa pensione etiam omnium fructuum alteri tradendorum. Si autem Beneficiarius de Pontificis licentia beneficium alteri resignet, sibi tamen reservet omnes fructus, omniaque onera adimplenda, tenetur etiam ad Horas.

IV. Si Canonicus ex consuetudine (alioquin reprobata a Concil. Trident. sess. 24. c. 14. & per Constitutionem S. Pii V. 106.) privaretur fructibus pro aliquo tempore, sive applicandis reditibus Episcopalibus, sive distribuendis inter praesentes, teneretur ad Horas etiam eo tempore, quo fructus non percipit. Et a fortiori teneretur ad Horas in casu, quo ex consuetudine privaretur fructibus ali-

Beneficiarii omnes tenentur, & quo titulo? Habent plura beneficia non tenetur ad plura Officia. Non tenetur beneficiarius ad Horas ante possessionem beneficii. Quamvis statim fructus non percipiat, si speret tamen se percepturum, tenetur. Et quamvis omnes fructus sub pensione cadent. Et quamvis pro aliquo tempore ex consuetudine careret reditibus. Et multo magis in casibus hic positis.

aliquo tempore applicandis vel io suffragium ipsius benefíciati, vel ut posset de ipsis testari in favorem hæredum; & adhuc a fortiori, ut applicentur alicui pio loco, vel fabricæ Ecclesiæ, vel ad quidpiam simile.

Si privetur fructibus ex violentia, quando teneatur ad Horas?

V. Quando beneficiarius privatur reditibus injuste per violentiam &c. & diu sic detinetur, remanet autem spes saltem dubia illos recuperandi, juxta communem tenetur ad Horas. Quando vero violentia prudenter judicatur perpetua, neque ulla omnino affulgeat spes recuperandi, suspenditur ex hoc capite Horarum obligatio; quia cessat perpetuo stipendium, quod est motivum, ob quod onus illas recitandi imponitur.

✠ P. Antoine tract. de oblig. c. 1. p. 3. resp. 1. varios percenset casus, in quibus Beneficium possidens tenetur Horas Canonicas recitare, quamvis nullos ex illo fructus percipiat; referunturque etiam in *majori Auctoris nostri Opere*. ✠

Tenetur etiam pro beneficio insufficienti.

VI. Quamvis beneficium sit adeo tenue, ut neque reddat quartam partem congruæ sustentationis, adhuc, juxta communem & probabiliorem, tenetur beneficiarius ad Horas. Ratio est, quia beneficium ita tenue, adhuc vere est beneficium, & quia sciens & volens illud accepit: si itaque oneri Horarum nolebat se subjicere, illud recusare poterat.

Pro quibus ministeriis subeatur onus Horarum?

VII. Quoties fructus beneficii dantur alicui, quamvis clerico, in stipendium, ut præstet actionem temporalem, ex vi talis muneris & stipendii non tenetur ad Horas. Ita communis, quia Ecclesia non obstringit nisi habentes beneficia; & alioquin per accidens est, quod hujusmodi personæ sint clerici, cum illa officia præstari possint, & præstentur etiam a laicis: hujusmodi sunt, officia Vicarii sub stipendio administrantis bona sui principalis beneficiarii; Capellani habentis Capellaniam laicalem, idest sine Episcopi, & Ecclesiæ auctoritate institutam, & quæ a laicis conferri solet; Lectoris Theologiæ coram juvenibus Canonicis, dummodo non sit Canonicus, etiamsi integram præbendam canonicalem recipiat; Sacristæ, dummodo tale ministerium non sit speciale Beneficium; & similium.

Ad quid teneantur Pensionarii?

VIII. Quoad Pensionarios est distinguendum; nam si pensio sit laicalis, nempe data quidem ex fructibus beneficii, sed propter titulum laicis communem, puta, in gratitudinem ob præstita ab ipso, vel a consanguineis servitia Ecclesiæ, ob titulum eleemosynæ, vel simili alio titulo, quamvis sit pensio perpetua, non affert obligationem Horarum; quia non datur ob aliquod sacrum Ministerium. Si vero pensio sit clericalis, & postulans statum clericalem, saltem primam Tonsuram, ita ut conferatur titulo & jure spirituali, quamvis hujusmodi Pensionarii jure antiquo non teneantur ad Horas Canonicas;

cas; tenentur tamen ex Constitutione S. Pii V. sub gravi ad Officium B. Virginis; dummodo aliunde non teneantur ad Horas Canonicas, vel titulo Ordinis, vel alterius Beneficii.

☞ Qui totam pensionem resignat, non amplius ad recitationem Officii adstringitur; si vero partem dumtaxat pensionis resignet, ad Officii onus tenetur.

IX. Habentes Præstimonia (quæ sunt portiones quædam a reditibus Beneficiorum abstractæ, quæ dari solent Canonicis, vel aliis Clericis in viræ subsidium, præsertim ubi litteris, seu studiis vacant) tenentur ad Horas Canonicas: quia Præstimonia sunt verum beneficium, collatum titulo speciali spirituali, nempe inserviendi Ecclesiæ. *Ad quid teneantur Præstimoniati?*

* Præstimonia in titulum perpetuum Beneficii data, seu collata, habent annexum onus spirituale recitandi Horas Canonicas; etsi ex sua institutione nullum servitium in Ecclesia habere soleant; nam hæc connumerantur inter beneficia proprie dicta. Præstimonia autem data solummodo ad tempus, v. g. durante tempore studiorum, cum non sint proprie Beneficia, habent solum sæpe adjunctum onus orandi quotidie quinquies Pater, & Ave. Legatur P. Lucius Ferraris *V. Præstimonium &s.*

X. Habentes Capellaniam collativam, idest, ut supra indicavimus, auctoritate Ecclesiastica institutam, quamvis ex bonis a laicis subministratis, & jus præsentandi laico reservetur, tenentur ex vi hujus tituli ad Horas Canonicas, ut docet communis; quia est verum beneficium. *An teneantur Capellani collativarii?*

XI. Commendatarius, qui habet beneficium integre commendatum quoad totam administrationem ejus, tenetur etiam hoc titulo ad Horas Canonicas, etiamsi commendatio hujusmodi non sit perpetua nec erecta in beneficium. Si autem ipsi commendaretur quoad sola exteriora & publica servitia Ecclesiæ, & alter jam beneficium habens, titulum beneficii retineret, commendaretque illi, ut ejus vices obiret, donec v. g. Romam pergat, & inde redear; tunc iste haberetur ut mere stipendiarius, neque Horarum onere gravaretur. Hinc habens Beneficium manuale, idest amovibile, tenetur pro eo tempore, quo illud retinet, ad Horas. Quam obligationem non habet Coadjutor conductus a Parocho, aut alio beneficiato; quia onera manent apud proprietarium, & hic adjutor est mere stipendiarius. *An teneantur Commendatarii Beneficiorum? An teneatur habens Beneficium manuale?*

XII. Coadjutores Canonicorum, qui succedunt ipso facto post mortem Canonici in eodem gradu, & fruuntur aliqua portione redituum Beneficii, habent sedem in Choro, & vocem in Capitulo, non videntur obligari ex vi coadjutoriæ ad Horas; tum quia obligatio recitandi Horas *An teneantur Coadjutores Canonicorum?*

tas afficit ipsum proprietarium; tum etiam quia coadjutoria non est beneficium. Tenentur tamen ad Officium B. Virginis, dummodo pensionem habeant ex Beneficio aut sui Coadjuti, aut alterius; quia comprehenderentur in laudata S. Pii Constitutione.

§. III. *De modo servando in recitatione Horarum in Choro.*

Obligatio canendi in Choro alta voce.
I. Canonici, aliique stipendio ducti tenentur sub mortali alta voce canere in Choro, nisi legitimum habeant impedimentum; & est communis; quia ipsis id imponitur ex justitia, cum propter hoc, beneficium, aut stipendium eisdem conferatur: unde si notabiliter desinant canere alta voce, lethaliter peccant. Immo juxta graves Doctores neque satisfacit Choro, & graviter peccat pro ratione materiæ ille, qui partem suam in Choro non eanit, quamvis habeat animum recitandi private extra Chorum.

* Videatur Constitutio S. P. Benedicti XIV. quæ incipit *Cum semper*, quæque extat tom. 1. *Bullarii* n. 103. nec non Breve datum ad Patriar. Aquilejen. Danielem Delphinum *die* 19 *Jan.* 1748., cujus initium est *Dilecte Fili ... Præclara decora.*

An satisfaciat suæ obligationi privatæ, qui submisse dicit in Choro partem suam?
II. Quamvis qui submissa voce dicit Horas, non satisfaciat Choro, dubitatur, an satisfaciat suæ privatæ obligationi Horarum, dum alii ex sua parte stantes alta voce proferunt? Negative respondet Cajetanus tom. 1. opus. tract. ultimo resp. 8. idemque repetit in Summula verbo *Horâ* §. ultimo. Alii e contra cum Suarez affirmant, obligationi suæ privatæ satisfacere; quia quamvis ego aliis non communicem partem meam, illi tamen mihi communicant partem suam, & quamvis illi non dicant totum officium mecum, ego illud totum dico secum; nam revera dico partem meam, & ab illis accipio partem suam; ut enim ego hanc vere accipiam, non est necesse, ut & illi accipiant meam; non enim est relatio mutua respectu singulorum, sed dumtaxat respectu illius communitatis choralis; unde quamvis revera non satisfaciam Choro, satisfacio oneri meo singulari, quia & pono partem meam, & accipio partem aliorum. Inter ambas istas opiniones æquali fere probabilitatis gradu gaudentes, propendo in hanc secundam.

Omissio unius Horæ choralis est lethalis.
III. In Ecclesiis Collegiatis publico Choro obstrictis etiam unicam omittere Horam est lethale, juxta communem; quia notabiliter violaretur cultus ab illo Choro Deo debitus. Neque Episcopus quoad hoc dispensare potest, nisi ex causa adeo urgente, ut manifestet præceptum publice recitandi non amplius obligare. Immo & omissio
ali-

Caput X. De Horis Canonicis. 175

alicujus partis quamvis non magnæ, tamen notabilis ob sui dignitatem, puta Cantici Magnificat, judicatur in Choro lethalis, ob gravem deordinationem choralis psalmodiæ. De culpa vero, quæ committitur mutilando divinum Officium in Choro, vel aliquid illi addendo, specialiter disserit doctissimus Suarez. Tom. 12. Lib. 4. c. 13.

IV. Quando Canonicus Choro obstrictus, & voluntarie absens; peccet mortaliter; varia est Doctorum opinio. Laudatus Suarez loc. cit. num. 8. hæc profert: nec propter absentiam unius horæ integræ a Choro videtur statim peccare mortaliter, immo aliqui docti existimant etiam unius diei absentiam non esse rem gravem, quando regulariter servitium Chori diligenter & strenue fit; nam Graffis cap. 52. ait, semel & bis Choro deesse non esse mortale; idemque sentit Sylvester verbo Horæ q. 1. cap. 4. Ego vero nolo esse fautor hujus licentiæ, neque judicium meum interponere: nam difficile profecto est in his rebus moralibus in particulari definitum arbitrium proferre; & ideo consulo, ut hæc licentia non facile vel frequenter sumatur, quia est grave periculum peccandi mortaliter. Hæc ille doctissimus.

Choro adstrictus quando peccet graviter sine causa se absentando?

V. Probabilius & communius docetur, etiam pro recitatione in Choro necessariam esse attentionem internam; ut obstrictus satisfaciat obligationi chorali; idque patet ex cap. *Dolentes* de celeb. Miss. Quidam tamen id moderantur dicentes, quod si distractus voluntarie, canat, dumcum serviat Choro servitio humano & corporali, non peccet graviter contra justitiam, & idcirco non teneatur ad restitutionem; (dummodo tamen seorsim attente repetat, quæ distractione voluntaria cecinit) sed peccet dumtaxat graviter contra Religionem & obedientiam, quia contra relatum præceptum.

Ad satisfaciendum obligationi etiam chorali requiritur attentio interna.

VI. Qui prævidet, quæ canenda sunt, ne deordinatio aliqua oriatur, qui thura parant, organa pulsant, aliaque præstant in servitium Chori, & interea omittunt, quæ alii canunt, tenentur omissa privatim supplere; contra recentiores, qui nedum indicatos, verum etiam illos qui folles elevant, & campanas pulsant, mira liberalitate a supplendo dispensant, quamvis etiam notabilem partem omittant. Qui vero legentem non bene percipit, vel ob exilitatem vocis, vel ob structuram Chori nimium resonantis, dummodo per ipsum non stet, quominus omnia audiat & percipiat, & diligentiam adhibeat ad percipiendum, ad nil supplendum teneri docet Tamburinus lib. 2. Decal. c. 5. §. 4. num. 12., quia hoc modo se gerendo præstat quantum potest: idque forte verum est, si modica sint, & sparsim posita, quæ non percipiuntur; sed si ea sint notabilia, videtur quod supplere teneatur, si non pro obligatione chorali, saltem pro privata.

Quid dicendum circa restitutionem pro rata? An teneantur supplere, qui non nulla omittunt, ut Choro inserviant, vel non percipiunt?

✳ Vi-

✠ Videantur quæ in Majori Opere *præcedenti num.* addita sunt. ✠

Servandum tempus in recitatione chorali.

VII. Celebratio officii in Choro Cathedralium, & Collegiatarum peragenda est temporibus, & horis a legitima consuetudine præscriptis; ita ut sub mortali non liceat ea tempora notabiliter præergredi. Ita plures, qui id deducunt ex cap. 1., & ex Clement. 1. de celeb. Miss., ubi præcipitur congruitas temporis. Addunt tamen, posse Episcopum ob rationabilem causam super hac temporis circumstantia dispensare.

§. IV. *De Recitatione privata.*

Quo Breviario quisque teneatur uti?

I. Ex communi, quilibet divino officio obstrictus tenetur illud recitare juxta Breviarium in sua Diœcesi, aut Religione approbatum; aliter non satisfacit obligationi suæ. Deducitur ex cap. *de iis*, & ex cap. *placuit* d. 12. Item unusquisque tenetur uti Breviario juxta formam a S. Pio V., Clem. VIII., & Urbano VIII. præscriptam, ut patet ex Bullis eorumdem, aliter non satisfacit obligationi; illis dumtaxat *exceptis*, quos S. Pius excipit, nempe *Capitulis, & Monasteriis, & quæ a ducentis annis fuerunt ufi alio Breviario*. Nemini autem particulari horum exceptorum licet uti Breviario ab indicatis Pontificibus approbato, nisi de consensu respective Episcopi cum suo Capitulo, vel suæ Religionis.

Ad quod officium teneatur, qui in uno loco habitat, & in alio beneficium habet?

II. Clericus habens in Ecclesia unius Diœcesis Beneficium, & residens in altera Diœcesi, ubi est diversum Officium, probabilius tenetur ad Officium Diœcesis, in qua residet; quia fortius est vinculum Domicilii, quam Beneficii. Unde Clericus unius Diœcesis, commorans studiorum causa in altera Diœcesi, tenetur hujus officio se conformare; quia tunc in hac domicilium habet. Si autem ambo isti Clerici bona fide se conformarent suæ Diœcesi, gravis peccati non essent accusandi. Habens autem plura Beneficia in distinctis Ecclesiis quomodo se gerere debeat in persolutione Horarum, vide S. Thom. Quodlib. 1. q. 7. art. 13.

Habens duplex beneficium in diversis Ecclesiis. Mutare officium non licet.

III. Lethale est mutare officium diei cum altero aut notabiliter diverso, aut notabiliter breviore. Et de notabiliter breviore, extat thesis 34. damnata ab Alex. VII. quæ dicebat: *In die Palmarum recitans officium Paschale, satisfacit præcepto*; patet enim, quam graviter læderet integritatem. Quoad notabilem diversitatem autem ex eo probatur, quod est in præcepto nedum officium divinum canonicum, sed etiam modus illud persolvendi: qui modus profecto notabiliter alteratur, substituendo voluntarie officium alterum loco illius, quod celebrari de-

Caput X. De Horis Canonicis.

debet. Hinc qui inadvertenter erravit, unum pro altero recitando, suppleat in quo erravit. Si tamen supplere non possit, nisi nimium deformando Officii ordinem, integrum commune Officium persolvat.

" Legatur Petrus Collet *Part.* 2. *de Relig. cap.* 2. *sect.* 3. *q.* 4. ubi hæc habet. Si quis, *inquit*, incaute, & inadvertenter, modo inadvertentia hæc culpabilis non sit, unum Officium pro alio recitaverit, communior & probabilior docet, eum non teneri ad repetendum, si errorem non animadvertat, nisi post peractam totius Officii recitationem. Si vero post recitatum v. g. Matutinum, errorem detegat, probabilius crediderim, residuum ex istius diei Officio posse & debere recitari ex benigna interpretatione Ecclesiæ. Quod si Officium jam recitatum longe brevius esset eo, quod recitandum erat, sequendum est id, quod docent Layman, Bonacina, & alii; nempe ut debita fiat compensatio &c.

IV. Invertere ordinem hoc modo, quod incipiatur Officium crastinum ante persolutum hodiernum, si absque ulla intempestiva præventione, aut nimia dilatione hodierni fiat, & præcipue si ex aliquo honesto motivo, nullum peccatum committi mihi probabilius apparet; quia nullus defectus committitur neque contra hodiernum Officium, neque contra crastinum. Inversio autem Horarum ejusdem diei sine justa causa facta, nimis manifeste est peccatum veniale, eo gravius, quo major est: quia violat ordinem divini cultus ab Ecclesia præscriptum. Dixi sine causa; quia si fiat vel ob motivum concurrendi cum aliis ad Chorum, habito antea impedimento, vel ob motivum habendi socium, qui adjuvet phantasiam scrupulis vexata &c. nullum erit peccatum. Invertere demum partes ejusdem Horæ adverteuter & deliberate absque ulla causa non vacat a mortali; quia implicitum contemptum involvit Ordinis ab Ecclesia statuti. Dixi absque ulla causa; quia si v. g. carens Breviario, & prævidens sibi deficiendum tempus ordinate recitandi, dum habuerit Breviarium, interea dicat memoriter omnes psalmos cum antiphonis & responsoriis, reservans lectiones, habito Breviario, legendas, non peccat; quia præstat id, quod potest.

V. Probabilius videtur, quod celebrare Missam, non persolutis Matutinis, quamvis absque ullo honesto motivo, sit quidem veniale gravissimum, neutiquam mortale. Ratio est, quia non extat hac de re præceptum neque ab Ecclesia impositum, neque consuetudine introductum: nam quoad præceptum nullibi invenitur. Consuetudo vero graviter non obligat, quia non fuit introducta animo & intentione, ut obligaret sub gravi: unde multi doctissimi eam non receperunt, neque recipiunt. Loquimur

Invertere ordinem Horarum quando sit peccatum

Non est letbale celebrare Missam ante persolutas Matutinas.

Tom. I.   M   autem

Licet dividere Matutinum a Laudibus in recitatione privata.

In publica standum consuetudini.

Sejunctio partium ejusdem Horæ, quando lethalis?

Quomodo alternatim dicendum?

Quæ integritas?

Quanta omissio lædat notabiliter integritatem?

VI. Maturinum posse in privata recitatione a Laudibus separari probabilius videtur; quia primæva institutio, & antiquus mos fuit illas separare; neque modo extat ulla prohibitio in contrarium. Advertat autem, qui ita dividit, concludere Matutinas cum *Te Deum*, si dici debeat, cum *Oratione*, & *Pater noster*. In publica autem & chorali recitatione standum est consuetudinibus locorum, quas sine gravi reatu prætergredi nequimus. Dividere autem Nocturnos sine ulla causa, & per tempus non enormiter longum, putarem cum multis non esse mortale; cum sint quædam partes velut in se consistentes, & completæ. Immo Henricus a S. Ignatio, absque ulla limitatione, posse separari docet lib. 10. c. 33. num. 156. Probabilius autem & communius est, quod interrumpens eamdem Horam voluntarie, & sine ulla honesta causa, atque ad tempus ita prolixum, ut apud prudentes discontinuetur totum illud morale & integrale, quale est unaquæque Hora, peccet lethaliter, nisi totam repetat.

VII. Quamvis sit licita & commendabilis alterna & bina Horarum recitatio, non tamen terna vel quaterna, ut singuli unum versum dicant; quia est contra consuetudinem Ecclesiæ, nec persolverent quantum debent: sint igitur quot velint, duo tantum chori fieri possunt, & bina tantum alternatio. Lectiones possunt ab uno recitari, & ab altero Responsoria, ab alio Antiphonæ, vel ab eodem, qui Responsoria legit. Debet autem tam solus recitans, quam alternatim recitans, ita recitare, *ut non in gutture, neque inter dentes, seu deglutiendo, ac syncopando dictiones . . . sed verbis distinctis peragant*, ait Conc. Basil. sess. 21. §. 4. unde qui his indecentibus modis plura modica obtruncaret, ita ut tandem notabilis pars ex omnibus omissis in unum collectis assurgeret, graviter peccaret, juxta omnes; si autem tanta non sit, venialiter.

VIII. Omittere aliquam Horam quantumvis parvam, juxta omnes, est lethale; quia unaquæque Hora est pars notabilis respectu totius Officii. Probabilius etiam videtur, quod quantitas medietatis circiter unius Horæ parvæ, puta Tertiæ, voluntarie omissa, sit sufficiens ad lethale; quia etiam ista omissio notabiliter deformare videtur pulchritudinem coordinationis in Officio. Quapropter gravitas omissionis non est pendenda respective ad Horam aliquam, ut putant aliqui dicentes, quod quarta pars unius Horæ non sit materia gravis; quia hoc modo quarta pars Matutini dominicalis non esset gravis omissio, cum tamen excedat quantitatem integrarum Vesperarum, quæ a nemine levis reputatur: est igitur gravitas omis-

Caput X. De Horis Canonicis.

omissionis pendenda in se, & quæ respectu singularum Horarum verificari queat: hæc autem videtur esse quantitas perveniens ad latitudinem dimidiæ circiter Horæ parvæ.

IX. Omittens omnes Horas unius diei non septem peccata, sed unum tantum committit lethale æquivalens septem lethalibus minoribus; quia probabilius non sunt septem præcepta, sed unum dumtaxat, comprehendens totum Officium, quod est una res tantum, unumque totum partibus assurgens. Tenetur tamen omittens confiteri, quot Horas omiserit; quia pluralitas alterat notabiliter judicium sacramentale, & est circumstantia notabiliter aggravans. *Omittens Horas quot peccata committit?*

X. Tempus Horarum private persolvendarum, ne graviter peccetur, est totum tempus diei naturalis, nempe a puncto transacto mediæ noctis diei præteritæ usque ad punctum mediæ noctis diei præsentis: & patet ex cap. 1. de celeb. Missæ. Tempus itaque necessario observandum juxta partitionem consuetam obligat sub gravi solum pro celebratione & recitatione chorali Ecclesiarum Collegiatarum, ut dictum est §. 3. num. 7. Nihilominus qui private recitando aut nimis differt, aut nimis prævenit absque ulla causa, peccat venialiter, ex communi. *Quo tempore Horæ persolvendæ.*

* Legatur *Institutio* 24. Em. Card. Lambertini postea S. P. Benedict. XIV. *

☞ Animadvertendum occurrit, quod impeditus recitare Officium statis horis tenetur anticipare intra eamdem diem; quippe obligatio urget tota die, nec statuuntur horæ ad finiendam obligationem, sed potius ad urgendam: alias transacta hora, cessaret obligatio recitandi Officium illi correspondens, sicut transacta die Dominica cessat obligatio audiendi Sacrum.

Diximus autem de industria *intra eamdem diem*, quia difficultas insurgit, an prævidens se non posse cras Matutinum recitare, teneatur dicere hodie vesperi. Plures sunt, qui asserunt non teneri; quia nullo modo hodie urget præceptum de crastino, & quod liceat hodie satisfacere pro crastino, est mera indulgentia seu Privilegium; quo uti nemo tenetur. Hæc sententia, ait P. Carolus Renatus Billuart *tract. de Relig. differt. 2. a. 8. §. 9.* prope finem, est probabilis: tutiorem tamen oppositam consulo. Et sane iste, qui prævidet se non posse cras Matutinum recitare, & hodie vesperi potest illud dicere, non habet moralem impotentiam ad adimplendum præceptum: & præcipiens aliquid, simul præcipit omnia media ad illud necessaria tum ordinaria, tum extraordinaria, saltem non valde difficilia. Nec universim verum est neminem teneri uti privilegio; teneris enim uti, quoties ejus usus est necessarius ad observandum aliquod præceptum, quod per talem usum sit moraliter possibile. Legatur P. Antoine *tract. de virtut. Relig. cap. 2. q. 6.*

Quo loco Horæ privatim persolvendæ?

XI. Omnis locus est idoneus ad privatè satisfaciendum obligationi Horarum, ne peccetur lethaliter. Conveniens tamen est, & quidem urgenter, quod nisi justa causa aliter fieri postulet, locus debeat esse decens ad Divinas laudes Dei Majestati offerendas: quapropter a veniali magis minusve pingui non vacat, qui in loco indecenti, puta in lecto recumbans, aut alio indecentiore Horas persolvit: si tamen etiam scandalum pusillis ingeri possit, esset lethale.

Qua voce?

XII. In privata recitatione solius persolventis is debet tali voce proferre, non ut audiatur ab adstantibus, ut contendunt aliqui; neque tali, ut seipsum non audiat, nisi surdus sit; neque tali, ut exteriori strepitu non impediatur; sed tali, ut seipsum audire possit. Qui igitur ita recitaret, ut articularet verba solis labiis, nihil se audiendo, juxta probabiliorem non satisfaceret.

Qua attentione?

XIII. Attentionem saltem exteriorem in recitandis Horis necessariam esse, ut satisfiat obligationi, conveniunt omnes, videlicet ne recitans faciat simul actiones de se impeditivas attentionis internæ, ut legere alia, pingere &c. Sed insuper necessariò requiri attentionem etiam internam, communior est & probabilior. Nomine autem attentionis internæ pluribus in locis explicat S. Thom. quid significetur, nempe *una, qua attenditur ad verba, ne in eis erret: secunda, qua attenditur ad sensum verborum: tertia, qua attenditur ad finem orationis, scilicet ad Deum, & rem pro qua oratur* 2. 2. q. 83. art. 13. Aliquam igitur harum attentionum necessariam esse in recitante **Horas**, ut satisfaciat suo debito, docet idem S. Thom. **in 4. dist. 15. quæst. 4. art. 2. q. 4.** his verbis: *attentio requiritur ad evitandam transgressionem, quæ est in illa oratione, quæ est in præcepto*: atqui Horarum recitatio est oratio præcepta; igitur qui voluntarie & notabiliter non attendit, transgressionem committit, & quidem lethalem.

Nedum externa, sed etiam interna.

Quando censeatur notabilis abstractio?

XIV. Si interroges, quid significetur nomine distractionis notabilis? Respondeo cum communi nostrorum, significari quod quis per notabilem Officii partem, & quidem, puto, æqualem illi, quæ violat integritatem quantitativam, advertens se esse distractum, non studet se iterum recolligere; sed permittit sufficienti advertentia distractionem progredi, & suam mentem rapi ab objecto distrahente, quamvis expressè non dicat, nolo attendere; quia hoc modo se gerendo, sufficienti advertentia admittit distractionem, quæ evadit implicitè & virtualiter voluntaria: si autem non perfectè advertat se esse distractum, quamvis longo tempore recitet, etsi peccatum ve-

Caput X. De Horis Canonicis. 181

niale committat ex semiplena advertentia ad distractionem, graviter non delinquit.

XV. Intentionem actualem, & formalem Deum laudandi &c. optimam esse, nemo ambigit, & a piis procurandam. Verum ad satisfaciendum suæ obligationi sufficientissimam esse illam, qua quis ad recitandum accedit animo implendæ suæ obligationis; & hæc est virtualis; immo & sufficere ad comprobandam hujusmodi voluntatem, quod etiam nullum eliciendo actum, ex pia quadam consuetudine, voluntarie recitationem perficiat, qua satisfacere consuevit suæ obligationi, communis sententia est: hujusmodi enim leges nil aliud postulant, quam voluntariam positionem actus præcepti, quin requiratur alius actus reflexus volendi satisfacere. Quamvis autem requiratur intentio colendi Deum, sicuti per recitationem Horarum intendit Ecclesia; virtualiter tamen elucet hæc intentio in eo, qui voluntarie accedit ad Horas persolvendas, inductus a cognitione suæ obligationis, easdemque recitans attentione debita.

XVI. Si quis persolvens Horas debito modo, sed animo recitandi dumtaxat ex devotione, & animo expresso nolendi tunc satisfacere, sed denuo recitandi, non tenetur illas iterum recitare, dummodo voluntatem priorem deponat, & illam accommodet conformetque præcepto, dicendo se velle satisfecisse per anteriorem recitationem.

☞ Qui recitat Officium cum expressa voluntate non satisfaciendi, revera non videtur satisfacere. Sicut si quis debeat alicui centum aureos, eidemque centum donet cum expressa voluntate non solvendi debitum, profecto debitum non solvit. ☜

§. V. *De Causis excusantibus a recitatione Horarum.*

I. Prima causa excusans est Impotentia: hæc tamen non verificatur de innodato censuris, degradato, condemnato ad triremes, si ei vacat. Neque excusat naturalis oblivio illum, qui aliquoties expertus suam oblivionem, non curat signis aliquot necessariis videndis suæ infirmæ memoriæ subvenire; unde peccat si ex oblivione alias experta deinceps omittat. Neque excusatur, qui ignorat quomodo persolvi debeat Officium. Carentia inculpabilis Breviarii, puta, furto sublati, dispensat a recitandis iis, quæ quis memoriter non tenet; ad quæ nihilominus obligatur, sicuti ad quamprimum sibi providendum de Breviario. Impeditus loqui ob infirmitatem in lingua, censetur impotens; nec tenetur alium audire, neque mente recitare. Qui non potest solus recitare, potest autem cum socio sine magno suo incommodo, & potest socium habere, tenetur adhibere socium.

Quænam intentio requiratur?

Quomodo persolvens Horas sine animo satisfaciendi, satisfacere possit?

Ex causa impotentiæ quinam excusentur? Non censura astricti. Non obliviosi. Non ignorantes quomodo persolvatur. Excusat carentia inculpata Breviarii, non tamen a toto. Quid de infirmato in lingua? Quid de non potente sine socio?

M 3 *II.*

Quid de Cæco?

II. Cæcus, si beneficiarius sit, tenetur Choro interesse, cui ex Beneficio addicitur; & de hoc extat declaratio S. Congregationis Conc. super sess. 24. c. 12. Hinc communior & probabilior docet, quod etiam alii Beneficiarii ad Horas teneantur; & primo si socium habere nequeant, recitare memoriter, quæ possunt; quia, si non possunt totum persolvere, tenentur ad eam partem, quam possunt: idque ut verum admitti debet maxime post thesim 54. reprobatam ab Innoc. XI. de majori parte ad se trahente minorem. Immo addunt, quod si possit habere socium, cum quo alternatim dicat, & a quo audiat, quæ ipse legere non potest, teneatur; etiamsi aliquod incommodum subire deberet pro obtinendo socio, capellano, famulo &c. Si vero sit simplex Sacerdos, dicat quod memoriter scit; & si possit sine expensis habere socium, adhibere tenetur. Consultius tamen agent, si a Sacr. Congregatione impetrent commutationem Horarum in alias preces.

* De Canonico, qui cæcitatis exitium incurrit, de quo Auctor sermonem habet initio *num. præced.* aliter sentit Cardinalis Lambertinus *Instit.* 107. §. 8. *n.* 45. aliis innixus Sacræ Congregationis Decretis. *

Quid de Surdo?

III. Surdus non dispensatur ab Horis, cum legere possit; & si esset simul cæcus, teneretur tantum ad ea, quæ memoriter tenet. Petat autem & ipse commutationem in alias preces. Si autem hic cæcus & surdus ob Beneficium teneatur Choro interesse, non dispensatur ab eodem, præstando assistentiam personalem, cum aliud præstare nequeat.

* Surdus quidem, ut distributiones lucretur, debet præsentiam præstare in Choro, *ex Sac. Cong. Episc. & Regul. in Theanen.* 12. *Martii* 1919. Si vero esset simul cæcus, dispensaretur a Choro non ratione surditatis, sed ratione cæcitatis, ut constat ex declaratione *Sacr. Cong. Episcop. & Regul. 11. Augusti* 1618. *& Sac. Congres. Concil.* 20. *Julii* 1629. *

Quinam infirmi excusentur?

IV. Secunda causa dispensans est Infirmitas: & circa istam hæc statuitur regula a Theologis; quod si infirmitas talis sit, ut compatiatur recitationem Horarum vel in toto, vel in parte, ad illam teneatur infirmus: si de hoc prudenter dubitetur, standum est judicio periti, probique Medici; qui tamen rationem habere debet indolis infirmi: quorum aliqui nil omnino gravantur recitando Horas, præcipue dum socium habent, qui legat; & sicut loquuntur cum aliis etiam non modice, ita & cum Deo; alii autem sunt scrupulis importunis vexati, qui nonnisi magno angore Horas persolvunt: qua ratione habita, prudens Medicus judicet. Si demum etiam Medicus dubitet, tunc recurrendum est ad Superiorem, qui,

post-

postquam Deum invocaverit, definiat quid in Domino censuerit expedire, tam quoad exemptionem, quam quoad obligationem in toto vel in parte; & præcipue si exemptio debeat esse diuturna. Et quoad hoc notanda est thesis supra indicata & reprobata, in qua dicebatur: *Qui non potest recitare Matutinum & Laudes, potest autem reliquas Horas, ad nil tenetur; quia major pars trahit ad se minorem.*

V. Laborans febri quatriduana, vel triduana per se non eximitur ab onere Officii, cum possit vel prævenire horas febriles, vel post easdem differre. Dixi per se; nam si recitatio tutius vel partis Officii prævideatur graviter nocitura, abstinendum erit. Impeditus autem ob infirmitatem ab Horis, non tenetur aliud opus pium subrogare, ut tenet probabilior. *Quanam febres non excusent? Impeditus ab Horis non tenetur ad aliud opus pium.*

VI. Prudens metus aut mortis incurrendæ, aut alterius gravis mali, excusat, dummodo absit contemptus Religionis. Verbi grat. iter ago cum hæreticis, ex quorum verbis, & factis prudenter timeo, quod si me noscant personam Ecclesiasticam, graves vexationes sint illaturi, a quorum continua societate nulla diei hora me elongare possim: sufficiet, quod ea recitem, quæ memoriter teneo, quin extraham e crumena Breviarium ad legenda reliqua, ne me eisdem manifestem. *Metus gravis excusat ab Horis.*

VII. Altera solet afferri causa excusans, nempe actio præstantioris perfectionis. Verum circa hanc distinguendum videtur. Nam si actio impediens recitationem Horarum oriatur ex obligatione justitiæ, & frequenter afferat hoc impedimentum, tenetur obligatus ad Horas tale ministerium dimittere; si autem impedimentum illud per accidens, & valde raro eveniat, tunc cum persona versetur inter duas obligationes, quæ, ut supponitur, simul componi nequeunt; illa præferenda est, quæ magis urget, minusque scandalum parit: & quemadmodum alia Ecclesiastica præcepta omitti possunt in casu urgentiori; ita etiam omitti potest persolutio Horarum. Quando vero actio impediens recitationem Horarum postulatur a charitate, & similiter non eveniat frequenter, atque urgentius appareat motivum charitatis Horarum persolutione; hæc omittatur, & illa impleatur. Dixi quod non eveniat frequenter, quippe quod non soleant isti casus cum persolutione Horarum incompatibiles frequenter evenire: si enim nimia frequentia occurrerent, consulendus esset Prælatus doctus & prudens, & juxta ejus judicium opus esset se dirigere. Advertendum est, quod voluntarie suscipere hujusmodi occupationes, quibus frequenter adnectitur incompossibilitas Horarum, sic ex communi illicitum; quia non sunt ex propria electione suscipiendæ occupationes obstantes oneribus proprii status. *Quando actio præstantioris perfectionis excuset ab Horis?*

M 4   VIII.

VIII. Dispensatio concessa, etiam a Pontifice, sine justa causa Beneficiario ab Horis recitandis, absque substitutione alicujus alterius oneris, est invalida. Nam respectu Beneficii Horarum persolutio est de jure naturali, præcipue si nullum aliud onus ex Beneficio habeat; quippe obligatio persolutionis Horarum oritur ex quodam contractu inter instituores Beneficiorum, & Beneficiarium; Beneficia enim instituerunt illi, ut a Beneficiario susciperetur onus laudandi Deum Horarum recitatione; & præcipue si aliud onus non exegerint. Qui igitur pro Beneficio, suscepto nullum aliud onus habet præter Horas, contra jus naturale hujus contractus dispensabitur, si absque justa causa dispensetur; & nisi aliud onus circiter æquale subrogetur. Quæstio igitur restringitur ad Beneficiarios, & non simplices Clericos, quorum obligatio ad Horas, utpote orta ex mero jure Ecclesiastico; si sine causa fiat, quamvis illicita, valida tamen erit; quia Pontifex super universum Jus Ecclesiasticum potestate gaudet, non autem super naturale, in quo fundatur onus Horarum respectu Beneficiarii: & dixi præcipue si nullum aliud onus ex Beneficio habeat; quia respectu Beneficiariorum, qui alia etiam onera habent, quamvis eadem ratio militet, eo quod cultus Horarum sit ex primo intentis ab institutore; nihilominus ratio non adeo urgenter hos stringit, sicut alia onera non habentes; nihilominus etiam respectu illorum reputarem cum allatis Doctoribus invalidam, nisi aliud onus loco Horarum substituatur.

Dispensatio sine causa ab Horis in Beneficiario est invalida.

§. VI. *De Restitutione a non recitantibus, & non canentibus in Choro, dum tenentur, facienda.*

I. Contra Beneficiarios, non recitantes private, imposita est restitutio proventuum pro rata omissionis. Ita ex Concil. Later. 4. can. 9. & ex S. Pii Constitutione si Matutinum cum Laudibus omissum fuit, dimidia fructuum illius diei restituenda est: si omnes aliæ Horæ, altera dimidia pars; pro singulis autem Horis sexta pars, & pro integro Officio omisso omnes fructus illius diei restituendi sunt, ut S. Pius declaravit in cit. Constit. Quod intelligendum est de omissione culpabili, legitimo impedimento cessante.

Etiam qui notabilem Horæ partem omitteret, cum lethaliter delinqueret, & Horam non recitaret, teneretur restituere fructus illi integræ Horæ correspondentes: immo qui partem levem in singulis Horis omitteret, restitutioni foret obnoxius.

Qualiter non recitantes tenedtur ad restitutionem.

II. Circa illum, quem Constitutio eximere videtur a restituendo, qui primis sex mensibus Horas omittit, jam

Quomodo intelligenda exci-

Caput X. De Horis Canonicis.

certum est, singulis diebus peccasse mortaliter: & insuper notant plures, quod etsi non teneatur restituere fructus ex vi hujus Constitutionis, teneatur tamen jure naturali; eo quod Beneficium sit stipendium ab institutoribus datum propter officia beneficio adnexa, inter quæ vel præcipuum, vel inter præcipua reputatur Horarum persolutio; qui igitur omittit sine justa causa, violat justitiam commutativam: tenebitur ergo restituere vel omnes fructus sex mensibus correspondentes, si alia onera Beneficium non habeat: si autem alia onera habeat, eademque impleverit, restituet quod correspondet omissioni Horarum, retentis aliis correspondentibus adimpletioni cæterorum onerum. Addit tamen Suarez num. 11. & 12. hanc restitutionem posse fieri etiam in bonis spiritualibus, nempe vel recitando per sex menses bis in die Horas, vel alias preces Horis duplicatis æquivalentes.

ptio omittemus primo semestri:

III. A beneficiario Horas omittente fieri debet restitutio modis a S. Pio præscriptis ante omnem Judicis sententiam; ita docente Alexandro VII. reprobante thesim 20. quæ oppositum asserebat: *Restitutio a Pio V. imposita beneficiatis non recitantibus, non debetur in conscientia ante sententiam declaratoriam judicis; cum sit pœna.* Huic debito non satisfit per eleemosynas ante omissionem recitationis factas; ita docente eodem Alexandro reprobante thesim 33. *Restitutio fructuum ob omissionem Horarum suppleri potest per quascumque eleemosynas, quas antea beneficiarius de fructibus sui beneficii fecerit.* At valde probabile est, quod satisfaciat per eleemosynas omissionem subsequentes, dummodo sint in ea quantitate, & summa debita, quamvis erogatas sine actuali advertentia ad debitum quod habet; cum judicari possit habuisse intentionem virtualem satisfaciendi pro debitis, si quæ habeat.

Restitutio est facienda ante omnem sententiam, nec suppletur per eleemosynas antea factus.

* Hanc aliam circa eamdem materiam S. P. Alexander VII. proscripsit propositionem n. 21. nempe: *Habens Capellaniam collativam, aut quodvis aliud Beneficium Ecclesiasticum, si studio litterarum vacet, satisfacit suæ obligationi, si Officium per alium recitet.* *

IV. Spectato jure naturali Beneficiarius habens curam animarum, & Horas omittens, posito quod alia onera impleat, non tenetur restituere nisi pro rata omissionis Horarum. Dixi spectato jure naturali; quia plures contendunt ex Constitutione relata, S. Pium imposuisse etiam pro sola omissione Horarum restitutionem fructuum pro rata correspondentium etiam aliis oneribus. Profecto nisi liquido id constet, non est asserendum; mihi non constat, quamvis attente Constitutionem perpenderim.

Restitutio est facienda correspondenter ad illud onus, quod omissum fuit, & non ad alia impleta.

V. Beneficiarius Choro obstrictus, recitans cum distractione voluntaria sufficiente ad mortale, tenetur restituere fructus pro rata. Ratio est, quia jura non præcipiunt reci-

Recitans in Choro distracte voluntarie tenetur restituere.

recitationem mere vocalem & materialem, ut putant adversarii, sed deprecativam, religiosam, quae sit vere laus Dei, & oratio. Ob eamdem rationem tenetur restituere etiam distributiones, saltem pro dimidio, si canat, sed cum distractione voluntaria notabili. Dixi saltem pro dimidio; quia praestat assistentiam personalem, & cantum materialem, qui labor optat suum praemium.

Qualiter restituere debeat non canens?

VI. Beneficiarius obstrictus Choro, & non canens sine justa causa, nedum peccat lethaliter, si omittat canere partem notabilem, verum etiam restituere tenetur saltem medietatem distributionum, quamvis devote, & attente recitet submissa voce, Ratio est, quia deficit in re notabili obligationi suae, quae est canendi alta voce, dum possit: dixi autem amittere saltem medietatem distributionum, quia non deest muneri suo in toto; praestat enim adsistentiam personalem, recitationem submissam, & attentionem: unde cum defecerit circiter in dimidio obligationis, dimidia distributionum parte est privandus.

Quando infirmo danda sunt distributiones?

VII. Canonicus absens a Choro ob aegritudinem, potest recipere, & retinere distributiones, si antea adesse consueverat; secus autem, si abesse ei frequens erat: unde etiamsi in infirmitate proponeret, se deinceps interventurum, non sunt ei dandae: si autem, antequam infirmetur, vere se emendasset, quamvis non multo ante, non essent denegandae.

An carceri detento, aut Romam ire compulso?

VIII. Canonicus detentus injusto carcere, aut Romam pergens suae innocentiae probandae gratia, gaudet distributionibus; posito semper, quod Choro interesse consueverit; quia deest ex necessitate, & ex justa causa. Portiones autem funeralium & mortuariorum, quamvis aliqui eidem concedant, Bonacina cum aliis, meo videri, probabilius denegat. Potest tamen hic detentus injusto carcere, aut Romam pergere coactus, instituere actionem pro damnis recuperandis contra injuste illum vexantes.

Absenti propter negotia, quando debeantur distributiones?

IX. Absens a Choro ob negotium, quod certo cedit in utilitatem suae Ecclesiae, si antea interesse consueverat, debet distributiones recipere, quia jura ita disponunt: quando autem aut negotium est levis utilitatis, aut antea interesse non consueverat, distributiones retinere non potest. Hinc deducitur, quod aut absenti non in notabilem utilitatem Ecclesiae, quamvis de licentia Capituli; aut discedenti citius quam oporteat; aut differenti redirum diutius quam expediat, non sunt dandae distributiones respective aut in toto, aut pro rata. Et notandum, quod ad lucrandas distributiones pro legitima absentia, non requiritur licentia Episcopi.

Quibus absentibus debeantur distributiones?

X. Absens a Choro ob servitium Pontificis, non potest recipere distributiones, nisi speciali privilegio muniatur. Ita duo illi Canonici, qui assumi possunt ad inserviendum Episcopo, quamvis fructibus beneficii gaudeant, privantur distributionibus. Absens autem, ut necessario tueatur jura sui beneficii, juste recipit distributiones. Si vero absit, ut tueatur suum beneficium contra alterum illud postulantem, non lucratur distributiones.

* Legatur Em. Card. Lambertinus postea S. P. Benedictus XIV. *Instit.* 107. §. 9. *n.* 59. ubi docet, quod aliquando contingit, ut Canonici Episcopo inservientes, licet absint a Choro, distributiones percipiant, veluti si Divinis Officiis interessent.

XI. Canonicus Missam celebrans tempore Officii, non lucratur distributiones, nisi celebret vel ex privilegio solius Pontificis, vel ex legitima consuetudine, vel de mandato Superioris. Canonico Pœnitentiario (nota bene, non cuilibet, sed Pœnitentiario) absenti ab Officiis, ut confessiones audiat, jure novo Tridentini sess. 24. cap. 8. debentur distributiones. Propterea si sedeat in Confessionali non audiens confessiones, aut in eo sedens, & de aliis rebus confabulans, non lucratur, nec potest in conscientia illas retinere: & eadem dicas de Canonico, qui substitueretur Pœnitentiario legitime impedito. *An debantur absenti ob Missam celebrandam? An absenti ob confessiones audiendas?*

XII. Canonicus Theologus absens a Choro ob studium, a suo munere exactum, non lucratur distributiones. Excipitur dies, in qua lectionem habere debet, ex declaratione Gregorii XIII. Si tamen hujusmodi Theologus non aliam præbendam haberet, nisi distributiones, quidam Auctores concedunt ipsi absenti propter studium omnes distributiones; alii judicant tertiam partem distributionum esse eidem detrahendam. *An Theologus absens lucretur?*

XIII. Canonicus, qui obtinet beneficium habens curam animarum, absens ab Officiis ut curæ suæ operam det, non lucratur distributiones. Limitant tamen aliqui dicendo, quod si non habeat alios proventus, nisi solas distributiones, hæ sint eidem integræ concedendæ, ex declaratione Sacr. Congreg. *An Canonicus habens adnexum beneficium cum cura animarum?*

* Qui Canonicatum, & adnexam animarum curam habet in eadem Ecclesia, si divinorum Officiorum tempore curæ suæ operam impendat, non solum suæ præbendæ fructus percipit, sed & distributiones lucratur, ut constat ex pluribus Sacr. Congreg. Decretis ab Eminent. Lambertino relatis *loco* paulo ante *cit. n.* 56. *

XIV. Neque absenti Canonico studiorum causa dandæ sunt distributiones; quamvis absit cum legitima licentia. Excipe, nisi alios proventus haberet, quam solas distributiones; quæ tunc essent concedendæ, demta tamen earum tertia parte, danda actu inservientibus. *An absenti studiorum causa?*

XV. Nullo statuto, nullaque constitutione Episcoporum, Capitulorum, vel Ecclesiarum particularium decerni potest, ut distributiones absentibus dentur. Item nec *Plura summarie notanda circa distributiones.*

nec confuetudine induci poteft, ut dentur abfentibus, nifi fubfit jufta caufa talem confuetudinem inducendi, habito non tacito, fed expreffo confenfu folius Pontificis. Item probabilius eft ex declarat. Sacr. Congreg. confuetudinem induci non poffe, ut Canonici menfibus, qui fibi permittuntur ut abfint, recipiant diftributiones; & fimiliter confuetudine induci nequit, ut abfentes fruantur participatione eleemofynarum pro funeralibus, mortuariis &c. Item non eft inducenda confuetudo, ut a Choro immunes reddantur, & difpenfentur, & diftributiones recipiant, qui quadraginta annorum decurfu Choro defervierunt, fi adhuc vegeti fint, & intereffe poffint. Remiffio diftributionum abfenti ab aliis facta eft illicita & invalida, nec poffunt a remiffario retineri in confcientia; ita ex Concil. Trident. feff. 24. cap. 12. Donatio diftributionum abfenti ab aliis facta non videtur jure communi prohibita; quia ficuti poffunt illas cuilibet donare, ita & abfenti, nifi tamen obftet aliqua lex municipalis, cui obtemperandum effet, & invalidam redderet donationem. Collufio, nempe conventio inter Canonicos fibi invicem cedendi diftributiones quando abfuerint, eft invalida ex Trid. loc. cit. Tranfactio (quæ eft pactio non gratuita de re dubia, quæ ab aliquo prætenditur) circa diftributiones, quando nempe dubium aliquod inter Canonicos exurgit, utrum quis debeat amittere diftributiones, vel an male perceperit, non apparet illicita circa diftributiones præteriti temporis; tum quia nullo jure prohibetur; tum quia nulla fimoniæ labes timetur; eo quod diftributiones fint mere temporales, ita ut vendi & aliis contractibus onerofis fubjici queant; non quidem jus ad diftributiones, quod eft fpirituale, fed ipfæ diftributiones. Amicabilis autem Compofitio, qua aliqua pars diftributionum certo debita condonatur, non apparet licita; quia effet quædam remiffio, quam vidimus a Tridentino prohibitam.

* Circa hæc videantur Em. Card. Lambert. *cit. Inft.* 107. §. 7. PP. Salmanticenfes *traft.* 16. *cap.* 4. *punct.* 2. *n.* 13. & P. Daniel Concina *tom.* 2. *lib.* 2. *differt.* 2. *c.* 11. §. 2. *n.* 4. *

CAPUT XI.

De Beneficiis Ecclesiasticis.

§. I. *De Beneficii Ecclesiastici Notione, variaque Divisione.*

I. Beneficium Ecclesiasticum est jus perpetuum, Ecclesiæ auctoritate constitutum, percipiendi fructus ex bonis Ecclesiasticis, personæ Clericalibus competens, ob aliquod officium spirituale. Dicitur jus perpetuum, quod nempe ex institutione sua perpetuo durare debet: proinde si uni auferatur, alteri tribuendum sit, & ita successive. Dicitur auctoritate Ecclesiæ constitutum, quia nisi auctoritate Pontificis, aut Episcopi institutum sit, aut aliter institutum saltem confirmaverit Pontifex, vel Episcopus, non est beneficium: inde Capellaniæ non collativæ seu laicales, etsi perpetuæ, non sunt beneficia; quamvis possint esse tituli patrimonii pro Ordinibus suscipiendis. Dicitur ex bonis Ecclesiasticis, quæ scilicet vel donatione, vel legato, vel emptione &c. acquisita fuerint Ecclesiæ. Dicitur Clericali personæ competens, idest saltem clericali Tonsura servitio Ecclesiæ adscriptæ. Hinc beneficia non sunt præbendæ illæ, quæ dantur laicis de Ecclesia benemerentibus. Dicitur ob spirituale officium præstandum, puta, recitandi Horas Canonicas, assistendi & canendi in Choro, celebrandi, Sacramenta administrandi &c. *Beneficii notio.*

II. Beneficium dividitur primo in Sæculare, & Regulare: primum confertur Clericis sæcularibus, secundum Clericis regularibus. Dividitur 2. in Electivum, Patronatum, & Collativum, seu liberum. Electivum acquiritur per electionem eorum, ad quos jus eligendi spectat, quam sequitur confirmatio Superioris. Patronatum acquiritur præsentatione aut nominatione Episcopo facta ab eo, qui jus habet præsentandi. Collativum est illud, quod libere confertur independenter ab electione, aut præsentatione. Dividitur 3. in Manuale, & non Manuale: primum potest ad nutum Collatoris auferri, & idcirco quia ei deest perpetuitas, deficit a proprietate Beneficii. Secundum est illud, quod auferri non potest, nisi ob delictum, vel irregularitatem. Dividitur 4. in Simplex, & Duplex: Simplex non habet adnexam neque curam animarum, neque præminentiam, neque jurisdictionem externam, neque administrationem, neque dignitatem: talia sunt Capellania, simplex Canonicatus, & Præstimonium. Duplex est illud, quod aliquid recensitorum habet adjunctum: & sunt Episcopatus, Parochia, Abbatia, *Quotuplex sit beneficium generatim? Electivum, Patronatum, & Collativum, Manuale, & non Manuale. Simplex, & Duplex.*

Præ-

Præpositura, Cantoria, Thesauraria &c. Dividitur 5. in
Titulare, Titulare, & Commendatum: primum confertur ad totam
& Com- vitam cum plenitudine juris: secundum datur solius ad-
menda- ministrationis & custodiæ causa. Si autem detur ad vi-
tum. tam Commendatarii, tunc æquivalet Titulari, & conveniunt ei omnia pene jura, quæ conveniunt Titulari; &
æquivalet tunc Commenda beneficio in Titulum dato. De
Compati- Commenda agetur, dum de Simonia sermo fiet. Tandem
bile, & dividitur in Compatibile, & Incompatibile: primum com-
Incompa- pati potest cum altero, quippe cujus munera impleri queunt
tibile. ab habente alterum beneficium, quin impediantur etiam
munera istius. Secundum compati non potest cum altero,
ita ut munera alterutrius sint omittenda: & hujusmodi
sunt, quæ requirunt residentiam personalem, quæ curam
habent animarum, quæ sunt instituta in eadem Ecclesia
ad eumdem finem, & cum eodem onere, puta, duo Canonicatus in eadem Ecclesia.

§. II. *De variis modis consequendi Beneficia.*

Sex modi I. Cum Beneficia nec valide nec licite obtineri queant
obtinendi absque institutione, ut docemur a prima regula juris in
beneficia. 6. idcirco sex recensentur modi, quibus Beneficia insti-
tuuntur; videlicet per Collationem liberam; per Præsentationem, quam subsequitur institutio; per Electionem,
cui adjungitur confirmatio; per Postulationem, quam
sequitur admissio; per Resignationem, quæ acceptatur in
favorem alterius; & per Permutationem, quæ approbetur.
Aliquando obtinentur per solam Electionem habentis jus,
quin alia requiratur confirmatio, quæ dicuntur electiva
collativa; ad differentiam electivorum confirmationem re-
Quomodo quirentium, quæ etiam confirmativa nuncupantur.
acquiran- II. Collatio Beneficii libera est concessio juris in Bene-
tur per ficium, independenter a præsentatione, & nominatione al-
Collatio- terius, facta ab illo, qui potestatem conferendi habet:
nem li- & distinguitur ab Institutione stricte accepta, quæ est
beram? concessio juris, sed non libera; quia tenetur Prælatus confirmare Præsentatum, vel Electum, nisi obsit indignitas
Præsentati, aut Electi juridice probata.

Quomodo III. Præsentatio est exhibitio personæ Ecclesiasticæ,
acquiran- quæ a Patrono etiam laico fit Episcopo, aut alteri Supe-
tur per riori Ecclesiastico; qui Superior instituit Præsentatum,
Præsenta- & confert eidem jus in re ad beneficium: cum præsenta-
tionem? tio conferat dumtaxat jus ad rem. Superior tenetur Præsentatum instituere, nisi probetur indignus. Patrono laico quatuor conceduntur menses a die notitiæ vacationis
beneficii. Patrono autem Ecclesiastico conceduntur sex
menses: & nisi infra dicta tempora Patronus provideat
præsentando personam, potest Episcopus conferre beneficium ei, qui sibi placuerit.

IV.

Caput XI. De Beneficiis.

IV. Electio est destinatio personæ idoneæ ad beneficium vacans, facta per suffragia eligentium. Per ipsam electus acquirit jus ad rem seu beneficium, cui electo confertur jus in re, seu in ipso beneficio per confirmationem Superioris; ante quam nulla administratio ei competit, quam si exerceat, tanquam intrusus; perdit jus; quod habebat ad rem. Electio triplici modo fieri potest: primo per scrutinium, quando quisque eligentium dat secreto votum suum: secundo per compromissionem; quando ex communi consensu eligentium relinquitur electio aliquibus dumtaxat, aut etiam uni: tertio per conspirationem; quando eligentes communi voce, absque suffragiis in electionem alicujus conveniunt.

Quomodò acquirantur per Electionem?

V. Postulatio est supplex petitio vocalium facta Superiori, ut super personam, alioquin ineligibilem ob aliquem defectum dispensabilem, aut impedimentum Canonicum, dispenset, ad hoc ut possit eligi ad beneficium, vel dignitatem &c. Si tamen interea major pars vocalium ad eligendum alterum procedat, electio prævalet, quippe quæ sit conformior juri. Requiritur deinde confirmatio, ut dictum est supra.

Quandò acquirantur per Postulationem?

VI. Resignatio est spontanea beneficii dimissio coram legitimo Superiore. Duplici modo fieri potest: primo simpliciter, nempe absque apposita conditione aliqua; & hæc potest fieri coram illo Superiore, cujus est conferre illud beneficium, & instituere. Secundo conditionaliter, addendo conditionem aliquam, quæ duplex esse potest, nempe ut conferatur alicui personæ, puta nepoti, & hæc dicitur in favorem; vel ut ille, in cujus favorem resignatur, resignet pariter aliud Beneficium, vel cedat pensionem annuam; & hæc dicitur resignatio sub onere. Ut sit licita utraque hæc resignatio, requiritur 1. ut beneficium, quod resignatur, sit revera resignantis: 2. ut sit spontanea: 3. ut fiat in manu Papæ: 4. ut habeatur assensus Patroni, si beneficium sit Patronatum: 5. ut acceptetur a Papa: 6. ut beneficium resignatum ei detur, in cujus favorem resignatur, & illis conditionibus &c. 7. ut acceptetur ab eo, in cujus favorem fit: 8. ut resignans casu, quo esset infirmus, debeat supervivere viginti dies post resignationem: 9. ut resignatio facta in Curia Romana debeat publicari in loco beneficii intra sex menses, computandos a die supplicationis oblatæ; si vero resignatio fiat causa permutationis extra Curiam Romanam, debet publicari intra mensem.

Quomodò acquirantur per Resignationem? ubi plura notanda.

Conditiones ad Resignationem licitam requisita.

VII. Præterea, & valde notandum, ut resignatio in favorem sit licita, debet fieri in utilitatem Ecclesiæ, nempe eo quod resignatarius judicetur magis idoneus. Insuper illicitum est in mortis periculo resignare beneficium sub conditione etiam tacita revertendi ad illud, si convalescat.

Aliæ conditiones valde notandæ ad licitam Resignationem.

cat. Item ut resignatio cum reservatione pensionis sit licita, vel permutatio cum tali pensione, requiritur præter facultatem Papæ, causa justa (nota bene) quæ sit indigentia resignantis; quia nulla alia justa causa esse potest. Denum ut resignatio etiam simplex sit licita, debet fieri ob justam causam, quæ concernat utilitatem Ecclesiæ, vel bonum spirituale ipsius resignantis.

* Videatur ad rem hanc Constitutio S. P. Benedicti XIV. quæ incipit *In sublimi &c.* edita 4. *Kalendas Septemb.* 1741. & altera, cujus initium est *Ecclesiastica*, evulgata die 24. *Junii* 1746. *

Quomodo acquiratur Permutatione? ubi plura notanda.

VIII. Permutatio est mutua resignatio, facta eo fine, ut permutantes sibi vicissim propria beneficia resignent. Quando permutatio est simplex, sufficit consensus Episcopi, vel Episcoporum, in quorum Diœcesi existunt beneficia; quando vero permutatio est cum onere, requiritur facultas Pontificis. Ut autem permutatio licita, & absque culpa sit, illius motivum debet esse spirituale, nempe aut amplior Dei cultus, aut uberior Ecclesiæ utilitas, aut copiosior animarum profectus, aut major spiritualis utilitas permutantium, ut melius Deo vacare possint.

§. III. *De Subjecto Beneficiorum Ecclesiasticorum, nec non de conditionibus in eo requisitis.*

Conditiones requisitæ in Beneficiario: prima, quod sit legitimus.

I. Prima conditio requisita in eo, cui conferendum est beneficium, est quod sit legitime natus; nam illegitime natus est irregularis irregularitate soli Pontifici reservata. Ad beneficium tamen simplex non requirens Ordinem Sacrum, potest Episcopus dispensare, excepto loco illo, ubi suus Pater est vel fuit Præfectus, aut Canonicus.

Requiritur status Clericalis.

II. Secunda conditio est status Clericalis, seu prima Tonsura, sine qua collatio cujusve beneficii est invalida. Quod si beneficium ex lege, vel ex sua institutione aliquem Ordinem requirat, qui caret eo Ordine, est ineptus ad illud beneficium. Consuetudo tamen permittit, ut Ordo suscipiatur infra annum, nec ultra differatur.

Ætas competens.

III. Tertia conditio est ætas competens, quæ pro Episcopis, & Abbatibus debet esse saltem triginta annorum completorum: pro Abbatibus & Parochis saltem viginti quatuor completorum: pro recipiendis beneficiis duplicibus non curatis saltem viginti duorum annorum completorum: pro recipiendis beneficiis simplicibus saltem quatuordecim annorum inchoatorum. In Canonicis Cathedralium requiruntur saltem viginti & unus anni, quia debent esse Subdiaconi, saltem infra annum. Circa hoc tamen videtur Episcopus posse dispensare studiorum causa.

* In Gallia ad Episcopatum sufficit etiam inchoatus annus 27.

IV.

Caput XI. De Beneficiis.

IV. Quarta conditio est Cælibatus, ita ut si Clericus habens minores Ordines possideat beneficium, illud ipso facto amittat, uxorem ducendo. Conjugatus autem non potest admitti ad beneficia. *Cælibatus.*

V. Quinta conditio est Immunitas ab omni irregularitate, etiam occulta, & ab omni censura; ita ut non dum ipso facto irrita sit collatio beneficii facta hujusmodi Clerico, verum etiam ejus electio, præsentatio, aut resignatio ipsi facta. *Immunitas ab omni censura, & irregularitate.*

VI. Sexta conditio est probitas morum. Si tamen beneficium conferatur improbo, non est ipso facto irrita collatio, sed irritanda; nisi forte delictum haberet adnexam censuram, vel irregularitatem. *Morum probitas.*

VII. Septima est scientia, quæ varia esse debet juxta beneficiorum diversitatem, & ad munera beneficio adnexa recte obeunda sufficiens. *Scientia.*

VIII. Octava est corporis aptitudo, qualis requiritur ad munera beneficii convenienter obeunda. Infirmitas tamen superveniens, quæcumque illa sit, non privat beneficio possesso, sed suppleri debet vel per œconomum, vel per alium ministrum juxta conditionem beneficiorum. *Corporis aptitudo.*

IX. Nona est Vocatio Divina, interior videlicet inspiratio, quæ cum piis & doctis viris est consultanda. *Vocatio divina.*

X. Decima est Intentio perseverandi in statu Ecclesiastico, & suscipiendi Ordines a suo beneficio requisitos; aliter peccatum esset lethale; nisi forte aliqua occurrat justa causa, quæ statum mutare suadeat. Qui igitur recipit beneficium cum intentione ducendi uxorem suo tempore; vel illud resignandi simpliciter, quousque suis negotiis providerit, vel donec studia persolverit; vel resignandi illud alteri, vel alia consimili intentione, juxta omnes mortaliter peccat: multi tamen ab onere restituendi fructus perceptos illum absolvunt, dummodo suis oneribus integre satisfecerit. Qui autem recipit beneficium Parochiale sine animo suscipiendi infra annum Ordinem Sacerdotalem, ultra peccatum mortale, tenetur restituere fructus perceptos ante sententiam Judicis. Si vero voluntatem mutet, & reapse infra annum fiat Sacerdos, potest illos retinere. Qui recipit beneficium, non dico Parochiale, sed cui animarum cura est adnexa, tenetur etiam hic ante annum fieri Sacerdos, aliter beneficio privatur ipso facto, nisi forte justa causa differendi intervenerit. Demum recipiens beneficium non parochiale, cui adnexus est Ordo Sacer, debet sub mortali habere animum suscipiendi illum Ordinem suo tempore; non tamen imponitur ipsi obligatio restitutionis proventuum; dummodo per Vicarium satisfecerit muneri suo. *Intentio perseverandi in statu Ecclesiastico; ubi multa notanda.*

XI. Conditiones requisitæ a Pensionariis Clericalibus, ut valide & licite pensiones accipiant, sunt; prima quod ha- *Conditiones requisitæ*

Tom. I.   N

sita a Pensionariis Clericalibus.

habeant Tonsuram Clericalem ; quod nec sint illegitimi, nec conjugati, nec ulla censura detenti, nec irregulares : si vero pensio sit mere spiritualis, nempe data ob officium aliquod spirituale, catechizandi, concionandi &c. debent posse, & velle præstare tale monus : si vero sit mixta, nempe requirens quidem statum clericalem, sed absque ullo munere præstando, requiritur ut non habeant aliunde ad se honeste sustentandum. Secunda conditio est, ut sit collata a Pontifice, qui solus jure communi talem facultatem habet, ob honestum, & justum motivum : unde Episcopis tale jus non competit, nisi in aliquibus casibus à Trident. sess. 21. cap. 6. & sess. 23. c. 18. Indicaris; qui sunt ob paupertatem, & senectutem ejus, qui beneficium resignat; ob componendam litem; ob inæqualitatem fructuum in permutatione beneficii; debet tamen a Pontifice confirmari. Tertia, ut adsit justa causa pensionis ponendæ, sine qua peccat graviter tam pensionem imponens, quam recipiens illam. Quarta, quod sit moderata; ita ut relinquatur beneficiario sufficiens ad honestam juxta proprium statum sustentationem; & propterea ex consuetudine non debet excedere tertiam partem proventuum : quamvis relinquatur conscientiæ & prudentiæ Pontificis aliter agere.

☞ Pensionarius de bonis pensionis clericalis non valet ad libitum disponere : sed superflua in pios usus erogare tenetur, quidquid in contrarium sentiant nonnulli. ☜

§. IV. *De Obligationibus Nominantium, Præsentantium, Eligentium, &c. ad Beneficia.*

Quisnam dicatur indignus ad beneficium? quisque dignus.

I. Indignus ad Beneficium dicitur ille, qui non est aptus ad ministeria beneficii obeunda, vel ob inscitiam, vel ob præcipitem imprudentiam, vel ob mores corruptos, vel ob quosvis alios defectus animæ aut corporis, qui muneribus beneficii convenienter præstandis adversantur. Immo juxta S. Thom. quodlib. 8. q. 4. art. 6. *Per quodlibet peccatum mortale aliquis redditur indignus ad quodlibet spirituale exequendum* : quæ verba puto intelligenda de peccato mortali aut habituali, aut aliqualiter frequenti. Dignus autem ille est, qui præter morum probitatem, idoneitate pollet ad munera beneficii, ad quod est eligendus. Dignior, qui majori pollet idoneitate, attentis circumstantiis locorum, personarum, & difficultatum emergentium, ut docet D. Thom. 2. 2. q. 63. ar. 2.

Indignum promoventes qualiter peccent.

II. Certum est apud omnes, quod si nominans, præsentans, eligens, suffragium dans &c. promoveant indignum, graviter peccent & contra charitatem proximis debitam, & contra justitiam, a suo munere & ab Ecclesia requisitam, & teneantur ad omnia damna per hanc promotio-

Caput XI. De Beneficiis.

motionem Ecclesiæ illata: quæ promotio aliquando est ipso facto irrita, ut videbitur de Simonia; vel salcem semper irritabilis, ut docet Trid. sess. 7. cap. 3. Certum quoque modo est omnes, qui quovis modo concurrunt ad provisionem beneficii curam animarum habentis, non satisfacere obligationi suæ, graviterque peccare, si eligant dignum, relicto digniore, quem promovere possint. Tum quia id clare statuitur a Trid. sess. 24. cap. 1. Tum ex reprobatione thesis 47. factæ ab Innocent. XI. in qua perniciose explicabantur verba Concilii: *Cum dixit Concilium Tridentinum eos alienis peccatis communicantes mortaliter peccare, nisi quos digniores, & Ecclesiæ magis utiles ipsi Judicaverint, ad Ecclesias promoverint: Concilium vel primo videtur, per hos digniores non aliud significare velle, nisi dignitatem eligendorum, sumpto comparativo pro positivo: vel secundo locutione minus propria ponit digniores, ut excludat indignos, non vero dignos: vel tandem loquitur tertio, quando sit concursus.* Igitur etiam extra concursum, promovendus est dignior, si haberi possit. Promoto itaque vel indigno, vel digno, relicto digniore concurrente, restitutio facienda est Ecclesiæ & Communitati, si quæ damna eisdem emerserint ex facta promotione; & etiam ipsi digniori concurrenti posthabito; quia etiam respectu istius violata est justitia commutativa, dum per concursum acquisivit jus ad rem, quæ ipsi debebatur: si autem non concurrat, nullum jus illius violatur, sed dumtaxat violatur justitia distributiva; quæ ex se sola non infert debitum restitutionis.

Dignior semper est promovendus ad beneficia curata.

Cui restitutio facienda in electione minus digni?

III. Hoc idem communiter affirmatur de aliis beneficiis, quibus adnectuntur munera magni momenti, magnæque consequentiæ, nempe munus docendi, confessiones audiendi, catechismum faciendi, concionandi; & similia. At quæstio acris est, an similiter dignior sit eligendus, quando agitur de beneficio simplici, nullum afferente munus ex prædictis. Præmitto, quosdam posse casus evenire, in quibus non sit culpabile promovere ad beneficium simplex minus dignum, relicto digniore: puta quando providendus est Sacerdos alioquin dignus, qui pene conficiatur inopia; aut si digniores reservarentur pro beneficiis curatis; vel ut Parochus removeatur a beneficio, cui est impar; vel ut evitetur electio indigni, quæ prudenter eventura prævidetur; vel ob aliud simile rationabile, aut pium motivum, a charitate vel prudentia propositum. His præmissis.

Dignior eligendus etiam ad beneficia nonnullis ministeriis affecta.

IV. Dicendum videtur cum probabiliori, quod etiam ad beneficia simplicia, quamvis extra concursum, eligendi sint digniores sub mortali. Probatur hæc assertio ex cap. unico, *Ut Ecclesia beneficia*, & ex D. Thom. pluribus in locis præsertim 2. 2. q. 63. ar. 3. ad 1. & ar. 2. ad 1.

Etiam ad beneficia simplicia dignior est eligendus, & probatur auctoritate.

& quod-

& quodlib. 6. ar. 9. Similiter docuit S. Antoninus 3. part. tit. 15. cap. 3. §. 3. Rationes etiam & quidem validissimæ indicatæ sunt a S. D. Hæ dumtaxat ad prolixitatem vitandam exhibetur. Justitia distributiva postulat, ut bona Communitatis, quæ in casu nostro est Ecclesia, distribuantur juxta meritorum proportionem. Quando igitur plus aliis merenti non datur, aut datur minus merito, cum posset plus merenti dari, violatur justitia distributiva; atque adeo peccatum mortale committitur. Animadvertendum est autem, quod administrator præteriens digniorem semper tenetur de damnis ex hac præteritione ortis Communitati, & in casu concursus, etiam de damno orto digniori, qui præteritur, proportione servata.

Probatur ratione.

§. V. *De Pluralitate Beneficiorum ab eodem beneficiario possessorum.*

Non possunt plura retineri beneficia residentiam postulantia.

I. Ex communi, nemini licet simul retinere duo, vel plura beneficia, quæ residentiam beneficiarii requirant, nisi per legitimam dispensationem, quam solus Pontifex concedere potest, & quidem non sine urgenti, & justo motivo. Ita colligitur ex Concil. Trid. sess. 24. cap. 17. Causa autem legitima dispensandi alia esse nequit, nisi necessitas aut Ecclesiæ, aut Ministrorum in talibus locis, aut animarum, mature a Pontifice perpendenda.

Neque duo simplicia sufficientia.

II. Non licet retinere duo beneficia etiam mere simplicia, nisi ex justa & urgenti causa, puta quando neutrum est sufficiens. Ita clarissime laudatum Concilium loco citato. Tres rationes affert S. Thomas quodlibeto 9. a. 15. *Habere plures præbendas*, ait, *plures in se inordinationes continet: primo, quia sequitur diminutio cultus Divini, dum unus loco plurium instituitur. Sequitur etiam in aliquibus defraudatio voluntatum testatorum, qui ad hoc aliqua bona Ecclesiæ contulerunt, ut certus numerus Deo deservientium ibi esset. Sequitur etiam inæqualitas, dum unus pluribus beneficiis abundat, & alius nec unum habere potest.*

Occurritur interrogationi.

III. Dices, quod hujusmodi pluralitas innocens reddi poterit ex concessione Pontificis. Verum audiamus, quid respondeat D. Thom. loc. cit. *Licitum non est*, inquit, *habere plures præbendas, si non adsint illa circumstantia, quæ istum actum poterant cohonestare, quantumcumque dispensatio interveniat; eo quod dispensatio humana non aufert ligamen juris naturalis, sed solum ligamen juris positivi, quod per hominem statuitur, & per hominem dispensari potest.* Legatur etiam. Em. Cajetanus in Sum. V. *Beneficium* n. 9. Emin. Toletus lib. 5. *de Instit. Sacerdotis* c. 8. n. 4. & Em. Bellarminus *in Instruct.* ad Nepotem suum Episcopum Theanensem.

§. VI.

Caput XI. De Beneficiis.

§. VI. *De Beneficiariorum Obligationibus.*

I. Prima Beneficiariorum obligatio est Horarum Canonicarum persolutio, & de hac nihil addendum superest traditis in antecedenti capite. *Prima est Horarum persolutio.*

II. Secunda est, residendi in loco sui beneficii; & quidem sub gravi, si beneficium residentiam postulet, quale est, cui animarum cura adnectitur, vel talis naturæ sit, ut residentiam in Ecclesia requirat; ut Canonicatus Choro adstrictus &c. Circa quam residentiam si beneficiarii culpabiliter, & notabiliter deficiant, præter culpam gravem, quam incurrunt, tenentur etiam ad restitutionem pro rata absentiæ, ut dictum est in Capite laudato: de qua residentia late disserit Concil. Trid. sess. 23. cap. 1. Motiva autem absentiæ inculpabilis a Concilio indicata sunt: *Christiana Charitas, urgens necessitas, debita obedientia, & evidens Ecclesiæ, vel Reipublicæ utilitas.* Quando autem ob aliquam ex his causis Curati, & Parochi abesse compelluntur, debet motivum exponi Episcopo, ab eodemque approbari: & tunc tenentur relinquere Vicarium idoneum, ab ipso Ordinario approbandum, cum debita stipendii assignatione. Ita laudatum Concilium. Hæc residentia non est intelligenda materialiter, quoad præsentiam mere localem; sed formaliter, nempe quoad sedulitatem in muneribus sui beneficii præstandis, juxta beneficiorum naturam. *Secunda Residentia.*

III. Obligatio item Parochorum est, sedulo procurare, ut ab ovibus sibi creditis leges Divinæ, & Ecclesiasticæ observentur, quod exemplo fovere stricte tenentur: item curare, ut odia extinguantur; scandala tollantur; Sacramenta pie, & frequenter recipiantur; ut suorum Ecclesiasticorum mores ædificent alios fideles: &, si dissoluti, seu improbi sint, corrigantur, implorato etiam, si opus fuerit, brachio Episcopali: curare, ut opportuna instructio in Doctrina Christiana non desit; ut tandem Deus a grege suo glorificetur: ad quæ omnia a fortiori tenentur Episcopi, qui soli sunt proprie Pastores, quorum Parochi sunt coadjutores in gregis custodia, & spirituali nutritione. Tenentur item Parochi orare pro suis ovibus, & saltem omnibus festivis diebus Sacrificium pro eisdem offerre, ut declaravit Eminentissimus D. Prosper Lambertinus olim Cardinalis Archiepiscopus Bononiensis, postea Benedictus XIV. in tom. 1. suarum Notificationum typis Venetis edito anno 1740. in Notificatione decima, fundamentis petitis tum ex Concil. Trident. sess. 23. c. 1. tum vel maxime ex Declarationibus Sacr. Congregationis anni 1681. 1716. & 1732. *Parochorum obligationes.*

* Circa obligationem, quam habent Parochi celebrandi Mis-

Missam pro populo diebus festis videatur Constitutio ejusdem S. P. Benedicti XIV. edita die 19. Augusti 1744. quæ incipit *Cum semper oblatas*, quæque extat *tom.* 1. *Bullarii n.* 103. *

Etiam Superiores Regulares tenentur Missam pro suis subditis applicare diebus festis.

IV. Etiam Superiores Regulares tenentur applicare Missam saltem diebus festivis pro suis subditis. Cum enim hæc obligatio in Parochis fundetur in jure Divino, ut innuit Tridentina Synodus sess. 24. c. 1. & cum non minor sit cura habenda a Parocho respectu suorum Parochianorum, quam habenda a Prælato Regulari respectu suorum Religiosorum; immo hæc vigilantior postuletur, ob perfectiorem vivendi rationem, ad quam obligantur Religiosi, perfectiorem, inquam, ea, ad quam tenentur Parochiani: inde &c. Et hanc sententiam tenent Doctores plures, presertim Suarez, Vanespen, & P. Merati.

* Quod attinet ad obligationem, quam habent Parochi prædicandi verbum Dei, & pueros ac rudiores quosque Divinæ legis, Fideique rudimentis informandi, legatur Trid. Concil. *sess.* 5. *cap.* 2. *de Reform.* & *sess.* 24. *cap.* 4. nec non Emin. Cardinalis Lambertinus postea S. P. Benedictus XIV. *Instit.* 10. Videantur insuper ejusdem S. P. Constitutiones, quarum prima incipit *Etsi minime, tom.* 1. *Bullarii n.* 42. altera cujus initium est *Declarasti, tom.* 2. *n.* 3. ac demum alia, quæ incipit *Religiosi, tom.* 3. *n.* 25. Statuit vero S. P. Clemens XIII. in Encyclica data die 14 *Junii* 1761. ut omnes Parochi, & Catechistæ ad fidelium instructionem utantur Catechismo Romano jussu S. Pii V. ad mentem Tridentinæ Synodi edito, posthabitis iis Catechismis, quos novitatis amor passim efferre consuevit. *

* Laudatus S. P. Benedictus XIV. aliam *die* 24. *Novembris* 1742. Constitutionem edidit incipientem *Dum illud semper*, in qua modum statuit servandum in electione Parochorum.

Quæstio gravis circa fructus congruam excedentes.

V. Grave demum dubium resolvendum superest, an omnes, & quicumque Beneficiarii teneantur sub gravi peccato nedum contra charitatem, verum etiam contra justitiam, & cum restitutionis onere erogare in pia opera portionem illam reditum, quæ eorum congruæ sustentationi superest? Et quidem quod lethaliter peccent contra charitatem, si portionem illam in pia opera non erogent, conveniunt communiter Doctores: an autem peccent contra justitiam, ita ut restitutioni sint obnoxii, si aliter & in profanos usus illam insumant, magna est inter Auctores dissensio: & quia solutio quæstionis unice ex alterius pendet difficultatis decisione, an Beneficiarii sint suorum proventuum veri domini, an vero dumtaxat administratores, & œconomi; idcirco protectores opinionis illos absolventis ab onere justitiæ, affirmant veros esse dominos: defen-

Caput XI. De Beneficiis.

sensores autem opinionis eosdem judicantis onere justitiæ gravatos, sustinent meros esse administratores. Plures, & graves sunt ex utraque parte: nobis longe probabilior videtur hæc secunda. Eam quippe unanimiter docent SS. Patres, Sacra Concilia, & celebriores Theologi, præsertim D. Thomas, qui *quodlib. 6. artic. 12.* ita resolvit: *Bonorum vero Ecclesiasticorum Clerici non sunt veri domini, sed dispensatores.* Cum igitur Beneficiarii non sint suorum proventuum veri domini, sed administratores dumtaxat, & œconomi, debent non solum ex charitate, sed & ex justitia impendere in pauperes, vel alios pios usus partem fructuum beneficii eorum congruæ sustentationi superfluam; adeo ut, si eam in usus pios non impederint, ad restitutionem teneantur pauperibus, vel aliis piis causis.

* Sunt tamen Theologi plures, qui sustinent Beneficiarios dominium habere fructuum suorum Beneficiorum; & nihilominus obstringi ex justitia ad erogandam pauperibus, vel in alios pios usus impendendam partem congruæ suæ alimoniæ superfluam: unde ajunt, eos non habere dominium omnium fructuum suorum Beneficiorum absolutum & liberum, sed gravatum onere justitiæ distribuendi superflua pauperibus, vel in alios pios usus expendendi, sicut hæres habet dominium hæreditatis cum onere justitiæ solvendi debita defuncti. *

VI. Nomine autem Congruæ intelligitur quidquid necessarium est ad victum, vestitum, & habitationem Beneficiarii, ac personarum ei necessariarum, ad hospitalitatem exercendam, ad modicas aliquas donationes remuneratorias, uno verbo ad honestam, ac convenientem cujusque vivendi rationem, ab omni luxu, & intemperantia alienam, secundum cujusque statum, officium, dignitatem, ordinem, & qualitatem Beneficii. Quæ omnia æstimari debent judicio prudenti, & secundum consuetudinem piorum, & timoratorum ejusdem conditionis, ac juxta Sacros Canones de vita, & honestate Clericorum, & regulam a S. Synodo Tridentina Sess. 25. cap. 1. traditam.

Quid intelligitur nomine Congrua?

☞ Ex hactenus dictis sequitur laicos, qui sive testamento, sive ab intestato succedunt bonis provenientibus ex beneficio, vel quia alias dono acceperunt, nisi sint pauperes, teneri in conscientia ad illa restituenda pauperibus loci beneficii, vel aliis piis causis. Item quia alea lucrati sunt aliquid notabile ex bonis illis superfluis, tenentur *rem pauperum male partam restituere*, ut statuit Concilium Rhemense anno 1583. Legatur P. Antoine *tract. de Obligat. cap. 1. q. 5. prope finem.* ☜

§. VII.

§. VII. *De variis modis amittendi Beneficia, & Pensiones.*

Rationes amittendi beneficia, & pensiones.

I. Triplici ratione seu modo amittuntur beneficia: primo, per Dispositionem Juris; secundo, per Sententiam Judicis; tertio, per Liberam dispositionem. Per dispositionem juris amittuntur primo, per professionem Religiosam; secundo, per Matrimonium validum; tertio, per consecutionem, & pacificam possessionem alterius beneficii incompatibilis; quarto, per varia delicta, qualia sunt Simonia; Homicidium qualificatum, scilicet per sicarium mercede conductum; Haeresis; Schisma; Sodomia; Intrusio suimet in beneficium; Percussio Episcopi, vel Cardinalis; Falsificatio litterarum Apostolicarum: & istis omnibus est inflicta privatio beneficii ipso facto, tamen post declarationem Judicis, quae retrotrahitur ad diem criminis commissi, ita ut non solum omnes fructus ab illo die percepti amittantur, verum etiam resignatio, vel permutatio illius post crimen facta, rescindi possit. Sunt & alia delicta, quibus eadem imponitur privatio, sed non ipso facto; & sunt, Homicidium simplex; Perjurium; Sacrilegium; Adulterium; & in istis, praeter sententiam declaratoriam, requiritur etiam condemnatoria: & ex hoc patet secunda amittendi ratio, nempe per sententiam judicis. Circa tertiam rationem, quae est Libera dispositio, videlicet renunciando, resignando, vel permutando, jam satis disseruimus in §. 2.

Quomodo amittantur Pensiones?

II. Pensiones amittuntur primo per Extinctionem, id est per mortem Pensionarii aut naturalem, aut civilem, aut per degradationem ejusdem. Item si contrahat Matrimonium, vel profiteatur in Religione approbata. Insuper per delicta laesionis Sedis Apostolicae, vel Majestatis Principis, vel percussionis Cardinalis, vel Episcopi, in cujus Dioecesi percipitur pensio.

Legitur Constitutio S. P. Benedicti XIV. quae incipit, *Universalis Ecclesiae Curam* edita die 29. Augusti 1747.

CAPUT XII.

De Vitiis Religioni oppositis, & præcipue de Simonia.

Duo generatim vitia Religioni opponuntur; nempe Superstitio, & Irreligiositas, & ambæ in varias species subdividuntur. Superstitio namque subdividitur in Idololatriam, Divinationem, vanam Observantiam, ad quam reducuntur Maleficium, & Magia: quæ adhuc in varias species iterum dividuntur; de quibus suis locis in præsenti capite. Irreligiositas autem subdividitur in Tentationem Dei, Blasphemiam, Sacrilegium, & Perjurium: quæ iterum in alias species multiplicantur; de quibus suis locis in eodem capite. Tractatum autem de perjurio transferemus ad secundum Decalogi præceptum, ubi de juramento. Interea Superstitio generatim definitur a S. D. q. 92. art. 1. Vitium Religioni oppositum secundum excessum, non quia plus exhibeat in cultum Divinum, quam vera Religio; sed quia exhibet cultum Divinum cui non debet, vel eo modo quo non debet. Irreligiositas autem ex traditis ab eodem S. D. definiti potest: Vitium, quo Deus vel in se, vel in rebus, aut personis illi dicatis inhonoratur. Sit igitur.

§. I. De Idololatria.

I. Idololatria est superstitio, qua cultus soli Deo debitus creaturæ attribuitur. Triplex est: prima Formalis, & Completa, seu intellectualis, cum quis revera putat creaturam, quam colit, esse Deum. Secunda, Incompleta, seu malitiosæ dumtaxat voluntatis, qua quis non credens creaturam, quam colit, esse Deum, ex pravo tamen affectu, quem habet contra Deum, eam eligit adorare; puta ut aliquid ab eadem obtineat. Tertia, Simulata, seu dumtaxat exterior absque errore mentis, aut pravo affectu voluntatis, sed ex timore procedens; ut contigit in lapsis tempore persecutionum. Secunda gravior est prima; quia primæ aliqualis ignorantia, tametsi supina, immiscetur; & exinde malitia aliqualiter minuitur; cum alioquin secunda sit malitiosissima. Tertia autem minus gravis est prima, & secunda; quamvis & ipsa sit semper mortale peccatum.

Quid & quotuplex sit Idololatria?

II. Qui idololatriam committit primo modo cum errore mentis, est simul hæreticus, & incurrit excommunicationem Papæ reservatam, quam non incurrit; qui idololatriam committit secundo modo sine errore intellectus: incurrit tamen excommunicationem non reservatam.

Pœna Idololatriæ.

§. II.

§. II. De Divinatione.

Quid sit Divinatio, & quænam per eamdem quærantur a Dæmone?

I. Ex traditis a S. Thoma q. 95. cum Divinatio sit inquisitio quædam occultorum ope Dæmonis, vel expresse vel tacite invocati; propterea versatur circa illa, quæ ab homine virtute sibi propria cognosci nequeunt. Potest autem inquiri cognitio eorum, quæ Deo soli nota sunt, ut cordium secreta, & futura libera; aut quæ etiam a Dæmone cognosci possunt, quamvis non ab homine: & inde sequitur, quod inquirens a Dæmone notitiam rerum primi generis incidit in Idololatriam; eo quod Dæmoni tribuat, quod soli Deo convenire potest, & in hæresim labatur; inquirens autem notitiam rerum secundi generis, meram Divinationem superstitiosam committit, & graviter peccat.

In Divinatione dupliciter invocatur Dæmon, & dicitur superstitiosa ex parte pacti.

II. Dixi in definitione, Dæmonis opem invocari per Divinationem, aut expresse, aut tacite: expresse, si reapse Dæmon invocetur, aut aliqua res adhibeatur, cui Dæmon cooperari credatur: tacite vero, quando ad notitiam occultorum adhibentur signa improportionata ad illum effectum: cum enim notitia desiderata ab illis mediis obtineri nequeat, quia sunt improportionata; neque a Deo, qui talia media non instituit, neque ab Angelis bonis, qui talibus mediis non utuntur; sequitur, quod notitia expectetur a Dæmone, qui illa præscripsit: inter quæ solemnia sunt illa diabolica adinventa gyrandi cribrum, proponendi speculum, aliqua proferendo verba: & utraque hæc Divinatio tam implicita, quam explicita est superstitiosa ex parte pacti, & peccatum gravissimum.

Superstitiosa ex parte medii committitur novem modis & cum pacto expresso.

III. Evadit etiam Divinatio superstitiosa ex parte medii. Varia media recenset S. Thom. art. 3. & ad epitomen redacta sunt, & quidem cum pacto expresso, dum expectatur revelatio rei occultæ per Præstigium, quando Dæmon apparet sub aliqua specie: per somnium, quando expectatur in somno: per Necromantiam, quando expectatur per apparitionem alicujus mortui: per Pytonismum, quando expectatur per arreptitios: per Geomantiam, quando expectatur per signa in terrestribus corporibus apparentia, puta plumbo fuso, lignis &c.: per Hydromantiam, quando per signa apparentia in aqua: per Aeromantiam, quando per signa apparentia in aere: per Pyromantiam, quando per signa apparentia in igne: per Aruspicium, quando per signa apparentia in membris, aut visceribus animalium.

Alia media cum pacto im-

IV. Alia media pariter superstitiosa, & plerumque cum tacita Dæmonis invocatione, quamvis etiam aliquando cum expressa, in genere duo sunt, nempe Augurium

Caput XII. De Vitiis Religioni &c.   203

rium, & Sortilegium. Augurium tunc committitur, quando quæritur occultorum notitia ex consideratione rei existentis; & novem modis committitur. Primo per Astrologiam judiciariam, quando notitia attenditur ex consideratione situs, & motus syderum in hominis nativitate; unde proferuntur certo eventura, quæ alioquin pendent ex libero hominis arbitrio; & dicitur Genethliaca. Secundo per Augurium proprie tale, cum ex hominis gestu, avium, & animalium vocibus, cantu &c. certo attenditur divinare occulta. Tertio per Auspicium, quando ex volatu avium. Quarto per Omen, quando ex vocibus hominis præter intentionem prolatis. Quinto per Onyrocriticam, quando per somnia. Sexto per Physiognomiam, quando per totius corporis humani signa. Septimo per Metoposcopiam, quando ex fronte hominis. Octavo per Chyromantiam, quando per signa manuum. Nono per Spatulamantiam, quando ex Spatularum signis. Qui igitur his mediis utitur ad certo dignoscenda occulta vel futura aliquo modo a libero arbitrio pendentia, aut ex se contingentia, peccat graviter, peccato superstitionis divinatoriæ. Quando autem dubitatur, an somnium aliquod excitans ad bonum fuerit a Deo immissum, ut quandoque evenit, consilium petatur a doctis, & probis viris.

pliciter, nempe Augurium, & Sortilegium. Augurium novem modis committitur.

* Contra exercentes artem Astrologiæ judiciariæ, & alia quæcumque divinationum genera, librosque legentes, vel retinentes S. P. Sixtus V. die 5. Januarii 1586. Constitutionem edidit, quæ incipit Cæli & Terra Creator. Sancita a Sixto V. approbavit, confirmavit, & innovavit S. P. Urbanus VIII. Constit. edita die 10. Aprilis 1631. cujus initium est Inscrutabilis. *

V. Sortilegium est actio, qua aliquid fit, ut consideratione eventus ejus aliud fiat vel cognoscatur. Triplex est, divisorium, consultorium, & divinatorium. Divisorium est, quando mittuntur sortes, quibus decernatur cui aliquid tribuendum sit: & hoc ex se est licitum, quando jura ad illam rem sint inter personas æqualia, & personæ in illud æque assentiantur. Cavendum tamen est, ne adhibeatur in electionibus ad officia, ad quæ digniores sunt eligendi. Si tamen in rarissimo casu æqualis plane meriti & habilitatis essent personæ eligendæ, hoc sortilegio uti non esset peccatum, maxime post commendatum Deo eventum, ut factum legitur c. 1. Actor. in electione Mathiæ. Sortilegium consultorium fit ad investigandum per sortes, quid agendum sit in re obscura. Per se est illicitum: unde in Capite Sortes 26. q. 2. sub excommunicatione prohibetur. Tantummodo licitum esset, si ex speciali Divino impulsu assumeretur. Sortilegium divinatorium est, quando inquiritur aliquid futu-

Quid Sortilegium, & quotuplex; & quando peccaminosum.

futurum, vel occultum mittendo fortes, v. g. quis fit obtenturus dignitatem; quis fuerit fur rei sublatæ &c., & est superstitiosum, ob invocatam tacite, vel expresse dæmonis opem.

☞ Licitus non est sortium usus ad Ecclesiastica Beneficia; quippe lege Ecclesiastica interdicitur, ut compertum est ex *cap.* Ecclesia *extra de sortilegiis*. Hoc idem nitide docet D. Thomas 2. 2. *q.* 95. *art.* 8. Hoc locum habet, etiam dum calculis æqualibus duo electi sunt ad beneficium. Observandum autem est, quod electio ad Beneficia Ecclesiastica per sortium usum peracta, quamvis illicita sit, attamen non est nulla, quia lege dumtaxat prohibetur, minime vero declaratur invalida. Solum electio Prælati Ecclesiæ jurisdictionem habentis tum in criminalibus, tum in civilibus, sortium ministerio facta nulla est; quia expresse ut talis rejicitur cap. Quia propter *de Elect.* Legatur P. Concina *tom.* 3. *lib.* 3. *differt.* 2. *cap.* 8. *n.* 5.

Observandum insuper est, quod Divinatio per tacitam Dæmonum invocationem, licet sit ex genere suo mortale peccatum; attamen propter bonam fidem, simplicitatem, aut ignorantiam non nimis crassam agentis potest quandoque a mortali excusari. Quapropter, inquit Sylvius 2. 4. *q.* 95. art. 1. post Cajetanum & alios, si quis hujus speciei divinationem tentet ex joco & levitate, non credens eam utilem, sed potius vanam & inutilem, aut nesciens esse ibi aliquam dæmonis invocationem, non peccat plusquam venialiter. Idem esto judicium, si ex somnio, augurio, & similibus aliquem timorem de futuris concipiat; sed tamen non eis adhibeat fidem; aut, si semel & iterum faciat, aut omittat aliquid sibi liberum ex tali timore, non tamen vitam, & actiones suas ad talium divinationum normam dirigat. ☜

Quid sit vana Observantia?

§. III. *De vana Observantia.*

I. Vana observantia est superstitio, qua ad obtinendum aliquem effectum quis utitur mediis vanis, inutilibus, & improportionatis. Quandoque committitur cum expressa Dæmonis invocatione, dum adhibentur media, quibus scitur Dæmonem cooperari; quandoque cum implicita, quando adhibentur media improportionata ad effectum, quibus sciri debet, non alium quam Dæmonem cooperari; quippe quæ neque a Deo, neque ab Ecclesia, neque a præceptis alicujus artis honestæ sint præscripta.

Quotuplex sit, & quibus mediis committatur?

II. Triplex est vana Observantia: Prima dicitur Ars Notoria, quando quis ad acquirendam scientiam, nullo adhibito studio, utitur dictis mediis improportionatis. Secunda dicitur Ars Sanatoria, quando similibus mediis im-

improportionatis quis utitur ad fanandas infirmitates. Tertia est Observantia fortuitorum, dum quis ex facto fortuito adveniente conjectans prosperum, vel adversum quid eventurum, juxta illud suas regit actiones. Quando igitur quis similibus utitur, vel mediis alioquin sanctis immiscet etiam ista media improportionata; vel quando utitur etiam mediis dumtaxat sanctis, expectando tamen infallibiliter se per illa obtenturum intentum, semper committitur hoc peccatum grave vanæ Observantiæ, juxta communem Doctorum.

§. IV. De Magia, & Maleficio.

I. Reducitur ad vanam Observantiam Magia, quæ est ratio operandi mira intra naturæ ordinem, præter communem & ordinarium modum naturalem: & ideo dici nequit supernaturalis, sed potius præternaturalis. Duplex est, alia Naturalis, quæ operatur mira, conjungendo virtutes naturales activas passivis virtutibus: & hujus pars maxima est Alchimia naturalis: & hæc innocenter adhibetur. Alia est Superstitiosa, quæ operatur mira ope Dæmonis, utendo signis a Dæmone institutis. *Quid sit Magia, & quotuplex generatim?*

II. Magia Superstitiosa triplex est: prima dicitur Ars Notoria, de qua jam dictum est. Secunda dicitur Ars Mirifica, & est illa, qua sanitates corporibus animalium, vel hominum conferuntur per signa inepta, quæ coincidit in hoc cum Arte Sanatoria superius explicata: & insuper qua procurantur bona temporalia, & corporalia mediis ineptis, & improportionatis; & propterea a Dæmone institutis. Tertia dicitur Ars Malefica, quæ tunc exercetur, quando per signa, & media a Dæmone instituta affertur nocumentum aliis viventibus. *Quotuplex sit Superstitiosa?*

III. Ars Malefica, seu Maleficium duplex est, aliud Veneficum, quod appellari solet Veneficium, & aliud Amatorium seu Philtrum. Veneficio affertur damnum sive hominibus, sive animalibus, per morbos, dolores, & etiam per mortem, utendo aut mediis naturalibus cognitis ope Dæmonis, aut signis aliquibus a Dæmone institutis. Amatorium seu Philtrum excitat carnalem & vereum amorem, aut e contra intensum odium, ope ratione Dæmonis humanos humores commoventis, quin tamen auferatur libertas; & ideo homo philtratus peccat consentiendo, cum possit, invocato Dei auxilio, resistere. Hinc malefici triplicis speciei mortali peccato gravantur, nempe contra charitatem, contra religionem, & contra justitiam, ut patet. *Quotuplex sit ars Malefica, seu Maleficium, quodque peccatum?*

IV. Maleficia licite tolli possunt per media Christiana, & Ecclesiastica, nempe per preces, pœnitentias, jejunia, aliaque pia opera: sed directe per exorcismos Ecle- *Quomodo licite, aut illicite tollatur Maleficium?*

clesiasticos: item mediis ab arte medica subministratis: item destructione signorum, quibus adnexum est pactum nocendi. Nunquam autem licet uti altero maleficio ad tollendum primum, quippe quod sit medium ab intrinseco malum.

* Videantur quæ huic §. adjecta sunt in Majori Opere. *

§. V. *De Tentatione Dei.*

Quid sit Tentatio Dei, quotque modis committatur?

I. Tentatio Dei est, aliquid agere, dicere, vel omittere ad capiendum experimentum de aliqua divina perfectione, potentia, sapientia, voluntate &c. per effectum extraordinarium, ab eodem Deo temere expectatum. Duplici modo incurritur: primo expresse, quando directa intentione sumendi tale experimentum aliquid agitur, vel omittitur, quasi intendendo extorquere miraculum; secundo interpretative, quando aliquid agendo, vel omittendo, quamvis non adsit dicta directa intentio, ex modo tamen se gerendi, ita intendi demonstratur; puta, si quis ægrotans nullis vellet remediis uti, fidens se a Deo sanandum.

Quale peccatum?

II. Utroque modo tentans Deum peccat mortaliter contra Religionem, eo quod Deo gravem irreverentiam irroget, nolendo uti mediis ab eo institutis, & volendo ipsum obstringere ad miracula patranda. Quandoque admiscetur peccatum infidelitatis, si experimentum sumatur cum aliqua dubitatione Divinæ potestatis, sapientiæ &c. Sæpe admiscetur peccatum contra charitatem sibi, vel proximo debitam, si id fiat cum periculo gravi proprio, vel proximi. Petere autem miraculum in aliqua urgenti necessitate, cum debita humilitate, & conformitate Divinæ voluntati, quando alia media non supersunt, nullum peccatum committitur.

§. VI. *De Blasphemia.*

Quid & quotuplex sit Blasphemia?

I. Blasphemia generatim accepta est locutio, etsi quandoque interior, & mentalis tantum, contumeliosa contra Deum. Dixi etiam interior & mentalis, quia ad blasphemiam formalem non est necessaria prolatio oris, sed sufficit interior mentis cum sufficienti cognitione. Triplex est; nempe Hæreticalis, quæ aliquam hæresim continet, vel tribuendo Divinæ Majestati quod ei non convenit, vel tollendo ab eadem, quod ipsi convenit. Si autem quod profertur, etiam judicio, & corde teneatur, est hæresis formalis, de qua plura diximus superius; si autem quod profertur, judicio & corde non teneatur, est proprie nuda blasphemia hæreticalis, & non hæresis:

esset

Caput XII. De Vitiis Religioni &c.

esset item blasphemia hæreticalis tribuere creaturæ, quod proprium est solius Dei; & in aliqua perfectione creaturam Deo præferre; & si ita judicetur, esset similiter hæresis; sin autem, mera blasphemia hæreticalis. Alia est Imprecativa, qua Deo malum quis imprecatur; quæ plerumque continet etiam peccatum odii Dei; de quo disseruimus in capite 5. de vitiis charitati Dei oppositis. Alia est Inhonorativa, qua modo contumelioso & conviciante aliquid profertur contra Deum; quamvis non falsum, nec contra fidem; & hæc dicitur blasphemia simplex, puta illud Juliani Apostatæ dictum Christo per modum convicii; *vicisti Galilæe, vicisti*. Tres istæ blasphemiæ differunt specie; quia Hæreticalis repugnat etiam vel Fidei vel confessioni ejusdem: Imprecativa repugnat Charitati Dei; quia continet malitiam odii ejusdem: Simplex autem solam malitiam inhonorationis habet.

II. Ad blasphemiam simplicem reducuntur blasphemiæ sine verbis, sed per solos gestus contra Deum factæ: puta, projiciendo lapidem contra Cœlum ex ira magna impetu; expuendo in Crucifixum &c. Ad easdem reducuntur verba inhonorativa contra Sanctos; ut docet D. Thom: 2. 2. q. 13. art. 1: ad 2. unde blasphemans peccat contra virtutem Duliæ, si in Sanctos; vel Hyperduliæ, si in Deiparam blasphemet. Et similiter blasphemiæ in res sacras in Dei inhonorationem redundant; si aut verba conviciatoria; aut gestus injuriantes in illas fiant. Præterea, juxta S. D. quæst. 76. 2. ad blasphemiam reducitur maledictio creaturarum, quatenus sunt creaturæ Dei. Cavendum igitur est ab his maledictionibus creaturarum, præcipue quando nobis nocent ex dispositione divina, ut sunt tempestates, siccitates, exundationes &c.; tunc enim ex iis illis maledicere, videtur maledictio redundare in Deum earumdem Auctorem. Ex dictis infertur, blasphemias contra Deum differre specie a prolatis contra Sanctos; & ideo in confessione exponendas esse distincte: sicuti etiam exponendæ sunt qualitates blasphemiarum: puta, si vocasti Sanctum impudicum, injustum, crudelem; quia si injuriæ diversæ speciei irrogatæ homini sunt exponendæ, ita & a fortiori irrogatæ Sanctis, & adhuc a fortiori irrogatæ Christo, aut Deo.

Quâ reducuntur ad blasphemiam simplicem?

III. Blasphemiam omnem cum sufficienti advertentia prolatam esse mortale peccatum, est indubitabile, in qua non datur parvitas materiæ; juxta omnes; neque requiritur intentio formalis Deum inhonorandi, quia tunc gravaretur etiam malitia odii, saltem abominationis contra Deum; sed sufficit intentio virtualis, contenta in verbis, vel gestis in communi hominum sapientum sensu ha-

In blasphemia non datur parvitas materiæ.

habitis ut gravibus inhonorationibus Dei, advertenter prolatis, aut factis.

Quid de frequenti usurpatione nominis Jesu? IV. Qui ex prava quadam consuetudine, frequentissime usurpant veneranda nomina Jesu, & Mariæ, & Sanctorum in quacumque admiratione, impatientia, indignatione &c. semper peccant saltem venialiter ob minus reverentem modum hujusmodi nomina proferendi: dixi saltem venialiter; quia timendum est, ne frequentissima indecora usurpatio quendam virtualem contemptum involvat, qui eamdem suspectam reddat de reatu mortali.

§. VII. *De Sacrilegio.*

Quid & quotuplex sit Sacrilegium? I. Sacrilegium generatim acceptum juxta S. Thom. 2.2. q. 99. art. 1. est indigna tractatio rei sacræ nempe Deo dicatæ, ejusdemque cultui specialiter destinatæ. Cumque tria sint, quæ divino cultui specialiter destinari possint, videlicet Personæ, Res, & Loca; propterea in tres dividitur species, nempe in Personale, Reale, & Locale.

Quid Personale, quotque modis committatur? II. Personale est illud, quo indigne tractatur Persona specialiter Deo dicata, ut Clerici, & Religiosi. Duobus modis præcipue perpetratur. Primo, dictas personas percutiendo, sive aliquam actionem violentam, & contumeliosam in illas injuste agendo. Secundo, peccando contra castitatem, si persona peccans sit aut Sacro Ordine, aut professione religiosa, aut etiam voto simplici castitatis obstricta; quod peccatum sacrilegii perpetrant etiam complices, quamvis voto non obstricti, si sciant personam, cum qua peccant, tali voto teneri: & ideo est circumstantia in confessione exponenda, nec non an unus tantum, aut ambo sint voto ligati. Nota ex Suarez probabilius teneri Sacerdotem contra castitatem peccantem explicare in confessione gradum suum. Diximus autem, quod sacrilegium personale duobus modis præcipue perpetratur; quia alii casus percensentur, in quibus idem peccatum committitur.

Quid sit Sacrilegium Reale, quibusque modis committatur? III. Sacrilegium Reale est indigna tractatio rei sacræ, quæ nec sit persona sacra, nec locus sacer. Hoc autem sacrilegium reale committitur nedum actione positiva, verum etiam per omissionem actionum debitarum; puta omittendo custodiam Eucharistiæ, ut vel rapi possit, vel corrumpi; non mutando corporalia fœda, & purificatoria &c. Qui itaque res sacras indigne tractavit, tenetur in confessione exprimere qualitatem rei sacræ & actionis; eo quod specie distinguantur per habitudinem ad diversas sanctitates.

Infertur decisio nonnullorum casuum. IV. Sacrilegium grave est indigna susceptio, vel invalida, aut indigna ministratio Sacramentorum, ob injuriam

Caput XII. De Vitiis Religioni &c. 209

riam gravem illatam rebus sacris; sicuti etiam convertere in profanos usus vasa sacra, ob eamdem rationem, nisi necessitas urgens valde perpendenda excuset. Item sacrilegium grave est, abuti verbis Scripturæ, aut aliis sacris in sensus turpes, mendaces, irrisorios: Immo urentem indicatis verbis in sensus jocosos, tametsi non turpes, sed civiles, si nimia frequentia, & veluti consuetudine fiat, a mortali non excusant Doctores etiam benignæ Theologiæ, ob gravem irreverentiam, & implicitam parvipensionem erga indicata sacra verba. Furtum pariter rei sacræ, puta Reliquiæ, Calicis &c. est sacrilegium lethale.

V. Sacrilegium locale est indigna violatio loci publica & Ecclesiastica auctoritate Divino cultui deputati; pura Ecclesiæ, Sacelli, idest Sacristiæ, Cœmeterii, Monasterii, Xenodochii Ecclesiastica auctoritate erecti. Variis modis committitur: effringendo fores; ornamenta furando; immo qui simul effringit & furatur res Ecclesiæ, incurrit Excommunicationem non reservatam, quousque non denunciatur factum Pontifici ab Episcopo; quia tunc evadit Pontifici reservata. Item violenter extrahendo personas, quæ ad sacra loca confugerunt, & gaudent immunitate eorumdem locorum: id autem dicitur, ut excipiantur illi, qui hac immunitate non gaudent. *Quid Sacrilegium locale; quotquot modis perpetretur?*

* Legatur *Institutio* 61. Em. Card. Lambertini postea S. P. Benedicti XIV. *

VI. Aliis modis item committitur sacrilegium locale; polluendo Ecclesiam per injuriosam humani sanguinis effusionem in Ecclesia, vel per occisionem in Ecclesia factam etiam sine sanguinis effusione, quamvis occidens, vel percutiens, actionem injustam extra Ecclesiam fecerit: Item per illicitam & voluntariam humani seminis effusionem: Item per sepulturam infidelis non baptizati, aut excommunicati non tolerati: & quamvis ad sacrilegium pollutionis Ecclesiæ sufficiat, quod crimen sit etiam occultum, non tamen ut Ecclesia censeatur in foro externo polluta; ad id namque requiritur, ut factum sit notorium notorietate facti, aut Juris. *Alia Sacrilegia Localia.*

VII. Item sacrilegium locale committitur exercendo actiones profanas in loco sacro, quæ loci sanctitati repugnent; quales sunt mercatus, sententia judicis sæcularis præsertim criminalis, clamores profani, tripudia, commessationes, furtum &c. Loqui etiam de turpibus & obscœnis, sollicitare ad turpia, quamvis extra Ecclesiam perpetranda; & multo magis tactum aliquem turpem; & unico verbo, turpes & inhonestas actiones exteriores facere in Ecclesia, sive manu, sive ore, sive nutibus, sive facto tali, ut si quis videret, jam adverteret actionem illam esse turpem, probabilius affirmatur sacrilegium ob *Alia Sacrilegia Localia.*

Tom. I.   O   gra-

gravem irreverentiam loco sacro irrogatam. De peccatis vero internis in loco sacro perpetratis, quamvis aliqui affirment, quod sint sacrilegia, mihi probabilius apparet, quod non; quia locus non offenditur nisi per actionem exteriorem.

✠ Non desunt sane, ut & Auctor indicat, etiam ex nobilioribus Theologis, qui actibus quoque mere internis loci sanctitatem violari contendunt, non contemnendis innixi argumentis. Quamobrem tutius erit, quod pœnitens & de peccatis mere internis in loco sacro perpetratis sese in confessione accuset. ✠

§. VIII. De Simonia.

Traditur & explicatur Simoniæ notio.

I. Simonia est studiosa voluntas emendi, vel vendendi pretio temporali aliquid spirituale, vel Spirituali adnexum. Ly studiosa voluntas significat volitionem deliberatam: ly emendi, vel vendendi significat non solum contractum venditionis, & emptionis in specie, sed quemlibet alium contractum non gratuitum: ly pretio temporali non intelligitur de sola pecunia, sed de qualibet re pretio æstimabili. Hæ autem res pretio æstimabiles, quæ simoniæ pretia esse consueverunt, ad tria genera reducuntur, quæ etiam muneris nomine vocitari solent; & sunt, munus a manu, munus a lingua, & munus ab obsequio: munus a manu significat res omnes pretio æstimabiles, sive mobiles sint, sive immobiles, nec non remissionem debiti, jus aliquod &c. Munus a lingua significat favorem, intercessionem, patrocinium, commendationem, laudem apud alterum; puta cum quis animum alicujus donis inducit, ut ipsum apud Episcopum recommendet, laudet, protegat ad beneficium obtinendum. Munus ab obsequio significat quodlibet servitium, obsequium, ministerium temporale præstitum, vel præstandum: puta dum Episcopus confert beneficium in præmium illi, qui villici ministerium diligenter obivit, aut quidpiam aliud simile fecit. Ly spirituale significat rem aliquam, vel actionem sacram, aut ad animæ salutem, aut ad Dei cultum pertinentem: puta Sacramenta, Reliquias, benedictiones, omnesque actiones ordinis, aut jurisdictionis spiritualis. Ly spirituali adnexum significat id, quod ad spirituale ordinatur, vel ab ipso pendet, vel eidem conjungitur, quæ conjunctio aut se habet antecedenter ad spirituale, v. g. jus Patronatus, quod antecedit præsentationem alicujus ad beneficium; aut se habet concomitanter, ut esset labor intrinsecus celebrationi Missæ, Catechesis &c.; aut se habet consequenter, ut reditus beneficii, præsupponentes Horarum recitationem. Quamvis autem hæc definitio explicet simoniæ

Caput XII. De Vitiis Religioni &c.

niæ naturam Divino jure prohibitam, non tamen comprehendit quamcumque a jure simul Ecclesiastico vetitam. Simonia igitur ab utroque isto jure interdicta ita definiri potest: Quæcumque datio, & receptio rei spiritualis, aut spirituali adnexæ pro temporali, aut e contra; & quæcumque pactio super eisdem a lege prohibita, ob reverentiam rei sacræ.

* Videatur D. Thomas 2. 2. *q*. 100. *art*. 5. *ad* 3.

II. Ex data definitione colligi potest, quomodo ad incurrendam simoniam non requiratur formalis intentio dandi, aut recipiendi temporale, ut pretium rei spiritualis, sed sufficiat ut res spiritualis detur pro temporali, aut e converso, aut pro pretio, aut sub pacto, aut compensatione, aut motivo principali: & circa hoc notandæ sunt theses 45., & 46. ab Innoc. XI. damnatæ, in quarum prima dicebatur: *Dare temporale pro spirituali non est simonia, quando temporale non datur tanquam pretium, sed dumtaxat tanquam motivum conferendi, vel efficiendi spirituale, vel etiam quando temporale sit sola gratuita compensatio pro spirituali, aut e contra.* In altera: *Et id quoque locum habet, etiamsi temporale sit principale motivum dandi spirituale; immo etiamsi sit finis ipsius rei spiritualis, sic ut illud pluris æstimetur, quam res spiritualis.*

Exponitur intentio Simoniaca.

III. Dividitur 1. Simonia in eam, quæ est juris Divini, quæ prohibetur; quia est natura sua mala, qualis est venditio rei Sacræ; & in eam, quæ est juris Ecclesiastici; quæ ideo est mala, quia prohibita, & quidem ob motivum religionis. Dividitur ulterius in Mentalem, Realem, Conventionalem, & Confidentialem. Mentalis est aliqua actio exterior facta ex intentione vere Simoniaca, exterius non apparente. Realis est pactio aliqua, seu contractus simoniacus, completus saltem inchoate inter dantem & accipientem. Conventionalis est simoniaca pactio expressa, vel tacita dandi & recipiendi; quæ tamen nondum sit ab ulla parte executioni mandata; & hæc dicitur mere conventionalis: quando autem, facta pactione, completur ex una parte, dicitur semirealis, seu mixta ex conventionali, & reali. Confidentialis est, quando aliquis beneficium procurat, aut eligendo, aut præsentando, aut postulando, aut resignando, aut alio modo, cum confidentia, idest cum pacto expresso, vel tacito; ut ille, cui procuratur beneficium, illud resignet aliquando procuranti; aut alteri, vel ut præstet pensionem, aut aliquos fructus: & ex eo dicitur Confidentialis, quod procurare beneficium, aliquo ex dictis modis, nitatur confidentia pactionis expressæ, vel tacitæ, vi cujus expectetur vel beneficium ipsum, vel pensio, vel fructus.

Simoniæ divisiones.

§. IX.

§. IX. De materia Simoniæ Juris Divini, & indispensabilis.

Regula generalis, quæ explicatur ex doctrina S. Thomæ quoad quasdam actiones.

I. Certum est apud omnes, Simoniam juris divini incurri, quando exigitur temporale aliquid pro rebus sacris, sacrisque actionibus, vel functionibus, quæcunque illæ sint, quia non sunt pretio temporali æstimabiles. Circa id tamen observandum est; quod ministrans spiritualia, jure tam divino, quam humano, aliquid exigere potest titulo suæ sustentationis; ut docet & explicat D. Thom. 2. 2. q. 100. art. 3. in corp. & in resp. ad 2. necnon quodlib 8. q. 6. art. 1. Et ex doctrina a S. D. in his locis tradita Regulam constituas circa omnes proventus, & lucra, ex aliqua actione spirituali procedentia, quæ nunquam debent esse motivum principale, & primo intentum: aliter simoniæ labes divini juris incurritur.

☞ Hinc juxta S. D. Simoniæ rei sunt Canonici, qui principaliter Choro assistunt propter distributiones. Facile plures dicunt, se non principaliter, sed secundario pergere ad Chorum propter distributiones. Sed serio conscientiam suam expendant, num revera ad Chorum eant propter divinum cultum. Unde colligere hoc possunt? Ex pluribus signis, ex devotionis fervore, modestia, & attentione, qua celebrant divinas laudes; ex omissione frequentandi Chorum, quando aut nullæ, aut tenues sunt distributiones. Sic P. Concina *tom.* 10 *lib.* 1. *differt.* 3. *c.* 7. *num.* 32. ☜

An Simoniæ vitium incurratur exigendo aliquid pro ingressu in Religionis?

II. Simonia juris divini similiter est exigere, vel accipere aliquid pro admissione ad habitum Religionis, vel ad professionem. Et circa id notanda occurrit S. Thom. doctrina 2. 2. q. 100. art. 3. ad 4. *Pro ingressu Monasterii non licet aliquid exigere, vel accipere quasi pretium: licet tamen, si Monasterium sit tenue, quod non sufficiat ad tot personas nutriendas, gratis quidem ingressum Monasterii exhibere, sed accipere aliquid pro victu personæ, quæ in Monasterio fuerit recipienda, si ad hoc non sufficiant Monasterii opes.*

* Plura scitu digna circa hanc materiam habet S. P. Benedictus XIV. *De Synod. Diœces* lib. 11. cap. 6. p. 93. & s.q. edit. Fer. 1760.

Alia Simonia juris Divini circa reditus beneficiorum.

III. Est etiam simonia contra jus divinum dare, vel accipere aliquid pro beneficio Ecclesiastico, quamvis simplici, aut quamvis quoad solum jus percipiendi fructus. Reprobata fuit ab Alex. VII. thesis 22., quæ oppositum asserebat: *Non est contra justitiam, beneficia Ecclesiastica non conferre gratis, quia collator conferens illa beneficia Ecclesiastica, pecunia interveniente, non exigit illam pro*

Caput XII. De Vitiis Religioni &c. 213

collatione beneficii, sed veluti pro emolumento temporali, quod sibi conferre non tenebatur.

IV. Simonia probabilius juris divini est vendere, & emere jus Patronatus, quod affert potestatem præsentandi ad beneficia, ita ut præsentatus acquirat jus ad beneficium, & instituendus sit, dummodo sit idoneus. Vendi tamen potest fundus realis, v. g. villa, cui adnexum est jus Patronatus, ut docet etiam S. Thomas loc. cit. art. 4. Cavendum tamen, ne quidquam recipiatur ultra valorem villæ, ob jus Patronatus adnexum; quia tunc esset venditio simoniaca. *Altera circa jus Patronatus.*

V. Simonia pariter juris divini est, post collationem rei spiritualis, vel adnexæ spirituali, quamvis nullo præcedente pacto, exigere, vel dare aliquid temporale tanquam debitum, aut mercedem aut compensationem. Si tamen nulla esset Ecclesiæ prohibitio, non videtur illicitum aliquid dare, vel recipere temporale, quod certum moraliter est omnino gratis donari, vel ob meram virtutem gratitudinis, aut benevolentiam. Dixi si nulla esset Ecclesiæ prohibitio, nam plures sunt casus, in quibus extat, qui recensebuntur suo loco paulo inferius. *Altera circa remunerationem pro collato beneficio.*

VI. Item in rarissimo casu, quo infans decedere deberet sine baptismo, nisi baptismum recipiat ab illo solo sciente baptismi formam, & qui ministrare non vult, nisi ei detur pecunia, neque in hoc casu respondet S. Thomas, licitum esse dare pecuniam. *Altera pro administratione Sacramentorum in quovis casu.*

* Circa hunc casum videantur Em. Cajetanus *sup. art.* 2, *cit. q.* 100. Sylvius *in eundem locum* concl. 3. & P. Billuart *differt.* 11. *art.* 5. *consect.* 2. Asserunt namque ipsi licitum esse in tali casu, dare pecuniam, non quidem ut pretium, & cum intentione emendi Sacramentum, sed ad iniquam vexationem redimendam: & hoc contrarium non esse menti D. Thomæ liquido ostendunt. Videantur quæ circa hanc difficultatem exposita sunt in majore Opere.

VII. Videtur, salvo meliori judicio, licitum esse donare alicui temporale, petendo ab eodem actiones spirituales, sive de præcepto, sive de consilio in animæ ipsius utilitatem resultantes, dummodo donatio fiat absolute & ipso facto sit valida, quamvis donetur cum modo adjuncto, præstandi talem actionem; nec ipse donatarius simpliciter obligetur ad illam præstandam; quia donando hoc modo, non datur cum pacto vere tali, & alioquin petitur actio bona, & ob finem honestum. Quid enim hoc frequentius in matribus Christianis provocantibus filios munusculis, ut Sacramenta frequentent, ut spondeant se in tali solemnitate eadem suscipere? numquid criminaberis illas divini juris violati actu Simoniaco? Ultra progreditur doctissimus Suarez lib. 4. de Simon. cap. *An post rebus temporalibus incitari aliquis ad actiones spirituales.*

Q 3

16., ubi latissime de hac difficultate disserit, & addit num. 14. meticulose tamen, nullam incurri Simoniæ labem, etiamsi promissio expresse fiat, ut illam actionem alter præstet, intendendo dumtaxat bonum spirituale ipsius, & se obligando promissum solvere, executa illa actione, dummodo ex parte promissarii nulla imponatur obligatio ad illam actionem præstandam: circa quod cavendum, ne promissio sit rei adeo excitantis, ut ille, ob motivum principale rei promissæ capescendæ, inducatur ad actionem.

An sit Simonia dare aliquid pro labore in actibus spiritualibus impenso?

VIII. Circa laborem, qui impenditur in exercitio actionum spiritualium, distinguendum est primo de labore intraneo, & per se cum eisdem conjuncto; & pro hoc nemini dubium, quod nihil possit in pactum deduci: puta in concione facienda, in psalmis canendis &c. Secundo de labore extraneo eisdem actionibus accidentaliter adveniente, atque de hoc subdistinguendum est. Si enim se teneat præcise ex parte ipsius subjecti operantis, quia videlicet ipsius imbecillitas, senectus &c. reddit ipsi onus magis laboriosum, similiter pro tali labore nil recipi, aut dari potest. Si autem revera sit labor extraneus operi respectu cujuscumque, puta quia celebraturus debet iter plurium milliarium perficere, vel per plures horas expectare, ut petenti celebrationem complaceat &c., proculdubio pro hujusmodi labore pretium exigere poterit; quia est operi extraneus, & pretio æstimabilis.

Omissio actus spiritualis potest esse materia Simoniæ juris Divini.

IX. Omissio actionis spiritualis potest esse materia Simoniæ juris divini, ita S. Thomas loc. cit. 3. ad 3. Circa hoc tamen est observandum, quomodo aliud est dicere hujusmodi omissionem posse esse materiam Simoniæ, & aliud omnem omissionem esse Simoniam; quod universaliter verum non est, cum enim variæ possint esse actiones spirituales omittendæ, variæ quoque sunt resolutiones statuendæ. Modo autem præscindimus a ratione, quæ habetur turpis lucri, vel indecenter acquisiti, sed loquimur præcise de lucro Simoniaco. Hinc Simonia non est dare temporale, ut quis abstineat ab actu spirituali, quem vel sacrilege, vel injuste facturus est; vel ut abstineat ab eligendo indignum. E contra vero Simonia est vendere actum, seu potius omissionem actus jurisdictionis spiritualis, quando talis omissio moraliter censetur ab hujusmodi spirituali jurisdictione provenire, & habere effectus moraliter proportionatos: v. g. negando injuste absolutionem vel a peccatis, vel a censura, propter rem temporalem. Quando igitur pecunia induco alterum, ne actum bonum, & spiritualem faciat, sive actus ille debitus sit, sive non; peccabo quidem alio peccato, sed non Simoniæ; quia non emo

actus

Caput XII. *De Vitiis Religioni &c.*

actus illos spirituales, sed usum libertatis illius neizrii venditoris. In casu tamen quod omissiones dictorum actuum spiritualium pretio æstimentur ob intuitum alicujus boni spiritualis, tunc emptio, & venditio evaderet etiam Simoniaca.

§. X. *De Simonia Materia Juris Ecclesiastici.*

I. Permutare beneficium sine licentia Papæ, nullo interveniente pretio, est Simonia Juris Ecclesiastici. Resignare beneficia extra Romanam Curiam, in favorem alicujus determinatæ personæ, & resignare cum pacto, ut resignatarius beneficium cedat alicui tertio, vel cum confidentia Accessus, & Regressus, etiam absque interventu ullius rei temporalis, sunt simoniaci jure Ecclesiastico. Item vendere officia temporalia Ecclesiæ, nempe Sacristæ, Œconomi, Defensoris, Procuratoris, Advocati, Judicis, Præpositi, Vicedomini, Primicerii, idest Magistri Chori, & ut loquitur Urbanus in cap. *Salvator* 1. quæst. 3. *Quamlibet Ecclesiasticarum rerum administrationem*, ex Ecclesiastica lege est Simoniacum. Item Simoniacum est recipere munera quantumvis modica, quamquam sponte & gratis oblata ex occasione examinis ad Parœciam, ex occasione collationis Tonsuræ, Ordinum, litterarum dimissorialium, aut testimonialium, aut earum subscriptionis, ex Trident. sess. 21. cap. 1. de reform. Dixi autem *ex occasione, & gratis oblata*; quia pacta super prædictis, aut absque pacto aliquid pro prædictis recipere, est Simonia juris divini, ut patet.

P. Paulus Gabriel Antoine Tractat. de Virtut. Reigionis *caput* 5. *artic.* 3. *quæst.* 5. ad simplicem permutationem beneficiorum licentiam Papæ minime exigit, sed solam auctoritatem Prælati sufficere censet. Idem docet Petrus Collet *Institut. Theolog. Tract. de Simonia Parte* 2. *cap.* 3. *art.* 3. *sect.* 4. *conclus.* 2., qui subdit eam solum permutationem ab Episcopo admitti posse, quæ est beneficii cum beneficio, & quæ pure fit: unde permutatio beneficii cum pensione, vel cum pacto ut alter permutantium solus omnes solvat ex easis, quæ ad utrumque pertinent, non valet nisi fiat coram Papa.

Recensentur Simonia Juris Ecclesiastici.

§. XI. *De eo, quod circa quaedam Sacra sit invendibile, tam de Jure Divino, quam de Jure Ecclesiastico respective.*

Quid Titulus, quid Praebenda?

I. In Beneficiis distinguas oportet Titulum beneficii, & Praebendam beneficii. Titulus beneficii, nempe Plebanatus, Canonicatus &c. semper est quid spirituale: unde semper adnexus est gradui clericali, & saltem primae Tonsurae. Praebenda est jus dependens a Titulo percipiendi emolumenta temporalia, ex quibus unum totale consurgit, quod beneficium vocatur. Titulus affert primario jus ad functiones spirituales sibi correspondentes, & secundario ad fructus percipiendos.

Jus ad emolumenta beneficiorum est invendibile.

II. Hinc autem excitatur quaestio, an videlicet Praebenda sit invendibilis jure Divino, an dumtaxat Ecclesiastico. Theologi communiter fere sustinent eam esse jure divino invendibilem. Canonistae e contra non esse jure divino invendibilem sentiunt. Momenta, ut verum fatear, utrinque gravia suppetunt. Nobis sufficit Praebendam, seu jus ad emolumenta, esse omnino invendibile, saltem ex lege Ecclesiastica, id strictissime vetante, ut omnes concedunt, cum jam de Titulo nemini dubium sit, esse jure divino invendibilem.

Quaenam Pensiones vendi queant?

III. Pensiones laicales posse vendi, tenet communior: secus dicendum de pensionibus clericalibus, quia fundatae in titulo & ministerio clericali, sine quo Pensionarius iis gaudere non potest. Et notandum, neque hujusmodi pensiones redimi posse absque simoniae labe. Idem quoque asserendum de aliis pensionibus clericalibus, quamvis non fundatis in ministerio spirituali, sed quae datur solis Clericis vel ad sui sustentationem, vel ad componendam litem, vel ad compensandam fructuum inaequalitatem in permutatione. Praestimonia etiam quae solis Clericis conferuntur, quamvis ad solum studium, ut deinde possint Ecclesiae inservire, sine Simoniae crimine vendi non possunt.

Praestimonia. Quomodo vendi possit Jus Patronatus, & quibus in casibus?

IV. Jus Patronatus, quoad jus praesentandi, vendi non potest, & quidem juxta probabiliorem jure divino. Vendi equidem potest fundus, cui jus Patronatus est adnexum, ut diximus §. 9. n. 4. servatis conditionibus ibidem praescriptis, eo quia sit temporale pretio aestimabile: & tunc jus Patronatus transit ad emptorem fundi, tamquam quid gratis concessum. Demum praesente aliquem, cui jus praesentandi est contentiosum, ea conditione & pacto, ut praesentatus suis expensis litiget, & probet validam sui praesentationem, jam liquet esse Simoniam; quia praesentato imponitur onus temporale, & venditur quodammodo illa praesentatio pro expensis & lite faciendis, ut assecuret patrono jus, quod est contentiosum.

V. Ci-

Caput XII. De Vitiis Religiosi &c.

V. Circa Commendas, nota quod Commenda sign. ficat Ecclesiam, Abbatiam, Beneficium vacantia, quæ auctoritate Ecclesiastica commendantur alicui, ut earumdem respective curam gerat, necnon fructus ab eis provenientes vel in toto, vel in parte recipiat. Duplex est, alia Temporanea, quando dicta loca commendantur alicui tamquam Vicario, vel auctoritate Pontificis, si sit Ecclesia Cathedralis, vel Episcopi, si sit Parochialis, ut onera talis Ecclesiæ sustineat, donec provideatur de Rectore, assignata interea eidem de proventibus ejusdem congrua portione: idque verificatur etiam in casu, quo Rectorem habeat, si vel sit absens, vel impeditus. Alia est Perpetua, durans per totam Commendatarii vitam, quando Ecclesia datur alicui in administrationem perpetuam, quamvis eidem non conferatur titulus proprius beneficii, unde non fiat proprie Prælatus, atque Ecclesiæ illius Rector, sed Procurator, Æconomus, aut Gubernator. Cum autem istæ Commendæ aliquando afferant spiritualem administrationem respectu animarum, cui administrationi correspondeant proventus temporales; idcirco istæ vocari solent spirituales, seu clericales. Aliquando vero dantur dumtaxat ad temporalem administrationem, aut alio titulo mere laicali, ut videre est in Commendis militaribus; ideo istæ Militares nuncupantur. Hinc deducitur Commendas clericales, sive temporaneæ sint, sive perpetuæ, invendibiles esse, utpote Simoniæ jure divino vetitæ materiam; & de hoc nequit excitari difficultas. Commendarum autem militarium non videtur esse simoniæ obnoxia venditio, cum sint tantum subsidia quædam temporalia collata Equitibus ob egregia gesta facinora, nec quidpiam habeant spirituale adnexum. Animadvertit autem opportune Suarez cap. 27. n. 9. quod si Reges, aut Magni Magistri illas venderent, peccarent peccato injustitiæ, quia usurparent jus sibi non concessum; etenim jus habent illas conferendi benemerentibus, neutiquam illas vendendi quibus libuerit.

* Legatur S. P. Benedictus XIV. de Synod. Diœces. lib. 12. cap. 5. n. 46. *

VI. Circa Hospitalia, jam nimis notum est, esse loca, in quibus admittuntur pauperes, infirmi &c. alendi, & providendi ex reditibus illius loci, sub præsidentia alicujus, vel aliquorum ad rectum regimen loci electorum. Prout autem ad rem nostram pertinet, Hospitale dicitur Rectoratus, seu officium gubernandi Hospitale. Quædam sunt Ecclesiastica, seu Religiosa, quæ Episcopi auctoritate sunt erecta, ejusdemque directioni subduntur. Quædam sunt mere Laicalia, quæ dispositione Laicorum eriguntur, eorumdemque gubernationi subduntur; quæ quamvis pia loca merito vocitentur, non tamen loca Ecclesiastica

Quid sit Commenda, & quotuplex?

Qualiter vendi possint nec ne

Quid sit sciendum circa Hospitalia?

218　*Tract. IV. De I. Decal. Præcepto.*

sticis accenseri debent; proinde istorum Rectoratus, cum sit mere temporalis, nequit esse simoniæ materia, atque de eo nil ad nos. Hospitalia vero Ecclesiastica, vel afferunt Rectoratum habentem adnexam spiritualem administrationem, vel dumtaxat temporalem respectu pauperum receptorum: si adnexam habeant spiritualem, jam patet ex dictis quid resolvendum sit, nempe esse invendibilia; idemque dicendum de laicali, in casu, quo introducta fuerit spiritualis administratio. Si autem nullam afferat spiritualem administrationem, quamvis non subjaceat simoniæ juris Divini, probabilius videtur esse materia Simoniæ juris Ecclesiastici; eo quod comprehendatur in generali prohibitione Concilii Chalcedonensis can. 2. relata in Capite *Si quis Episcopus* 8. q. 1. & confirmata ab Urbano Papa in Capite *Salvator* 1. q. 3.

Quid de permutatione rei spiritualis cum alia spirituali?

VII. Quamvis simplex permutatio rei spiritualis cum altera spirituali, (non loquor de beneficiis) puta Reliquiæ cum Reliquia, nullam deformitatem involvere videatur, etiamsi post factam permutationem alter reddere nolit, quod acceperat, afficere tamen permutationem pacto stricte accepto, ita ut, firmata pactione, neuter resilire possit absque violatione justitiæ, probabilius videtur esse simoniacum; quia quamvis ex parte materiæ non sit inæqualitas, ex parte tamen modi se gerendi sit injuria rebus sacris, illas subjiciendo contractui oneroso: quod est contra eorum naturam, quæ postulat, ut gratis dentur.

* Videantur P. P. Salmanticenses, qui *tract.* 19. *cap.* 3. *punct.* 2. §. 1. *n.* 18. certum existimant in aliis rebus spiritualibus, quæ beneficia non sunt, permutare unam pro alia propria auctoritate, & cum pacto non esse simoniam nec jure Divino, nec jure humano, etiamsi cum omni proprietate una res spiritualis pro alia detur. Legantur etiam Sylvius *sup. art.* 1. *q.* 100., & P. Daniel Concina *Tom.* 10. *lib.* 1. *dissert.* 3. *cap.* 7. *

* Num vero absque Simoniæ macula vendi possint Sepulturæ, vel jus ut tali loco, aut parte Ecclesiæ nullus præter illum, qui emit, aut ejus successores sepeliantur, expendunt, & resolvunt Suarez *tom.* 1. *de Relig. lib.* 4. *de Simon. cap.* 14. Barbosa *de Offic. & Potest. Paroch.* p. 2. *cap.* 26. Sylvius *in* 2. 2. *q.* 100. *art.* 4. P. P. Salmanticenses *tract.* 18. *cap.* 3. *punct.* 5. & P. Lucius Ferraris V. *Sepultura.* *

§. XII. *De variis modis simoniacis Jure vel Divino, vel Ecclesiastico, respective, circa Beneficia.*

Recensentur plures actiones simoniacæ.

I. Dubio vacat, Simoniam juris Divini perpetrari, promittendo, dando, vel recipiendo aliquid pretio æstimabile, seu temporale pro Præsentatione, Electione, Collatio-

Caput XII. De Vitiis Religioni &c. 219

tione, Confirmatione, necnon pro qualibet alia actione, qua acquiratur jus; quamvis dumtaxat inchoatum, ad beneficium; vel qua dubium aliquod circa beneficium tollatur, & expurgetur, & constat ex dictis: & multo magis constituendo, vel solum promittendo pensionem procuranti beneficium: Immo simoniaca esset promissio dandi aliquid etiam solo mutuo. Item exigere, vel dare aliquid pro introductione in possessionem beneficii, quæ dicitur installatio, est simoniacum. Item promittere, & a fortiori dare aliquid alteri, ut per semetipsum, vel per alium roget aut procuret collationem beneficii.

II. Simonia saltem juris Ecclesiastici committitur, permutando beneficia, aut quodvis aliud jus ad beneficia pertinens: sicut etiam quæcumque conventio, vel conditio, vel pactio obligans ad id, quod non est de jure debitum, si hæc fiant privata auctoritate: ita etiam resignatio sub conditione, onere, vel pacto, quod non inest de jure ipsi beneficio, si fiant sine licentia Pontificis. Resignatio autem simplex in favorem alterius ideo est vetita, ne per eam tollatur Collatori jus conferendi beneficia dignioribus, & ne beneficia transeant in hæreditatem: unde omnes dicti actus, sine licentia Papæ, sunt invalidi. *Aliæ actiones Simoniacæ circa Permutationem, & Resignationem.*

III. Simonia committitur, faciendo transactionem, vel cessionem non mere gratuitam circa beneficium, vel aliquod jus beneficii etiam dubium, si fiat propria auctoritate. Similiter quævis pactio, aut ad impediendam, aut ad dirimendam litem super beneficio, si fiat, ut alter litigantium cedat juri suo, & alter beneficium pacifice possideat. Idem etiam crimen committitur, si conveniant, ut unus desistat, dummodo alter solvat expensas, quæ factæ fuerunt. Et nota, quod hujusmodi transactiones sunt etiam invalidæ, si fiant privata auctoritate. Dicam num. 5. quid sint transactio, & compositio. *Transactiones qualiter Simoniacæ?*

IV. Compositio inter litigantes non est illicita, si fiat per sententiam judicis ordinarii, aut delegati, vel judicio arbitrorum a Superiore deputatorum, ut statuatur inter litigantes concordia. Immo, si opus fuerit, poterunt præfati imponere alteri parti pensum pecuniæ erogandum, non pro compositione juris, quod est spirituale, sed pro bono temporali pacis, & ut lis terminetur. Item in hoc casu poterit, si opus fuerit, imponi pensio annua illi, cui beneficium probabilius adjudicatur, solvenda alteri ad istius vitam: quæ pensio non imponitur beneficio, sed beneficiario. Nota, quod hujusmodi compositiones factæ privata auctoritate sint simoniacæ, quamvis fierent sub conditione approbationis a Superiore obtinendæ, quæ neque tunc possunt a Superiore approbari. *Compositio inter litigantes quando simoniaca.*

V. Non omnis Compositio est Transactio, quamvis omnis Transactio sit quædam Compositio. Transactio inter præ- *Distinctio.*

gravem irreverentiam loco sacro irrogatam. De peccatis vero internis in loco sacro perpetratis, quamvis aliqui affirment, quod sint sacrilegia, mihi probabilius apparet, quod non; quia locus non offenditur nisi per actionem exteriorem.

✶ Non desunt sane, ut & Auctor indicat, etiam ex nobilioribus Theologis, qui actibus quoque mere internis loci sanctitatem violari contendunt, non contemnendis innixi argumentis. Quamobrem tutius erit, quod pœnitens & de peccatis mere internis in loco sacro perpetratis sese in confessione accuset. ✶

§. VIII. De Simonia.

Traditur & explicatur Simoniæ notio.

1. Simonia est studiosa voluntas emendi, vel vendendi pretio temporali aliquid spirituale, vel Spirituali adnexum. Ly studiosa voluntas significat volitionem deliberatam: ly emendi, vel vendendi significat non solum contractum venditionis, & emptionis in specie, sed quemlibet alium contractum non gratuitum: ly pretio temporali non intelligitur de sola pecunia, sed de qualibet re pretio æstimabili. Hæ autem res pretio æstimabiles, quæ simoniæ pretia esse consueverunt, ad tria genera reducontur, quæ etiam muneris nomine vocitari solent; & sunt, munus a manu, munus a lingua, & munus ab obsequio: munus a manu significat res omnes pretio æstimabiles, sive mobiles sint, sive immobiles, nec non remissionem debiti, jus aliquod &c. Munus a lingua significat favorem, intercessionem, patrocinium, commendationem, laudem apud alterum; puta cum quis animum alicujus donis inducit, ut ipsum apud Episcopum recommendet, laudet, protegat ad beneficium obtinendum. Munus ab obsequio significat quodlibet servitium, obsequium, ministerium temporale præstitum, vel præstandum; puta dum Episcopus confert beneficium in præmium illi, qui villici ministerium diligenter obivit, aut quidpiam aliud simile fecit. Ly spirituale significat rem aliquam, vel actionem sacram, aut ad animæ salutem, aut ad Dei cultum pertinentem: puta Sacramenta, Reliquias, benedictiones, omnesque actiones ordinis, aut jurisdictionis spiritualis. Ly spirituali adnexum significat id, quod ad spirituale ordinatur, vel ab ipso pendet, vel eidem conjungitur, quæ conjunctio aut se habet antecedenter ad spirituale, v. g. jus patronatus, quod antecedit præsentationem alicujus ad beneficium; aut se habet concomitanter, ut esset labor intrinsecus celebrationi Missæ, Catechesis &c.; aut se habet consequenter, ut reditus beneficii, præsupponentes Horarum recitationem. Quamvis autem hæc definitio explicet simonia

Caput XII. De Vitiis Religioni &c.

niz naturam Divino jure prohibitam, non tamen comprehendit quamcumque a Jure fimul Ecclefiaftico vetitam. Simonia igitur ab utroque ifto jure interdicta ita definiri poteft: Quæcumque datio, & receptio rei fpiritualis, aut fpirituali adnexæ pro temporali, aut e contra; & quæcumque pactio fuper eifdem a lege prohibita, ob reverentiam rei facræ.

* Videatur D. Thomas 2. 2. q. 100. art. 5. ad 3.

II. Ex data definitione colligi poteft, quomodo ad incurrendam fimoniam non requiratur formalis intentio dandi, aut recipiendi temporale, ut pretium rei fpiritualis, fed fufficiat ut res fpiritualis detur pro temporali, aut e converfo, aut pro pretio, aut fub pacto, aut compenfatione, aut motivo principali: & circa hoc notandæ funt thefes 45., & 46. ab Innoc. XI. damnatæ, in quarum prima dicebatur: *Dare temporale pro fpirituali non eft fimonia, quando temporale non datur tanquam pretium, fed dumtaxat tanquam motivum conferendi, vel efficiendi fpirituale, vel etiam quando temporale fit fola gratuita compenfatio pro fpirituali, aut e contra.* In altera: *Et id quoque locum habet, etiamfi temporale fit principale motivum dandi fpirituale; immo etiamfi fit finis ipfius rei fpiritualis, fic ut illud pluris æftimetur, quam res fpiritualis.*

Exponitur intentio Simoniaca.

III. Dividitur 1. Simonia in eam, quæ eft juris Divini, quæ prohibetur; quia eft natura fua mala, qualis eft venditio rei Sacræ; & in eam, quæ eft juris Ecclefiaftici, quæ ideo eft mala, quia prohibita, & quidem ob motivum religionis. Dividitur ulterius in Mentalem, Realem, Conventionalem, & Confidentialem. Mentalis eft aliqua actio exterior facta ex intentione vere Simoniaca, exterius non apparente. Realis eft pactio aliqua, feu contractus fimoniacus, completus faltem inchoare inter dantem & accipientem. Conventionalis eft fimoniaca pactio expreffa, vel tacita dandi & recipiendi; quæ tamen nondum fit ab ulla parte executioni mandata; & hæc dicitur mere conventionalis: quando autem, facta pactione, completur ex una parte, dicitur femirealis, feu mixta ex conventionali, & reali. Confidentialis eft, quando aliquis beneficium procurat, aut eligendo, aut præfentando, aut poftulando, aut refignando, aut alio modo, cum confidentia, ideft cum pacto expreffo, vel tacito; ut ille, cui procuratur beneficium, illud refignet aliquando procuranti; aut alteri, vel ut præftet penfionem, aut aliquos fructus: & ex eo dicitur Confidentialis, quod procurare beneficium, aliquo ex dictis modis, nitatur confidentia actionis expreffæ, vel tacitæ, vi cujus expectetur vel beneficium ipfum, vel penfio, vel fructus.

Simoniæ divifionis.

§. IX.

§. IX. *De materia Simoniæ Juris Divini, & indispensabilis.*

Regula generalis, quæ explicatur doctrina S. Thomæ quoad quasdam actiones.

I. Certum est apud omnes, Simoniam juris divini incurri, quando exigitur temporale aliquid pro rebus sacris, sacrisque actionibus, vel functionibus, quæcunque illæ sint, quia non sunt pretio temporali æstimabiles. Circa id tamen observandum est; quod ministrans spiritualia, jure tam divino, quam humano, aliquid exigere potest titulo suæ sustentationis; ut docet & explicat D. Thom. 2. 2. q. 100. art. 3. in corp. & in resp. ad 2. necnon quodlib 8. q. 6. art. 1. Et ex doctrina a S. D. in his locis tradita Regulam constituas circa omnes proventus, & lucra, ex aliqua actione spirituali procedentia, quæ nunquam debent esse motivum principale, & primo intentum: aliter simoniæ labes divini juris incurritur.

☞ Hinc juxta S. D. Simoniæ rei sunt Canonici, qui principaliter Choro assistunt propter distributiones. Facile plures dicunt, se non principaliter, sed secundario pergere ad Chorum propter distributiones. Sed serio conscientiam suam expendant, num revera ad Chorum eant propter divinum cultum. Unde colligere hoc possunt? Ex pluribus signis, ex devotionis fervore, modestia, & attentione, qua celebrant divinas laudes; ex omissione frequentandi Chorum, quando aut nullæ, aut tenues sunt distributiones. Sic P. Concina *tom.* 10 *lib.* 1. *differt.* 3. *c.* 7. *num.* 32. ☞

An Simoniæ titium incurratur exigendo aliquid pro ingressu in Religionis?

II. Simonia juris divini similiter est exigere, vel accipere aliquid pro admissione ad habitum Religionis, vel ad professionem. Et circa id notanda occurrit S. Thom. doctrina 2. 2. q. 100. art. 3. ad 4. *Pro ingressu Monasterii non licet aliquid exigere, vel accipere quasi pretium: licet tamen, si Monasterium sit tenue, quod non sufficiat ad tot personas nutriendas, gratis quidem ingressum Monasterii exhibere, sed accipere aliquid pro victu personæ, quæ in Monasterio fuerit recipienda, si ad hoc non sufficiant Monasterii opes.*

* Plura scitu digna circa hanc materiam habet S. P. Benedictus XIV. *De Synod. Diœces lib.* 11. *cap.* 6. *p.* 93., & *s-q.* edit. Fer. 1760.

Alia Simonia juris Divini circa reditus beneficiorum.

III. Est etiam simonia contra jus divinum dare, vel accipere aliquid pro beneficio Ecclesiastico, quamvis simplici, aut quamvis quoad solum jus percipiendi fructus. Reprobata fuit ab Alex. VII. thesis 22., quæ oppositum asserebat: *Non est contra justitiam, beneficia Ecclesiastica non conferre gratis, quia collator conferens illa beneficia Ecclesiastica, pecunia interveniente, non exigit illam pro col-*

Caput **XII.** *De Vitiis Religioni &c.*

collatione beneficii, sed veluti pro emolumento temporali, quod sibi conferre non tenebatur.

IV. Simonia probabilius juris divini est vendere, & emere jus Patronatus, quod affert potestatem præsentandi ad beneficia, ita ut præsentatus acquirat jus ad beneficium, & instituendus sit, dummodo sit idoneus. Vendi tamen potest fundus realis, v. g. villa, cui adnexum est jus Patronatus, ut docet etiam S. Thomas loc. cit. art. 4. Cavendum tamen, ne quidquam recipiatur ultra valorem villæ, ob jus Patronatus adnexum; quia tunc esset venditio simoniaca. — *Altera circa jus Patronatus.*

V. Simonia pariter juris divini est, post collationem rei spiritualis, vel adnexæ spirituali, quamvis nullo præcedente pacto, exigere, vel dare aliquid temporale tanquam debitum, aut mercedem aut compensationem. Si tamen nulla esset Ecclesiæ prohibitio, non videtur illicitum aliquid dare, vel recipere temporale, quod certum moraliter est omnino gratis donari, vel ob meram virtutem gratitudinis, aut benevolentiam. Dixi si nulla esset Ecclesiæ prohibitio, nam plures sunt casus, in quibus extat, qui recensebuntur suo loco paulo inferius. — *Altera circa remunerationem pro collato beneficio.*

VI. Item in rarissimo casu, quo infans decedere deberet sine baptismo, nisi baptismum recipiat ab illo solo sciente baptismi formam, & qui ministrare non vult, nisi ei detur pecunia, neque in hoc casu respondet S. Thomas, licitum esse dare pecuniam. — *Altera pro administratione Sacramentorum in quovis casu.*

* Circa hunc casum videantur Em. Cajetanus *sup. art.* 2. *cit. q.* 100. Sylvius *in eundem locum concl.* 3. & P. Billuart *differt.* 11. *art.* 5. *confect.* 2. Asserunt namque ipsi licitum esse in tali casu, dare pecuniam, non quidem ut pretium, & cum intentione emendi Sacramentum, sed ad iniquam vexationem redimendam: & hoc contrarium non esse menti D. Thomæ liquido ostendunt. Videantur quæ circa hanc difficultatem exposita sunt in majore Opere.

VII. Videtur, salvo meliori judicio, licitum esse donare alicui temporale, petendo ab eodem actiones spirituales, sive de præcepto, sive de consilio in animæ ipsius utilitatem resultantes, dummodo donatio fiat absolute & ipso facto sit valida, quamvis donetur cum modo adjuncto, præstandi talem actionem; nec ipse donatarius simpliciter obligetur ad illam præstandam; quia donando hoc modo, non datur cum pacto vere tali, & alioquin petitur actio bona, & ob finem honestum. Quid enim hoc frequentius in matribus Christianis provocantibus filios munusculis, ut Sacramenta frequentent, ut spondeant se in tali solemnitate eadem suscipere? numquid criminaberis illas divini juris violati actu Simoniaco? Ultra progreditur doctissimus Suarez lib. 4. de Simon. cap. — *An possit rebus temporalibus incitari aliquis ad actiones spirituales.*

16., ubi latissime de hac difficultate disserit, & addit num. 14. meticulose tamen, nullam incurri Simoniæ labem, etiamsi promissio expresse fiat, ut illam actionem alter præstet, intendendo dumtaxat bonum spirituale ipsius, & se obligando promissum solvere, executa illa actione, dummodo ex parte promissarii nulla imponatur obligatio ad illam actionem præstandam: circa quod cavendum, ne promissio sit rei adeo excitantis, ut ille, ob motivum principale rei promissæ capescendæ, inducatur ad actionem.

An sit Simonia dare aliquid pro labore in actibus spiritualibus impenso?

VIII. Circa laborem, qui impenditur in exercitio actionum spiritualium, distinguendum est primo de labore intraneo, & per se cum eisdem conjuncto; & pro hoc nemini dubium, quod nihil possit in pactum deduci: puta in concione facienda, in psalmis canendis &c. Secundo de labore extraneo eisdem actionibus accidentaliter adveniente, atque de hoc subdistinguendum est. Si enim se teneat præcise ex parte ipsius subjecti operantis, quia videlicet ipsius imbecillitas, senectus &c. reddit ipsi onus magis laboriosum, similiter pro tali labore nil recipi, aut dari potest. Si autem revera sit labor extraneus operi respectu cujuscumque, puta quia celebraturus debet iter plurium milliarium perficere, vel per plures horas expectare, ut petenti celebrationem complaceat &c., proculdubio pro hujusmodi labore pretium exigere poterit; quia est operi extraneus, & pretio æstimabilis.

Omissio actus spiritualis potest esse materia Simoniæ juris Divini.

IX. Omissio actionis spiritualis potest esse materia Simoniæ juris divini, ita S. Thomas loc. cit. 3. ad 3. Circa hoc tamen est observandum, quomodo aliud est dicere hujusmodi omissionem posse esse materiam Simoniæ, & aliud omnem omissionem esse Simoniam; quod universaliter verum non est, cum enim variæ possint esse actionis spirituales omittendæ, variæ quoque sunt resolutiones statuendæ. Modo autem præscindimus a ratione, quæ habetur turpis lucri, vel indecenter acquisiti, sed loquimur præcise de lucro Simoniaco. Hinc Simonia non est dare temporale, ut quis abstineat ab actu spirituali, quem vel sacrilege, vel injuste facturus est; vel ut abstineat ab eligendo indignum. E contra vero Simonia est vendere actum, seu potius omissionem actus jurisdictionis spiritualis, quando talis omissio moraliter censetur ab hujusmodi spirituali jurisdictione provenire, & habere effectus moraliter proportionatos: v. g. negando injuste absolutionem vel a peccatis, vel a censura, propter rem temporalem. Quando igitur pecunia induco alterum, ne actum bonum, & spiritualem faciat, sive actus ille debitus sit, sive non; peccabo quidem alio peccato, sed non Simoniæ; quia non emo

actus

Caput XII. De Vitiis Religioni &c. 215

actus illos spirituales, sed usum libertatis illius nefarii venditoris. In casu tamen quod omissiones dictorum actuum spiritualium pretio æstimentur ob intuitum alicujus boni spiritualis, tunc emptio, & venditio evaderet etiam Simoniaca.

§. X. *De Simonia Materia Juris Ecclesiastici.*

I. Permutare beneficium sine licentia Papæ, nullo interveniente pretio, est Simonia Juris Ecclesiastici. Resignare beneficia extra Romanam Curiam, in favorem alicujus determinatæ personæ, & resignare cum pacto, ut resignatarius beneficium cedat alicui tertio, vel cum confidentia Accessus, & Regressus, etiam absque interventu ullius rei temporalis, sunt simoniaci jure Ecclesiastico. Item vendere officia temporalia Ecclesiæ, nempe Sacristæ, Œconomi, Defensoris, Procuratoris, Advocati, Judicis, Præpositi, Vicedomini, Primicerii, idest Magistri Chori, & ut loquitur Urbanus in cap. *Salvator* 1. quæst. 3. *Quamlibet Ecclesiasticarum rerum administrationem*, ex Ecclesiastica lege est Simoniacum. Item Simoniacum est recipere munera quantumvis modica, quamquam sponte & gratis oblata ex occasione examinis ad Parœciam, ex occasione collationis Tonsuræ, Ordinum, litterarum dimissorialium, aut testimonialium, aut earum subscriptionis, ex Trident. sess. 21. cap. 1. de reform. Dixi autem *ex occasione, & gratis oblata*; quia pacta super prædictis, aut absque pacto aliquid pro prædictis recipere, est Simonia juris divini, ut patet.

Recensentur Simonia Juris Ecclesiastici.

' P. Paulus Gabriel Antoine Tractat. de Virtut. Religionis *capit* 5. *artic.* 3. *quæst.* 5. ad simplicem permutationem beneficiorum licentiam Papæ minime exigit, sed solam auctoritatem Prælati sufficere censet. Idem docet Petrus Collet *Institut. Theolog. Tract. de Simonia Parte* 2. *cap.* 3. *art.* 3. *sect.* 4. *conclus.* 2., qui subdit eam solam permutationem ab Episcopo admitti posse, quæ est beneficii cum beneficio, & quæ pure fit: unde permutatio beneficii cum pensione, vel cum pacto ut alter permutantium solus omnes solvat expensas, quæ ad utrumque pertinent, non valet nisi fiat. coram Papa. '

§. XI.

§. XI. *De eo, quod circa quaedam Sacra sit invendibile, tam de Jure Divino, quam de Jure Ecclesiastico respective.*

Quid Titulus, quid Praebenda?

I. In Beneficiis distinguas oportet Titulum beneficii, & Praebendam beneficii. Titulus beneficii, nempe Plebanatus, Canonicatus &c. semper est quid spirituale: unde semper adnexus est gradui clericali, & saltem primae Tonsurae. Praebenda est jus dependens a Titulo percipiendi emolumenta temporalia, ex quibus unum totale consurgit, quod beneficium vocatur. Titulus affert primario jus ad functiones spirituales sibi correspondentes, & secundario ad fructus percipiendos.

Jus ad emolumenta beneficiorum est invendibile.

II. Hinc autem excitatur quaestio; an videlicet Praebenda sit invendibilis jure Divino, an dumtaxat Ecclesiastico. Theologi communiter fere sustinent eam esse jure divino invendibilem. Canonistae e contra non esse jure divino invendibilem sentiunt. Momenta, ut verum fatear, utrinque gravia suppetunt. Nobis sufficit Praebendam, seu jus ad emolumenta, esse omnino invendibile, saltem ex lege Ecclesiastica, id strictissime vetante, ut omnes concedunt, cum jam de Titulo nemini dubium sit, esse jure divino invendibilem.

Quaenam Pensiones vendi queant?

III. Pensiones laicales posse vendi, tenet communior: secus dicendum de pensionibus clericalibus, quia fundatae in titulo & ministerio clericali, sine quo Pensionarius illis gaudere non potest. Et notandum, neque hujusmodi pensiones redimi posse absque simonia labe. Idem quoque asserendum de aliis pensionibus clericalibus, quamvis non fundatis in ministerio spirituali, sed quae datur solis Clericis vel ad sui sustentationem, vel ad componendam litem, vel ad compensandam fructuum inaequalitatem in permutatione. Praestimonia etiam quae solis Clericis conferuntur, quamvis ad solum studium, ut deinde possint Ecclesiae inservire, sine Simoniae crimine vendi non possunt.

Praestimonia. Quomodo venal possit Jus Patronatus, & quibus in casibus?

IV. Jus Patronatus, quoad jus praesentandi, vendi non potest, & quidem juxta probabiliorem jure divino. Vendi equidem potest fundus, cui jus Patronatus est adnexum, ut diximus §. 9. n. 4. servatis conditionibus ibidem praescriptis, eo quia sit temporale pretio aestimabile: & tunc jus Patronatus transit ad emptorem fundi, tamquam quid gratis concessum. Demum praesentare aliquem, dum jus praesentandi est contentiosum, ea conditione & pacto, ut praesentatus suis expensis litiget & probet validam sui praesentationem, jam liquet esse Simoniam; quia praesentato imponitur onus temporale, & venditur quodammodo illa praesentatio pro expensis in lite faciendis, ut assecuret patrono jus, quod est contentiosum.

V. Gi-

Caput XII. De Visitis Religiosi &c. 217

V. Circa Commendas, nota quod Commenda significat Ecclesiam, Abbatiam, Beneficium vacantia, quæ auctoritate Ecclesiastica commenduntur alicui, ut earumdem respective curam gerat, necnon fructus ab eis provenientes vel in toto, vel in parte recipiat. Duplex est, alia Temporanea, quando dicta loca commendantur alicui tamquam Vicario, vel auctoritate Pontificis, si sit Ecclesia Cathedralis, vel Episcopi, si sit Parochialis, ut onera talis Ecclesiæ sustineat, donec provideatur de Rectore; assignata interea eidem de proventibus ejusdem congrua portione: idque verificatur etiam in casu; quo Rectorem habeat, si vel sit absens, vel impeditus. Alia est Perpetua, durans per totam Commendatarii vitam, quando Ecclesia datur alicui in administrationem perpetuam, quamvis eidem non conferatur titulus proprius beneficii, unde non fiat proprie Prælatus, atque Ecclesiæ illius Rector, sed Procurator, Æconomus, aut Gubernator. Cum autem istæ Commendæ aliquando afferant spiritualem administrationem respectu animarum, cui administrationi correspondeant proventus temporales; idcirco istæ vocari solent spirituales, seu clericales. Aliquando vero dantur dumtaxat ad temporalem administrationem, aut alio titulo mere laicali, ut videre est in Commendis militaribus; ideo istæ Militares nuncupantur. Hinc deducitur Commendas clericales, sive temporaneæ sint, sive perpetuæ, invendibiles esse, utpote Simoniæ jure divino vetitæ materiam: & de hoc nequit excitari difficultas. Commendarum autem militarium non videtur esse simoniæ obnoxia venditio, cum sint tantum subsidia quædam temporalia collata Equitibus ob egregia gesta facinora, nec quidpiam habeant spirituale adnexum. Animadvertit autem opportune Suarez cap. 27. n. 9. quod si Reges, aut Magni Magistri illas venderent, peccarent peccato injustitiæ, quia usurparent jus sibi non concessum; etenim jus habent illas conferendi benemerentibus, neutiquam illas vendendi quibus libuerit.

* Legatur S. P. Benedictus XIV. *de Synod. Diœces.* lib. 12. cap. 5. n. 46. *

VI. Circa Hospitalia, jam nimis notum est, esse loca, in quibus admittuntur pauperes, infirmi &c. alendi, & providendi ex reditibus illius loci, sub præsidentia alicujus, vel aliquorum ad rectum regimen loci electorum. Prout autem ad rem nostram pertinet, Hospitale dicitur Rectoratus, seu officium gubernandi Hospitale. Quædam sunt Ecclesiastica, seu Religiosa, quæ Episcopi auctoritate sunt erecta, ejusdemque directioni subduntur. Quædam sunt mere Laicalia, quæ dispositione Laicorum eriguntur, corumdemque gubernationi subduntur; quæ quamvis pia loca merito vocitentur, non tamen loca Ecclesiastica

Quid sit Commenda, & quotuplex?

Qualiter vendi possint necne

Quid dicendum circa Hospitalia?

sticis accenseri debent ; proinde istorum Rector atus, cum sit mere temporalis, nequit esse simoniæ materia, atque de eo nil ad nos. Hospitalia vero Ecclesiastica, vel asserunt Rectoratum habentem adnexam spiritualem administrationem, vel dumtaxat temporalem respectu pauperum recepterum : si adnexam habeant spiritualem, jam patet ex dictis quid resolvendum sit, nempe esse invendibilia; idemque dicendum de laicali, in casu, quo introducta fuerit spiritualis administratio. Si autem nullam asserat spiritualem administrationem, quamvis non subjaceat simoniæ juris Divini, probabilius videtur esse materia Simoniæ juris Ecclesiastici ; eo quod comprehendatur in generali prohibitione Concilii Chalcedonensis can. 2. relatâ in Capite *Si quis Episcopus* 8. q. 1. & confirmata ab Urbano Papa in Capite *Salvator* 1. q. 3.

Quid de permutatione rei spiritualis cum alia spirituali?
VII. Quamvis simplex permutatio rei spiritualis cum altera spirituali, (non loquor de beneficiis) puta Reliquiæ cum Reliquia, nullam deformitatem involvere videatur, etiamsi post factam permutationem alter reddere nolit, quod acceperat, afficere tamen permutationem pacto stricte accepto, ita ut ; firmata pactione, neuter resilire possit absque violatione justitiæ, probabilius videtur esse simoniacum; quia quamvis ex parte materiæ non sit inæqualitas, ex parte tamen modi se gerendi fit injuria rebus sacris, illas subjiciendo contractui oneroso: quod est contra eorum naturam, quæ postulat, ut gratis dentur.

* Videantur P. P. Salmanticenses, qui *tract*. 19. *cap.* 3. *punct.* 2. §. 11 *n.* 18. certum existimant in aliis rebus spiritualibus ; quæ beneficia non sunt, permutare unam pro alia propria auctoritate, & cum pacto non esse simoniam nec jure Divino, nec jure humano, etiamsi cum omni proprietate una res spiritualis pro alia detur. Legantur etiam Sylvius *sup. art.* 1. q. 100., & P. Daniel Concina *Tom.* 10. *lib.* 1. *dissert.* 3. *cap.* 7. *

* Num vero absque Simoniæ macula vendi possint Sepulturæ, vel jus ut tali loco, aut parte Ecclesiæ nullus præter illum, qui emit, aut ejus successores sepeliantur, expendunt, & resolvunt Suarez *tom.* 1. *de Relig. lib.* 4. *de Simon. cap.* 14. Barbosa *de Offic. & Potest. Paroch.* p. 2. *cap.* 26. Sylvius *in* 2. 2. q. 100. *art.* 4. P. P. Salmanticenses *tract.* 18. *cap.* 3. *punct.* 5. & P. Lucius Ferraris V. *Sepultura*. *

§. XII. *De variis modis simoniacis Jure vel Divino, vel Ecclesiastico, respective, circa Beneficia.*

Recensentur plures actiones simoniacæ.
I. Dubio vacat, Simoniam Juris Divini perpetrari, promittendo, dando, vel recipiendo aliquid pretio æstimabile, seu temporale pro Præsentatione, Electione, Collatio-

Caput XII. De Vitiis Religioni &c.

tione, Confirmatione, necnon pro qualibet alia actione, qua acquiratur jus; quamvis dumtaxat inchoatum, ad beneficium; vel qua dubium aliquod circa beneficium tollatur, & expurgetur, & constat ex dictis: & multo magis constituendo, vel solum promittendo pensionem procuranti beneficium: Immo simoniaca esset promissio dandi aliquid etiam solo mutuo. Item exigere, vel dare aliquid pro introductione in possessionem beneficii, quæ dicitur installatio, est simoniacum. Item promittere, & a fortiori dare aliquid alteri, ut per semetipsum, vel per alium roget aut procuret collationem beneficii.

II. Simonia saltem juris Ecclesiastici committitur, permutando beneficia, aut quodvis aliud jus ad beneficia pertinens: sicut etiam quæcumque conventio, vel conditio, vel pactio obligans ad id, quod non est de jure debitum, si hæc fiant privata auctoritate: ita etiam resignatio sub conditione, onere, vel pacto, quod non inest de jure ipsi beneficio, si fiant sine licentia Pontificis. Resignatio autem simplex in favorem alterius ideo est vetita, ne per eam tollatur Collatori jus conferendi beneficia dignioribus, & ne beneficia transeant in hæreditatem: unde omnes dicti actus, sine licentia Papæ, sunt invalidi. *Aliæ actiones Simoniaca circa Permutationem, & Resignationem.*

III. Simonia committitur, faciendo transactionem, vel cessionem non mere gratuitam circa beneficium, vel aliquod jus beneficii etiam dubium, si fiat propria auctoritate. Similiter quævis pactio, aut ad impediendam, aut ad dirimendam litem super beneficio, si fiat, ut alter litigantium cedat juri suo, & alter beneficium pacifice possideat. Idem etiam crimen committitur, si conveniant, ut unus desistat, dummodo alter solvat expensas, quæ factæ fuerunt. Et nota, quod hujusmodi transactiones sunt etiam invalidæ, si fiant privata auctoritate. Dicam num. 5. quid sint transactio, & compositio. *Transactiones qualiter Simoniacæ?*

IV. Compositio inter litigantes non est illicita, si fiat per sententiam judicis ordinarii, aut delegati, vel judicio arbitrorum a Superiore deputatorum, ut statuatur inter litigantes concordia. Immo, si opus fuerit, poterunt præfati imponere alteri parti pensum pecuniæ erogandum, non pro compositione juris, quod est spirituale, sed pro bono temporali pacis, & ut lis terminetur. Item in hoc casu poterit, si opus fuerit, imponi pensio annua illi, cui beneficium probabilius adjudicatur, solvenda alteri ad istius vitam: quæ pensio non imponitur beneficio, sed beneficiario. Nota, quod hujusmodi compositiones factæ privata auctoritate sint simoniacæ, quamvis fierent sub conditione approbationis a Superiore obtinendæ, quæ neque tunc possunt a Superiore approbari. *Compositio inter litigantes quando simoniaca.*

V. Non omnis Compositio est Transactio, quamvis omnis Transactio sit quædam Compositio. Transactio *Distinctio inter præ-*

Transactionem, & Compositionem. proprie accepta tria requirit. Primum, ut jus super rem, circa quam transigendum est, sit incertum & dubium, & tale reputetur inter transigentes. Secundum, ut conventio inter partes fiat cum aliquo onere. Tertium, ut fiat ad litem dirimendam, vel componendam, sive lis sit inchoata, sive intentata, sive comminata: ex quibus patet distinctio a Compositione, quæ fit etiam libera remissione gratuita, & cum jure certo, atque indubitabili, & fieri potest absque ullo onere imposito alteri parti. Compositio variis modis evenire potest. Primo, quando altera partium libere cedit juri suo, quod aut certum, aut dubium sit, quin aliquid dividatur. Secundo, si res divisibilis sit, dividendo inter partes rem illam, vel emolumenta illa judicio prudentum. Tertio, cedendo alteri rem totam, cum onere, ut ipsi compenset per aliquid aliud. Primo modo facta, est innocens, cum sit vera compositio, nullam suspicionem simoniæ habet, & est vere amicabilis, & nullo modo est transactio. Si autem compositio fiat judicio prudentum, adjudicantium rem illi, qui juxta ipsos firmiorem rationem habet, cui alter omnino gratis cedere debeat; quamvis non requirat Prælati consensum in quantum est compositio, in quantum tamen est renunciatio juris, & nova institutio respectu illius, cui renunciatur; requirit Prælati auctoritatem, post judicium factum ab Arbitris, ut observavit Panormitanus.

Quando sit licita secundo & tertio modo facta, cum sit Transactio? VI. Secundo & tertio modo facta, est Transactio, ut patet ex dictis. Itaque transigere super rem mere spiritualem, extra materiam beneficialem, cum aliqua compensatione vel cessione alterius rei spiritualis, nulla est, juxta communem, Simoniæ suspicio; unde potest amicabiliter fieri inter partes, absque ulla Prælati auctoritate, quatenus transactio est. Consulto dixi non requiri auctoritatem Prælati, quatenus transactio est, utpote a simoniæ labe immunis: nihilominus ex alio capite forte talem auctoritatem requirere poterit. Illa, nempe Transactio de se (ait Suarez *lib. 4. de Simon. cap. 51. n. 10.*) ut careat vitio simoniæ, non requirit auctoritatem Prælati; tamen ut valeat, poterit aliunde illa indigere. Puta si res spiritualis, quæ in recompensationem datur, in dubium non vocetur, sed extra litem sit, & ad illam conferendam alteri sit necessaria auctoritas Prælati. Circa beneficia autem transactiones etiam solius spiritualis cum solo spirituali factæ; aut sola litigantium conventione, aut privatorum Arbitrorum judicio, sunt illicitæ.

Transactiones circa Beneficia. Alii casus Simoniæ. VII. Simonia committitur ab illo, qui ad obtinendum beneficium promittit se restauraturum Ecclesiam, seu aliquid erogaturum ad fabricam, aut elargiturum Eleemosynam pauperibus, vel quidpiam simile facturum, rerum temporalium erogatione; Item si permutantes propria aucto-

Caput XII. De Vitiis Religioni, &c.

auctoritate compensent pecunia, vel pensione inæqualitatem proventuum; si unus illorum imponat alteri onus, quod sit præter naturam permutationis, puta solvendi omnes expensas; si permutent Jura quælibet, vel actiones quaslibet ad beneficia pertinentes, puta, si unus cedat suæ præsentationi, ut alius sibi conferat alteram, aut ita conveniant: tu elige, aut præsenta Petrum ad tale Beneficium, & ego præsentabo te, aut Paulum ad alterum; do tibi meum votum in hac electione, & tu dabis mihi, aut Petro votum tuum ad illam alteram; omnes istæ conventiones, hisque similes sunt simoniacæ a Jure generaliter vetitæ. Et similiter simonia committitur hujusmodi conventiones faciendo etiam circa ea officia, quæ non sunt proprie beneficia; eo quod in capite 5. de rerum permutatione generaliter prohibentur omnia pacta circa spiritualia, & circa adnexa: ac proinde etiam Vicaria Ecclesiastica amovibilis ad nutum, Prælaturæ Regularium, & hujusmodi sunt dictæ legi obnoxia. Simonia quoque committitur, si in beneficio procurando, conferendo &c. fiat conventio de qualibet gratuita remuneratione dandi aliquid ex gratitudine, sive spirituale, sive temporale; tum quia id fuit reprobatum ab Innocentio XI., ut vidimus in §. 8. num. 2. Pariter si conferendo, vel procurando beneficium consanguineis, ut aut procuranti, aut ei cui procuratur, aut familiæ commodum resultet, puta, ut honoratior, potentior, aut opulentior fiat. Ita Theologi cum S. Thoma in 4. d. 25. a. 3. ad 7., qui addit 2. 2. qu. 100. a. 4. *Si aliquis aliquid spirituale conferat alicui gratis propter consanguinitatem, vel quamcumque carnalem affectionem,* (idest, quæ non sit spiritualis) *est quidem illicita, & carnalis collatio, non tamen Simoniaca, quia nihil accipitur*: ad differentiam antedicti casus, in quo intenditur nobilitas, potentia &c.

VIII. Verum, occasione modo dictorum excitatur dubium, utrum intentio dandi spirituale pro temporali, aut e contra ob meram, & simplicem gratitudinem vitio Simoniæ mentalis inquinetur? Antequam respondeam, præmitto, hic non inquiri, an ita agere liceat ex intentione gratuitæ compensationis, quam jam dudum reprobatam audivimus ab Innoc. XI. neque an temporale possit esse motivum principale, aut finis dandi spirituale, vel e contra; cum id quoque reprobatum fuerit ab eodem Pontifice relato in §. 8. num. 2. Sed quæsitum in eo consistit, an ita operantes, habentes coram Deo merum, & simplicem finem gratitudinis fundatam ex parte collatoris, simoniace agant? Et respondeo, quod si revera coram Deo habeant sinceram intentionem mere internam dandi ex pura gratitudine, & sperandi ex pura gratitudine,

Resolvitur an dare ex mera gratitudine, vel sub spe meræ gratitudinis sit Simoniacum?

absq*

absque eo, quod exterius quidpiam significetur, neque spirituale, aut temporale speratum, sit motivum principale, aut finis operandi, salvo meliori judicio, nulla videatur Simonia mentalis.

Quomodo beneficia precibus obtenta sint Simoniaca?

* D. Thoma q. 13. *de Malo* art. 4. ad 13. assignat discrimen, quod intercedit inter illum, qui mutuat, & illum qui tribuit spiritualia: asseritque quod ille, qui dat mutuum, potest aliquod munus sperare non quasi debitum, sed quasi gratuitum & absque obligatione præstandum; at qui spiritualia largitur, nullo modo debet aliquid sperare.

IX. Simonia committi potest præsentando ad Beneficium, vel illud conferendo propter commendationem idest recommendationem ab amico factam; ita S. D. loc. cit. ad 3. qui addit: *Si vero aliquis pro se roget, ut obtineat curam animarum, ex ipsa præsumptione redditur indignus, & sic preces sunt pro indigno. Licite tamen potest aliquis, si non sit indignus, pro se beneficium Ecclesiasticum petere, sine cura animarum.* Hanc doctrinam aliqualiter emolliri posse putarem aliqua exceptione circa petentem beneficium cum cura: & quidem in casu, ne beneficium conferatur aut indigno, aut vix digno, & ipse petens, absque proprii amoris fuligine, se a Deo misericorditer donatum experiatur, saltem quoad sufficientiam, conditionibus ab hujusmodi beneficio requisitis; non erit ex petitione sua reputandus indignus. Quoties igitur petens, post consultationem cum prudentibus, & doctis viris habitam, sibi conscius est, se vel plus aliis, vel æque ac alios esse scientia, probitate, & prudentia donatum, putarem, quod petendo non se reddat eo ipso indignum. Hanc doctrinæ mitigationem profecto approbare videtur Concil. Trid.

Neque ob motivum licet dare beneficium. Suscipere ordines intuitu proventuum beneficii est Simoniacum.

sess. 24. cap. 18. de reformatione. Eligere autem indignum ob preces, quas S. D. vocat armatas, nempe comminationibus adjunctas, est nedum injustum, ut paret, sed Simoniacum etiam, ut docet in 4. d. 25. q. 3. ar. 4. ad 4. Simonia demum mentalis committitur, suscipiendo ordines, eo intuitu ut obtineatur beneficium propter proventus ex eodem prodeuntes.

Quando edim ere pretio vexationem sit Simonia?

X. Redimere pretio temporali vexationem, idest oppositionem, contradictionem &c. quæ non est injusta ad obtinendum beneficium, est aperta Simonia. Non est insuper licitum redimere vexationem injustam apud eos, qui ad beneficium juvare possunt, nempe apud Collatorem, Præsentatorem, Electorem, Institutorem &c. Licet vero vexationem redimere ab iis, qui injuste dumtaxat possunt impedire, non autem juvare. Redimere autem per temporale vexationem injustam, est licitum illi, qui habet jus in re, idest in beneficio, quod pleno & certo jure jam tenet, & possidet; quia temporale tunc non datur

pro

Caput XII. De Vitiis Religioni &c. 223

pro aliqua re spirituali, quæ jam plene, & integre possidetur, sed pro re mere temporali removenda, nempe injusto impedimento: ita ex cap. 28. de Simonia. Caveat tamen redimens, ne det aliquid spirituale, quia incurreret Simoniam; dando pro temporali re, qualis est injusta vexatio, rem spiritualem.

* Legatur P. Antoine *tract. de Virt. Relig. cap.* 5. *art.* 3. *resp.* 3. & 4. *ad Quæst.* 17. qui alia habet ad rem hanc necessaria. *

XI. Non quodvis donum, quod fieri potest conferenti spiritualia, potest esse prohibitum, & simoniacum; eo quod jura ipsa præsupponant, posse temporale donum gratis fieri; sive ante, sive post collationem rei spiritualis, loquendo ex natura rei, & dummodo intentio sit recta coram Deo. Et similiter pro ministerio spirituali dari potest temporale etiam ex obligatione, non ut pretium, aut in commutationem, sed tanquam stipendium ex justitia operario debitum. Hinc fit, quod tunc donum simoniacum evadat, quando datur pro ipsa re spirituali, & in commutationem ejusdem. *Quando dona sint censenda Simoniaca?*

XII. An autem data pro stipendio possint deduci in pactum, negative respondendum videtur ex iis, quæ habet D. Tom. 2. 2. q. 100. ar. 3. ad 2. Verum videantur ea, quæ docet Em. Cajetanus in Com. super eumdem articulum. *Data in stipendium an possint reduci in pactum?*

XIII. Simonia ficta, quæ contingit dum aut alter contrahentium, aut ambo contrahentes vere non habent animum contrahendi, sed decipiendi, (deceptione quidem ab aliis ignorata) juxta probabiliorem Cajetani tom. 2. opusc. tract. 9. q. 2. & Soti lib. 9. qu. 8. art. 1. & aliorum, non est peccatum Simoniæ; quamvis ita ficte contrahens peccet lethaliter, & sacrilege, tum decipiendo in re gravi, tum cooperando peccato alterius contra religionem; & teneatur ad restitutionem damnorum, si quæ secuta fuerint. *Simonia ficta, quamvis grave peccatum, non est Simonia.*

XIV. Ex omnibus hactenus expositis liquet, Simoniam esse sacrilegium, quia injuriosum rebus Deo dicatis, ac proinde Religioni, quæ cultum Dei tanquam objectum inspicit; injuria autem gravi afficit res sacras, quia facto reputat easdem pretio temporali æstimabiles, quod si fieret animo deliberate ita judicante, esset hæresis, ut patet; cum fides doceat: *Dona Dei pecunia non possideri* Act. 8. Immo admixtum habet peccatum etiam injustitiæ, quia venditur id, quod non cadit sub dominio vendentis, sed solius Dei. Simonia juris Divini non admittit parvitatem materiæ, juxta omnes, & semper est peccatum grave: quia considerata ex parte rei spiritualis, hæc semper est super omnem valorem temporalem: considerata vero ex parte pretii, semper eo major est parvipen- *Quale peccatum sit Simonia?*

pensio rei spiritualis, quo minus est pretium. Et similiter Simonia juris Ecclesiastici sufficienti deliberatione patrata, est semper lethalis, tum quia ejusdem speciei cum altera; tum quia semper sub gravi obligans; tum denique, quia prohibetur sub eodem motivo reverentiæ sacris debitæ.

§. XIII. *De pænis Ecclesiasticis Simoniæ crimini illatis.*

Simonia pure mentalis nulla censura plectitur.

I. Simoniæ pure mentali, quæ nullo pacto exteriori expresso, aut tacito, sed solo animo perficitur, nulla pœna Ecclesiastica est inflicta. Cum autem excommunicatio major in Simoniæ crimine ipso facto non incurratur, nisi in solis tribus delictis, nempe pro Ordinationibus, pro Ingressu aut professione Religionis, & pro Beneficiis & Officiis quibuslibet Jurisdictionem spiritualem afferentibus: idcirco distincte procedendum est. In Simonia pure Conventionali (quæ non sit Confidentialis) nulla incurritur ipso facto pœna Ecclesiastica, quia Jura, quæ pœnas infligunt, requirunt traditionem saltem rei spiritualis, de qua conventum fuit; unde neque incurritur hæc censura, quamvis temporale traditum fuerit, si non fuerit datum spirituale. Tradita autem re spirituali, & accepta etiam minima parte rei temporalis; sicut e contra data re temporali, & accepta etiam minima parte spiritualis, incurritur ipso facto excommunicatio, in tribus percensitis, Papæ reservata, tam a dante, quam a recipiente, quia verificatur sufficienter consummata, juxta omnes. Nec juxta communiorem sufficit, quod sit traditum spirituale, si nil temporale traditum fuerit, sed sola promissio.

Quando in Conventionali?

Pæna Simoniæ Beneficialis.

II. Pœnæ Simoniæ realis circa Beneficia & Officia spiritualia jurisdictionem habentia sunt Excommunicatio Pontifici reservata, quæ ipso facto incurritur tam ab eligentibus, aut Instituentibus, aut præsentantibus, quam ab electis, institutis, præsentatis, necnon a mediatoribus, aut procuratoribus, aut quovis modo operam suam præstantibus ad perficiendam simoniacam collationem. Præterea omnes electiones, præsentationes, resignationes, provisiones, collationes, simoniace factæ ante omnem sententiam sunt ipso facto nullæ, & irritæ; ita ut provisus teneatur statim beneficium dimittere, & omnes fructus restituere Ecclesiæ. Item simoniace electus, vel provisus, fit inhabilis ad idem beneficium ulterius habendum, nec ad id potest ab Episcopo dispensari. Item fit inhabilis ad quascumque dignitates, & quæcumque alia beneficia. Si tamen Simonia commissa fuerit, ignorante ipso electo, & eam ratam non habente, & beneficium fuerit simplex, facta prius pura resignatione ejusdem, poterit ab Episcopo

Caput XII. De Vitiis Religioni &c. 225

po dispensari. Omnes recensitas pœnas item incurrunt illi, qui auctoritate propria permutant beneficia. Omnes dictas pœnas item incurrunt simoniace obtinentes Prælaturas Regularium jurisdictionem spiritualem habentes.

✠ Qui dant, aut accipiunt pensionem simoniace, etsi graviter delinquant contra Religionem, attamen relatæ censuræ minime obnoxii sunt; quia pensio non est Beneficium, & pœnæ non sunt ultra casus in jure expressos extendendæ. Idem asserendum & de Vicaria temporali; quia nec ipsa Beneficium est proprie dictum. Peccat tamen, qui pretio constituit Vicarium; & contractum rescindere tenetur. ✠

III. Pœnæ Simoniæ Confidentialis sunt Excommunicatio Papæ reservata, quam ipso facto incurrunt contrahentes, si sint inferiores Episcopis; nam hi incurrunt solum interdictum ab ingressu Ecclesiæ. Præterea privatio beneficii obtenti per confidentiam, quia ejus collatio irrita & nulla est; & hoc absque ulla judicis declaratione. Item inhabilitas ad obtinenda illud, & alia beneficia. Item privatio beneficiorum antea legitime possessorum, nec non pensionum juste obtentarum, tamen post sententiam judicis declaratoriam; cum hujusmodi antea legitime possiderentur. Item beneficia per hanc Simoniam collata non possunt resignari in manu Episcopi, neque ab eo conferri, sed remanent reservata Pontifici; & fructus beneficiorum per hanc Simoniam acquisitorum, necnon pensionum per eamdem consecutarum, reservantur Cameræ Apostolicæ. Quas omnes pœnas incurrit, etiam qui sine ulla intentione simoniaca beneficium recepit: si tamen noverit intentionem confidentialem dimittentis beneficium. Ad eas autem pœnas incurrendas sufficit, ut beneficium sit datum & receptum, quin requiratur, quod recipens promissionem suam impleverit, quod speciale est contra hanc Simoniam, utpote perniciosiorem, & frequentiorem. Observandum tandem circa istam Simoniam, quod soli recipientes beneficium privantur beneficiis, & pensionibus ante legitime obtentis, non autem resignantes, aut ad id operam præstantes.

Pœnæ Simoniæ Confidentialis.

IV. Pœnæ Simoniæ in collatione Ordinum sunt Excommunicatio Pontifici reservata, quam ipso facto incurrunt Ordinatus, & Ordinans. Et hanc excommunicationem multi extendunt etiam ad primam Tonsuram. Præterea suspensio ipso facto in Ordinato nedum ab ordine simoniace suscepto, sed ab omnibus aliis quamvis legitime susceptis. In Ordinante autem est suspensio ipso facto per triennium a collatione omnium Ordinum, ita ex Bulla Sixti V. quæ incipit *Sanctum*; remanet suspensus etiam a collatione Tonsuræ & ab executione omnium munerum Pontificallum, & interdictus ab ingressu Ecclesiæ;

Pœna contra simoniam in collatione Ordinum.

Tom. I.   P   quæ

quæ Bulla dicitur in multis locis non ufu recepta. Obfervandum, quod qui omnino ignarus fimoniace ordinatus fuit, cum id noverit, debet petere difpenfationem exercendi ordinem fufceptum,

Pœna pro fimoniaco ingreffu Religionis.

V. Pœnæ inflictæ pro fimoniaco ingreffu, aut fimoniaca profeffione Religionis, funt excommunicatio; quæ ipfo facto incurritur, & Pontifici refervatur, a perfonis fingularibus, quæ dant & recipiunt temporalia. Item fufpenfio ipfo facto ab officiis capitularibus; & hæc fertur in totum Conventum, fi tamen confenfum præftiterit; & hæc etiam Papæ refervatur. Qui autem fimoniace fcienter profitetur, debet in pœnam in arctius monafterium detrudi.

Pœna contra fimoniacam gratiarum Pontificiarum impetrationem.

VI. Dantes, aut accipientes, aut promittentes aliquid pro obtinenda aliqua juftitia, aut gratia apud Apoftolicam fedem, incurrunt ipfo facto excommunicationem refervatam Pontifici. Item Juftitia, aut gratia obtenta eft nulla, quamvis nondum completa fuerit promiffio.

§. XIV. *De Reftitutione facienda ob fimoniæ delictum.*

Reftituendi omnes fructus accepti ob fimoniacam provifionem. Quinam alii ad reftitutionem teneamur?

I. Omnes proventus, & fructus Beneficiorum, Officiorum, Dignitatum, Minifteriorum, fimoniace acceptorum, ante fententiam judicis reftituendi funt. Quæ reftitutio nedum obligat jure Ecclefiaftico, fed juxta plures Theologos, jure naturali.

II. Hinc ad reftitutionem tenetur etiam ille, qui fciens fimoniam tertii in procurando fibi beneficio, quamvis contradixerit, illud tamen acceptavit. Quia illud acceptando cooperatus eft Simoniæ in collatione fui beneficii perpetratæ, eamdemque confummavit. Idemque dicendum eft, fi pecuniam ab aliquo promiffam ipfe folverit, vel ab alio folutam ipfe reddiderit, quamvis forte contradixerit, aut ante ignoraverit. Si autem Simonia perpetrata fuerit ab alio, fe infcio; atque fi dumtaxat fufpicetur de Simoniaco pacto, & expreffe contradicat, & proteftetur, fe nullo modo recepturum beneficium, fi id fibi conftaret, videtur non fubire onus reftitutionis; ad differentiam illius, qui, ut paulo ante diximus, fciens interveniffe Simoniam, contradicit, & nihilominus acceptat. Qui igitur penitus ignoravit Simoniam ab aliis patratam circa beneficium fibi procuratum, & in hac ignorantia perfeveraverit per triennium, poteft beneficium retinere. Si autem ante triennium Simoniam animadvertat, tenetur ftatim fimpliciter refignare beneficium, & fructus ab eo perceptos exiftentes reftituere, non tamen alios, quos ut bonæ fidei poffeffor confumpfit. Hæc docuit etiam S. Thomas 2. 2. q. 100. art. 6. ad 3.

Quænam

III. Ad incurrendam obligationem reftituendi, fufficit

Si-

Caput XII. De Vitiis Religioni &c.

Simonia Conventionalis, seu semirealis, nempe quod datum fuerit spirituale, quamvis pretium neque ex parte fuerit solutum, sed dumtaxat promissum. Quia etiam in hoc casu promissio est Simoniaca.

IV. In Simonia commissa per emptionem rerum sacrarum, puta Reliquiarum, est obligatio restituendi Reliquias, ob nullitatem contractus circa rem invendibilem; & pretium restituatur ei, qui illud solvit. Quando autem res venditur pluris, quia sacra, puta, fundus ob jus patronatus adnexum, Calix, quia consecratus &c., dicunt plures contractum, quamvis simoniacum, non esse nullum, eo quod principale, quod est temporale, sit vendibile; & juxta regulam juris, utile per inutile non vitietur: præcipue quando inutile est accessorium, unde sufficit restituere excessum illum.

V. Simonia pure mentalis non affert obligationem restituendi. Dixi pure mentalis; quia si quovis modo, etiam tacito & implicito, fuisset exterius patefacta, & invalidam reddit possessionem, & ad fructus restituendos constringit.

VI. Ex communi, proventus simoniace accepti in materia beneficiali sunt restituendi, non danti, sed Ecclesiæ, in qua est beneficium, vel pauperibus illius loci, nulla expectata judicis sententia. Simoniace autem accepta extra materiam beneficialem sunt restituenda illi, qui dedit, cum jure naturali res data ad dominum redire debeat, nisi forte per legem, & in poenam privetur eadem: hæc autem lex non invenitur, nisi in materia beneficiali; & proinde in cap. 19. de Simonia jubetur, ut pecunia illi restituatur, qui illam erogaverat propter Religionis ingressum.

Conventionalis sufficiat ad obligationem restitutionis? Quid restituendum pro simonia rerum sacrarum?

Simonia pure mentalis non obligat ad restitutionem. Cui restituendi sint fructus simoniace percepti?

TRACTATUS V.

DE SPECTANTIBUS

Ad Secundum Decalogi Præceptum.

CAPUT UNICUM.

De Juramento.

§. I. *De Natura, & Divisione Juramenti: nec non de veritate ad juramentum assertorium requisita.*

Notio Juramenti, ejusque conditiones, ut licitum fit.

I. JUrare juxta S. Thom. 2. 2. q. 89. art. 1. *est assumere Deum in testem*: unde juramentum est assumptio, seu invocatio Dei in testem eorum, quæ asseruntur, aut promittuntur. In artic. autem 4. declarat idem S. Doctor conditiones ad illud requisitas, quæ ex Jeremiæ 4. sunt Veritas, Judicium, & Justitia. Ad veritatem requiritur, ut jurans non levi conjectura, sed prudenter judicet verum esse quod jurat. Ad judicium, ut Sanctum Dei nomen non assumatur temere, sed cum reverentia, & in solo necessitatis casu. Ad justitiam demum, ut juramentum fiat de re licita. Itaque veritate caret juramentum mendax: judicio juramentum incautum; justitia autem juramentum iniquum.

Divisiones juramenti.

II. Dividitur primo juramentum in Explicitum, & Implicitum: illud est explicita invocatio Dei in testem, puta per Deum; istud est invocare Deum, aut in illis creaturis, in quibus speciali modo effulget Divina Majestas, puta per Evangelia, per Crucem, per fidem Christianam, per Sanctos, per Animam &c., vel invocando quamcumque creaturam, ut est creatura Dei, puta per hoc vinum Dei, per hunc panem Dei &c. Dividitur secundo in Simplex, & Solemne: illud fit absque ulla solemnitate; istud vero cum quibusdam solemnitatibus, puta coram Notario, & testibus tangendo Evangelia &c. Dividitur tertio in Contestativum, & Execrativum. Contestativum fit per simplicem divini nominis invocationem, ut si dicas per Deum. Execrativum autem est illud, quo invocatur Deus non tantum ut testis veritatis, sed etiam ut falsitatis punitor; ut si dicas: Deus mihi vitam tollat, nisi sit verum quod dico. Videatur S. Th. a. 1. cit. ad 3. Dividitur tandem in Assertorium, & Promissorium. Illud est de re præsente, vel

vel præterita. Istud de faciendo aliquid in futurum; & hoc subdividi potest in Absolutum, & Conditionatum. Absolutum fit absque ulla apposita conditione; puta, juro me cras tibi soluturum pecuniam. Conditionatum afficitur conditione aliqua; puta, juro me soluturum, si & ego exegero solutionem debiti mei.

☞ Animadvertendum occurrit, quod in juramento promissorio includitur assertorium; etenim qui jurat se aliquid facturum, primo Dᶜom in testem vocat veritatis præsentis, videlicet se hic & nunc animum habere præstandi, quod promittit; secundo Deum invocat tamquam fidejussorem veritatis futuræ, scilicet quod rem promissam præstabit. Etsi autem juramentum promissorium includat assertorium, non tamen e contra.

III. Caveat Confessarius, ne nimis præceps sit ad accensendas inter juramenta quasdam jurandi formulas, quas incertum est, an sint juramenta; in hujusmodi enim standum est intentioni proferentis illas. Cum autem certum sit, quod si quis movendo digitum jurare intendat, juramentum fiat; ita quoque, si in dictis formulis incertis, dubiis, contentiosis, obscuris ipse revera nunquam jurare intendat, nec vera emittere juramenta; erunt quidem dicendi modi juxta patriæ suæ morem, sed non juramenta. Hoc autem monito, non idcirco sustinere intendo, quod a multis male asseritur; nempe quod in his nostris Regionibus frequentissima illa formula dicendi *per Deum feci*, *per Deum hoc*, *per Deum* illud, non sit juramentum, sed modus quidam loquendi, sicuti fertur usurpari in quibusdam Regni Siciliæ locis. Nam hæc formula *per Deum* semper apud nos usurpatur jurative, quamvis habitualiter, & cum maximo animæ detrimento; quia dum profertur hoc modo, nil attendendo, an quæ dicuntur vera sint, aut falsa, sed ex prava consuetudine, toties quoties, est perjurium mortale.

Monitum Confessariis.

☞ Itaque quædam sunt loquendi formulæ, quæ juramentum diserte continent: quædam vero dubiæ sunt, quæ aliquando juramentum continent, aliquando non, juxta proferentis intentionem.

1. Juramentum continent istæ: *Deum testor*, *Juro per Deum*, *Per Deum ita est*, *Deum testem invoco*, *Vivit Deus*, *Sic Deus me adjuvet* &c. *Juro per Cælum*, *per Terram*, *per Templum*, *per Evangelium*, *per fidem Christianam*, *per Sanctos*, *per meam animam*, *in animam meam* &c. Auctor tamen *in suo Catechismo Sermon.* 51. asserit quidem postremam hanc formulam, nempe *in animam meam* ad Theologiæ trutinam expensam verum continere juramentum: at statim subdit, quod si qui illam profert, nil aliud intendat exprimere, nisi quod in anima sua sentit, quod idem

idem est, ac dicere in conscientia mea, non sit juramentum, sicut juramentum est dicere *per animam meam*. Animadvertendum autem discrimen, quod intervenit inter has duas formulas, videlicet *per animam meam*, & *super animam meam*; nam prima exprimit dumtaxat juramentum contestatorium: secunda vero juramentum execratorium importat, cum ejus legitimus sensus sit: damnum patiatur anima mea, nisi ita sit.

2. Dubiæ sunt istæ: *Deus scit*, *coram Deo loquor*, *Deus videt conscientiam meam*. Nam si narrative solum proferantur sine intentione jurandi, juramenta non sunt; secus vero si invocative dicantur.

3. Istæ juramentum esse non censentur, *profecto*, *certissime*, *sine dubio*, *in veritate*, aut *in veritate mea*; secus si dicatur *in veritate Christi*, *aut Dei*. Item juramenta non sunt hæc verba: *in fide*, *per fidem meam*, quia si nude, & simpliciter proferantur, de fide tantum humana intelligi solent. Res adhuc clarior efficitur, si verbum aliquod addatur, quo ad fidem humanam determinentur; ut si dicatur: *in fide viri probi*, *vel viri nobilis*. Pariter non sunt ordinarie juramenta: *in fide boni Christiani*, *vel Sacerdotis*; quia ut ordinarie accipiuntur, significant rem asseri, vel promitti ea fidelitate, & veracitate, quam debent habere vir Christianus & Sacerdos. Similiter *in conscientia*, *super*, *vel per meam conscientiam*, juramentum minime continent; quia saltem apud doctos significant hominem loqui ex veritatis notitia, ex conscientiæ dictamine. Idem asserendum de his loquendi modis: *Tam verum est*, *quam sol lucet*, *quam loquor* &c. Hæc vero locutio: *Tam verum est*, *quam Deus existit*, *vel quam Christus est in Eucharistia*, est blasphemia, si preferens intendat significare tantam esse in suo dicto certitudinem, quanta est in ea veritate fidei; sed non est juramentum, nisi per hæc verba intendat adducere Deum in testem. Istæ quoque horrendæ voces, quibus nimium utuntur & plebeji, & nobiles: *Abnego Deum*, *Per mortem*, *Per ventrem*, *Per caput Dei*, potius sunt blasphemiæ, quam juramenta, nisi quis per tres posteriores vellet Christum in testem vocare.

In omnibus autem loquendi modis, ut observat P. Antoine *tract. de virt. Relig. cap.* 4. *q.* 1. *n.* 6. habenda est ratio usus, & spectandæ sunt circumstantiæ, & intentio loquentis. Nam juramentum est, si adhibeantur quævis verba vel signa, ut & Auctor indicat, cum intentione jurandi, etsi illa juramenti significandi vim non habeant: etenim tunc per verba illa, quæcumque sint, loquens vult assumere Deum in testem. In dubio de ejus intentione judicari debet secundum communem verborum, quibus usus est, acceptionem. Legatur etiam Petrus

Collet

Collet *Instit. Theoleg. tom.* 2. *tract. de Relig.* p. 2. cap. 4. art. 1.

IV. Certum est apud omnes, quod defectus veritatis in juramento assertorio semper sit lethalis, ita ut in eo non detur parvitas materiæ; quia vocare Deum in testem minimæ etiam falsitatis, gravem semper injuriam eidem irrogat. Hinc Innoc. XI. reprobavit thesim 24. in qua dicebatur: *Vocare Deum in testem mendacii levis, non est tanta irreverentia, propter quam velit, aut possit damnare hominem.* Certum pariter est apud omnes, jurantem in dubio de veritate sui dicti, mortaliter peccare ob periculum, cui se exponit, vocandi Deum in testem falsitatis. Debet igitur jurans esse prudenter, & moraliter certus, se verum dicere. Similiter certum est, lethaliter peccare, qui verum jurat, si putet se falsum jurare. Item lethaliter peccat, qui verum jurat, & putat esse tale, sed dumtaxat ductus levibus conjecturis.

Veritas in juramento assertorio est indispensabilis.

V. Notandæ sunt circa hoc punctum nonnullæ theses reprobatæ ab eodem Innoc. XI. nempe 26. in qua dicebatur: *Si quis vel solus, vel cum aliis, sive interrogatus, sive propria sponte, sive recreationis causa, sive quocumque alio fine juret, se non fecisse aliquid, quod revera fecit, intelligendo intra se aliquid, quod non fecit, vel aliam rem ab ea, quam fecit, vel quodvis aliud additum verum, revera non mentitur, nec est perjurus.* Item thesis 27. in qua dicebatur: *Causa utendi his amphybologiis est, quoties id necessarium est, aut utile ad salutem corporis, honorem, res familiares tuendas, vel ad quemlibet alium virtutis actum, ita ut veritatis occultatio censeatur tunc expediens, & studiosa.* Item 28. *Qui mediante commendatione, vel munere ad Magistratum, vel officium publicum promotus est, poterit cum restrictione mentali præstare juramentum, quod de mandato Regis a similibus solet exigi, non habito respectu ad intentionem exigentis: quia non tenetur fateri crimen occultum.* Ex quibus damnatis doctrinis deducitur primo, numquam licitum esse uti restrictione pure mentali; multoque minus sub ea jurare, quia est vere mendacium; & juramentum illi additum est verum perjurium. Restrictio autem pure mentalis tunc committitur, quando verba secundum se accepta, seclusis quibusvis aliis circumstantiis, significant falsum, & aliter quam proferens habeat in mente; quamvis conjunctum eum eo, quod proferens mente retinet, habeat sensum verum: puta si interrogatus, an talem rem habeat, quam revera habet domi, respondeat, se non habere, intelligens mente sua in sua crumena, & his similia; manifeste enim patet hæc esse mendacia, & abusum enormem verborum, commercio

Propositiones in hac materia damnatæ.

Deductio inferenda contra restrictionem mentalem.

civili perniciosissimum, atque innumeris fraudibus vertiginem pandentem.

Restrictiones licitæ, & reales.

VI. Inferunt autem plures Auctores, scribentes post reprobationem relatarum thesium non perinde reprobari restrictionem, quæ non sit pure mentalis, sed quæ est realis externa ab æquivocatione immunis, quæ evenit, quando verba unum quidem ex se significatum habent, sed ex circumstantiis, in quibus proferuntur, & cum quibus consignificant, aliud vere significare possunt: ita Christus Jo. 7. dixit Apostolis: *Ego non ascendam ad diem festum hunc,* cum alioquin ascenderit; quia circumstantiæ locutionis tunc consignificabant, se loqui de ascensu publico, & non de occulto; & ideo Joannes subjunxit, Christum ascendisse *in occulto.* Ad hanc restrictionem realem ex circumstantiis reducitur illa scientiæ communicabilis, & incommunicabilis: quæ præcipue fundatur in eo, quod persona loquens gerat munus plurium personarum. Ita Confessarius, si ab aliquo impio etiam comminante interrogetur, an filius, uxor &c. de tali crimine confessi fuerint, vere respondere debet, se nihil omnino de illo crimine scire; quia cum illud noverit in persona Christi, interroganti respondet in illa temporis circumstantia, quæ ipsum compellit loqui non in persona Christi, sed ut privata persona, quæ revera de tali crimine nihil omnino scit; eo quia tunc respondeat juxta notitiam naturali, & non Sacramentali modo acquisitam, secundum quam revera nihil scit: & si impius ille comminator reponeret, respondeas mihi ut Confessarius, ille adhuc vere diceret, respondeo ut Confessarius, quod nihil scio; quia Confessarius, extra actum Sacramentalem, non scit, nisi ut cæteri homines: & si impius minaretur mortem, nisi juret, posset jurare, se nihil scire; quia semper extra actum Sacramentalem vere nihil scit de eo crimine, sicut & cæteri homines, & verum juraret; aliter, si jurare reluctaretur, suspicionem augeret impio comminanti, neque ulla extaret via tuendi secretum gravissimum contra impios comminatores).

* Videantur quæ *huic num.* adjecta sunt in Majori Opere. *

An verbis æquivocis uti sit licitum?

VII. Verbis æquivocis uti, passim & ad arbitrium illa usurpando in sensu minus obvio, est illicitum, utpote humano ac sociali commercio valde perniciosum: nihilominus multi putant, in casu urgentissimo, in quo agatur de impediendo gravissimo malo proprio, aut proximi, non esse illicitum uti verbo revera habente plura significata, & usurpando illud juxta significatum minus usitatum, non animo, aut intentione decipiendi, quod nunquam licet, sed dumtaxat permittendi deceptionem etiam prævisam alterius ad damnum illud grave evi-

evitandum; & quod alioquin injuste infertur. Monent tamen communius abstinendum a juramento: monent item, iis æquivocationibus nunquam utendum in Judicio, judice legitime interrogante, etiam cum vitæ discrimine.

§. II. *De Judicio ad licite Jurandum requisito.*

I. Cum jurare in judicio sit *jurare ex necessaria causa,* & *discrete,* ut docet S. Thom. cit. art. 3. propterea peccant mortaliter, qui jurant sine consideratione ad veritatem sui dicti, sicut plerumque faciunt, qui jurant ex consuetudine, ut paulo ante dicebamus; & illi toties quoties mortaliter peccant, quamvis forte aliquando verum jurent. Qui igitur hujusmodi exitiali peccato laborat, retractet, & detestetur serio talem consuetudinem per sinceros pœnitentiæ actus: firmiter statuat, Divina opitulante gratia ab ipso sæpe invocanda, non amplius deliberare jurare: & tandem studium, & sedulam attentionem adhibeat, abstinendi a quovis juramento: & dum hoc modo se gerit, etiamsi inadvertenter labatur in juramenta, id non imputabitur ad crimen; quippe quod lapsus proveniat ex consuetudine jam retractata, & studiosa attentione se emendandi eradicanda: quod, naturaliter loquendo, nonnisi post debitum tempus evenire potest. Neque credas hujusmodi consuetudinariis tibi respondentibus, dum redarguuntur, quod semper verum jurent; quia id est moraliter impossibile.

II. Nihilominus, dato hoc moraliter impossibili, quod verum jurent, adhuc hujusmodi consuetudinarii ad singulas pene assertiones juramenta addentes peccant mortaliter ex alio capite, ad judicium in jurando spectante, nempe ob gravem irreverentiam Divinæ majestati irrogatam, quæ sapit contemptum implicitum religionis; ita Doctissimi Petrus de Soto, in dissert. de abusu Juramenti cap. 12., & Sylvius in 2. 2. q. 89. art. 3. n. 2.

III. Aliter autem est censendum de eo, qui non ex damnabili consuetudine, sed aliquando, raro tamen, sine necessitate jurat; qui dummodo verum juret, non est censendus reus peccati mortalis ex defectu judicii, sed venialis dumtaxat, ut docet communis cum S. Antonino 1. p. tit. 14. cap. 4.

§. III. *De Justitia in Juramento requisita.*

I. Cum justitia juramenti in eo consistat, quod juretur *aliquid licitum,* ut docet D. Thom. loc. cit. idcirco in eo qui jurat se facturum rem graviter malam, peccat mortaliter peccato duplicis speciei, nempe speciei actionis, quam vult facere; & contra Religionem, vocando Deum

Deum in testem rei, quæ est gravis ipsius injuria. Si autem juret sine animo exequendi, quod dicit, mendaciter jurat, & vocat Deum in testem falsitatis cum peccato gravi. Sicut etiam qui juramento utitur tanquam instrumento ad effectum graviter peccaminosum, puta ad confirmandam detractionem gravem, quamvis veram, tamen occultam; ad seducendam mulierem, ut assentiatur peccato, vere promittendo, & jurando se daturum eidem &c. Peccantes autem hoc modo contra religionem, simul peccant aliis speciebus peccatorum contra justitiam, castitatem &c.

Asserere cum juramento peccatum verum a jurante actum, non est peccatum grave.

II. Asserere cum juramento vero peccatum grave tuum, quod aliis narras, cum complacentia, aut jactantia, videtur mihi, quod non sit gravis abusus juramenti; nam juramentum non afficit complacentiam, aut jactantiam tuam graviter malam, sed veritatem facti, & narrationis tuæ; neque assumitur ut medium ad complacentiam, & jactantiam, sed ut medium, ut credatur narrationi tuæ; idcirco juramentum non excedet culpam venialem, & quidem ob defectum judicii, non justitiæ.

Quodnam peccatum sit juramentum de peccato veniali?

III. Juxta communiorem Cajetano adhærentem verbo *perjurium promissorium*, juramentum de committenda actione tantum venialiter mala non videtur peccatum lethale; eo quod non videatur gravis injuria divini nominis. Fateor nihilominus mentem meam esse ambigentem, mihique non apparere, quomodo hic se gerendi modus possit a notabili tantæ majestatis injuria purificari. Ad summum excusandos crederem a gravi culpa illos, qui suasi ab oppositis motivis, putant se non graviter peccare; sicut etiam qui absque reflexione, ex aliquo impetu venialem actionem se facturos jurant.

§. IV. *De Obligatione Juramenti Promissorii.*

Aliqui casus perjurii promissorii.

I. Certum est apud omnes jurantem se aliquid facturum sine animo illud faciendi, vel prævidentem se illud agere non posse, vel prudenter timentem, an illud præstare poterit, esse perjurium; quandoquidem desit juramento veritas de præsenti necessaria. Jurans enim aliquid de futuro duas veritates respicit, unam præsentem quoad animum faciendi, quod spondet; alteram de futuro, exequendi quod promittit: in adductis casibus evenit perjurium ob defectum veritatis præsentis.

Deficere in modica parte rei promissa dum juramento, non videtur grave.

II. Certum quoque est apud omnes, quod quando res promissa cum juramento est notabilis, illam voluntarie non exequi est lethale. Dixi *quando res promissa est notabilis*; quia quando est levis & modica, disputatur an sit peccatum grave, illam totam omittere: dico totam quia omittere vel modicam partem rei notabilis, vel modicis-

De Juramento. 235

modicissimum rei modicæ, communiter dicunt non esse lethale, sed veniale. An autem etiam sit veniale, si materia modica, promissa juramento, tota voluntarie omittatur, variant etiam Nostrates: quippe nonnulli sustinent esse lethale; alii vero dumtaxat veniale. Si standum sit menti S. Thomæ, prima opinio est eligenda. Nam juxta doctrinam Angelici loc. cit. art. 7. per hoc distinguitur, & constituitur juramentum promissorium ab assertorio, *quod obligatio promissorii cadat super rem, quam aliquis juramento firmavit; quia tenetur, ut faciat verum id quod juravit, alioquin deest veritas juramento*. Igitur non est verum, quod asserunt opponentes, nempe quod in juramento promissorio non intendatur adducere Deum in testem futuræ executionis rei promissæ, sed præsentis intentionis; cum expresse dicat Angelicus, quod *Obligatio*, quæ est vinculum inductum ob invocationem testis, *cadit super rem, quam aliquis juramento firmavit*, & non dumtaxat super præsentem animum; quod spectat ad promissorium, in quantum est assertorium, & non in quantum contradistinguitur ab assertorio.

III. Juramentum promissorium afficitur eisdem conditionibus, limitationibus, & extensionibus tam expressis, quam tacitis, quas habent promissiones, & contractus, quibus superadditur juramentum, juxta mentem contrahentium. Et proinde eodem modo interpretandum est, & explicandum, quo promissiones, & pacta inita interpretantur. Ita si V. G. promisisti Titiæ virgini te illam ducturum in uxorem; si illa deinde fornicetur, sicut solvitur contractus, sic & juramentum, ita postulante natura talis contractus; & sic de aliis.

Juramenta promissoria addita contractibus induunt naturam eorumdem contractuum.

IV. Juramentum promissorium, quamvis quantum ad vinculum Religionis personale jurantis non transeat ad hæredes, transit ad eosdem quoad vinculum reale, nempe quoad rem promissam, & quidem ex justitia; ac proinde tenentur hæredes promissoris dare illam promissario, vel ipsius hæredibus, si obierit.

Quando juramentum promissorium transeat ad hæredes?

V. Jurans se aliquid præstiturum, sine promissione alicui facta, tenetur illud præstare, si licitum sit, & honestum; quia, ut patet, deficeret in veritate exequenda. Hinc infertur, juramenta præstari solita observandi statuta, & leges Communitatis, Capituli, Collegii, &c. obligare quidem quoad ea, quorum obligatio subsistit, & sub eodem gradu obligationis: si enim quædam jam cessassent obligare, aut ob consuetudinem contrariam jam præscriptam, vel per manifestam abrogationem; super illis non caderet juramentum: quemadmodum si quædam obligarent dumtaxat sub veniali, transgressio non excederet culpam venialem; quia juramentum in his casibus confirmat obligationem, & gradum ejusdem, prout illam invenit.

Juramentum sine promissione qualiter obliget quoad observantiam quarumdam legum &c.?

venit. Excipe solum casum, in quo omitteretur tota materia juramenti, quia tametsi in se levis, transgressio evaderet gravis ex defectu totius veritatis promissæ.

§. V. De Juramento ficto, & vi extorto.

Qualis culpa jurare ficte?

I. Innocent. XI. hanc thesim damnavit n. 25. *Cum causa licitum est jurare sine animo jurandi, sive res sit levis, sive gravis.* Proinde in primis certum est apud omnes, quod jurans ficte, idest sine animo jurandi, peccat. Secundum certum est apud omnes, quod jurare exterius falsum, sine animo jurandi, in re gravi est lethale; imme etiamsi materia sit levis, ob gravem injuriam illatam Divino nomini invocato. Hæc sunt certa. Sed an sit culpa gravis jurare sive animo vera, quæ sit vera, controvertitur. At communius, & meo judicio probabilius docetur, quod non sit culpa gravis, quia committitur purum mendacium, nempe fingendo jurare ore, cum non sit animus jurandi; proinde neque Deo, neque proximo gravis injuria resultat.

Juramentum sine animo se obligandi, nec implendi quale sit?

II. Juramentum emissum cum animo quidem jurandi, sed non se obligandi, neque implendi, est verum juramentum, & obligatorium; quia eo ipso, quod quis voluerit verum emittere juramentum, voluit id quod est eidem essentialiter conjunctum, nempe vim obligandi, & obligationem implendi; quæ duo non potest jurans suspendere, posito quod voluerit revera jurare. Qui autem hæc facit, graviter peccat, & perjurium committit.

Juramentum injuriose extortum ad quid obligat?

III. Juramentum injuriose extortum, quando non est de re illicita, obligat; quamvis nullum jus acquirat ille, qui illud extorsit, aut pro quo extortum fuit: & ideo, qui juravit, potest & petere ab Episcopo relaxationem juramenti, & a judice restitutionem datorum; & hoc facere potest, etiamsi jurasset se neutrum petere. Hæc omnia docuit S. Thom. loc. cit. a. 7. ad 3. Ex doctrina autem S. D. deducitur primo, quod qui promisit latroni ob metum gravem injuste incussum cum juramento se daturum pecuniam, & simul illum non denunciaturum, tenetur pecuniam dare, non ob promissum, quod nullum est, sed ob reverentiam divini nominis invocati; potest tamen denunciare illum, ut recuperet data. Secundo deducitur, quod captivus teneatur redire in carcerem, quamvis cum mortis periculo, si se rediturum juraverit. Tertio deducitur, neque reum mortis posse licite fugere, si juramento spoponderit, se non fugiturum. Ex his inferas demum, multo magis esse præstanda leviora, in reverentiam juramenti.

Deducuntur solutiones aliquorum casuum.

§. VI.

De Juramento. 237

§. VI. *De Casibus, in quibus juramentum non obstringit.*

I. Certius est quam probatione indigeat, quod juramentum de re contraria legi aut Dei, aut Ecclesiæ, aut Civili, non obligat, quippe quod sit de re mala. Si tamen lex Civilis aliquid fieri prohiberet in merum favorem privatarum personarum, & istæ huic legis beneficio renunciarent, & jurarent contrarium facere, quod non sit malum, non peccarent, & juramentum teneret; eo quod leges illæ non obligent in conscientia personas illas privilegiatas ad acceptandum privilegium: unde, si per juramentum advertenter se obligent oppositum agere, tenebuntur. Do exemplum. A jure civili irritatur alienatio fundi dotalis ab uxore; si tamen ipsa sine ulla vi, aut dolo, illam juramento confirmet, valet, & tenet. Alia multa exempla afferuntur a doctissimo Sanchez lib. 3. Moral. cap. 9.

Quædam obligant addito juramento, quæ sine illo a lege irritantur.

II. Juramenta addita pactis, & contractibus effectis irritis a lege positiva, nulla reddente etiam ipsa juramenta adjecta, non obligant: hujusmodi sunt primo ex Concil. Trident. sess. 25. cap. 16. de Regul. renunciatio etiam jurata novitii ingredientis religionem, nisi addantur conditiones ibidem assignatæ. Similiter Matrimonium metu gravi extortum, quamvis juramento firmatum, est invalidum. Quando vero pacta, & contractus per legem positivam dumtaxat irritantur, absque eo quod addatur, irritari, tametsi jurata, tunc si eisdem addatur juramentum, obligant, & sunt observanda, si licita sint.

Juramenta quibusdam pactis addita, non obligant. Quædam vero obligant.

* Videantur quæ habet P. Antoine *Tract. de contract.* p. 1. c. 1. q. 7. resp. 3. *

III. Juramentum emissum ex errore, ignorantia, vel dolo antecedente, qui versetur circa substantiam rei, non obligat, quia tollitur voluntarium. Et idem dicendum de errore, aut ignorantia concomitante. Si autem error, ignorantia, dolus versetur circa meras circumstantias rei, ejusque qualitates, obligat juramentum; quia adest assensus sufficiens, nempe circa substantiam rei: puta, si ignorares berillum illum esse unicum in tua familia, aut pretiosiorem cæteris tuæ Civitatis, tenereris dare, quia error est circa accidentalia. Excipe casum, in quo jurans expresse intenderet illam qualitatem: puta, juro dare berillum, nisi sit unicus &c.

Juramenta emissa ex errore vel dolo quando obligent?

IV. Juramenta promissoria homini facta non obligant, nisi a promissario acceptetur promissio. Ad differentiam juramentorum, quæ fiunt Deo, & de re ad illius honorem, quæ quamvis homini enuncientur, a Deo jam acceptantur: puta si jures patri tuo, te ingressurum religionem, teneris, quamvis pater non approbet, quia est juramentum Deum respiciens: nisi forte aliqua recurrat circumstantia, quæ prudentum judicio reddat ingressum non bonum.

Juramenta promissoria non acceptata, non obligant.

V. Ju-

Juramenta impeditiva melioris boni.

V. Juramentum impediens melius bonum regulariter non obligat, quia non approbatur a Deo. Quod intelligas, dummodo non interveniat præjudicium tertii; quia tunc non potest eligi, quod de se est melius, cum tali præjudicio. V. G. jurasti Titiæ diviti docere eam in uxorem cum pingui dote: occurrit tibi Anna virgo honesta pauperrima, multisque insidiis impudicorum obnoxia; libenter eam ex charitate duceres; non potes, nisi Titia laxet promissionem juratam.

§. VII. *De Casibus, in quibus licet, aut non, petere Juramentum.*

An liceat petere Juramentum a juraturo per falsos Deos?

I. Ex motivo urgenti & gravi non est illicitum recipere juramentum a juraturo per falsos Deos: ita S. Th. 2. 2. q. 98. art. 4. ad 4. Dixi ex motivo urgenti & gravi id non esse illicitum, quia hoc præciso, esset lethale; esset enim directe inducere proximum ad actum peccaminosum: id autem non fit ab illo, qui directe occurrit suæ necessitati, & permittit indirecte peccatum alienum, a quo alioquin, si velit, potest abstinere.

Petere Juramentum a pejeraturo.

II. Non licet privatæ personæ, neque in judicio, petere juramentum ab eo, quem scit esse pejeraturum. Si tamen ordo juris id fieri requirat, potest Persona Publica illud petere: ita S. Thom. loc. cit. Et idcirco aliud est, quod judex petat, quamvis prævideat pejeraturum, quia petit ex necessitate servandi ordinem juris: & aliud est, quod privatus apud judicem instet, ut petat juramentum a pejeraturo. Judex tenetur petere ex necessitate officii, instans tenetur abstinere ex necessitate charitatis proximi, & Religionis erga Divinum nomen. Si demum dumtaxat dubites, an sit pejeraturus, & non pateat alia via ad tuum damnum notabile redintegrandum, potes licite experiri, an petendo ab eo juramentum, ipse absterreatur a peccato perjurii, & nolendo præstare juramentum, tu recuperes tibi debita.

An liceat inducere ad Jurandum illum qui putat jurare verum, cum sit falsum?

III. Non licet homini privato inducere ad jurandum illum, qui putat se verum jurare, cum tamen inducens ad jurandum sciat esse falsum. Ratio est: quia quamvis inductus juret innocenter, ob ignoratam invincibiliter falsitatem; tamen inducens excusari non potest a gravi injuria Divini nominis, quod scit usurpari in testem rei falsæ. Sexcenta sunt exempla id confirmantia. Hoc unum dumtaxat afferimus, ut brevitati consulamus. Actum Justitiæ faciet uxor reddens debitum novo marito, invincibiliter a se putato tali: graviter tamen peccat ille, qui sciens primum maritum vivere, illam positive inducit ad reddendum.

§. VIII. *De modis solvendi obligationem Juramenti.*

Tollitur obligatio ex muta-

I. Jam ex antecedentibus deduci potest tolli obligationem juramenti per notabilem materiæ mutationem; puta si evadat impossibilis, si illicita ex præcepto opposito Superio-

De Juramento.

perioris, si inutilis ad finem intentum, si noxia ei, in cujus favorem juratum fuit; si ita mutetur, ut judicio prudentum evadat moraliter altera ab illa, quando promissa fuit. Ratio jam patet.

II. Tollitur obligatio per remissionem illius, in cujus solius favorem emissum fuit juramentum. Consulto dixi, in cujus solius favorem emissum fuit juramentum; (nam si motivum juramenti fuisset etiam aliud; subsisteret obligatio. V. G. jurasti dare Petro centum; ad augendam dotem filiæ suæ pauperis, id tamen principaliter jurasti, ut pro peccatis tuis satisfaceres: etiam Petro remittente juramentum, subsistit, quia subsistit motivum principale. Tollitur item, quando juramentum promissorium est reciprocum; si alter desit voluntarie promissioni factæ. Circa quod est advertendum, quod requiritur simultas, ut verificetur reciprocatio: nam si unus nunc absolute juret de aliquo dando, & alter post horam juret alteri se daturum aliam rem; si iste non det, non ideo absolvitur primus, quia juramentum suum fuit absolutum; atque ab omni reciprocatione independens. *Tollitur per remissionem illius, in cujus favorem juratum fuit.*

Tollitur in reciprocis, altero deficiente.

III. Tollitur item per commutationem factam a Superiore ex causa justa; dummodo juramentum factum sit soli Deo; nam si sit & Deo, & homini, requiritur pro hac parte consensus spontaneus, & liber promissarii. Secundo tollitur per irritationem factam ab eo, sub cujus potestate degit jurans; vel subest materia jurata. Tertio per dispensationem, quæ requirit justam causam, ut Superior licite dispenset, & valide. Et circa hoc notandum est; quod qui habet potestatem delegatam dispensandi in votis, illam non habet dispensandi in juramentis. Henricus autem a S. Ignatio affirmat; Confessarium Ordinum Mendicantium habere potestatem delegatam a Summo Pontifice commutandi; & dispensandi omnia vota Summo Pontifici non reservata, etiam jurata. Cavendum; ne dispenset circa jurata in beneficium tertii, quæ dispensari nequeunt; ut dudum diximus, sine ipsius libero consensu. Excipiuntur aliqui casus inspicientes bonum commune, in quibus non expectanda cessio tertii; puta si jurasses resignare debitis modis Beneficium Petro, & Episcopus haberet longe digniorem Petro. Si jurasses in favorem Pauli; rei alicujus criminis in materia Episcopo subjecta. Si juramentum alteri favens, fuisset modis injustis extortum; metu, fraude &c. poteris ab Episcopo dispensari, ne juramentum observes. *Tollitur per Commutationem, Dispensationem.*

☞ Circa facultatem delegatam dispensandi omnia Vota Summo Pontifici non reservata etiam jurata, quam laudatus Henricus a S. Ignatio competere arbitratur Confessariis Ordinum Mendicantium, videantur, quæ dicta sunt superius *de Voto §. 5.* ☜

TRA-

TRACTATUS VI.

DE SPECTANTIBUS

Ad Tertium Decalogi Præceptum.

CAPUT PRIMUM.

De observantia hujus Præcepti, quoad abstinentiam ab operibus servilibus.

§. I. *De potestate instituendi, & mutandi Festa.*

Sanctificandi Festa quale tempus?

I. Sanctus Thomas 2. 2. q. 122. art. 4. ad 1. docet, quod *Præceptum de Sanctificatione Sabbati litteraliter intellectum partim est morale, & partim cæremoniale: morale quidem quantum ad hoc, quod homo deputet aliquod tempus vitæ suæ ad vacandum divinis .... sed in quantum in hoc præcepto determinatur speciale tempus, sic est præceptum cæremoniale .... Unde præceptum de sanctificatione Sabbati ponitur inter præcepta Decalogi in quantum est præceptum morale, non in quantum est cæremoniale.* Et idcirco ab Apostolis, justa de causa, Sanctificatio Sabbati translata fuit ad diem Dominicam.

Translatio Sabbati in Dominicam.

Institutio aliorum Festorum.

II. Diei Dominicæ additæ sunt ex institutione Ecclesiæ alia festa sub eodem præcepto observanda. Non solum vero in commemorationem Mysteriorum Christi dies festi instituti fuerunt, verum etiam in commemorationem Beatæ Virginis, & præcipuorum Sanctorum. Hæc autem festa ex prima intentione diriguntur, ut colatur Deus in Sanctis suis.

Facultas instituendi Festa.

III. Hinc sequitur, nedum Summum Pontificem pro tota Ecclesia, verum etiam Episcopos pro suis Diœcesibus potestatem habere instituendi aliqua festa sub præcepto. Requiritur tamen, quod Episcopus habeat consensum sui Cleri, immo etiam consensum populi, & quidem majoris partis. Populus autem censetur acquiescere, si non contradicat.

* Legatur Constitutio 83. S. P. Urbani VIII. quæ incipit *Universa.* *

Quid circa id possit laicalis potestas?

IV. Facultas instituendi festa de præcepto non competit potestati laicali. Immo neque tota Communitas Cleri, & populi potest talem obligationem sub præcepto inducere, nisi accedat consensus saltem tacitus Episcopi. Quando autem Principes jubent, vel legem condunt, ut tali die subditi cessent a servilibus, & diem festum agant;

pec-

De Festorum observantia.

peccabunt quidem subditi graviter, si deobediant, contra justitiam legalem, & obedientiam debitam Principibus; immo & contra charitatem proximi, si scandalum accesserit; at non contra religionem.

V. Praeceptum Ecclesiae servandi festa obligare sub mortali certius esse debet, quam quod ratione probetur. Attamen non defuerunt Theologi adeo animosi, qui ausi sunt docere: *Praeceptum servandi festa non obligat sub mortali, seposito scandalo, si absit contemptus,* quam thesim reprobavit Innoc. XI. n. 52. *Qualitates obligationis hujus praecepti.*

§. II. *De personis, quae tenentur festa servare.*

I. In primis Subditus Civitate, Territorio, aut Dioecesi egressus ob aliquod honestum motivum, non tenetur servare festum sui loci, ut docet communior, & meo videri probabilior. Peccat vero si exeat in fraudem: tunc autem vere in fraudem exire censetur, dum exit solo motivo se subtrahendi a praecepto, quod subditum notabiliter dedecet. Porro qui exit ob honestum motivum, si extra ipso die festo tenetur primo mane Missam audire; quia in eo loco tenetur Missam audire eo tempore, quo potest: non potest autem audire nisi prima hora: igitur prima hora est eidem tempus determinatum satisfaciendi praecepto. *Subditus e territorio egressus non tenetur ad festum locale servandum. Exiens in fraudem.*

II. Certum est, quod illi advenae, qui quamvis alibi domicilium fixum habeant, reliquo tamen tempore anni morantur in loco obligato, tenentur festis eo tempore occurrentibus. Juxta probabiliorem, & communiorem, advenae pervenientes ad locum, ubi festum celebratur, & ibi aliquo die commoraturi, tenentur festum observare; nam si ex cap. *Qua contra* dist. 8. etiam peregrinus ad id tenetur, multo magis advena ibi aliquandiu moraturus; & si peregrinus judicatur pars illius communitatis, multo magis advena aliquo tempore inhabitaturus. Advenae demum transeuntes per loca, in quibus festum celebratur, si per aliquas horas ibi quiescant, aut commorentur, tenentur abstinere ab operibus servilibus; & si eis vacat, etiam Missam audire, sin autem, ab hoc actu praestando excusari poterunt: cum enim vacatio a servilibus sit negativum praeceptum, patet, quod nullum afferre possit incommodum advenae illi, ad illud observandum: auditio autem Sacri, cum sit praeceptum affirmativum, obligabit advenam discrete, & habito respectu ad tempus, quo ibidem moraturus est: si enim mere transeat per territorium, patet, quod non tenetur desistere ab itinere, ut Missam audiat, nisi forte ibidem aliqua hora quiescat; qua tamen hora, si aliquod sibi necessarium personaliter expediendum occurrat, pro iti- *Advena aliquo tempore commorantes an teneantur? Advena recenter pervenientes, an teneantur? Quid dicendum de aliis advenis?*

Tom. I.   Q   nere

nere prosequendo, non tenebitur. Si pernoctet in loco, in quo celebrandus est dies festivus sequens, & sit discessurus summo mane, non tenebitur retardare iter, ut expectet horam celebrationi idoneam; secus autem, si ibidem moraretur aliquot horis matutinis, & sibi vacare posset audire Sacrum.

* Relege quæ tradita sunt *tract. 1. cap. 2. de legib. §. 8.*

§. III. *De operibus hoc præcepto vetitis.*

Quænam opera sint servilia?

I. Cum Deus Levit. 23. jusserit de die festo: *omne opus servile non facietis in ea*; propterea docet S. Thomas 2.2. q. 122. art. 4. ad 3. *Quod triplex est servitus, una quidem, qua homo servit peccato ... alia servitus est, qua homo servit homini. Tertia autem est servitus Dei; & secundum hoc, opus servile potest dici actus latriæ, quod pertinet ad Dei servitium: si autem sic intelligatur, opus servile non prohibetur in die Sabbati.* Ex doctrina autem S. Thom. habes notionem operum servilium diebus festis prohibitorum. Sunt enim hæc opera corporalia, quæ ad necessitatem vel commodum corporis, aut ad aliquid corporale a servis, aut mercenariis exerceri solent, videlicet omnia opera artium mechanicarum, & ruralia, ut fabricare, suere, terram colere &c. quæ aut fiant lucri, aut recreationis causa, semper sunt prohibita. Opera autem liberalia, quæ non ad corpus, aut ad corporale commodum collimant, hominique libero conveniunt, ut inde liberalia vocitentur, non sunt natura sua prohibita; quædam tamen eorum speciali jure prohibentur, ut paulo inferius videbitur.

☞ *Opera corporalia ad spiritualem Dei cultum non pertinentia*, ait S. Thom. *loc. cit. in tantum servilia dicuntur, in quantum proprie pertinent ad servientes, in quantum vero sunt communia servis & liberis, servilia non dicuntur.* ☜

An peccare sit opus servile vetitum hoc præcepto?

II. Cum autem S. Thom. inter opera servilia contraria observantiæ sabbati recensuerit peccatum, examinandum est utrum revera sit opus servile vetitum, & proinde circumstantia in confessione explicanda. Affirmative respondent nonnulli. Contrariam nihilominus tenent, nempe negativam, communius Auctores. Fateor, quod si clara esset mens S. Doctoris, nullius auctoris habita ratione, illum pro decem millibus reputarem; sed quia concors fere omnium suorum discipulorum opinio declarat, illam esse aut alienam, aut ambiguam, propterea secundæ opinioni subscribo. Et sane juxta S. D. peccatum non esse opus proprie servile, sed dumtaxat mystice, ac proinde non proprie & directe prohiberi a præcepto isto, clare evincitur ex iis, quæ habet ipse in 3. sent. d. 57. q. 2. art.

Resolvitur negative.

2. art. 5. ad 2. unde in hoc sensu intelligenda sunt, quæ docet loc. supra citato. Concedunt autem Auctores nostri, quod circumstantia diei festi possit addere deformitatem peccato, non ex hoc præcepto, sed ex majori importunitate temporis; si enim nullum est tempus opportunum peccato, multo minus dies consecratus: & eo majorem deformitatem affert, quo sanctior; puta dies, in quibus præcipua celebrantur mysteria, quamvis non sint festivi, ut dies cœnæ Domini, Paraleseves &c. Deformitas autem spectat ad speciem ingratitudinis erga Divina beneficia, non ad violationem festi, nec excedit culpam venialem magis, vel minus gravem. *Unde oritur deformitas in peccato die festivo perpetrato?*

✤ In majori Opere suso calamo discutitur & resolvitur proposita ab Auctore in hoc n. difficultas, videlicet num festivi temporis circumstantia peccato mortali accedens sit necessario in confessione exprimenda, & D. Thomæ mens sedulo expenditur; atque sententia affirmativa statuitur. ✤

III. *Decoctionem ciborum*, ut ait S. D. 2. 2. q. 122. art. 4. ad 4. *& alia hujusmodi* non esse contra præceptum, ex consuetudine populi Christiani, non per derogationem legis, sed per communem interpretationem ejusdem, communiter asseritur. Quam consuetudinem extendi etiam ad cibos non necessarios, sed voluptuosos, & non modicum artificium requirentes, scribit Suarez cap. 21. n. 4., nec non ad colligendos aliquos fructus, ut recentiores habeantur. Nihilominus statim monet sapiens, & cordatus Theologus: Hæc vero & similia extendenda non sunt, sed quoad fieri poterit, coarctanda ad eas res, quæ convenienter præcedenti die præparari non possunt, vel quia non commode conservantur, vel quia propter multitudinem populi non sufficiunt; & ita regulariter non licet coquere panem in die festo; quia potest commodissime præveniri: ubi tamen id fieri non posset, vel propter populi multitudinem, vel quia dies festi continui multi sunt; tunc eadem die præparari posset, sicut & alii cibi. *Ciborum decoctio an licita?*

IV. *Quilibet tam servus, quam liber*, ait S. D. loc. cit., *tenetur in necessitate providere non tantum sibi, sed etiam proximo; præcipue quidem in iis, quæ ad salutem corporis pertinent; secundario etiam in damno rerum evitando... & ideo opus corporale pertinens ad conservandam salutem proprii corporis, non violat sabbatum... similiter nec opus corporale, quod ordinatur ad salutem corporalem alterius .. , nec quod ordinatur ad imminens damnum rei exterioris vitandum.* Et hoc vel quia, ut docet Cajetanus in commentario, desinunt esse servilia, eo quod necessitas efficit illa communia servis & liberis, vel quia non prohibeantur præcepto. *Incommodum vitare an licitum?*

V. Ope-

Opera corporalia ad Dei cultum respicientia qualiter licita?

V. Opera servilia, & mechanica ad Dei cultum proxime respicientia, & de se ordinata, puta ornare, & scopare templum, candelabra, vasa &c. deferre, præcipue si præveniri non potuerint, non sunt in hoc præcepto comprehensa, eo quod Dei cultus immediatus illa excipiat: ait S. Thomas loc. cit. art. 4. ad 3. Dixi, si præveniri non potuerint, quia si possent commode præveniri, non vacat a culpa veniali. Dixi immediate respicientia Divinum cultum; quia quæ duntaxat remote respiciunt, puta lapides colligere ad ædificationem altaris, vel quidpiam simile, proculdubio interdicitur a præcepto. Quemadmodum etiam suere vestes pro indigentibus ob eleemosynam; quia nimis remote se habet a Divino cultu, & a proximi imminenti gravi necessitate.

Discutiuntur nonnullæ actiones.

VI Ex regula a S. Thoma tradita loc. cit., nempe: *Nullius spiritualis actus exercitium est contra observantiam; puta si quis doceat verbo, vel scripto*: Infertur primo, opera liberalia non esse prohibita; quamvis ob lucrum fiant, quia facere ob lucrum non mutat naturam, & speciem actionum. Neque, ad mathematicas discendas, est illicitum aliquam figuram calamo delineare; quia fit ad manuducendum intellectum ad vim demonstrationis percipiendam. Neque discere theoremata, & regulas artium mechanicarum; quia hoc totum est officium mentis: (non autem licet regulas ad praxim deducere) neque actio scribendi sive proprios, sive alienos conceptus, ut faciunt amanuenses pretio ducti, de quo aliqui dubitant; quia omnes sunt actus mentis, & locutiones scripto consignatæ; & prius mente conceptæ etiam ab amanuensi, quam scripto exaratæ. Immo Navarrus cap. 13. n. 14. & alii id docent etiam de amanuensi non intelligente idioma, quod scribit; quia actio illius per se ordinatur ad aliorum mentem, & intelligentiam, & non ad corpus, & in hoc vidimus a S. D. repositam distinctionem actionis servilis a liberali. Transcribere autem vetitum reputat Cajetanus, sed pace tanti Doctoris, parum consequenter; eadem enim omnino videtur esse ratio transcribentis, ac prædictorum; quandoquidem etiam trascribere est opus mentis, & locutio quædam manu exarata eorum, quæ audit ex scripto alterius,

Disponere, ordinare, imprimere characteres.

* Legatur Sylvius in 2. 2. q. 122. art. 4. *

VII. Illicitum redditur die festo imprimere & ordinare characteres, eo quod talia agens, mechanice agat.

Opus Phrygium, nec non pingere penicillo.

Item opus phrygium, nempe acu pingere, italice *ricamare*, & penicillo pingere, est servile; etenim pingere tam acu, quam penicillo, quamvis procedat a mente, procedit tamen tanquam artefactum quoddam conforme idolo in mente formato, sicut statua, domus, altare &c.

VIII.

De Festorum observantia.

VIII. Iter agere secundum se acceptum non est prohibitum, cum non sit servile; sed commune omnibus famulis, & liberis. Dixi, *secundum se acceptum*; quia si iter associetur alicui actioni servili, puta imponendi onera jumentis, eadem exonerandi &c. fatentur omnes esse servile, & vetitum; quapropter, nisi evidens necessitas, vel materiæ parvitas excuset, erit peccatum grave; & circa hoc animadvertere debent vectores curuum, & jumentorum mercibus onustorum, quod iter inchoare sit abusus prohibitus. Quod si iter ante festum fuerit bona fide inchoatum cum dictis oneribus, excusari poterunt vectores, vel ob necessitatem, publicamque utilitatem, vel ad evitandum grave nocumentum. *Iter age-re.*

IX. Saltare, instrumenta pulsare, canere diebus festis, non esse opera servilia, cum non sint propria servorum, sed liberis communia, censent Cajetanus, Sotus, & alii, & quamvis saltatione non modice agitetur corpus, id fit ad levandum animum. Cæterum saltare ex alio capite potest esse vetitum diebus festivis, & grave peccatum, aut ob prohibitionem Superioris, aut ob scandalum, quod non raro creatur. *Saltare, Canere, Instrumenta pulsare.*

X. Venatio, Piscatio, Aucupatio de se sunt servilia, & mechanica; cum sint actiones mere corporales, ex se primario ad utilitatem corporis ordinatæ, & de se inspicientes solum opus corporeum: unde nisi excuset materiæ parvitas, sunt mortalia. Si tamen fiant quiete, sine tumultu, aut magno apparatu, ut fieri solet in aucupio, aut piscatione hamo facta solius recreationis gratia, non videntur prohibita, dicit Suarez c. 28. n. 5. *Venari, piscari, & aucupari.*

IX. Militiam agere die festo prohibetur hoc præcepto; quia quamvis militiam dirigere sit opus liberale, congredi tamen, & pugnare est opus de se servile; consistit enim in usu membrorum corporis, & armorum. Quia tamen captare occasionem victoriæ opportunam, multum pendet a circumstantia temporis; propterea pugnare, nedum se defendendo, ut supponitur, sed etiam aggrediendo, censetur dispensatum in cap. *licet* de feriis. Unde consuetudo invaluit, quod etiam tempore pacis fiant festivis diebus quædam exercitationes militares, quæ multoties fieri nequeunt diebus ferialibus. *Militiam agere.*

XII. Quædam actiones non serviles jure speciali prohibentur: hæ sunt primo actiones judiciales forenses, quæ cum aliquo strepitu fiunt, & vocitantur *strepitus Judicialis*; nempe reum citare, testes examinare, processum formare, exigere juramentum judiciale, instrumenta exhibere, proferre, & multo magis, exequi sententiam, aliæque consimiles. Secundo Mercaturæ, idest contractus emptionum, venditionum, locationum, permutationum; nisi excuset consuetudo approbata, aut justa necessitas. *Actiones forenses. Mercaturæ, & Nundinæ.*

Ad—

Addit Cajetanus, nunquam fuisse prohibitum die festo emere necessaria ad victum illius diei; sed alii id moderantur, idest nisi ante festum procurari nequiverint: & profecto in quibusdam civitatibus comestibilia nonnullorum generum in festis publice ex consuetudine venduntur, quin Superiores, ad quos spectat, quidquam dicant. Specialiter tamen prohibentur Nundinæ publicæ, quæ aliquoties in anno fieri consueverunt, quo advehuntur variæ merces cum magno hominum confluxu: nec non mercatus, qui aliquoties in hebdomada fieri solent. Cajetanus tamen & Navarrus putant, nundinas solemnes excusari ob consuetudinem jam possidentem. Monent Auctores consuetudinem non esse introducendam, ubi non est, neque ampliandam, ubi viget.

    * Ad Mercatus, Nundinasque quod spectat, S. P. Benedictus XIV. duas edidit Constitutiones. Prior incipit *Paterna Charitatis*, Altera *Ab eo tempore*. Habentur tom. 1. Bullarii ejusdem Pontificis n. 105. & n. 144.

§. IV. *De causis excusantibus opera servilia in festo.*

Causæ excusantes ab agendo serviliter in die festo, & primo necessitas.

I. Causæ excusantes opera servilia in festo facta sunt: Necessitas, Pietas, Charitas, Consuetudo, Dispensatio. Necessitas propria, aut aliena, sive spiritualis, sive temporalis, quæ præveniri non potuit, quando nempe absque gravi damno opus servile omitti nequit, neque differri. Debet autem necessitas esse certa: si enim esset tantum dubia, est petenda licentia a Superiore: immo etiam quando esset certa, & actio servilis esset publice facienda, ad obmurmurationes evitandas. Hinc solent excusari pauperes, qui sine scandalo laborant; quia alio modo familiam alere non possunt. Item famuli & ancillæ, qui jussu dominorum laborare compelluntur, nec omittere possunt absque gravi suo detrimento: qui consulendi erunt, ut sibi de alio hero provideant. Item operarii illi, qui totis diebus profestis tenentur pro suis heris laborare, quia aliunde familiam alere nequirent; in diebus festivis, quibus dumtaxat eis vacat, suas vestes resarcirent occulte, & semoto omni scandalo. Item si uxor compellatur a marito laborare, quem placare non potest; & prævider, nisi obediat, gravia dissidia exoritura. Item Agricolæ, qui ob diuturnas pluvias, aut quæ superventuræ prævidentur, congregant fœnum, segetes &c., ne pereant: consultum tamen est, licentiam a Parocho obtinere. Item operarii illi, quorum opera semel cœpta interrumpi non possunt sine periculo gravis damni, hi sunt vitriarii, salinarii, nautæ &c. Quidam excusant sartores, qui cœptas vestes finire non possunt tempore nuptiarum, exequiarum &c. nisi die festo laborent: hoc puto verum, si

id

De Festorum observantia.

id per accidens eveniat; si autem sæpe hanc obligationem sibi assumant, dandi vestes tali die, eos minime excusari censeo cum gravibus Auctoribus; quia in contrahendis hujusmodi obligationibus tenentur rationem habere ad festa occurrentia, &, his servatis, tempus tradendi vestes sibi præscribere, ne in necessitatem laborandi diebus festivis se ultro conjiciant.

II. Pietas respicit cultum Dei; charitas respicit proximum. Et de his satis diximus §. præcedenti. Consuetudo ab Episcopis tolerata & permissa efficit, ut opera quædam servilia excusentur, ut vidimus in laudato paragrapho: quæ consuetudines, cum variæ sint, & circa varias actiones, juxta diversitatem regionum, videat unusquisque, quid sibi ex consuetudine licere possit. Dispensatio pertinet ad Pontificem pro tota Ecclesia: ad Episcopum pro diœcesi: & ad Parochum pro sua parœcia in casu non facilis accessus ad Episcopum.

Quid quo. ad Pietatem, & quoad Charitatem quoad consuetudinem & dispensationem?

✱ Barbitonsores nequeunt suam artem, utpote servilem, exercere diebus festis. Excusantur tamen, dum barbam radunt pastoribus, pauperi artifici, agricolis, qui profestis diebus sine gravi incommodo ad illos accedere non valent. Similiter dum ipsi barbitonsores alere se & familiam non possunt, excusari videntur. Qui autem ob solam lucri aviditatem his diebus artem exercent, damnandi sunt. Legantur P. P. Salmanticenses *tract.* 23. *cap.* 1. *punct.* 14. §. 3. & P. Concina *tom.* 5. *lib.* 1. *dissert.* 11. *cap.* 8. qui majoris culpæ reos asserit homines tondendos, qui nulla necessitate coacti, sed ob solam vanitatem, tempore dumtaxat sacro barbitonsores adeunt. ✱

✱ Quotum autem tempus requiratur, ut censeatur quis lethaliter peccare exercendo servilia vel vetita diebus festis, magnum adhuc viget inter Theologos dissidium. Magis nobis arridet sententia Suarezii *tom.* 1. *de Relig. lib.* 2. *cap.* 31. In primis ut nimis rigorosam rejicit ipse opinionem illorum, qui sentiunt lethaliter delinquere, qui unicam integram horam in operibus servilibus die festo insumit; quia, *ait*, respectu totius diei pars vigesima quarta non apparet nimia, nec multum impedire finem præcepti, qui est cultus Dei. Deinde prudenti arbitrio hoc existimat relinquendum. Dum igitur pius & doctus Confessarius in pœnitentem incidit, qui die festo supra horam laboraverit, attente perpendat laboris qualitatem, & personæ statum, nempe necessitatem, finem, paupertatem, iisque mature perpensis decernat, quid magis consentaneum judicaverit, seu judicium efformet, num peccatum mortale commiserit, vel veniale. ✱

✠ Observandum, non excusari a lethali peccato Dominum, qui pluribus famulis præcipit, ut per modicum tempus vel simul, vel successive servilia exerceant, si tandem hæc simul collecta gravem constituant materiam; quippe in hoc casu infert Dominus, ut nemo non videt, gravem tempori sacro injuriam. Consule P. Danielem Concina *tom.* 5. *lib.* 1. *dissert.* 2. *cap.* 8. *n.* 3. & *seqq.*, qui sententiam hanc sustinet, oppositumque sentientes egregie resellit. ✠

CAPUT II.

De Sanctificatione Festorum quoad opera pia imposita.

§. I. *De obligatione, & modo audiendi Missam.*

Obligatio Missæ audiendæ ab eodem Sacerdote.

I. Ecclesiæ præcepto tenentur sub mortali fideles diebus festivis audire Missam, & quidem integram ex cap. 62. de consecr. dist. 1. Excusat tamen a mortali, sicut & in aliis præceptis, parvitas materiæ, quæ a multis esse censetur, dum quis non interest ab initio usque ad Epistolam, modo dein usque ad finem intersit ; vel cum intersuisset ab initio usque ad communionem, si postea abeat . Necessaria est assistentia Consecrationi, & Consummationi, quarum alterutri si desit assistens, non satisfacit. Missa autem debet audiri ab eodem Sacerdote, neque satisfacit, qui illam audit a duobus simul celebrantibus secundum diversas medietates, vel sibi succedentibus: Hinc Innocent. XI. hanc n. 53. thesim damnavit : *Satisfacit præcepto Ecclesiæ de audiendo Sacro, qui duas ejus partes, immo quatuor simul a diversis celebrantibus audit*. Qui vero totam Missam audire non potuit, audiat eam partem quam potest .

* Plura huic numero scitu digna adjecta sunt in Majori Opere. *

Quænam requiratur adsistentia ?

II. Requiritur præsentia corporalis humana, ita ut audiens possit saltem colligere quid agatur a Sacerdote, & prudenter censeri possit pars moraliter unita, & conjuncta multitudini adsistentium Missæ audiendæ, attentis circumstantiis loci, & personarum : unde nisi alio modo possit accedere ad celebrantem, sufficit etiam, ut stet in gradibus vestibuli Ecclesiæ non magnæ. Requiritur etiam præsentia moralis, & religiosa, nempe mens attenta, vel ad ipsam Missam, vel ad res Deum spectantes. Qui igitur adstat mente advertenter distracta, vel adeo negligente, ut voluntarie distractus vere dici possit, vel dormitando, vel confabulando, vel hinc inde circumspiciendo per notabilem partem Missæ, non satisfacit præcepto, & peccat lethaliter, nisi alteram religiose audiat. Qui inserviendo Missæ recedit ab altari, procuraturus a Sacristia quid celebrationi necessarium, satisfacit ; dummodo absit modico tempore, & adsit dum consecratur, & consummatur.

Qui

De Festorum observantia. 249

Qui pulsat organa, non videtur satisfacere, quia est actio nimis distrahens ab attentione Missæ; quidquid aliqui affirment.

✶ Videnda, utpote valde utilia, quæ & huic numero addita reperiuntur in Majori opere. ✶

✢ Quæres, quoti temporis interna vel externa voluntaria distractio in Missæ auditione lethale peccatum inducat?

Resp. Illud sufficere tempus, quod æquivalet omissioni partis notabilis Missæ; quippe audire Missam absque debita attentione, idem est ac prorsus illam omittere. Sic censet Suarez *tom.* 3. *in* 3. *p. disp.* 88. *sect.* 3. Hinc colligendum est eum præcepto minime satisfacturum, qui voluntarie per tempus dumtaxat consecrationis foret distractus, cum exploratum sit, illum non implere præceptum, qui etiam solo tempore consecrationis a Sacrificio abest. ✢

§. I. *De causis excusantibus ab auditione Missæ.*

I. Duæ sunt generatim causæ excusantes ab auditione Sacri, nempe Impotentia, & Charitas. Impotentia, quando audiri non potest sine magno incommodo, aut gravi scandalo, aut periculo. Qui autem aliquo ex his impedimentis afficitur, si habeat privilegium Oratorii domestici, tenebitur in eo Missam audire. *Quæ sint generatim causæ excusantes?*

II. Impotentia triplex est: prima est spiritualis, consistens in impedimento Canonico interveniendi ad Missam audiendam; puta excommunicatio major. Tenentur tamen excommunicati quamprimum possunt obtinere absolutionem, quam si obtinere non curent, erunt in causa omissionis Missæ, & omissio imputabitur ad peccatum lethale. Secunda naturalis est, præter infirmitatem, longa navigatio, detentio domi ob Superioris mandatum, inhabitatio in locis, ubi non est Sacerdos. Qui autem ad regiones infidelium, & hæreticorum pergunt, ubi non sunt celebrantes Missas, si solius lucri, & ditescendi causa ibi morentur, & non necessitate alendæ familiæ, aut ob publicam utilitatem, sunt in continuo statu peccati lethalis, nempe volitæ in causa omissionis Missæ ob lucrum non necessarium. Moralis impotentia excusat illos, qui nimium distant a loco celebrationis, ita ut absque valde gravi incommodo eo accedere nequeant; quæ distantia, & quod incommodum consideranda sunt respective ad personas, sexum, statum; nec potest certa regula assignari. Item excusat illos, qui foras prodire non possunt, aut quia pestis grassatur, aut quia inimici insidiantur vitæ; aut quia imbecillis valetudo exponit vero, & moraliter certo periculo notabilis incommodi, præcipue talibus diebus; *Quotuplex impotentia, & qualiter excuset Spiritualis? Qualiter excuset naturalis? Qualiter excuset moralis?*

bus; aut quia prodeundo exponitur difamationis periculo, puta, si mulier habita ut honesta, sit prægnans; aut si nobilis non habeat necessaria ad decenter prodeundum, nisi cum dedecore; aut quia domus nequit relinqui sola ob prædones discurrentes. Ad necessitatem demum moralem reducitur obligatio proprii oneris ex officio præstandi: puta, custodes agrorum tempore incursionum militarium, milites stationarii, matres, & ancillæ, quæ infantibus tenentur adsistere, quin possint aliam substituere, pastores gregum in montibus degentes &c., & aliæ hujusmodi personæ, quæ ex officio necessario occupantur, & aliam Missam habere nequeunt, excusantur.

Charitas qualiter excuset?

III. Altera causa excusans est Charitas; dum subveniendum est proximo graviter indigenti, qui alium adjuvantem habere non possit: si decumbens solus relinqui non debeat: si incendium extinguendum occurrat: vel aliud grave malum impediendum, & etiam grave peccatum proximi. His causis excusantibus accedere potest consuetudo, quæ ut excuset, debet esse adprobata, & rationabilis.

Monitum impeditis audire Sacrum.

IV. Monendum est, impeditos ex causa aliqua audire sacrum teneri sub mortali supplere per aliqua alia pietatis opera precum, præcipue actuum fidei, spei, charitatis, contritionis, aut similium; non quidem ex vi præcepti Ecclesiastici quod obligat ad Missam, sed ex vi præcepti naturalis colendi Deum diebus festivis.

An teneatur fidelis ultra Missam ad alia pia opera sub mortali?

V. Præter Missæ religiosam auditionem quidam Theologi obligant fideles sub mortali ad alia pietatis opera, quibus Deo saltem pro majori diei festivæ parte vacent, puta Sacramenta suscipiendo, ad concionem conveniendo, Vesperis assistendo, lectioni spirituali operam dando, precibus vacando, opera misericordiæ exercendo &c. Hæc, assentior & ego, fidelibus commendanda, suadenda, inculcanda: at sententiæ asserenti eosdem esse ad hæc obstringendos sub mortali, fateor me non subscribere. Monendum est tamen, quod, ubi est consuetudo, ut fideles pergant ad Vesperas, aut ad aliud pium opus, tenentur illud exequi; quia sicut consuetudo excusat, ita valet inducere obligationem aliquorum actuum præstandorum.

* Difficultatem hanc fuso calamo discussam reperies in additamentis, quæ facta sunt in Majori Opere.

TRACTATUS VII.

DE SPECTANTIBUS
Ad quartum Decalogi Præceptum.

CAPUT PRIMUM.
De Obligationibus Liberorum erga Genitores, & istorum erga Liberos.

§. I. *De Obligationibus Filiorum erga Parentes.*

I. TRes communiter afferuntur obligationes Filiorum erga Parentes: prima Amoris; secunda Reverentiæ; tertia Obedientiæ. Et 1. quoad amorem; tenentur filii parentes diligere amore vero, & sincero, plus cæteris omnibus. Et hunc amorem tenentur eisdem significare, subveniendo necessitatibus eorum, cum spiritualibus, tum corporalibus; orando pro ipsis, quamvis bene valentibus; non impediendo illos absque justa causa a condendo testamento; exequendo eorum testamentarias dispositiones, quamprimum fieri potest; subministrando eisdem, si indigeant, victum & vestitum, quamvis eorum vitio in indigentiam lapsi fuerint; liberando lilos a carcere; in propriam domum recipiendo; eorum infamiam impediendo; ministrando demum ipsis necessaria in quavis urgente necessitate nedum extrema, sed etiam gravi juxta proprias vires. Et hæc præstare omittentes graviter peccant pro ratione materiæ & facultatis. Taliter autem sustentatio debetur genitoribus a filiis, & filiabus respective, ut etiam ab ingressu Religionis abstinere teneantur. Ita S. Thomas quodlibet. 6. a. 2. *Ille qui nondum Religionem intravit, si videat patrem (& idem est de matre) in magna necessitate, cui per alium subveniri non possit, non debet religionem intrare, sed tenetur ministrare parentibus: si vero per alium possit ejus parentibus ministrare, potest, si vult, religionem intrare.* Idem repetit 2. 2. q. 189. art. 6.

☞ De illo autem, qui est in Religione professus, sic docet Angelicus 2. 2. q. 101. a. 4. ad 4. *Ille vero,* ait, *qui jam est in Religione professus, reputatur jam quasi mortuus mundo. Unde non debet occasione sustentationis parentium exire claustrum, in quo Christo consepelitur, & se iterum secularibus negotiis implicare. Tenetur tamen salva sui*

Ex capite Amoris Parentibus debiti recensentur omissiones gravires.

Non potest filius Religionem ingredi, parentibus illius subsidio indigentibus?

sui Prælati obedientia, & suæ Religionis statu, pium studium adhibere qualiter ejus parentibus subveniatur.

Commissiones graves contra Amorem debitum.

II. Post recensitas omissiones filiorum defectu amoris parentibus debiti, enumerandæ occurrunt commissiones contra idem præceptum. Peccabant itaque filii contra hunc amorem, si illos odio habeant, si notabili malevolentia, aut indignatione afficiantur in illos, si de eorum cogitata morte delectentur; si grave malum illis optent, vel de eodem malo eisdem eveniente gaudeant, & multo magis si hos detestabiles affectus ipsis significent aut verbis, aut factis; puta si alloquiis asperis, & duris; oculis torvis; gestibus protervis, irrisionibus, subsannationibus, despectionibus, contumeliis, maledictionibus, injuriis]: &, quod est horribile auditu, percussionibus, aut motibus percussionem comminantibus: hæc omnia utpote mortalia graviter reprehenduntur in pluribus Sacræ Scripturæ locis.

Ad quid teneantur titulo obedientiæ?

☞ Licitum filiis est a parentibus injuste percussis cum moderamine inculpatæ tutelæ sese defendere. ☜

III. De obedientiæ debito erga genitores disserit S. Thomas quodlibet. 2. Art. 9. *Ad illa se extendit debitum obedientiæ, ad quæ se extendit jus prælationis: habet autem pater carnalis jus prælationis in filium, primo quidem quantum ad domesticam conversationem .... Secundo quantum ad morum disciplinam.*

Peccata contra obedientiam.

Peccabant igitur lethaliter filii non obedientes circa gubernationem familiæ; puta non redeundo domum horis statutis, si absque causa, & frequenter id agant; vagando tempore noctis, distrahendo res domesticas in sufficiente quantitate, introducendo domum personas vetitas, non gerendo negotia sibi commissa ad familiæ utilitatem, non vacando studiis illis, vel artibus, quibus idonei reddantur ad sibi, & familiæ suo tempore consulendum. Peccant item mortaliter, & gravius, deobediendo in his, quæ morum disciplinam concernunt: si contra voluntatem parentum nolint vitare pravorum societatem; desistere ab ingressu domorum, & locorum, ubi innocentia periclitari consuevit: relinquere ludos vetitos, frequentiam tabernarum; pergere ad discendam Doctrinam Christianam, ad suscipienda æqua discretione Sacramenta, hisque similia præstare, sine quibus vitam christiano more ducere est moraliter impossibile. Si filiæ sint, graviter peccant contra obedientiam, si velint domo exire solæ, litteras mittere, & recipere; munuscula admittere, fucos adhibere, inverecunde se ornare, certas personas vetitas alloqui, occulte amatorem deperire, velle constanter sponsum, aut sponsam si filius, statui suo non decentem. Denique peccant graviter filii, filiæque non obediendo, quoties jussio est serio facta, de materia notabili, ad bonos mores pertinente, sive quoad fugam mali, sive

sive quoad praxim boni: ac proinde tenentur in confessione explicare nedum peccati speciem, sed etiam peccatum inobedientiæ, si circa id eis præceptum fuerat.

IV. Circa electionem status, sive Religiosi, sive Clericalis, sive Cælibis, sive Conjugalis; cum hujusmodi electio a Deo relicta fuerit liberæ cujusque optioni, tenentur quidem filii, & filiæ illam significare parentibus; qui si resistant, & alium statum jubeant, filii obedire non tenentur: ita communis cum S. Doctore 2. 2. q. 104. ar. 5. Quia tamen maxime in Principibus potest evenire casus, de quo dubitetur, an filius, vel filia volens castitatem servare, teneatur ad nuptias; tunc consulendi sunt viri docti, & resolvendum quid liceat. *Ad quid teneantur circa electionem status?*

V. Circa matrimonium contrahendum cum tali persona; certum est, mortaliter peccare filios, & filias, si inconsultis parentibus matrimonium contrahant cum quavis etiam digniori persona; ita postulante subjectione genitoribus debita, in re adeo gravi, & momentosa. Si autem consilium ab illis petant, & personam dignam eligant, & parem, genitoresque resistant, post adhibita media congrua, & opportuna ad inclinandos genitores; si adhuc contradicant, non apparet multis, cur gravandi sint filii, & filiæ onere mortalis peccati, si matrimonium contrahere velint. *Quid circa matrimonium cum tali persona?*

VI. Tertium filiorum debitum erga Parentes est Reverentia; & in eo consistit, quod juxta regulas honestatis, & juxta morem nationis suæ, reverenter ad illos se habeant, tum verbis, tum signis, tum factis. Deficiunt autem in verbis, si duris, inurbanis, detrahentibus, irridentibus, contumeliosis, imprecantibus malum eos lædant, (quamvis non ex malevolentia) sive coram, sive in absentia; gravius tamen semper si coram: proinde semper peccant graviter, aut leviter pro ratione materiæ: & si hæc proferant animo malevolo, peccant etiam contra amorem, ut dictum fuit. Deficiunt quoad signa reverentiæ, genitorum consilia contemnendo, illos gesticulationibus, & nutibus subsannando, vel aliis modis parvifaciendo, sive coram, sive in absentia: quæ agendo peccant graviter, vel leviter pro ratione materiæ: & si fiant animo malevolo, peccant etiam contra amorem. Item si evectus filius, aut evecta filia ad dignitatem, genitores posthabeat, recognoscere erubescat, recipere, & admittere recuset; quod mortale est, juxta omnes; nisi forte illos recognoscere in aliqua rara circumstantia, filio, vel filiæ certo moraliter creare deberet grave damnum, vel in vita, vel in honore, vel in bonis. Deficiunt tandem in facto, dum illos factis offendunt, nedum percutiendo, ut patet, verum etiam tantummodo manum iracunde elevando, aut virgam arripiendo, quod semper gravissimum peccatum *Ex reverentia quid debeant in verbis?*

Quid debeant in signis?

Ad quid teneantur in factis?

catum est: item accusando illos in judicio sive civiliter, sive criminaliter; quod itidem semper est lethale, exceptis dumtaxat casibus hæresis, proditionis Patriæ, conjurationis in Principem, si hæc alio modo evitari nequeant. Deficiunt tandem facto, omittendo illa signa, quæ communia sunt filiis sui gradus: si salutem dare, assurgere, caput detegere, locum cedere, bene precari temporibus consuetis, & consimilia facere omittant: quæ tamen, secluso pravo affectu, non censentur lethalia.

* Etiam secluso pravo affectu videtur filius lethaliter delinquere, omittendo erga Parentes illa signa, quæ communia sunt filiis sui gradus, si consulto & semper vel fere semper illa omittat. *

Quando peccent agendo quod prævident genitoribus allaturum contristationem?

VII. Denique peccant filii contra virtutem pietatis, (contra quam virtutem peccant omnibus indicatis modis) quoties aliquid omittunt, vel agunt, quamvis in se non malum, quod tametsi filiis veritum non fuerit, prævident tamen genitores valde contristandos, vel offendendos, vel peccaturos blasphemiis, furoribus &c. quia sine justo, & gravi motivo dant ipsis occasionem prævisam tantorum malorum; immo satis est, si dubitent, an actio, vel omissio sit illis notabilem displicentiam allatura, ut abstinere teneantur. Si tamen, quod filii agere, vel omittere intendunt, sit ob rationabile motivum vel notabilis damni evitandi, vel magnæ utilitatis capescendæ gratia, & contristatio eorum oriatur ex ipsorum rusticitate, apprehensione, morositate, hypocondria, aut alia inordinata animi commotione; non peccabunt filii illud agendo, vel omittendo.

§. II. *De obligationibus Genitorum erga Liberos.*

Tria debent Genitores filiis. Et primo dilectionem.

I. Tria vicissim tenentur Genitores præstare Filiis, nempe Dilectionem, Alimenta, & Educationem tam civilem, quam spiritualem. Et quoad Dilectionem, tenentur bene velle filiis affectu, & opere; removendo ab eisdem, quoad fieri potest, mala animæ, & corporis. Peccabunt igitur genitores, si filios odio prosequantur, si illis malum optent, imprecentur, maledicant, si nimis dure illos tractent, verberent, affligant sine justa causa; si illis indigentibus non succurrant.

Obligatio quoad Educationem corporalem.

II. Obligatio genitorum erga filios incipit illos afficere a conceptione ipsorum. Peccabunt igitur, & quidem graviter, (ut suo loco probabilius esse ostendetur de usu Matrimonii) si tempore menstruorum vacent operi conjugali, cum maximo periculo gravis damni prolis, aut concipiendæ, aut conceptæ: si mariti uxores prægnantes affligant, contristent, aut dure tractent, percutiant, vel alia gravi vexatione afficiant, cum magno periculo gra-

gravis damni prolis jam conceptæ. Peccant graviter matres si, prægnantes cum sunt, exerceant corporales agitationes & conatus, ex quibus prævidere possint, & debeant grave nocumentum proli conceptæ probabiliter resultare posse. Emissa autem prole in lucem, graviter peccant matres omittendo necessariam & sollicitam curam, si opus sit nutrice, inveniendi illam sanam, morigeram, & sedulam. Peccant item matres lethaliter, si teneant secum in lecto infantes cum periculo oppressionis eorumdem; quod jam semper intervenit. Unde non debent expectare quod eveniat oppressio, ut se in confessione accusent, sed quoties id agunt, confiteri debent.

* Illicitum esse officium conjugale tempore fluxus menstrui, communis est Theologorum sententia. An autem hoc sit lethale crimen ex parte petentis, magnum est inter illos dissidium, ut palam fiet *tract.* 14. cap. 8. *de Sacr. Matrim.* §. 13. *

☞ Peccare Matres, ait P. Concina *lib.* 4. *in IV. Decal. Mand. different.* 2. *cap.* 4. *n.* 8 quæ nulla alia præter causam nobilitatis, & commodi ductæ, aliis fæminis filios lactandos tradunt, mihi certum est. Gradum vero culpæ levis, aut gravis ignoro. Causæ excusantes a culpa, *subdit*, sunt imbecillitas matris, paupertas, mammillarum siccitas. ☞

III. Tenentur Genitores sub gravi obligatione educationis corporalis providere filiis necessaria ad victum, vestitum, habitationem, medicinalia &c. quousque ad ætatem sufficientem pervenerint, eo modo quo moraliter possunt: dixi usque ad ætatem sufficientem, in qua possint per lucra convenientia sibi providere, quia hoc debetur filiis per se; per accidens autem usque ad finem vitæ, si aliquo justo impedimento detenti, sibi providere nequeant. Alimenta tenetur pater ministrare filio etiam exulanti, etiam excommunicato, etiam dissipanti alimenta sibi tradita, etiamsi potuerit sibi providere, & non fecerit. Et in casu, quo Pater ob inopiam ad hæc præstanda sit impotens, substituitur quoad easdem obligationes Mater; & in horum defectu substituuntur Avi, & Proavi Paterni; & in horum defectu, Avi, & Proavi materni; & in horum defectu Consanguinei propinquiores. Observandum tamen, quod tribus primis annis ad Matrem spectat alere prolem: si vero non possit, jam patet quod etiam pro eo tempore spectabit ad Patrem.

Ad quid ulterius teneantur titulo educationis corporalis?

IV. Hinc apparet, quomodo Genitores magis, minusque graviter peccant, si proprios filios parvulos non custodiant, prout eorum ætas requirit: si illos hospitali exponant, quando eos, quamvis cum gravamine, alere possint: si res, & bona familiæ non curent; si eadem bona dilapident in compotationibus, commessationibus,

Aliæ genitorum obligationes temporales.

lu-

ludis, aliisque indignis modis; si omittant necessariam sedulitatem, ut se reddant habiles ad collocandas filias, & filios juxta eorum capacitatem & conditionem instituendos; nec non ad relinquendam eisdem congruam hæreditatem. Pertinet item ad curam filiorum corporalem providere illis artem, opificium, ministerium, studium, respective ad eorum statum & capacitatem proportionatum: pro quibus addiscendis, debet genitor, & in ejus defectu, omnes supradicti, facere necessarias expensas. Ac proinde etiam quoad hoc urgentissimum caput, si notabiliter fuerint negligentes, mortaliter delinquunt, juxta omnes: quemadmodum etiam quoad cætera capita hactenus recensita.

Ad quid teneantur circa legitimam? V. Tenetur præterea pater relinquere portionem legitimam ex hæreditate, quæ jure Cæsareo est tertia pars bonorum, seu *triens*, æque dividenda inter filios, & filias, si sint quatuor, vel pauciores; si autem fuerint quinque, vel plures, est dimidia pars, seu *semissis*; posito tamen, quod de reliquo hæreditatis aliter disposuerit, cum alioquin tota hæreditas inter liberos sit dividenda. Dicta legitima privari non possunt, nisi ob delicta in jure, nempe in *Authentica Justiniani* recensita, quæ sunt quatuordecim 1. Si filius manus graviter in patrem injiciat. 2. Si se cum maleficis intermisceat. 3. Si illum accuset extra casus supra indicatos. 4. Si contumelia gravi afficiat. 5. Si insidietur vitæ patris. 6. Si patris uxorem, scilicet novercam violet. 7. Si deferat patrem in judicium cum ipsius gravi detrimento 8. Si filius requisitus a patre carceri mancipato, illum non adjuvet; quoad hoc excipitur filia. 9. Si prohibeat patrem testari. 10. Si histrionicam artem exerceat, dum pater illam non profitetur. 11. Si patre offerente dotem ad nuptias, filia minor annis vigintiquinque luxuriose vivat. 12. Si filius curam negligat parentis furiosi. 13. Si parentem captivum filius non redimat, cum possit. 14. Si filius fiat hæreticus, patre existente catholico: in omnibus his casibus potest pater filiis, & filiabus negare alimenta, dotem, & hæreditatem legitimam, & etiam mater respective: Quamvis sententia magis pia doceat adhuc in his casibus deberi filiis necessariam sustentationem.

Ad quid teneantur ex vi educationis spiritualis? VI. Tertium caput, & quidem urgentissimum, obligationis genitorum erga filios versatur circa educationem spiritualem; cui ut condigne satisfaciant, tenentur ad tria, nempe ad doctrinam Fidei, & morum; ad bonum exemplum; & ad opportunam correctionem. Quoad primum, tenentur genitores vel primo per semetipsos vel saltem per idoneos, & probos institutores, sedulo procurare, ut proles adhuc tenella imbuatur notitia Mysteriorum Sanctæ Fidei; & proportione servata ad eorum ætatem, ut instruantur de necessariis, & requisitis ad Sacramenta digne recipienda; de præceptis Dei, & Ecclesiæ; debent periculum facere, an illa addiscant, & memoriæ commendent; item invigilare, ut a vitiis, eorum ætati correspondentibus, arceantur; ut a sodalibus improbis, & scandalum præbentibus elongentur; ut Sacramentorum discreta frequentia muniantur, ut a promiscuis conversationibus sejungantur: tenentur eos docere Christiana documenta circa peccata vitanda, eorum occasiones fugiendas, & virtutes Christianas exercendas; eisdem instillare timorem & amorem erga Deum, Devotionem erga Deiparam & Sanctos, horrorem peccati lethalis: tenentur ad specialem erga filias custodiam, & quam maxime invigilare, ne inverecunde se ornent, ne vanam pulchritudinem affectent, ne fenestris se exponant, ne amicitias cum viris contrahant, cujuscunque status sint, ne absque justo & urgenti motivo in publicum prodeant; sed insistere, ut honestatem, puritatem, modestiam, aliasque virtutes mulieribus & virginibus specialiter correspondentes colant. Et si circa hæc omnia Genitores notabiliter deficiant, se statu culpæ lethalis addictos procul dubio credant, utpote deficientes in obligatione gravi strictissime illos afficiente. *Ad doctrinam Fidei, & morum*

VII. Quid autem prodesse queunt filiis instructiones, monita, documenta, nisi hæc corroborentur genitorum exemplo? immo si oppositum fieri a genitoribus filii conspiciant? profecto nil; aut non nisi quadam miraculi specie documenta proderunt, si facta genitorum aliter agendum suadeant. Heu, quot speciebus scandali gravantur genitores, qui se videri aut audiri a filiis, filiabusque non curant transgressores præceptorum Dei, & Ecclesiæ! Væ profecto hujusmodi Genitoribus! *Obligationes quoad exemplum.*

VIII. Tertia obligatio parentum, spectans ad spiritualem educationem, est opportuna correptio, qua eorum vitia emendare satagant; & est eorumdem ætati, indoli, & defectui commensuranda. Quapropter non debet has circumstantias excedere, ne filii aut in pusillanimitatem, aut nimium terrorem, aut desperationem adducantur. Neque minus quam oporteat, debet esse remissa, ne in fomentum potius evadat, quam in curationem morbi. Hæc correptio, si aliquando opus fuerit, & circumstantiæ filiorum permittant, ad moderata verbera se extendere debet; ad repulsam a communi mensa; ad reclusionem in cubiculo per aliquot dies &c. habita semper ratione gravitatis defectus, & eruditionis aliorum confratrum & sororum. Ad eam tenentur genitores, quando alio modo plena emendatio obtineri nequeat, & quando gravitas criminis postulat sub mortali; nedum quando *Obligationes eorum quoad correptionem.*

Tom. I. R opti-

optima exempla filiis dant, verum etiam quando eisdem scandalo sunt, & tunc illos puniendo protestari debent, se nolle habere filios suorum vitiorum imitatores; sed ipsis incumbere saltem quoad hanc partem munera genitoris explere.

☞ Communis sententia est posse parentes corrigere, ac moderate verberare filios Clericos in minoribus existentes, quin excommunicationem incurrant. Probabilius quoque existimatur, eosdem etiam sacris Ordinibus initiatos, gravi urgente causa, & solo correctionis titulo, non temere, neque ira percitos, posse parentes virga plectere absque eo quod censuræ obnoxii fiant. Legatur P. Concina *Theol. Christ. tom. 4. lib. 6. dissert. unic. cap. 7. num. 5.* ☜

Ad quid teneantur erga filios naturales, & spurios?

IX. Superest dicendum aliquid circa filios naturales, qui nascuntur ex illegitimo concubitu personarum solutarum, quæ matrimonio jungi possunt; nec non circa filios spurios, qui nascuntur ex illegitimo concubitu personarum, quæ matrimonio jungi nequeunt, vel quia alteruter, aut uterque est conjugatus, vel conjunctus, vel affinis, vel voto solemni obstrictus, vel a lege prohibitus. Neque hic loquimur de educatione spirituali, quam illis debent sicut veris filiis, quamvis illegitimis. Filiis itaque naturalibus tenetur pater subministrare alimenta; & si non habet prolem legitimam, potest eisdem omnia bona vel donare, vel testamento relinquere. Similiter & spuriis tenetur de alimentis statui suo proportionatis: Non potest autem ex lege civili eisdem facere donationes mortis causa, neque illos hæredes instituere, ne filiis legitimis minuatur hæreditas. Tenetur pater filiæ quamvis spuriæ providere etiam de dote juxta conditionem sui status, ut honeste nubere possit, si voluerit; non tamen potest excedere in dote concedenda, ne legitimis filiis minuat hæreditatem, immo si excederet, tenerentur spuria ejusque maritus excessum reddere legitimis hæredibus; nisi forte isti remitterent excessum illum. Si pater spurii esset beneficiarius, & non haberet aliud, quo aleret filium, vel dotaret filiam, neque isti aliunde habere possent; ex fructibus beneficii posset alere & dotare. Mater tenetur filium tam naturalem, quam spurium alere usque ad triennium lac præbendo: pater autem tenetur ad reliqua, & etiam ad nutricem inveniendam, si mater lac præbere non possit.

Qualiter peccent exponentes Hospitali?

X. Genitores, qui sine justa, & necessaria causa, exponunt filios hospitali, peccant mortaliter, juxta omnes. Quænam sit justa, & necessaria causa, judicanda relinquitur prudenti & docto Confessario, a quo consilium petere debent genitores, priusquam id agant. Una videtur esse, si revera, & coram Deo careant modo illos
su-

sustentandi. Altera esse potest, si necessitas adsit occultandi crimen, ne scandalum, aut infamia inde oriatur. Tenentur tamen in eo casu prius pater, deinde mater compensare hospitali expensas, quæ fieri consueverunt.

CAPUT II.

De Obligationibus aliarum Personarum, quibus incumbit respective aliorum curam gerere.

§. I. *De Obligationibus Tutorum respectu Pupillorum, & Curatorum respectu Minorum.*

I. Tutor dicitur ille, qui curam habet Pupillorum tam quoad personas, quam quoad bona eorumdem, præcipue tamen quoad personas. Tutela durat usque ad annum decimum quartum completum respectu masculorum, & duodecimum completum respectu fœminarum: qui dicuntur anni pubertatis. Curator dicitur ille, qui curam gerit Minoris tam quoad personam, quam quoad bona, principaliter tamen quoad bona. Cura autem durat a modo dictis annis usque ad vigesimum quintum completum Minoris. Tutor tenetur ad ea omnia, ad quæ tenetur pater: unde nil addendum dictis de Patre; quem Pupillus tenetur diligere, revereri, eidemque obedire sicut filius. Curator tenetur bona Minoris fideliter administrare, neque personam negligere: unde si in vigilantia circa personam notabiliter deficeret, lethaliter peccaret. Ita Minor debet Curatori morem gerere, & erga illum tanquam erga personam super se jus habentem se continere. *Obligationes Tutoris, & Curatoris generatim.*

II. Tenentur Tutor & Curator, statim ac instituti sunt in officio, Inventarium omnium bonorum Pupilli & Minoris facere; omnia illorum jura sustinere, & defendere; item curare, ut ex bonis percipiantur juste fructus annui; bona mobilia, quæ servando servari nequeunt, vendere ad emenda prædia, & bona fructuum afferentia. Peccabunt igitur pro ratione materiæ plus, minusve graviter, si hæc facere neglexerint, si bona pupilli vel minoris in proprios usus convertant, cum obligatione restituendi omnia sublata, nec non omnia lucra cessantia, damnaque emergentia ex omissionibus suis resultantia; ad quæ tenentur ex culpa lata, & levi juridica. Peccabunt etiam dando pupillo, & minori pecunias ad usus malos, & indecentes; etiam pro his compensaturi. *Obligationes speciales eorumdem.*

§. II. *De obligationibus Patrinorum respectu filiorum spiritualium.*

I. Patrini, seu susceptores infantium in Baptismo, & pue- *Patrinorum obligationes.*

puerorum in Confirmatione, tenentur ex vi sui muneris procurare, ut a susceptis discantur necessaria circa Fidem, & bonos mores, si desint conjuncti, qui id præstent; in quo casu etiam super eorum vitam invigilare tenentur, sedulo procurando, ut juxta Christiana instituta illam ducant. Pariter suscepti tenentur illis amorem, reverentiam, & obedientiam reddere quoad instructionem, & morum disciplinam.

§. III. *De Obligationibus Conjunctorum vicissim.*

Obligatio filiorum erga consanguineos majores.

I. Consanguineis majoribus sive in linea recta strictius obligante, sive in laterali, tenentur filii genitoribus caregtes exhibere amorem, reverentiam, & obedientiam, tanquam genitoribus, quorum loco succedunt. Proinde peccabunt plus, minusve pro ratione materiæ contraveniendo dictis obligationibus, sicuti respective dictum est de eorum obligationibus erga genitores, quin aliud addamus. Si autem genitores vivant, eisdem obligationibus adhuc tenentur, & maxime quoad reverentiam, & amorem, non tamen adeo stricte quoad obedientiam: quamvis erga ascendentes in linea recta major debeatur, quam erga collaterales.

Ad quid tenentur Majores conjuncti erga Minores?

II. Hi consanguinei vicissim in defectu genitorum tenentur inferioribus omnia præstare quantum possunt, quæ genitores debent filiis supra diffuse explicata cap. 1. in toto §. 2. quibus si desint, peccant pro ratione materiæ, & omissionis. Si autem genitores vivant, ad amorem quidem tenentur ratione conjunctionis, ad alia non; nisi in casu quo a genitoribus vel impotentibus, vel non curantibus non præstentur; & maxime ascendentes in linea recta, quia hos præcipue afficit obligatio, tametsi alii collaterales non absolvantur omnino, viventibus Avis; quia si aut impotentes sint, aut non curantes, tota obligatio devolvitur ad ipsos collaterales, juxta gradum &c. Propterea prudens Confessarius prius mature perpendat circumstantias omnes rerum, personarum, graduum, ut recte judicet, quando graviter deficiunt, &; possit urgentius inculcare obligationes, ad quas tenentur.

§. IV. *De Obligationibus Herorum, & Famulorum vicissim.*

Obligationes Famulorum & Ancillarum. Alia eorum obligationes.

I. Famuli, & Ancillæ debitores suis Heris, & Dominabus sunt benevolentiæ, reverentiæ, obedientiæ, & fidelitatis; tria prima, ratione virtutis Observantiæ, quartum ratione Justitiæ.

II. Famulos, Ancillasque mortaliter peccare, quando in re gravi heris non obediunt, nemini est dubitandum: puta, si jubeantur nonnulla familiæ secreta silentio custodire,

dire, Sacramenta temporibus debitis recipere &c. & si hoc omittant, peccant nedum contra præceptum Ecclesiæ, sed & contra obedientiam, quoad hoc heris debitam. Peccant contra justitiam, si toto tempore præscripto non laborent, cum possint, vel cum notabili negligentia sua munera obeant. Quapropter pro damnis inde domino exurgentibus, aut pro lucris cessantibus compensare illum tenentur. Item graviter peccant disponendo de rebus domini in sufficiente quantitate, sine illius licentia; nec non permittendo grave damnum eidem ab aliis inferri sive extraneis, sive conservis, quamvis circa res speciali suæ custodiæ non commissas: & nisi impediant, cum moraliter possint, puta vel respective clamando, vel revelando, tenentur ad compensationem, si hæc non fiat ab immediate damnum afferente. Item graviter peccant, quamvis tacere non jussi, si absque justa causa revelent errata, directiones, resolutiones, dissensiones &c. familiæ, quæ aut ab aliis non scirentur, aut vix, nisi famulus ea narraret: qui debet animadvertere hujusmodi revelationem, si ab heris sciretur, gravem eisdem contristationem allaturam. Peccant præterea graviter, si absque justo motivo discedant a famulatu ante tempus condictum; & si damnum inde emergat Domino, puta ducendi alterum majori pretio, aut quodvis aliud, tenentur illud compensare.

III. Domini tenentur vicissim erga famulos, ancillasque ad benevolentiam, beneficentiam, mercedem, & custodiam. Tenentur itaque in primis servare pacta cum illis inita, tam quoad victum, quam quoad mercedem, & alia quæcumque. Si sine justo motivo dimittant ante tempus condictum, debent in conscientia integram mercedem toti tempori conductionis correspondentem erogare, nec non pro alimentis, quæ tempore, quod superest, subministrarent, compensare: nisi forte statim absque ulla mora alterum herum invenerint, qui æquali, vel majori stipendio illos conduxerit; nam si minori, supplere debebit prior Dominus, qui dimisit, pro rata. *Herorum obligationes erga famulos.*

☞ Domini mercedem famulis solvere tenentur juxta quantitatem, & qualitatem laboris secundum communem existimationem, etiamsi in pactum deducta merces non sit; & si minus solvant, quam mereatur servitium famuli, ad restitutionem tenentur.

IV. Debent famulis bene velle, illos non aspere tractando, non contumelia afficiendo, quæ nunquam licent: nam si opus sit illos corripere & increpare, fiat, sed absque injuriis, imprecationibus, contumeliis, quæ ad nil prosunt, nisi ad eos irritandos; & ita fructus correctionis evanescet, cum alioquin offendatur Divina majestas. Item curare tenentur, ne in infirmitate careant adsistentia. *Aliæ obligationes Herorum temporales.*

tia corporali, tamen inter limites pactionum initarum : Charitas tamen urget, ut si morbus sit brevis, non priventur stipendio brevi illi tempori correspondente; si autem sit diuturnus, & animadvertant gravi illos necessitare premi, alia temporalia auxilia præstare debent. Proinde animi Christiani profecto esse non videtur, illos retinere per plures annos, quousque ætate, & viribus florent, deinde senescentes dimittere absque ulla pensione, quando hæc conferri potest; ita ut miselli mendicare compellantur.

Obligationis Heronum spirituales.

V. Tenentur heri, & heræ in conscientia corrigere famulos, & ancillas delinquentes contra legem Dei, & Ecclesiæ; & invigilare, an saltem statutis temporibus ad suscipienda Sacramenta accedant; item ut sint instructi in Doctrina Christiana, si eam ignorent, & ut vitam Christiano dignam ducant. Si correcti non se emendent, & scandalo evadere possint aliis conservis, & multo magis filiis aut filiabus, sive in lingua, sive in moribus, tenentur sub mortali illos domo dimittere.

Casus non rarus de discessu in tempestivo.

VI. Si famulus, absque justa causa, ab hero discedat ante condictum tempus, quamvis, ut multi dicunt, possit in foro externo nil illi tribuere pro toto illo anno; in foro tamen conscientiæ licitum dumtaxat illi est retinere portionem, ratæ temporis correspondentem. Non tamen licet ullo modo impedire illum, ne ab aliis heris conducatur; & si herus impediens nulla utatur fraude, aut via injusta ad id impediendum, est lethale dumtaxat contra charitatem: si autem aliqua falsitate, fraude, vi, aliove modo injusto removeat volentem illum conducere, peccat etiam lethaliter contra justitiam cum onere restitutionis omnium damnorum.

§. V. *De Obligationibus Magistrorum, & Discipulorum.*

Magistrorum obligationes.

I. Magistri, Præceptores, Pædagogi, & alii hujusmodi ministeriis fungentes, cum quodammodo ad tempus vices genitorum subeant respectu discipulorum suorum, eisdem obligationibus fiunt obnoxii respective, quibus genitores. Idcirco tenentur primo illis bono exemplo præire: secundo effrænes, indisciplinatos, immorigeros corripere, & punire: item parentes eorum admonere, ut ad illos emendandos ab ipsis adjuventur. Quod si non se emendent, & aliis perniciosi evadant, tenentur illos a schola dimittere: immo si noverint esse tales, antequam illos recipiant, nequeunt illos in suam scholam admittere, nisi prius genitorum opera emendentur, ne aliis contagiosi fiant. Si vero alios discipulos non habeant, neque expectent, ita ut immorigeri nemini nocere queant, tunc illorum institutionem suscipere possunt, ad emendandos

De Obligationibus Majorum. 263

dos eafdem fedula cura, & caftigatione opportuna. Tenentur praeterea eſſe idonei ad docenda illa, quae ſe docturos exhibent; & nifi fint tales, debent non acceptare docendi munus, & acceptatum dimittere. Circa quae omnia plus, minufve peccant pro ratione materiae tum contra charitatem, tum contra juſtitiam. Certo autem lethaliter peccant Magiſtri Univerſitatum, ſi gradum Doctoratus conferant indignis ſuo voto; quia in re gravi decipiunt publicum; & eo gravius peccant, laureando immeritum in Theologia, in Jure, in Medicina. *Peccant, ſi lauream conferant immeritis.*

II. Diſcipuli tenentur praeceptoribus ad reverentiam, & obedientiam praeſtandam quoad ſtudium, & bonos mores: contra quas obligationes peccant leviter, vel graviter pro ratione materiae. Certum autem apud omnes eſt, quod ſi ſtudiis a genitoribus ſibi ſerio impoſitis, & pro quibus ſtipendia erogantur magiſtris, non dent operam, unde oleum & operam perdant tam genitores quam magiſtri, peccant lethaliter contra obedientiam eiſdem in re gravi debitam, tum etiam ob gravamen, quod afferunt familiae, tum item quia ſe reddunt inutiles eidem, forte eorum ſubſidio indigenti. Quod ſi divites ſint & nobiles, dum ut par eſt ſtudio non vacant vel incapaces remanent atque inepti ad exercenda officia, quae ſtatui ſuo competunt: vel ſi ea ſuſcipiant, ſcientia deſtituti, quae ad eadem rite obeunda neceſſaria eſt, in plures graviſſimi momenti errores impingent, ac perperam de hominum vita, libertate, & bonis judicabunt. *Diſcipulorum Obligationes.*

TRACTATUS VIII.

DE SPECTANTIBUS

Ad Quintum Decalogi Præceptum.

CAPUT PRIMUM.

De Homicidio voluntario directo.

§. I. De Notione, & divisione Homicidii.

Notio Homicidii.

I. Homicidium semper est peccatum, quia inseparabiliter habet inordinationem adnexam: homicidium enim plus importat, quam occiso hominis..... importat namque homicidium occisionem hominis indebitam: & ideo homicidium nunquam est licitum, quamvis occidere hominem aliquando liceat: ait S. Thom. quodlib. 8. art. 14. ad 1. Itaque Homicidium est injusta hominis occisio.

Homicidii divisio in Simplex, & Qualificatum.

II. Homicidium dividitur in Simplex, & Qualificatum. Simplex illud est, quod committitur in hominem communem, & sine ulla circumstantia, vel ex parte occisi, vel ex parte modi occidendi illud qualificante. Qualificatum vero illud est, quod, præter hominis occisionem, indicatis circumstantiis qualificatur: unde ad aliam speciem simul trahatur: ex. gr. contra virtutem Religionis, si occidatur persona Deo consecrata aut per statum Clericalem, aut per professionem Religiosam; & eo gravius notabiliter, quo est major dignitas occisi: ita ut trahi possit ad aliam speciem contra virtutem observantiæ majoribus debitam. Dividitur ulterius in Latrocinium, &

In Latrocinium, & Assassinium.

Assassinium. Primum, quo aufertur homini vita, ut bonis spolietur: secundum, quando conducitur quispiam ad occidendum proximum, vel quando quis pretio conventus alterum occidit: & conductus ipso facto incurrit excommunicationem, etiam homicidio non secuto; conducenti autem infligitur excommunicatio incurrenda. Imo assassinus, omnesque ad assassinium cooperantes privantur immunitate Ecclesiastica. His additur homicidium proditorium, quando quis alterum occidit ex insidiis, unde sibi cavere non possit: cui occidendi modo si accedat præter insidias etiam apparentia fictæ amicitiæ, occisor privatur immunitate Ecclesiastica. Præfati modi sunt in confessione explicandi, eo quod contineant specialem injustitiam, adimendo modum se defendendi. Ad homicidium proditorium reducitur veneficium naturale, idest occiso per venenum

De Homicidio directe.

nen*m* propinatum, aut alio modo applicatum; nec non veneficium magicum, quod fit ope expressa, vel tacita Dæmonis. Immo ad hoc proditorium reducitur Abortus fœtus animati: de quo infra.

☞ Homicidium est gravissimum omnium scelerum, quæ contra proximum perpetrari possunt, cum vitam eripiat, quæ inter omnia terrena bona primum obtinet locum.

§. II. *De Occisione Malefactorum, Peccatorum, Tyrannorum.*

I. *Occidere malefactorem licitum est, in quantum ordinatur ad salutem totius Communitatis: & ideo ad illum solum pertinet, cui committitur cura Communitatis conservandæ... Cura autem communis boni commissa est Principibus habentibus publicam auctoritatem; & ideo eis solum licet malefactores occidere, non autem privatis personis,* ait S. Thom. 2. 2. q. 64. a. 3. *Quibus competat Malefactores occidere?*

II. Malefactores proscripti, seu banniti sub pœna capitis, licite occidi possunt a ministris illos inquirentibus ex commissione Magistratus, si vivos capere non possint, & dummodo existant infra dominium sui Principis. Probabilius autem videtur, non posse licite occidi ab aliis, qui non sunt ministri ad hoc deputati. Cavere autem debent mandatarii, ne motivum præcipuum suæ executionis sit multa occidenti promissa, sed sit bonum commune, & Reipublicæ tranquillitas, cum debeant se conformare intentioni jubentis. Diximus autem, dummodo existant infra dominium sui Principis; quia extra propriam ditionem nemini competit jus in vitam, aut res cujuscumque. Potest tamen accidere, quod Principes finitimi sibi vicissim hoc jus cedant, & quando id constat, non est illicita occisio extra ditionem. *Quando liceat occidere Proscriptos sub pœna capitis?*

III. Non licet marito propria auctoritate occidere uxorem in adulterio deprehensam: ita definivit Alexand. VII. damnando thesim 19. quæ dicebat: *Non peccat maritus occidens propria auctoritate uxorem in adulterio deprehensam.* Idem a fortiori dicas de occisione adulteri. *Non licet marito occidere uxorem in adulterio deprehensam.*

IV. Ex communi sententia nulli privato licet occidere proprium Principem, qui tyrannus evaserit quoad regimen; nempe spoliantem subditos eorum bonis injuste, & cuncta in sui privatum commodum dirigentem, discordias seminantem, rixas promoventem &c. quia quamvis tyrannicis modis ita se gerat, semper est Princeps, Caput, & Pater; neque per hoc amittit jus dominii. Et videtur definita in Concilio Constantiensi sess. 15. in qua damnatus fuit error Joannis Hus, docentis: *Quilibet Tyrannus licite potest a quocumque subdito interfici.* Eadem docuit S. Tho- *An liceat tyrannum occidere?*

S. Thomas, vel alius nostri Ordinis Scriptor in Opusculo 20. de Regimine Principum lib. 1. cap. 6. Propterea in casu vel recurrendum est ad Superiorem tyranni, si extet, sin autem, ad judicium publicum totius Communitatis; & propter hoc consulantur Juristæ, de hoc fuse differentes.

* Legatur Eusebius Eranistes in Opusculo Italico idiomate exarato, cui titulus: *Lettere Apologetiche, ovvero difesa della Dottrina dell' Angelico Dottor della Chiesa S. Tommaso di Aquino contro le calunnie de' suoi Accusatori sulla materia del Tirannicidio &c.* *

§. III. *De Occisione Innocentis.*

Innocentem directè occidere nunquam licet; indirectè aliquando.

I. *Nullo modo licere occidere innocentem*, ait S. D. 2. 2. q. 64. art. 6. id autem intelligitur, ut communiter docent Expositores, occisione directa, & per se intenta; quia nullum motivum invenire est, quo possit excusari. Hinc inferas, graviter peccare, qui hostium uxores & filios occidunt, ut eorum mariti, & genitores se submittant. Indirectè autem, per accidens, & præter intentionem permitti aliquando potest innocentum occisio, ob bonum commune; puta, quando obsessores civitatis pilas incendiarias in illam immittunt, quamvis etiam innocentes sint præter intentionem periclitaturi.

An innocens juridice probatus reus mortis sit occidendus?

II. Innocens scientia privata a judice cognitus talis, qui tamen juxta allegata & probata apparet reus mortis; nisi alia via illum liberandi suppetere possit, est a judice morti tradendus. Consulto dixi, nisi alia via eum liberandi suppetere possit: quia tenetur judex omnem viam licitam quærere, ut illum & a morte, & a quacumque vexatione liberet. Proinde si sit judex supremus, potest dispensare in lege quoad judicandum juxta allegata & probata: & ne scandalum creetur, debet coram ipso innocente, & Optimatibus jurare se scire illum esse innocentem. Si non sit judex supremus, tenetur mittere ad Superiorem, eidemque jurare, se in tantum nolle judicium assumere, quia certus est de illius innocentia: & ideo sive supremus sit, sive subalternus, tenetur tertio modis cautis, & honestis avertere accusatores ab accusando, testes subtilissime examinare, eorumdemque asserta, quantum licite fieri potest, infirmare; item prolationem sententiæ differre; januam carceris, cavendo ab omni scandalo, aperire, ut fugere possit; aliqua licita stratagemata procurare, ne condemnetur. Idcirco difficultas restringitur ad casum, in quo judex non sit supremus, & nulla via evadendi patere possit, & pars adversa instet: & in hoc sensu est posita assertio, quam cum S. Thoma sustinent omnes ejus discipuli, cum multis extraneis cum Canoni-

Ad quæ agenda teneatur judex?

De Homicidio Directo.

noniftis, tum Theologis contra alios multos. Legatur S. D. 2. 2. q. 65. a. 6. ad 3, & q. 67. a. 2.

III. Inter innocentum occifiones locum primum habet *Abortus* Abortus fœtus animati malitiose procuratus; & est semper gravissimum mortale homicidii proditorii. Unde qui *matt.* hoc crimen committit, nedum fit irregularis, ficut alii homicidæ; fed etiam ex Constitutione Sixti V., quæ incipit *Effranatam*, & Gregorii XIV., quoad hoc nil immutata, incurrit excommunicationem specialiter Episcopo reservatam; effectu secuto. Et si procurans fit Clericus, *omni clericali privilegio, officiis, dignitatibus, & beneficiis . . . . ipso facto privatur, & fit in futurum inhabilis ad ea suscipienda.* Ita ex laudata Sixti Constitutione, & ex alia Gregorii XIV. incipiente *Sedes Apostolica*: in qua quoad hoc nihil innovavit; cum innovaverit duntaxat, ne in excommunicatione comprehendatur abortus fœtus inanimis, quemadmodum illum comprehenderat Sixtus. Idemque homicidium committit (nota bene) qui procurat abortum in casu, quo sit periculum, ne fœtus moriatur cum matre; eo quod nunquam liceat innocentem occidere ad salvandam vitam alterius. Immo hujus homicidii sunt rei, qui etiam in dubio de fœtus animatione, qui semper præsumendus est masculus, abortum procurant; ob periculum homicidii, cui se exponunt. Et nota, quod animationis tempus juxta aliquos est trigesima, vel quadragesima dies a conceptione pro masculo; pro fœmella autem quinquagesima, vel octuagesima. Hinc proscripta fuit ab Innocent. XI. thesis 35. in qua dicebatur: *Videtur probabile omnem fœtum, quamdiu in utero est, carere anima rationali; & tunc primum incipere eamdem habere, cum paritur: ac consequenter dicendum erit in nullo abortu homicidium committi.*

* Absolutio a prædicta excommunicatione per S. P. Sixtum V. extra mortis articulum in quocumque eventu Summo Pontifici reservabatur: & modo ex Gregorii Constitutione ab ea absolvit Episcopus, omnisque ab eo ad confessiones audiendas approbatus, atque *ad hos casus specialiter deputatus* pro foro conscientiæ. Ille autem duntaxat censetur Confessarius *ad hos casus specialiter deputatus*, qui in specie habet ab Episcopo facultatem absolvendi ab excommunicatione contracta propter abortum procuratum, ut clarum est, compertumque ex verbis ipsius Gregorii XIV. *

IV. Illicitum pariter est, ut multi probabilius docent, *Alii casus* dare matri, vel eidem sumere remedium, ex se ordina- *circa Abortum* ad expellendum fœtum, five animatus sit, five non *ortum re-* quamvis certo sit secutura mors utriusque, nisi illud re- *soluti.* medium adhibeatur, & si adhibeatur, probabile sit matrem

trem non morituram; quia id est procurare directe abortum, cum adhibeatur remedium ex se ad illum tendens, quod nunquam licet, quamvis foetus sit inanimis. Agitur enim directe contra finem generationis ab Auctore naturæ intentum in conceptione foetus, ut nempe animetur, & animatus in lucem edatur. Proinde reprobavit Innoc. XI. thesim 34. in qua dicebatur: *Licet procurare abortum ante animationem foetus, ne puella deprehensa gravida occidatur, aut infametur.* Quis enim non videt, quam immanis aditus aperiretur stupris, & adulteriis? Hinc infertur ex data ratione, semper esse graviter illicitum, dare & sumere potionem ad impediendam directe conceptionem foetus.

Alii casus circa abortum. V. Licitum est, ex communi, dare matri, eidemque sumere remedium per se directe curativum morbi matris, neque per se tendens ad abortum, quamvis prævideatur indirecte, & præter intentionem forte abortus secuturus, dummodo certum sit foetum non esse animatum, & matrem, nisi remedium sumat, esse morituram. Si autem foetus sit certe, aut dubie animatus, est lethale uti remedio directe ordinato ad curandam matrem cum periculo mortis foetus, dummodo probabile sit quod, eo remedio non adhibito, proles edatur in lucem vivens, ut baptizari possit; & est communis: Quia mater tenetur postponere vitam propriam corporalem vitæ animæ prolis extrema necessitate laborantis. Non tamen ideo putes licitum esse discindere matrem adhuc viventem, ut proles extracta baptizetur; quia id esset directe occidere matrem innocentem, quod nunquam licet, neque ob bonum finem. Si tamen esset æquale periculum abortus, tam si sumatur, quam si non sumatur remedium, tunc licite posset a matre sumi; quandoquidem tunc consulitur sanitati matris absque ullo majori detrimento foetus.

* Joannes Verardus Zeviani Opusculum edidit impressum Veronæ 1756., in quo de *Embryulcia*, sive foetus vivi extractione per uncos disserit; ostenditque extractionem hoc modo peractam non esse illicitam. *

CAPUT II.

De Homicidio Indirecto.

§. I. *De Homicidio patrato in defensionem propriæ vitæ.*

Quando liceat desistere a defensione propriæ vitæ? I. Posse hominem injuste invasum licite desistere a defensione propriæ vitæ & ab occidendo invasore, omnes concedunt, & commendant tanquam insignem charitatis actum, ne aggressor æternæ damnationi adjiciatur;

De Homicidio Indirecto.

duobus tamen casibus exceptis; primo, quando invasus sibi conscius est de peccato mortali: secundo, quando invasus est persona admodum utilis bono communi.

II. Communis cum S. Thom. 2. 2. q. 64. a. 7. docet, licitum esse ob defensionem propriæ vitæ, si alio modo defendi non possit, occidere injustum aggressorem, occidere vel mutilare attentantem; non quidem intendendo unquam occisionem, sed solam defensionem propriæ vitæ, quamvis ut hæc defensio sufficienter sequatur, necesse sit occidere invasorem.   *An licet injustum aggressorem, se defendendo occidere?*

* Sententiam D. Thomæ adoptavit Catechismus Romanus jussu S. Pii V. ad mentem Tridentinæ Synodi editus *Part. 3. de 5. præcept. n. 8.*

III. Superest videndum, quænam requirantur, ut defensio, cum occisione nunquam intenta, sit cum moderamine inculpatæ tutelæ. Ac primo quidem requiritur, ut monuit Angelicus, quod nunquam intendat occidere, etiam occidendo, sed dumtaxat suam vitam defendere, aut vulnus grave a se arcere. Secundo, ut monuit Angelicus, ut non utatur majori violentia, quam necessarium sit ad se defendendum: proinde si animadvertat, se posse liberari, inflicto vulnere non lethali, occidere non potest; aut si possit fugere, ad id tenebitur. Tertio, si invasor aggrediatur manu inermi, nisi timeat ob invasoris robur, manu quoque & pugnis graviter, & cum vitæ periculo se percussum iri, non poterit in defensione se defendere armis, nisi ad absterrendum. Quarto, ne primo invadat, nisi invadatur. Quinto, quod cessante pugna, statim desistat, nec percutiat illum, qui jam percussione inflicta, statim desistit, nec persequatur fugientem, aut desistentem. Sexto, quod prudenter putet aliter se defendere non posse, nisi aut feriendo, aut mutilando, aut tandem occidendo. Septimo, quod nunquam agat ex odio, aut animo se vindicandi. Notandum vero, quod hoc jus defendendi propriam vitam dictis modis, etiam si necesse sit occidendo, non amittit, qui dedit causam, ut invaderetur: puta, quia uxorem aggressoris violavit; eidem detraxit &c.   *Explicatur occisio cum moderamine.*

   Hæc defensio competit etiam danti occasionem, ut invadatur.

IV. Licitum esse etiam prævenire injustum aggressorem, generatim affirmant plures contra alios. Neque alienum a veritate puto, dummodo individuentur casus: puta, si Petrus obvium habeat inimicum, qui manum admoveat sclopo, & illum dirigat contra ipsum Petrum in ictu oculi occidendum; quis non excusabit Petrum, si præveniens inimicum, explodat contra eumdem sclopum suum? ita, si uxor certa sit maritum, hominem sanguinolentum, esse sui adulterii conscium; & videat, quod dum ipsa cubiculum ingreditur, ille eximit vagina pugionem advolans contra se; at ipsa celeriter, marito contra se properante, sclopetum arripiat, & in illum contra se venientem   *An liceat prævenire injustum aggressorem?*

tem explodit; quis illam non censebit innocenter propriam vitam tueri, dummodo nunquam intentione directa occidendi? In his namque casibus (solvendo etiam motivum adversæ opinantium) jam moraliter vis actualis infertur, & esti moraliter inchoata violentia, ut alia vi illam repellere liceat.

Non est licitum prævenire occidendo falsos accusatores.

V. Non est licitum prævenire occisione falsos testes, accusatores, iniquum judicem, a quibus certo immineat injusta sententia capitalis. Nam id reprobavit Alexander VII. in thesi 18. *Licet interficere falsum accusatorem, falsos testes, ac etiam judicem, a quo certo imminet iniqua sententia, si alia via non potest innocens damnum evitare.*

§. II. De Homicidio indirecto ob defensionem Honoris, Famæ, & Pudicitiæ.

Non licet occidere calumniatorem &c.

I. Non licet occidere calumniatorem ad tuendam famam, aut honorem; quippe boni superioris ordinis nequit fieri compensatio pro bono inferioris ordinis. Hinc ab Alexandro VII. thesis hæc reprobata fuit n. 17. *Est licitum Religioso, vel Clerico calumniatorem gravia crimina de se, vel de sua Religione spargere minantem, occidere, quando alius modus defendendi non suppetit, ut suppetere non videtur, si calumniator sit paratus vel ipsi Religioso, vel ejus Religioni publice, & coram gravissimis viris prædicta impingere, nisi occidatur.* Et hæc altera damnata fuit ab Innocent. XI. n. 30. *Fas est viro honorato occidere invasorem, qui nititur calumniam inferre, si aliter hæc ignominia vitari nequeat: idem quoque dicendum, si quis impingat alapam, vel fuste percutiat, & post impactam alapam, vel ictum fustis, fugiat.*

Neque licet calumniatorem falsa calumnia gravare.

II. Non solum est illicitum, honorem & famam defendere occidendo injustum calumniatorem, verum neque aliis modis illicitis: puta imponendo eidem falsam, gravemque calumniam, quoniam ab Innocent. XI. reprobatæ sunt sequentes theses n. 43. *Quidni non nisi veniale sit detrahentis auctoritatem magnam sibi noxiam falso crimine elidere?* & n. 44. *Probabile est non peccare, qui imponit falsum crimen alicui, ut suam justitiam, & honorem defendat.* Et si hoc non sit probabile, vix ulla erit opinio probabilis in Theologia. Et sane quamvis injustus calumniator jus tuum graviter violaverit, injuste detrahendo, falsum crimen imponendo, &c. tu tamen jus non habes idem agendi in ipsum, nam evaderes reus ejusdem peccati; sed potes ipsum mendacii redarguere, & congruis modis ipsum mendacem calumniatorem convincere, in quo jus illius non violas, quippe quod circa hoc peculiare punctum, illud amiserit. Quemadmodum censent aliqui quod

quod non esset injusta defensio revelare aliquod invasoris injusti crimen verum, dummodo revelatio opportuna sit, & prudenter prævideatur efficax ad intentum, & ad amovendam infamiam innocenti illatam; in hoc enim casu videtur vis injusta, altera vi repelli juste.

III. Invasor pudicitiæ alienæ, volens vi opprimere mulierem honestam, puellam, aut masculum, posito quod nulla alia via evadendi pateat (quod alioquin difficile videtur, nihilominus hoc posito) juste etiam occiditur; non intendendo occisionem, sed suimet defensionem: ita multi alii post S. Antoninum 2. p. tit. 7. cap. 8., & 3. p. tit. 4. cap. 3. §. 2.

Invasor pudicitiæ quando possit occidi?

* Lege Cl. Petrum Ballerinium Presbyterum Veronensem *Prælect.* 6. *ad secundam partem* S. Antonini §. 6. ubi ostendit. apertissime sententiam hanc a S. Augustini mente fuisse prorsus alienam. *

§. III. *De Occisione invasoris bonorum temporalium.*

I. Innocentius XI. reprobavit sequentes theses, nempe 31. *Regulariter occidere possum furem, pro conservatione unius aurei.* Ubi notandum est ly *Regulariter*; si enim aureus ille necessarius esset reparandæ necessitati extremæ meæ, vel proximi, cui alio modo subveniri non posset, jam patet, quod occisio vetita non esset, quia ageretur de vita defendenda. Et 32. *Non solum licitum est defendere defensione occisiva, quæ actu possidemus, sed etiam ad quæ jus inchoatum habemus, & quæ nos possessuros speramus.* Et 33. *Licitum est tam hæredi, quam legatario, contra injuste impedientem, ne vel hæreditas adeatur, vel legata solvantur, se taliter defendere, sicuti & jus habenti in Cathedram, vel Præbendam, contra eorum possessionem injuste impedientem,*

Quando certe non liceat?

II. Disputatio itaque devolvitur ad tuenda bona, quæ actu possidentur, & quæ sint aut maximi momenti, aut in notabili admodum quantitate, pro quibus defendendis aut recuperandis nulla alia via pateat, quam occisio rapientis; ita ut neque clamare, neque percutere, aut vulnerare dumtaxat sufficere possit, sed necessaria sit indispensabiliter occisio. Graves pro utraque parte sunt Auctores. Nos cum S. Antonino 3. p. tit. 4. cap. 3. §. 2. affirmativam ut probabiliorem sequimur, eo præcipue motivo ducti, quod eam dubio procul etiam S. Thomam docuisse judicamus 2. 2. q. 64. a. 7. ad 1.

Licet etiam pro defendendis bonis temporalibus, & probatur auctoritate.

III. Duo circa hoc supersunt notanda: primum, quod hæc summa notabilis sit necessaria ad conservationem sui status juste acquisiti; si enim esset superflua statui personæ & familiæ conservando, quantumvis maxima esset, non video, qua ratione posset occidi raptor summæ super-

Duo valde notanda.

perfluæ, quæ contra mandatum Christi retineri non potest. Secundum, quod huic defensioni datur locus, nedum quando invasor actu per vim invadit, sed etiam quando fugit, secum asportando rapta; quando autem in domum suam se contulit, non licet eidem vim inferre armis &c. quia tunc non est invasor, sed detentor.

Quæ hactenus dicta sunt verificantur etiam respectu proximi.

IV. Quæ hactenus dicta sunt licite fieri posse in defensionem vitæ, famæ, pudicitiæ, & bonorum propriorum, verificantur etiam respectu proximi. Nemo tamen ad id tenetur cum suo gravi periculo, vel incommodo, nisi esset persona pretio conducta ad defensionem præstandam; quia tunc teneretur ex justitia agere quantum licite potest, etiam cum suo gravi periculo.

* Auctor pro sententia statuente licitum esse actualem aggressorem occidere in defensionem bonorum fortunæ magni momenti, quæ non possunt aliter defensari, ac recuperari, quam & ipse amplectitur, atque propugnat, citat D. Thomam 2. 2. *q.* 64. *ar.* 7. *ad* 1., & D. Antoninum 3. *p. Sum. t.* 4. *c.* 3. *§.* 2. Verum non video in primis quomodo ex loco cit. D. Thomæ erui possit ipsum in hanc concessisse opinionem; neque enim in illo articulo disserit S. D. de defensione occisiva ad bonorum conservationem, sed agit solum de defensione occisiva præcise ad tuendam vitam; ut nitide constat cum ex cit. art. tum ex iis quæ promit & in corp. ejusdem, & in responsionibus ad objecta. Hoc luculenter ostensum reperies in additamentis, quæ habentur in Majori Opere. Sanctus autem Antoninus ibi, ut opportune animadvertit Petrus Ballerinius *Prælect. VI.* in Secundam ejusdem Summæ partem *§.* 4. numer. 2., videtur locutus non ex propria, sed ex Jacobi Aretini sententia. Nam alibi nempe *part.* 2. *titul.* 7. *cap.* 8. *§.* 2. aliter sentit; & ex legibus, ac Augustino, non aliam rerum defensionem per homicidium admittit, quam quæ cum defensione vitæ conjuncta est, ut consideranti patebit. Legesis etiam P. Danielem Concina *Theolog. Christ. tom.* 4. *lib.* 7. *cap.* 5. *§.* 4., ubi materiem hanc fuso calamo versat; & expositis utriusque opinionis argumentis, tandem n. 12. mentem suam aperit, asseritque sententiam, quæ docet, nullo in casu licitam esse furis occisionem ob servanda aut recuperanda temporalia bona, Evangelio, Patrum Doctrinæ, Spiritui Christianorum contormiorem sibi videri, ac proinde probabiliorem.

§. IV. De Suicidio, & Mutilatione directis.

Occidere seipsum quale peccatum?

I. Quod nemo possit licite seipsum occidere directe, & per se, est certum de fide ex pluribus scripturis. Quare sui ipsius occisio est semper peccatum mortale, & contra cha-

charitatem sibi debitam, & contra justitiam, quam debet Deo & Reipublicæ, ut docet D. Th. 2. 2. q. 64. a. 5.

II. Nemini licet, neque jussu humani judicis, se interficere; quamvis debeat obtemperare, eliciendo actiones ad mortem proxime disponentes. Primam partem docet S. Th. 2. 2. q. 69. ar. 4. ad 2., unde nequit reus obligari ad se interficiendum, puta ad se pugione transverberandum, se suspendendum, se ex alto præcipitandum, ad sumendum ex se venenum &c.: & peccaret gravissime judex, si ad id obstringere vellet. Tenetur autem, dixi, illas actiones facere, quæ ad mortem disponunt: puta scalam ascendere ad patibulum, collum aptare ad laqueum, vel ad gladii ictum, aperire os ad venenum aliena manu in os infundendum &c. quia tenetur obedire judici, qui juste illum condemnavit, in his, quæ ex se non sunt illicita; sicut nulla est istarum actionum, ut patet. Sancti, qui a seipsis occisi referuntur, id egerunt ex speciali Spiritus Sancti impulsu. *Ad quid teneatur damnatus ad mortem?*

III. Peccatum mortale est, mutilare se ipsum aliquo membro vel per se, vel per alios, nisi id postulet necessitas servandi vitam: & est communis; eamque docet S. Th. 2. 2. q. 65. a. 1. Hinc non licet semetipsos castrare ad castitatem facilius servandam: neque id etiam licitum est ad suavem vocem obtinendam pro cantu, quamvis dumtaxat Ecclesiastico. Ideo peccant graviter tam consanguinei procurantes pueros eunuchari, quam illos eunuchantes, quam ipsi qui se eunuchant, seu evirari permittunt, si sint doli capaces. *Se mutilare, aut mutilationem per mittere, est lethale, nisi fiat ad tuendam vitam.*

§. V. De Suicidio Indirecto.

I. Certum est, varios esse laudabiles modos propriam vitam exponendi mortis periculo: puta, causa prædicandi Evangelii infidelibus, inserviendi pestilentiæ ictis, præbendi in necessitate extrema æquali subsidium illud proximo, quo posset vita propria servari, ex charitatis motivo; & alia his similia præstandi, quæ leguntur a multis peracta, & ab Ecclesia approbata. At certum similiter est, laborantem mortali morbo teneri adhibere remedia communia, & ordinaria, facileque comparabilia; nec posse, absque lethali, illa recusare. Si autem requirantur remedia extraordinaria, quæ valde gravé, aut diuturnum incommodum, aut magnos sumptus, aut gravem indecentiam secum afferant; multi dicunt, quod cum tanto onere non teneatur quis vitam præservare. Quæ extraordinaria remedia censent esse diuturnam mutationem regionis; remedium tanti sumptus, quod si ematur, multum familia gravetur, matrimonium contrahendum; medicationem in partibus secretioribus respectu honestæ virginis; *Quando quis possit suam mortem permittere?*

ginis; aliudve simile. Ad evadendam mortem acerbiorem, puta incendium certo inevitabile, dicunt multi, licitum esse se exponere evidenti periculo mortis mitioris, puta submersionis, se in mare projiciendo; præcipue alicui ligno se appendendo; vel se ex alto præcipitando modo cautiori, quo fieri possit &c.

An licet incendere navim &c.

II. Ambiguum valde est, an milites, & nautæ in bello navali possint licite incendere navim, applicando ignem pulveri tormentario, ut navis una cum ipsis momentaneo incendio absumatur, ne in hostium potestatem deveniat: aut similiter fortalitium aliquod defendentes, illud eodem modo evertendo una secum, ut in hostium potestatem, nonnisi subversum, cadat. Auctores circa id in diversas opiniones distrahuntur, quibus attente perlectis, illud in primis assecendum est: id regulariter licitum non esse, neque consulendum. Secundo, id procul dubio fieri non posse, nisi maximum commodum Patriæ, & Classi juste pugnanti, ut supponitur, sit resultaturum; quamvis neque ob hoc a multis approbetur. Tertio, quod si jussus a Duce faciat, & bona fide exequatur, non ideo peccabit. Tandem si dux jubens judicet coram Deo id valde utile bono communi, & bona fide agat, excusabitur, ob variam gravium Doctorum opinionem.

Fœmina non potest ullo modo permittere illicita, ne occidatur.

III. Fœmina, cui aliquis stricto pugione mortem comminatur, nisi se violari permittat, tenetur potius mortem suam permittere, quam sui violationem; proinde tenetur facto externo, totisque viribus resistere, quousque aut repellat aggressorem, aut occidatur. Ita probabilior, & in praxi vera sententia.

§. VI. De Homicidio Casuali.

Regula S. Thomæ præmittenda.

I. Ad dignoscendum, quando ex homicidio casuali incuratur culpa, observanda est regula tradita a S. Doctore 2. 2. q. 64. a. 8. *Ille qui non removet ea, ex quibus sequitur homicidium, si debeat removere, incurrit quodammodo homicidium voluntarium.* Hoc autem emergit dupliciter, uno modo, quando dans operam rebus illicitis, quas vitare debebat, homicidium incurrit: alio modo, quando non adhibeat debitam sollicitudinem; & ideo secundum jura si aliquis det operam rei licitæ debitam diligentiam adhibens, & ex hoc homicidium sequatur, non incurrit homicidii reatum. Si vero det operam rei illicitæ, vel etiam det operam rei licitæ, non adhibens diligentiam debitam, non evadit homicidii reatum; si ex ejus opera mors hominis sequatur.

Animadversio super hanc regulam Cajetani, & Sylvii.

II. Huic Angelicæ regulæ addenda est animadversio Cajetani, & Sylvii ibidem; nempe quod ut opus illicitum judicetur causa indirecta homicidii, seu causa per accidens, debeat aliquem saltem respectum habere ad homicimicidium; ita ut si ex opere illicito aut nunquam, aut rarissime sequatur homicidium, non erit hoc imputandum volenti illud opus illicitum; quippe quod sit opus omnino extraneum homicidio:

III. Hinc inferas 1. esse reos suicidii, qui ita enormiter dant operam potationibus, libidinibus, aliisque hujusmodi excessibus, ut morbos lethales contrahentes tandem intereant; quia poterant, & debebant praevidere, hujusmodi mortem sibi probabiliter eventuram. 2. eum, qui quovis modo percutit foeminam praegnantem, reum esse homicidii, si foetum animatum abortiatur: immo etiam dumtaxat perterrefacere praegnantem, induit reatum homicidii, si abortiatur. 3. esse reum homicidii, qui mandat aliquem verberari; licet expresse inhibeat, ne occidatur ullatenus, vel membro aliquo mutiletur, si mandatarius fines mandati excedens mutilet, vel occidat. 4. quod nedum eliciens actionem offensivam, sed etiam omittens actionem debitam ad praecavenda homicidia, reus sit homicidii. Unde Princeps, aut Magistratus homicidiorum evenientium reus est, si pro debito non puniat homicidas juxta leges, aut omittat diligentiam in eorum captura; & tenetur ad damna secuta; quia peccat etiam contra justitiam. 5. alienae mortis reum esse Medicum vel Chyrurgum, qui cognoscens imperitiam suam, & prudenter dubitans de sua sufficientia eidem muneri vacare audet; & praecipue ubi sunt periti, & sufficientes. Ratio patet; & peccat graviter nedum contra charitatem, verum etiam contra justitiam, & tenetur ad damna secuta. 6. Medicum teneri sub mortali adhibere remedia certiora, & probabiliora; quia ex vi ministerii sui tenetur consulere saluti infirmi meliori modo quo potest. Et si id agere omittat, peccat contra justitiam, cum onere restitutionis. Immo neque in casu, quo sit desperatus infirmus, licite uti potest medicamento incerto, de quo ignoratur, an sit salutare, an nocivum. Videtur mihi tamen probabilior eorum opinio, quod infirmo jam desperato, & certe morituro, possit medicus applicare remedium dubium.

Illatum primum.

Illatum secundum.

Illatum tertium.

Illatum quartum.

Illatum quintum.

Illatum sextum.

Post quintum Decalogi praeceptum, sequitur sextum, cui adnecti solet etiam nonum; at cum omnia ad sextum pertinentia a nobis tradita fuerint in Tractatu secundo, Capite secundo, §. 3., quemadmodum spectantia ad nonum ibidem, Capite primo, §. 7.; propterea de his nil repetendum est: atque ad ea tradenda, quae septimum, & decimum attinent statim accedimus; illa enim, quae septimo prohibentur quoad actum, decimo vetantur quoad affectum. Sit igitur.

TRACTATUS IX.
DE SPECTANTIBUS
Ad Septimum & Decimum Decalogi Præcepta.

CAPUT PRIMUM.
De Justitia,

§. I. *Unicus. De Natura, & Divisione Justitiæ.*

Quid sit Justitia?

I. JUstitiæ nomine in præsenti significatur illa virtus, quæ est Cardinalium tertia, quæque rectificat hominem relative ad proximum suum. Definitur ab Ang. Doct. 2. 2. q. 58. a. 1. *Habitus, secundum quem aliquis constanti & perpetua voluntate jus suum cuique tribuit.* Officium enim speciale justitiæ, atque justitiam ab omnibus aliis virtutibus secernens, est jus suum cuique tribuere, & non qualecumque, sed jus strictum & proprie tale..

Medium tenendum à Justitia, distinctum à medio, quod observatur ab aliis virtutibus.

II. Hinc præcipuum, in quo distinguitur justitia a cæteris virtutibus moralibus, quæ continentur sub aliis tribus Cardinalibus, consistit, quod omnes illæ habeant medium Rationis, idest per rationem & prudentiam præfixum, justitia vero habeat medium Rei, idest petitum à natura rei ad rem, ut docet Angelicus loc. cit. a. 10. Explico exemplis. Motivum, cur temperantia præscribat Petro ad congruam sui refectionem v. gr. tres libras alimenti, Paulo autem quinque, non sumitur ab ipsis cibis, sed ab humana prudenti ratione, comparate cibos ad ipsos homines, qui reficiendi sunt: cum enim sint diversæ complexionis, valetudinis, ætatis; inæquali indigent alimento. At motivum, cur justitia det Petro quatuor, non aliud est, nisi quia debet quatuor; quin aliud consideret, sit ne sanus vel infirmus, pauper an dives, juvenis an senex; ita ut nulla habita observatione ad qualitatem personæ, per se loquendo, dumtaxat ad debitum rei, seu reale, ad æqualitatem integrandam, ut vulgo dicitur, sit officium justitiæ.

Divisio Justitiæ, & explicatur.

III. Dividitur Justitia primo in Legalem seu generalem, & in Particularem. Justitia Legalis illa est ex S. Thom. loc. cit. ar. 7. *quæ ordinat hominem immediate ad bonum commune.* Particularis, *quæ ordinat hominem ad alterum singulariter consideratum,* ait a. 5. Particularis secundo dividitur in Distributivam, & Commutativam, quibus adjungijungitur Vindicativa, quæ revera integrat Distributivam. Distributiva firmat voluntatem Communitatis seu Principis illam repræsentantis *ad distribuenda communia, secundum proportionalitatem*, ait S. Doct. q. 61. a. 1., idest ad distribuenda sive bona, sive onera Communitatis, secundum merita, & vires subditorum. Et hinc patet, quomodo vindicativa spectet ad distributivam, in inferendis debitis pœnis juxta gravitatem delictorum. Commutativa est illa, *quæ ordinat hominem circa ea, quæ sunt ad alteram singularem personam*; ait q. 58. a. 7., firmando videlicet voluntatem privati hominis ad tribuendum alteri privato quantum ei debet; & quidem æqualitate arithmetica, nempe tantum pro tanto: in quo differt a distributiva, quæ dat, & reddit debitum æqualitate geometrica, seu proportionali.

IV. Hinc oritur, quod ex violatione solius & meræ distributivæ non incurratur onus restituendi: sed si incurratur, exurget ex violatione commutativæ, quæ sit distributivæ admixta. Tunc autem distributivæ admiscetur commutativa, quando bona Communitatis distribuenda subditis, distribuuntur in eorum commodum & utilitatem. Si autem distribuantur officia, & dignitates non in commodum subditorum, sed in servitium Communitatis, tunc præferendo minus dignum peccatur quidem graviter contra distributivam, sed absque restitutionis onere alicui particulari prætermisso; quia nullus particularis habet jus ad ea, quæ sunt distribuenda. Dixi absque restitutionis onere alicui particulari; nam distributor teneretur compensare damna, si quæ orirentur Communitati ex promotione minus digni. Idemque dicendum, si in imponendis oneribus distribuens gravet aliquem plusquam oporteat, teneretur ad damna, ob violatam simul commutativam; pariterque in vindicativa, si puniret plusquam delictum mereatur.

Quando oriatur obligatio restituendi ex violatione distributivæ?

Graviter violatur distributiva, simulque commutativa eligendo ad officia sæcularia notabiliter minus dignos.

* Justitia vindicativa nequaquam pertinet ad distributivam, sed vel ad commutativam, vel ad vindicationem, quæ est justitiæ quædam pars potentialis. Lege Em. Gotti q. 3. d. 2. §. 4. *

V. Quod graviter violetur justitia distributiva, commutativæ admixta, cum onere restituendi &c. nisi conferantur Beneficia Ecclesiastica dignioribus; jam fuse ostendimus tract. 4. cap. 12. §. 4. An autem violetur mortaliter, etiamsi non promoveantur digniores notabiliter, quamvis ad officia sæcularia, quibus judicare, regere, consiliare, bona administrare incumbit; non est concors opinio: probabilior videtur affirmativa; tum quia sunt officia magni momenti, in quibus agitur de vita, libertate, & bonis proximi; tum quia, si distributio fiat per concursum, fit gravis injuria digniori, eum postponendo notabiliter inferiori: si autem non fiat per concursum,

intervenit semper inordinatio notabilis, ex qua gravissi‑
ma sequuntur Reipublicæ inconvenientia contra bonum
commune. Quare excusari nequeunt a debito eamdem re‑
dintegrandi in damnis, quæ patitur ex prælatione Offi‑
cialium longe minus habilium, posthabitis habilioribus.

CAPUT II.

De Jure.

§. I. *De Notione, & Divisione Juris.*

Quid sit Jus?

I. JUS objective acceptum est illud, *quod est suum cu‑
jusque*; potestative autem sumptum, prout usurpa‑
tur a nobis in præsenti, est potestas legitima rem ali‑
quam obtinendi, retinendi, ea utendi, de ea disponendi
propria auctoritate, tanquam sua, juxta modos a lege
permissos. Jus, de quo in præsenti, dividitur in Jus in
Re, & in Jus ad Rem: primum est rei, quæ jam pos‑
sidetur; & hoc jus utpote reale confert facultatem repe‑
tendi rem illam ubicumque, & apud quemcumque fuerit,
salvis debitis modis procedendi; & ideo dicitur parere
jus reale: secundum est jus ad aliquid, quod nondum pos‑
sidetur, quamvis sibi stricte debeatur; & hoc confert actio‑
nem personalem, idest contra personam, quæ debitum
dandi habet. Ut autem quis dicatur habere jus in re,
tres a lege postulantur conditiones: nempe quod res exi‑
stat; quod adsit justus titulus illam possidendi, puta em‑
ptionis; & quod fuerit jam tradita, & actu possessa. Non
requiritur tamen traditio in his casibus, nempe in hære‑
ditate, legato, beneficio &c.

*Prima ju‑
ris divisio,
ejusdem‑
que expli‑
catio, nem‑
pe in Re,
& ad Rem.*

*Species Ju‑
ris realis
explican‑
tur.*

II. Juris realis sive in re novem sunt species, nempe
Dominium, Usus, Ususfructus, Servitus, Emphyteusis,
Feudum, Pignus, Hypotheca, & Possessio. Dominium est
jus gubernandi rem aliquam, vel de ea disponendi tan‑
quam sua, & propria auctoritate. Usus est jus dumtaxat
utendi aliena re, salva illius substantia: unde usuarius
non potest rem sibi ad usum concessam alteri locare: be‑
ne vero usufructuarius. Servitus est jus alicui acquisitum
in re aliena, puta in muro alieno, ne altius erigatur.
Emphyteusis est jus ortum ex contractu, quo res immo‑
bilis, quoad dominium utile, conceditur alicui, sed rea‑
li pensione statutis temporibus Domino proprietatis ea de
causa solvenda. Feudum est jus acquisitum ex concessio‑
ne rei immobilis, vel æquipollentis, cum translatione in
Feudatarium dominii utilis, remanente dominio proprie‑
tatis apud concedentem, sub onere fidelitatis, & obse‑
quii personalis præstandi. Pignus est jus retinendi rem
sibi datam, quousque satisfiat debito, pro quo data fuit,
Hy‑

Hypotheca est jus acquisitum in re alterius particulari, vel in omnibus illius bonis, quæ obligata remanent creditori, quousque extinguatur debitum, pro securitate sui crediti. Possessio, si sit juris, est jus insistendi alicui rei tanquam suæ non prohibitæ possideri; si sit facti, est ipsa apprehensio, & detentio rei. De quorum aliquibus redibit sermo diffusior §. 9. 10. & 11. de aliis autem in tract. de Contractibus. Nunc disserendum est de præcipua specie juris, nempe de Dominio.

III. Dominium dividitur in illud, quod est Jurisdictionis, & in illud, quod est Proprietatis. Dominium Jurisdictionis est legitima potestas regendi subditos propria auctoritate in illorum commodum, præcipiendo, judicando, prohibendo, puniendo, remunerando, & permittendo: & subdividitur in Civile, & Ecclesiasticum. Primum est potestas regendi subditos quoad temporalia: secundum est potestas illos regendi quoad spiritualia. De quibus modo nil ad nos, qui de solo Dominio proprietatis disserere suscipimus; & est jus seu facultas disponendi de substantia rei tanquam sua, nisi lex vel pactum obstent. *Recensentur Dominii species Jurisdictionis, & Proprietatis.*

IV. Dominium Proprietatis subdividitur in Altum, & Humile: primum est illud, quod habet Princeps supremus disponendi de rebus, & actionibus subditorum ad bonum commune: secundum est illud, quo gaudet quicumque privatus in re sua. Dominium humile subdividitur in Plenum, seu Perfectum, & Semiplenum, seu Imperfectum. Primum est jus disponendi de rei substantia una cum fructibus ejusdem tanquam suis: secundum est jus disponendi vel de sola rei substantia, vel de solis ejusdem fructibus. Dominium Semiplenum subdividitur in Directum, & Utile: primum est dominium solius substantiæ rei; secundum autem solorum fructuum ejusdem. *Proprietatis in altum & humile. Humile in plenum, & semiplenum. Semiplenum in directum & utile.*

§. II. De Subjecto Dominii; & primo de Dominio Filiorum.

I. Quadruplex bonorum genus filiis non emancipatis advenire potest; nempe Castrensium, quæ a filiis acquiruntur in militia, vel ratione militiæ, vel in aula Principis inserviendo ipsi; item quæ eunti ad militiam, vel ad obsequium Principis dantur; & lucra omnia, quæ ex talibus bonis, interventu alicujus contractus, proveniunt. Alia dicuntur quasi Castrensia; quæ gaudent privilegiis Castrensium: hujusmodi sunt quæ filio adveniunt ex statu Clericali, ex beneficio Ecclesiastico, ex munere publico, puta Judicis, Assessoris, Notarii, Cancellarii &c. aut ratione alicujus artis liberalis, & a fortiori ratione alicujus scientiæ; demum quæ filiis donantur a Regibus, vel ab aliis Principibus supremis. *Explicantur diversa genera legalia bonorum filiis competentium. Castrensia. Quasi Castrensia.*

In-

Inter bona quasi Castrensia etiam ea enumerantur, quæ dantur filiosfamilias, ut ipse tantum, non Pater, usumfructum habeat.

Adventitia.

II. Alia dicuntur bona adventitia, quæ filio adveniunt non collata a Patre, neque intuitu Patris, sed aliunde, puta successione in bona materna, amicorum donatione, aut legato, inventione thesauri propria industria, labore &c. Alia sunt profectitia, quæ perveniunt a Patre vivo, vel Patris gratia, vel ex bonis paternis acquisita, v. g. illis negotiando.

Profectitia.

Quorum bonorum dominio filii non emancipati gaudeant?

III. Communis docet, Filiosfamilias non emancipatos habere plenum dominium bonorum castrensium, & quasi castrensium: unde possunt sine consensu Patris de illis ad libitum suum disponere per contractus, donationes, immo per testamentum, si compleverint an. 14. Bonorum vero adventitiorum habere dominium dumtaxat directum seu proprietatis, non indirectum, seu ususfructus, aut utile, quod provenit Patri: ideo non potest filius de illis disponere independenter a Patre. Bonorum tandem profectitiorum neque proprietatis dominium habere, neque utile, quod totum spectat ad Patrem. Ratio potissima est dispositio legum ab omnibus admissarum. Sunt autem super modo dictis nonnullæ exceptiones, ut proinde privetur pater dominio indirecto bonorum adventitiorum filii; quas tamen breviratis gratia prætermittimus.

Aliqua bona non sunt profectitiis accensenda.

IV. Inter bona profectitia non sunt recensenda, quæ pater dat filio vel in patrimonium pro Ordinibus, vel filiæ in dotem, vel filio ad nuptias. Sunt tamen istæ res computandæ in partitione hæreditatis paternæ cum aliis fratribus. Dixi istas res, non fructus ab eisdem perceptos esse computandos in partitione. Bona autem, quæ valide donantur filio a genitore, nullo modo sunt in portionem deducenda.

An semper lucrum filii spectet ad Patrem extra bona castrensia?

V. Si filius degat extra domum paternam, ita ut a patre non alatur, & propria industria, atque negotiatione lucretur; lucrum reputandum est bonum adventitium, & non profectitium. Si autem degat in domo patris, & ab eo alatur, & non ex rebus patris, sed aliunde negotiatione lucretur, neque desit muneribus sibi a patre commissis; lucrum reportatum itidem adventitium erit, non profectitium. Quando autem lucratur ex bonis paternis, quantumvis diligentiam adhibeat, semper lucrum erit profectitium; nec potest a patre portionem illius lucri exigere, neque post mortem patris exigere illud seorsim ab hæreditate.

An fructus solius industriæ ex bonis

VI. Quando filius ex bonis paternis, quæ pater, ut dici solet, mortua tenet & inoperosa, negotiatur, & lucrum ex sola sua industria reportat, puta ex pecunia, frumento &c. quæ pater tenet otiosa; lucrum illud erit

qui

quidem filii, utpote solius industriæ ejusdem; peccabit *paternis* tamen contra reverentiam, & forte contra obedientiam *proveniens* patri debitam, id agendo clam a notitia patris; non ta- *spectet ad* men contra justitiam, dummodo habeat bona castrensia, *filium?* aut quasi castrensia, quibus securum efficere possit capitale patris, si forte negotiando periclitetur, aut aliud damnum emergat; & dummodo in cæteris sibi commissis patri deserviat. Consulto, dixi, si filius negotietur super pecunia, frumento, aliaque re usu consumptibili: si enim negotiaretur super re immobili, puta locando domum, quam Pater Venetiis manens tenet Romæ, & locare non vult, & locaretur a filio; tunc lucrum illud non esset adventitium, sed profectitium, & ad patrem pertinens.

§. III. *De Dominio Uxorum.*

I. Uxores verum dominium habent bonorum, quæ a *Quorum* Juristis dicuntur paraphernalia, idest supra dotem, quæ- *bonorum* que uxoribus adveniunt ex dono vel mariti, vel aliorum *uxores do-* hæreditate, legato: item eorum, quæ ipsæ lucrantur pro- *minium* prio opificio, aut alia industria, dummodo tamen omnia *habeant?* servitia familiæ præstent, quæ ab ipsis præstanda sunt; & illud tempus, quod regendæ & fovendæ familiæ impendendum est, non subtrahant, ut diutius lucris suis vacent. Dotis autem solum dominium directum seu proprietatis retinet uxor; utile enim, & indirectum ad virum pertinet, ad onera matrimonii sustinenda.

✠ Sunt qui cum Juvenino *tom. 1. tract. 2. cap. 5. q. 8.* verius probabiliusque existimant, ea quæ uxor lucratur propria, aut alterius industria, post præstitum etiam debitum familiæ servitium, non inter paraphernalia, sed inter bona communia adnumeranda; quia, inquiunt, uxor industriam suam, operamque jure matrimonii Marito, & familiæ debet; idque multo magis verum est, si cum matrimonio juncta sit bonorum societas in pactum deducta. ✠

II. Antequam dicamus, quid possint uxores circa bona *Nonnulla* mariti, notandum est ex communi, eamdem quantitatem *observan-* non sufficere ad furtum grave filiorum & uxoris, quæ *da in uxo-* sufficeret, si furaretur extraneus; cum eodem modo pa- *re circa* ter non censeatur invitus respectu filii, neque maritus *bona ma-* respectu uxoris, sicuti prudenter credi debet invitus res- *riti.* pectu extraneorum. Præterea consideranda sunt qualitas rei acceptæ, finis accipiendi, nempe ad proprios usus, an ad dandum aliis, an consanguineis, an extraneis; conditio mariti, an divitis, an pauperis, an mediocris fortunæ; status ejusdem, an nobilis, an artificis, an mercatoris &c. animus ejusdem, an liberalis, an tenax;

conditio familiæ, an multis filiabus collocandis gravata, an pluribus filiis adhuc alendis sine fructu : & forte aliquid aliud erit considerandum, antequam judicium proferatur de acceptione mortali. Insuper observandum est, uxorem esse a marito sustentandam juxta sui status conditionem; neque esse mancipium, aut famulum, sed sociam viri, atque administram familiæ, quamvis viro sit subordinata. Proinde ea facultas uxori competere debet in bonis viri & familiæ, quæ nunquam famulis; & major illa, quæ filiis, utpote sociæ.

Quid igitur poterit uxor circa bona mariti?

III. His prudenter animadversis, nihilominus certa regula statui non potest circa quantitatem independenter ab expressa viri licentia sumendam absque peccato, seu absque peccato gravi; cum libranda sit comparative ad omnes indicatas circumstantias. Poterit igitur primo de bonis mariti aliquas moderatas eleemosynas facere, moderatas donationes remuneratorias, (nam circa mere liberales multo cautior esse debet) & aliquas discretas expensas vel pro se, vel pro familia, attentis semper indicatis circumstantiis, & prout cæteræ uxores piæ & timoratæ suæ conditionis facere consueverunt. A fortiori poterit uxor sumere de bonis mariti ad impediendum aliquod grave damnum familiæ imminens; item quædam clam recondere, & reservare ad familiæ sustentationem, præcipue in casu quo maritus bona familiæ ludis, commessationibus, aliisque inordinatis modis dilapidaret, cum magno familiæ periculo, ne eidem necessaria suppetant. Si demum contingat administrationem familiæ ad ipsam devenire, vel ob viri amentiam, vel longinquam absentiam &c. tunc poterit expendere, prout prudentia dictaverit in quacumque occasione emergente. At si accidat, virum esse adeo tenacem, ut uxori expresse interdicat omnem bonorum administrationem in usus supradictos; docet S. Antoninus in Sum. Conf. 2. p. de 7. præcepto cap. 6. quod uxor abstinere debet a supradictis, exceptis his, quæ necessaria sunt ad sui & filiorum sustentationem.

Nequit uxor contra expressam voluntatem mariti bonis ejusdem uti; nisi in aliquo casu.

Quid possit uxor circa consanguineos graviter indigentes?

IV. Si uxor habeat vel filios ex priori marito, vel genitores graviter indigentes, nota bene non dico extreme, neque utcumque, sed graviter indigentes, nisi habeat bona propria, (si enim habeat, hæc debet impendere, non bona mariti) potest eas eleemosynas, quas de prudenter præsumpta voluntate mariti solet aliis pauperibus facere, dictis consanguineis erogare, & aliis pauperibus illos anteferre; cavendo tamen, ne amor ipsam excedere faciat: quod si plus velit elargiri, licentiam petat. Item poterit filio viventis mariti misso a patre ad bellum, vel ad Universitatem ad discendas scientias, mittere de bonis mariti, quæ necessaria sunt ad ejusdem

hone-

honestam sustentationem in eo loco, si a patre vel vitioso, vel non curante, vel avaro non mittantur; quia hæc sunt filio debita. Et etiam hic cavere debet, ne amor filii eam excedere faciat, & ne alat vitia potius filii quam filium. Potest item, etiam invito marito, aliquas eleemosynas moderatas facere ad impetrandam a Deo illius conversionem, si sit vitæ adeo perditæ, ut vix spes affulgeat aliqua illius æternæ salutis: intellige, nisi uxor propria habeat eroganda. Demum non potest uxor omnia ea bona, quæ de prudenter præsumpta voluntate mariti in eleemosynas & donationes remuneratorias erogare potest, sibi reservare, desistendo a dictis eleemosynis & donationibus.

Quid pro filio absente non sufficienter proviso? Quid pro conversione mariti perditæ vitæ? An possit uxor sibi applicare quæ de mariti præsumpto assensu in eleemosynas erogat?

§. IV. De Dominio Mancipiorum.

I. Ex communi sententia, Mancipium retinet verum jus bonorum vitæ, & membrorum. Hoc itaque jure in vitam, & membra sua a nemine privari potest, neque a domino suo. Similiter est dicendum de fama sua: & proinde si circa dicta bona injuriam pateretur a domino, teneretur dominus ad restitutionem.

II. Mancipio remanet dominium sui corporis in ordine ad contrahendum Matrimonium. Unde potest Matrimonium contrahere contra domini sui voluntatem; dummodo mulieri manifestet conditionem suam servilem.

* Mancipium dominium habet non solum famæ, & bonorum spiritualium, sed etiam, juxta multos, temporalium. 1. Quæ dominus ei concessit. 2. Quæ ei dantur ad compensationem injuriæ illatæ in bonis, quorum est dominus, ut in fama. 3. Quæ ei tribuuntur ea conditione, ut non acquirantur Domino. 4. Quæ de bonis suis ludo, aut aliqua negotiatione sine Domini detrimento lucratur. Legantur Sylvius *in 2. 2. q. 66. art. 1. q. 3. concl. 7.* & P. Antoine *tract. de just. & jur. par. 1. cap. 2. §. 1. in resp. ad Q. 10.* *

Quæ sint mancipiorum Jura? Circa Matrimonium contrahendum.

§. V. De Objecto, seu Materia Dominii.

I. Jam liquet, vitam & membra corporalia non esse materiam dominii ullius personæ privatæ, sed solius Dei, & illius vices gerentis in casu judicii capitalis. Pariter hominem rationis compotem dominum esse suarum actionum deliberate elicitarum, ipsa experientia constat.

II. Famam esse materiam dominii illam habentis, quoties se infamare non vergat in alterius detrimentum, docuit S. Thomas 2. 2. q. 73. art. 4. ad 4. Qui igitur vellet se infamare, non peccaret contra justitiam. Si autem id ageret absque ullo virtutis motivo, esset prodigalitas

Certa indicantur. Fama propria cadit sub dominio. Peccat semper

contra charitatem sibi debitam si absque motivo virtutis se infamat. Et plerumque etiam contra justitiam.

litas contraria charitati erga seipsum, & cum sit in re gravi, esset lethalis, & eo gravior, quo gravius esset crimen, de quo se infamaret. Si autem se infamare vergeret in alterius damnum, peccaret etiam contra justitiam, ut patet; & eo gravius, quo gravius esset damnum aliorum: puta, si esset membrum alicujus Communitatis præcipue Regularis, si Paterfamilias, si Superior, si Sacerdos, si habens consanguineos stricte conjunctos. Unde qui se infamat, nisi sit solus, & ab omni gradu, & consanguineo vivente solutus, peccat graviter etiam contra justitiam.

Homo potest esse materia dominii alterius hominis. Mancipium se vendens.

III. Homo potest esse materia dominii alterius hominis, & licite fieri illius mancipium, dummodo id agendo nulli noceat, neque animæ suæ ullum periculum incurrat. Si tamen aliqua lege municipali id prohibeatur, subjectis hujusmodi legi illicitum erit vendere, & emere.

IV. Hinc qui in mancipium se vendidit, aut natus est ex matre serva mancipio, non potest fugere sine gravi injustitia. Excipe casum, quo a domino sollicitaretur ad aliquod mortale peccatum perpetrandum, & se cerneret in proximo periculo labendi, aut si a domino ita male aleretur, ut pene se fame confici experiretur; aut si dominus moliretur illi vitam auferre. At quid dicendum de servis in justo bello captis? Nam si fuerint capti in bello injusto, nemo ambigit, fugere posse. Mancipia capta in bello justo licite fugere possunt; non tamen juste resistere dominis illa recuperare volentibus. Injuste igitur agunt, si se defendant defensione activa, nisi forte in casu, quo illos occidere vellent.

Mancipia capta in bello licite fugere possunt.

Quænam cadant sub humano dominio?

V. Materia igitur dominii humani tota illa est, quæ Gen. I. significatur: *Replete terram, & subjicite eam, & dominamini piscibus maris, & volatilibus cæli, & universis animantibus, quæ moventur super terram, & universa ligna, quæ habent in semetipsis sementem generis sui.* Omnium igitur, quæ sunt super terram, exceptis quæ excepimus, homo est capax dominii, quando illud earumdem rerum sibi jure acquirit.

§. VI. *De variis modis acquirendi justum dominium, & primo per Occupationem.*

Tria rerum genera, quorum Dominium acquiri potest.

I. Cum multiplicis generis sint res, quæ acquiri possunt, & varii sint modi, quibus ad earum dominium perveniri potest; propterea observandum est, quod quædam res extant, quæ nunquam sub ullius dominio fuisse judicantur; v. g. Feræ, quæ in sylvis habitant; aliæ, quæ sub alicujus dominio aliquando extiterunt: v. g. Thesaurus ignotus: aliæ, quæ actu sub dominio alicujus sunt, & quæ hoc non obstante in alterius dominium transferun-

De Dominio.

runtur: v. g. ager a te possessus. Idcirco tres generatim sunt modi acquirendi verum dominium, nempe primus Occupatio; & hoc modo acquiritur dominium rerum primi generis: secundus Inventio; & hoc modo acquiritur dominium rerum secundi generis, servatis servandis: tertius Præscriptio; & hoc modo acquiritur dominium rerum tertii generis. Ad hos modos generales alii decem reducuntur, qui sunt Alluvio, Accessio, Confusio, Commixtio, Specificatio, Inædificatio, Pictio, Implantatio, Datio, & Nativitas: de quibus suis in locis. *Alii decem ad hos reducuntur.*

II. Nota, quòd ad acquirendum dominium rerum non habentium dominum, sufficit illas apprehendere animo faciendi illas suas: rerum quæ habent dominum, jure naturali, ut acquiratur dominium, sufficit mutuus consensus dantis, & accipientis significatus; jure autem positivo requiritur Titulus, & Traditio. Titulus est ratio, seu fundamentum, propter quod Dominium alicui competit, puta donatio. Traditio alia est realis, qua res datur in manus; alia civilis, quæ dicitur ficta, quæ fit per instrumentum, aut per traditionem clavium, aut per quid simile, lege aut consuetudine determinatum. Quædam tandem non requirunt traditionem ad eorum dominium assequendum, v. g. Jura. *Notandum utile.*

III. Animalia, quæ sunt naturaliter domestica & mansueta, puta boves, equi, & quadrupedia his similia, & gallinæ, anseres, aliaque volatilia his similia, quamvis longe aberraverint a dominorum prædiis, non possunt per Occupationem acquiri. Pariter animalia sylvestria, quæ dominorum cura mansuefacta fuere, & consuetudinem redeundi domum apprehenderunt, non possunt licite occupari. *Quænam animalia licite occupari non possint?*

IV. Tenenti columbaria, non licet illecebris allicere columbas alienorum columbariorum, ut illas ad istum trahat. Apponere autem propriis columbis pabulum electum animo sincero illas melius alendi, ut sapidiores evadant, est uti jure suo; dummodo tamen pabulum illud non sit extraordinarium, unde prævideas alienas columbas a suis columbariis divertendas, & ad tuum attrahendas. Inveniens vero columbas alienas in propriis agris depascentes, non potest licite illas occidere. Si autem in aliqua Regione essent prohibita columbaria, obediendum esset legi. *Observanda a tenentibus columbaria.*

Non licet illas occidere depascentes in agris alienis.

* Clar. Sylvius 2. *q.* 66. *art.* 2. *concl.* 5. censet post alios Doctores, quod qui habent columbas, neque illis præbent alimenta necessaria, mortaliter peccant; nisi habeant agros, in quibus illæ pascant, aut nisi agrorum cultores consentiant. *

V. Aves quæcumque mansuefactæ, si redeundi consuetudinem ita amiserint, ut ad naturalem rusticitatem, & syl- *Animalia, quæ*

certo pri-
stinæ re-
dierunt li-
bertati,
fiunt pri-
mi occu-
pantis.

sylvestrem vivendi rationem prudenter rediisse censeantur; (quod juxta avium naturam, & alias circumstantias judicandum est) tunc a quolibet occupari possunt. Animalia autem fera, quæ a dominis in aliquo clauso loco aluntur, si fugerint, & nihilominus eadem dominus per venatores insequatur, & de illis sciscitetur, a nemine possunt occupari: si vero omnis spes eadem recuperandi amissa fuerit, tunc, cum redierint ad pristinam libertatem, fiunt primi illa occupantis. Idem dicas de piscibus e vallo, in quo recludebantur, egressis, si prudens non appareat spes recuperationis. De Alvearibus denium; nempe de examine Apum avolante a tuo alveari, dicendum tamdiu censeri juris tui esse, donec in conspectu tuo est, nec difficilis ejus recuperatio est; aliter occupantis fit.

Quid de Alvearibus?

In quibus locis licitum, aut illicitum sit animalia occupare?

VI. Illicitum graviter est venari, aut piscari in locis, aut temporibus, aut instrumentis, a publica auctoritate prohibitis: & si prohibitio facta fuerit intuitu publicæ utilitatis, puta ne exterminentur aves, pisces; contrarium agens tenetur ad restitutionem, ob damnum communitati illatum: si prohibitio fiat a privato domino, ne in suis locis quis venetur, piscetur &c. videtur distinguendum: si enim locus sit reclusus, & in eo sint quadrupedia, aut pisces, est illicitum & injustum, ut patet; si etiam in eo alantur volatilia, ut fieri solet de Fasianis, aliisque similibus, pariter injustum est illa capere tam infra circuitum illum reclusum, quam extra. Si autem occidantur in eo loco alia volatilia alterius generis illac transeuntia, quæ nullius sunt, sed integræ suæ libertatis, erit quidem illicitum ibi ea occidere, sed nulla injustitia committitur. Si vero locus sit apertus, & a domino loci adhibeantur artificia, & dispendia ad illuc attrahendas aut feras, aut volatilia, construendo nidos & cubilia, seminando cibos eisdem gratos &c. illicitum similiter erit & injustum ibidem venari, ob damna illata. Si vero nullas expensas faciat dominus, sed præcise nolit, ut quis eo loci venetur, aucupetur &c. illicitum quidem erit graviter ob gravem offensam domino loci illatam; at non videtur restituendum, quod ibidem occupatur.

Casus quidam resolvuntur.

VII. Quando venatio in aliqua sylva, aut piscatio in aliquo flumine, ex privilegio sive empto, sive gratis dato, conceditur a Principe dumtaxat alicui personæ, privative præ omnibus aliis; si quis in sylva venetur, aut in fluvio piscetur, peccat nedum contra obedientiam Principi debitam, verum etiam contra justitiam, offendendo jus illius privilegiati; & tenetur eidem restituere, non prædas factas, sed id, quod judicandum est arbitrio prudentis. Si autem Princeps jussisset etiam prædas restituendas, obtemperandum esset.

§. VII.

§. VII. De Occupatione lignorum, & pascuorum communium.

I. Certum est licitum esse membro Communitatis, cædere ligna de sylva illius Communitatis, dummodo cædat juxta præscriptam qualitatem, & quantitatem : immo illicite ageret Communitas, si id vetaret suis membris, si aliunde non provideret eisdem. Qui autem cæderet contra qualitatem, & quantitatem præscriptam, peccaret contra justitiam; & teneretur post sententiam judicis ad solvendam mulctam, quæ inobedientibus imponi consuevit: & si notabiliter excederet, teneretur pro damno Communitati illato. Si cædens non indigeat lignis, sed alimento, & vendat cæsa non in magna quantitate, probabilius non videtur injuste agere, juxta plures: quia si cædens moderate (jam loquimur de oppidanis) ad proprium usum, etsi non egeat, non tenetur restituere: cur peccabit, & tenebitur, qui cædit non ad usum, sed ad victum comparandum? intellige si non habeat, unde sibi consulere possit.

Quomodo peccat, qui cædit de sylva communi?

* Videtur, quod etiamsi habeat, unde sibi consulere possit, valeat nihilominus cædere moderate ligna, atque vendere; cum jus habeat ad illa, sicut cætera ejusdem Communitatis membra. Legatur Molina *de Just. tract. 2. disp. 58. n. 1.* *

II. Quando oppidani finitimi cædunt ligna in sylvis communibus oppidi vicini, nisi quid notabile auferant, non tenentur ad restitutionem; ait Lugo d. 6. sect. 9. n. 91. Unde notat Molina tom. 1. d. 58. n. 5. ob hujusmodi furtum homines infamiam non incurrere, nisi sit notabile; quia tunc etiam obstringit ad restitutionem. Si autem quis ligna cædat in sylva alicujus privati, & in notabili quantitate, procul dubio peccat contra justitiam cum onere restitutionis: immo quandoque eidem oneri subjicitur, quamvis ligna in se non sint notabilis quantitatis; si tamen sint ligna, seu pali sustentantes vineas, vel alias arbores fructiferas, ex quorum lignorum subtractione arbores illæ periclitentur, aut impediantur a ferendo fructu.

Cædens ligna in alienis confiniis.

* Juxta Sylvium *2. 2. q. 66. quæst. 3. concl. 2. de lignorum alienorum cæsione,* vicini cædentes ligna ex sylvis alterius Communitatis mortaliter peccant cum onere restitutionis: nisi vel ipsorum communitas etiam habeat sylvam, ex qua vicissim alii incolæ soleant ligna cædere, vel satis probabile sit, quod vicini sint contenti sola pœna, quam exigunt ab eis, quos capiunt in furto. *

* Quid autem sentiendum sit de pauperibus, qui ligna cædunt in sylvis, quæ ad alios spectant; vide Petrum Collet *tom. 2. tract. de Just. sect. 2. punct. 1.*

§. VIII.

§. VIII. *De modo per Occupationem acquirendi Dominium Thesauri ignoti.*

Quid sit Thesaurus?

I. *Thesaurus est vetus quaedam depositio pecuniae;* (vel quorumvis aliorum mobilium pretiosorum) *cujus non extat memoria, ut jam dominum non habeat.* Hoc posito, S. Thomas 2. 2. qu. 66. art. 5. ad 2. docet: *Circa res inventas est distinguendum; quaedam enim sunt, quae nunquam fuerunt in bonis alicujus, sicut lapilli & gemmae, quae inveniuntur in littore maris, & talia occupanti conceduntur: & eadem ratio est de thesauris antiquo tempore sub terra occultatis, quorum non est aliquis possessor; nisi quod secundum leges civiles tenetur inventor dare medietatem domino agri, si in alieno agro invenerit.* Quia autem Angelicus meminit legum civilium, attende quid istae jubeant, obligantes in conscientia. Qui invenit thesaurum in proprio fundo, totus inventori acquiritur. Si inveniatur interventu artis magicae, totus acquiritur fisco, saltem post declarationem judicis; si reperiatur fortuito in fundo alieno, dimidium remanet inventori, & dimidium domino speciali fundi; si in fundo alieno fuerit de industria quaesitus, absque consensu domini fundi, totus cedit domino fundi, saltem post sententiam judicis: aliqui enim dicunt, ante hanc sententiam, non teneri domino, nisi pro dimidio. Si inveniatur in aliqua via publica, probabilius est dimidium esse inventoris, dimidium fisci publici. Sed attendendae sunt leges municipales regionum, eisdemque obtemperandum.

Quomodo acquiratur Thesaurus per occupationem? Quomodo dividendus?

Quid de quaerente in fundo alieno de industria?

II. Quando quis quaesivit in alieno fundo, obtenta prius licentia a domino fundi, si inveniat thesaurum, saltem dimidiam partem potest sibi applicare. Dixi saltem, quia non desunt auctores, qui eidem totum concedant, posito, quod cum domino fundi aliter non convenerit.

Inventus in fundo alieno debetur domino directo, & non usufructuario. Etiam in fundo feudali.

III. Thesaurus inventus in loco, qui est sub dominio directo unius, & sub dominio utili alterius, pertinet ad dominum directum; reservata deinde parte inventori, juxta superius dicta. Et similiter est dicendum de thesauro invento in fundo feudali. Si quis autem sciens inveniri in alieno fundo thesaurum, venam metallicam, vel quidpiam simile, omnibus aliis communiter ignotum; & ipse data opera emat fundum illum, ut potiatur thesauro &c. licite emit, & thesaurum sibi acquirit: ita videtur sentire S. Thom. loc. supracit. n. 1.

Quid de emente data opera

IV. Bona, quae aut nullius unquam fuerunt, aut quamvis fuerint, tamen prudenter & certo moraliter censentur derelicta, & omni dominio privata; juxta communem, fiunt primi occupantis: ita S. Thom. l. c. num. 2.

Ac

At difficultas in eo consistit, in dijudicando prudenter *fundum,* quando censenda sint derelicta. Primo itaque inter dereli- *in quo* cta non sunt computanda bona naufragorum, quamvis fue- *scit inve-* rint ab illis in mare projecta ad levandam navem, cum *niri the-* adhuc dominum habeant; unde inquirendus est ab illo, *saurum* qui eadem recuperavit, & expectandum, donec eidem re- *&c.* stituantur. Poterit tamen recuperator exigere a domino *Bona de-* mercedem sui laboris impensi eadem recuperando. Quod *relicta* si illa recuperata sibi retineat, incidit in excommunica- *sunt primi* tionem reservatam. Secundo ne erretur, facile nimis ju- *occupan-* dicando bonum aliquod censendum esse derelictum, atten- *tis.* denda est qualitas boni, circumstantia locorum & tem- *Quando* porum, & praesertim possibilitas vel impossibilitas mora- *censenda* lis, ut a domino recuperetur: addunt aliqui, aut si eam *sint dere-* rem videret, non posset ab eodem ut sua recognosci. *licta?* His bene perpensis, & antequam occupans illud bonum sibi applicet cum docto Theologo consultis, poterit, aut non, illud sibi retinere.

* Legatur Epistola, quam S. P. Benedictus XIV. die 19. Martii 1752. dedit ad R. P. Nicolaum Lercari S. C. de Propaganda Fide Secretarium; in qua ad rem hanc plura scitu digna occurrunt. *

V. Venae metallicae & minerales, quae in nullius fun- *Ad quem* do reperiuntur, spectato jure naturali, fiunt primi occu- *spectent* pantis. Si inveniantur in fundo alicujus, ad ipsum per- *vena me-* tinent; eo quia sint fructus naturalis fundi a solo Deo *tallica* conditore in eodem satae. Dixi spectato jure naturali, & *&c.* Gentium; quia in omnibus pene regionibus exstant leges speciales, adjudicantes hujusmodi venas Principibus, saltem quoad magnam portionem, & reliquam aut inventori, aut domino fundi, prout leges praescribunt: quae sunt observandae, ut obligantes intuitu publici boni. Debet autem dominus fundi compensari pro excavatione fundi, & omnibus damnis, quae sibi emergunt, a Principe: & iterum moneo, quoad omnia definita standum esse legibus regionum.

§. IX. *De modo acquirendi dominium per Inventionem.*

I. Ex communi Theologorum, qui fortuito invenit ali- *Diligentia* quam rem, tenetur omnem diligentiam adhibere, dignita- *adhiben-* ti & merito ipsius correspondentem, commendando Pa- *da ab In-* rochis, Concionatoribus, affigendo schedas in locis frequen- *ventore.* tioribus Civitatis &c., ut domino ejusdem innotescere queat illius inventio. Item tenetur illam diu conservare, juxta qualitatem ejusdem; ut, apparente domino, eidem restituatur in specie, si fieri possit: tandem alias curas impendere, si quae tales sint moraliter possibiles, in finem eumdem. Post autem adhibitas praefatas diligentias,

Inventa, si
rorum do-
minus non
inveniatur, & inventor
non sit
pauper,
debent in
pios usus
erogari.
Inventor
compensandus est
pro expensis, aut
magno labore impenso.
Inventor
pauper
quomodo
sibi retinere possit
inventa.
Quid
agendum,
si dominus
compareat
post rem
consumptam?
Promissio
muneris
inventori,
an ex debito sit
solvenda?

tias, & pro rei conditione diu expectatam domini manifestationem, communiter docent Juristæ, & Theologi, quod si inventor non sit indigens, (de quo dicetur) teneatur rem insumere in sacrificia, eleemosynas, aliaque pia opera pro persona domini ejusdem rei. Ita docemur a Catechismo Concilii Tridentini p. 3. c. 8. num. 9.

II. Si Dominus rei reperiatur, & inventor in re invenienda aliquid expenderit, vel multum laboris insumpserit, poterit a domino exigere compensationem juxta prudentum judicium. Si vero neque expensas, neque aliud pretio æstimabile impenderit, nil exigere potest tanquam debitum, ut patet. Poterit ad summum aliquid petere modeste tanquam gratuito donandum, abstinendo tamen ab omnibus modis, qui plene voluntarium imminuere valeant, etiam a precibus valde importunis.

III. Si inventor sit revera pauper, de consilio docti & prudentis Confessarii, post adhibitas supradictas curas, potest sibi de re inventa tantum retinere, quantum sufficiat suæ præsenti indigentiæ reparandæ. Dixi de consilio docti Confessarii, ne erret in re hujusmodi, sibi retinendo aut plusquam debeat, aut minus quam possit. Si autem post rem consumptam dominus appareat, & illam exigat; si inventor in nullo factus est ditior, rebusque suis nil pepercerit, sed totum in pia opera cum consilio Confessarii erogaverit; ad nil ultra tenetur. Si autem rei inventæ aliquid supersit, dandum est illi, atque tantumdem rei consumptæ, si ex illa inventor in eo factus est ditior. Propterea circa inventa id est observandum; quod si res inventa sit mobilis pretiosa, post adhibitam diligentiam &c. tradatur alicui Ecclesiæ cum hoc pacto, ut si Dominus apparuerit, eidem restitui possit. Si vero sit res usu consumptibilis, v.g. pecunia, vel quidpiam aliud hujusmodi, insumatur juxta modos hactenus traditos.

IV. Quid dicendum, si dominus evulgasset, se tantam summam erogaturum inventori rei suæ; &, inventa re, nollet promissum solvere? Prius videndum est, an promissio fuerit mere liberalis, an obligans ex justitia: in utroque casu tenetur nihilominus inventor rem tradere domino, quia semper est sua, & non inventoris. In primo autem casu posset inventor modis non violentiam inducentibus petere solutionem promissi; & nisi dominus solveret, infideliter ageret. Si autem promissio obligaret dominum ex justitia, ut plerumque ex verbis in folio evulgato expressis colligi potest; tunc posset inventor illum in judicio convenire, ut debitam promissionem impleat. Res tamen inventa semper est tradenda.

§. X.

De Dominio.

§. X. *De modis acquirendi dominium per Alluvionem, Specificationem, Accessionem, Commixtionem, Inaedificationem, Pictionem, Implantationem, & Nativitatem.*

I. Alluvio est incrementum factum a fluvio in fundo alicujus. Id autem potest bifariam accidere, scilicet vel insensibiliter, vel modo instantaneo & patenti. Si per Alluvionem aliquid adjiciatur fundo alterius insensibiliter, ita ut discerni nequeat quantum quolibet momento accrescat, augmentum est ejus, cujus est fundus. E contra vero si sensibiliter fiat & patenter, pertinet ad dominum possessorem prædii, a quo dempta terra est, nisi hic avulsam terram pro derelicta habeat. Verum de hac Alluvione leges statutæ videndæ sunt apud Juristas, & præsertim Molinam. *Quid sit Alluvio, & quot modis fiat?*

II. Specificatio contingit, cum res aliena ita in aliam speciem diversam transmutatur, ut ad pristinum statum amplius reduci nequeat: puta, si quis ex alieno lino telam conficiat; in quo casu tela remanet illam habenti. Tenetur tamen reddere æquivalens ei, a quo linum abstulit, & omnia damna eidem secuta, si injuste abstulit; si bona fide, id, in quo factus est ditior. *Quid Specificatio, & quomodo per eam acquiratur dominium?*

III. Accessio contingit, quando rei alterius ab aliquo aliquid additur, quod ab eo non petitur, sed additur ex proprio genio & voluntate: puta, si parietibus domus alienæ, quæ tibi locata fuit, addas picturas etiam pretiosas; picturæ cedunt domino domus, quin tibi quidpiam compensare teneatur. Quæ de accessione dicimus, intellige etiam de iis, quæ amplius separari non possunt. Unde si accederet quid removibile, eidem non acquiritur. *Quid Accessio, & quomodo &c.*

IV. Commixtio evenit, quando mixta ita in unum commiscentur, ut in nulla eorum parte quantumvis minima discerni possit unum miscibile ab alio: puta, dum miscentur vinum & aqua. Confusio autem, quando confundibilia ita confunduntur, ut facta confusione adhuc revera retineant proprium esse, & absolute loquendo adhuc discernibilia sint: puta, si confundantur simul duæ mensuræ frumenti duarum personarum; in quo casu nequit verificari, quod singula grana sint utriusque, sicut de singulis guttis vini commixti aquæ potest verificari, quod sint utriusque, si una persona posuerit vinum & altera aquam ad æqualitatem. Hoc notato pro vera notione Commixtionis, & Confusionis contra nonnullos, qui utrasque in unum confundunt. Qui alienum frumentum ita suo confudit, ut amplius nequeat humanitus discerni, acquirit dominium totius cum onere tamen restituendi tantumdem, & etiam damna resarciendi, si mala fide ege- *Quid Commixtio, & quid Confusio, & quomodo &c.*

Resolvuntur aliqui casus.

egerit. Idem dicas de commiscente unum liquorem cum altero. Hinc qui vendidit ignoranter vestem furi pretio quatuor aureorum, a fure ablatorum Petro, & venditor ita confudit illos aureos cum suis animo illos possidendi, ut amplius discerni nequeant; hic venditor non potest amplius impeti a Petro, ut sibi aureos restituat; eo quod per confusionem innocenter illos acquisivit, nec in aliquo factus est ditior, cum vestem justo pretio vendiderit. Similiter si Titius fur. tibi omnino de tali crimine ignoranti donet duos modios tritici, quos cum alio tuo multo frumento confudisti; deinde duos modios tritici largiris in eleemosynam cæteroquin non elargiturus, postea scis frumentum illud fuisse furto sublatum; ad nil teneris, cum in nullo factus sis ditior; si autem duos modios illos alio titulo, puta ex voto eras in eleemosynam erogaturus; teneberis duos dare domino petenti, quia in iis factus es ditior. Monere opportunum duco, quod si

Monitum prudens.

forte tibi ab amicis dentur pecuniæ ad easdem custodiendas, nunquam confundas cum tuis, sed separatim a tuis reponas, & quidem custodiendas æquali diligentia; quia si confundas cum tuis, videris acquirere earum dominium, cum debito tamen tantumdem reddendi, quando petentur. Et proinde si casus eveniat, quod fur aliquis tibi surripiat illas scorsim positas, & non tuas, in foro conscientiæ ad nil teneberis; quia res perit domino suo, quarum ille deponens erat dominus, quippe quæ inconfusæ a tuis remanserunt: si enim cum mille tuis viginti alienos aureos confunderes, & quis furaretur tibi centum ex illis, non absolvereris forte a restituendis omnibus viginti deponenti.

☞ Qui vendit rem suam furi, a quo bona fide in pretium accipit furtivas pecunias, juxta Theologos plures, obnoxius efficitur restitutioni, etiamsi pecunias illas ita cum suis permiscuerit, ut non amplius discerni valeant. Quando quippe certus est in pecuniarum cumulo alienas reperiri pecunias, nulla apparet ratio, cur vi istius permixtionis dominium acquirat; ac per consequens nulla apparet ratio, cur a restitutionis debito eximatur. ☜

Inædificatio quid? & quomodo dominium afferat?

V. Inædificatio evenit, quando ædificium construitur in alieno fundo, & ædificium cedit domino fundi: & si construens bona fide ædificaverit putans, omni dubitatione exclusa, fundum esse suum; dominus fundi tenebitur redintegrare ædificatorem pro expensis factis, nisi malit eidem vendere fundum. Si autem mala fide egisset, expensas volens perdidisset. Si vero dominus fundi fraudulenter sileret, donec ædificium compleatur, ut deinde manifestans suum dominium fundi, ædificio privaret constructorem; graviter peccaret in foro conscientiæ non solum contra charitatem, sed etiam contra justitiam.

VI.

VI. Pictio, de qua in præsenti, tunc evenit, quando *Quid pi-* pictor pingit in tabula, vel tela aliena. Per picturam fa- *ctio? &* ctam acquirit dominium tabulæ, vel telæ &c.; cum one- *quomodo* re solvendi domino pretium ejusdem, & etiam damna, si *acquirat?* quæ eidem inde evenerunt, & ipse mala fide pinxerit; si bona fide, dumtaxat pretium telæ.

VII. Implantatio evenit, quando plantantur arbores in alieno fundo; quæ si radices emiserint, spectant ad *Implanta-* dominum fundi: tenetur tamen expensas compensare, si *tio quid &* plantator bona fide egerit; sin autem nihil. *& quo-*

VIII. Nativitas, de qua in præsenti, significat par- *modo?* tum bruti fœminei sexus; qui partus spectat ad dominum *Quid Na-* fœminæ parientis, nisi aliter conventum fuerit: ita jura. *tivitas, & quomodo?*

§. XI. *De modo acquirendi dominium per Præscriptionem: ubi de Possessione, quæ est prima conditio ad præscribendum requisita, nec non de Usufructu, & Servitute.*

I. Præscriptio, secundum jura, est acquisitio dominii *Quid Præ-* per possessionem bonæ fidei continuatam tempore a lege *scriptio, &* definito. Dicitur præscriptio acquisitio dominii, quæ vox *Usucapio?* late accipitur prout significat jura, usus, ususfructus, officia, servitutes &c. Dicitur per continuatam possessionem, quæ possessio sit cum bona fide, & justo titulo præsumpto, & credito; & fuerit semper continuata toto tempore a legibus statuto, breviori vel longiori, juxta conditionem rerum præscribendarum, & per præscriptionem possidendarum, ut dicetur in sequentibus.

II. Possessio est duplex: alia Juris, alia Facti. Juris, *Quotu-* significat quandoque ipsam rem, quæ possidetur; unde di- *plex sit* cere solemus, Habeo multas possessiones, prædiorum, ju- *Possessio?* rium &c. Facti, est ipse actus possidendi: puta quo possidetur, seu apprehendimus horologium. Sumitur item pro jure possidendi aliquid, quod jus sequitur ex ipsa justa apprehensione, & detentione rei; ac proinde possessio facti definitur a Juristis apprehensio, vel detentio rei adminiculo corporis, animi, & juris. Nomine rei intelliguntur etiam res incorporales; puta jura, Beneficia &c. Dicitur adminiculo corporis, nempe vel manus, vel oculi, vel alio simili modo. Dicitur animi, nempe ut apprehendatur animo faciendi illam suam. Dicitur & juris, ut significetur non extare leges prohibentes illam possessionem. Possessio juris definitur ab ipsis Juristis: Jus insistendi alicui rei tanquam suæ, nec prohibitæ possideri. Dicitur jus; ut distinguatur a possessione facti, (de qua plerumque est sermo) quæ est illa actualis occupatio, & apprehensio rei, aut ejusdem detentio: dicitur insistendi, idest illam detinendi, defendendi &c. nomine proprio, & non alterius. Unde etiam Tutor pro Pupillo, Curator pro

Minori, Procurator pro suo Principali præscribunt, cum agant eorum nomine. Possessio facti triplex est, Naturalis, Civilis, & Civilissima. Naturalis, qua res possessa & animo, & corpore tenetur, eidemque actu, ut sic dicam, adhæretur; v. g. possidens nummos in crumena, quam secum habet. Civilis, qua rem corpore, & animo apprehensam secum detinet solo animo, ieo quod ab ea corporaliter distet: puta, dominus prædii Patavini Venetiis commorans. Civilissima, qua solo legis beneficio aliquid acquiritur absque ullo adminiculo corporis, & animi; puta, cum infans unius anni hæreditatem assequitur. Requiritur autem possessio continuata toto tempore requisito, ita quod non interrumpatur juridice; sufficit tamen, ut continuetur per hæredes.

Possessio facti triplex.

III. Cum modo dixerimus de Possessione, quam §. 1. num. 2. speciebus juris realis accensuimus; nunc explicandæ sunt aliæ tres juris, seu dominii species, nempe Usus, Ususfructus, & Servitus, quæ etiam una cum aliis præscribi possunt. Usus, ut loc. cit. diximus, est jus mere utendi aliqua re aliena, salva illius substantia. Ususfructus est jus nedum utendi, sed & fruendi aliqua re aliena, salva illius substantia; unde ex fructibus perceptis potest ditescere, aliis donare, vendere &c.; quæ facere nequit habens merum usum. Notandum autem est, quod si quis habeat usumfructum sylvæ, vel vineæ, tenetur substituere arboribus, seu vitibus mortuis, alias virentes; & quæ mortuæ sunt ad ipsum spectant. Si tamen arbores, aut vites vi alicujus turbinis eradicarentur, vel exscinderentur, ita ut ad fructum ferendum non essent amplius idoneæ, non tenetur alias substituere: excisæ tamen, & eversæ cederent non usufructuario, sed domino proprietario. Quod si dictæ arbores essent necessariæ ad horti, aut vineæ reparationem, & restaurationem, posset illis uti usufructuarius ad eum finem. Tandem si usufructuarius ædium tenetur de suo modicas reparationes & restaurationes facere, ne pereat ædium substantia, non tamen reparationes majores; neque multo minus reficere illas, si præ vetustate corruant. Ad ipsum tamen spectant onera ædibus adnexa, nempe decimæ, impositiones &c. Si plura desideres, vide Juristas.

Usus, & Ususfructus; variique casus ex legibus resolvuntur.

IV. Ususfructus duplex est, Legalis, qui beneficio legis acquiritur; puta ususfructus, quem habet Pater bonorum adventitiorum filii. Alius Conventionalis, & acquiritur ex hominum voluntate, puta testamento, emptione, stipulatione &c.: & circa hunc servandæ sunt consuetudines locorum.

Ususfructus Legalis & Conventionalis.

V. Quinque modis finitur ususfructus: primo per mortem usufructuarii: secundo si res, in qua fundatur, pereat; quod si res denuo erigatur, puta ædes, quæ jam cor-

Cessatio Ususfructus.

corruit, non revivifcit ufusfructus: tertio, si ufufructuarius tanto tempore non utatur jure suo, quantum sufficit, ut proprietarius præscribat contra ipsum: quarto, si ab ufufructuario cedatur proprietario: quinto, si a lege, vel confuetudine conftituatur terminus ufufructui. Si autem ufusfructus relinqueretur alicui Ecclefiæ, vel Civitati, duraret dumtaxat ad centum annos.

VI. Servitus, de qua in præfenti, si fumatur active, est jus, quod quis habet in re alterius, ut sibi, aut rebus suis serviat; si passive, est ipfamet subjectio rei in commodum alterius. Dividitur in Realem, & Personalem. Realis est illa, qua res fervit alteri rei; puta cum ager Petri subjicit sibi agrum Pauli vicini, quatenus dat jus Petro, ut transeat per agrum Pauli. Personalis est illa, qua res obligatur personæ, vel e contra, qua persona obligatur alicui rei; puta, quando ager meus obligatur Petro, aut Petrus obligatur colere agrum meum. Servitus realis alia est Urbana, quæ debetur prædio urbano, quod significat ædificium, habitandi gratia erectum, sive in urbe, sive in villa; & simul etiam hortus amœnitatis gratia plantatus, atque ædificio adnexus. Alia est Rufticana, quæ debetur prædio ruftico, quale est ager, vinea, pratum, ftabulum armentorum, vel pecorum, a domo feparatum. De quibus & aliis confule Legiftas.

Quid, & quotuplex fit Servitus? Realis, & Perfonalis.

Urbana, & Rufica.

§. XII. *De valore Præfcriptionis, & de cafibus a Præfcriptione immunibus.*

I. Cum præfcriptio a legibus inftituta fuerit ad lites perpetes dirimendas, ad pacem familiarum ftabiliendam, atque ad communem tranquillitatem fovendam, pro foro fori valorem habere nemini dubium est, in regionibus illa utentibus. An autem valorem habeat etiam in foro confcientiæ, graves Doctores varie opinari funt. Nos fententiam illorum admittimus, qui afferunt valere præfcriptionem etiam in foro confcientiæ, dummodo verificentur conditiones requifitæ, de quibus §. feq. Hanc approbant Sacri Canones, ac clare docet D. Thomas Quodlib. 12. 2. 24.

Status quæftionis aperitur.

II. Nonnulli tamen cafus a lege præfcriptionis excipiuntur, ne per eam quædam res a fuis dominis auferantur. Et primo, Viæ publicæ, Forum, Pontes, & his similia. Secundo, ea quæ debentur Principi, ut Principi, nempe Tributa, Functiones publicæ, Vectigalia, Jus judicandi, Jus ad ipfum appellandi &c. Tertio, res ad Deum fpectantes, ejufque cultui jam deftinatæ; Templa, Cæmeteria, & aliæ res immobiles: nam mobilia, cum alienari queant, etiam præfcribi poffunt. Quarto, jura Decimarum, Primitiarum, & aliarum hujufmodi rerum gene-

Res præfcriptione exemptæ.

neris spiritualis. Dixi consulto jura Decimarum; nam contra Decimas, idest contra quantitatem decimarum potest præscribi, sicut circa modum illas solvendi, & quidem post tempus annorum quadraginta. Una tamen Ecclesia contra alteram præscribere potest etiam contra jus decimarum, post possessionem dicti temporis. Quinto, Obedientia Episcopis debita, jus visitandi. Sexto, fines Provinciarum, Episcopatuum, & Parœciarum, dummodo earum confinia fuerint definita, & constet de terminis, & limitibus. Septimo, libertas hominis, contra quam nunquam præscribitur, ut evadat servus. Servus autem, sive mancipium fugiens, non præscribit contra Dominum. Octavo, res ab illo acceptæ, qui dandi caret facultate, aut eam habet legaliter impeditam: isti sunt amentes, prodigi jam interdicti, filii familias, uxores respectu bonorum viri, minores sub curatoribus usque ad annum 25.

Præscriptio non valet contra defunctos quoad legata pia.

III. Non me latet, nonnullos extare Doctores, sustinentes præscriptionem valere etiam contra defunctos circa pia legata, in sui beneficium relicta. Fateor, me non posse percipere, quo motivo, quove colore id doceant.

§. XIII. *De Conditionibus ad legitimam præscriptionem requisitis.*

I. Quinque sunt conditiones ad legitime præscribendum requisitæ, nempe Possessio, Titulus, Bona Fides, Tempus sufficiens, & Res præscriptibilis. De Possessione, & Re præscriptibili jam superius egimus. Modo de aliis disserendum; & primo quidem de Titulo. Itaque Titulus est causa, seu motivum, cur talis rei acquiratur dominium: puta titulus emptionis, legati, &c. Hic titulus non debet necessario esse verus, sed sufficit ut sit coloratus, apparens, & prudenter putatus verus nempe quod ille, qui vendit, dat &c., sit verus, dominus illius rei. Nota, hunc titulum necessarium esse pro præscriptionibus, quæ ordinarie eveniunt, nam pro præscriptionibus, quæ denominari solent longissimi temporis, quale est tempus triginta annorum & ultra, non est necessarius. Duo tamen casus excipiuntur, in quibus non prodest possessio longissimi temporis sine titulo, videlicet 1. quando præsumptio juris est contra præscribentem. 2. quando res aliqua transit ab illo, a quo mala fide possidebatur, ad hæredem universalem.

Quid sit Titulus, & qualis requiratur ad præscribendum?

Duo casus excipiuntur.

Quid sit bona fides? Possidens mala, aut dubia fide non inchoat possessionem.

II. Requiritur ulterius ad legitime præscribendum bona fides, quæ est prudens credulitas, & fundata suasio, rem, quam quis possidet, esse suam, quamvis reapse non sit. Hæc bona fides deesse potest vel in principio possessionis, vel in decursu: & ideo, qui inchoat possessionem cum fide mala, nedum certe non inchoat præscriptionem,

sed

sed tenetur reddere quod possidet, qui credit non esse suum. Similiter, qui inchoat possessionem cum fide dubia, idest dubitando an res sit sua, non inchoat possessionem ad præscribendum requisitam, quousque non occurrant ipsi motiva, quæ ostendant rem esse suam, ut prudenter possit deponere dubitationem illam; & tunc dumtaxat incipit possidere bona fide inchoante præscriptionem. Probabilius est autem cum Soto lib. 4. de justit. q. 5. a. 4., quod quando dubium supervenit possessioni bonæ fidei inchoatæ, illa interrumpat, donec perseveret, & nisi possit prudenter deponi, obliget possessorem ad restituendum pro rata, & pro gradu dubii. Error etiam tam juris quam facti, si sit vincibilis, impedit præscriptionem. Proinde si v. g. ignores vincibiliter legem vetantem pupillo donationes facere, & tu ab eo donum notabile accipias, (quæ est ignorantia juris) aut ignores vincibiliter hanc rem esse furtivam, (quæ est ignorantia facti) cum alioquin scias a fure non esse emendum; accipis donum, & emis errore bonam fidem corrumpente, & præscriptionem impediente. Errorem autem invincibilem facti non nocere præscriptioni est adeo manifestum, ut non indigeat explicatione. At secundum communiorem sententiam & probabiliorem, quamvis error seu ignorantia invincibilis juris obscuri non noceat præscriptioni in foro conscientiæ, nocet tamen, & impedit illam error, & ignorantia invincibilis juris clari. Addunt tamen Doctores, quod si possessio esset longissimi temporis, triginta aut quadraginta annorum, hæc ignorantia non nocerer. Denum nocet præscriptioni mala fides, quam quis habet ob ignorantiam, nempe credendo sibi non licere præscribere id quod possidet, cum tamen ei licitum sit, ut constat ex l. 3. si fur. ff. de Usucap.

III. Demum ad legitime præscribendum requiritur tempus sufficiens, seu requiritur quod possessio cum bona fide fuerit continuata per totum tempus lege definitum, quod tempus diversum est pro diversitate rerum præscribendarum. Nam 1. Bona mobilia, seu quæ loco moveri possunt, cujuscumque sint, etiam Ecclesiarum, etiam Romanæ, præscribuntur per triennium possessionis cum titulo inter præsentes, seu inter eos qui in eodem Territorio commorantur: inter absentes vero, seu inter illos qui in diverso Territorio habitant, per quadriennium. Si autem desit titulus, requiritur possessio triginta annorum. 2. Bona immobilia, quæ scilicet loco moveri non possunt, ut præscribantur contra Ecclesiam Romanam, requirunt possessionem centum annorum: contra vero alias Ecclesias, vel Hospitalia, vel Monasteria, vel pias causas, requirunt quadraginta annos possessionis. Ad præscribenda bona immobilia privatorum, si adsit titulus, requiruntur

Dubium superveniens possessioni inchoatæ illam interrumpit, quousque durat, ne præscribatur.

Error tam juris quam facti impedit præscriptionem, si vincibilis sit.

Quomodo impediat error invincibilis? Alius error impediens.

Tempus sufficiens ad præscribendum.

Tempus ad præscribendum mobilia.

Tempus ad præscribendum immobilia.

de-

decem anni inter præsentes, & viginti inter abſentes. Si vero defit titulus, requiruntur triginta anni: quod fi dominus fuerit partim præſens, partim abſens, tot anni erunt adjungendi, quot fuit abſens: & ſic duo anni abſentiæ computantur pro uno præſentiæ. Ad præſcribendum contra Ordinem S. Benedicti, requiritur tempus ſexaginta annorum. 3. Servitus perſonalis præſcribitur tempore decem annorum cum titulo inter præſentes, inter abſentes ſpatio viginti annorum; ſine titulo autem, ſpatio triginta annorum. Servitus realis, continuata decem annorum ſpatio, præſcribitur inter præſentes; & viginti annorum inter abſentes. 4. Eccleſiæ ſubditæ juri patronatus poteſt jus patronatus a laico contra laicum præſcribi tempore decem annorum inter præſentes cum titulo, & viginti inter abſentes: & ſine titulo, requiritur tempus triginta annorum. 5. Beneficium adverſus privatum, alioquin habentem titulum legitimum, decem annorum tempore præſcribitur inter præſentes, inter abſentes autem tempore viginti cum titulo: ſine titulo autem, poſſeſſio beneficii non cenſetur inchoata bona fide, eo quod beneficium ſine inſtitutione non poſſit canonice obtineri. Qui beneficium per triennium pacifice obtinet cum titulo, & bona fide, ut ſupponitur, & abſque ingreſſu ſimoniaco, præſcribit contra actionem cujuslibet impetentis tam beneficium, quam fructus. 6. Quæcumque res, quæ ſint Minoris, ideſt in Minoritate conſtituti, non præſcribuntur, niſi poſt triginta annos, quibus docent aliqui præſcribi etiam res furtivas, bona penitus fide receptas.

☞ Quando diximus *ſine titulo*, intelligendum eſt, qui probetur; quandoquidem tunc præſumitur præceſſiſſe. ☜

IV. Contra præſcriptionem conceditur remedium a jure, quod dicitur Reſtitutionis in integrum, ideſt ut res, quæ jam erat præſcripta, interveniente recurſu ad judicem, hujus auctoritate reſtituatur. At hoc privilegium non omnibus conceditur, ſed dumtaxat primo Minoribus, illis videlicet, qui ſub Curatore degunt uſque ad annum ætatis ſuæ vigeſimum quintum completum; quibus conceditur poteſtas reclamandi per quadriennium, ideſt uſque ad annum ſuæ ætatis vigeſimum nonum completum. Secundo Locis Piis, & Eccleſiis, quamvis præſcriptio fuerit quadraginta annorum, & ſupra. Tertio conceditur juſtis de cauſis dicitur etiam Majoribus: at dubitant multi, an illis concedatur etiam contra præſcriptionem triginta, vel quadraginta annorum. Cauſæ juſtæ ſunt, ſi in captivitate erant, ſi ob Reipublicæ ſervitium aberant, ſi invincibili ignorantia tenerentur, idque probent: ob has cauſas conceditur Majoribus facultas reclamandi

mandi contra præscriptionem per quadriennium, post sublata impedimenta, & notitiam acquisitam, si provenerit ex ignorantia.

CAPUT III.

De Injustitia seu Injuria.

§. Unicus. *De notione injustitiæ, seu injuriæ, ejusdemque varia divisione.*

I. Justitiæ officium est, ut vidimus, aliena jura intacta servare. Id autem impossibile est adimplere, nisi cognoscantur modi, quibus lædantur: læsio vero alienorum jurium injuria nuncupatur. Cum igitur disseruerimus de jure, quod est materia seu objectum justitiæ, recta methodus postulat, ut compertum fiat, quibus modis, seu quibus injuriis jus alienum lædatur, ut a justitia remedium præscribatur.

II. Injustitia proprie accepta communiter definiri solet, Juris alieni voluntaria violatio: idcirco additur τὸ voluntaria, ut excludatur a ratione formalis injustitiæ & injuriæ actio illa, quæ tametsi alieni juris læsiva, non deliberate fit. *Quid sit injustitia?*

III. Cum igitur injuria sit voluntaria læsio juris alieni, deducitur veritas illius regulæ 27. Juris in 6. *quod scienti, & consentienti non fiat injuria*: quandoquidem qui scienter, & omnino voluntarie absque ulla vi, fraude, dolo malo &c. assentitur, ut sibi fiat aliquid, hoc ipso cedit juri suo, nec violatur. Ut tamen id sit verum, requiritur, ut possit valide cedere juri suo; quia nisi id possit, tunc fit injuria, si non ipsi ut tali particulari personæ, attamen certe ipsi ut in tali vitæ statu constituto. Sic Pupillus, & Minor invalide cedunt juri bonorum suorum, cui cedere nequeunt sine licentia Tutorum, & Curatorum suorum: sic conjugatus non potest cedere juri suo, cedendo uxorem extraneo, quia juris conjugalis ipse non est dominus: & proinde damnata fuit thesis 50. ab Innocent. XI. *Copula cum conjugata, consentiente marito, non est adulterium: ideoque in confessione sufficit dicere se esse fornicatum.* Unde quamvis adulter forte non faciat injuriam illi ut Petro v. g., facit illam ipsi ut marito; quo statu se expoliare non potest, neque juri mariti cedere. *Quomodo volenti non fiat injuria?*

IV. Cum itaque oppositorum eadem sit ratio, proinde injustitiæ divisio a divisione justitiæ erit petenda, & tot enumerandæ injustitiæ, quot fuerint justitiæ distinctæ. Propterea primo dividi potest Injustitia in Generalem, & Particularem; prima contra justitiam generalem, se- *Divisio Injustitiæ, seu Injuriæ.*

cun-

cunda contra parricularem: hæc vero multiplicatur juxta varia damnorum, seu injuriarum genera, quæ tentat inferre. Damna igitur, quibus homo subjacere potest, versantur circa genera bonorum & jurium, quorum capax est homo: est autem capax bonorum spiritualium ad animam pertinentium, nempe gratiæ, virtutum &c.; bonorum corporalium seu naturalium ad corpus pertinentium, vitæ, sanitatis, membrorum &c. bonorum civilium, famæ, honoris &c., & bonorum temporalium, prædiorum, pecuniarum &c., unde injuriam pati potest circa singula; & sic totidem enumerandæ erunt injustitiæ, seu injuriæ. De quibus omnibus singulatim in Capite quinto & sequentibus disseretur. Prius igitur desserendum occurrit de reparatione injustitiæ in generali, & idcirco sequens subjungimus caput.

C A P U T. IV.
De Restitutione generatim.
§. I. De Notione, & Necessitate Restitutionis.

Quid sit Restitutio? I. Juxta S. Thomam 2. 2. q. 62. art. 1. *Restituere nihil aliud esse videtur, quam iterato aliquem statuere in possessionem, vel dominium rei suæ* ... *& Ideo restitutio est actus justitiæ commutativæ*, quo vel acceptum redditur, vel damnum alteri irrogatum reparatur. Hinc apparet, quomodo restitutio distinguatur a solutione, & satisfactione; prima quidem, quia restitutio præsupponit rem fuisse in potestate illius, cui restituitur, solutio autem est collatio, seu datio rei, quæ ab eo, cui datur, nondum habita est: a satisfactione antem ex pluribus capitibus, & præcipue quia ut docet D. Thomas in 4. d. 15. q. 1. art. 5. ad 1. *Restitutio est reparatio inæqualitatis existentis in rebus: reparatio autem inæqualitatis existentis in actionibus, & passionibus, satisfactio nominatur.*

Restitutio quomodo necessaria? II. Restitutio quando fieri potest effective, est de necessitate salutis; ut docet D. Thom. loc. cit. a. 2. Dixi quando effective fieri potest, quia si revera fieri nequeat, tunc sufficiet sincerum propositum illam exequendi quamprimum potestas aderit, & omnem adhibere curam, ut hæc potestas adsit. Quod autem dicimus de rebus injuste ablatis, intelligitur etiam de injuste retentis. Aures hic arrigant Confessarii pœnitentium, qui debita non solvunt venditoribus, operariis, mercenariis &c. cum possint, & solutionem differunt absque justa & necessaria causa; ne faciles sint in impendenda eisdem absolutione, præcipue si aliquoties id spoponderint, & defecerint; quia *non agitur pænitentia, sed simulatur*; cum teneantur etiam cum suo incommodo illa solvere,

vere, & quam maxime operariis, & creditoribus, qui instant pro solutione, aut qui ob metum petere non audent, quamvis indigeant: absolutionem differant, donec solvant, si moraliter solvere possint.

☞ Neganda est absolutio pœnitentibus restitutioni obnoxiis etiam in periculo mortis, cum restitutionem, quam per se facere possunt, hæredibus faciendam committunt. Et hoc præcipue, ut observat Petrus Colet *Instit. Theolog. tom. 2. tract. de Just. c. 3. a. 1.* locum habet in Magnatibus, quorum testamenta vix unquam implentur ab hæredibus, qui satis se facere putant, si quam restitutionem avus patri, & sibi pater præcepit, hanc ipsi posteris suis novam onustam debitis commendent.

Idem omnino agendum cum iis, qui cum toti solvendo pares sint, nonnisi partem restituunt, sub eo prætextu, quod dominus, utpote dives, nihil ex hac dilatione patiatur detrimenti.

III. Hic neganda occurrunt verba S. Thomæ loc. cit. art. 8, ad 1. *Præceptum de restitutione facienda, quamvis secundum formam sit affirmativum, implicat tamen in se negativum præceptum, quo prohibemur rem alterius detinere.* Et propterea, qui rem alterius detinet, dum potest moraliter illam reddere, sive eam furto abstulerit, sive eam non solvendo retineat, ut sunt debita pecuniaria, est in continuo statu peccati mortalis habitualis; illudque actualiter toties renovat, quoties potens aut totum, aut partem notabilem solvere, id non curat: & multo magis si interius dicat, modo nolo solvere: unde tenetur in confessione significare tempus, quo fuit in mora culpabili solvendi, & restituendi, nec non circiter vices, in quibus memor sui debiti, aut expresse, aut tacite solvere noluit, sive positive nolendo, sive negligendo, & solvere non curando; quia primum est circumstantia eo notabilius aggravans, quo prolixius fuit tempus; & secundum spectat ad numerum peccatorum gravium in confessione exponendorum.

Retinere alienum qualiter peccatum.

☞ Iniquus detentor rei alienæ, vel alteri debitæ, tenetur etiam in confessione explicare, num dominus ex illa detentione tristitiam magnam, vel grave damnum passus sit, ut intelligatur tota malitia detentionum. Videatur P. Antoine *de Justitia &c. p. 2. c. 2.*

§. II. *De Radicibus, ex quibus oritur obligatio restituendi.*

Recensentur Radices, & explicatur prima Titulo Rei acceptæ.

I. Tres communiter enumerantur radices, seu origines, ex quibus nascitur restituendi obligatio: prima dicitur titulo Rei acceptæ; secunda titulo Injustæ acceptionis; tertia titulo Contractus. Titulus rei acceptæ significat, quan-

quando quis habet rem alienam, putans integra bona fide eam esse suam: v. g. vitulum Titio dono dedit Petrus, qui illum Paulo furatus fuerat: Titius, cognita veritate, tenetur illum, si adhuc subsistat, reddere Paulo Domino; si autem illum in usum suæ mensæ consumpsisset, tenetur reddere Paulo quantum pepercit rebus suis, utendo eo vitulo: puta, si in aliis cibis emendis consumpsisset tres florenos, quos non expendit, quia vitulum in cibos consumpsit, ad erogandos tres florenos tenebitur Paulo; quia in solis tribus florenis, ut ajunt, factus est ditior, idest pepercit bonis suis pro trium florenorum dumtaxat valore: & hoc est verum, tametsi vitulum decem florenorum valoris esset.

Explicatur Secunda Radix injusta acceptionis. II. Secunda radix, seu titulus, est Injustæ Acceptionis, scilicet *contra voluntatem ejus, qui est rei dominus, ut patet in furto*, & *rapina*, ait D. Thom. loc. cit. Unde qui injusta actione, puta furando, & rapiendo, culpabiliter non solvendo debitum peccat, tenetur restituere nedum rem, vel summam quam abstulit, vel non solvit, sed etiam compensare omnia damna inde creditori secuta; quia actio illa injusta est causa realis omnium *Limitatio* illorum damnorum, ex privatione rei suæ creditori se-*necessario* cutorum. Id tamen intelligendum est cum grano salis *addenda.* respectu lucrorum, quæ facere poterat creditor, si rem, aut pecuniam suam habuisset. Si enim lucrum, quod percepturus fuisset, sit incertum, variisque periculis subjaceat, restituendum erit non totum, quod percepturus fuisset, si omnia prospere accidissent; sed dumtaxat pro rata spei, & computatis periculis secundum eorum multitudinem, & qualitatem, ut docet S. D. loc. cit. art. 4., & in 2, dist. 15. q. 1. art. 5. q. 2. ad 4.

Explicatur tertia Radix restitutionis. III. Tertia restitutionis Radix est ex Contractibus: *Alio modo*, ait S. Doctor loc. cit., *aliquis accipit rem alterius in utilitatem suam absque injuria, cum voluntate scilicet ejus, cujus est res, sicut patet in mutuis;* & *tunc ille, qui accipit, tenetur ad restitutionem ejus, quod accepit ..... etiamsi rem amiserit.* Cum igitur in casu allato a S. Doctore de mutuo accepto, & inculpabiliter amisso, vigeat adhuc obligatio restituendi, & cum hæc obligatio non oriatur ex injusta acceptione, ut patet, neque ex re accepta, quia ad nihil tenetur, cum illam amittens in nullo factus sit ditior; sequitur manifeste, quod debeat restitui titulo contractus mutui.

✣ Aliam D. Thomas *art. 4. cit. q. 62.* designat radicem, ex qua obligatio oritur restituendi, videlicet *damnum alteri illatum*, etsi qui intulit, nihil plane acceperit. Et hæc igitur tribus ab Auctore recensitis addenda est. ✣

§. III.

De Restitutione generatim. 303

§. III. *De culpis, ex quibus oritur obligatio restituendi, & primo de culpa Theologica qualitate.*

I. Duplex culpa distinguitur a Theologis, & Juristis, nempe Theologica, & Juridica. Culpa Theologica est peccatum, seu actus humanus contra legem Dei æternam; si graviter, est mortale; si leviter, veniale: de quibus plura jam diximus in tract. 2. cap. 1. per totum. Culpa Juridica est omissio diligentiæ a legibus requisitæ ad alterius damnum evitandum, sive hujusmodi omissio sit theologice peccaminosa, sive non. Culpa Juridica triplex est, Lata, Levis, Levissima; quibus placuit multis addere Latiorem, & Latissimam. Latissima est manifestus dolus malus; & definiri potest omissio diligentiæ debitæ, ea intentione, ut alter damnificetur; puta, dum custos pretio conductus ad custodiendam vineam, fingit se dormire, ut fures eam liberius devastent. Latior, est dolus, non manifestus, sed præsumptus; omittendo plane voluntarie diligentiam debitam, ex qua omissione prudenter prævidetur damnum secuturum; puta, cum dictus custos revera possit impedire fures, nihilominus non impedit; quamvis non ea intentione, ut furentur liberius. Lata, est omissio diligentiæ debitæ, quæ circa talem rem a prudentibus communiter adhiberi solet; puta, si famulus negligat vespere claudere ostia domus, ex quo fures ingredi possunt. Levis, est omissio diligentiæ debitæ, quam diligentiores adhibere solent: puta, cum quis pallium sibi commodatum in cubiculo reliquit, ostio cubiculi relicto aperto, vel non clavi clauso, & cubiculum sit in diversorio. Levissima, est omissio diligentiæ debitæ, quam diligentissimi adhibere solent: puta, si in casu dicti pallii ostium quidem clauserit, sed non expertus fuerit, an ostium sit bene clausum.

II. Præsupponimus cum sege communi contra Adrianum & nonnullos, quod damnum illatum alicui absque omni prorsus culpa theologica, non obliget in conscientia inferentem illud ad restitutionem: (loquendo extra contractum, & extra sententiam judicis; de hoc enim in sequenti paragrapho.) Præsupponimus item, quod quando intervenit actio mortaliter injusta, ex qua potuit aliquomodo prævideri damnum alteri inferendum, omni dubio vacet, restitutionem totius damni ex eadem secuti esse faciendam; id enim convincunt hactenus dicta, & naturalis ratio suadet. Dubium igitur in eo consistit, an damnum grave inferens ex culpa dumtaxat certo veniali, teneatur in foro conscientiæ ad totum damnum redintegrandum. Probabilior videtur opinio docens, quod dicto modo damnum inferens, spectatis naturis rerum, nec in toto sit absolvendus, nec ad totum redintegrandum ad-

Quid sit culpa Theologica, & quid Juridica, & hæc quotuplex?

Ubi nulla culpa Theologica, ibi nulla restitutionis obligatio, extra contractum. Ubi culpa solum venialis, & damnum sit grave, quid agendum?

adstringendus, sed sit ei imponenda redintegratio pro parte, consideratis mature circumstantiis damni, personarum, locorum, & modi, quo damnum illatum fuit, & præcipue qualitatis culpæ: an certo sit venialis, & certe non major; nam si esset dubie major veniali, profecto ad totum esset obligandus: tunc enim melior esset conditio innocentis res suas juste possidentis, ne illis privetur neque ex parte, in favorem rei; de quo dubium est, an culpam mortalem injustitiæ commiserit.

III. Consulto dixi extra contractum, & extra sententiam Judicis; quia ob hæc duo motiva potest incurri obligatio restituendi, etiam præcisa culpa theologica; quia ex contractu possum obligari, si natura contractus id postulet, aut si hoc onus suscipiatur in contrahendo: & ex sententia Judicis inspicientis commune bonum, & curantis sollicitiores reddere suos subditos circa aliena, possum obligari etiam sine culpa theologica.

☞ Duo sunt hic breviter animadvertenda: 1. tantum aliquando posse esse damnum illatum, ut pars illius veniali culpæ correspondens, sit adhuc gravis momenti, ideoque sub mortali restituenda; quia alioquin retineretur res notabilis debita invito domino, quod est mortale: 2. in praxi quando damnum irrogatum grave est, censeri ordinarie intervenisse culpam mortalem; quippe generaliter in operibus externis periculosis, citra subitaneam passionem vehementem, raro contingit advertentia imperfecta. Legatur P. Antoine *loc. cit. c. 3. q. 3. resp. 2.*

§. IV. *De Obligatione restituendi ex culpa Juridica.*

Quid restituendum ex culpa lata?

I. Quando culpæ latæ juridicæ superius explicatæ infligitur obligatio restituendi totum damnum ex ea secutum, vel ex contractu, vel a sententia Judicis, vel a lege, procul dubio est totum restituendum; quia commune bonum id postulat, sive admisceatur culpæ theologicæ gravi, sive levi, sive non. Præcisis autem contractu, judice, & lege, distinguendum est juxta dicta; si enim culpæ latæ admisceatur culpa & negligentia mortalis theologica, totum erit restituendum: si admisceatur culpa venialis, erit restituendum pro parte, libratis circumstantiis &c. ut diximus: plus tamen erit restituendum adjuncta culpa lata, quam pro solo veniali culpæ latæ non adjuncto, ut patet ex graduatione naturali. Si enim v. g. ob simplicem venialem culpam in damno illato mille ducatorum, debeam quingentos, profecto addita culpa lata giuridica debeo octingentos.

Officiales in ministerio consi-

II. Officiales, puta advocati patrocinando, medici medendo, Tutor assistendo &c., aliquando tenentur ad restitutionem ex culpa dumtaxat lata; aliquando etiam ex levi;

De Restitutione generatim.

levi; aliquando etiam ex levissima. Tenentur ex culpa lata dumtaxat, quando operantur in utilitatem alterius absque ulla mercede, sed ex solo charitatis, amicitiæ &c. stimulo, & adhibent eam diligentiam, quæ communiter a prudentibus circa talem rem adhiberi consuevit. Exceptionem addit Sylvester, nempe si aliquis Officialis sponte se obtulisset, dum alius Officialis valentior se similiter offerebat ad agendum gratuito; nam in hoc casu teneretur etiam pro culpa juridica levi. Tenentur vero Officiales ex culpa levi, quando mercede conducuntur. Tenentur demum aliquando etiam ex culpa levissima, quod accidit, quando quis se peritiorem aliis concurrentibus profitetur, & propterea præeligitur; tunc enim non satisfacit, nisi illam operam præstet, quam præstant nedum diligentiores, sed diligentissimi. Quandoque autem evenit casus, ut hæc exactissima diligentissimorum cura sit impendenda ab Officiali, præcisis etiam omnibus allatis circumstantiis, quia rei gravitas ita ex sua natura requirit; puta, si agatur de infamia honestæ familiæ, de infirmitate mortali Patrisfamilias necessarii ad illam alendam &c.

tuti, ex qua culpa juridica tenentur?

In aliquo casu quicumque tenetur ad exactissimam.

☞ Per se loquendo, ut communis aut fere communis sententia docet, nemo tenetur in conscientia ad restitutionem propter culpam levem, vel levissimam in officio vel arte commissam, sed tantum propter latam. Quia nemo tenetur in officio vel professione sua adhibere majorem diligentiam & providentiam, quam soleant adhibere diligentes & prudentes ejusdem professionis; nam neque gravius onus quis sibi vult imponere, dum officium suscipit, vel artem exercet; nec Respublica plus ab eo exigit. Hinc Advocatus, qui bona fide præstat id, quod diligentes & periti Advocati in similibus causis præstare solent, non tenetur ad restitutionem, si causa cadat, eo quod non præstiterit id, quod diligentiores, vel diligentissimi præstitissent. Idem dic de Judice, Magistratu, Medico, Architecto &c.

Dixi, *per se loquendo*. Quippe si præfati professores promitterent majorem diligentiam, quam adhibere communiter solent cæteri earumdem artium prudentes viri, tunc astricti essent restitutioni etiam ex culpa levi, aut levissima, prout magis aut minus promiserunt, & secundum quod negotii gravitas postulat. In quibusdam enim negotiis & operibus summi momenti exigitur summa vigilantia, & exactissima diligentissimorum cura est ab Officiali impendenda, ut & Auctor observat.

Animadvertendum autem est culpam, quæ levis est in privatis hominibus, qui non tenentur ex officio, fieri latam & gravem in iis, qui officium vel artem exercent. Quare dici solet, quod isti professores ex culpa levi astri-

Tom. I.   V   cti

eti sunt restituere respectu privatorum, qui de officio non obligantur; quia negligentia, quæ in privatis levis est, potest esse lata seu gravis culpa in his, qui ex officio negotia peragunt. Sic P. Antoine *de Just. p. 2. cap. 3. resp. 2. ad q. 4.* & P. Daniel Concina *Theolog. Christ. tom. 7. lib. 2. de Just. ec. differt. 2. cap. 5. n. 13. & seq.*

Consiliarii ex qua culpa tenentur?

III. Consiliarii, circa materias ad eosdem pertinentes, similiter tenentur de culpa lata, si gratis consilient; & de levi, si stipendio ducti; & de levissima in casu maximi momenti, ut dictum est. Si consiliarius in consilio dato suam formidinem ostendat, & consilium petenti insinuet, ut etiam alios adeat peritos, ad veritatem melius explorandam; non videtur ita caute procedens obligandus, sed damnum, si sequatur, imputandum esse negligentiæ petentis consilium, qui videns dubietatem, & audiens insinuationem primi, alios adire debebat.

Quænam culpa juridica pro contractibus utilibus soli recipienti?

IV. In contractibus cedentibus in utilitatem solius recipientis, puta commodato, tenetur recipiens etiam ex levissima culpa juridica. Si contractus cedat in utilitatem solius dantis, puta depositum, recipiens non tenetur nisi de culpa lata juridica. Excipe, nisi depositarius se obstrinxisset ad exactissimam custodiam. Item si in mora

Quænam pro contractibus utilibus soli danti?

esset reddendi depositum, quando poterat, & debebat; quia in his duobus casibus teneretur etiam de levissima culpa. Item si utilitatem percepisset; quia tunc teneretur etiam pro levi culpa. Item si se jactaret depositarium diligentissimum, ex quo motus fuisset deponens ad ei dandum depositum; quia tunc virtualiter se obligasset ad exactissimam custodiam, & teneretur etiam pro culpa levissima. Si demum contractus cedat in utilitatem utriusque contrahentis, æquitas postulat, ut non teneatur ob

Quænam pro contractibus utilibus utrique?

eam culpam, quæ obligat, quando contractus cedit in utilitatem unius tantum: ergo nec solum pro lata, nec pro levissima, igitur pro levi. Excipiendus est casus, quo mercede conductus deberet laborare circa rem admodum fragilem, multique valoris, quemadmodum si susciperet negotium gerendum maximi momenti; quia in his casibus, ita postulante rerum agendarum & negotiorum natura, teneretur ad restitutionem etiam pro levissima culpa juridica. Nota, omnia hæc esse communia, & has omnes obligationes vim habere in foro conscientiæ.

De Restitutione generatim.

CAPUT V.

De Restitutione in Particulari, & primo circa Bona Temporalia.

§. I. *De Furto, & Rapina.*

I. Furtum juxta Angelicum Doctorem 2. 2. q. 66. art. 3. *Est occulta acceptio rei alienæ.* Rapina autem quandam violentiam, & coactionem importat. Et hinc in art. 9. infert, rapinam longe gravius peccatum esse furto: & idcirco est circumstantia in confessione explicanda. *Quid sit Furtum? Quid Rapina?*

☞ Rapina stricte accepta est rei alienæ violenta, & injusta usurpatio, facta præsente & invito domino, vel ejus detentore justo. Specie discriminatur a furto; quippe injustitiæ furti superaddit aliam injuriæ speciem, nempe contumeliam contra proximi honorem. Hinc natura sua peccatum est gravius furto, ut docet D. Thom. *loc. cit.* Immo fieri potest, ut quis mortaliter delinquat in genere contumeliæ, licet res ablata sit levis materia furti; puta, si quis rem exiguam Superiori vel Personæ illustri per vim auferat. Porro rapinæ rei sunt, qui per metum injuste incussum aliquid ab aliquo extorquent: ut si publici Ministri, vel Potentes viri aliquid indebitum petant ab aliis, quod rogati ob timorem negare non audent; estque crimen concussionis.

II. Sicuti certum est, materiam medii oboli non esse gravem pro furto, & rapina; ita certum est, centum aureos esse materiam gravem. Definire autem materiam, quæ pro omni personarum statu, pro omni tempore, & pro omni specie rerum, habenda sit gravis, puto impossibile, quamvis plures Doctores eam definire conati sint. Puto cum omnibus hoc judicium regulandum esse ex consideratione circumstantiarum. Nam etiam furtum unius acus sartori alium non habenti, neque alium invenire valenti, unde compellatur tota die sine lucro manere, potest esse mortale: proinde gravitas elicienda est ex circumstantiis. His non obstantibus, salvo meliori judicio, putarem, quod etiam respectu Principis unus aureus sit materia gravis: minor autem quantitas respective, juxta varios privatorum gradus & conditiones, potest esse gravis. *Definire præcise materiam gravem respectu omnium difficillimum.*

* Vide quæ huic num. addita sunt in Majori Opere, utpote valde utilia. *

III. Ex communi cum Angelico Doctore loco cit. art. 6. ad 3. furans quid modicum, si habeat animum furandi etiam majus, si occurreret, peccat mortaliter. Ita qui furatus sive eidem, sive pluribus modica successive, ani- *Furans modica qualiter peccet?*

imo prosequendi etiam cum pervenerit ad quid notabile, toties quoties peccat lethaliter, ob animum peccandi etiam mortaliter. Pariter qui modica furans, etiam sine animo prosequendi, quando advertit vel advertere debet, se jam pervenisse ad materiam notabilem; si prosequatur, toties quoties superfuratur quamvis modica, committit mortale. Et in his casibus tenetur ad restitutionem sub mortali. Et quamvis, si furatus fuerit pluribus, respectu nullius sit materia gravis, censetur gravis respectu communitatis; respectu cujus profecto videtur requiri aliqua major quantitas, quam respectu alicujus particularis. Hinc ab Innoc. XI. reprobata fuit thesis n. 38. in qua dicebatur: *Non tenetur quis sub pœna peccati mortalis restituere, quod ablatum est per pauca furta, quantumcumque sit magna summa totalis.*

* Ut ex furtis minutis grave furtum constituatur, necesse est quod exigua furta moraliter continuentur; si enim aliquo modo conjuncta non sint, nequeunt unum totum constituere. Quorum autem temporis intervallum requiratur inter unum & alterum furtulum, ut interrupta censeantur, dissident inter sese Doctores. P. Daniel Concina *tom.* 4. *lib.* 9. *dissert. un. de furto cap.* 4. *n.* 3. difficultatem hanc expendit, & variis relatis Theologorum placitis, nullum illorum sibi arridere asserit; censetque regulam præcisam vix occurrere. Subjungit tamen, quod continuatio furtulorum ex circumstantiis furum, & rerum, quæ surripiuntur, colligi potest. ,,Si persona, in-
,, quit, quæ minutatim furatur, assueta sit furtis istis;
,, si nullam adhibeat diligentiam ab iisdem sibi temperan-
,, di, sed quadam veluti assuetudine furtula hæc inter-
,, positis morulis & intervallis perpetret, continuata fur-
,, ta reputantur. Contra, si absolute persona surripiens
,, a furtis abhorreat, sed occasione oblata, & appetitio-
,, ne urgente, furtulum committat, ac postea illud dete-
,, stetur, si temporis decursu majori aut minori in fur-
,, tulum relabatur, iterumque illud detestetur; tum
,, furtula sejuncta & separata sunt, nequeuntque unum
,, totum efficere furtum mortiferum. Nec multa. Quando
,, persona surripiens exigua bona, reapse non advertit ad
,, præcedentia furta nec expresse, nec interpretative, ne-
,, que adest vel affectata, vel supina, vel gravis igno-
,, rantia; tunc furtulum non conjungit cum præceden-
,, tibus.'' Hanc regulam præ oculis habeant Confessarii, ut casus occurrentes resolvere facile possint. *

☞ Qui post furtum mortale ab eodem modica furatur, si prioris furti pœnituit, & restitutionem fecit, vel proposuit; non peccat mortaliter, si postea modicum furetur: at si furem prioris furti non pœnituit, immo perseveret in voluntate augendi domino detrimentum,

Caput V. De Restitut. bonorum temp.

tum, furtula posteriora, etsi modica, evadunt mortifera.

IV. Quando restitutio determinatæ personæ fieri nequeat in dictis casibus, vel quia ignoratur, vel quia multæ in modico fuerunt damnum passæ; restituendum erit, quando moraliter fieri poterit, pauperibus illius loci, communitatis &c., vel vendendo illis minori pretio, vel eleemosynas elargiendo &c. Studendum tamen est, ut, quantum fieri potest, compensentur illi, quibus damnum illatum fuit. *Quomodo restitutio facienda in his casibus?*

V. Quando plures communi consensu damnum notabile alicui inferunt, puta uvas, segetes &c. in notabili quantitate auferendo; quamvis, quod aufertur a singulis, non sit notabile, singuli peccant mortaliter, & tenentur ad restitutionem in solidum; idest, nisi singuli velint pro rata sua restituere, unusquisque tenetur ad totum. Qui autem pro omnibus restituit, est justus creditor, respectu aliorum, portionum ab ipsis solvendarum eidem. *Qualiter peccent plures communi consensu modica furantes quæ sunt accepta efficiunt notabile?*

VI. Qui sciens alios huic personæ plura fuisse furatos, vel adventuros, qui plura sint furaturi, ipse tamen non animo inferendi grave damnum, nec ullam partem cum illis habendo aut exemplo, aut verbo, aut alio inducendi modo, modicum quodpiam furetur; probabilius videtur, quod non peccet mortaliter, tum quia ipse infert damnum dumtaxat leve; tum quia suum damnum nullam conjunctionem habet cum damnis illatis, vel inferendis. *Quomodo peccet, qui sine conspiratione furatur alicui, a pluribus aliis damnificato?*

§. II. De occulta Compensatione.

I. Positis nonnullis conditionibus, occulta compensatio non videtur illicita: quarum prima est, ut debitum sit omnino certum, & liquidum. Secunda, quod creditori alia via moraliter non pateat recuperandi suum creditum, aut nonnisi cum manifesto periculo gravis damni. Tertia, quod non fiat compensatio ex bonis creditori commodatis a debitore, vel apud ipsum ab eo depositis; eo quod fieret contra pacta. Quarta, ut accipiatur res ejusdem speciei: puta, pecunia pro pecunia, triticum pro tritico &c.; quæ conditio observetur, quando moraliter observari potest, & indigentia creditoris permiserit. Quinta, ne compensatio fiat cum scandali, aut infamiæ præcipue alienæ, periculo; puta, si prævideatur altera determinata persona in suspicionem accipienda. Sexta, ut fiat sine injuria tertii; puta, si tuus debitor dedisset rem alteri in pignus, in depositum, in locationem &c., tu non posses ab illo talem rem occulte auferre: immo in casu, quo omnia bona tui debitoris essent aliis hypothecata, tu nil eorum auferre posses, eo quod illi sint tibi præferendi ex privilegio *Conditiones ad occultam Compensationem.*

legio legis, etiam cum tuo detrimento. Et quamvis tu similiter super illis bonis hypothecam haberes, non posses cum aliorum hypothecariorum detrimento totum tibi auferre; seu deberes pro rata etiam aliis relinquere: & similiter si haberes credita ejusdem conditionis ac alii, & debitoris bona non sufficerent, deberes cum aliis dividere. Septima, ut, facta compensatione, debitor conscius de hoc reddatur cauto modo; tum ne relinquatur ipsi conscientia obligationis gravis solvendi; tum ne bis idem debitum solvat. Adderem octavam, ne fiat sine consultatione cum docto Confessario, ne in aliquod peccatum incurratur. His positis conditionibus, non apparet injusta occulta compensatio; quia neque opponitur justitiæ legali, neque commutativæ: non primæ, cui nullam infert injuriam, eo quod in casu judex moraliter adiri non potest, ut supponitur; non secundæ, quia nullam injuriam infert debitori nolenti, & alias potenti, ut supponitur, restituere.

Est licita observatis conditionibus.

II. Circa hactenus dicta extat thesis 37. ab Innoc. XI. proscripta: *Famuli, & famulæ possunt occulte heris suis surripere, ad compensandam operam suam, quam majorem judicant salario, quod acceperunt.* Hinc quando recipiunt salarium, de quo conventum fuit, jam patet, quod injuste aliquid aliud surripiunt: si enim illis videtur salarium inferius laborum merito, exponant heris suis hanc inæqualitatem, & si ipsi salarium augere recusent, alios heros sibi procurent. Non inficior, plures extare heros, qui quamvis de sufficienti salario pro famulo convenerint, tamen nec prompte erogant, nec integre; qui in hoc gravissime peccant, ita ut compellatur famulus sibi aliquid occulte surripere ad jura sua reparanda; quia alia moraliter non patet via suæ redintegrationi: tamen in hoc casu consulat famulus doctum & prudentem virum, ut doceatur, quid sibi agendum in hujusmodi casu; & Confessarius resolvat juxta superius dicta. Caveat autem, ne sit nimis severus circa frustula esculentorum, & poculentorum; sed de his judicet, prout conditiones domini & famuli, & consuetudines familiæ sibi judicandum suaserint.

Quid dicendum circa compensationes famulorum?

* Ex tradita hactenus doctrina de occulta compensatione colligunt P. Antoine *tract. de Justit. part. 3. cap. 3. q. 9.* & Collet. *tract. de Just. c. 4. a. 4. sect. 3.* peccare contra justitiam, & teneri ad restitutionem sartores, qui vestium fragmenta, fila serica &c. quæ domini abjicere non consueverunt, retinent, ut sic compensent sibi mercedem, quam se existimant justo minorem recipere. Quapropter Confessarii in his furtis, etiamsi nondum ad mortale pertingant, dissimulare non debent, sed præcipere hisce furibus, ut rem ejusve pretium reddant, aut laborent vel melius, sed eodem pretio ac ante, vel si æqualiter,

liter, pretio minori. Idem de aliis, qui in materia aliena laborant. Quæ quidem omnia, utpote quæ frequenter in praxi occurrunt, sunt accurate animadvertenda. *

III. Cajus debitor tuus viginti scutorum, dat tibi triginta scuta, Titio alteri Creditori suo consignanda: tu, cui nulla alia patet via redintegrationis, potes ne tibi retinere viginti? Respondeo, quod si certus sis creditum Titii non esse tuo præferendum, neque ob beneficium temporis, neque ob beneficium legis, & Titius omnino inscius sit talis rei; potes tibi retinere viginti, & alia decem reddere Cajo, manifestando eidem compensationem tibi juste factam: cave tamen, ne exinde prævideas futura gravia dissidia inter Cajum & Titium, vel aliud grave inconveniens; quia tunc titulo charitatis abstinere tenereris, & quidem sub gravi, eo quod charitas te urgeat ad abstinendum ab actione, alioquin justa, ad arcendum malum longe gravius alteri innocenti.

Casus resolutus, & eventu facilis.

§. III. *De Necessitate licitum reddente surripere aliena.*

I. Varios necessitatis gradus, variaque bonorum genera late tradidimus in Tract. 4. cap. 7. §. 7. unde ab eisdem hic repetendis supersedemus.

II. Certum est apud omnes, nemini permissum esse furari in necessitatibus communibus. Certum quoque est apud omnes post damnatam ab Innocentio XI. thesim 30. nemini licere furari in gravi necessitate; dicebat enim confixa thesis: *Permissum est furari non solum in extrema, sed etiam in gravi necessitate.* Certum item est, in necessitate extrema permissum esse furari, ut omnes docent cum S. Doctore 2. 2. q. 66. art. 7., quia in hoc casu bona sunt communia. Poterit igitur quis in necessitate extrema, tum sua, tum suorum, tum proximi, aliena surripere, ut suæ necessitati, & proximi succurrat. Furans autem ad succurrendum necessitati extremæ proximi, debet carere, quo possit ipse de suo succurrere; si enim haberet de suo, quo succurreret, injuste aliena surriperet. Excipiendus est casus, in quo dominus illius rei esset in æquali extrema necessitate; quia tunc non deberet ipse re sua privari, qua extreme indigeret. Excipitur item casus, in quo sperares, quod petendo obtinere posses. An autem in hoc casu omittere petitionem sit mortale? dico cum probabiliori, quod si unum dumtaxat habeas, a quo petere possis, cum ille jam teneatur dare, omissio petitionis non esset mortalis: si autem alios habeas, a quibus petere possis, & speres te ab aliquo accepturum, tunc omissio petitionis esset lethalis.

Præmittuntur certa.

Licitum est in necessitate extrema.

Petitio quando præmittenda?

III. Si postquam re aliena necessitati tuæ subvenisti, aliquid superesset, juxta omnes, esset restituendum domino.

Restituendum quod superest.

no rei: proinde si ad salvandam vitam usus fuisti equo alieno, & a periculo vitæ evaseris, equus est restituendus: similiter si aliena pecunia, residuum est restituendum. Si autem necessitate extrema repente oppressus Venetiis, habeas bona Romæ, vel te habiturum prudenter speres; quis ambigat acceptionem tuam debere esse conditionatam, idest animo restituendi tantumdem de bonis, quæ alibi tenes; aut te habiturum speras? Pariter si in necessitate extrema petiisses aliquid commodato, aut mutuo, aut emendo credito, procul dubio tenereris, necessitate cessante, quamprimum posses, restituere aut solvere, ita exigente naturali jure, cui dictis modis contrahendo te subjecisti. Res autem, quæ consumitur ab extreme indigente tam in re, quam in spe, non debet ab ipso amplius restitui, etiamsi postea accidat, ipsum bona possidere.

☞ Bona surrepta ab eo, qui non est indigens, si in extremam postea necessitatem labatur, eaque in tali positus necessitate consumat, restituenda sunt, extrema necessitate sublata. Quippe delictum contra justitiam perpetratum resarciri debet, quamvis extremæ necessitatis tempore restitutionis debitum suspendatur. ☜

IV. Qui autem ministrat extreme indigenti tam in re, quam in spe, si ministret usu consumptibilia, non potest in conscientia pacisci, quod teneatur restituere sibi ministrata. Si autem subministret rem permanentem, puta equum ad fugiendam mortem, cum indigenti usus tantum equi sit necessarius; patet, quod si equus subsistat, teneatur illum restituere.

§. IV. *De eo, quod restituendum est a Possessore bonæ fidei.*

I. Quid sit bona fides, jam tradidimus in cap. 2. §. 16., nec non quis dicatur possessor bonæ fidei, qui cum in notitiam venerit rem, quam bona fide possidet, esse alienam, & nondum præscriptam, teneatur restituere, non titulo injustæ acceptionis, sed rei acceptæ, seu titulo ipsius rei, quam tenet. Hic porro, juxta omnes, tenetur restituere domino rem ipsam, si adhuc extet in toto vel in parte, atque id, in quo factus est ditior, nempe tantumdem, quantum ratione illius rei pepercit rebus suis, vel adauxit res suas: si autem in nullo factus sit ditior, nil restituere tenetur. Explico denuo, sicut ibidem explicavi. Invitatus fuisti ad cœnam dapibus exquisitis, sed, te ignorante, furtivis, instructam; comedisti ad satietatem, pro valore unius aurei, cum alioquin tu vel a cœna abstinere soleas, vel decem obolos dumtaxat expendere: si revera eo vespere non cœnare decreveras, ad nil teneris domino dapum, cum in nullo factus fis di-

ditior; si autem coenare constitueras, decem obolos dumtaxat erogare teneris; quia quoad illos tantum rebus tuis pepercisti, & ditior es effectus. Si rem furtivam, te ignorante, dono acceperis, & tu similiter dono dederis; domino comparenti nil dare teneris, quippe qui in nullo factus sis ditior: teneris tamen indicare domino donatarium tuum, ut ab eodem illam sibi vendicet. Si illam forte amiseris, cum in nullo factus sis ditior, ad nihil teneberis. Si illam vendideris, teneberis domino de pretio, in quo factus es ditior. Si autem vendideris majori pretio, quam res illa valeat; vel augmentum pretii ortum fuit ex paucitate illius mercis, vel ob tui industriam; tunc in primo casu totum pretium, cum sit fructus rei, debes domino reddere: in secundo autem casu, teneris domino dare pretium naturale, tibi retento, quod non est rei, sed tuæ dumtaxat industriæ.

II. Hinc circa fructus rerum observandum est, quatuor genera fructuum a Juristis recenseri; quidam dicuntur Naturales, qui ex se ab eorum causis sponte exeunt, ut herba pratorum: alii dicuntur Mixti, qui & eorum causis naturalibus, & etiam humanæ industriæ correspondent, ut segetes, uvæ &c. alii dicuntur Civiles, ut locationes domorum, vestium &c. alii tandem dicuntur Industriales, qui solæ humanæ industriæ correspondent; ut lucrum ex pecunia negotiationi exposita &c. Possessor bonæ fidei quoad fructus naturales, tenetur reddere domino, qui extant, si extent; & si non extent, totum id, in quo factus est ditior: quod si in nullo coram Deo sit factus ditior, aut suis rebus parcendo, aut lucrum acquirendo &c. ad nil tenetur. Quoad fructus Mixtos, & Civiles, similiter reddere tenetur illos, qui extant, aut in quo factus est ditior; demptis expensis factis, & laboribus impensis, pro quibus se debet compensare, si velit. Quoad fructus mere Industriales, nil reddere tenetur. Neque tenetur reddere fructus, quos ob sui negligentiam non percepit, quamvis dominus illos percepisset, si rem suam habuisset, neque damnum emergens, si quod domino emerserit. Memento, ex dictis de præscriptione, quod neque fructus naturales, neque mixtos, neque civiles, si jam præscripti fuerint tempore statuto, & bona fide semper continuata, tituloque colorato, reddere tenebitur, tametsi ex illis factus fuerit ditior.

Fructus mixti, sive adhuc extent, sive iis ditior factus sit possessor bonæ fidei, restituendi sunt secundum id quod naturales sunt, non vero prout industriales.

III. Si possessor bonæ fidei locet rem alienam, quæ locari non consuevit, puta torquem auream, vel quidpiam simile, fructus perceptus dicendus non est industrialis: idcirco potest dumtaxat sibi retinere, si quid expenderit,

Quinam fructus restituendi sint a Possessore bonæ fidei?

Casus resolvitur.

ne jacturam patiatur, cæterum in nullo ditior fieri poterit.

Emens bona fide rem furtivam, qualiter se gerere debeat?

IV. Qui bona fide emit rem, quam postea novit esse furto sublatam Petro, & prudenter sperat se posse furem compellere, saltem per judicem, ut sibi pretium restituat; juxta omnes, tenetur illam tradere Petro domino ejusdem, ad quem semper res clamat, & alioquin ipse emptor nulli damno subjacet. Si fur, ne famam amittat, cum juramento spondeat, se illam daturum domino, ita ut emptor moraliter certus fiat ita factum iri, videtur posse eam tradere furi. Si emptor illam emit vilissimo pretio, tenetur eam tradere domino, & se subjicere levi incommodo, nempe periculo amittendi modicum illud pretium.

An possit res furtiva restitui furi ad recuperandum solutum?

V. At difficultas gravis est, si emptor prudenter timeat, & certus moraliter sit, se amissurum solutum pretium, quia fur vendens nulla via compelli queat ad restituendum pretium sibi solutum; an possit emptor, ut se indemnem servet, restituere rem furi, ut sibi solutum pretium fur restituat, esto sit certus moraliter, dominum rei ea privatum iri? Plures affirmant, pluresque negant. Utráque opinio gravia momenta affert, & fateri compellor mentem meam inter hæc duo extrema hærentem. Propterea viam quamdam mecum excogitavi, quam sapientiorum judicio submitto, dicendo, quod si emptor sit inferioris fortunæ, & dominus rei sit dives, ita ut amissio pretii soluti notabile damnum allatura sit statui & familiæ illius emptoris, & amissio rei illius furtivæ domino ejusdem damnum longe minus allatura sit, ut pote diviti; putarem in hoc casu præponderare fundamenta opinionis affirmantis, nempe quod innocens, & mediocris emptor non teneatur cum tanto suo damno impedire damnum longe minus respective domini divitis; qui propterea irrationabiliter, & contra charitatem christianam id exigeret. Si autem tam dominus rei, quam emptor essent æqualis circiter fortunæ, & damnum subeundum, attentis circumstantiis, evasurum esset circiter æquale; tunc putarem veram secundam opinionem negantem.

Qui redimit rem furtivam amici, quomodo redintegrandus?

VI. Ex hactenus dictis infertur, posse dominum rem suam, quamdiu ipsa extet, recuperare & tollere e manibus cujuscumque possessoris bonæ fidei, quin aliud pro eadem solvat. Si quis tamen animadvertens, rem illam esse Petri, & illam vili pretio emeret, animo gerendi utiliter negotium Petri, eamdemque illi tradendi; teneretur Petrus dominus rei redintegrare amicum & benevolum illum, qui utiliter gessit negotium suum; cum possit deinde Petrus cogere furem, ut sibi det summam illam vilem a benevolo erogatam: & quamvis etiam furem non inve-

Caput V. De Restitut. bonorum temp. 315.

inveniret, non posset rationabiliter denegare benevolo redintegrationem. Si autem benevolus ille totum justum pretium furi erogasset, putans se Petro gratificari, quippe quod res illa esset eidem gratissima, aut necessaria; multi dicunt, quod Petrus in conscientia non teneretur dare totum pretium benevolo illi. Cardinali autem de Lugo videtur disp. 17. sect. 1. num. 4., quod cum benevolus ille, sciens charissimam esse rem illam Petro, aut necessariam, eamdemque redimens prudenter putaverit se gerere negotium Petro gratum, non sit subjiciendus gravamini amittendi summam erogatam. Quod fateor mihi non displicere.

§. V. *De Obligationibus Possessoris dubiæ fidei.*

I. Possessor dubiæ fidei dicitur ille, qui prudenter dubitat an res, quam possidet, vere sua sit: quod dubium oriri potest vel in ipsa rei acquisitione, vel postquam illam acquisivit. Qui igitur in ipsa acquisitione prudenter dubitat eam esse furtivam, & hæc sit quid notabile, peccat mortaliter illam acquirendo, & tenetur illam restituere domino comparenti absque ullo ejusdem onere. Quod si dominus inveniri nequeat, post prudentem inquisitionem, & congruam temporis expectationem; tunc jam vel probabilius appareat rem esse alienam, & tunc est tribuenda pauperibus, vel in Sacrificia pro domino ejusdem una cum fructibus naturalibus & mixtis, detractis expensis necessariis ad eos fructus percipiendos: vel adhuc remanet dubium æque probabile; & tunc dividenda est cum dictis fructibus inter possidentem & pauperes, ignoto domino; vel cum illo, de quo dubitatur, an sit dominus, si agnoscatur.

Obligationes Possessoris dubiæ fidei in acquirendo.

II. Dubitans rem, quam bona omnino fide acquisivit, esse alienam, si dubium illi oriatur ante completum tempus præscribendi, tenetur statim inquirere de veritate, summa diligentia; post quam diligentem inquisitionem, si probabilius appareat, rem esse suam, eam integre sibi retinere potest, juxta etiam alibi dicta. Si autem adhuc dubium æquale perseveret, probabilius res est dividenda pro rata dubii inter possessorem, & alterum, ad quem pertinere dubitatur.

Quid de dubitante, postquam bona fide acquisivit?

III. Hinc dubitans, an solverit debitum alioquin certum, ex communi tenetur illud solvere. Putarem tamen, quod si etiam creditor dubitaret, an solutionem receperit, tunc cum esset dubium etiam de credito, solvendum esset pro rata dubii. Commodatarius dubitans, an res commodata sua culpa perierit, tenetur ad redintegrationem.

Quid de dubitante, an debitum solverit? Quid de commodatario dubitante, an res sua culpa perierit?

§. VI.

§. VI: De Obligationibus Possessoris malæ Fidei.

Obligationes Possessoris malæ fidei.

I. Possessor malæ fidei dicitur ille, qui rem injuste accepit, vel injuste detinet; cujus hæ sunt obligationes: tenetur restituere rem, si adhuc extet, vel ejus valorem, si non extet: item omnes fructus naturales, mixtos, & civiles perceptos ex illa, demptis expensis, quas etiam dominus facere debuisset: item etiam fructus non perceptos, si dominus illos percepturus erat: item fructus industriales, posito quod etiam dominus illos percepisset, quamvis damnificator non perceperit: item compensare omne damnum emergens domino ex privatione rei suæ, & omne lucrum eidem cessans, ob eamdem privationem. Et ad hæc omnia tenetur, etiamsi nullam omnino utilitatem percepisset; puta, si etiam ipsi res illa fuisset furto sublata, vel eam statim amisisset. Potest tamen subtrahere præter expensas, quas dominus necessario facere debuisset ad conservandam rem illam, expensas factas in re illa melioranda & utiliori reddenda, dummodo tamen in expendendo non excesserit; & dominus quoque expensas illas fecisset. Fructus tamen ex melioramentis collectos reddere tenetur.

Non potest se compensare pro expensis voluptuosis.

II. Expensas voluptuosas a possessore malæ fidei in re aliena factas, quæ procul dubio illam pretiosiorem efficiunt, ut sunt picturæ parietibus inhærentes, sculpturæ muris infixæ, aliæque consimiles tectis cubiculorum, vel parietibus illinitæ, Italice *lavori a stucco* &c., si auferri nequeant absque detrimento rei alienæ, tenetur cedere iniquus possessor domino rei, quin, juxta probabiliorem, dominus quidquam teneatur pro eisdem erogare; nec non quin possit iniquus possessor quidquam sibi in compensationem retinere.

Res erepta a periculo debetur suo domino. Rei furto ablatæ pereuns, dum possidetur a fure.

III. Ex dictis deducitur primo, possessorem malæ fidei teneri restituere rem, quæ ab altero erat certo surripienda domino. Ita si eripuit rem a certo inevitabili incendio, est domino procul dubio restituenda, detractis expensis, & merito laboris aut periculi ad illam eripiendam.

IV. Rei furto ablatæ, quæ periit in manu furis, certo perituræ etiam in manu domini, puta in naufragio eodem; in quo cuncta submersa fuerunt, exceptis solis personis; in incendio, quod domum integram cum omnibus rebus in ipsa contentis tam domini, quam furis consumpsit, probabilius videtur non esse obligandum furem ad restitutionem: quia revera fur nullum damnum reale intulit, bene vero tempestas, aut incendium; unde periit res illa non ex actione furis, sed ex furore maris, & ex voracitate flammarum. Si vero fur ille rem furto sublatam distraxisset, vendidisset, consumpsisset ante naufragium,

Caput V. De Restitut. bonorum temp.

gium, vel incendium, procul dubio tenebitur domino restituere integrum rei illius valorem, una cum omnibus damnis, si quæ secuta fuere a tempore, quo illam consumpsit, usque ad tempus quo periisset simul cum aliis rebus domini naufragio, incendio &c.

V. Surripiens rem alienam, quæ certo peritura erat apud dominum, eo quod die sequenti militares represaliæ illum cunctis omnino bonis expoliarunt, tenetur quamprimum illam restituere, vel integrum suum valorem, si eam absumpsit; vel si timebantur, & expectabantur represaliæ, quanti valere poterat in statu illius periculi. Si autem non statim reddat, & sit in mora, & interea rem illam quocumque casu amittat, tenetur æquivalens reddere domino. *Possessor malæ fidei amittens rem, dum est in mora culpabili.*

VI. Cum autem sæpe contingat non rem, sed illius valorem esse restituendum, idcirco observandum est, quod duplex valor distinguitur; nimirum intrinsecus, & extrinsecus. Primus est, qui convenit rei ratione sui ipsius; puta pretium vituli, qui crevit in bovem: secundus, qui convenit rei ratione circumstantiarum extrinsecarum, ex. grat. valor tritici tempore abundantiæ, vel penuriæ. *Valor ex duplici capite.*

VII. Ex communi, possessor malæ fidei tenetur restituere domino rem secundum statum perfectiorem, & secundum valorem summum, quem habuit. Ratio est; quia etiam in eo statu debebatur suo domino, & ipsi erat reddenda. Unde si furatus es vitulum, qui crevit in bovem, eumdemque vendidisti, perdidisti &c.; cum non possis restituere bovem, teneris valorem illius bovis restituere, quia etiam quando evasit bos, erat sui domini, detractis tamen expensis, quas dominus fecisset, quousque in bovem evaderet: quod si bove illo usus fuisti, valorem illius usus reddere teneris domino, quia usus rei suæ. Et hoc est verum, etiamsi dominus illum consumpturus erat in statu vituli: quia, ut dixi, etiam posteaquam crevit in bovem, suus erat, eidemque debitus. Debetur autem domino summus valor illius bovis, quia etiam summus ille valor ad ipsum pertinebat; & hoc indubitanter, si certum, aut dubium sit, dominum bovis fuisse illum venditurum eo summo pretio; quia etiam in dubio melior est conditio domini rem suam possidentis, & jus habentis ad summum illum valorem. Immo, juxta probabiliorem, etiamsi dominus illum vendidisset ante summum valorem, puta quadraginta scutorum, sed dum valeret triginta, possessor iniquus tenetur ad quadraginta. *Secundum quem valorem sit restituenda res.*

* Petrus Collet *tract. de Justit. c. 3. a. 3. sect. 2.* docet quomodo pretium æquivalens refundere possit, qui triticum, gemmas, aut similia jam octo ab hinc annis furatus est. *

VIII. Qui dubitat, an ex actione sua mala, per se dam- *Dubitans.*

de effectu actionis damnificantis ad quid teneatur?
Certus de actione posita & de damno secuto, sed dubitat an damnum ex actione processerit, vel aliunde?

damnum inferente, reapse damnum secutum fuerit, tenetur restituere pro rata dubii, idest tantum, quanti æstimari debet periculum certum subeundi damnum illud; quod judicio prudentum taxari debet., mature perpensis circumstantiis gravitatis damni, & gradus periculi. Si autem certus esset nedum de actione damnosa posita, sed etiam de damno secuto; dubitaret autem, an damnum secutum fuerit ex actione sua, an potius ab alio eventu accidentali; tunc magis augetur motivum, & debitum redintegrandi, & ut affirmant multi, totum damnum. Si vero aliqua revera extaret ratio excitans dubium non leve, aliunde potuisse procedere illud damnum, aliquid forte posset remitti illi, qui posuit actionem, at valde modicum; cum præsumptio ut decem sit contra ipsum, & ut unum pro ipso.

§. VII. *De agente aliquid non ex se damnum inferens; ex quo tamen secutum fuit damnum alteri.*

Quando teneatur ad restituendum qui dicto modo agit?

I. Qui facit actionem, ad quam jus habet, honestam & sibi utilem, & quamvis sit periculosa damnum afferendi, omnem tamen diligentiam adhibet, quam cauti & prudentes homines adhibere consueverunt; si damnum aliquod inde præter intentionem emergat, ad nihil tenetur; quia utitur jure suo, atque diligentia a natura actionis requisita. Si autem non adhibuit debitam diligentiam, tunc, cum injuste egerit quoad modum, tenebitur de damno. Si autem actio fuerit otiosa, inutilis, & multo magis si mala, simulque periculosa damni inferendi, aut ex natura sua, aut ob circumstantias; quamvis adhibeat diligentiam, ne damnum sequatur, tenebitur ad damnum, si sequatur. Hinc qui de nocte vadit ad furandum scrinium Petro, & transit per ejus fœnile, & fortuito, tametsi adhibita diligentia, accendit fœnile una cum palatio Petri; ad totum damnum tenetur, eo quod Petrus habebat jus, ne quisquam cum faculis suum fœnile ingrederetur absque rationabili motivo, ob incendii periculum. Si demum actio tua fuerit mala, vel inutilis, nec ipsi plerumque & ordinarie ullum damnum conjungatur, attamen tu illud intenderis, & actionem eo fine feceris; teneberis de damno, ut patet. Et idem dicendum, etiamsi damnum actioni illi plerumque conjungi non soleat; tu tamen ex aliqua circumstantia prævidens probabiliter eventurum ex actione tua inutili, aut mala, & reapse damnum sequatur, teneberis illud resarcire. Hinc qui suo exemplo probabiliter animadvertit, etiam alios excitandos ad damnum alteri inferendum, tenetur ad resarciendum etiam pro illo damno, si reipsa inferatur, & alii resarcire recusent.

II. Qui

Caput V. De Restitut. bonorum temp. 319

II. Qui damna a suis famulis, aut feris, puta urso, cane feroci &c., ob sui negligentiam in illis castigandis, custodiendis &c. fieri non curavit, tenetur ad redintegrationem, juxta omnes; quia omisit ad aliorum perniciem id, ad quod stricto jure tenebatur. Si autem revera absque omni sua negligentia damnum secutum fuit, in foro conscientiæ ad nihil tenetur, quia nequit verificari ullus illius influxus in damnum illud. Dixi in foro conscientiæ, quia in jure civili in Institutis ff. & Codic. de Noxalibus actionibus, jubetur, ut pro damno illato, quamvis absque culpa domini, tradatur mancipium, vel animal, quod damnum intulit. Et Jure Can. cap. ult. de injuriis idem statuitur; & insuper additur confirmatio asserti nostri. *Damna illata a famulis, aut feris.*

§. VIII. *De Obligationibus impedientium alios a consecutione bonorum temporalium.*

I. Qui quovis modo, etiam solis precibus, impedit & est causa, ne aliquis consequatur bonum temporale, ad quod habet jus sive in re, sive ad rem, tenetur ad totum damnum restituendum, juxta omnes; quia injuste violat jus proximi: & si quidem habebat jus in re, tenetur ad omnia damna eidem secuta; si autem habebat jus dumtaxat ad rem, impediens tenebitur pro quanto jus illud prudenter æstimari potest: Impediens alterum, ne utatur jure suo, puta locando domum, suscipiendo opificium lucrosum &c., si ipse immediate impediens utatur solis & meris precibus absque ulla vel minima vi, fraude &c., & proximus desistat omnino libere, ad nihil tenetur, ut patet, quia ipsi non infert injuriam. Si autem preces fiant per tertiam personam valentem incutere metum, ita ut alter omnino libere non assentiatur, & desistat; primo ipse inducens rogantem, deinde in hujus defectu ipse rogans tenetur ad compensationem; quia utitur modis injustis, & voluntatem liberam violantibus, & multo magis si minis, fraudibus &c. utatur. Legatur D. Thom. 2. 2. q. 62. a. 2. ad 4. & 2. 4. *Qualiter præfatus impediens teneatur ad restitutionem?*

Impediens fraudibus, minis, detractionibus, mendaciis, aliisque modis injustis alterum a consequendo bono sibi vel juste vel gratuito conferendo, tenetur ad restituendum pro quanto apud prudentes æstimabitur spes illius boni consequendi; quia quamvis bonum ipsi conferendum esset gratuitum, & nullum jus ad ipsum haberet, habebat tamen jus, ne modis injustis impediretur ab illo consequendo. Aliud esset, si ad bonum aliquid alter nullum habeat jus, quia gratuito donandum, & nullis adhibitis modis injustis, volens donare diverteretur a proposito solis precibus tuis moderatis, quamvis ex odio con- *Utens modis injustis.*

tra

tra alterum profectis; quia tunc, cum nullius violares jus, non illius qui ad illam rem nullum habet, neque volentis donare, quia non deciperetur, non violares justitiam, & ideo ad restitutionem non teneresis: peccares tamen graviter contra charitatem, si ex odio supplicares; & nullo peccato, si illum rogares, ut potius alteri magis benemerenti, aut indigenti donares.

Impediens dignum a consequendo officio aequaliter peccet?

III. Impediens personam dignam a consequendo officio sive clericali sive laicali, quamvis sine ullo artificio injusto, ut conferatur consanguineo, aut amico indigno, aut inepto, peccat graviter contra justitiam debitam Ecclesiae, aut Reipublicae; & tenetur ad compensationem omnium damnorum ex administratione inepti illis resultantium; quia tam Ecclesia, quam Respublica habent jus, ne ministeria sua dentur ineptis. Immo ad id teneretur impediens etiam in casu, quo impediret, ne notabiliter dignior promoveretur, quamvis procuraret pro digno.

Casus specialis.

IV. Titius novus artium liberalium magister, absque mediis injustis procurat modis civilibus divertere discipulos a Sempronii schola, ut ad suam conveniant; & reapse plures eorum ad suam traxit: ad quid tenetur? Quia in hoc casu multa sunt consideranda, & quia est casus exemplaris aliorum; idcirco audiendum puto S. Antoninum, qui part. 2. tit. 2. cap. 2. §. 1. ex Joan. de Rupella, haec profert. ,, Patet, quid dicendum sit de his, ,, qui scholares retrahunt, & subtrahunt Doctoribus, cum ,, quibus audiunt: quia aut hoc faciunt in odium Docto- ,, rum, vel volentes sibi providere, vel aliis providere, ,, vel volentes scholaribus providere. Si primo modo, aut ,, subtrahit scholarem, qui jam intrabat scholam; & tunc ,, tenetur doctori ad restitutionem scholaris, & honoris, ,, & salarii sibi subtracti: si etiam doctor, cui subtrahit, ,, sit melior, quam ille, cui eum procurat; tenetur tali ,, pro quanto utilitatem scientiae sibi subtraxit. Si autem ,, nondum scholas intravit, sed intrare disponebat; non ,, tantum tenetur, licet obligetur scholarem inducere, ut ,, redeat ad primum. Si autem hoc facit volendo sibi pro- ,, videre; puta, est doctor, & vult sibi de scholaribus ,, providere; si hoc sine fraude facit, & scholaris nondum ,, se dederat alicui doctori, non credo eum in aliquo ob- ,, ligari; cum cuilibet sit licitum modo licito & debito ,, procurare utilitatem suam: aliter non credo sibi licere. ,, Si autem hoc fecit, volens aliis providere, sicut quan- ,, do scholaris alicujus doctoris subtrahere conatur schola- ,, res aliis doctoribus, ut intrent cum doctore suo, in ,, hoc solum honorem, & utilitatem sui doctoris inten- ,, dens; si subtrahat jam intrantem cum alio doctore, ,, credo ipsum obligari, nisi forte illius doctoris, cui sub- ,, trahit eum, insufficientia, & scholaris aliqua specialis

,, cura,

„ cura, qua sibi tenetur, excuset. Si autem retrahat in-
„ trare volentem, cum ex hoc nullum jus doctori sit ac-
„ quisitum, & hoc facit sine fraude, non credo eum do-
„ ctori in aliquo obligari; obligatur autem scholari, si
„ eum retrahat, ne audiat meliorem. Si autem hoc fa-
„ ciat, utilitati scholaris volens consulere, & super hoc
„ a scholari requisitus consulit, quod audiat alium docto-
„ rem meliorem, bene facit: & dicta in his casibus, sunt
„ cæteris paribus intelligenda. " Hæc S. Archiepiscopus
ex laudato Joanne. Ex hac resolutione, quam exemplarem
vocavi, inferas, quid respondendum sit in similibus casibus, de Advocatis, Procuratoribus, Medicis, Artificibus,
Mercatoribus &c., immo & Concionatoribus; qui abdu-
cunt alienos clientes, infirmos, eosque qui ab alio emere
solent merces vulgo *avventori* &c., ut sibi majora lucra
& utilitates temporales procurent.

§. IX. *De Mora in restituendo.*

I. Jam de mora, orta sive ex voluntate, sive ex impo- *De Mora*
tentia, injuste accipientis aliena, patet ex dictis in §. 6. *possessoris*
ipsum teneri ad omnia damna ex injusta acceptione pro- *malæ fi-*
ximo secuta. *dei.*

II. Debitor ex contractu vel quasi contractu tenetur *Mora de-*
solvere, elapso termino constituto, quamvis non monea- *bitoris ex*
tur a creditore. Si vero nullus terminus fuerit constitu- *contractu.*
tus, & silentium creditoris moraliter certo procedat ex
tacita concessione dilationis, non erit judicandum lethale,
si debitor differat: si vero prudens suspicio sit, creditoris
silentium proficisci ex quodam metu, ita ut dilatio non
sit omnino voluntaria; tunc dilatio notabilis potest esse
mortalis, utpote retentio rei alienæ, invito domino.

III. Si creditor, eo quod debitor distulerit solutionem, *Quando*
compellatur accipere pecuniam sub usuris, non est dubi- *mora est*
tandum, quod si de hoc præmonitus fuerit a creditore, *causa, ut*
& adhuc non solverit, teneatur solvere usuras illas, qua- *creditor*
rum illius mora est causa. Si autem non fuerit præmo- *accipiat*
nitus ex negligentia creditoris, durum est obstringere de- *sub usu-*
bitorem ad illas solvendas. Si demum creditor non mo- *ris, quid*
nuit, prudenti timore retractus, ob indolem difficilem, *dicen-*
indignantem, præcipitem debitoris, ne alicui injuriæ se *dum?*
exponeret sine fructu, tenebitur procul dubio debitor ad
usuras.

IV. Quando mora non fuit culpabilis, atque nata ex mera *Quando*
inculpabili oblivione, neque in contractu conventum fuerit, *mora ex*
quod teneatur ad interesse etiam pro mora inculpabili, com- *oblivione*
munior docet, quod non teneatur ad damna; quia non inve- *non fuit*
nitur radix hujus obligationis: non retentio, eo quod sit *culpabilis,*
inculpabilis; non contractus solvendi, qui non extat. *quid di-*
cendum?

V. Si

V. Si debitor ex contractu, antequam elabatur tempus solutioni constitutum, ex sua culpa incidat in impotentiam, judicandus videtur debitor ex delicto, & per consequens omnium damnorum creditori resultantium. Si autem in impotentiam incidat absque ulla sua culpa, antequam elabatur terminus solutioni præfixus, quo termino adveniente, adhuc perseverat in impotentia ; non videtur obligandus ad supplenda lucra cessantia, vel damna emergentia creditori. Esset tamen rationabile, ut , si debitor a Deo restituatur in bonis, ita ut posset nedum sortem dare, verum etiam damna creditoris reparare, id ageret. Dixi rationabile; nam etiam justum & debitum, non sine fundamento affirmari posset : eo quod præcipue in contractu mutui id implicite subintelligi asseritur, nempe ut debitor, etiam inculpabiliter morosus, teneatur ad damna ex dilatione solutionis creditori necessario secuta.

Quando mora originatur ex impotentia, quid dicendum?

§. X. De acceptis ob motivum peccaminosum.

I. Accepta pro perpetrando peccato, antequam perpetretur, restituenda sunt ; & desistendum ab opere malo. Nisi autem lex accipientem inhabilem reddat ad retinendum data pro peccato jam patrato, (quemadmodum extat lex vetans, ne simoniace accepta possint retineri, ut diximus in tract. 4. cap. 13. §. 14.) possunt retineri. Ita S. Thom. in 4. d. 15. q. 2. arr. 2. Et 2. 2. q. 62. a. 5. ad 2. loquens de meretrice hæc habet: *Aliquis dupliciter dat illicite : uno modo, quia ipsa datio est illicita, & contra legem, sicut patet in eo, qui simoniace aliquid dedit ; unde non debet ei restitutio fieri de his: & quia is , qui accepit, contra legem accepit, non debet sibi retinere , sed debet in pios usus convertere. Alio modo aliquis illicite dat, licet ipsa datio non sit illicita, sicut cum quis dat meretrici propter fornicationem ; unde & mulier potest sibi retinere quod datum est: sed si superflue ad fraudem, vel dolum extorsisset, tenetur eidem restituere.* Hæ autem fraudes, & hic dolus esset, si se fingeret honestam, aut virginem, cum talis non esset ; aut si abutens insano amore sui amasii, artificiis & fictis indignationibus excogitandis studeret, ut ab illo infelici notabiles summas extorqueret : & in his casibus restituere tenetur quod scorti consuetam mercedem excedere judicatur. Et id S. Doctor non solum concedit meretrici, sed etiam aliis, ut patet ex iis, quæ docet 2. 2. q. 87. a. 2. ad 2. *Quædam*, ait, *dicuntur male acquista ; quia acquiruntur ex turpi causa, sicut de meretricio, histrionatu, & aliis hujusmodi; quæ non tenetur restituere.*

II. Mulier honesta varia dona etiam pretiosa videt sibi fieri ab amico suo & totius familiæ, quæ recipit in signum honestæ amicitiæ, quin suspicetur quidquam inhonesti

Accepta ad peccatum patrandum, antequam patretur, sunt restituenda. Accepta in mercedem post patratum delictum retineri possunt.

Mulier donis illecta ab amasio ignoto, an restituere debeat?

Caput V. De Restitut. bonorum temp.

nesti in illius corde cubare: temporis progressu animadvertit ex quibusdam signis, amicum illum dona exhibere, ut eam primo alliciat, & tandem trahat ad illicita secum perpetranda. Statim ac id animadvertit, tenetur procul dubio non amplius dona recipere, ne illius impudico amori cooperetur : immo ut omnem spem ab illius mente extirpet obtinendi ab ipsa, quod non licet ; recepta, si extent, & possit absque illius indirecta diffamatione apud maritum vel domesticos, tenetur restituere.

III. Qui peccatum patravit ob pactam mercedem, ita ei merces debetur, ut peccet lethaliter, si sit de re notabili, qui illam dare non vult ; eique semper debitum remanet redintegrandi. Ita communior, & rationabilior, & fundatur in doctrina S. Thomæ supracitata. ¹ Quando autem promissio pro patrando delicto est prodiga, ita ut post delictum commissum exequi non possit absque peccato saltem veniali, probabilior docet , quod non sit exequenda quoad excessum mercedis justæ, & prudentum judicio debitæ ; quia, quod sine peccato fieri non potest , omnino faciendum non est.

Ex justitia debetur merces post commissum delictum pacta antequam committeretur.

* Communior sane inter Theologos sententia est, perpetrato opere illicito (ut homicidio, sacrilegio, maleficio, fornicatione &c.) de quo patrando initus contractus erat, vel promissio facta, attento jure naturæ teneri promittentem promissum servare, pactumque pretium solvere, quemadmodum Auctor asserit . Non desunt tamen, & quidem non infimæ notæ Doctores plures, qui oppositum sentiant, verioremque existiment opinionem , quæ sustinet promissiones omnes ob causam ex se turpem esse penitus irritas & nullas, nulloque modo ex se obligatorias etiam post patratum opus turpe. Inter cæteros opinionem hanc amplectuntur, atque propugnant P. Paulus Comitolus *Lib.* 3. *q.* 5. & Henricus a S. Ignatio *Lib.* 9. *cap.* 42. ; quibus postea adstipulari sunt Continuator *Prælect. Theologic.* Honorati Tournely *Part.* 3. *de Rest. sect.* 4., & Auctor Collat. Parisiens. *tom.* 4. Legatur etiam P. Concina *tom.* 7. *lib.* 2. *dissert.* 2. *c.* 10. & 11.

Quando promissio est prodiga, est ad justos limites restringenda.

Utcumque tamen res se habeat, quoad praxim, ut monet P. Paulus Gabriel Antoine *Tract. de Just. & Jur. cap.* 3. *q.* 14. *resp.* 3., in poenitentiam imponenda est a Confessario obligatio dandi pauperibus vel piis causis accepta pro quovis opere malo patrato, si accipiens non indigeat; tum quia peccatum est tali pœna dignum, tum ne lucrum ex peccato reportet , & sic ad peccatum affectum retineat, & ad illud iterandum alliciatur.

X 2 §. XI.

§. XI. *De receptis pro actione, alioquin ex debito praestanda.*

Recepta ob opus debitum sunt restituenda.

I. Qui recipit aliquid pretio æstimabile non omnino spontanee, voluntarie, & libere datum pro actione, quam ex justitia præstare tenetur, debet quod recipit indubitanter restituere, juxta communem; quia vendit, quod jam suum non est, & ex justitia præstare tenetur: & idem omnino est, ac si venderet Petro equum, quem alioquin tenetur dare Petro. Propterea væ illis ministris, qui solvendis publicis ratiociniis a Principe destinantur, quique aviditate lucrandi strenam, italice *mancia*, diu fatigant illos, qui accedunt ad exigendas pecunias sibi debitas, quibus statim suo ordine ab ipsis essent numerandæ; & nihilominus se urgentibus curis distrahi fingunt, aliisque dolosis artibus utuntur, ut differant solutionem, & exinde compellantur creditores ad erogandam strenam, ut expediantur: væ, inquam, hujusmodi ministris, qui iniquis raptoribus accensendi sunt, vendentes hoc modo creditori eam diligentiam & sollicitudinem, quam ex debito officii sui debent eidem. Prudenter autem præsumi poterit strenam vere esse omnino liberaliter datam, ac per consequens licite retineri posse, si tu nullo artificio adhibito, prompte facias, quod agere teneris, & nihilominus strena detur ab opulento donatore: & si dans strenam, etiam in aliis casibus ex liberali indole soleat strenam dare, absque ulla recipientis insinuatione: in his circumstantiis præsumi posse videtur, quod omnino voluntarie detur. Quod si detur, antequam quidquam operaris, aut dubites, an plene voluntarie detur, debes te declarare paratum, etiam sine strena, ad prompte agendum quod teneris, ut danti innotescat, te nihil omnino exigere ad perficienda quæ debes.

Etiam accepta pro actione debita titulo charitatis sunt restituenda.

II. Accepta pro actione, quæ motivo charitatis, aut alterius virtutis est exequenda, si in illius executione nullus labor, aut sumptus, nullumve periculum intervenire debet, juxta probabiliorem, sunt restituenda. Consulto dixi, si in illius executione nullus labor &c., quia si quidquam indicatorum interveniat, quidam dicunt data posse retineri, quin peccetur contra justitiam: quandoquidem recipiantur in compensationem laboris, sumptus temporalis impensi, periculi &c. peccat tamen recipiens contra charitatem, eo quod actio erat sine ulla mercede præstanda; nisi tamen ex conjecturis supra indicatis constet certissime, dari omnino voluntarie: unde videns in domo Petri jam dormientis incendium inchoari, & pergens ad illum excitandum ut surgens incendium præveniat, nil potest recipere ob hoc monitum datum, ad quod dandum

Caput V. De Restitut. bonorum temp. 325

stricte tenebatur lege charitatis &c. nisi, ut dixi, constet omnino liberaliter dari ob gratitudinem.

III. Accepta pro actione aut omissione cedente in solum commodum accipientis, vel ad Dei cultum, possunt retineri; quia tali modo donata, non est locus suspicandi, fuisse donata non omnino libere, cum nemo consuevit emere ab altero actiones; quæ ipsi soli, a quo emantur, sint utiles, & non emptori. Unde recipiens eleemosynam, ut audiat Missam, jejunium observet, desistat a peccato aliquo &c., licite retinet; dummodo tamen non intendatur vera & propria emptio, pariens strictam obligationem, quia esset simonia realis. Et circa hoc notandum est, quod quando receptio doni efficit, ut actio, alioquin debita, non ponatur secundum substantiam, tunc donum erit restituendum: propterea qui ex voto tenetur offerre duo candelabra centum argenteorum, & id ægre adimpleat, non potest accipere ab amico quinquaginta, ut libentius id præstet; sed restituere tenetur; quia non adimpleret id, ad quod ex voto obligatur. E contra tenetis ex voto jejunare, & cum ægre id facias, genitor tuus, vel amicus donat tibi anulum, ut libentius jejunes: retinere potes, quia in primo casu non poneres totam substantiam rei promissæ, sicut illam ponis in secundo casu.

Accepta pro actione utili soli accipienti.

§. XII. *De Concausis damnorum proximi generatim.*

I. Novem sunt modi cooperandi ad damnum; quos Theologi cum Angelico Doctore 2. 2. q. 62. art. 7. his duobus exametris comprehendunt. *Jussio, Consilium, Consensus, Palpo, Recursus, Participans, Mutus, non Obstans, non Manifestans.*

Recensentur, & explicantur Concausæ.

* Nota. S. P. Innocentius XI. hanc jure meritoque proscripsit propositionem n. 39. *Qui alium movet, aut inducit ad inferendum grave damnum tertio, non tenetur ad restitutionem illius damni illati.*

II. Ut hi cooperantes teneantur ad restitutionem sufficit, quod revera damnum ex eorum influxu secutum fuerit, etiamsi, ipsis non influentibus, adhuc damnum secutum fuisset. Quis enim dicat, mihi non imputandum homicidium, furtum &c., in quod influxi, eo quia infallibiliter a Petro patrandum erat post quadrantem horæ? Hinc cum Cajetano, Soto, & aliis infertur, quod dummodo influxus in damnum verificetur, nil refert ad excusandum a restitutione, quod, nisi extarent alia motiva, influxus cooperantis non fuisset sufficiens. Quis enim dicat, quod, si ad trahendum furto magnum lapidem decem requirantur, nemo illorum singulatim sit dicendus fur, quia nisi adjutus ab aliis novem, furtum sequi non poterat? Quia tamen singuli influxerunt, omnes sunt fures:

Ut restituere teneantur, quid requiritur?

X 3   III.

Quando cooperans certus est suam actionem effectum non habuisse, aut dubitat, quid agendum?

III. At difficultas est, an mandans, consulens, suffragium dans &c. teneantur, quando certissime constaret, nullum omnino influxum se habuisse in damnum secutum? Sed probabilius videtur non teneri ad restitutionem, quia revera nullum influxum habuit in damnum. Dixi quando certissime constet, nullum influxum habuisse; si enim de hoc dubitaret, tunc cum certus sit de sua actione injusta posita, & solum dubitetur de effectu, restitutioni est obnoxius, saltem pro rata dubii : aliter non servaretur æqualitas. Quæ resolutio non contradicit ei, quam posuimus in 9. 6. in qua diximus, quod teneatur ad totum damnum : ibi enim sermo erat de unico damnum inferente; hic autem loquimur de pluribus simul concurrentibus, quorum unus dubitat, an revera influxerit; unde non afferetur præjudicium innocenti, etiamsi omnes dubitarent, & pro rata restituerent; nam ex his restitutionibus simul sumptis consurgeret integra compensatio : si tamen alii nollent, teneretur in solidum.

* Videatur D. Thom. præcit. a. 7.
* Porro valde probabiliter æstimari potest, ut animadvertit Petrus Collet *tom.* 2. *tract. de Justit. cap.* 3. *art.* 3. *sect.* 4. consilium, aut mandatum nihil influxisse in damnum alterius 1. si damnificator neget se alieno consilio motum fuisse; ei enim, si aliunde fidem meretur, in interiori foro credi potest. 2. si homicida v. g. post consilium datum, inimicum non occiderit, etsi fausta illius occidendi sese obtulerit occasio; sed solum ad facinoris executionem devenerit, ob novas quæ inter utrumque exortæ sunt simultates, vel propter vetera odia, quæ ex nova occasione recruduerunt. *

Cooperans ad partem, ad eam dumtaxat tenetur.

IV. Qui non ad totum damnum, sed ad partem dumtaxat confluit, ad illam tantum tenetur, quia in ea solum damnum intulit : puta, si jam furanti equum suggerat, ut etiam tollat falleras, aut jam volenti furari centum suadeat, ut furetur ducentum, ad centum dumtaxat tenebitur, & ad solas falleras.

Adjuvans furem sine necessitate.
Suadens accelerationem, vel dilationem damni.

V. Ex dictis inferas, quod qui alterum adjuvat ad asportandam rem furtivam, quam solus fur asportare sufficeret, quamvis nil ex illa participet; vere influat in furtum, & ad restitutionem teneatur in defectu furis, ob rationem jam adductam, quia vere influit in furtum, & damnum proximi. Qui volentem certo furari hebdomada ventura suadet, ut furetur hebdomada præsenti, nil participans, tenetur probabilius ad restitutionem; quia accelerat damnum proximi, & quodammodo magis certum efficit : nam dilatio dierum poterat forte impedire furtum, aut ex infirmitate furis, quæ evenire poterat, aut ex mutatione propositi, aut ex alio eventu. Ad differentiam illius, qui, non potens ullo modo removere proximum a dam-

Caput V. De Cooperant. ad damnum. 327

damno inferendo, suadet, ut saltem differat: quia hic efficit, quod potest, ne damnum inferatur, & dilationem consiliat, cujus beneficio evenire poterit, damnum impeditum iri ab aliquo eventu fortuito.

§. XIII. *De caussis cooperantibus positive ad damnificationem sigillatim.*

I. Prima causa positive cooperans est Mandans. Hic si serio revocet mandatum, & revocationis notitia ad mandatarium perveniat, si mandatarius mandatum velit exequi, mandans ad nihil tenetur; quia cum tota ratio agendi esset mandatum, hoc serio retractato, & secure admonito mandatario de retractatione, si damnum sequatur, non est amplius mandatum causa damni, sed malitia volentis damnum inferre. Et idcirco mandans, si mandatarii notitia non pervenerit retractatio, tenetur admonere illum, cui damnum inferendum est, ut sibi caveat; quamvis mandans ex hac admonitione subiturus esset æquale damnum. Si autem longe majus damnum subiturus esset, (nota bene) rationabilius videtur, quod non teneatur monere. Dico longe majus; quia si non de longe majori agatur, sed de modice majori, subeat illud. Si autem revocatio mandati non perveniat ad mandatarium, damnum secutum adscribitur mandanti.

Mandans mandatum revocans ad quid teneatur?

* Vide plura sane utilia addita huic num. in Majori Opere. *

II. Si sperans damnum proximo inferendum ratum habitum iri a Petro, illud inferat, & deinde illud manifestans Petro, hic ratum habeat; juxta mihi probabiliorem redintegratio primo spectat ad illum, qui damnum intulit. Sed quia spes ratihabitionis induxit inferentem, sine aliqua spe damnum non intulisset; propterea in hoc saltem sensu vera debet esse opinio Paludani & Sylvestri, quod in casu, quo qui damnum intulit redintegrare recuset, teneatur Petrus, qui ratum habuit, redintegrare. Si autem post ratihabitionem, damnum adhuc continuaretur, ad Petrum primo spectaret omnino redintegratio damni continuati.

Damnum afferens sub spe ratihabitionis alterius.

Damnum illatum, quod pendebat ex solo consilio, in cumbit totum Consiliario.

III. Secunda concausa positiva est Consiliator (ad quem reducuntur ab Auctoribus etiam Promittens, & Rogans, ut damnum inferatur). Quando damnum inferendum pendet ex solo consilio, puta quando Rex sincera mente est paratus ad suscipiendum, vel suspendendum bellum, prout sibi a consiliariis peritis & piis consiliabitur; tunc si isti vel ex malitia, vel ignorantia vincibili errent, onus restituendi super ipsos devolvitur.

Quando retractatio seria consiliantis non sufficiat?

IV. Quando Consiliator serie retractat consilium directum ad inquirendam veritatem, & juret se fuisse deceptum,

ptum, neque esse verum, quod dixit, & afferat motiva veritatem probantia; tunc, si consiliatus exequi velit, damnum illatum reparare ad ipsum consiliatum pertinet, quia reapse cessavit omnis prioris consilii influxus. Si autem consilium datum dirigatur ad commodum & utilitatem percipiendam, Probabilioristæ docent, quod quamvis retractetur consilium, cum adhuc remaneant in mente consiliati motiva, quibus suasus fuit ad agendum, adhuc ad ipsum pertineat onus restituendi. Putarem tamen, salvo meliori judicio, aliqualiter temperandam hanc doctrinam, & veram quidem esse in casu, quo consiliator aut dumtaxat serio retractet simpliciter consilium, aut afferat motiva non elidentia motiva ab ipso priori consilio allata. At quando consiliator seriæ retractationi proprii consilii addit etiam motiva, quæ revera sunt efficaciora anterioribus, & elidentia vim eorumdem; tunc, si consiliatus velit adhuc damnum inferre, non amplius verificatur, quod inferat ex vi motivorum anteriorum, quæ elisa & convulsa remanere debent a noviter adductis, sed quod inferat ex mera sua pravitate, quæ adoptare vult motiva non amplius subsistentia, & jam inepta ad movendum.

✠ Examini subjicitur difficultas, an teneatur ad restitutionem, qui minus malum consulit ei, qui jam paratus est ad majus inferendum. Et respondent communiter Doctores, quod non teneatur, si consulat, ut minus damnum eidem inferatur, cui majus inferendum erat; nam in tali casu non consulit damnum, sed potius imminutionem damni, ut nemo non videt. Tenetur vero, si consulat alicui, ut minus malum potius inferat Petro, de quo ille non cogitabat, quam majus Paulo, cui statuerat illud inferre; quippe Petrus tam jus habet, ut reddatur immunis a minori illo damno, quam Paulus, ut servetur illæsus a majori; nisi damnum Petri sit tam exiguum, ut illud subire ex charitate adstringatur ad impediendum majus damnum, quod Paulo eveniret; tunc enim non est rationabiliter invitus. Si quis etiam alicui determinato quidem ad furtum efficiendum, sed tamen ancipiti an furari potius debeat Petro diviti, quam Paulo pauperi, suadeat, ut potius ab illo, quam ab isto pecuniam auferat, onus contrahit restitutionis; quandoquidem etsi suo consilio peccati malitiam minuat in fure, est tamen vera causa damni per furtum Petro diviti illati. Si quis vero determinato ad furandum suadeat in genere dumtaxat, ut potius diviti furetur, quam pauperi, juxta non paucos ab obligatione restituendi est prorsus immunis; etenim consilii, & suasionis objectum est solum quod in se minus malum est, non vero damnum illi potius, quam isti inferendum: unde consilii sui efficientia nulli determinato nocumentum affert. ✠

V. Ter-

Caput V. De Cooperant. ad damnum.

V. Tertia causa positive cooperans ad damnum, est Assentiens; & indicatur ille, cujus assensus est necessarius ad aliquid agendum, aut voce expressus, aut suffragio secreto: puta assensus Principis, Consiliariorum, vocalium in electione, approbantium approbatione confirmante. *Assentiens qualis teneatur &c.*

VI. Quarta causa positive cooperans est Palpo, seu laudator in malum, & vituperator in bonum: unde qui animum auget suis laudibus volenti damnum inferre, aut vituperans volentem desistere a vindicta damnosa, a violentiis &c., jam patet, quod influxum habeat in damna illata, & restitutioni subjiciatur. *Palpo quis?*

VII. Quinta causa positive cooperans est Recursus, seu Receptator damnificatoris ut talis, si receptio influat aliquo modo in damnum. Proinde concedere scienter transitum eunti ad furandum; vel illius furta servare, aut occultare; securitatem præbere, ut animosius furetur; defendere furem cognitum talem defensione injusta; alia quae similia facere, palam est esse restitutioni obnoxia, utpote influentia in damnum. Qui vero reciperet furem fugientem a volentibus illum percutere, vulnerare; patet, quod non recipit ut furem, neque ut reddat animosiorem, sed ut proximum, quem præservare intendit, eruat a periculo vitæ. An autem licite recipere possit, sine restitutionis onere, fugientem a lictoribus eumdem publica auctoritate insequentibus; quamvis plures affirment, fateor me hærere; tum quia impedio actionem justam Principis publicam securitatem intendentis; tum quia hujusmodi perditi homines, quo plura pericula evadunt, eo animosiores ad furandum fieri consueverunt. Ideo nisi ignorantia, & bona fides agentis forte excusaret; ex merito actionis non censeo immunem a restitutione aliorum furtorum subsequentium, in quæ, sua receptione, indirectum influxum habuisse videtur. *Recursus quid, & qualiter teneatur?*

* Videantur, quæ in Majori Opere ad hanc doctrinam temperandam huic num. adjecta sunt ex Sylvio, *in 2. 2. q. 62, a. 7. de Recursu.*

VIII. Caupones, aliique consimiles, qui admittunt personas ad potandum, prandendum, ludendum, &c., si admittant quosdam filios familias, famulos, aliosque de quibus prudenter suspicari possunt, quod consumant; ludant, dilapident non sua, sed aliena; incidunt in hanc concausam Recursus. Unde restitutioni sunt obnoxii, tamquam injusti receptatores. *Caupones &c. qualiter incidant in Recursum?*

IX. Sexta causa positive cooperans est Participans de re aliena; quod duobus modis evenire potest, nempe vel participando in re ablata, vel in actione auferendi: in re, participando de præda; in actione, si adjuvet ad damnum inferendum, quamvis nil de re participet. Primus par- *Participans quid dicatur?*

participans si ignoranter & bona fide participet, tenetur juxta regulas datas de possessore bonæ fidei in §. 4.; & multo magis si participet in actione injusta auferendi. Nota, participantibus accenseri auxilium, operam, instrumenta scienter præbentes; explorantes ne quis superveniat; comitantes damnificatorem ne timeat; item fabriferrarios claves adulterinas conficientes; procuratores usurariorum; conficientes instrumenta usuraria; hujusmodi instrumentorum testes; item vendentes venena illis, quos prudenter timent eisdem abusuros; & alios consimiles.

Quomodo restituere debent dictæ sex causæ positivæ?

X. Rationabilius dicendum, quod præfatæ sex causæ positivæ teneantur singulæ ad totum damnum, posito quod aliæ nolint restituere pro sua parte. Si autem singulæ suum debitum implere velint, singulæ tenebuntur pro rata. Idem dicendum, quando, etsi singulæ non possint totum damnum afferre, singulæ tamen sunt necessariæ, ut damnum inferatur; ita ut, una deficiente, damnum inferri non possit. Idem dicas de concurrentibus suo suffragio ad injustam promotionem, in qua si votum alicujus eorum defuisset, electio secuta non esset; & idem de consiliatore, sine cujus consilio damnum suspenderetur. Secus dicendum, si absque suo consilio damnum certo fieret ob aliorum consilia; tunc enim teneretur per se dumtaxat pro rata influxus, si non intercesserit consensio seu conspiratio: quod si hæc intercesserit, tenebitur ad totum, si alii recusent.

§. XIV. *De tribus aliis Causis negativis singulatim.*

Mutus quis?

I. Prima causa negativa damnificationi cooperans est Mutus; nempe qui non monet, non clamat, non corripit, non præcipit, non consulit, non scribit, antequam damnum inferatur; & ad dictas actiones respective agendas ex justitia tenetur. Hujusmodi sunt Gubernatores, Duces, Consiliarii, quidam publici Administratores, Medici, Chirurgi, Advocati, Procuratores, Domini, Famuli, Genitores, Tutores, Curatores; uno verbo omnes illi, qui vel ex contractu, vel ex officio, aliena custodire tenentur. Quæ dicimus, & dicemus de Muto, applicanda etiam sunt non Obstanti; nempe ei, qui, dum tenetur, non custodit, non repellit, non defendit, non impedit facto & actione sua, ne damnum inferatur: & etiam non Manifestanti; qualis est, qui, dum tenetur, non revelat damnum illatum, neque illos monet, qui monendi sunt.

Non Obstans, non Manifestans quinam sint? Quando quis, alioquin non obligatus impedire, sit mutus injustus?

II. Qui non obligatus ex justitia clamare, impedire, revelare, id non facit, cum possit absque suo notabili incommodo, graviter peccat contra charitatem: similiter si

ex

Caput V. De Cooperant. ad damnum.

ex odio contra illum, cui damnum infertur, peccat quidem gravius contra charitatem, sed non contra justitiam; neque ad restitutionem tenetur, nisi in casu, quo qui vult damnum inferre, ex quo noverit odium tuum, confidens te non manifestaturum, impediturum &c., liberius inferat damnum, quod alioquin, te vidente, non inferret, aut longe minus.

III. Si tu videns Petrum non obligatum ex justitia, volentem impedire damnum Pauli, illum avertis ab impediendo, utendo mendaciis aut aliis modis injustis, peccas contra justitiam ex communi. Si autem illum avertas absque ulla fraude aut modo injusto, sed sola suasione, precibus &c. quamvis graviter peccas contra charitatem, non tamen contra justitiam. Puto tamen admodum difficile, ne precibus quidquam fraudis, aut mendacii admisceatur. Si vero fur donaret tibi aliquid, ne clamares, dum clamare ex justitia non teneris, in praxi te judicarem concausam damni a fure illati. Idque eo magis, si acciperes cum pacto de non clamando; quia tunc nemini videretur dubitandum, te comparticipem evadere damni inferendi.

Impediens alterum, ne succurrat damnum passuro.

Accipiens donum, ne clamet, an teneatur?

IV. Circa famulos certum est, specialiter deputatos custodiæ aliquarum rerum teneri ex justitia clamare, ut illarum rerum furtum impediant; sicut etiam præfectum toti rei domesticæ. Quando autem sunt famuli quidem domus, sed non specialiter illis rebus custodiendis deputati; probabilius videtur dicendum, quod nihilominus teneantur clamare, impedire, manifestare ex justitia. Hæc porro est differentia inter famulos istos, & specialiter deputatos; quod specialiter deputati teneantur etiam ex culpa levi, utpote ex contractu in utriusque utilitatem confluente: qui autem non sunt specialiter deputati, tenentur ex culpa lata; nisi malimus dicere, dominum respectu illorum circa bona sibi specialiter non commissa, respiciendum esse tanquam quemvis alium, extraneum; quo nil absurdius excogitari potest.

Famuli non clamantes &c. quomodo peccent?

V. Quicumque itaque tenentur impedire ex justitia verbo aut facto, si id agere omittant, quia certum evidenter sit actionem suam nullum habituram effectum, puta quia nullus est, qui audire, aut accurrere possit; tunc excusantur, nec judicio prudenti judicari possunt confluxisse in damnum. Quod si poterant, quamvis non totum damnum, saltem partem ejusdem impedire, ad eam partem redintegrandam tenebuntur, cum effectibus eidem parti connexis, ob rationes sæpe adductas. Quando autem totum damnum quilibet eorum impedire poterant, & non impedierunt, probabilius singuli tenebuntur ad totum, si alii recusent pro sua parte redintegrare. Si vero singuli to-

Quomodo restituere teneantur, quando potentes impedire non impediunt?

totum damnum impedire non poterant, tamen si unus clamasset, aut se opposuisset, alii ejus exemplo commoti fuissent, unde damnum impediretur; etiam in hoc casu videntur singuli esse causa totius damni. Si demum aliquis eorum coram Deo sinceram voluntatem habens se opponendi, & se ad opponendum disposuisset, aliosque excitasset ad idem faciendum, & alii noluissent; hic procul dubio ad nil tenebitur, cum egerit, quantum potuit; caeteri vero tenebuntur in solidum.

§. XV. *De Ordine in restitutione ab istis Concausis observando.*

Quem ordinem servare debent istae concausae in restituendo? Praemittuntur notanda.

I. Priusquam praescribamus ordinem, ab ipsis in restituendo servandum; nota primo, quod is significatur *primo loco* teneri, qui ad bona illa restituenda ita tenetur, ut si ipse restituat, caeteri nil amplius debeant nec damnum passo, neque ipsi restituenti; & e contra si alii restituant, ipse istis debeat erogata compensare. Qui autem dicitur *secundo loco* teneri, ille est, qui, posito quod restituat, caeteri nil aliud debebunt, excepto primo, qui huic secundo restituenti compensare debebit, quod erogavit. Nota secundo, quod illi, qui primo loco vel secundo restituere tenentur, aliquando tenentur aequalibus portionibus restituere, aliquando inaequalibus. Tunc aequalibus tenentur, quando influxus fuit aequalis, aut bona ablata fuerunt aequaliter divisa: tunc vero inaequalibus, si praedae fuerint ex condicto inaequaliter divisae, aut si influxus revera fuit inaequalis. Nota tertio, quod quando plures causae ejusdem ordinis & loci restituere debent, si una vel paucae restituant totum, aliis nolentibus, istae tenentur redintegrare illas, quae suppleverunt id, ad quod istae tenebantur. Tandem nota, videri certum, ut is primo loco restituat, apud quem res ablata adhuc extat vel in se, vel in suo pretio; justum quippe est, ut si ipse utilitatem recipit, damnum reparet: si vero res ablata consumpta fuit, & quamvis absque ulla ipsius utilitate apud ipsum consumpta fuit, adhuc primo loco ipse restituere tenetur ante caeteros, si nulla talia causa fuerit principalior ipso; eo quod tunc ipse est causa principalis exequens destructionem injustam rei ablatae, & consummans facto damnum illatum: si vero hic exequens habuit aliam causam principalem, & jubentem destructionem rei, ita ut ipse destruens fuerit instrumentum causae principalis, nec ex re consumpta ullam repotaverit utilitatem; non apparet, unde ipse teneatur primo loco restituere, sed ad hoc teneatur ille jubens, ex cujus influxu instrumentum injuste egit: &, ut illi obtemperaret, rem destruxit. In defectu vero mandan-

Caput V. De Cooperant. ad damnum. 333

tis, tenebitur ipse exequens destructionem. His praemonitis.

II. Onus restituendi totum primo loco spectat ad mandantem, qui suo jussu, atque auctoritate seu comminationibus, compulit alios, ut damnum inferrent: post jubentem autem proprie talem tenetur executor ad totum damnum. Quod si plures exequerentur, omnes isti simul tenerentur ad totum damnum; & singuli in defectu aliorum tenerentur in solidum. *Primo loco tenetur jubens. Deinde executores.*

III. Alii cooperatores, nempe consiliantes, laudantes, receptantes, consentientes, adjuvantes, tenentur singuli proportionabiliter ad influxum, quem habuerunt in damnum pro rata influxus; & in defectu aliorum, singuli tenentur ad totum immediate. Tenebuntur tamen nolentes ad illos compensandos, qui pro ipsis supplevere. Isti autem cooperantes tenentur, posito quod nec jubens, nec exequens restituant, nam si isti restituant, liberantur ab onere restituendi: hoc autem intelligas, dummodo executor non intulerit damnum ex influxu harum concausarum; si enim ab istis tanquam a principalibus inductus fuisset, & se habuisset ut merus executor, tenentur prius hae concausae ad totum damnum; & ipse executor non teneretur, nisi in defectu harum. Consulto dixi, si se habeat ut merus executor; quia si ipse executor fuisset una cum dictis concausis, agendo nempe etiam nomine proprio, & proprio impulsu, tunc simul cum ipsis teneretur ad totum damnum, immo strictiori jure; quia nedum fuisset merus consultor, aut consentiens &c. sed insuper etiam executor. *Deinde alii cooperantes.*

IV. Post causas positivas damni illati, si istae non restituant, tenentur restituere causae negativae. Non tenentur tamen, nisi in defectu positivarum; in tantum enim negativae tenentur, in quantum positivae damnum intulerunt, nec resarcire volunt; quae deinde tenentur redintegrare negativas. Id autem intelligas simpliciter loquendo; si enim omittens impedire esset motivum, ut damna multiplicarentur, idque adverteret, vel teneretur advertere; tunc non amplius se haberet ut causa negativa, sed positiva, & reduceretur ad consentientem. Legatur D. Thom. in 4. dist. q. 11. a. 1. *Quando restituere tenentur causae negativae?*

V. Ex hactenus dictis inferas primo, quod quando mandans satisfacit, reliquae omnes causae ab omni onere liberantur. Si executor satisfaciat, solus mandans tenetur illum compensare, reliquae vero remanent omnino liberae. Si alia causa ex secundariis satisfaciat, illam compensare tenetur primo mandans, secundo exequens. Si causae positivae satisfaciant, liberantur ab onere negativae: quae si satisfacere compellantur ob defectum positivarum, tenentur positivas illas compensare juxta ordinem *Illationes notatu dignae.*

nem dictum. Inferas secundo, in hypothesi, quod creditor remittat restitutionem causæ principali, nempe Mandanti, aut Exequenti, cæteræ remanent liberæ. Si autem remittat alicui causarum minus principalium, non propterea deobligantur cæteræ minus principales a toto, excepta portione correspondente illi causæ minus principali, cui remisit. Si unus ex illis, qui sunt æqualiter obligati, aut non possit, aut nolit portionem suam restituere, alii tenentur ad eam restituendam, dividendo tamen quantitatem hoc modo: v. g. damnificantes fuerunt tres, & res ablata fuit valoris sexaginta; pro rata singuli tenentur ad viginti: si igitur duo nolint, aut non possint restituere, unus debebit totam summam erogare; quod si deinde unus velit, aut fiat potens restituere, tenebitur ultra portionem suam viginti, dare etiam decem, utpote dimidium portionis pro tertio nolente restituere.

§. XVI. *De Circumstantiis observandis in restitutione bonorum temporalium, & primo quoad Personas, quoad Tempus, & quoad Locum.*

Cui restituendum sit?

I. Res debet restitui ei, a quo accepta vel ablata fuit, ut docet communis cum *D. Thom.* 2. 2. q. 62. art. 5. Et nota, quod etiam alii, præter dominum rei, habere possunt jus ad rem ablatam: puta, Commodatarius pro tempore, quo ei concessa fuit, Depositarius, Usufructuarius, Tutor, Curator &c., qui jus habent rem illam respective detinendi, custodiendi, eadem utendi &c. Quod si dominus obierit, est restituendum hæredibus, *qui computantur, quasi una persona cum ipso*, ut ait S. Thom. ad 3.

Quid attendum, quando restitutio prævidetur nocitura; vel quando ignoratur Dominus vel ipsi moraliter fieri nequit? Monitum Confessariis.

II. Monet S. Thom. loc. cit. *Quando res restituenda apparet esse graviter nociva ei, cui restitutio facienda est, vel alteri; non debet, ei tunc restitui... Nec tamen debet ille, qui detinet rem alienam sibi appropriare, sed vel reservare, ut congruo tempore restituat, vel etiam alii tradere tutius conservandam*; ibid. ad 1. *Quod si ille, cui fieri debet restitutio, sit omnino ignotus, debet homo restituere secundum quod potest, scilicet dando in eleemosynas pro salute ipsius, sive sit mortuus, sive sit vivus; præmissa tamen diligenti inquisitione de persona ejus, cui est restitutio facienda*; ibid. ad 3. Hæc postrema Angelici verba motivum præbent redarguendi facilitatem injustam plurium Confessariorum, (experto crede) qui nullam aut valde modicam rationem habent, ut inquiratur dominus rei vel summæ, cui est restitutio facienda; immo ob quamlibet modicam difficultatem, quæ se opponat, etiam noto domino, imponunt pœnitentibus, ut restituant per eleemosynas; injusta plane methodus, quæ illos cooperatores
cou-

De Circumstantiis Restitutionis. 335

constituit ad privandum dominum re sibi debita, non sine onere supplendi, quod ipsi inordinate agere consuluerunt.

III. Certum est apud omnes, restitutionem ex injusta acceptione faciendam esse, quamprimum fieri possit, quia ex præcepto negativo non detinendi alienum : & idem dicendum de debitore ex re aliena accepta, cum noverit esse alienam. Debitor autem ex contractu tenetur eo tempore, quo inter partes conventum fuit, ut patet ex terminis. Si autem fuerit in mora, vide dicta in §. 9. Si vero nullum tempus præfixum fuisset pro solutione, tunc putarem censendum esse tempus inculpabile, quousque creditor congrua dilatione interposita solutionem exigat, attenta natura & conditione contractuum. Quod si creditor non petat, nec adsit prudens suspicio, quod petere omittat ex metu, aut alio motivo minuente voluntarium; censetur indulgere dilationem, & debitor non videtur judicandus in mora culpabili. *Quo tempore restituendum?*

IV. Ex communi, licitum est solvere ante tempus præfixum, si terminus fuerit præfixus in favorem debitoris, ver. grat. in commodato. Quando vero terminus præfigitur in favorem creditoris, non licet prævenire solutionem. Sic debitor frumenti pro tempore, quo pluris valere consuevit, non potest prævenire tempus illud, nisi de consensu libero creditoris; & ita in similibus. *Monitum utile.*

V. Circa locum, in restitutione exequenda, si fieri debeat ex injusta acceptione, ita resolvit S. Thomas in 4. dist. 15. quæst. 1. art. 5. quæstiunc. 4. ad 2. *Si res sit magni valoris, debet ei transmitti,* (nempe domino) *si potest commode: nec obstat, si damnum de transmissione patitur, quia ipse sibi fuit causa injustæ auferendo. Si autem transmittere non potest, vel res non sit magni valoris; potest eam dare* (per Confessarium) *propinquis illius, si habet, vel alicui Cænobio; cum protestatione tali, quod ei reddere teneantur, si requisierit, vel unquam comparuerit.* Quando autem debitum oritur ex re accepta extra contractum, ex communi, res debet restitui in loco, ubi habetur a possessore bonæ fidei; ita ut is neque teneatur ad illam alio mittendam, neque ex ullo alio capite alicui expensæ subjacere debeat. Debet tamen monere dominum absentem, ut sibi indicet, cui tradenda sit. Quod si dominus sit adeo distans, ut plus sit expendendum in transmissione rei, quam sit valor ejusdem, neque spes ulla asfulgeret reditus domini; tunc dicunt multi, quod de consilio prudentis & docti Theologi posset illam vendere, & tradere pretium vel pauperibus consanguineis ejusdem ibi commorantibus, vel aliis pauperibus. Melius putarem, si fieri posset, expectare per litteras responsum domini, quid de eadem agendum sit. *Quid de loco restituendi a possessore injusto? Quid quando debitum oritur ex re acceptâ?*

VI.

Quid quando restitutio facienda est ex contractu?

VI. Quando restitutio rei facienda est, ex contractu, debet fieri expensis illius, in cujus utilitatem cessit contractus, nisi justa conventione aliter statutum fuisset. Unde in contractu donationis, legati, commodati, promissionis gratuitæ, expensæ pro transmissione &c. faciendæ sunt a donatario &c. Observandum tamen est, quod si promissio fuisset facta sub conditione; puta, donabo tibi equum, si emero alterum hoc meliorem: aut si facta sit in diem; puta, donabo tibi equum post annum: si interea promittens longius abiret, tunc, dicunt aliqui, habenda esset ratio ad animum promittentis, quem habuit, dum promisit: si enim voluisset se obligare ad equum ibi tradendum, & ita acceptata fuisset promissio; expensæ pro transmissione a promittente essent faciendæ: addo ego, si de hoc clare non constet, promissarius, in cujus commodum cedit promissio, si vult equum, illas faciat. In contractu, in quo res eadem est restituenda, ut in commodato, & deposito· (jam de commodato diximus) debet depositum semper reddi in eo loco, in quo a depositario custodiendum est. In contractu autem, in quo res eadem non est restituenda, sed æquivalens, puta in emptione & venditione, nisi aliter conventum fit, solvendum est pretium in loco, in quo traditur res, quæ emitur; idemque dicendum est de restitutione mutui.

Quid quando non est eadem res restituenda? In quo loco census realis? In quo loco proventus annui?

VII. Census realis videtur solvendus in loco, ubi sunt bona stabilia, super quibus est fundatus; est enim quædam portio fructuum illius fundi, ob rationem modo allatam. Proventus autem annui sive in pecunia, sive in frugibus, sive in alia quacunque re ex testamento procedente, sunt erogandi in loco illo, in quo hæres occupavit hæreditatem, cum sint onera hæreditati adnexa, & hæredi relicta, quibus etiam ut satisfaciat, institutus fuit hæres; & proinde in eo loco, in quo hæreditas fuit accepta, cum ibi contracta fuerit obligatio, ibi solvenda videntur. Circa tamen hactenus dicta, observandæ sunt locorum consuetudines jam possidentes.

* Accidit sæpe, quod possessor non possit immediate rem domino restituere: unde necesse est, ut aliena manu aut Confessarii, aut alterius personæ utatur ad illam restituendam. Si persona media designetur a creditore, vel creditor facultatem concedat debitori eam deligendi, isque bona fide eligat personam, quæ communiter fidelis habetur; eximitur ab onere iteratæ restitutionis, si illa tertia persona non restituat, vel quomodocumque res pereat. Idem dicendum, si persona, cui res committitur restituenda, sit auctoritate judicis constituta. Disputatur solummodo, quando debitor ex se hanc personam eligit. Sic paucis difficultatem hanc enodamus. 1. Res debita ex delicto per internuntium quamvis fidelem habitum, etiam

Parocho, vel Confessarium, sive ejus malitia, sive quocumque casu domino non reddatur, vel pereat, debitori perit; isque denuo restituere tenetur. 2. Res, quam quis sine sua culpa habet, ut possessor bonæ fidei, si pereat in via, domino perit, non autem remittenti, si is sufficientem diligentiam adhibuerit; adeoque a nova restitutione liber est. 3. Denique Res ex contractu debita perit creditori, cum is ejus dominium servat; perit vero debitori, si dominium ejus in debitorem translatum sit.

§. XVII. *De Ordine in restitutione bonorum temporalium observando.*

I. Sermo præsens præsupponit debitorem imparem esse ad satisfaciendum omnibus suis creditoribus ordinis diversi: idcirco præmittendum est primo, debita quædam esse certa, ut cum quis debet Petro centum; quædam incerta, ut cum scit se debitorem centum, & ignorat cui, vel prudenter dubitat, an alicui debeat: de quibus sufficienter dictum fuit in §. 5. Secundo, quædam debita dicuntur rerum, quarum jam quis dominium assecutus fuit, puta pecuniæ mutuo acceptæ, mercis habitæ &c.; alia sunt rerum, quarum quis dominium non habet, puta depositi, commodati, & multo magis rei furto sublatæ. Tertio, alia dicuntur realia, quando bona debitoris sunt creditori obligata per hypothecam sive generalem sive specialem: alia dicuntur personalia, quando creditor habet actionem in personam, & non in bona debitoris. Quarto, alia sive realia sive personalia sunt privilegiata, quæ videlicet ex juris privilegio præferuntur in solutione, v. g. expensæ pro funere, & alia similia in jure expressa: alia dicuntur simplicia, seu nuda, seu ordinaria, idest non privilegiata, quæ communiter contrahuntur. Quinto, alia sunt ex delicto, alia ex contractu. Sexto, alia sunt gratuita, puta orta ex liberali promissione, ex legato: alia onerosa, orta ex titulo oneroso, puta ex emptione. Nota insuper, quod quando dicemus hæc aut alia debita esse in solutione præterenda, intelligendum est quoad totum debitum, ita ut omnia illius generis sint cæteris aliorum generum anteferenda. Quod si debitor neque habeat sufficientia bona ad solvenda omnia debita illius generis, dicetur inferius, quid illi agendum sit. *Præmittuntur scitu necessaria circa varia debitorum genera.*

II. Certum est apud omnes, quod si res alterius adhuc extet in se, sit ejus domino danda, neque possit aliis creditoribus quantumvis privilegiatis dari; quia, quousque res existit in se, & pro ea pretium nondum fuit solutum, perseverat sub jure domini anterioris, clamatque ad dominum suum: pacet autem quod de alieno nequit fieri restitu- *Primo res existens in se, domino suo est danda ante omnes creditores.*

stitutio alteri. Proinde si res fuit accepta in Depositum, Commodatum, Precarium, aut furtive, si post diligentem Inquisitionem non inveniri possit dominus, aut illius hæres; distribuenda sit in usus pios, juxta dicta superius. Idem dicas de re vendita nondum soluto pretio, neque pignore dato, aut fidejussione præstita; nisi forte venditor sola ementis promissione se contentum declaraverit. Propterea si emptor incidat in impotentiam solvendi ob incendium, furtum &c.; valde congruum æquitati videtur Cajetano & Sylvestro, ut equus, pannus, anulus &c. adhuc existens revertatur ad dominum suum ante solutionem quorumvis aliorum debitorum. Probabilior autem mihi est opinio Vasquez c. 11. de Rest. dub. 1. num. 19. a pluribus adoptata; quod si venditor aut obtinuerit pignus, aut fidejussionem, aut emens se promptum manifestaverit statim solvere, si hic deinde incidat in impotentiam; non sit creditor ille præferendus aliis creditoribus, qui ex æquitate, aut privilegio juris sunt ipsi anteserendi.

Quando creditor ex adhuc extante non sit præserendus?

III. Ante omnia igitur debita solvendæ sunt expensæ pro funere, & pro curatione in infirmitate factæ. Secundo, solvenda sunt, & præferenda debita certa incertis, illa scilicet, quorum creditores sciuntur, illis, quorum creditores ignorantur. Tertio, ex communi, inter debita certa præferenda sunt onerosa gratuitis: & propterea debita defuncti solvuntur ante omnia legata etiam pia, & ante vota, quæ Deo non sunt grata cum præjudicio tertii: solutis tamen debitis onerosis, vota sunt solvenda ante debita gratuita. Quarto, inter onerosa, ex communi, præferenda sunt hypothecata aut privilegiata nudis & simplicibus. Inter creditores autem hypothecarios ille præferendus est, qui fuit prior tempore; ita ut ex illo bono hypothecato illi prius satisfiat. Nihilominus cum septem sint casus a jure excepti, in quibus prælatio temporis non suffragatur; idcirco pro his septem casibus eorumque praxi consulendæ sunt leges municipales regionum: hi casus sunt, Primus, si quis mutuum dederit ad conservandam rem hypothecatam. Secundus, si quis mutuum dederit ad satisfaciendum pro vectura mercium, vel pro locatione promptuarii, in quo servantur. Tertius, est hypotheca dotalis, quæ obligat bona mariti uxori, & filiis ejus; quia dos est præferenda omnibus hypothecariis tacitis, habentibus in bonis viri hypothecam, non autem expressis, anterioribus dote & matrimonio. Quartus, quando ex pecunia pupilli, vel minoris empta est res aliqua, quæ remanet ipsis obligata ante omnes. Quintus, si quis alicui pecuniam det mutuo ad emendum quidpiam cum pacto expresso, ut res empta obligetur mutuum danti pro solutione debiti. Sextus, si quis contra-

Recensetur ordo in restitutione servandus cum creditoribus realibus.

hat cum Fifco. Septimus, fi quis det pecuniam mutuo ad militiam, cum eam det ad bonum commune.

IV. Poft creditores hypothecarios feu reales, fatisfaciendum eft perfonalibus hypothecam non habentibus; & primo illis, qui habent privilegium perfonale prælationis; quale habet fponfa, quæ tradidit dotem, quin fecutum fuerit matrimonium, in bonis fponfi: ita qui depofuit pecunias apud nummularium, quin deinde perciperet juftas ufuras: fimiliter qui pecuniam fubminiftravit ad navim emendam, aut conftruendam, aut inftruendam. Circa hæc tamen ftandum eft juftis legibus regionum. Inter creditores perfonales titulo onerofo nulla datur prælatio, five debitum fuerit ex contractu; five ex delicto; igitur pro rata cum facultatum debitoris, cum rationis debitorum proportione geometrica fingulis eft fatisfaciendum, fi debitor non fit fufficiens folvere totum omnibus. Præferre in folutione creditores non hypothecarios nec privilegiatos hypothecariis & privilegiatis eft illicitum; & ideo tam folvens, quam recipiens tenentur ad reftitutionem iftis de jure præferendis in totum. Quod fi creditor non hypothecarius nec privilegiatus petierit in judicio folutionem; tunc, fi ex fententia judicis præferatur, erit præferendus. Neque gravis indigentia creditoris non præferendi debet inducere debitorem ad illum præferendum, quibus non debet; quia fua indigentia nullum jus eidem confert, ut præferatur: & proinde vel ipfe creditor, vel debitor permiffionem petat a præferendis, ut faltem in portione aliqua præferatur, ut poffit fuæ gravi neceffitati occurrere.

Præfcribitur ordo obfervandus in reftitutione cum creditoribus perfonalibus.

V. Hinc deducas cum communi opinione, neminem poffe recipere ab homine debitis gravato fupra fuas facultates munera, aut aliud quidpiam gratuitum habens valorem pretii, fi prudenter prævideat, exinde aut fieri impotentem, aut eo impotentiorem ad folvendum creditoribus fuis; quia cooperaretur aliorum injuftæ damnificationi.

Illatio nefanda.

§. XVIII. *De Motivis excufantibus a reftitutione bonorum temporalium, & de reftitutionis dilatione.*

I. Prima caufa a reftituendi onere excufans, eft legitima remiffio creditoris; quæ ut valida fit, debet effe immunis ab omni circumftantia valente minuere plenum voluntarium, cum fit donatio liberalis: debet fieri a potente donare independenter a quocumque alio: & non debet effe vetita a jure; ut remiffio diftributionum Canonico abfenti: pro quibus vide dicta in Tract. 4. c. 11. §. 6. Item remiffio, quæ fieret Vifitatori Ecclefiæ circa ab eo accepta, præter neceffaria ad victum illis diebus: ac demum

Primum motivum eft fpontanea remiffio: aliquibus cafibus exceptis.

mum remissio, quæ fieret Inquisitoribus, rerum, quæ sub pretextu sui officii fuissent ab eisdem extortæ.

* Etiam Judex delegatus si aliquid acceperit a partibus, nisi forte esculentum mera liberalitate oblatum, quod paucis diebus possit consumi; vel si dum cogitur extra domicilium proficisci, acceperit plus, quam moderatas impensas; vel si denique acceperit aliquid pro impensis, dum partes sunt pauperes, tenetur accepta restituere, non obstante remissione. *

✣ Difficultas insurgit inter Theologos, an ad remissionem seu condonationem satis sit virtualis domini voluntas? Sententia affirmans non paucis arridet, dummodo ex conjecturis vere probabilibus hujusmodi voluntas colligi queat. Verum aliis hæc doctrina plena periculi, & in praxi admodum dubia apparet. Itaque vel petenda est condonatio, vel restituendum, nisi res tam levis sit momenti, ut ex quodam usu condonata censeatur. Profecto præsumpta dominorum voluntas innumera quotidie furta parit. ✣

Secunda est Cessio bonorum. Sed quomodo?

II. Secunda causa est Cessio bonorum, quando quis non valens omnibus suis creditoribus satisfacere, dimittit illis residua bona, quæ habet, ne carceri mancipetur, vel ut detrusus liberetur: unde hujusmodi cessio confert debitori, ne possit carcerari, & etiam si post cessionem aliquid acquirat, ne possit eo privari, posito quod eo indigeat ad suam suorumque sustentationem: remanet tamen, ex communi, eidem debitori onus restituendi, & solvendi debita sua, posito quod redeat in bonis, & non sint necessaria ad dictam sustentationem: ita jura apud Auctores; & ratio de se patet.

* Vide quæ ex Cardinali de Lugo *de Justit.* disp. 2. sect. 3. huic num. adjecta sunt in Majore Opere. *

An ingressus Religionis eximat?

III. An autem ingressus Religionis sit causa sufficiens ad eximendum a restitutione; priusquam definiatur, quædam sunt ut certa præmittenda. Certum est, quod si habeat unde solvat, ad id tenetur debitor ante ingressum; & etiamsi paucorum annorum dilatio esset necessaria, differre teneretur, ut plerique docent; quia Deo grata non sunt vota aliis injuriosa. Certum item est, quod si debita, quæ habet, sint incerta, etiamsi speret, quod in sæculo remanens posset ea solvere, non teneretur remanere; sed possit ingredi Religionem, non quamcumque, sed, ut plures notant, in qua ferventius Deo serviatur; eo quod motivum reddens ingressum licitum hujusmodi debitori, est, ut Deo famuletur: tenebitur ergo ingredi non mollem & dilapsam, sed austeram & ferventem, ne suo ingressu pauperes & creditores suos incertos deludat. Propositam quæstionem ita resolvit S. Thom. 2. 2. q. 189. art. 6. ad 3. *Ille, qui est obligatus ad aliquid certum*

De Circumstantiis Restitutionis.

tum, non potest illud praetermittere, facultate existente: & ideo si aliquis sit obligatus, ut rationem ponat, vel ut certum debitum reddat, non potest hoc licite praetermittere, ut religionem ingrediatur. Si autem debeat aliquam pecuniam, & non habeat unde reddat, tenetur facere quod potest, ut scilicet cedat bonis suis creditori. Propter pecuniam autem persona liberi hominis secundum jura civilia non obligatur, sed solum res; quia persona liberi hominis superat omnem aestimationem pecuniae: unde licite potest, exhibitis rebus suis, religionem intrare, nec tenetur in saeculo remanere, ut procuret unde debitum solvat.

Lege Sylvium super cit. art. D. Thom. ubi S. D. mentem luculenter exponit.

* Duo sunt hic breviter observanda. 1. quod a restitutionis onere immunis non est, qui debiti immemor creditori suo gratis largitur summam, quae debitum aequat, nisi constet debitorem intendisse per donationem satisfacere cuicumque debito, quod cum illo fortasse contraxisset. 2. quod pariter debitor non liberatur a restitutione, si creditori sui creditoris solvat, quod debet. Certe id non licet invito creditore, inquit P. Antoine *de Just.* c. 6. *in resp. ad q.* 5. *

IV. Causae excusantes dilationem solutionis sunt. Prima, necessitas extrema tua vel tuorum, ut patet, cui non possis nisi ex alieno subvenire. Secunda, gravis necessitas tua vel tuorum, nisi tamen creditor in pari necessitate inveniatur. Tertia, est magnum periculum animae tuae vel tuorum, ut si praevideas filios furaturos, filias se prostituturas; quia etiam in hoc casu creditor, in pari necessitate non existens, indulgere judicandus est. Quarta, quando restitutio fieri non potest absque magno debitoris detrimento in rebus suis non debitis, & juste acquisitis; puta si cogeretur jacturam pati in proprio statu; si redderetur pro semper impos ad collocandas aliquo modo filias; si deberet vendere praedia longe minoris, quam valent &c., nisi creditor solutione indigeat, neque in simili necessitate sit. Quinta, si ex restitutione prudenter praevideatur grave malum creditori eventurum sive spirituale, sive temporale. *Causae excusantes dilationem.*

* Non potest quis licite restitutionem differre, ne magnum lucrum, quod ex pecunia, quam restituere teneretur, percipere posset, deperdat. Si tamen lucrum quaereret, ut aliis creditoribus satisfaceret, quibus alioquin satisfacere non valeret, teneretur creditor ex charitate dilationem concedere, si commode posset. * *Quando differens restituere teneatur ad damna ex dilatione.*

V. Constat demum ex dictis in variis paragraphis, quod debitor ex delicto teneatur ad omnia damna ex suo peccato secuta, etiam pro tempore, quo reapse restituere non potest. Si autem sit debitor ex contractu justo, & secuta?

non fuerit in mora culpabili, non tenetur ad lucra cef-
fantia, aut damna emergentia creditori ex dilatione; quod
fi fuerit in mora culpabili, tenetur ad damna moræ illi
correfpondentia. Si demum, qui non eft in mora culpabili, differat folutionem præcife ad evitandum grave fuum
damnum, cui fubjaceret, fi ftatim folveret, tenetur ad
damnum creditoris emergens, aut ad lucrum ceffans; quia
in pari cafu melior eft conditio creditoris poffidentis jus
exigendi folutionem.

CAPUT VI.

DE RESTITUTIONE

In Particulari, & primo ob damna Honeftatis.

§. I. *De Obligationibus Defloratoris injufti.*

Quando, I. **D**Eflorans virginem vel fe offerentem, vel petenti
& qua- facile affentientem, eidem nihil tenetur. Tenetur
modo te- tamen illis, fub quorum cura deflorata degit, in cafu
neatur quo ex publicatione criminis aut effet augenda dos,
deflorator aut nubere non poffet. Si autem fraudibus, mendaciis,
ad reftitu- aliifque injuftis actibus illam feduxiffet, (non dico pro-
tionem? miffione matrimonii, de qua inferius) tenetur vel eamdem ducere, vel illam dotare: & in hoc cafu fufficiet,
quod addat doti alioquin dandæ, quod addendum eft. Si
vere puella inftet pro matrimonio, & nullum damnum
ex eo prudenter prævideatur, vel ob difparitatem, vel
ex alio capite; probabilius videtur defloratorem obligandum matrimonio: fi vero gravia diffidia vel ob difparitatem, vel alia gravia damna inde oritura timeantur;
fufficiet dotare, & omnia damna exinde profecta reparare. Demum fi deflorator folis precibus, & quidem urgentibus ftuprum obtinuiffet, tunc vel eft vir magnæ auctoritatis, gravitatis, aliarumque circumftantiarum, quæ
quamdam fpeciem vis precibus addere confueverunt, pu-
ellafque aliquo modo perterrefacere, ut non plena voluntate affentiantur; & in hoc cafu non eft eximendus ab
obligatione compenfationis ob injuriam plene voluntarii
ab eo violati. Si autem fuerit homo nullam valens puellæ fubjectionem incutere, neque alicujus mali metum in-
jicere, cum preces hujufmodi in nullo minuant voluntarium, videtur refpondendum ficut in primo cafu; in hy-
pothefi quod crimen reveletur &c. Hinc inferas, quod fi
defloratio, cui puella plena voluntate confenfum præfti-
tit, ob fui occultationem nulli damnum afferat, nil re-
ftituendum fit. Quod autem dictum eft de puella, refpe-
ctive applicanda funt honeftæ viduæ.

II.

De Restitutione ob stuprum.

II. Si quis erga virginem, aut viduam honestam tales gestus coram aliis faceret, ipsa renuente & reprobante, ut exinde suspicio oriretur de aliquo crimine patrato, vel patrando, & hinc propter obscuratam illius famam damnum eidem, vel suis oriretur; teneretur hic gesticulator impudicus hæc damna reparare, quippe qui causa realis eorumdem. Secus, si fœmina illa corresponderet, & in præfatos gestus conspiraret; quia ipsi nil esset compensandum, bene vero illis, qui curam illius gerunt, ut supra dictum est.

Quid de eo, qui gestibus suis obscuraret famam puellæ, ut damnum afferat?

III. Cum virgo deflorata in foro externo semper præsumatur seducta, & quod fuerit virgo, nisi contrarium probetur; si tamen in rei veritate aut virgo non fuisset, aut non seducta, teneretur ipsa etiam ad petitionem sui adversarii veritatem fateri, eumdemque redintegrare pro expensis factis in litis prosecutione, & pro multa a judice imposita.

Quid, si puella non sit virgo?

IV. Quando deflorator est impotens ad dotandam defloratam inductam, & ipse est longe disparis conditionis, dicit Lugo disp. 12. sect. 1. num. 18., quod non teneatur eam ducere in uxorem: putarem tamen cautius distinctione esse utendum: vel enim hic nobilissimus est adeo inops, ut sit impotens ad dotandum, & est filius familias, a quo pendet familiæ nobilissimæ, quamvis inopis, successio, quæ extingueretur quoad nobilitatem contrahendo tale matrimonium; & tunc puto non recedendum ab opinione docti Cardinalis. Si autem ipse esset solus, non habens ascendentes viventes, neque collaterales; nulli faceret injuriam contrahendo, sed dumtaxat sibi soli: quod tamen prævidere debebat, sibi probabiliter eventurum, utpote impotenti ad dotandum.

Quid, quando deflorator est impotens ad dotandum, & alioquin valde dispar?

V. Deflorator, qui puellam virginem seduxit promittendo eidem matrimonium, sive vera, sive ficta promissione, per se loquendo tenetur illam ducere. Ab implenda hac conditione excusatur homo, primo, si puella se finxerit virginem, cum revera non esset; in quo casu non tenetur eam ducere, bene vero dotare juxta dictum num. I. Secundo, si antequam matrimonium celebretur, ipsa fornicetur cum alio: non absolvitur tamen a dote. Tertio, si aut puella nolit defloratori nubere, aut ejus curam gerentes nolint eam illi tradere. Excipe casum, in quo illam deceperit, fingendo se gradu superiorem, divitem, &c. quia si tunc nec puella, nec curam gerentes, cognita veritate, nollent nuptias, tenetur adhuc illam dotare ad compensandam injustam deceptionem. Addendum putarem, quod si, ipsa nolente, curam gerentes vellent matrimonium, videtur quod quamvis non teneatur ad matrimonium, quod cum nolente celebrari non potest, teneretur ad illud dotis augmentum, cui subjiciuntur parentes

Quid de eo, qui defloravit sub promissione matrimonii?

Quando excusetur a matrimonio celebrando?

tes, ob paſſam deflorationem, & publicatam. Quarto, ſi ex matrimonio gravia ſcandala prævideantur profectura. Quinto, ſi aliquod impedimentum dirimens deflorator interjeciſſet, quod ſit indiſpenſabile; nam ſi eſſet diſpenſabile, & puella inſiſteret, teneretur deflorator diſpenſationem procurare: ſi autem ſit indiſpenſabile, puta contrahendo matrimonium cum alia; tunc ſufficit, ſi ei de nuptiis providerit.

Quando puella potuit facile fictionem cognoſcere.

VI. Si deflorator ficte promiſit matrimonium, & fictio potuit a puella facile cognoſci, quia ſciebat adoleſcentem illum eſſe nobiliſſimæ ſtirpis, & ſe eſſe vilis & plebejæ originis; tunc non tenetur vir ad matrimonium, ut ait S. Thom. in 4. diſt. 28. q. 1. a. 2. ad 4, ſed debet illam dotare, aut congruum matrimonium eidem procurare. Quod ſi deflorator ita ſuam conditionem occultaverit, ut reapſe a puella grandis diſparitas animadverti non potuerit; neque in tali caſu tenetur eamdem ducere, ſed potiori jure illam dotare, eidemque providere, ſupplendo omnia illa damna, quæ ob deflorationem, & fictam promiſſionem incurrit. Si autem vere promiſerit, quantumvis diſparitatis intercedat, ſi nulla timeantur ſcandala, procul dubio tenetur illam ducere, juxta ſuperius dicta.

Caſus primus eveniens.

VII. Si vir, qui exiſtimans puellam, quam vult carnaliter cognoſcere, eſſe virginem, ſicut communiter habetur, ut eam facilius inducat, promittit ſerio matrimonium, ipſa omnino ignorante illius falſam opinionem de ſua virginitate quam, revera amiſit, & habens copulam invenit illam non eſſe virginem, ſicut putavit; non tenetur in foro conſcientiæ ſtare promiſſioni de matrimonio: tenebitur tamen ad eam compenſationem, quæ debetur uſui corporis non virginalis. Cum tamen communiter haberetur virgo, tenebitur infamiam puellæ reparare, non quidem revelando ſe inveniſſe illam non virginem, quod apud omnes erat occultum, ex quo illa magis infamaretur, ſed vel illam ſufficienter dotando, vel incundo matrimonium; nam ſupponimus ipſam ſe ſimulaſſe virginem.

Caſus alter.

VIII. Seductor, qui a virgine vere tali ſub promiſſione matrimonii extorquet, excepta copula, alios actus impudicos; ſi ſit æqualis circiter conditionis cum illa, & nullum prævideatur grave inconveniens ſecuturum, tenetur ſtare promiſſioni. Si autem ſit conditionis notabiliter excedentis, non videtur obligandus; quia compenſatio excederet actiones a puella præſtitas. Sufficiet igitur, ſi illam congrue compenſet. Si demum certo nullum inconveniens timeretur, & ipſe eſſet ſolus; tunc videretur ad matrimonium obligandus, & ſibi imputare deberet exceſſum promiſſionis factæ.

IX.

De Restitutione ob stuprum.

IX. Sollicitans viduam honestam ad copulam sub promissione matrimonii, si vere promittit, & nullum timeatur notabile Inconveniens oriturum, tenetur illam ducere; quia pactum est implendum, quando licite impleri potest post commissum crimen. Si ficte promisit, distinguendum est; si enim periclitatura sit fama illius mulieris, tunc tenetur nihilominus ducere illam, ut famam illius servet: si autem nullum sit periculum famae, peccavit decipiendo; & similiter si sint aequalis circiter conditionis, tenetur tollere deceptionem, eamdemque ducere: si vero sint valde disparis conditionis, & exinde gravia dissidia timeantur, sufficiet ut illam compensationem det, quae perpensis circumstantiis, personae, & deceptionis, a prudente Confessario judicabitur. *Casus alter.*

X. Si deflorator virginis sub promissione matrimonii erat voto simplici castitatis obstrictus, & hoc ab ipsa ignorabatur, atque illius fama sit periclitatura; tenetur procul dubio, exposito casu Sacrae Congregationi, petere dispensationem a voto, cujus observatio esset graviter injuriosa proximo, ut patet. Idemque plures affirmant etiamsi illius fama nullum sit periculum subitura, ob eamdem rationem. Consulto dixi, si ab ipsa votum defloratoris ignorabatur: quia si illud noverat, ille non tenetur eamdem ducere, excepto famae periculo, sed tenetur alio modo compensare. Quod si ipsa votum petenti copulam objecisset, & ille spopondisset, se licentiam obtenturum, tunc affirmant multi, quod petere teneretur, sincere exposito casu. Si autem S. Sedes dispensationem negaret, dum non extat infamiae periculum, teneretur aliam facere compensationem judicio Confessarii. Si demum votum emisisset post deflorationem, teneretur nihilominus defloratam docere, & abstinere a debito petendo, nec non a cunctis aliis conjugalibus libertatibus activis; sed licite posset dumtaxat reddere debitum petenti. Bene autem ageret, ut se eximeret a continuo periculo violandi votum, si exposito casu, dispensationem peteret, observandum deinde cum illis limitationibus, quas Sacra Congregatio addere consuevit. *Casus alter.*

XI. Si sub matrimonii promissione quis deflorasset, vel copulam extorsisset a consanguinea; respondendum est, sicut diximus de voto antecedente copulam, posito quod impedimentum sit ex dispensabilibus; & hoc est verum, etiamsi ficte promisisset, & ipsa fictionem animadvertere non potuisset, sicut animadvertere potuit & debuit, si impedimentum esset in tali gradu, qui non nisi inter principes dispensari vix soleat. *Casus alter.*

§. II.

§. II. *De Restitutione propter Adulterium.*

Quid agendum adulteris?

I. Quando adulterium occultum manet, neque aliud damnum sequitur, adulteri veniam a Deo petant, & orent pro innocente. Si autem publicetur, & dedecus creetur marito adulteræ, tenentur rei eumdem placare, petendo veniam per congruos mediatores; & tenetur adulter compensare dedecus illatum, procurando, ut innocens maritus augeatur sive in bonis, sive in officiis, sive in dignitatibus; quia alteri compensationi non romanet aditus. Si autem proles spuria ex occulto adulterio oriatur, tenetur adulter ab anno tertio ætatis prolis, & deinceps, quousque sibi provideat, illam alere. Etenim a partu usque ad triennium completum tenetur mater prolem alere, & in ejus defectu tenebitur adulter. Item tenentur adulteri æqualiter compensare omnia damna, quæ propter prolem spuriam eveniunt marito, & legitimis hæredibus in partitione hæreditatis, in legatis, & donationibus proli spuriæ factis a consanguineis patris putativi. Porro uterque adulter tenetur in solidum, in defectu alterius: quod si alteruter vim alteri intulit, aut metum respective gravem incussit, qui incussit tenetur ipse primus ad omnia præfata damna; neque alter teneretur, nisi in ejus defectu.

Quid agendum in casu dubio?

II. Quando extat dubium prudens, an proles sit spuria, probabilius est teneri adulteros modo dudum explicato pro rata dubii ad præfata damna. Idem proportione servata resolvas, si mulier cognita fuit a pluribus: nam si certum est prolem esse spuriam, omnes qui rem habuerunt tenentur una cum adultera, ut dictum est: si vero dubitetur, cujus illorum sit, tenentur omnes pro rata dubii ad totum damnum. Si demum dubitetur, an sit eorum, vel mariti, similiter tenentur pro rata dubii; & in defectum aliorum, singuli in solidum, vel pro toto, vel pro rata respective.

Quomodo restituendum sit ab adultero?

III. Adultera, ut restituat quando tenetur, ex communi, debet in primis, si habeat bona propria, illa relinquere & distribuere filiis legitimis, non spurio. Si autem aut bona non habeat, aut non sufficientia pro rata obligationis suæ, aut in solidum, deficiente adultero; tunc caute studere debebit, ut afficiat maritum erga legitimios, insinuando, ut eisdem potius sua bona relinquat: magna tamen cautela sibi agendum erit, ne se prodat. Debebit item spurio suadere statum religiosum, si ipse ad illum aptus & idoneus videatur, ut proinde bona temporalia ad illos perveniant, quibus debentur. Tenetur item sibi subtrahere de cultu in vestibus, ornamentis &c. quantum poterit, ut pro legitimis bona reserventur.

IV. Si

De Restitutione propter adulterium.

IV. Si adulterae, habitae ut honestae, desit omnino modus redintegrandi damna indicata, non tenetur, absolute loquendo, manifestare crimen suum, ut docet communis. Consulto dixi, si mulier habeatur ut honesta; si enim jacturam suae famae jam fecisset, & non haberet unde restitueret, ex hoc capite teneretur manifestare marito proles spurias: dico ex hoc capite; quia si prudenter timeret alia gravia mala inde exoritura, praetermittenda esset manifestatio tanquam perniciosa proximis, & foecunda pejorum damnorum illis, quibus satisfacere nequiret. *An in aliquo casu teneatur prodere suum delictum?*

V. Consulto etiam dixi, absolute loquendo; quia potest evenire casus, tametsi rarissimus, in quo teneatur adultera etiam cum famae, & vitae discrimine crimen suum manifestare. Hic casus est, si filius spurius esset morum corruptissimorum, ita ut etiam Catholicae fidei abrenunciasset, & alioquin succedere deberet genitori putativo in Principatu; ex cujus successione jam proxima, nemo non videt, quot & quanta mala resultarent bono communi fidei, divino cultui, morum honestati &c. In hoc casu, ad impedienda efficaciter mala imminentia adeo gravia, & anteferenda vitae & famae cujuscumque particularis personae, quia communia Religionis & populi, teneretur mater revelare marito crimen suum, procurans interea, meliori modo quo posset, securitatem suae vitae, si de eadem metueret. Similiter in casu, quo spurius e contra esset indolis adeo mitis, & matri adeo bene affectus, morumque adeo stabiliter piorum, ut prudenter & moraliter esset mater secura, quod si filio revelaret suum delictum sub secreto perpetuo custodiendum, acquiesceret, matri crederet, & se subtrahendo impediret tot mala, praecipue ubi sunt fideicommissa magni momenti, & haereditates amplae; in hoc casu teneretur mater pati apud solum illum filium hanc infamiam, quia non esset in dictis circumstantiis malum anteferendum tot damnis plurium personarum. *Aliquando tenetur.*

VI. In hypothesi itaque, quod adultera filio spurio crimen revelaret, atque illud probaret certis argumentis, aut in articulo mortis constituta, & Sacramentis munita cum juramento affirmaret; teneretur sub mortali filius eidem credere; & tunc teneretur conscientiae suae providere, & se gerere, sicut se gerit possessor bonae fidei statim ac animadvertit se alienum habere. Nota, quod filio spurio nulla praescriptio suffragari queat respectu bonorum etiam plurimis annis possessorum, illegitimum priusquam se nosceret. *Num aliquando filius spurius teneatur matri credere &c.?*

CA-

CAPUT VII.

DE RESTITUTIONE

Propter damna civilia Famæ & Honoris.

§. I. *De variis modis lædendi famam & honorem; nonnullæque regulæ proponuntur.*

Quid fama? Quid honor?

I. Fama est bona opinio & æstimatio de alicujus personæ excellentia, aut absolute in omni genere, aut respective, videlicet in aliquo genere particulari. Honor est attestatio quædam excellentiæ alterius personæ, exteriori signo reverentiæ &c. manifestata. Hinc fama insidet aliorum interiori judicio; honor autem in exteriori æstimationis significatione.

Varii modi lædendi famam.

II. Et fama & honor variis modis læduntur per actus tam interiores, quam exteriores; per exteriores, verbo, & facto: verbo, primum Detractione, quæ est alienæ famæ læsio injusta, & occulta; *& hæc fit quandoque directe, quandoque indirecte: directe quidem quadrupliciter: uno modo, quando falsum imponit alteri: secundo, quando peccatum adauget suis verbis: tertio, quando occultum revelat: quarto, quando id, quod est bonum, dicit mala intentione factum: indirecte autem, vel negando bonum alterius, vel malitiose reticendo, vel minuendo;* ait S. Thomas 2. 2. quæst. 72. art. 1. ad 3. qui septem modi his exametris recensentur, *Imponens, augens, manifestans, in mala vertens, Qui negat, aut minuit, reticet, laudatve remisse:* addito septem assignatis a S. Doctore octavo, *laudandi remisse*, quando justum esset & debitum laudare impense. His octo modis læditur fama proximi, qui sunt graves, aut leves pro ratione materiæ.

Alii modi lædendi famam.

III. Alii modi lædendi famam verbo, aut facto, sunt primo, per Calumniam, quæ coincidit cum Imponente jam recensito. Secundo per Irrisionem, qua verbis, vel factis proximus ludibrio habetur; & hac læditur tam fama, quam honor. Tertio per Contumeliam seu convicium, quod est injusta inhonoratio personæ, lædens honorem ei debitum sive verbis, sive factis: & si fiat coram, & per verba, dicitur improperium; si fiat factis, & gestibus personam inhonorantibus, dicitur subsannatio: & plerumque hæc sunt mortalia, nisi parvitas materiæ excuset a tanto.

Actus interiores famam proximi lædentes.

IV. Læditur item fama proximi actibus interioribus; male, & temere judicando de eodem. Ut autem id recte percipias, nota plures esse gradus, quibus intus læditur proximi fama apud nosmetipsos. Primus est Dubitatio,

quæ

quæ mentem nostram suspensam tenet inter affirmationem, & negationem, puta de honestate alicujus mulieris. Secundus est Suspicio, qua mens in alteram partem se inclinare sentit, non tamen determinate assentitur, aut adhæret, sed dumtaxat inclinationem experitur ad unum extremum, puta quod illa mulier sit impudica. Tertius est Opinio, qua mens determinate assentitur tali extremo, nimirum mulierem esse impudicam, non tamen certo, sed cum formidine, quod possit esse falsum. Quartus est Judicium, quo determinate, & sine formidine certo arbitratur esse impudicam. Quilibet dictorum graduum evadit temerarius & pravus, si careat eo fundamento, quod respective habere debet, ne sit reprehensibilis. Hinc vides, majus requiri fundamentum ad suspicandum, quam ad dubitandum; majus ad opinandum, quam ad suspicandum; majus ad judicandum, quam ad opinandum.

V. Circa hactenus dicta, prima regula sit, quam tradit S. Augustinus lib. 2. de Serm. Domini in monte cap. 18. Et S. Thom. 2. 2. q. 60. a. 4. *Ubi non apparent manifesta indicia de malitia alicujus, debemus eum ut bonum habere, in meliorem partem interpretando, quod dubium est.* Ex his altera fit regula. Quando indicia & motiva sunt talia, ut a prudente, pio, & docto judicentur sufficientia aut ad excusandum ab omni culpa, aut saltem a mortali, perpensis præcipue circumstantiis personarum, locorum, temporum, & actionum, quæ aut videntur, aut a fide dignis audiuntur; tunc actio dubitandi, suspicandi, opinandi, & judicandi erit, aut non erit peccatum leve, aut grave. Tertia regula sit, quod quando agitur aut de aliquo damno vitando, aut remedio adhibendo, aut præcautione observanda; quoties clare non constat de probitate proximi, possumus cum eodem ea cautione agere, ac si esset suspectæ fidelitatis, absque eo quod ipsum aut judicemus, aut suspicemur talem. Immo quo periculosior est res & actio, eo major debet esse cautio in agendo, perpensis circumstantiis. Unde imprudenter ageret Pater ille, qui filiam juveni soli, quamvis piissimo, traderet longo itinere alio ducendam, ob grave periculum, cui & ductorem & ductam exponeret alicujus incontinentiæ: & sic de aliis.

Tres redit regulæ præscribuntur.

§. II. *De qualitate peccati, temere Dubitandi, Suspicandi, Opinandi, & Judicandi.*

I. Certum est ex Scripturis & Patribus, judicium temerarium deliberatum de proximo circa rem notabiliter malam, & famæ perniciosam, esse peccatum mortale. Dixi graviter famæ perniciosam; quia dantur quædam pecca-

Judicium temerarium in re gravi est lethale.

peccata etiam gravia, quæ respectu alicujus generis personarum non lædunt famam, de quibus immo illius generis personæ plerumque gloriari consueverunt: puta militem in duello pugnasse &c.

Opinio temeraria quando mortalis?
II. Opinio temeraria, idest sine sufficienti fundamento, de proximo in re gravi, probabilius videtur esse lethalis: idque non obscure significat S. Doctor 2. 2. qu. 60. art. 3. ad 2. Ratio est; quia etiam mala opinio temeraria de re gravi & infamante personam est de se gravis injuria proximi. Quando igitur deficit notabiliter in fundamento, erit lethalis; & eo gravior evadit, quo dignior est persona, de qua opinamur, & quo atrocius est crimen. Quando vero fundamentum deest in modico respective ad personam & crimen, erit dumtaxat venialis.
* Vide quæ habet Sylvius *in 2. 2. q. 60. ar. 3. qu. 1. concl. 4.* *

Suspicio quando mortalis?
III. Sola suspicio (quæ, ut dixi, non est opinio assentiens cum formidine oppositi, sed propensio quædam ad assentiendum) temeraria, & sine ullo, aut solo levi fundamento de re gravi infamante, putarem quod sit mortalis; quia etiam hæc valde solet affligere personam innocentem honestam. Igitur etiam sola suspicio prorsus temeraria, & absque sufficienti fundamento, graviter lædit famam proximi: quando vero aliquod subest fundamentum, quamvis non plane sufficiens, suspicandi, (quia quando est sufficiens, nullum est peccatum in quolibet horum graduum) putarem non esse mortale.

Dubium an mortale?
IV. Tandem dubium de bonitate proximi ex levibus indiciis, docet S. Thomas esse veniale, his verbis 2. 2. quæst. 60. art. 3. *Primus gradus est, ut homo ex levibus indiciis de bonitate alicujus dubitare incipiat; & hoc est veniale, & leve peccatum*. Nisi forte esset de persona valde digna, aut de crimine valde turpi, aut respectu cujuscumque, de crimine inusitato & valde extraordinario: Putarem tamen verba Angelici intelligenda esse de dubio negativo, idest suspendente omnem actum, & retinendo habitualiter bonam opinionem de quocumque. Nam dubium positivum sine ullo prorsus fundamento habere de proximo in re gravi, nempe interius sentiendo, quod revera dubia sit personæ probitas, integritas, pudicitia &c., aut ex levissimis motivis, putarem ob rationes datas non vacare a mortali, si deliberato animo id fiat. Si autem occurrat, quod motiva sint utrinque circiter æqualia; tunc, cum revera sit res dubia, juxta regulam juris in meliorem partem interpretanda est, ita ut in hoc dubio illicitum sit judicare, opinari, vel suspicari proximum esse improbum, vel peccasse graviter; quia quisque jus strictum habet, ne gravetur, plusquam postulent motiva perpensa.

V. Mo-

De Restitutione Famæ.

V. Motiva autem levia illa dicenda sunt, quæ respective ad actum, qui est eliciendus, aut suspicionis, aut opinionis &c., non sufficiunt ad reddendum saltem probabilem & prudentem actum. Cave tamen, ne ex motivo dumtaxat probabili erumpas in judicium firmum. Et proinde magna prudentia, magnaque animi indifferentia est necessaria ad rite dubitandum, suspicandum, opinandum, & judicandum. *Quænam sint levia motiva?*

VI. Neque ad judicandum sufficit assertio cujuslibet testis, sed testificationis auctoritas pendet ex circumstantiis personæ testificantis, & personæ, de qua profertur testimonium: item loci, temporis, & aliorum; quæ consideratione digna sunt. Præterea perpendendum, an referens fit persona pia, prudens, nulla passione commota; & si his omnibus extantibus, asserat se oculis vidisse, videtur non esse judicium, saltem graviter malum, sine formidine credere, & judicare ex hoc capite; nam posset esse tale, cooperando injustæ manifestationi criminis occulti; (de qua paulo inferius) quia assertio talis extra judicium legale, affert certitudinem moralem. *Assertio unius de visu, an sufficiat ad judicandum?*

VII. Qui igitur aliquo ex prædictis actibus interioribus proximum apud semetipsum infamavit, tenetur, statim ac id animadvertit, deponere dubitationem, suspicionem, opinionem, judicium, eliciendo actum contrarium, si actus revera fuerit temerarius, & afferens infamiam. *Quid agendum illi, qui actibus interioribus prædictis proximum apud se infamavit?*

* Vide quæ huic §. addita sunt in Majori Opere. *

§. III. De Detractione famæ proximi facta per verba.

I. Detractionem ex genere suo esse peccatum mortale patet, quia graviter lædit charitatem, & justitiam; nisi forte parvitas materiæ excuset a tanto, ut docet S. Th. 2. 2. q. 73. a. 2. *Quale peccatum Detractio?*

II. Gravis autem, vel levis famæ læsio ex gravitate materiæ desumenda est. Gravitas materiæ quandoque est absoluta, quandoque respectiva: absoluta est, quæ reputatur gravis respectu cujuscumque, dicendo esse furem; respectiva gravitas est illa, quæ desumitur ex circumstantiis personarum, vel actionum: proinde detractio, quæ est gravis de Episcopo, non erit talis respectu personæ laicæ: actio, quæ infamat nobilem, non infamabit vilem plebejum; quæ infamat virum ætate provectum & pium, non infamat adolescentem voluptuosæ vitæ professorem. Semper est gravis, quando fit animo lædendi notabiliter famam proximi, quamvis quod dicitur non sit notabile, & etiam quando id, quod dicitur, quamvis non notabile, prævidetur tamen ab audientibus accipiendum ut grave, & famam proximi graviter læsam iri. *Gravitas Detractionis a quo desumenda?*

III. Manifestare peccatum veniale proximi, per se loquen- *An reve-*

352 *Tract. IX. De VII. Decal. Præcepto.*

Iare culpam venialem possit esse lethale?

quendo, est culpa venialis; per accidens, ratione qualitatis personæ & peccati, potest esse mortale: puta, si de persona in magna opinione sanctitatis habita dicas, eam de industria mentitam fuisse, vel sibi vanam æstimationem procurasse: non autem si dixeris, sine necessitate modicum preces interrupisse, aut verbum otiosum protulisse; quia prima peccata multum minuunt æstimationem talis personæ, secus vero secunda. Similiter censendum, si de proximo proferantur verba significare valentia rem gravem, aut levem, si prævideatur aut prævideri debeat, quod ab auditoribus accipientur in sensu deteriori, & persona, de qua proferuntur, sit valde bonæ famæ: puta, si dicas esse invidam, avaram, superbam, & quid simile; quia etiam his vocibus graviter læditur talis personæ bona fama. Uti autem reticentiis quibusdam, puta dicendo, se scire de tali persona id, quod a nemine crederetur; de quo nemo suspicaretur; quod non revelaret pro quacumque re; quod posset de illa dicere id, quod illam valde humiliaret, & similia; juxta communem, est lethale.

Alii modi graviter detrahendi proximo.

Revelare defectus naturales, quando lethale?

IV. Revelare defectus naturales personæ honestæ communiter ignoratos, quorum revelatio gignere solet non modicum dedecus & magnam afflictionem, si sciret fuisse publicatos, est lethale; puta, dicendo de persona conditionis honestæ, quod sit spuria, illegitima, descendens ex stirpe infami aut pessimi nominis. Multo magis revelare de Concionatore, quod profert sibi data ab aliis, de viro Ecclesiastico communiter habito saltem ut sufficienter docto, revelare esse ignorantem, nisi id revelaretur alicui privato ob bonum finem, puta ne committat animam suam illius directioni &c., & similia proferre de aliis personis respective, non vacat a mortali.

Revelare crimen membri alicujus Collegii &c.

V. Revelare crimen occultum personæ, quæ sit membrum alicujus Conventus, Collegii &c., etiam non nominata persona, plerumque a mortali non vacat; quia, præcipue apud sæculares, fama illius communitatis & æstimatio non modice minuitur: idcirco, nisi reveletur personis certo moraliter nullam imminutionem famæ & æstimationis passuris erga communitatem illam, & insuper tacito semper personæ nomine, erit mortale. Revelare etiam crimen personæ defunctæ est lethale.

Detrahere defunctis. Revelare uni tantum sine causa. Neque ad levamen.

VI. Revelare occultum crimen etiam uni soli, sub secreto, sine justa causa, juxta probabiliorem magisque receptam est lethale. Id docere videtur S. Thom. 2. 2. qu. 73. art. 1. ad 2. Neque excusat hujusmodi revelationem solum motivum leniendæ afflictionis, ut mihi probabilius videtur; eo quod plurima adsint christiana media ejusdem levandæ, quin apud aliquem proximus infametur. Dixi solum motivum; si enim necesse esset consilium petere,

neque

De Restitutione Famæ.

neque alius consultor moraliter haberi posset, nisi cognoscens personam illam, quæ necessario foret manifestanda; tunc infamia omnino per accidens, & præter intentionem eveniret, & quidem ex motivo necessario.

VII. Probabilius est peccare mortaliter illum, qui mere referet occultum crimen infamans ab aliis auditum, quamvis nihil omnino addat, immo etiamsi ostendat se oppositum credere; quia procul dubio magis divulgat crimen occultum.

VIII. Infamatus in aliquo determinato genere mali, absque culpa lethali nequit infamari in aliis generibus, & aliquando neque in eodem genere: & aliquando neutrum est lethale. Exemplis probo, & declaro cum communi. Petrus est difamatus in solo genere luxuriæ etiam detestabilioris, adhuc retinet jus suæ famæ in materia justitiæ; unde qui de furto illum infamaret, graviter peccaret, ut patet. Uxor Petri difamata est ut adultera unius dumtaxat adulterii: graviter peccaret, qui illius novem adulterium occultum revelaret. Qui de publica meretrice revelat occultam ab illa perpetratam seductionem alterius hominis, non peccaret graviter; immo neque si referret quod fuerit die festo, ut ornatior appareret oculis intuentium; quia est delictum subordinatum primo: dixi, quod id referens graviter non peccaret; bene vero si illius occultum furtum notabile evulgaret, quia novum delictum nullam connexionem habens cum meretricandi turpitudine referret.

IX. *Cum convicium*, ait D. Thom. 2. 2. q. 72. a. 2. *seu contumelia de ratione sui importet quamdam dehonorationem, si intentio proferentis ad hoc feratur, ut aliquis vi, aut per verba, quæ profert, honorem alterius auferat; hoc proprie, & per se est dicere convicium, vel contumeliam: & hoc est peccatum mortale, non minus quam furtum; non enim homo minus amat suum honorem, quam rem possessam. Si vero aliquis verbum convitii, vel contumelia alteri dixerit, non tamen animo dehonorandi, sed forte propter correctionem, vel propter aliquid hujusmodi; non dicit convicium, vel contumeliam formaliter & per se, sed per accidens & materialiter, in quantum scilicet dicit id, quod potest esse convicium, vel contumelia: unde hoc potest esse quandoque peccatum veniale, quandoque absque omni peccato. In quo tamen necessaria est discretio, ut moderate homo talibus verbis utatur; quia potest esse ita grave convicium, quod per incautelam prolatum auferret honorem ejus, contra quem profferretur; & tunc posset homo peccare mortaliter, etiamsi non intenderet dehonorationem ejus.*

* Vide etiam, quæ docet S. D. art. 3. *

An liceat referre ab aliis audita de crimine occulto? Infamatus in uno genere, an possit infamari in aliis generibus?

Contumelia quando gratiosa, vis, aut levis?

Tom. I.   Z   §. IV.

§. IV. *De Publicitate criminum excusante a detractione gravi.*

Quotuplex sit Publicitas?

I. Publicitas alia est Juris, alia facti. Prima oritur ex sententia judicis a reo manifesta, qua reus condemnatus est, ut nulla possit tergiversatione celari. Publicitas facti evenit, quando factum evidenter constat apud plures in eo numero respectu talis Communitatis, ut in illa Communitate prudentum judicio nulla possit tergiversatione celari. Tunc autem, juxta plures, factum censetur notorium, quando in Collegio, Monasterio, Parœcia, Pago, Civitate, Provincia tot personis respective est notum, ut moraliter impossibile sit, quod in toto Collegio, Monasterio &c. non divulgetur. Caute animadvertendum est, quod v. g. furtum notorium respectu alicujus loci, non debet censeri notum respectu aliorum locorum: v. g. quod publicum est in solo Monasterio, nequit revelari extra Monasterium. Immo si esset notum solis Patribus discretis, qui a Consiliis denominantur, vel soli Presbyterorum Capitulo; extra tale Consilium, vel talem cœtum manifestari non posset, quamvis cœtus ille ex majori Conventus, aut Capituli, numero assurgeret.

Observatio notanda.

Disamatur in uno loco, in eodem loco an possit ignorantibus manifestari? Secus manifestare in loco distanti.

II. Ex communi, contra nonnullos, juste difamatum in aliquo loco, aliis ejusdem loci ignorantibus manifestare, non est lethale; immo si recto fine fiat, nullum peccatum. Et si id fiat ex levitate, & garrulitate, erit veniale; quia quamvis afferat displicentiam difamato, hic cognoscere debet, se non graviter lædi, quippe qui hac re non meteretur eam circumspectionem, quam merentur innocentes, & rei non difamati.

III. Manifestare crimen præfati difamati in alio loco, quo notitia non censetur adeo de facili perventura, est lethale, ut probabilior docet. Quia in eo loco respective distante proximus ille non erat infamis, neque talis erat de facili habendus; igitur manifestans violat jus ejusdem in illo loco. Ex his tamen non inferas, posse hujusmodi difamatum v. g. Patavii, manifestari Venetiis, vel Vincentiæ, quin graviter peccetur; quia, cum sint Civitates non multum distantes, de facili potest notitia criminis eo pervenire. At videndum est, unde oriatur hæc facilitas; profecto oritur ex loquacitate volentium manifestare, & non ex alio capite; ac proinde saltem primi manifestantes evadunt rei gravis peccati contra charitatem, & contra justitiam, si manifestent infamem extra locum, & illum deferant ad loca finitima.

☞ Crimen notum notorietate facti, seu publice patratum coram multitudine, narrari absolute potest in quocumque loco; quia hic peccator amisit jus ad famam. Idem asserendum de delicto judicis sententia declarato,

& pu-

De Restitutione Famæ. 353

& publicato, quamvis delicti notitia facile pervenire ad talem locum non posset; quia judex publicando delictum, juris ordine servato, privat reum jure ad famam. Spectandus tamen finis est, ob quem quis notoria delicta in loca dissita defert, & ibidem evulgat; nam si finis pravus sit, & animus odio percitus, tum a culpa non esset immunis. Legatur P. Concina *tom.* 4. *lib.* 10. *dissert.* 2. *cap.* 5.

IV. Revelare alicui crimen non verum, quamvis publicum & communiter creditum, est lethale. Quando autem crimen aliquod innotescit ex sola confessione rei, & depositione testium in judicio, & non divulgatur per publicam judicis sententiam in judicio, non potest absque gravi læsione justitiæ aliis manifestari, nec in eo loco quidem, ubi reus convictus fuit; quia hic adhuc retinet jus ad famam respectu publicæ notitiæ. Si autem in illo loco publica infamia jam laboraret, & haberetur communiter v. g. ut fur, tunc videtur, quod non esset lethale.

V. Crimen verum injuste alterius maligno spiritu divulgatum, ita ut in eo loco evaserit publicum, sine peccato lethali quis illud aliis in eo loco ignorantibus revelat: quia jus proximi, ne infametur, oritur vel ex innocentia sua, vel ex occultatione sui delicti; atqui in casu neutrum subsistit, ut patet; igitur qui illud ibidem refert aliquibus nescientibus, graviter non peccat.

VI. Qui ob sua crimina olim commissa, fuit olim infamis notorietate facti, deinde pietate constanti vivendo famam recuperavit, non potest absque lethali culpa manifestari ignorantibus quoad præterita sua crimina. Dixi infamem notorietate facti; quia aliquibus videtur, quod de infami notorietate juris possint præterita delicta referri sine gravi culpa. At valde timendum, quod nihilominus peccetur graviter saltem contra charitatem, ob gravem displicentiam, quam sine causa affert illi, jam suæ famæ restituto; & puto idcirco etiam lædi justitiam. Similiter, narrare alicui ignoranti crimen alterius infamans olim patratum, & tunc notorietate facti publicum, nunc autem communi quasi oblivione sepultum, est lethale.

VII. Quid dicendum de Historicis aliena facta scribentibus, quippe eo majorem æstimationem sibi tribuendam censent, quo occultiora evulgant? Huic quæsito respondet doctissimus Sotus *lib.* 5. *de just. quæst.* 10. *artic.* 2. „ Cum grano salis, *inquit*, circa hoc procedendum est: „ primo, quod ubi non denarrantur infamia peccata, ac „ turpia, sed bella, & homicidia, & alia, quæ viris illu„ stribus dedecora non sunt, non est, quod sint condem„ nandi. Mox quamquam aliqua turpia denarrent, quæ „ non sunt omnino secreta, non est illis vitio verten„ dum, sed officio potius tribuendum: debent enim opti-
„ ma

Revelare crimen non verum, sed communiter creditum.
Publicare crimen nondum publicatum a judice.
Crimen verum aliena malignitate evulgatum ibidem manifestare.
Qui famam recuperavit, an possint ejus præterita crimina referri?
Commemorare delictum oblivioni communiter traditum.
Quid de Historicis aliena facta evulgantibus?

Z 2

"ma fide, quæ ad rem pertinent pernarrare. Nihilominus ubi invidia moti, aut aliquo pravo affectu quempiam aliquibus vitiis notant, non sunt a peccato liberi, tunc potissimum dum Generi alicui aut Prosapiæ notam inurunt, quæ in perpetuam memoriam mansura est." Legatur etiam Bannez. in 2.2. quæst. 73. ar. 2. & Cardinal. de Lugo disp. 14. sect. 6. n. 87. & 89.

Prævenire difamationem.

VIII. Prævenire difamationem, tunc non est graviter illicitum, quando ipsa est certissime eventura, & brevissimo temporis intervallo, & ex sententia judicis certissime publicanda. Si autem aliquid horum desit, est peccatum mortale; nam si duo prima desint, revelatio præveniens potest esse graviter læsiva famæ, si vero desit tertium, evulgatio continget ex publicatione hominum privatorum, ut patet.

§. V. *De Necessitate excusante detractionem.*

Ex motivo quietis communis potest revelari.

I. Jam diximus in §. 3. n. 6. non excusari a detractione revelationem criminis ad mere capiendum lavamen ab afflictione. Cum communi autem Doctorum asserimus, quod necessitas evadendi mortem aut gravia tormenta excusat a revelando occulto crimine vero alicujus, (notitia non ex Confessione Sacramentali acquisita, quod nunquam licet) dummodo ex tali revelatione non sit secuturum notabile damnum Reipublicæ. Consulto dixi de revelando crimine vero; nam imponere falsum crimen nullo modo licet.

Casus valde implexus.

II. Similiter excusat a revelando crimine vero & occulto, cognito neque ex Confessione, neque ex secreto naturali, sed aliunde, motivum vitandi gravia damna injusta tam propria quam aliena, dummodo tamen id fiat stricte debita œconomia; ut videlicet illis solis manifestetur, prout necessitas postulat, ad evitanda imminentia gravia damna. Ratio est, quia in concursu gravis damni personæ innocentis, & personæ vere criminosæ, si utræque salvari non possit, defensio innocentis prævalere debet. Si interroges, quam grave debeat esse malum, ut ista agere possis? Respondeo, quod certe ut evites majus, item ut evites æquale, neutiquam ut evites longe minus. An autem ut evites grave quidem, sed aliquanto minus? varie respondent Scriptores. Non displicet regula tradita ab aliquibus, quam sapientiori judicio subjicio; nempe, quod quando ex charitate tenemur impedire tale malum proximi etiam cum proprio incommodo, tunc cum dicto incommodo proprio debeamus ex justitia occultum crimen tacere; quando vero cum tanto incommodo non tenemur ex charitate vitare proximi damnum, non teneamur ex justitia cum eodem damno illius deli-

De Restitutione Famæ.

delictum silere. Hinc verum puto, licitum esse revelare occultum crimen alicujus, quando necessarium creditur ad illius utilitatem spiritualem, ne in pejora prolabatur jam in animo suo constituta; & exinde speretur fructus.

III. Videtur licitum, ut alibi innuimus, quod ad capiendum consilium in re magni momenti, possit revelari occultum crimen verum, quando alio modo consilium obtineri non possit; quia, nisi id liceret, magnum foret gravamen bono communi, quod multum pendet ab adimpletione sanorum consiliorum: petens tamen consilium debet, antequam vera exponat, exigere a consiliario secretum, & si opus esset etiam sub juramento. *Ad consilium capiendum.*

§. VI. *De custodiendo sigillo naturali, & de legentibus alienas epistolas.*

I. Qui modo injusto assecutus est notitiam rei occultæ, cujus revelatio resultaret in damnum vitæ, aut famæ, aut bonorum proximi, tenetur sub mortali ad secretum naturale, etiam cum æquali dispendio vitæ, famæ, aut rerum propriarum. Ratio evidentissima est, quia cum graviter peccaverit, & gravem injuriam intulerit ei, de quo talem notitiam injuste expiscatus fuit, non potest licite talem injustitiam prosequi, aliis manifestando quod injuste novit. Quando secretum exigitur, antequam res enarretur, & ab audiente promittitur, quia non denarraretur nisi præstita hac promissione; tunc revelans peccaret graviter etiam contra justitiam, revelando audita sine justo motivo. Ratio est, quia in hoc casu non intervenit nuda promissio, sed pactum onerosum inter enarrantem, & audientem. Id etiam verificatur, tametsi expresse non spopondisses narranti secretum custodire, sed ex modo se gerendi in aperiundo tibi secretum, vel ex natura rei quæ tibi aperitur, pactum implicitum contraxisti ad secretum servandum. Quod valde notandum est Medicis, Chirurgis, Advocatis, Obstetricibus, Consiliariis, & aliis, quibus talia aperiuntur facta, quæ nullo modo illis aperirentur, nisi implicitum secreti pactum intercessisset. Dixi in assertione, revelantem peccare etiam contra justitiam; nam quod peccet contra fidelitatem, cujus officium est conformare facta cum dictis & promissis, jam patet. Quando promissio audientis de secreto exigitur, & fit post notitiam rei auditæ, vel ab ipso enarrante vel aliunde; tunc videndum est, an res enarrata tale secretum mereatur, & si mereatur, sub mortali est servandum propter rationem datam; si autem res in se non mereatur, & nihilominus narrans admodum sollicitus est, ut secretum servetur, & idcirco promissionem exigat ab eo qui audivit, & hic serio promittat; cum

Acquirens injuste notitiam rei occultæ ad quid teneatur?

Revelare secretum acceptum, & promissum.

Quando promissio sit post enarrata quomodo obligas?

hic

hic sibi hoc vinculum imponat, tenebitur sub gravi sine justo motivo non revelare. Si autem hæc promissio superveniens acquisitæ notitiæ fiat, ut regulariter inter amicos fieri solet, urbanitatis & amicabilis fidelitatis gratia, & res narrata de se gravis non sit, violare secretum tunc non videtur mortale.

Quid dicendum de legentibus alienas litteras?

II. Ex communi, qui alienas litteras aperit, vel legit apertas & relictas in loco, qui censetur securus, peccat mortaliter; nisi forte ille, cujus sunt epistolæ, sit persona quoad hoc caput legenti subjecta. Ratio patet, ob injuriam gravem illi irrogatam privato, & irrogatam publico bono. Excepi personas subjectas, quales sunt Religiosi respectu Superioris, & respectu litterarum non a Superiore majori missarum, & receptarum; Filii familias non emancipati, & quam maxime filiæ nubiles respectu genitorum, vel aliorum earum curam gerentium; conjugati respectu sui invicem, ex prudenti suspicione conjugalis fidei violandæ, possunt reciproce litteras legere: cautissime tamen id agendum, ne pejora mala suboriantur: subditi respectu sui Principis; milites & officiales respectu supremi Ducis. Tenentur autem omnes hujusmodi legentes ad secretum, si quid dignum secreto inveniant, ad ipsos non pertinens. Quando litteræ a domino fuerint in locum publicum projectæ, & in partes laceratæ, videtur dominus cessisse juri suo; ut proinde si quis curiosulus eas colligat & conjungat, ut videat quod in illis continetur, non peccet graviter. Si tamen colligens illas partes, & legens quidpiam inveniat secreto dignum, illud observare tenebitur naturali jure.

Cooperari detractioni, quando grave? Et gaudere mere interius de acquisita notitia. Potens impedire & non impediens. Silens dum teneretur defendere.

§. VII. *De audiente Detractorem.*

I. Certum est, quod incitare detractorem interrogationibus, aut illum sponte detrahentem audire jucunde, unde ad prosequendum allicatur, aut quovis alio modo cooperari ad detractionem sive occulta pandentem, sive falsa enunciantem; est peccatum grave, aut leve contra charitatem, & justitiam, pro ratione materiæ, & personæ cui detrahitur. Similiter peccat, qui absque eo quod aliquo signo exteriori promoveat detractionem, gaudet tamen interius de notitia illa; quæ si sit de re gravi occulta, erit gaudium lethale. Immo si audiens graviter detrahentem possit impedire, & non impediat, peccat graviter contra charitatem, quando id agere potest absque notabili sui incommodo. Addendum, quod si audientis silentium ratione circumstantiarum æquivaleret confirmationi dictorum, peccaret etiam contra justitiam. Idemque crimen incurrerent illi, qui ex officio & gradu, quem tenent, obstringuntur detrahentem corrigere, ut

Pa-

Pater filium, Dominus servum &c. Sic communiter Theologi.

II. Quale autem incommodum excusare possit audientem, ne gravem & injustam detractionem impedire teneatur, dum posset; regula certa definiri non potest: sed perpendendum est damnum, quod ex detractione redundat proximo, & damnum seu incommodum, quod impediendo, corrigendo &c. subire deberet; ita ut quo majus est damnum proximo redundans, eo majus incommodum sibi subeundum sit. Item habenda est ratio, & quidem prudens spei, impeditionem, correctionem &c. esse profuturam: quibus omnibus perpensis, conjici poterit, an quis teneatur sub gravi. Nihilominus audiatur S. Doctor 2. 2. q. 73. art. 4. *Dicendum est, quod si aliquis detractiones audiat absque resistentia, videtur detractori consentire; unde fit particeps peccati ejus: & si quidem inducat eum ad detrahendum, vel saltem placeat ei detractio propter odium ejus, cui detrahitur; non minus peccat, quam detrahens, & quandoque magis: unde Bernardus dicit: Detrahere, aut detrahentem audire, quid damnabilius sit, non facile dixerim. Si vero* (nota bene) *non placeat ei peccatum, sed ex timore, vel ex negligentia, vel etiam verecundia quadam omittat repellere detrahentem; peccat quidem; sed multo minus quam detrahens, & plerumque venialiter. Quandoque etiam potest hoc esse peccatum mortale, vel propter hoc; quod alicui ex officio incumbit detrahentem corrigere, vel propter aliquod periculum, quod audiens novit consequens,* (detractionem), *vel propter radicem, qua timor humanus quandoque esse potest peccatum mortale.* Ex Angelico Praeceptore, similia docuit Clarissimus Discipulus Sotus lib. 5. de Just. quaest. 10. art. 4. concl. 2.

Regula observanda.

* Circa libellos famosos vide, quae huic §. adjecta sunt in Majori Opere.

§. VIII. *De Obligatione, & modo restituendi famam.*

I. Ex communi cum S. Doctore 2. 2. q. 62. art. 2. ad 2. *Qui infamavit falsum dicendo & injuste, tenetur restituere famam, confitendo se falsum dixisse.* Et quamvis jacturam propriae famae subire debeat, id non excusat. Qui autem alicui famam aufert *verum dicendo sed injuste*, puta cum quis prodit crimen alterius contra ordinem debitum, tenetur ad restitutionem famae quantum potest, sine mendacio tamen: utpote quod dicat se male dixisse, vel quod injuste eum difamaverit: ait S. D. loc. cit. Caute tamen se debet exprimere, praecipue apud sagaces & doctos,

Quomodo restituat, qui falsum dixit? Qui verum occultum revelavit.

     ctos, ne potius infamiam augeat, illos quasi confirmando in notitia ejusdem injuste data; unde ita se gerere debet in hac restitutione, ut compensare studeat, & non confirmare injuriam, saltem laudando in aliis capitibus &c.

Restituere debet etiam apud alios, quibus audientes narraverunt.
  II. Ex communi, qui infamavit, occultum revelando, & multo magis falsum imponendo, tenetur restituere & compensare nedum apud illos, quibus revelavit, verum etiam apud alios; quibus isti narraverunt, si isti vel id agere recusent, vel non curent; & præcipue quando prævidere potuit & debuit, illos fuisse probabiliter aliis narraturos, utpote homines non graves, sed loquaces; & quamvis graves, in casu quo ab illis prius non exegisset promissum de non manifestando aliis. Ratio patet ex generali restitutionis regula.

Quid de illo, qui evulgavit, putans esse verum?
  III. Ex communi, qui evulgavit, prudenter putans crimen esse verum, & evulgaverit ex causa justa, si deprehendat esse falsum, tenetur statim retractare quod dixerat. Dixi si evulgaverit ex justa causa, quia si id egerit sine justa causa, tenetur ad omnia dicta numero præcedenti. Quando autem id fecit ex justa causa, statim se retractando apud illos, quibus revelavit, & quibus, ut supponitur, secretum commendavit; debet ipsis injungere, quod, si forte alicui revelarint, suam quoque retractationem eidem referant. Quod si esset in mora culpabili se retractandi apud illos primos, & interea crimen illud præsuppositum verum evulgetur apud alios; juxta regulam datam de mora culpabili in restituendo, teneretur ad restitutionem apud omnes illos, ad quos ratione moræ suæ culpabilis notitia pervenit.

Reparare tenetur damna temporalia ex difamatione secuta. Hæredes infamatoris defuncti, quid agere debeant?
  IV. Ex communi, ille, qui ex injusta sui proximi difamatione fuit causa etiam damnorum temporalium ejusdem, puta quod non fuit assecutus beneficium, matrimonium magnæ dotis, hæreditatem &c., vel depositus fuerit ab officio lucrativo &c., tenetur ad omnium hujusmodi damnorum compensationem; quippe quæ profluxerint ab injusta sua difamatione.

  V. Hæredes defuncti, qui injuste calumniatus est proximum, non tenentur ex justitia restituere famam. Tenentur tamen ex charitate, & quidem sub gravi manifestare falsam fuisse calumniam impactam; quia sine suo gravi incommodo tenentur suffragari proximo in necessitate gravi, qualis est infamia injusta. Tenentur etiam ex justitia resarcire omnia damna temporalia ex infamia illata secuta; eo quod hæc obligatio afficiat res & bona defuncti, quæ, cum transeant ad hæredes, transeunt cum tali obligatione. Immo tenerentur etiam ex justitia ad retractationem in casu, quo infamans moriens id illis agendum commisisset, & ipsi onus implendi acceptassent. Consultius tamen egissent, si infamantem induxissent ad se

coram

coram idoneis testibus retractandum. Quod munus profecto ad Confessarium pertinet; qui non potest injustum quovis modo infamantem absolvere, nisi ad compensandum obstringat.

VI. Honor proximi læsus injuste per verba, aut facta, (etiam præscindo ab infamia, quæ plerumque verbis, aut factis inhonorantibus adjungi solet, & quæ affert distinctam rationem satisfaciendi) est resarciendus, quamvis inhonoratio fuerit privata. Non autem sufficere videtur, si in posterum signa honoris illi proximo alioquin debita exhibeantur, sed requiritur, quod aliquid amplius & speciale a lædente præstetur; quod speciale librandum est, perpensis qualitatibus personarum inhonorantis, & inhonorati, necnon actionis, qua læsus fuit honor. Juxta communem liberabitur lædens ab hac satisfactione in casu uo   quamvis injusta, satisfactione sibi compensaverit. Si demum offendens a judice competente puniatur pœna actioni læsivæ correspondente, tunc ab omni obsolvetur satisfaciendi onere. Quod si forte pœna imposita esset longe minor reatu, tunc adhuc in conscientia tenetur offensor ad ulteriorem condignam satisfactionem.

Honor læsus quomodo resarciendus?

§. IX. *De Caussis excusantibus a præfata restitutione.*

Qui falsum crimen imposuit, numquam excusari potest a retractatione etiam juramento firmata, & ad omnia damna, si quæ inde secuta fuerint, reparanda. Quando autem infamavit revelando quidem verum sed occultum, & fama omnino certo recuperata fuerit; tunc videtur excusari, qui revelavit ab ulteriori restitutione famæ, quamvis ad commendandum infamatum in his, quibus potest, semper teneatur, data opportuna occasione. Attamen si quæ damna temporalia infamato emerserint ex revelatione, ad eadem compensanda omnino tenetur. Dixi consulto, si certum omnino sit famam fuisse recuperatam; quia si aliquod subsit dubium, tunc possessio stat pro infamato certe læso; & tenetur qui revelavit ad omnes sollicitudines, & curas a prudenti & docto Confessario præscribendas, juxta qualitates personarum, & criminis revelati, ut fama redintegretur.

Imponens falsum numquam excusatur. Quando excusari poterit revelans occultum verum?

II. Quando infamia orta ex revelatione occulti criminis prudenter creditur sublata per meram oblivionem, temporis beneficio; tunc magna cautione est utendum, ne quod vel sopitum est excitetur, aut oblitum commemoretur; interea absque affectatione incumbit revelatori promovere semper famam personæ ab ipso offensæ indiis, o qui suggerentur a prudente Confessario, attenta præcipue conditione locorum, cum maxime in locis angustis, oppi-

Quando crimen est oblitum?

Tom. I.   Z 5   dis,

dis, ruribus, pagis otiosis valde difficilis sit oblivio omnimoda, nisi forte post generationum successionem.

Excusat remissio plene voluntaria personæ difamatæ.

III. Cessat procul dubio obligatio restituendi, si infamatus, qui sit suæ famæ plene dominus, omnino voluntarie & sponte restitutionem condonet, actu quidem heroico charitatis. Dixi, qui suæ famæ sit plene dominus, si enim ipsius infamia redundaret etiam in alios, puta in filios, in familiam, in collegium, non potest remittere sine consensu aliorum, ad quos etiam pertinet remittere, si velint.

Non semper excusat nova justa difamatio de eodem crimine.

IV. Quamvis multi absolute affirment, cessare restituendi obligationem, si injuste difamatus de tali crimine, deinde juste difametur de eodem crimine; salvo meliori judicio, putarem distinguendum esse. Si etiam crimen sit valde infamans, puta adulterium honestæ mulieris, vel quidpiam simile; tunc videtur, quod nihilominus a primo injusto infamante sit adhuc aliqua satisfactio reddenda, immo & retractatio, si fuerit calumnia: nam quis inficiabitur, quod longe abominabilior sit adultera habita ut relapsa, quam de unico adulterio accusata & convicta?

Quandoque excusat periculum certum damni longe majoris.

V. Obligatio restituendi aliquando suspenditur, si judicio doctorum & prudentum ex restitutione longe majus detrimentum immineret infamanti, quam quod ex difamatione emerserit infamato; puta, si persona infamata esset femina plebeja mediciſſimæ æstimationis, & infamans esset minister publicus, & necessarius, maximæ auctoritatis &c, in quo casu compensatio alia via procurari deberet.

Quandoque neque hoc damnum excusare potest.

Aliquando tamen evenire potest oppositum, ut infamans teneatur etiam cum libertatis & vitæ periculo, quæ sunt bona majora fama, redintegrare personam infamatam, quando judicio prudentum longe pluris facienda est fama talis personæ, quam vita difamantis injusti: puta, si homo plebejus infamasset Prælatum magni nominis, magnæque probitatis, & auctoritatis.

Non excusat infamare se infamantem.

VI. Certum est non excusare a restitutione, si injuste infamatus ab uno, eidem reciproce calumniam imponat; quia id est intrinsece malum, & mendacium perniciosum. Et propterea Innocentius XI. damnavit thesim 43. *Quidni nonnisi veniale sit, detrahentis auctoritatem magnam, sibi noxiam, falso crimine elidere?* & 44. *Probabile est, non peccare mortaliter, qui imponit falsum crimen alicui, ut suam justitiam, aut honorem defendat: & si hoc non sit probabile, vix ulla erit opinio probabilis in Theologia.*

Neque publicare crimen verum occultum.

VII. Illicitum mortaliter est infamare illum, qui te injuste infamavit, revelando illius crimen verum, sed occultum. Quia hoc se gerendi modo sumitur propria auctoritate vindicta gravis de offendente, quod nemini unquam

quam licet; quem obstringere potes apud judicem, ut tibi satisfaciat.

* Vide P. Antoine *de Justit. p. 3. cap. 4. resp. 3. ad quæst. 18.*

VIII. Hinc si duo se mutuo infament, uterque tenetur ad restitutionem, quia uterque justitiam graviter violavit. Si autem tu ad restituendum promptus sis, alter autem recuset, & infamia irrogata sit circiter æqualis; neque tu videris teneri ad restituendum. Quod si infamia a te illi impacta esset longe major, compensare teneris quoad excessum. *Neque reciproca actualis infamatio.*

IX. Si casus eveniat, quod infamans nullo modo prudenter possibili valeat, famam restituere, tenetur restitutionem supplere in alio bonorum genere. Ita S. Thom. 2. 2. q. 62. art. 2. ad 2. ubi hæc habet: *Si non possit famam restituere, debet ei aliter compensare.* Sanctum Doctorem sequuntur celebriores ejus Discipuli: unde restituat in bonis temporalibus &c. juxta consilium prudentis & docti viri. *Non potens restituere famam, tenetur aliis modis compensare.*

APPENDIX.

De Susurratione, Derisione, & Maledictione seu Imprecatione.

Cum ab Auctore ferme penitus prætermissa fuerit Tractatio de Susurratione, Derisione, & Maledictione seu Imprecatione, de his ejus Operi Appendicem attexuimus. Quæ igitur in ea fuso calamo exposuimus, hic contracte, ut in propria sede, ob oculos ponere opportunum existimamus; quippe ea scire plurimum interest.

§. I. De Susurratione.

I. Susurratio stricte accepta est *oblocutio mala, & secreta de proximo ad dissolvendam veram amicitiam.* Dicitur *ad dissolvendam veram amicitiam.* Amicitiam enim illorum, qui in malo conjuncti sunt sive per societatem vitæ, sive per fœdus, dirimere neque susurratio est, neque aliud peccatum, sed opus charitatis. Differt vero susurratio a detractione in fine; quia *detractor*, ut docet D. Thomas 2. 2. q. 74. art. 1. *intendit denigrare famam proximi ... susurro autem intendit amicitiam separare.* *Quid sit Susurratio.*

II. Susurratio est ex genere suo peccatum mortale contra charitatem. Quod in primis susurratio sit ex genere suo peccatum mortale, Sacra Scriptura pluribus in locis evidenter manifestat, & præcipue *Eccl.* 28. ubi dicitur: *Susurro & bilinguis maledictus* &c. Quod autem hoc peccatum sit contra charitatem, ostendit S. Thomas art. 2. ad 3., & a. 3. docet idem S. Doctor susurrationem gravius esse *Quod. nam peccatum sit Susurratio?*

esse peccatum ex genere suo, quam sit detractio, & contumelia. Hinc dubio procul lethale peccatum est susurratio: 1. quando est formalis, seu quando fit ex intentione seminandi notabilem discordiam. 2. quando etsi materialis, idest quando etsi non fit animus dirimendi aliquorum amicitiam; ea tamen dicuntur, quæ nata sunt notabiliter eam lædere, vel simpliciter & absolute, vel ratione personarum, quibus narrantur, si hoc noverat, vel nosse debebat susurro. Sic Sylvius *sup. cit. art.* 2.

Susurratio potest esse peccatum contra justitiam.

III. Fieri potest, ut susurratio sit etiam peccatum contra justitiam, si nimirum fiat vi, dolo, mendaciis, detractionibus, aliisve modis injustis; quippe cum unusquisque jus habeat strictum, ne a bono gratuito habito, vel habendo per media injusta deturbetur.

Quandonam Susurratio sit solum venialis culpa?

IV. Ex eo autem quod susurratio sit *ex genere suo* peccatum mortale, ut docuimus, compertum sit exploratumque, quod in individuo possit esse dumtaxat culpa venialis ex pluribus capitibus, nempe 1. ex imperfectione actus, seu ex indeliberatione, vel inconsideratione levi, absque dolo, & magna culpa; ut ait Sylvius. 2. ex parvitate materiæ, videlicet dum quis neque cupit notabiliter lædere amicitiam aliorum, neque ea dicit, quæ nata sunt notabiliter lædere. 3. ex levitate nocumenti causati, ut addit P. Billuart; quod plerumque accidit, quando solum tollitur amicitia absque periculo inimicitiæ, nisi forte, *subjungit*, totaliter dissolveretur amicitia inter eos, quibus est maxime necessaria, ut inter conjugatos, item inter parentes & prolem. Verum Em. Cajetanus *in Com.* absolute pronunciat ,, quod susurratio formalis, quæ scilicet intendit separationem amicitiæ, sit mortale peccatum ex genere suo. "

Omnes Susurrationes sunt ejusdem speciei.

V. Demum animadvertendum est omnes susurrationes esse ejusdem speciei; quia omnes idem formale objectum respiciunt, dissolutionem videlicet amicitiæ. Nihilominus, ut recte monet Sylvius, possunt tales circumstantiæ susurrationi accidere, ut trahatur ad diversam speciem necessario in confessione exprimendam; ut si quis poneret discordias inter conjuges, ut posset adulterium perpetrare. Hic profecto magis esset adulter, quam susurro. Rem hanc fuse declarat laudatus Em. Cajetanus *loc. cit.*

§. II. *De Derisione.*

Quid sit derisio.

I. Derisio inordinata est *vitium, quo quis vel cachinnis, vel verbis per modum ludibrii nititur alteri ruborem incutere, seu quo quis objicit alteri aliquid vitiosum, ut erubescat.* Dicitur Derisio inordinata; quia potest esse derisio ordinata absque peccato. 1. si fiat, ut derisus a peccato resipiscat, & deinceps ab eo quod male gessit, ab-

De Susurratione, Derisione, &c.

abstineat. 2. si fiat ex virtute Eutrapeliæ, dum amici non animo alicui pudorem incutiendi, sed recreationis gratia quædam levia sibi invicem jocando objiciunt; quod tamen periculo non caret, ut observat P. Billuart *tract. de Jur. & Just. dissert.* 15. *art.* 4. §. 1. Derisio inordinata est peccatum speciale distinctum a contumelia, detractione, & susurratione, ut docet S. Thom. 2. 2. *q.* 75. *art.* 1. *in c.* & fieri potest variis modis, atque proinde diversis nominibus exprimitur. Si fiat verbis, vel cachinnis, vocatur proprie *irrisio*; si fiat rugato naso, dicitur *subsannatio*; si demum fiat factis, appellatur *illusio*. Hi tamen varii modi non constituunt diversas species derisionis, ut asserit S. D. ad 1. *Derisio inordinata est speciale peccatum. Derisio variis modis fieri potest.*

II. Derisio est peccatum ex *genere suo* veniale, dum quis alterius malum, sive defectum illius, qui secundum se parum malum est, in ludum vel risum vertit. Est autem mortale ex *genere suo*, dum malum, de quo quis irridetur, est in se grave, sed ab irrisore *accipitur quasi parvum ratione personæ; sicut defectus puerorum, ac stultorum parum ponderare solemus, quia sic aliquem illudere, vel irridere, est omnino eum parvipendere, & eum tam vilem æstimare, ut de ejus malo non sit curandum, sed sit quasi pro ludo habendum.* Hucusque Angelicus Doctor *art.* 2. *in corp.* qui illico duo subjungit animadversione digna. Primum est, quod derisio sic accepta, quatenus nempe contemptum importat, gravius peccatum est, quam contumelia; alterum, quod illusio tanto gravius peccatum est, *quanto major reverentia debetur personæ, quæ illuditur.* *Hi varii modi non differunt specie. Derisio quale peccatum?*

III. Ex hactenus dictis colligendum est cum Sylvio, quandonam derisio sit peccatum veniale, & quando mortale. Est solummodo peccatum veniale: 1. si malum, quod refertur, leve sit, cum intentione solum leviter pudefaciendi. 2. si quid dicatur gravius ex subito motu animi absque deliberatione perfecta, seu ex inconsideratione, parvaque negligentia. Est vero peccatum mortale, quando vel refertur grave malum, vel est intentio multum pudefaciendi; vel ex lata culpa vehementer quis pudefacit alium, quamvis hoc non expresse intenderit. *Derisio quandonam peccatum veniale, & peccatum mortale?*

Quæres; num censendus sit reus lethalis criminis, qui alium de levi malo derideat, si ita derisus gravem ob hoc concipiat erubescentiam, confusionem, & animi perturbationem? *Casus specialis.*

Resp. juxta aliquos Doctores, ipsum in tali casu reum esse lethalis criminis contra charitatem, si hanc gravem erubescentiam &c. præviderit a deriso concipiendam. Verum illum a mortali peccato alii excusant, si tamen non prudenter, sed fatue, derisus gravem animi perturbationem ex levi derisione conceperit: hæc enim, ajunt, non est cau-

causa gravis turbationis, sed ipsa ejus fatuitas. Prima tamen sententia, ut & P. Billuart existimat, est charitati conformior.

§. III. *De Maledictione, seu malorum Imprecatione.*

Quid sit Maledictio?

I. Maledictio, quoad præsens attinet institutum, definitur *desiderium alicujus mali proximo expressum per verbum optativi modi*, v. g. Utinam mortuus sis, Diabolus te auferat, fulmen te percutiat &c. Quia vero potest quis non solum proximo, sed & sibimetipsi, & creaturæ etiam irrationali maledicere, seu malum imprecari, idcirco de iis omnibus distinctim agemus.

Non est licitum imprecari proximo malum sub ratione mali.

II. Non est licitum proximo maledicere, seu imprecari malum de industria sub ratione mali, ut docet S. Thom. 2. 2. q. 76. a. 1. Diximus de industria sub ratione mali; quoniam, ut cum eodem S. Doctore animadvertit Sylvius, si quis malum alteri imprecetur, non quatenus ipsius malum est, sed sub ratione boni, vel justi, vel utilis; neque maledicit proprie loquendo, neque aliud peccatum perpetrat, si debitæ circumstantiæ observentur, quia principalis intentio non fertur ad malum, sed ad bonum.

Licitum est imprecari malum sum ratione boni. Illationes.

Hinc licet 1. optare affectu inefficaci aliquem pati aliquam ægritudinem, vel ut ipse melior efficiatur, vel ut saltem ab aliorum nocumento cesset. Licet 2. optare mortem juste obventuram Hæresiarchæ, vel Malefactori Reipublicæ noxio, non quatenus ipsius malum est, sed quatenus per illam mortem majora mala impediuntur, & ob multorum bonum, quod præferendum est bono unius privati. Licet 3. optare victoriam de hostibus in bello justo, vel Turcarum excidium ob ingens bonum justum propriæ Communitatis, vel Ecclesiæ. Licet 4. optare malefactori pœnam meritam per judicem infligendam, vel ut ipse, aut alii coerceantur ab injuria aliis inferenda, vel quia expedit Reipublicæ & bono communi, vel ut jus læsum resarciatur. Nunquam tamen licet optare aliis majus malum ad vitandum minus. Legatur S. Thom. *loc. cit. & in 3. d. 30. q. 1. art. 1. ad 4.*

Maledictio est ex genere suo peccatum mortale.

III. Maledictio, seu imprecatio mali est *ex genere suo peccatum mortale*. Id probat S. Thom. *a. 3.* Quamobrem si quis ex animo, plenaque deliberatione malum notabile alicui imprecetur, dubio procul lethaliter delinquit. Est autem animadvertendum, quod maledictio facta absenti repugnat soli charitati, effusa vero in præsentem sæpius repugnat etiam justitiæ; quia maledictio præsenti in faciem facta sæpius repugnat etiam honori ei debito, adeoque etiam repugnat virtuti justitiæ, ac habet rationem contumeliæ quæ obligat ad satisfactionem. Quando do maledictio in præsentem effusa est gravis, & lethale peccatum, tunc in confessione præter rationem maledictionis, explicanda est circumstantia contumeliæ. Animadvertendum ulterius est, quod docet S. Doctor, videlicet maledictionis peccatum tanto gravius esse, quanto personam, cui maledicimus, magis amare ac revereri debemus. Hinc qualitas personæ, cui maledicitur, aperienda in confessione est, si mutet speciem maledictionis vel eam notabiliter augeat: & ideo si quis v. g. Patri grave malum imprecatus fuerit, non sufficit, quod confiteatur se alicui maledixisse, sed opus est, ut exponat, quod Patri.

IV. Non solum autem qualitas personæ, cui maledicitur, aperienda in confessione est, sed etiam qualitas mali optati, nempe an mortem, an ægritudinem, an jacturam famæ vel bonorum quis optarit; quia maledictio est ejusdem speciei cum malo quod optatur: ut si quis c. e. alicui imprecetur mortem, malitia istius peccati pertinet ad homicidium. Rem hanc illustrat Em. Card. Cajetanus in *Com. sup. art. 4. D. Thom.* Quod si maledicens, nullum malum exprimat, sed dumtaxat in communi optet, ut male sit, pertinet ad peccatum odii. Demum si quis alicui absolute & generatim maledictionem Dei imprecetur, dicendo ex corde *sis maledictus a Deo*, gravissimum peccatum perpetrat contra charitatem; perinde enim est, ac si imprecaretur ipsi damnationem æternam. *Maledictiones specie differunt.*

V. Ex his colligere in promptu est, quod si quis sive no furoris impetu, sive diversis imprecetur alicui plura mala, mortem, infamiam, jacturam bonorum &c., tot sint diversæ speciei maledictiones, quot diversa mala imprecatur: & consequenter in confessione debet explicare, quot & quæ mala fuerit imprecatus. Item qui maledicit toti familiæ, debet non solum in confessione exprimere quot & quæ mala fuerit imprecatus, verum etiam explicare quot sint in ea personæ. *Confectarium.*

VI. Licet maledictio sit peccatum *ex genere suo* mortale, ut asseruimus; ex triplici tamen capite fieri potest veniale in individuo, 1. ex materiæ levitate, ut si quis exiguum malum proximo imprecetur. 2. ex inconsideratione & inadvertentia intellectus ad gravitatem malitiæ, ut dum quis ex subito motu iracundiæ, erroris, vel passionis vehementis profert verba maledictionis. 3. ex defectu malæ intentionis, seu voluntatis, ut dum quis profert imprecationem vel ex ludo, vel ad ostendendam dumtaxat displicentiam & indignationem. Legatur *D. Thom. cit. a. 3.* *Maledictio quandonam sit peccatum dumtaxat veniale?*

Cæterum circumstantiæ sedulo expendendæ sunt; siquidem grave malum ex ira alteri imprecari, quamvis sine intentione, ut eveniat, sæpe mortale est, sive ratione contumeliæ, sive ratione scandali. Sic, nemine dissen- *Circumstantiæ observandæ.*
tien-

tienie, mortales sunt maledictionis filiorum in Parentes, inferiorum in Superiores &c. cum ratione scandali, cum ratione gravis irreverentiæ contra justitiam, & pietatem. Sic etiam Parentes graviter delinquunt liberis suis præsentibus grave malum oretenus ex ira imprecando; quia suo pravo exemplo eos docent sibi invicem, vel aliis grave malum imprecari, & iræ servire.

Observandum. VII. Observandum, quod non excusatur a lethali crimine, qui passionis tempore grave malum evenire deliberate optavit, etsi illico postea noluisset, immo doluisset, si evenisset; quia revera passioni iræ deliberate consensum præstitit. Quod si dubium sit, an maledicens voluerit tempore iræ, ut eveniret, sicut imprecabatur, inspicienda est conditio personæ, cui malum est imprecatus: si amica sit & grata, præsumendum est, quod non voluerit; secus, si inimica & ingrata: si indifferens, recurrendum est ad consuetudinem maledicentis; si enim soleat iratus ex animo maledicere, sic in dubio maledixisse existimandum est; secus si non soleat animo maledicere.

Est peccatum mortale etiam sibimetipsi malum imprecari. VIII. Est etiam peccatum mortale sibimetipsi deliberate grave aliquod malum imprecari ex animo, ut eveniat. Nam hoc est contra charitatem, qua ex præcepto unusquisque se diligere debet: immo, cæteris paribus, gravius peccat qui sibi aliquod grave malum imprecatur, quam qui proximo; cum, cæteris paribus, quisque teneatur magis seipsum diligere simpliciter & absolute, quam proximum. Hinc dubio procul peccat mortaliter, qui sibi mortem serio, & deliberate optat ex gravi impatientia ad evitandas aliquas leves molestias; & generatim nunquam licet sibi majus malum optare ad vitandum minus. Non sunt tamen statim de culpa mortali damnandæ mulierculæ, quæ ob res minimas vociferantur, sibique mortem exopetant, cum plerumque ex inadvertentiæ defectu hæc proferant. An autem liceat mortem sibi serio & deliberate desiderare non ex impetu iræ, & impatientiæ &c. sed ob honestam tristitiam provenientem ex aliquo gravissimo malo, quod nobis jam evenit, aut certo moraliter est eventurum, & cum submissione animi Divinæ Providentiæ, difficultas est expensa, & discussa *tract. 2. cap. 2. §. 7.* Peccat etiam mortaliter juxta omnes, qui seipsum ex ira deliberate Dæmoni devovet, etsi absque animo, ut ita eveniat: immo sæpe etiam mortale est ratione scandali sibi malum grave ex ira imprecari, quamvis sine intentione, ut accidat.

Maledictio contra creaturas irrationales. IX. Superest demum, ut de maledictione contra creaturas irrationales breviter disseramus. Potest creatura irrationalis quadrupliciter considerari, scilicet in ordine ad Deum, in ordine ad proximum, in ordine ad malum,

De Susurratione, Devisione, &c.

lum; quod per eam illatum est, ac tandem præcise in ordine ad se. Si creatura rationalis consideretur in ordine ad Deum, seu quatenus creatura Dei est, ejus maledictio est lethale peccatum blasphemiæ. Si vero consideretur in ordine ad proximum, seu in quantum est proximo utilis, maledicere illi sub hoc respectu, est æquivalenter maledicere proximo. Si autem consideretur in ordine ad malum, quod per eam illatum est, vel in ea accidit, potest ejus maledictio esse actus licitus, modo maledicentis intentio non referatur ad ipsam creaturam, sed ad malum; quod ex illa contingit. Si consideretur demum præcise secundum se, ejus maledictio est *quid otiosum, & vanum, & per consequens illicitum*, ait *S. Thom. n. 2.* Hoc tamen plerumque non excedit culpam venialem. Quare peccatum per se veniale dumtaxat perpetrat rusticus, qui ex ira & passione equis suis mortem, vel diabolum imprecatur.

Quæres, quid dicendum de illo, qui maledicit diem nativitatis suæ; peccatne mortaliter? *Casus specialis.*

Resp. Difficultatem hanc excitat Em. Cajetanus *in Com. super art. 2. D. Thom.* asseritque peccare mortaliter eum, qui maledicit diem nativitatis suæ, si non solo ore, sed & corde maledicat. ,, Secus autem est, subdit, ,, si ex sola ira maledicit, nec sibi nec alteri optans ,, malum, sed dicacitati satisfaciens. Et similiter, si ma- ,, ledixisset nativitatem suam in quantum causam malo- ,, rum, pene optans illam non fuisse non simpliciter, ,, sed non fuisse causam tanti mali; hoc namque modo ,, nec etiam veniale peccatum est, juxta illud Job. *Pereat* ,, *dies, in qua natus sum.*

CAPUT VIII.

De Restitutione ob damna vitæ illata.

§. I. *De Restitutione ob damna illata vitæ, & corpori.*

1. CUm de homicidio, mutilatione &c. egerimus in tract. 8. hic disserendum superest de obligationibus justitiæ, quæ ex hujusmodi actionibus injustis proficiscuntur. Et primo ipsi occiso, si non constet decessisse in statu culpæ lethalis, tenetur occisor procurare suffragia animæ, quantum moraliter potest. Si autem mutilaverit membrum, & impotem ad lucrandum reddiderit sive ad tempus, sive pro semper; tenetur primo illum compensare eo modo quo potest pro damno membri mutilati, ut docet D. Thom. 2. 2. *q.* 62. *art.* 2. *ad* 2. Tenetur præterea injuste mutilato resarcire omnia damna *Quid debeat occisor ipsi occiso? Quid debeat mutilato pro membro mutilato?*

Omnia damna ex mutilatione secuta.

mna temporalia ex mutilatione secuta, nedum quoad expensas factas pro ipsius curatione, verum, etiam quoad damna emergentia, & lucra cessantia, computando certum pro incerto; habitaque ratione ætatis, valetudinis, lucrorum &c., detractis tamen expensis, quas mutilatus facere debuisset, ut lucrari posset; quia mutilator est injusta horum damnorum causa, ut supponitur. Et nota, quod si mutilator, & a fortiori occisor, moriatur antequam restituat, obligatio transit ad hæredes, ut diximus suo loco.

Omnia damna secuta conjunctis necessariis.

II. Occisor, vel mutilator injustus tenetur in conscientia, juxta omnes, alere eos conjunctos necessarios, quos occisus, aut mutilatus alebat, nempe genitores, uxorem, filios; & ita tenetur, ut etiamsi occisus, antequam moreretur, aut mutilatus condonasset occisori, aut mutilatori hanc compensationem, in conscientia non excusaretur, sed teneretur adhuc ad alendas dictas personas, posito quod aliunde non haberent, quo ali possent: quia sicut dictæ personæ habebant jus, ut alerentur a mutilato, aut occiso; ita hic non potest per suam remissionem præjudicium afferre præfato juri, quod habent contra occisorem, vel mutilatorem. Immo si præfati conjuncti habentes aliunde, quo possent ali, id remitterent occisori, vel mutilatori; non propterea censerentur remittere alia damna quoad lucra cessantia, & damna emergentia, nisi etiam circa hæc expresse & voluntarie cederent juri suo.

Tenetur etiam creditoribus occisi.

III. Tenetur præterea occisor, vel mutilator creditoribus occisi, vel mutilati de damnis eisdem secutis propter occisionem, vel mutilationem debitoris, & aut totum supplere, si occisus bona non habeat quibus satisfaciat, aut partem, si bona tantum pro parte satisfaciant;

Non tenetur aliis, qui ex consuetudine sola charitate alebantur ab occiso.

& quidem habita ratione quantitatis lucri, & summæ, quam occisus, attentis circumstantiis ætatis, sanitatis &c., acquirere poterat, & debitis satisfacere. Ratio patens, quia occisor, vel mutilator est damnorum creditoribus resultantium injusta causa. An autem teneatur occisor etiam illis, qui non ex debito, sed ex charitate ab occiso alebantur; varia est Doctorum sententia: quidam magis pie affirmant, eo quod modo injusto privati fuerint ab occisore subsidio illo. Alii, meo videri, probabilius negant, quia nullum jus eorumdem violatur.

Tenetur ad supplendam imminutionem lucri, si percussus tantum lucrari nequeat.

* Si quis tamen ea intentione occidisset alium, ut ii, quibus ante benefaciebat, beneficii hujus jacturam facerent, utique ad hujus damni reparationem teneretur. *

IV. Si percussus, vulneratus &c. injuste, convalescat, sed non plene, ita ut non possit amplius tantum lucrari, quantum lucrabatur ante percussionem; jam patet, quod injustus percussor teneatur ad supplendum id, quod minus lucra-

lucratur; quandoquidem ipse fuerit causa injusta hujus imminutionis lucri.

V. Qui occidit per errorem, vel mutilat Petrum, volens occidere, vel mutilare Paulum; similiter patet, quod cum voluerit occidere primum hominem illum, obnoxius fiat omnibus prædictis restitutionibus. Sicut etiam ille, qui, se defendendo ab injusto aggressore, excessit limites justæ defensionis, occidendo, dum poterat dumtaxat illum vulnerare; quia reapse est causa injusta mortis, & damnorum illam consequentium. An autem teneatur fugere, si possit, ne invadentem vulneret &c.? Absolute loquendo ad id tenetur, ne sit causa injusta damni invasori illati. *Occidens per errorem tenetur ad damna. Quando aggressus fugere teneatur?*

VI. Petrus v. g. solis verbis contumeliosis afficit alterum, qui ira commotus invasit Petrum armis, a quo ut Petrus se defenderet, cum ipsi non suppeteret alius evadendi modus, compulsus fuit aggressorem occidere. Petrus quamvis graviter peccarit contumelias proferendo, non peccavit occidendo occisione vere & mere defensiva, neque ad damna ex occisione secuta tenetur. E contra dicendum, si Petrus rixam incepisset factis, alterum aggrediendo, a quo ut se defenderet, utpote valentiore, compulsus fuit illum occidere; teneretur ad damna secuta ex occisione. Quod si liquido constaret, illum a Petro invasum excessisse moderamen se defendendi, & proinde Petrum ob hunc excessum fuisse compulsum illum occidere, videretur Petrus non teneri. Quia autem id discernere liquido est moraliter impossibile; ideo in casu dubii Petrus teneretur ad damna ex occisione secuta, cum certum sit, ipsum fuisse primum injustum aggressorem. Si vero Petrus in fervore rixæ voluisset desistere, & id significasset congressori, qui desistere nollet, sed prosequeretur pugnam; tunc, si Petrus ob justam sui defensionem, quin alius modus suppeteret, illum occideret, ad nil teneretur ex occisione. Quod si Petrus hujusmodi cessationem animo dumtaxat conceptam non significasset, secuta occisione pugnantis, teneretur ad damna. *Casus non rarus.*

VII. Si, dum Petrus stricto gladio invadit Paulum, ut illum percutiat, alius tertius id videns evaginato gladio aggreditur Petrum, ipsumque constringit ad se defendendum, & ita aggreditur, & prosequitur, ut manifestet animum percutiendi & vulnerandi illum; qui non habens alium evadendi modum, ferit mortaliter illum tertium, qui voluit Paulo succurrere; tenebitur ne Petrus ad damna vulnerato illata? Salvo meliori Judicio, videtur ad nil teneri. Quia quamvis Petrus injuste egerit tentans aggredi Paulum, non tamen injuste se defendit ab illo spontaneo Pauli defensore, active Petrum aggrediente. *Casus alter non rarus.*

VIII.

Quando vulnerans in duello teneatur ad damna?

VIII. Occidens, aut vulnerans in duello, voluntarie susceptô ab utraque parte, non tenetur ob damna occiso vel vulnerato illata; conjunctis tamen necessariis, & aliis tenetur juxta dicta *n. 2. & 3.* Si autem qui occidit, aut vulneravit, non voluntarie sed coacte pugnaverit, puta ne invaderetur, & hic occidatur a provocante; provocans procul dubio ad omnia damna tenetur, tamquam causa injusta omnium illorum. Si autem provocatus coactus occidat provocantem, distinguendum videtur dicendo, quod vulnerato ad nil teneatur, cum provocans fuerit in causa propriorum damnorum; conjunctis autem vulnerati, & aliis &c., adhuc subdistinguendum: si pugna provocati judicetur licita coram Deo, quia pugnam evadere non potuit, ne occideretur, aut vulneraretur; & tunc ad nullum damnum reparandum tenetur, præsupposito quod pugnaverit debito moderamine &c.: si autem ejus pugna coram Deo, & in conscientia judicetur illicita, eo quod potuerit aliquo modo illam declinare; tunc conjunctis, & aliis tenetur de damnis.

* Ordinarie occisor non tenetur solvere impensas funeris; quia, cum aliquando faciendæ fuerint, nil damni ex hac parte illatum est. Diximus ordinarie; nam si propter accelerationem mortis majores sumptus necessarii forent, tunc pro illo excessu fieri deberet restitutio.

Observandum vero 1. cum Petro Collet *tract. de Just. cap. 4. de rest. in particul. art. 2. sect. 1. q. 10.* cum, qui interficit hominem paulo post moriturum ex infirmitate, vel juste a judice morti tradendum, non teneri ad restitutionem nisi pro lucris cessantibus secundum breve illud tempus, quo supervicturus erat, cum occisor non sit tunc causa nisi modici illius damni. Secus vero sentiendum foret, si ille ab alio injuste necandus erat.

Observandum 2. eum, qui aliquem vulneravit, qui paulo post non ob vulnus, sed ob aliam causam ex vulnere nullatenus promanantem e vita excessit, sola quæ ex vulnere usque ad diem mortis emerserunt damna resarcire debere, cum horum dumtaxat causa extiterit. Quod si jam vulnerator cum vulnerato de certa summa transegisset, standum esset conventioni, ut quæ in incertum peracta sit. Idem est, si vulnerator a judice ad certam summam condemnatus fuerit. *

☞ Petrus vulneratus a Paulo vulnere minime lethali, negligentia Chirurgi moritur: Paulus damna hæredibus compensare tenetur, non quæ mortem, sed quæ vulnus dumtaxat consequuntur. Si tamen Petrus ex accepto vulnere moritur, quia non est inventus Chirurgus, qui vulnus sanaret; Paulus vulnerator ad restituenda damna, quæ ex ipsa morte hæredibus obvenerunt, adstringitur. Pariter ex homicidio; quod sequitur per accidens, nulla exurgit

git obligatio restituendi. Clericus v. g. venationem vetitam exercens, omnem diligentiam adhibet, ut homicidium evitet; si hoc accidat, nil restituere tenetur. Si vero ex negligentia graviter culpabili homicidium eveniat, tunc omnia damna compensare adstringitur.

§. II. *De Caussis excusantibus a restitutione propter homicidium, vulnerationem &c.*

I. Juxta dicta c. 5. §. 18. excusari videtur homicida, mutilans &c. a restitutione, si ut illam exequeretur, reducendus esset ad summam egestatem, decidendo a statu suo juste acquisito; ita ut neque posset amplius alere familiam, collocare filias &c., & alioquin illi, quibus teneretur ratione occisionis, mutilationis &c. ex defectu restitutionis adeo grave malum non essent subituri. Quia lex naturalis, & praecipue christiana charitas impedire videtur, ne creditores illi non indigentes, adeo gravi damno debitoris exigant credita sua. Dixi non indigentes, quia si aequali circiter indigentia opprimendi essent, tunc istorum innocentia praevalere deberet reatui debitoris. Hinc impotentia aut absoluta, aut respectiva excusat a restitutione sive facienda, sive differenda, perpensis, ut dictum est, mature circumstantiis personarum &c. a prudenti Confessario.

Quando non teneatur occisor &c. ad restitutionem ob paupertatem.

Impotentia excusat.

II. Vulnerans, mutilans, occidens cum debito moderamine, juxta dicta in tractatu 8. cap. 2. §. 2. ob defensionem vitae suae, vel proximi, aut suae propriae pudicitiae, ad nil tenetur; cum injustus aggressor vitae, & impudicus aggressor fuerit damnorum ex sui occisione secutorum sola causa. Pariter, juxta dicta ibidem §. 3. qui mutilat, vulnerat, occidit cum debito moderamine in eo capite explicato, ob defensionem bonorum temporalium maximi momenti, & necessariorum pro status juste acquisiti honesta conservatione, ad nil tenetur, juxta mihi probabiliorem.

Excusatur occidens &c. ob defensionem pudicitiae aut vitae propriae, & proximi.

* Vide quae in Majori Opere circa occisionem, vel mutilationem ob defensionem propriae pudicitiae adjecimus tr. 8. *cap.* 2. §. 2. *n.* 3. & quae circa occisionem ob defensionem bonorum temporalium etiam maximi momenti addidimus ibidem §. 4. *num.* 4. *

Defensio honoris & famae non excusat occidentem &c. a restitutione.

III. Defensio honoris aut famae non excusat occidentem, mutilantem, percutientem proximum neque a peccato injustitiae, neque a restitutione damnorum ex occisione, mutilatione, percussione secutorum, ut sentiunt communiter Doctores cum Bannez, & Soto, praecipue qui scripserunt post damnatas theses 17. 18. & 30. ab Innoc.

noc. XI. relatas in tractatu 8. cap. 2. §. 2. ubi probatum fuit hujusmodi defensionem non esse licitam. Ex quo sequitur, quod si sit illicita & injusta, teneatur occidens, mutilans &c., ad omnia damna inde secuta omnibus illis, quibus diximus teneri injustum occisorem &c.

Hinc agendum esset de restitutione ob damna spiritualia proximo illata per peccatum scandali. At de hoc satis dictum habes in tractatu 4. cap. 9. §. 6.

www.ingramcontent.com/pod-product-compliance
Lightning Source LLC
Chambersburg PA
CBHW022117290426
44112CB00008B/704